Thamm / Freiberg • Mafia global

MAFIA
GLOBAL

Organisiertes Verbrechen auf dem Sprung
in das 21. Jahrhundert

Von
Berndt Georg Thamm
und
Konrad Freiberg

Unter Mitarbeit von
Elmar Ruhlich
und
Jürgen Storbeck

VERLAG DEUTSCHE POLIZEILITERATUR
GMBH

Die Deutsche Bibliothek – CIP-Einheitsaufnahme

Thamm, Berndt Georg:
Mafia global : organisiertes Verbrechen auf dem Sprung in das
21. Jahrhundert / von Berndt Georg Thamm und Konrad Freiberg.
Unter Mitarb. von Elmar Ruhlich und Jürgen Storbeck.
- Hilden. : Verl. Dt. Polizeiliteratur, 1998
   ISBN 3-8011-0354-4

Der Inhalt dieses Werkes
wurde auf chlorfrei gebleichtem
Papier gedruckt.

© VERLAG DEUTSCHE POLIZEILITERATUR GMBH, Hilden/Rhld., 1998
Alle Rechte vorbehalten
Titelfoto: Comstock, Berlin
Satz: Conzepke, Langenfeld
Druck und Bindung: Theissen Druck, Monheim/Rhld.
Printed in Germany
ISBN 3-8011-0354-4

Karl Bruhn, langjähriger Kenner osteuropäischer Nachrichtendienste und Spezialist für das sowjetisch-russische Dezinformatsija-System, wollte für dieses Buch das Nachwort schreiben.

Seinen Beitrag über die „Irreführung als Waffe der kriminellen Welt" konnte Karl leider nicht mehr beenden.

Er starb in Dordrecht (Niederlande) am 5. Juni 1998.

Inhaltsverzeichnis

Vorwort

Bevor Sie dieses Sachbuch lesen, sollten Sie bestimmte Sicherheitsvorkehrungen treffen:

– Lassen Sie genügend Licht an, damit Sie sich nicht fürchten, wenn Sie das Buch beiseite legen.

– Legen Sie Taschentücher bereit, damit Sie sich den (Angst-)Schweiß von der Stirn wischen können.

– Suchen Sie sich schon mal vorsichtshalber die Telefonnummer der kriminalpolizeilichen Beratungsstelle heraus, damit Sie sich vergewissern können, was Sie alles noch zu Ihrem persönlichen Schutz verbessern können.

Wirklich?

Nein, es ist nicht Ziel oder gar Absicht der Autoren, mit der Lektüre dieses Buches Angst und Schrecken zu verbreiten. Nicht erst seit gestern allerdings ist unsere Welt in ihren politischen und wirtschaftlichen Bezügen größer geworden, und da ist es ebenso spannend wie notwendig, einmal aufzuzeigen, wie buchstäblich weltumspannend sich die Kriminalität in allen ihren Erscheinungsformen ausgebreitet hat.

In diesem Sinne ist das Buch so etwas wie ein Kriminalitäts-Weltatlas, wobei freilich anzumerken ist, daß diese Kriminalität nicht vom Himmel gefallen, sondern schlicht Menschenwerk ist. Man kann das auch philosophisch sehen: wer über das Ausmaß an Kriminalität in dieser Welt erschrickt, erschrickt im Grunde über sich selbst, weil damit deutlich wird, zu was allem der Mensch fähig ist.

Die buchstäblich weltumfassende Darstellung der Kriminalität ist aber nur die eine Seite dieses Buches – die andere ist die Darlegung der Bekämpfungsansätze und -methoden, angereichert durch die Beiträge von EUROPOL-Koordinator Jürgen Storbeck und von Elmar Ruhlich, dem Leiter des Landesamts für Verfassungsschutz Mecklenburg-Vorpommern.

Die beiden Autoren, der bekannte Fachautor Berndt-Georg Thamm und der für Kriminalitätsbekämpfung zuständige stellvertretende Bundesvorsitzende der Gewerkschaft der Polizei, Konrad Freiberg, haben mit diesem Sachbuch im Grunde genommen eine Fortsetzung auf den Tisch gelegt. Es ist aber mehr als die aktualisierte Fassung ihres Buches „Das Mafia-Syndrom", das sich schwergewichtig mit den Erscheinungsformen der Organisierten Kriminalität am Beispiel der italienischen Mafia beschäftigte. Nun ist die Darstellung umfassender, weil gerade auch die politischen Umwälzungen im ehemaligen Ostblock der Organisierten Kriminalität völlig neue Betätigungsfelder eröffnet haben. Aber auch hier gilt: man sieht, zu was der Mensch fähig ist, wenn die alten gesellschaftlichen Normen und Bezüge wegbrechen und nicht durch allgemein akzeptierte und somit zumindest überwiegend befolgte bzw. durchgesetzte neue Normen des Zusammenlebens ersetzt werden.

In diesem Sinne muß man den Autoren dankbar sein für ihre schonungslose Darstellung der Fakten, aber auch für die Erläuterung der Ansätze und Strategien zur Bekämpfung der Kriminalität. Man wird also hinuntergeführt in die „Kriminellen Unterwelten", aber keine Bange, es gibt auch wieder Wege heraus.

H. Lutz

Hermann Lutz

Bundesvorsitzender der Gewerkschaft der Polizei

und

Präsident der Union Internationale des Syndicats de Police (UISP)

Hilden, im Juli 1998

Abkürzungsverzeichnis

ADN	Allgemeiner Deutscher Nachrichtendienst
AFP	Agence France Press
AO	Abgabenordnung
AOC	Asian Organized Crime
AP	Associated Press
ARD	Arbeitsgemeinschaft der öffentlich-rechtlichen Rundfunkanstalten
ASW	Arbeitsgemeinschaft für Sicherheit in der Wirtschaft
BfV	Bundesamt für Verfassungsschutz
BGBl	Bundesgesetzblatt
BGH	Bundesgerichtshof
BGS	Bundesgrenzschutz
BIZ	Bank für Internationalen Zahlungsausgleich
BKA	Bundeskriminalamt
BND	Bundesnachrichtendienst
BTM	Betäubungsmittel
BtMG	Betäubungsmittelgesetz
BVG	Bundesverwaltungsgericht
CIA	Central Intelligence Agency
CITES	Convention on International Trade in Endangered Species of Wild Fauna and Flora
COC	Chinese Organized Crime
CRG	Control Risks Group
CSIS	Center for Strategic and International Studies
ddp	Deutscher Depeschendienst
DEA	Drug Enforcement Administration
DIA	Direzione Investigative Antimafia
DIHT	Deutscher Industrie- und Handelstag
dpa	Deutsche Presseagentur
EDS	Europol-Drogenstelle
EDU	European Drug Unit
EG	Europäische Gemeinschaft
EIS	European Information System

EP	Europäisches Parlament
epd	Evangelischer Pressedienst
EU	Europäische Union
EuGH	Europäischer Gerichtshof
FAPSI	Federalnoye Agentsvo Pravitelstvennoy Svyazi Informatsii
FATF	Financial Action Task Force on Money Laundering
FBI	Federal Bureau of Investigation
FES	Friedrich-Ebert-Stiftung
FLNC	Front de Liberation Nationale de la Corse
FSB	Federalnaya Sluzhba Bezopasnosti
GdP	Gewerkschaft der Polizei
GG	Grundgesetz
GIA	Groupe Islamique Armee
GwG	Gesetz über das Aufspüren von Gewinnen aus schweren Straftaten (Geldwäschegesetz)
GZS	Gesellschaft für Zahlungssysteme
HDE	Hauptverband des Deutschen Einzelhandes
HK	Hongkong
HVA	Hauptverwaltung Aufklärung
ICAC	Independent Commission Against Corruption
ICC	International Criminal Court
ICPO	International Criminal Police Organization
IISS	International Institut for Strategic Studies
IKPO	Internationale kriminalpolizeiliche Organisation
ILEA	International Law Enforcement Academy (Budapest)
ILO	International Labour Organization
IMK	Innenministerkonferenz
INS	Immigration and Naturalization Service
IOK	Italienische Organisierte Kriminalität
IWF	Internationaler Währungsfond
JVA	Justizvollzugsanstalt
KDS	Komitet Darschawna Sigumost
KGB	Komitet Gosudarstwennoje Besopasnosti
KMT	Kuomintang
KNA	Katholische Nachrichtenagentur

KP	Kommunistische Partei
LCN	La Cosa Nostra
LfV	Landesamt für Verfassungsschutz
LKA	Landeskriminalamt
LTTE	Liberation Tigers of Tamil Eelam
MAD	Militärischer Abschirmdienst
MC	Motorrad Club
MfS	Ministerium für Staatssicherheit
MILF	Moro Islamic Liberation Front
NAPO	North Atlantic Police Organization
NATO	North Atlantic Treaty Organization
NCB	National Crime Bureau
ND	Nachrichtendienst
NGO	Non Government Organization
NOC	Nigerian Organized Crime
NOEB	Nicht offen ermittelnder Beamter
NSA	National Security Agency
NZZ	Neue Zürcher Zeitung
OECD	Organization for Economic Cooperation and Development
OK / OC	Organisierte Kriminalität / Organized Crime
OrgKG	Gesetz zur Bekämpfung des illegalen Rauschgifthandels und anderer Erscheinungsformen der Organisierten Kriminalität
OV	Organisiertes Verbrechen
P2	Propaganda Due
PCOC	President's Commission on Organized Crime
PKK	Partiva Karkaren Kurdistan
PKS	Polizeiliche Kriminalstatistik
RG	Rauschgift
ROC	Russian Organized Crime
rtr	Reuter's Telegram Company (Reuter)
SB	Sluzba Bezpieczenstwa
SBP	Sluschba Besopasnosti Präsidenta
SCU	Sacra Corona Unita
SDECE	Service de Documentation Extérieure et de Contre-Espionage
SDÜ	Schengener Durchführungsübereinkommen

SEK	Sonder(Spezial)-Einsatzkommando
SIS	Schengen Information System
SISDE	Sicurezza Interna Servizio Del Estero
SISMI	Sicurezza Interna Servizio del Ministro Interno
SOG	Sicherheits- und Ordnungsgesetz
StGB	Strafgesetzbuch
StPO	Strafprozeßordnung
TECS	The Europol Computer System
TI	Transparency International
TRC	Truth and Reconciliation Commission
TÜ	Telefonüberwachung
TV	Tatverdächtiger
UCA	Under Cover Agent
UCLAF	Unité de coordination de la lutte anti-fraude
UN	United Nations
UNCTAD	United Nations Conference on Trade and Development
UNDCP	United Nations Drug Control Program
UNEP	United Nations Environment Programme
UNFDAC	United Nations Fund for Drug Abuse Control
UNHCR	United Nations High Commissioner for Refugees
US	United States
VB	Verbrechensbekämpfung
VE	Verdeckter Ermittler
VerfSchG	Verfassungsschutzgesetz
VOC	Vietnamese Organized Crime
VR	Volksrepublik
WAOC	Westafrican Organized Crime
WCO	World Customs Organization
WHO	World Health Organization
WWF	World Wide Fond
ZDF	Zweites Deutsches Fernsehen
ZERV	Zentrale Ermittlungsstelle zur Verfolgung der Regierungs- und Vereinigungskriminalität der ehemaligen DDR
ZSG	Zeugenschutzgesetz
ZKA	Zollkriminalamt
ZUZ	Zentrale Unterstützungsgruppe Zoll

Einleitung

Ungewöhnlich stark waren die Sicherheitsvorkehrungen. Unter dem Schutz von 7000 Polizisten trafen sich vom 21. bis 23. November 1994 in der italienischen Hafenstadt Neapel 170 Delegationen aus 140 Ländern und von 30 internationalen Organisationen zu einer beachtenswerten UNO-Konferenz. Innen- und Justizminister diskutierten mit über 1000 Experten auf der ersten „Weltministerkonferenz über Organisiertes Transnationales Verbrechen"über die Bekämpfung global operierender krimineller Syndikate, die nach offiziellen Schätzungen pro Jahr einen „Umsatz" machen, der zwischen 700 Milliarden und einer Billion Dollar lag – und liegt.

„Es ist heute nötiger denn je, alle nationalen und internationalen Mittel im Kampf gegen die Kriminalität zu koordinieren", so UNO-Generalsekretär **Boutros Ghali** zum Auftakt der Weltkonferenz und betonte: *„Es bleibt noch viel zu tun"*. Ghalis mahnende Worte treffen auch knapp vier Jahre nach diesem UNO-Gipfel zu. Das Weltlagebild über das Organisierte Verbrechen ist im Jahr 1998 wenig erfreulich.

Auf allen Kontinenten sind in den meisten Staaten organisierte Kriminelle in den unterschiedlichsten Deliktbereichen tätig. Tagtäglich berichten darüber Nachrichtenagenturen und ungezählte Auslandskorrespondenten. Nachstehende Beispiele stehen für viele:

- **Belgien:** Im Juli wurde aus Antwerpen berichtet, daß das Diamantengeschäft in Verruf kommt. Die Branche wurde nachhaltig durch den Konkurs des Bankhauses **Max Fischer** im Januar 1997 erschüttert, der eine Welle von Skandalen auslöste. Hinzu kamen Berichte über den zunehmenden Einfluß russischer und georgischer Verbrechergruppen.

- **Bulgarien:** Während seines Besuches im Januar in Bonn und Berlin erklärte Ministerpräsident **Iwan Kostow**, daß dank *„konsequenter Bekämpfung der organisierten Kriminalität und der Korruption Spezialkräfte viele Schmuggelkanäle unterbrochen haben. Wir mußten das Land buchstäblich von den verbrecherischen Strukturen wieder erkämpfen. Die Unterwelt hat nun Angst vor der Polizei, vorher war es umgekehrt."*

- **Deutschland**: Im April konnte in Mühlheim an der Ruhr eine Führungsperson der kalabresischen 'Ndrangheta, der Statthalter des „Carelli-Clans" durch BKA-Zielfahnder festgenommen werden. Im Mai gelang es SEK-Beamten, in Berlin zwei Vietnamesen festnehmen, die im Zusammenhang mit einem Mord in Mannheim von der Kripo gesucht wurden. Im selben Monat stellte der Zoll im Hamburger Hafen in einem Container 14 Zentner Kokain im Schwarzmarktwert von 140 Millionen Mark sicher. Die Täter wurden im Bereich der Organisierten Kriminalität vermutet.

- **Frankreich:** Anfang Februar wurde auf Korsika der höchste Repräsentant der französischen Regierung erschossen. Die Mörder des Präfekten *Claude Erignac* wurden in Kreisen radikaler Separatisten, später in Kreisen mafioser Krimineller vermutet. Der neue Präfekt *Bernhard Bonnet* bekam von Innenminister *Jean-Pierre Clevenement* die Vorgabe, endlich Terror, Kriminalität und Korruption auf der Insel einzudämmen.

- **Hongkong:** Ab Juni klagte die Unabhängige Kommission gegen Korruption mehrere Fußball-Nationalspieler wegen Bestechung und Wettkampfmanipulation an. In Singapur wurde ein illegaler Glücksspielring aufgedeckt, der hinter dem Komplott stecken soll. Die Wettbüros sollen zu einem internationalen Syndikat gehören, das in die Manipulationen in Hongkong verstrickt ist.

- **Italien:** Ende Juni nahm die Polizei, die im Südwesten Siziliens auf der Suche nach Mitgliedern des „Capizzi-Clans" war, in Agrigent sechs Verdächtige fest. Darunter waren ein Polizeichef und ein ehemaliger Bürgermeister. Nur einen Tag später konnte die Polizei in Palermo 22 Verdächtige, mutmaßlich Mafiosi des „Corleone-Clans" des berüchtigten Cosa-Nostra-Bosses *Toto Riina*, festnehmen.

- **Japan:** Im Zusammenhang mit Korruptionsvorwürfen hatte die Staatsanwaltschaft in Tokio zwei Beamte des Finanzministeriums Ende Januar festgenommen. Ein halbes Jahr zuvor hatte das Finanzministerium gegen zwei der größten Finanzinstitute des Landes (die Großbank Dai-Ichi Kangyo und das Wertpapierhaus Nomura Securities) demonstrativ scharfe Strafen wegen illegaler Geschäfte mit einem Sokaiya-Gangster verhängt.

- **Kolumbien:** Im Februar wurde mit *Jose Nelson Urrego Cardenas* die letzte noch verbliebene Führungsperson des „Cali-Kartells" verhaftet. Durch seine Festnahme könnte auch die Frage geklärt werden, ob im Wahlkampf tatsächlich Drogengelder an das Team von Präsident *Samper* geflossen sind. Anfang Juli wurde ein Bericht der kolumbianischen Streitkräfte bekannt, nach welchem die linksgerichteten Rebellen im Land 1997 gut 910 Millionen Dollar (1,647 Milliarden Mark) durch Entführungen, Drogenschmuggel und Erpressungen eingenommen haben.

- **Macao:** Im Januar wurde aus der portugiesischen Kolonie berichtet, daß im Vorfeld der Rückgabe (1999 an die VR China) die Hongkong-Triaden im Glücksspielbereich zunehmend gewalttätig agieren. Die Aufteilung der dortigen Kasinos unter den Triaden soll bereits vollzogen sein.

- **Mexiko:** Im Mai waren in die Affäre um Drogengeldwäsche im Lande (12 der 19 großen Banken Mexikos sollen verwickelt sein) nach Angaben von US-Fahndern der Operation „Casablanca" auch vier venezolanische Banken verwickelt. Fünf Bänker wurden beschuldigt, 9,5 Millionen Dollar aus Rauschgiftgeschäften in legale Guthaben verwandelt zu haben.

- **Niederlande**: Im April hieß es, daß mehrere private Telefonanschluß-Anbieter (Service Provider) sich vermutlich im Besitz krimineller Organisationen befinden. Das Europol-Büro in Den Haag hatte deutsche Kollegen (ZKA Köln) *„vor Problemen bei der Ermittlung von holländischen Telefonanschluß-Inhabern durch Polizei und Staatsanwaltschaft gewarnt."*

- **Österreich**: Am 1.September soll mit der Anklage gegen drei Georgier, die am 11. Juli 1996 ihren Landsmann *David Sanikidse* in Wien erschossen haben sollen, der erste Mafia-Prozeß in der Justizgeschichte des Landes beginnen. Im Vorfeld machten im Mai zwei zu erwartende Anträge der Verteidiger Schlagzeilen, die zwei prominente Zeugen vorladen wollen: *Boris Jelzin* und *Eduard Schewardnadse*. Beide Politiker sollen gut mit dem Kaufmann *„Dado"* Sanikidse bekannt gewesen sein, der als Pate der georgischen Mafia in Wien galt.

- **Peru**: Anfang Februar konnte die Polizei den meistgesuchten Drogenhändler des Landes fassen. *Christian „Cristal" Macedo* gilt als größter Lieferant für die kolumbianischen Kokainbarone und soll die Ermordung von mindestens 70 Menschen angeordnet haben.

- **Polen**: Im Juni wurde der ehemalige Polizeichef des Landes ermordet. *Marek Papala* sollte Verbindungsmann zur EU für den Bereich Organisierte Kriminalität werden.

- **Rußland**: Seit dem Zusammenbruch der Sowjetunion, so hieß es im Juni, sind umgerechnet mehr als 48 Milliarden Mark über dunkle Kanäle aus Rußland ins Ausland abgeflossen. Das teilten Steuerfahnder in Moskau mit.

- **Spanien**: Im Juni nahm die Polizei in Madrid und nahe Barcelona mindestens 60 mutmaßliche Mitglieder eines bosnisch-jugoslawischen Waffen- und Drogenhändlerrings fest, die auch Verbindungen nach Berlin haben sollen. Der Berliner Zweig der Organisation soll, so die spanischen Behörden, für die Geldwäsche zuständig gewesen sein.

- **Tschetschenien**: Angesichts der zunehmenden Kriminalität verhängte Präsident *Maschadow* den Ausnahmezustand über die Kaukasusrepublik.

- **Türkei**: Im Februar hieß es, daß die türkische Mafia in die Tourismusbranche des Landes eingestiegen wäre. Als Beispiel wurde auf Hotelbesitz im Touristenzentrum Side nahe Antalya hingewiesen, der dem mutmaßlichen Drogenschmuggler *Mehmet Ali Yaprak*, der derzeit wegen Anstiftung zum Mord im Gefängnis sitzt, zugeordnet wird. Yapraks Name taucht in dem Untersuchungsbericht einer Regierungskommission über die Verfilzung von Staat und Mafia mehrfach auf.

- **Ungarn**: Anfang Juli wurden durch die Explosion einer Autobombe im Zentrum von Budapest vier Menschen getötet, darunter ein Restaurantbesitzer. Dieser hatte, so der Leiter der zentralen Polizei, als Zeuge in einem laufenden Verfahren gegen eine kriminelle Vereinigung ausgesagt. Hinter dem Anschlag werden rivalisierende Banden vermutet. Seit 1991 ermittelt die Polizei in 140 Sprengstoffanschlägen, die russische, ukrainische, türkische und arabische Banden im Kampf um die Vorherrschaft in der Unterwelt gezündet haben.

• **USA**: Im Mai begannen in Kalifornien die „Feierlichkeiten zum 50. Jubiläum der Hell's Angels". Mitglieder der Rockerbande, die in Deutschland seit 1983 als kriminelle Vereinigung verboten ist, liefern sich seit 1994 in Skandinavien einen blutigen Krieg mit der MC-Gang „Bandidos" um die Vorherrschaft um die Märkte Rauschgift und Prostitution. Erst 1997 hatte das US-Justizministerium im März darauf hingewiesen, daß die Zahl der Jugendbanden sich in den USA seit 1980 verzehnfacht hätte. 1980 waren 286 Städte betroffen gewesen, in denen 2000 Gangs mit 100 000 Mitgliedern unterwegs waren. Im Jahr 1995 gab es bereits über 23 000 Gangs in 2000 Städten; ihnen gehörten etwa 665 000 Jugendliche im Alter von elf bis 21 Jahren an.

• **Vietnam**: Im März wurden in Hanoi sieben Führungspersonen des größten Drogenrings des Landes hingerichtet. Als Kopf der Bande war ein früherer Polizei-Offizier überführt worden.

• In **Europa** stellte Anfang Mai die EU-Kommission ihren neuesten Bericht über die Betrugsbekämpfung in der Europäischen Union vor. Darin heißt es, daß international operierende Verbrechenssyndikate mit Hilfe modernster Technik und ausgefeilter betriebswirtschaftlicher Planung in großem Stil den EU-Haushalt, die nationalen Haushalte und damit die europäischen Steuerzahler schädigen. Die Ermittler der EU-Kommission hätten 1997 rund 50 Tätergruppen identifizieren können.

Der überwiegende Teil der Verbrechergruppen ist bewaffnet. Erst im Oktober 1997 warnte das unabhängige US-Institut Worldwatch vor der wachsenden Gefahr durch unkontrollierte Verbreitung sog. leichter Waffen. In einem in Washington veröffentlichten Bericht hieß es, daß sich gegenwärtig mehr als 500 Millionen dieser Waffen in den Händen von Zivilisten, Rebellentruppen und Kriminellen befänden. Im Bericht wurden besonders El Salvador, Rußland, Südafrika, Angola und Kenia erwähnt, in denen diese Waffen von rivalisierenden Kriminellen eingesetzt werden würden. Für Deutschland schätzte die Bundesregierung Ende Mai 1996 mindestens 10 Millionen Schußwaffen allein in legalem Privatbesitz.

Welche Bedrohung diese Organisierte Kriminalität über einzelne Länder hinausgehend für die Staatengemeinschaften darstellt, ist damit auch der Politik mehr als deutlich geworden. Dazu Bundeskanzler *Helmut Kohl* (Focus-Interview 15/1998): *„Das Thema der Inneren Sicherheit hat eine ungeheure Dynamik, und viele in Bonn leben bei diesem Thema wirklich in einem Raumschiff. Ich behaupte, daß in den nächsten zehn Jahren die Innere Sicherheit das innenpolitische Thema Nummer eins sein wird. Ein Grund ist die zunehmende internationale Drogen- und Bandenkriminalität, die nach* *einer Schätzung der EU-Kommission jährlich weit über 100 Milliarden Dollar zur Geldwäsche nach Europa einschleust. Das ist eine gigantische Summe, die weitere Versuchungen mit sich bringt - denken Sie nur an die Korruption. Hier entwickelt sich ein Krebsgeschwür unserer Gesellschaft.*" Ganz ähnlich schätzte der finnische Präsident **Martti Ahtisaari** die Situation in der zweiten „Berliner Rede" im April 1998 (die erste hatte Bundespräsident **Roman Herzog** ein Jahr zuvor gehalten) ein: *„Die organisierte Kriminalität stellt eine besondere Gefahr für die neuen und verwundbaren Demokratien Mittel- und Osteuropas dar. Nationale Mittel reichen nicht aus. Wir brauchen eine Strategie der inneren Sicherheit der Union und einen eng damit verbundenen, die Außengrenzen übergreifenden Mechanismus der Zusammenarbeit. Aus Sicht der Bürger ist diese Tat vielleicht die größte Herausforderung und Aufgabe der EU ..."*

Organisierte Kriminalität und ihre Bekämpfung war auch ein wichtiges Thema des Weltwirtschaftsgipfels Mitte Mai 1998 in Birmingham. Die Staats- und Regierungschefs der sieben wichtigsten Industriestaaten und Rußlands (G 8) hielten eine grenzübergreifende Zusammenarbeit für notwendig. Eine UNO-Konvention soll dazu im Jahr 2000 beschlossen werden. Nach Berechnungen der UN, so hieß es auf dem Gipfel, verursacht die OK in den Industrieländern jährlich einen Schaden, der rund zwei Prozent des dort erwirtschafteten Bruttosozialprodukts entspricht. Den Entwicklungsländern gehen sogar 14 Prozent ihrer Wirtschaftsleistung verloren. Die G8-Länder wollen über die bisherigen Vereinbarungen hinaus den Kampf gegen die Geldwäsche verstärken und dabei ein besonderes Augenmerk auf „Steueroasen" legen. Erst im Februar 1998 hatte der US-Finanzexperte *Jack A. Blum* im Berliner Amerika-Haus deutlich gemacht, daß Finanzbetrügereien eine immense Gefahr für die globalisierte, vernetzte Wirtschaft darstellen. Sie könnten Börsencrashs wie 1929 oder Wirtschaftskrisen wie die derzeitige in Asien auslösen. Nach Blum gibt es gegenwärtig etwa 80 Länder, meist dubiose Inselstaaten, die sich Kriminellen als Schutzräume für betrügerische Finanzgeschäfte anbieten. Fast 10 Billionen Mark sind im Besitz von Firmen oder Banken, die in diesen Ländern registriert sind und ihr Vermögen so den Steuer- oder Kontrollbehörden zuhause entziehen – ein ideales System, zum Beispiel um Drogengeld zu waschen. Mit Sorge stellten die Regierungschefs der G8-Länder auch fest, daß sich die international agierenden Banden bei ihren dunklen Geschäften modernster Informationstechnologien bedienen. Um „Verbrechen des 21. Jahrhunderts nicht mit Mitteln des 19. Jahrhunderts bekämpfen zu müssen", hatten sich erstmals im Dezember 1997 die Innen- und Justizminister der wichtigsten Industrienationen (USA, Italien, Großbritannien, Frankreich, Kanada, Rußland, Japan und Deutschland) in Washington mit dem Ziel zusammengesetzt, über die Bekämpfung „der gewaltigen Dimensionen der Computerkriminalität in der Informationsgesellschaft" zu diskutieren und beraten. Im „Cyber-Angriff" auf zentrale Computersysteme sieht auch US-Präsident *Bill Clinton* eine der größten

Sicherheitsbedrohungen. Mit dem Abwehrkampf wurde Anfang März 1998 eine neue Polizei unter dem Dach des FBI beauftragt, das „Zentrum zum Schutz der Nationalen Infrastruktur" (National Infrastructure Protection Center). Das Zentrum wird mit vielen Einrichtungen zusammenarbeiten, wie das die Polizeien in der OK-Bekämpfung mit dem Fernziel der Vereinheitlichung schon seit Jahren praktizieren.

„Das Verbrechen ist international organisiert, also müssen wir es auch sein", sagte FBI-Abteilungsleiter *Alan Ringgold* auf einem Kongreß von Kriminalbeamten aus 30 Ländern, mehrheitlich Absolventen der FBI-Akademie in Quantico. Thema war die Organisierte Kriminalität, Ort der Tagung im September 1997 Berlin. Die Hauptstadt Deutschlands war mit Bedacht gewählt worden: *„Wir sind hier eines der Einfallstore für Kriminalität aus Mittel- und Osteuropa. 70 km östlich verläuft eine Wohlstandsgrenze,"* so Berlins Polizeipräsident *Hagen Saberschinsky* (Stern-Interview 24/1998).

Die Organisierte Kriminalität in Deutschland wächst, so Saberschinskys Kollege *Leo Schuster*, Hauptabteilungsleiter im BKA, im Mai 1997. Die sogenannten OK-Lagebilder können als originäre „Hellfeld-Berichte" nur die Spitze eines OK-Eisberges darstellen, dessen immenses „Dunkelfeld" im Verborgenen liegt. Die veröffentlichten Zahlen, so Schuster, könnten allenfalls als Indikator dienen. Vor diesem Hintergrund ist auch der jüngste BKA-Lagebericht OK für 1997 zu sehen, der im Juni 1998 den Printmedien Überschriften wie „Organisierte Kriminalität in Deutschland nimmt ab", „Organisierte Kriminalität leicht rückläufig" oder „BKA-Lagebericht widerlegt die Einschätzung von Bundesinnenminister *Kanther*" in die Blätter diktierte. Vor dem Hintergrund, daß 1998 in Deutschland 600 bis 700 Banden mit etwa 7000 Mitgliedern tätig sind, denen, so Kanther, 70 000 bis 80 000 Straftaten – vom Menschenhandel über Mord bis zur Geldwäsche – zur Last gelegt würden, kann wohl kaum OK-Entwarnung für die Republik gegeben werden. Es ist eher höchste Wachsamkeit gefordert. Im Mai 1998 forderten die Generalstaatsanwälte der Bundesländer eine Abschöpfung illegaler Gewinne, denn nur so könne die OK effektiv bekämpft werden. Auf ihrer Jahrestagung in Naumburg zeigten sie sich besorgt über die Situation bei der Verfolgung von Straftaten, für die die Personalstärke nicht mehr ausreiche. Im selben Monat drängte Sachsens Innenminister auf ein bundesweites Register für Korruptionsfälle.

Erst im Januar hatte sich der Frankfurter Oberstaatsanwalt *Wolfgang Schaupensteiner* mit alarmierenden Zahlen an die öffentlichkeit gewandt. Allein bei der Hälfte aller Öffentlichen Bauten sei Korruption im Spiel, die Leistungen hätten sich dadurch um etwa 30 Prozent verteuert. Allein am Bau, so Schaupensteiner, verliere der Staat jedes Jahr durch bestechliche Beamte 10 Milliarden Mark. Schon vor Jahren schrieb der GdP-Bundesvorsitzende *Hermann Lutz*, daß *„auch die Bundesrepublik Deutschland nicht vor Organisierter Kriminalität gefeit ist, schon gar nicht, wenn der Grundkonsens die-*

ser Gesellschaft der Doktrin von der Wettbewerbsfähigkeit und der Globalisierung der Märkte geopfert wird." Um OK-Kriminalität verfolgen zu können, müssen Strafverfolger mit ausreichend Personal und Mitteln auch in die Lage versetzt werden. Die Bekämpfer brauchen nicht nur in Deutschland dazu Anschubfinanzierungen – innere Sicherheit gibt es auf der ganzen Welt nicht zum Nulltarif – sondern insbesondere auch einen Vertrauensvorschuß. Polizeien in demokratischen Staaten, die nach rechtsstaatlichen Grundsätzen handeln, schützen durch die Bekämpfung der Organisierten Kriminalität auch die Demokratie als solche. Die OK als polizeiliches Gegenüber hingegen, führt zunehmend als „Schattengesellschaft" ein Eigenleben jenseits des gesellschaftlichen Lebens und außerhalb der gesellschaftlichen Normen. Verletzung der Prinzipien sozialer Gerechtigkeit, Verletzung der Menschenwürde, Korrumpierung rechtsstaatlicher Organe sind die Spielregeln eines menschenverachtenden Organisierten Verbrechens – das auf der Schwelle zum 21.Jahrhundert freiheitliche, demokratische Gesellschaften mehr denn je bedroht.

Berndt Georg Thamm und Konrad Freiberg

Berlin und Hamburg im Juli 1998

1. Teil

Kriminelle Unterwelten – Lagebilder zum Ende des 20. Jahrhunderts

Organisierte Kriminalität
– Innovationen im 20. Jahrhundert –

Organisierte Kriminalität
– Verbrechergruppen zum Jahrhundertende –

Organisierte Kriminalität
– Netzwerkkriminalität auf der Schwelle zum 21. Jahrhundert –

Armut, Arbeitslosigkeit und soziale Desintegration kennzeichnen als globale Krise die letzte Dekade des 20. Jahrhunderts. Sowohl arme als auch reiche Nationen werden durch sie bedroht. Nach Einschätzung der United Nations (UN) trifft die Armut mindestens jeden fünften Bewohner der Erde, insgesamt 1,3 Milliarden Menschen – vornehmlich in Afrika und Südasien. Als „arm" gilt, wer pro Tag ein Einkommen von weniger als einem US-Dollar zur Verfügung hat.[1] Fast eine Milliarde Menschen, so die Internationale Arbeitsorganisation (ILO) im November 1996, sind weltweit arbeitslos oder unterbeschäftigt.[2] Auf der Suche nach Lohn und Brot brachen während der 1980er Jahre weltweit Millionen Menschen vom Land in die Stadt auf. Jeder zehnte Erdenbewohner, so Schätzungen, ist zur Zeit auf der Suche nach besseren Lebensumständen. Die Anzahl dieser Flüchtlinge bezifferte das Internationale Rote Kreuz bereits 1991 auf 500 Millionen. Das UN-Flüchtlingswerk sieht ob dieser „Flüchtlingsströme ungeahnten Ausmaßes" in der Migration eines der zentralen Probleme des 21. Jahrhunderts.[3] Fluchtgründe sind wirtschaftliche Not, Ökokatastrophen, Überbevölkerung, Unterdrückung und Krieg. Zu den häufigsten Kriegsursachen zählen heute wirtschaftliche und soziale Spannungen.[4] Zwar gebe es kaum noch Kriege zwischen Staaten, so die Hohe Kommissarin des UN-Flüchtlingshilfswerkes im Dezember 1997, doch würden die inzwischen 35 innerstaatlichen Konflikte und Bürgerkriege zum massiven Problem werden. Als weiteres Problem des kommenden Jahrhunderts, das mit dem der Migration in Zusammenhang zu sehen ist, wird die Spannung von und durch Minderheiten eingestuft. Auf diese „ethnischen Konflikte" machte schon 1994 der Leiter des Zentrums für Verteidigungsstudien in London aufmerksam.[5] Doch die „große Wanderung", wie die globale Migrationswelle auch genannt wird, stößt in der letzten Dekade dieses Jahrhunderts auf erschwerende Umstände, gibt es in den 1990er Jahren doch kaum mehr freie Räume. Die Arbeitssuchenden werden mit einer Wirtschaft konfrontiert, die weniger Arbeitskräfte benötigt. Auf die dramatische Zunahme des Tempos der Globalisierung von Geschäften wies 1996 schon die UN- Konferenz für Handel und Entwicklung (UNCTAD) in ihrem „Welt Investment Report"[6] hin. Diese „beschleunigte Globalisierung des Welthandels" trifft auch auf eine Organisierte Kriminalität zu, die als illegale transnationale Konzerne mit Auslandsniederlassungen ihre illegalen Geschäfte quantitativ und qualitativ globalisiert hat. Dies läßt sich an einem einzigen OK-Deliktbereich verdeutlichen. Der Rauschgifthandel, so der Direktor des UN-Drogen-Kontroll-Programms (UNDCP) 1997, macht bereits rund acht Prozent des gesamten Welthandels aus.[7] Das Wirtschaftswachstum, so der UN-Bericht „Über die menschliche Entwicklung" 1996, geht an einem Viertel der Weltbevölkerung vorbei. Die Kluft zwischen Armen und Reichen wächst weltweit[8] und auch innerhalb der meisten Länder. Diese Kluft und andere globale Entwicklungen arbeiten auch der organisierten Kriminalität zu, deren Grundstein vor rund einhundert Jahren gelegt wurde, deren Ursprung aber noch älter ist.

1 Organisierte Kriminalität – Innovationen im 20. Jahrhundert

Die Entstehungsgeschichte des Berufsverbrechertums zieht sich über einige Jahrhunderte.

Das 17. Jahrhundert war ein bewegtes Jahrhundert. In Japan begann nach jahrelangem Bürgerkrieg eine durch Aufbau gekennzeichnete Friedenszeit. In Mitteleuropa hingegen tobte der Dreißigjährige Krieg. Im Kaiserreich China löste die Ching-Dynastie der fremden Mandschus die Ming-Dynastie der alten Han-Chinesen ab. Und im Süden Europas, in Italien, lösten sich die fremden Herren aus Spanien und Frankreich in ihrer Herrschaft ab. Gravierende soziale Ungerechtigkeiten, wirtschaftliche Nöte und politische Fremdherrschaften führten über Jahrhunderte zum Widerstand einzelner, zur Bildung von Gruppen, die zwar unterschiedliche Ziele, aber Gemeinsamkeiten in ihrer Struktur hatten.

Sie waren als geheime Bünde (Geheimgesellschaften) organisiert. Entweder schlossen sich Familien zu Großfamilien (Clans) zusammen, durch Blutsbande familiär verbunden. Oder es schlossen sich Menschen, die nicht miteinander verwandt waren, zu Bünden zusammen, die wie eine Großfamilie organisiert waren. Ihre Mitglieder leisteten auf die neue „Familie" und das Familienoberhaupt einen Bluteid. Ob Bund oder Clan, sie waren hierarchisch aufgebaut, durch innere Abschottung für Außenstehende nicht zugänglich. Die Bünde arbeiteten aus dem Verborgenen heraus, entwickelten die Konspiration zur Meisterschaft. Die Bünde, das waren kleine Gesellschaften in großen Gesellschaften; mit eigenen Statuten, mit Sanktionssystemen gegen Regelverstöße bis hin zur eigenen Gerichtsbarkeit. Hohe Mitgliedszahlen machten Erkennungszeichen notwendig, die von Nichteingeweihten nicht bemerkt werden durften. Dementsprechend entwickelten sich Geheimkommunikationen, sowohl verbaler (Geheimsprache) als auch nonverbaler Natur (Geheimzeichen). Viele Gruppen hatten bis in das 19. Jahrhundert hinein als Ziele die Herstellung sozialer Gerechtigkeiten oder – weitergehend – die Beendigung politischer Fremdherrschaft im eigenen Lande. Nur wenige Gruppen waren von Anfang an reguläre Verbrecherzusammenschlüsse mit kriminellen Zielen. In der Zeit von Mitte des 19. Jahrhunderts bis zum Ersten Weltkrieg entfielen weltweit durch politische Änderungen nach und nach die originären Ziele vieler Bünde.

Nicht wenige sahen nun in der eigenen Kapital- und Machtmehrung durch organisierte Straftaten neue Ziele. Für die Arbeit im kriminellen Untergrund brachten die Bünde ihren ganzen Erfahrungsschatz ein, den sie über lange Zeiten als konspirativ wirkende geheime Gesellschaften erworben hatten. In der Wandlung vom Polit-Bund zum Verbrechens-Bund konnten die alten Organisationsstrukturen, Regelsysteme und eigene Gesetzgebung, Geheimsprache und Erkennungszeichen quasi komplett übernommen werden. Der Nährboden für eine sich immer perfekter organisierende Kriminalität hätte nicht besser sein können.

1.1 Entwicklung zur Organized Crime – Innovationen in den 1920er Jahren

Auch das 19. Jahrhundert war schon von einer Migrationswelle gezeichnet. Wirtschaftskrisen und Hungerkatastrophen einerseits und Unterdrückung und Verfolgung andererseits ließen Millionen Menschen ihre Heimatländer verlassen und sichere Zufluchtsorte suchen. Dazu zählte wie kein anderer die USA und dort vornehmlich New York.[9] Zur Verdeutlichung einige Beispiele:

1.1.1 Migrationswellen und ihr mafioses Erfahrungswissen im 19. Jahrhundert

- Mitte des 19. Jahrhunderts brach die wohl grausamste Hungerkatastrophe Europas in Irland[10] aus. Zwischen 1845 und 1850 flüchteten über zwei Millionen Menschen von der Insel. Viele gingen in die USA.
- Ein anhaltender wirtschaftlicher Niedergang in Süditalien[11] führte zwischen 1880 und dem Beginn des 1. Weltkrieges zur Auswanderung von 3,6 Millionen Italienern, rund zwei Millionen allein aus Kalabrien.
- Im selben Zeitraum flohen über drei Millionen Juden ob des Antisemitismus aus Osteuropa und der Pogrome aus dem zaristischen Rußland nach Amerika.[12]
- Um die Jahrhundertwende war hier schon eine kleine Korsen-Diaspora entstanden.[13]
- Doch nicht nur aus Europa, selbst aus Fernost führten wirtschaftliche Not ab 1850, aber auch Verfolgung ab 1861, Chinesen aus dem Kaiserreich nach Amerika, zuerst in die USA, später nach Kanada.[14]

Alle Einwanderer brachten ihre Sitten und Gebräuche mit, nicht wenige auch in ihren Heimatländern erworbenes geheimbündlerisches beziehungsweise mafioses Erfahrungswissen.

Auch dies läßt sich an einigen Beispielen verdeutlichen:

- Mit den Einwanderungsströmen der Süditalier war auch das mafiose Prinzip der „Black Hand" vor 1900 in die USA gekommen. Die „Schwarze-Hand-Aktivitäten" krimineller Sizilianer (aber auch Neapolitaner und Kalabreser) führten dazu, daß die New Yorker Polizei bereits um die letzte Jahrhundertwende eine Italian Squad gegen das wachsende Verbrechen der Süditalier gründete.[15] „The Black Handers", dies waren vornehmlich Sizilianer, suchten Eingang und Einfluß in die Gesellschaft und wollten eine Plattform für Beziehungen durch Gründungen geheimbundähnlich strukuierter Gesellschaften schaffen. Zu diesen gehörte die 1907 in Chicago (in Opposition zur „Schwarzen Hand") gegründete Gesellschaft „Weiße Hand" (White Hand Society) und die ein Jahr später in New York begründete Bruderschaft „Unione Siciliane". Schon 1917 unterhielt diese „Fraternal Society" der Sizilianer in Chicago 38 Union Lodges mit insgesamt 40 000 Mitgliedern. Zu diesen zählten auch Bankiers, Staatsbedienstete, Zuhälter und selbst Berufsmörder, war die Unione Siciliane doch schon Jahre zuvor zu einem „Criminal Cartel" umfunktioniert worden.[16]

- Mit der massiven Einwanderung der Juden aus Rußland, Galizien und Rumänien in den 1880er Jahren, in der Lower East Side New Yorks lebten schon rund 100 000 Ostjuden in einem eigenen Viertel,[17] kam auch eine bereits in Osteuropa vorhandene jüdische Kriminalität nach Amerika. Sie fand dort ihre Fortsetzung und entwickelte sich zur jüdischen Unterwelt weiter. Über diese schrieb *Klaus Hödl* 1991[18] u.a.: *„... Gegen Ende des 19. Jahrhunderts war das Faktum, daß es unter den Juden Bandenunwesen und verschiedene andere kriminelle Aktivitäten gab, wohlbekannt ... Fast jede Straße hatte ihre eigene Jugendbande ... Prostitution bildete an der Lower East Side ein weiteres Problem, das häufig mit kriminellen Tätigkeiten wie dem Frauenhandel[19] verbunden war ..."* Laster und Kriminalität jener Zeit ließ der Rabbiner *Judah Magnes* in den sogenannten Kehillah-Berichten in der Zeit von 1909 bis 1915 dokumentieren.[20]

- Mit den Inselkorsen wanderten im letzten Quartal des 19. Jahrhunderts auch Clan-Mitglieder der „Union Corse" aus, die – in Relation zum sizilianischen Counterpart „Unione Siciliane" – als noch abgeschotteter und geheimer galt.[21] Der Einfluß dieser Union ließ unter den Auslandskorsen in der südfranzösischen und amerikanischen Diaspora eine korsische Unterwelt entstehen, die im 20. Jahrhundert als „Milieu" bekannt wurde und deren „Seigneurs" gefürchtet waren.

- Last not least wanderten mit chinesischen Arbeitern auch Mitglieder des Geheimgesellschaftssystems der „Triade", das im 19. Jahrhundert im Süden des Kaiserreiches aktiv war, nach Amerika. In San Francisco, wo 1851 schon 12 000 Chinesen lebten[22], begründeten Mitglieder der zweiten Loge der Triade die ersten sogenannten Tongs. Diese „Bruderschaften" beschützten ihre Landsleute vor der Willkür weißer Amerikaner. Im Laufe der Zeit wuchs den „Tongs" immer mehr Macht zu, was sie in den Chinatowns der großen Städte an der Westküste und Ostküste (New York 1873) quasi zu inoffiziellen Regierungen (für die Chinesen) werden ließ.[23]

Zwischen den Tongs gab es bewaffnete Auseinandersetzungen, die sich von den 1870er Jahren[24] bis in die 1920er Jahre hinzogen. In diesen „Tong-Kriegen" ließen die chinesischen Bruderschaften auch Gruppen jugendlicher Straßenschläger, zum Beispiel ab 1900 die sogenannten „Kriegsbeil-Jungen (Boo How Doy)"[25] für sich arbeiten.

Aufbau eines Tongs in den USA (nach FBI)

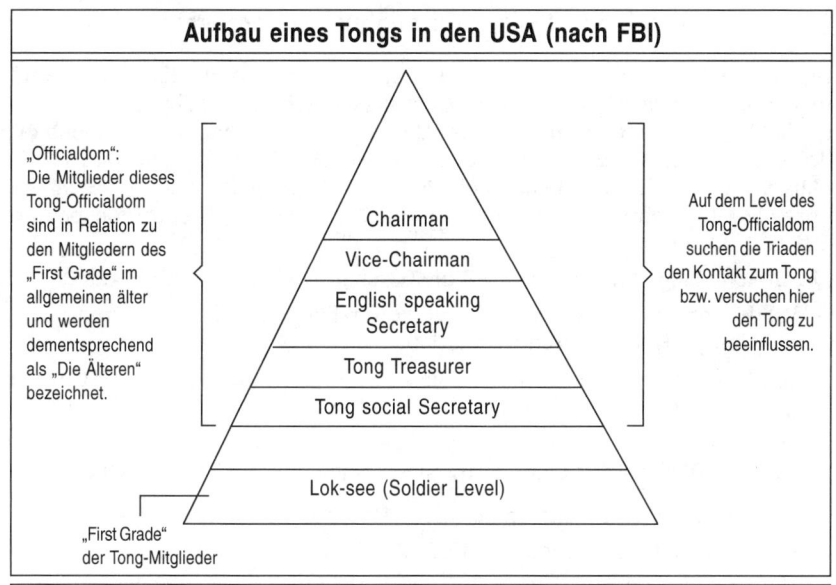

„Officialdom":
Die Mitglieder dieses Tong-Officialdom sind in Relation zu den Mitgliedern des „First Grade" im allgemeinen älter und werden dementsprechend als „Die Älteren" bezeichnet.

Chairman
Vice-Chairman
English speaking Secretary
Tong Treasurer
Tong social Secretary
Lok-see (Soldier Level)

Auf dem Level des Tong-Officialdom suchen die Triaden den Kontakt zum Tong bzw. versuchen hier den Tong zu beeinflussen.

„First Grade"
der Tong-Mitglieder

Aufbau einer Triade in den USA (nach FBI)

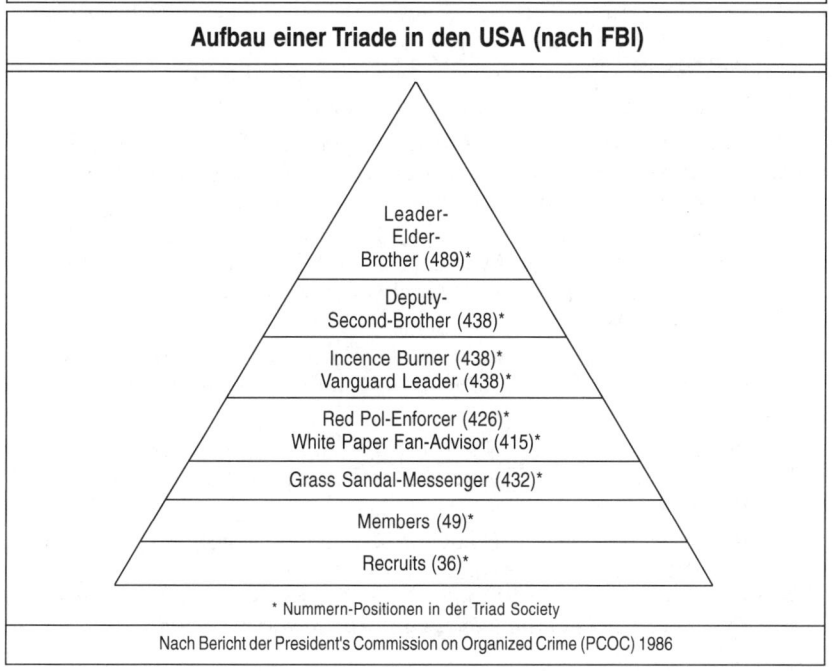

Leader-
Elder-
Brother (489)*

Deputy-
Second-Brother (438)*

Incence Burner (438)*
Vanguard Leader (438)*

Red Pol-Enforcer (426)*
White Paper Fan-Advisor (415)*

Grass Sandal-Messenger (432)*

Members (49)*

Recruits (36)*

* Nummern-Positionen in der Triad Society

Nach Bericht der President's Commission on Organized Crime (PCOC) 1986

1.1.2 Die Straßenbande (Gang) – Vorstufe zur Verbrecherorganisation

In den USA des 19. Jahrhunderts konnten eingewanderte Kriminelle und jugendliche Gewalttäter mafioses Erfahrungswissen auch „gebrauchen", wurde das Leben in den boomenden Städten doch zunehmend von Straßenbanden (Street Gangs) beherrscht, die sich meist nach ihren Heimatorten, Treffplätzen oder Anführern benannten. New York beispielsweise verzeichnete über bald 100 Jahre Ganggeschichte, von 1820 bis zum Prohibitionsbeginn 1919.

Die ersten Gangs hier waren wohl die irischer Einwanderer, so in den

- 1820er Jahren die „Kerryonians"; eine Straßengang, die von Immigranten aus County Kerry gegründet wurde;

- 1820er-1900er Jahre: „Plug Uglies"; 1830er-1840er Jahre: „O'Connel Guards" und „The Blue Americans"; und in den

- 1850er Jahren die „Dead Rabbits Gang". Diese auch als „Black Birds" bekannte Welsh-Irish Gang terrorisierte seinerzeit die Lower East Side.

Doch es waren damals und später nicht die einzigen Straßenbanden.

Das belegen die nachstehenden Beispiele über zehn Dekaden:

- 1820er Jahre: „Bowery Boys" (1820er-1870er Jahre), „Chichster Gang" (1820er-1860er J.), „Forty Thieves" (1820er-1850er J.), „Roach Guards" (1820er-1850er J.), „Shirt Tails" (1820er-1860er J.)

- 1840er Jahre: „Italian Dave Gang" (1840er-1860er J.)

- 1850er Jahre: „Boodle Gang", (1850er-1860er J.), „Border Gang", „Fourth Avenue Tunnel Gang", „Honeymoon Gang", „Hook Gang" (1850er-1860er J.), „Slaughter Housers", „Swamp Angels".

- 1860er Jahre: „Charlton Street Gang", „Dutch Mob", „Hell's Kitchen Gang" (1860er-1870er J.), „Tenth Avenue Gang" (1860er-1870er J.) und die nach dem Bürgerkrieg gegründete Straßenbande „Whyos Gang", die bis in die 1890er Jahre existierte.

- 1870er Jahre: „Baxter Street Dudes", „Hartly Mob", „Molasses Gang", „Nineteenth Street Gang", „Rag Gang", „Silver Gang" und die „Stable Gang".

- 1890er Jahre: „Cherry Hill Gang" (1890-99), „Gas House Gang" (1890er-1900er J.), „Gophers" (1890er-1910er J.)[26] und die „Hudson Dusters" (1890er-1910er J.).

- 1900er Jahre: „Batavia Street Gang", „Marginals", „Pansies", „Parlor Mob", „Potashes", „Rhodes Gang", „Yakey Yakes" und die wohl mächtigste italienische Bande, die „Five Points Gang" (1900-1919). Spätere Bosse wie *Al Capone, Lucky Luciano* und *Johnny Torrio* waren als Jugendliche „Five Pointers".

– 1910er Jahre: „Bridge Twisters", „Car Barn Gang" (1911-14), „Corcoran Roosters", „Jimmy Culey Gang", „Neighbor's Sons", „Terry Reilleys" und die „Tunnel Gang".

Insbesondere New Yorks Lower East Side wurde zu einem Zentrum kleiner und großer Street Gangs. Gefürchtet waren hier in den 1890er Jahren die „Monroe Street Gang", in den 1900er Jahren die „Fourteenth Street Gang", die „Frog Hollows Gang" (1910-13) und die „Little Doggies" – und in den 1910er Jahren die „Dock Rats", die „Folly Gang", die „Red Onions" und die „Red Peppers". In einem Zeitraum von gut dreißig Jahren wirkten im ethnischen Mikrokosmos der Lower East Side auch die Gangs der jüdischen Einwanderer, die von den 1890er Jahren bis in die 1920er Jahre hinein eine nicht unwichtige Rolle in der entstehenden Verbrechenswelt spielten. In den 1890er Jahren gehörten dazu die Taschendieb-Bande des „Crazy Butch" und die mächtige Gang von „Monk" Eastman (*Edward Osterman*, 1873-1920). Dem brutalen Gang-Boss allein wurden mehr als 50 Morde nachgesagt. In den 1900er Jahren machte die „Lollie Meyers Gang" von sich reden. In den 1910er Jahren dominierte die „Lenox Avenue Gang": Diese Bande von Taschendieben und Einbrechern wurde von *Harry Horowitz (" Gyp the Blood")* geführt. Und besonders eine von *Joseph Rosenzweig* geführte Bande, die sich nach dessen Spitznamen „Joe The Greaser Gang" nannte. Noch bekannter wurde die 1917 von *Nathan Kaplan* (1895-1923), genannt „Kid Dropper", organisierte „Rough Riders Gang". Auf dem Höhepunkt seiner Macht beherrschte Kaplan als „Manhattan's Top Gang Lord" – über 100 „Gunmen" standen auf seiner Lohnliste – die wichtigsten Deliktbereiche. Die Folge waren viele Auseinandersetzungen mit anderen Gangs bzw. „Mobs"[27], wie diese Banden abfällig genannt wurden.

Zwischen 1914 und 1920 wurde eine kleine Gang unter den Namen ihrer Anführer als „Bug & Meyer Mob" bekannt. „Bug" stand für *Benjamin (" Bugsy") Siegel* (1906-47), „Meyer" stand für *Meyer Lansky* (1902-83). Zur Gang dieser jüdischen Jugendlichen gehörte u.a. auch *Joseph (" Doc") Stacher* (1902-77), der später als Jewish Mobster in Israel lebte und wirkte.[28] In jener Zeit hatte der 1911 aus dem russisch-jüdischen Grodno eingewanderte Meyer Lansky auch den 1906 mit seinen aus Sizilien eingewanderten Eltern *Charles (" Lucky") Luciano* (1897-1962) kennengelernt. Dieser führte eine Bande junger Sizilianer an, die sich auf das Eintreiben von „Schutzzöllen" spezialisiert hatte. Lansky und Luciano schlossen ihre jüdischen und italienischen Jugendgangs zum Kampf gegen irische Banden zusammen. Zu dieser Zusammenarbeit merkte später „Doc" Stacher ganz pragmatisch an: *„Es ist doch egal, ob die Organisation Cosa Nostra, Unione Siciliane oder Kosher Connection*[29] *heißt. Namen bedeuten nichts. Wir haben ein anderes Ziel: unsere geschäftlichen Unternehmungen auszubauen und zu erweitern."* In der Tat hatten beide Gangleader ganz ähnliche Vorstellungen über kriminelle Geschäfte entwickelt. Mentor der beiden war *Arnold (" The Brain") Roth-*

stein (1882-1928), der schon zu Lebzeiten bei den jungen Nachwuchsver-
brechern eine Art „Broadway Mythos" war. Er gehörte zu denen, die schon
die Kriminalität organisierten. Wie kein anderer hatte er *Luciano* und *Lansky* beeinflußt, kriminelle Geschäfte als profitables und selbständiges System illegaler Unternehmen zu begreifen. Zur Realisierung dieser Vorstellungen diente insbesondere die Zeit der Prohibition, des Alkoholverbots
von 1919/20 bis 1933.[30]

1.1.3 Die Prohibition als Geburtshelfer der Organized Crime

Die Prohibition führte jedoch nicht zur Einschränkung des Alkoholkonsums
der Bürger, sondern verlagerte ihn nur in den Untergrund. In New York zum
Beispiel wurden mit Prohibitionsbeginn alle der rund 15 000 Bars mit legalem Alkoholausschank geschlossen. An ihre Stelle traten illegale Bars (sog.
Speakeasies), von denen 1920 um die 23 000 gezählt wurden, nicht wenige
davon im jüdischen Viertel und in Little Italy der Stadt. Wie kein anderes
„Racket"[31] wurde das illegale Alkoholgeschäft zum Finanzmotor des sich
zunehmend organisierenden Verbrechertums (Racketeering). Zu den Ver-
dienstspannen und Umsätzen zwei Beispiele:

* *Rothstein*, der sich mit dem noch nicht einmal 18jährigen Lansky[32] zusam-
  mengetan hatte, fuhr nach Europa und kaufte in Schottland Zehntausende
  Kisten erstklassigen Whiskeys, charterte Schiffe samt Besatzung und
  verdiente so auch am Transport. Eine Kiste mit 12 Flaschen kostete ca.
  25 Dollar (im Preis waren schon die Transportkosten, die Bestechungsgelder für Zoll- und Polizeibeamte und alle Nebenausgaben enthalten). In den
  USA kostete dann eine Flasche eingeschmuggelten Whiskeys ca. 30 Dollar.

* Während der Prohibition erzielte das Alkohol-, Glücksspiel und Bordellimperium des *Al(phonse) Capone* (1899-1947) Jahresumsätze von 60 und
  mehr Millionen Dollar. Legt man die lebenslange Verbrecherlaufbahn
  Capones zugrunde, soll der Gesamtumsatz, mehrheitlich über Alkohol-
  und Begleitgeschäfte erwirtschaftet, rund eine Milliarde Dollar betragen
  haben.

Das illegale Alkoholgeschäft legte, wie zuvor kein anderer Deliktbereich,
den Grundstein zu faktischem Reichtum und damit verbundener Macht. Über
Jahre konkurrierten mächtige sizilianische und andere süditalienische, irische und jüdische Gangs. Insbesondere Führungspersonen der Cosa Nostra
und der Jewish Crime befanden zum Ende der 1920er Jahre, daß es nicht nur
unblutiger sondern auch profitabler wäre, wenn man die Geschäfte organisieren würde. Die Organisation des Organized Crime (OC) zog sich von 1928
über das Prohibitionsende 1933 bis 1934 hin. Daten dieser Entwicklung:

- 5. Dezember 1928: im Statler Hotel in Cleveland setzten sich erstmals 23 sizilianische Vertreter von Italo-Gangs aus Chicago, New York, Detroit, Buffalo, St. Louis, Network, Gary, Kansas City und Tampa zum „1st National Organizational Meeting" zusammen, um über die Organisation ihrer Geschäfte auf landesweitem Niveau zu diskutieren.

- 13. bis 16. Mai 1929: zum „2nd National Organizational Meeting" trafen in Atlantic City rund 30 Führungspersonen der Gangs zusammen, u.a. aus Philadelphia *(Maxie „Boo-Boo" Hoff, Samuel Lazar, Charles Schwartz)*, New York *(Frank Costello, Charles Luciano, Dutch Schultz)* und aus Chicago *(Al Capone)*. Auf diesem Treffen beschlossen die Italiener, auch mit einigen nicht italienischen (= jüdischen) Partnern zu kooperieren. Die Gangleader einigten sich darauf, daß territoriale Zwistigkeiten und

Streitfälle zwischen den Gangs künftig von einer neunköpfigen „Commission" geregelt werden sollten.

Auf dieser Atlantic City Konferenz entstand auch aus der Jewish Crime die eigentliche „Jüdische Mafia", auch „Kosher Connection" oder „Group of Seven" genannt.[33]

- 1931: wie zwei Jahre zuvor schon die Italiener, entschieden sich nun die Jewish Mobster zur Zusammenarbeit mit Nichtjuden. Auf Anordnung *Lanskys* wurde *„Doc" Stacher* zum Hauptorganisator eines Treffens aller New Yorker jüdischen Gangster. Im Franconia Hotel entschieden diese darüber, daß Jewish und Italian Mobsters zu einem „National Crime Syndicate" verschmelzen sollten.

- Mit der Ermordung der alten Paten *Joe („The Boss") Masseria* am 15. April 1931 und *Salvatore Maranzano* am 10. September 1931 fand der sog. Castellammarese[34]-krieg (1928 – 31) sein Ende. Nun, da es keinen Boss der Bosse mehr gab, konnte das „Syndikat" realisiert werden.

- In New York schlug *„Lucky"* Luciano den andere Führungspersonen vor, die Stadt unter fünf gleichberechtigte Familien, den „Big Five"[35], aufzuteilen. Die gesamten USA sollten von ebenfalls gleichberechtigten Gangs kontrolliert werden. Den Gedanken der alten Commission aufgreifend, sollten 9 der 24 Gangleader die „National Commission" bilden, die bei Familiendisputen und Gangstreitigkeiten regelnd eingreifen sollte.

- 1934: ein Jahr nach Prohibitionsende kam es zu zwei weiteren Treffen , die die Begründung eines National Crime Cartels, eben dem „National Crime Syndicate" zur Folge hatte. „The Syndicate" war ein Zusammenschluß des italienischen und jüdischen Mob.

Führungspersonen der Cosa Nostra und der Kosher Nostra waren in der Spitze vertreten und hatten Sitz im National Board of Directors.

Das erste Treffen jenen Jahres fand in New York statt. Vertreter von 24 Gangs aus dem ganzen Land nahmen daran teil. Diesem folgte das wichtigere Treffen in Kansas City. An diesem letzten „National Organizational

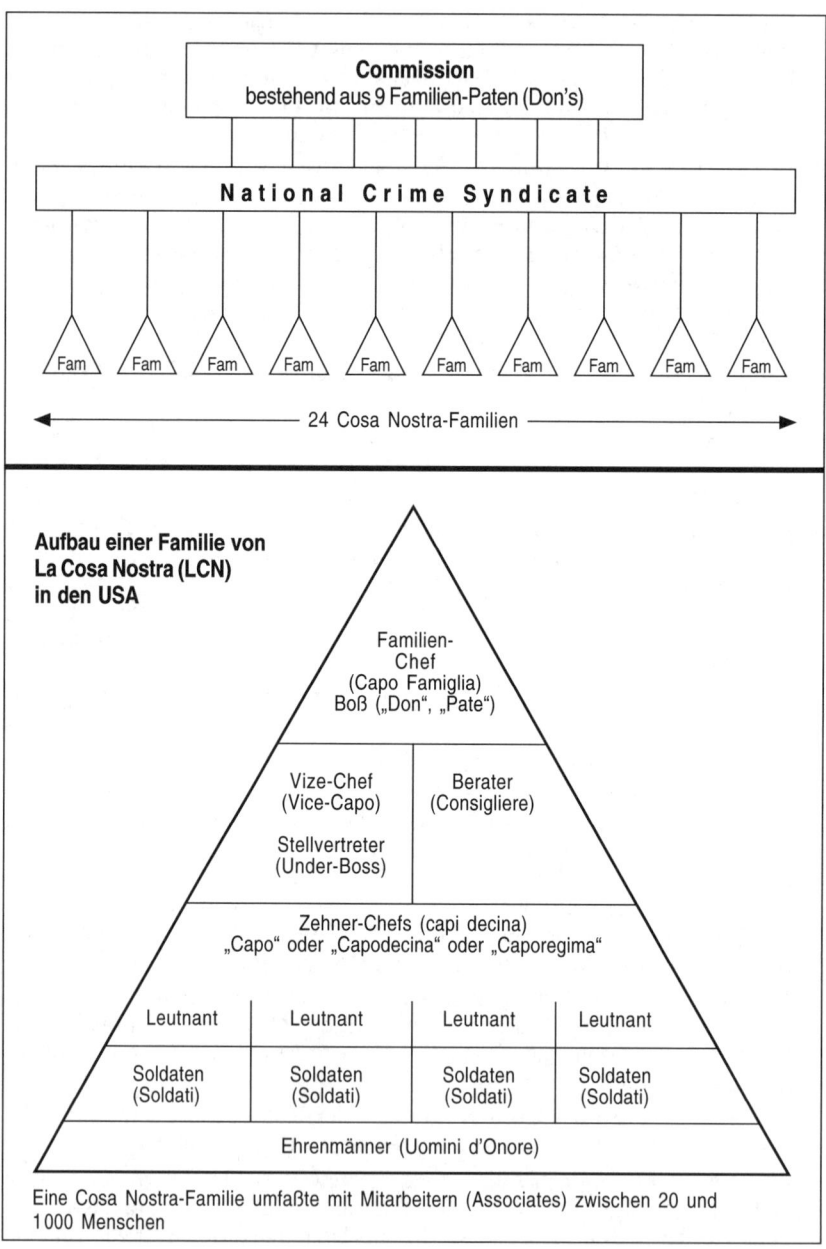

Commission
bestehend aus 9 Familien-Paten (Don's)

N a t i o n a l   C r i m e   S y n d i c a t e

Fam Fam Fam Fam Fam Fam Fam Fam Fam Fam

◄─────── 24 Cosa Nostra-Familien ───────►

**Aufbau einer Familie von
La Cosa Nostra (LCN)
in den USA**

Familien-
Chef
(Capo Famiglia)
Boß („Don", „Pate")

Vize-Chef
(Vice-Capo)

Berater
(Consigliere)

Stellvertreter
(Under-Boss)

Zehner-Chefs (capi decina)
„Capo" oder „Capodecina" oder „Caporegima"

| Leutnant | Leutnant | Leutnant | Leutnant |

| Soldaten (Soldati) | Soldaten (Soldati) | Soldaten (Soldati) | Soldaten (Soldati) |

Ehrenmänner (Uomini d'Onore)

Eine Cosa Nostra-Familie umfaßte mit Mitarbeitern (Associates) zwischen 20 und 1000 Menschen

Das italienisch (Luciano) — jüdische (Lansky) Syndikat in den USA in den 1930er Jahren

Italienische „Cosa Nostra"
mob Führungspersonen

Jüdische „Kosher Nostra"
mob Führungspersonen

Charles „Lucky" Luciano (1897 – 1962)

Präsident der Organisation

Meyer Lansky (1902 – 1983)

Benjamin „Bugsy" Siegel (1906 – 1947)

Waren beide Spezialisten für Spielcasinos, vornehmlich an der Westküste u. auf Kuba (Havanna)

Vito Genovese (1897 – 1969)

Leitete Rauschgifthandel

Louis „Lepke" Buchalter (1897 – 1944)

Betreute die Branchen: Mühlen & Bäckereien, Rauchwaren Textilien & Konfektion, Kinos, Transportfirmen, Gewerkschaften. Hauptkassierer der erpreßten Schutzgelder

Dutch Schultz (1902 – 1935)

Verantwortlich für: Fleischindustrie, Nachtclubs & Restaurants in New York u. New Jersey

Frank Costello (1891 – 1973)

Kümmerte sich um Spielautomaten, Pferde & Hunderennen, Wettbüros in Florida

Dandy Phil (1897 – 1962)

Befehligte die Unterwelt in Louisiana

Joe Adonis (1902 – 1972)

War zuständig für die Lager & Docks des New Yorker Hafens. Ihm oblagen auch die gesellschaftlichen u. politischen Beziehungen.

Albert Anastasia (1903 – 1957)

Ihm gehörte das Gebiet der Brooklyner Küste;

„Kommandierte" die Hitmen der Murder, Inc.

Murder, Inc.

Meeting" nahmen Vertreter der *Capone*-Gang aus Chicago, der Purple Gang der Jewish Mobster aus Detroit, der Mayfield Gang aus Cleveland und Gangs aus New Orleans, Kansas City, St.Louis und St.Paul statt. Organisatoren waren die New Yorker Mobster **Luciano** und **Frank Costello** und Capones Ex-Mentor **John Torrio**[36] (1882-1957). Nach diesem Treffen war das Syndikat offiziell begründet.

1.1.4 Das Syndikat – Prototyp des Organisierten Verbrechens

Das Syndikat brauchte nun noch einen separaten Vollstreckungsapparat (Enforcement Arm)[37]. Dieser wurde unter dem Namen „Murder Inc(orporated)"[38] bekannt. Wer diese „Mord AG" tatsächlich gegründet hat, ist bis heute unbekannt[39]. Die Murder Inc. hatte einen eigenen Codex[40]. Die Verwaltung oblag dem Jewish Mobster **Louis „Lepke" Buchalter** (1897-1944), mit der Einschränkung, daß Mitglieder der „Commission" oder des Syndikats stets ein Vetorecht besaßen. Während der 10 bis 15 Jahre ihres Bestehens fielen den sog. Hitmen[41] der Murder Inc. wahrscheinlich 400 bis 500 Menschen zum Opfer, wobei jeder einzelne Mord („Hit") mit der ausdrücklichen oder implizierten Zustimmung der Führungspersonen des italo-jüdischen Syndikats durchgeführt wurde. In der ersten Hälfte der 1940er Jahre wurde eine ganze Reihe von Hitmen inhaftiert, trotzdem stellte die Murder Inc. ihre Tätigkeit nicht ein. Das Unternehmen wurde in der Folge dezentralisiert und in einigen Filialen (Killing Squads) quer über das ganze Land verteilt.

Analog zu den kriminellen Gruppen eingewanderter Europäer organisierten sich auch Gruppen eingewanderten Asiaten, insbesondere die der Chinesen.

Die Geburtsjahre der Organized Crime, die 1920er Jahre, wurden in den USA als „Roaring Twenties" bezeichnet. Im Nachkriegseuropa hingegen sprach man von den „Goldenen Zwanzigern". Auch hier waren es „tolle Jahre" für Berufsverbrecher, die sich ebenfalls zu größeren Organisationen zusammenschlossen. In der Weimarer Republik operierten beispielsweise, mit dem Schwerpunkt Reichshauptstadt Berlin, die „Ringvereine", die mit Beginn der Herrschaft der Nationalsozialisten aufgelöst wurden.[42]

Im südlichen Frankreich operierten mit Schwerpunkt Marseille, Korsen-Clans, die ab Anfang der 1930er Jahre mit der italoamerikanischen Cosa Nostra den ersten illegalen Heroinhandel[43] als sog. French Connection bis Ende jener Dekade organisierten. Nach dem zweiten Weltkrieg wurden unterbrochene Verbrecher-Connections reanimiert, allen voran die „French Connection".

Weltweit erstarkte das organisierte Verbrechen in den 50er und 60er Jahren. In den 70er und 80er Jahren wurde der Rauschgifthandel ob seiner Profitabilität zum dominierenden Deliktbereich. Über Jahrzehnte mehrten durch dieses und andere illegale Geschäfte sowohl ältere Gruppen der organisier-

Strukturen chinesischer Tongs und der italo-amerikanischen La Cosa Nostra (LCN) im Vergleich

Einwanderung aus Süditalien ab den 1880er Jahren	Einwanderung aus Südchina ab den 1850er Jahren
Die süditalienischen „The Black Handers" (Die Schwarze Hand) u.a. bildeten Vereinigungen Anfang des 20. Jahrhunderts insbesondere 1907 die „Weiße Hand" (Chicago) 1908 die „Unione Siciliana" (N.Y.)	Die südchinesische zweite Loge der Triaden-Gesellschaften u.a. bildeten Bünde in der 2. Hälfte des 19. Jahrhunderts insbesondere Bruderschaften (sog. Tongs) wie „On Leong-Tong" und „Hip Sing"
Im Laufe der Jahrzehnte mit diversen Zweigstellen (Union Lodges) z.B. 1937 in Chicago 38 Union Lodges	Im Laufe der Jahrzehnte mit diversen Ortsgruppen (Chapters) z.B. 1980er Jahre Hip Sing in 16 Städten
La Cosa Nostra (LCN)	**Tongs**
Nachwuchsrekrutierung/Kooperation durch/mit jugendlichen Straßenbanden in Little Italy	Nachwuchsrekrutierung/Kooperation durch/mit Street-Fighting-Gangs in Chinatown

Bildung landesweiter Zusammenschlüsse (National Crime Sydicates)

In den 1930er Jahren Gründung der „Commission" bestehend aus 9 Familien-Paten (Don's) der 24 LCN-Familien in den USA	In den 1980er Jahren Gründung einer Art Kommission bestehend aus 5 Vertretern verschiedener Tongs der ? Tongs in den USA

Nach *Mike Yamaguchi*, US-Staatsanwalt in San Francisco und Experte für Asian Organized Crime (AOC), insbesondere der Chinese Organized Crime (COC), zitiert nach Posner, G.L. (1991): Die chinesische Mafia, Lübbe Verlag, S. 335-336

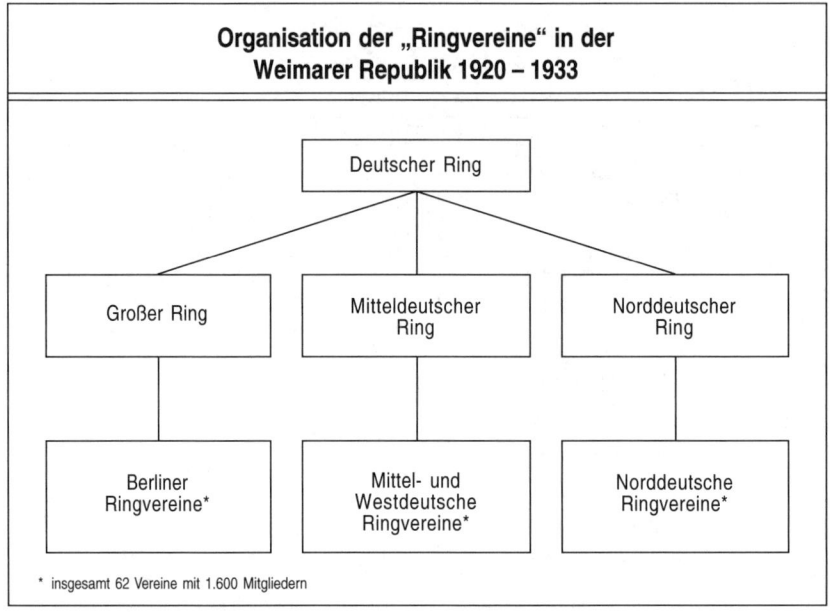

Organisation der „Ringvereine" in der
Weimarer Republik 1920 – 1933

Deutscher Ring

Großer Ring

Mitteldeutscher Ring

Norddeutscher Ring

Berliner Ringvereine*

Mittel- und Westdeutsche Ringvereine*

Norddeutsche Ringvereine*

* insgesamt 62 Vereine mit 1.600 Mitgliedern

ten Kriminalität (OK), als auch neuere – erst nach dem zweiten Weltkrieg hinzugekommene Gruppen[44] – ihr Kapital. Dieses öffnete Türen in der Wirtschaft und – nicht zuletzt durch die Instrumentalisierung der Korruption – in der Politik. Die bis dahin schon erreichte Machtfülle, abgesichert durch ein enormes Gewalt- und Korruptionspotential, erfuhr nach Ende des sog. Kalten Krieges in der letzten Dekade eine Potenzierung, die zum Ende des 20. Jahrhunderts nicht nur für einzelne Staaten, sondern letztlich für das Politsystem Demokratie bedrohlich geworden ist.

1.2 Entwicklung zur Network Crime – Innovationen in den 1990er Jahren

Seit Beginn der 1990er Jahre ist eine bis heute anhaltende Bewegung in ein über Jahrzehnte vertraut gewordenes Staatenbild Eurasiens gekommen; so durch den Niedergang der sozialistisch geprägten Regierungssysteme in Osteuropa, den Zerfall der Sowjetunion, die neu gewonnene Unabhängigkeit der baltischen Staaten, die Wiedervereinigung Deutschlands und nicht zuletzt durch die Bürgerkriege in Südosteuropa. Die schwierige und langandauernde Umstellung der Politsysteme (von kommunistischer Alleinherrschaft zur parlamentarischen Demokratie) und der Wirtschaftssysteme (von staatlich gelenkter sozialistischer Planwirtschaft auf freie Marktwirtschaft) begünstigte das Entstehen von sog. Schattenwirtschaften[45], die sich insbesondere in ost-

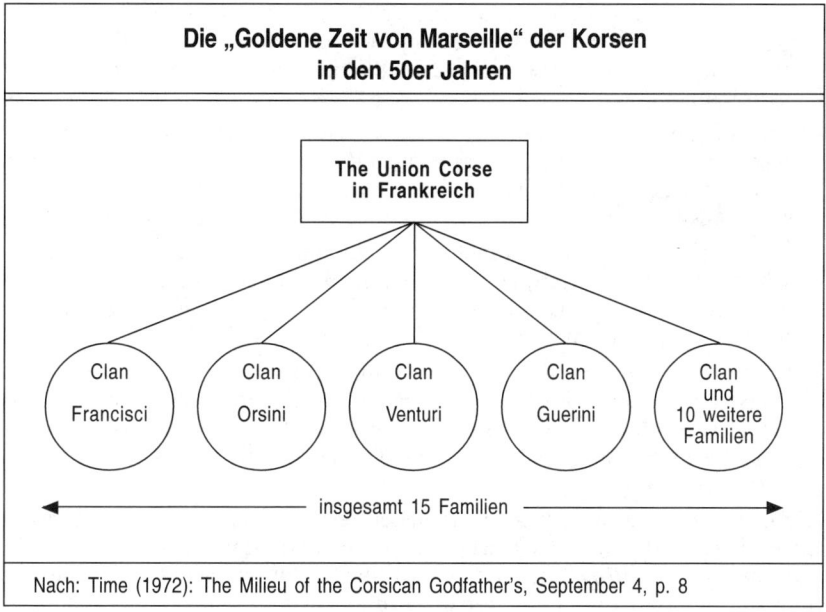

Die „Goldene Zeit von Marseille" der Korsen in den 50er Jahren

The Union Corse
in Frankreich

Clan
Francisci

Clan
Orsini

Clan
Venturi

Clan
Guerini

Clan
und
10 weitere
Familien

← insgesamt 15 Familien →

Nach: Time (1972): The Milieu of the Corsican Godfather's, September 4, p. 8

europäischen Ländern und in Ländern der Gemeinschaft unabhängiger Staaten (GUS)[46] temporär auch mit mafiosen Strukturen etablierten.

Wirtschaftspolitische und politgeographische Änderungen begünstigten das Entstehen von organisierter Kriminalität und die Innovation bereits bestehender organisierter Kriminalität. Zu diesem Ausgangslagebild einige Stichpunkte:

– Die früheren repressiven Systeme verschwanden; demokratische und marktwirtschaftliche Entwicklungen begannen.

– Neu entstandene Nationen ließen alte Konflikte und mit diesen auch wieder kriminelle Strukturen aufleben.

– Die frühere Korruption der kommunistischen Planwirtschaft fand ihre Fortsetzung in privater Wirtschaftskriminalität.

– In den nachkommunistischen Staaten herrscht in fast allen Institutionen (Zoll, Polizei, Armee, Geheimdienste, Verwaltung bis hin zur Regierungsadministration) zum Teil auch wieder die alte Nomenklatura[47]. Die „alten Neuen" unterstützten sich gegenseitig grenzüberschreitend auch in korruptem und anderem kriminellen Tun.

– Staats- und Privatunternehmen wurden von der Nomenklatura kriminell mißbraucht oder mafios unterwandert.

– Die in kommunistischer Zeit enge Vernetzung zwischen Militär/Armee, Geheimdienst, Wissenschaft und industriellem Komplex und deren internationale Strukturen existieren teilweise fort und dienen der organisierten Kriminalität.

– Persönliche Netzwerke aus früheren außenpolitischen Beziehungen (insbesondere mit Drittweltländern) können kriminell struktuiert werden (über Zielgruppen wie Funktionäre, Militär, Geheimdienste, aber auch beispielsweise ausgesuchte Studenten) und dienen dann mafiosen Zwecken.

– Die durch den Zusammenbruch des Kommunismus verursachten „politischen Arbeitslosen" (z.B. geschaßte Nomenklatura, demobilisierte Gewaltinhaber, entlassene Wissenschaftler) bildeten ein Rekrutierungspotential für die organisierte Kriminalität.

– Ein relativ hohes Schul- und Ausbildungsniveau in den früheren kommunistischen Ländern (im Westen oft negiert oder unterschätzt) machte und macht generell dynamisch und flexibel für berufliche Optionen, bei fehlenden legalen Angeboten auch für illegale Angebote des organisierten Verbrechens.

Die genannten und andere Aspekte haben dazu geführt, daß die Organized Crime in der letzten Dekade des 20. Jahrhunderts durch einen noch nicht abgeschlossenen Prozeß der Innovation (durch Rationalisierung, Brutalisierung, Militarisierung, Internationalisierung) gekennzeichnet ist. So sind in den 1990er Jahren neue OK-Gruppen aktiv geworden, sind neue OK-Netzwerke entstanden, wurden neue Deliktbereiche von der OK erschlossen, werden neue Kommunikations und andere neue Techniken von der OK genutzt, was gleichermaßen auch auf neue politgeographische Änderungen zutrifft.

1.2.1 Politgeographische Änderungen und deren Nutzung durch die Organisierte Kriminalität

Die politgeographischen Änderungen nach dem 2. Weltkrieg haben in der zweiten Hälfte dieses Jahrhunderts zur Bildung sog. kriminalgeographischer Großräume geführt, in denen insbesondere in der letzten Dekade sowohl kontinental-lokale OK-Gruppen als auch internationale Täterverflechtungen, letztere in globalen Deliktbereichen (zum Beispiel im Rauschgift- und Waffenschmuggel) operieren. Politische und wirtschaftliche Präferenzzonen wurden von organisierten Verbrechergruppen bevorzugt, beispielsweise Sonderwirtschaftszonen (zum Beispiel Shenzhen im Süden der VR China[48]), Steueroasen (allein in Europa über ein Dutzend[49]), politische Exklaven (zum Beispiel das von marokkanischen Schleusern genutzte spanische Melilla in Nordafrika[50]), nicht zu vergessen die durch Sprache und Kultur verbundenen Staaten (British Commonwealth, frankophone Länder und nicht zuletzt die GUS mit der Einheitssprache Russisch).

Mit Ende des „Kalten Krieges"[51] wurden früher gegeneinander verschlossene Grenzen durchlässig(er): Zentral/Mittelasiatische Staaten/Afghanistan/ Iran, Osteuropa/Westeuropa , Südosteuropa (Balkan)/ Westeuropa, Baltische Staaten/Nordeuropa, Südafrika/Schwarzafrika, Mitgliedsstaaten der Europäischen Union (EU)/Schengen-Mitglieder. Diese Durchlässigkeit wurde und wird auch durch die Organisierte Kriminalität genutzt, was insbesondere für die offenen beziehungsweise leicht zu überschreitenden Grenzen in Westeuropa, die die Ein- und Ausreisen regelrecht begünstigen, zählt. Beispiele:

- Mit einer größer werdenden Bevölkerungswanderung (Migration) tauchen Mitglieder unterschiedlichster OK-Gruppen gezielt in den Strömen der Kriegs-, Wirtschafts- und Kontingentflüchtlinge, aber auch der der Asylanten und selbst der Illegalen unter, um mit diesen in diverse Zielländer zu kommen, wo sie rasch in den dortigen Emigrantenkolonien abtauchen. Praktiziert wird dies zum Beispiel von der Asian Organized Crime (AOC), so von Angehörigen vietnamesischer Banden und chinesischen Bünden (Triaden).

- Innerhalb Westeuropas ist eine Art „Kriminaltourismus" entstanden. Zur Tatbegehung reisen Täter („Reisetäter"), sog. Delikttouristen, ein und danach wieder aus.

Ins Visier der organisierten Kriminalität sind vornehmlich auch Länder mit liberaler Wirtschaftsordnung geraten. Dazu zählen Länder mit liberalem Wirtschaftsrecht (zum Beispiel mit Gewerbefreiheit, freiem Kapitalverkehr, freiem Grundstückserwerb) und/oder Länder mit großzügigem Ausländer- und Asylrecht.

1.2.1.1 Kriminalgeographische Großräume und ihre Zentren

Bis zum Ende des Jahrhunderts sind vier kriminalgeographische Großräume entstanden:

- Asien (mit Einfluß auf Australien[52]): der Großraum zieht sich von Südasien (Pakistan, Indien) über Südostasien (Thailand, Vietnam, Kambodscha) bis Ostasien (VR China/Hongkong, Taiwan, Korea, Japan). In diesem Großraum liegen die weltgrößten geschlossenen Schlafmohnanbaugebiete, so das „Goldene Dreieck (The Golden Triangle)" in Myanmar (vormals Burma), Laos, Thailand und in Teilen Yünnans (Südprovinz der VR China) und der „Goldene Halbmond (The Golden Crescent)", der sich von Ost nach West über Nordindien, Pakistan, Afghanistan (mit grenzüberschreitendem Anbau nach Tadschikistan hinein), Iran und die Osttürkei streckt. Neben etablierten kriminalgeographischen Zentren in Ostasien, beispielsweise den Hauptbasen chinesischer organisierter Kriminalität (Hongkong/ VR China, Taiwan), haben sich neue kriminalgeographische Zentren in Südostasien entwickelt; hier insbesondere die von einer Militärjunta beherrschte sozialistische Republik Myanmar, in der die Regierung eine führende Rolle von Drogenhändlern in Wirtschaft und Politik duldet[53]; und die von Bürgerkriegen geschüttelte konstitutionelle Monarchie Kambodscha, in der seit Mitte der 90er Jahre asiatische Drogen- und Waffenhändler gute Verbindungen zum militärischen Geheimdienst und der Geheimpolizei des Landes unterhalten und das für asiatische OK-Gruppen (aus Hongkong, Taiwan, Thailand, Vietnam, Malaysia, Indonesien, Japan und Korea) als idealer Standort sowohl für illegale Geschäfte (Rauschgift, Geldwäsche) als auch zum Abtauchen[54] geeignet ist.

- Amerika: der Großraum zieht sich von Nordamerika (Kanada, USA) über Mittelamerika (Mexiko, Karibik) bis Südamerika (Kolumbien, Brasilien). In diesem Großraum liegen die weltgrößten Cocaanbaugebiete, in Südamerika insbesondere in den Andenstaaten (Bolivien, Peru, Ecuador), aber auch in den Karibikstaaten (Kolumbien, Venezuela und Surinam) sowie in angrenzenden Amazonasgebieten Brasiliens.

  Neben etablierten kriminalgeographischen Zentren in Nordamerika (La Cosa Nostra in den USA) und Südamerika (Columbian Connection), haben sich neue kriminalgeographische Zentren im mittelamerikanischen Raum entwickelt; hier insbesondere Mexiko, wo mit zunehmender Machteinbuße der kolumbianischen OK die mexikanischen Drogenkartelle[55] eine wichtige Rolle spielen. Erwähnenswert ist das sog. Tijuana Kartell, das Militärangehörige bis hin zur Generalität[56] auf seinen Lohnlisten hatte. Einige Karibikinseln haben für das OK einen hohen Stellenwert bekommen. Die Dominikanische Republik beispielsweise für die chinesische OK[57], die frühere britische Kolonie Antigua für die russische „Organisazija", was auch für Aruba gilt.[58]

Durch wirtschaftspolitische und politgeographische Änderungen sind mit Beginn der letzten Dekade in den nachstehenden Großräumen regelrecht innovative Schübe zu beobachten.

- Europa/Eurasien: von der portugiesischen Atlantikküste bis zum russischen Ural und der kaukasischen Bergwelt. In diesem Großraum liegen heute wichtige Produktionsstätten für illegale synthetische Drogen, aber auch für Dopingmittel. Wie in keinem anderen Großraum sonst sind hier eine Reihe neuer kriminalgeographischer Zentren, beispielsweise in der Russischen Föderation (Moskau, St. Petersburg, Jekaterinburg), in der Ukraine und in Weißrußland, aber auch in nordost-, ost- und südosteuropäischen Staaten entstanden. Neue Zentren werden aber auch in Westeuropa ausgemacht; in Frankreich zum Beispiel die Côte d'Azur. Hier trafen in den 90er Jahren die korsische, italienische und russische OK zur Verbrechenskooperative zusammen.[59]

- Afrika: neben dem nordafrikanischen Marokko vornehmlich das subsaharische Afrika. In der ersten Hälfte der 90er Jahre hatte sich Westafrika zu einer „Drehscheibe des internationalen Rauschgiftschmuggels" (BKA Einschätzung 1993) entwickelt. Kriminalgeographisches Zentrum ist hier das von einer Militärjunta geführte Nigeria.[60] Die frühere Hauptstadt Lagos hat sich über Jahre zu einem Zentrum der Wirtschaftskriminalität entwickelt.[61] Nigerianische Drogenringe dominieren das Rauschgiftgeschäft auch in anderen schwarzafrikanischen Ländern, insbesondere in Südafrika.[62] Hier ist seit dem Ende der Rassentrennungspolitik 1994 die Kriminalität so ausgeufert, daß sie von der südafrikanischen Öffentlichkeit bald „schlimmer als die Apartheid" empfunden wird.[63]

Nach politischer Öffnung und seiner Rückkehr in die Weltwirtschaft ist Südafrika mit seinem modernen Bank- und Transportwesen ab Mitte der 90er Jahre zu einem der wichtigsten Umschlagezentren des Drogenhandels und darüber hinaus zum Standort und Operationsbereich auch internationaler Verbrecherbanden geworden.

1.2.1.2 Neue Land-, See- und Luftwege zum Handel und Schmuggel

Die Änderungen der Politgeographie führte auch zu Änderungen von Handels- und Schmuggelwegen für diverse, auch illegale Güter.

- Luftwege: noch keine zehn Jahre ist es her, da war die „Aeroflot", die hochsubventionierte Airline der Sowjetunion, die mit Abstand größte Fluggesellschaft der Welt. Noch 1990 besaß sie rund 11 000 Flugzeuge und Hubschrauber und beschäftigte 400 000 „Aviatory", beim fliegenden Personal zumeist erfahrene Militärpiloten. Mit Auflösung der UdSSR im Dezember 1991 zerbrach das Aeroflot-Monopol. Ehemalige Regionalverwaltungen wurden nun zu neuen national-eigenständigen Gesellschaften wie zum Beispiel „Usbekistan Airways" oder „Turkmenistan Airlines". Rußlands internationale Flüge blieben zunächst bei der staatseigenen, aber stark geschrumpften Aeroflot AG. Den inländischen Rest des Aeroflot-Erbes teilten Regionalfürsten, Gebietsverwaltungen und Geschäftemacher unter sich auf. Quasi im „Räumungsverkauf" verschacherte das Moskauer Privatisierungskomitee hunderte Flugbetriebe. Bis zum Mai 1996 wurden um die 300, bis Mai 1998 fast 500 lokale Airlines gezählt, die – zum Teil unter abenteuerlichen Umständen – aus der Aeroflot hervorgingen.[64] Über den Zeitraum eines guten halben Jahrzehnts wurde das Flugwesen der GUS zu einem „Eldorado des neuen Unternehmertums", wobei alle Gesellschaften (insbesondere die der über 200 Kleinst-Airlines) ein Ziel einte: sie wollten und wollen Gewinn machen, möglichst viel und möglichst sofort. Vor diesem Hintergrund ist nicht wichtig was, sondern daß transportiert wird. In viele Airlines wird dementsprechend auch nicht investiert (Flugsicherheit wurde zum lästigen Kostenfaktor),[65] die Maschinen bis zum letzten ausgenutzt.[66]

Bis April 1996 wurden allein aus Rußland Kapital und Rohstoffe im Wert von über 300 Milliarden Dollar in einem Zeitraum von nur vier Jahren auf illegalen Wegen ins Ausland geschafft.[67] Einer dieser illegalen Wege ist der Luftweg. Allein das Fluchtkapital, das russische Unternehmen, Bankiers und Mafiosi außer Landes geschafft haben, wurde Anfang 1997 auf bis zu 80 Milliarden Dollar geschätzt.[68]

Ein weiteres Beispiel aus dem durch Bürgerkriege zerrütteten Afghanistan:[69] Hier gründeten Anfang 1996 gleich drei „War Lords" eigene Fluggesellschaften. So der usbekische Kriegsherr General *Rashid Dostum* die „Balkh Airlines", Kabuls War Lord *Ahmad Shah Masud* die „Pameer Airlines" und das religiöse Oberhaupt Jalalabads, *Haji Abdul Qadeer*, die „Khyber Afghan Airlines"[70]. Auch andere afghanische War Lords und selbst Milizen erwägen die Gründung eigener Airlines, die – so auch Beobachtungen der DEA – den Drogenschmuggel entscheidend erleichtern.

Last not least ist zum Dekadenende auch in Europa ein „ordnungspolitischer Kurswechsel" zu beobachten. Jahrzehntelang wurde die Luftfahrt als Staatsaufgabe angesehen. Doch seit Ende der 80er Jahre wächst im Flugverkehr der Wettbewerb: Fluggesellschaften werden privatisiert und Bodendienste liberalisiert. Große Drehkreuze in Europa, zum Beispiel in Amsterdam[71], Paris, Zürich und Kopenhagen wachsen schnell. Die Flughäfen in Europa, so die Einschätzung im Februar 1998[72], stehen vor einer Privatisierungswelle. Eine interessante Entwicklung auch für die Organisierte Kriminalität, die in diesem Markt insbesondere über die Instrumentalisierung der Korruption künftigen Einfluß sichern kann.[73]

- Wasser(See)weg: mit dem Zerfall der Sowjetunion, der Unabhängigkeit der baltischen Republiken Lettland, Litauen und Estland (seit September 1991) und dem Ende des „Kalten Krieges" wurde die Ostsee für verschiedene OK- Gruppen (zum Beispiel kolumbianische Kokainhändler) für verschiedene Deliktbereiche interessant, insbesondere für den Schmuggel von Menschen (Schleusung), Rauschgift, Waffen und Kernmaterial/radioaktive Stoffe[74]. Organisierte Verbrecher nutzten und nutzen den Tatbestand der Sicherheitsdefizite, die es in den nordosteuropäischen Ländern und der Russischen Föderation gab und mit Einschränkungen immer noch gibt: angefangen von der Grenzsicherung über die Binnenstrukturen der Polizeien bis hin zur Korrumpierbarkeit staatlicher und wirtschaftlicher Einrichtungen/Organisationen. Professionell entstand bereits in der ersten Hälfte der 90er Jahre eine kriminelle Infrastruktur, die vom organisierten Verbrechen als Betreiber nach dem Aufbau weiter ausgebaut wurde. Einbezogen sind hier auch wichtige Ostsee-Container-Häfen, von Rußland über das Baltikum bis nach Polen und Ostdeutschland. Dieser faktischen Bedrohung wurde politisch erstmalig im Mai 1996 auf der Konferenz der elf Ostseeanrainer durch die Bildung einer Einsatzgruppe (Task Force)[75] Rechnung getragen.

- Landwege: mit dem Zerfall der Sowjetunion und der Bildung neuer Staaten, dem Ende des „Kalten Krieges" und dem Bürgerkrieg im früheren

Jugoslawien (Frühjahr 1991 bis Frühjahr 1996) entstanden in Südosteuropa, Mittel- und Nordosteuropa und der GUS neue, vornehmlich für den Schmuggel geeignete Routen, für den Drogenschmuggel beispielsweise:

Die nördliche Alternative zur „klassischen" Balkan-Route, die über Bulgarien, Rumänien, Ungarn, der Slowakei und Tschechien nach Deutschland verläuft.

Eine weitere Alternativ-Route zur „klassischen" Balkan-Route verläuft von türkischen und/oder bulgarischen Schwarzmeerhäfen via Schwarzes Meer über die Ukraine, Weißrußland und Polen nach Deutschland.

Auf der „Kaukasus-Route" werden Opiate der Schlafmohnanbauregion „Goldener Halbmond" (und andere Güter) über Kaukasusrepubliken (zum Beispiel Aserbaidschan) und südrussische Autonomien (z.B. Tschetschenien), die Russische Föderation und die Ukraine beziehungsweise Weißrußland nach Polen, Deutschland und weiter verbracht. Ein anderer Weg führt vom Kaukasus nach St. Petersburg, wo die illegalen Güter via Ostsee nach Übersee verschifft werden.

Die GUS-Route (Land/Schienenweg) ist die längste aller neuen Routen im eurasischen Raum. Auf ihr werden Hanf-Produkte aus der VR China (Xinjiang) und Opiate aus mittelasiatischen Republiken via Kasachstan in die Russische Föderation und von hier über russische (St. Petersburg) aber auch baltische Häfen (z.B. Riga) nach Übersee verbracht. Ein anderer Zweig der GUS-Route führt die Opiate aus den mittelasiatischen Republiken via Usbekistan über das Kaspische Meer in die Kaukasusregion – und damit zum Anschluß an die Kaukasus-Route.

In der letzten Dekade des 20. Jahrhunderts ist Afrika ein wachsender Stellenwert als Transitkontinent für Schmuggelgüter, insbesondere Rauschgift, zugefallen. So werden beispielsweise in Indien produzierte synthetische Drogen (vornehmlich das Antidepressivum Methaqualon = Mandrax) auf dem Luft und/oder Seeweg nach Sambia (Lusaka), Zimbabwe (Harare), Mosambik (Maputo) und Kenia (Nairobi) verbracht. Nach Löschung der Ware in Häfen des subsaherischen Schwarzafrikas wird sie auf dem Luft- und Landweg in die Zentren der Weiterverbreitung nach Lesotho (Maseru), Malawi (Lilongwe) und Botswana (Gaborone) transportiert. Ein anderer Weg führt von Indien direkt in die südafrikanische Hafenstadt Durban.[76] Über die Republik Südafrika (RSA) läuft aber auch auf dem Luft- und/oder Seeweg ein Teil des Kokainhandels, das von Südamerika über Pretoria und Johannisburg zum Verbraucher nach Westeuropa und Nordamerika gebracht wird. Zugenommen hat auch der Schmuggel von Heroin. Vornehmlich aus Pakistan wird das Betäubungsmittel über Nachbarländer nach Südafrika gebracht. Von hier geht es weiter nach Europa. In der RSA wies schon 1993 Polizeihauptmann *Jakkals Britz* darauf hin: *„Wir haben weder die Leute noch die Mittel, um wirkungsvoll zu sein. Die Syndikate haben mehr Geld und eine* *viel bessere Ausrüstung"*.[77] Die Organisierte Kriminalität klagt in der Tat weder über Geldnöte noch über Personalmangel.

1.2.2 Manpower für die Organisierte Kriminalität

Mit dem Niedergang des Kommunismus wurde in alten und neu entstandenen Staaten durch Umstrukturierungen, Entlassungen und Auflösungen auch „Manpower" frei. Zu den nun „politischen Arbeitslosen" gehörten geschaßte Mitglieder der Ex-Nomenklatura, demobilisierte Angehörige der Staatsgewalt (Ex-Soldaten, Ex-Polizisten, Ex-Zöllner und -Grenzschützer und Ex-Nachrichtendienstler) und entlassene Wissenschaftler, letztere meist als Opfer privatwirtschaftlicher Rationalisierung. Die Größenordnung dieser Potentiale ist gewaltig. Neben diesen quantitativen Aspekten sind die qualitativen mehr als erwähnenswert. Geschaßte Mitglieder der alten Nomenklatura hatten ja nicht mit ihrer Arbeitslosigkeit ihre alten Verbindungen verloren. Diese konnten nicht nur Mitglieder der neuen Nomenklatura, sondern auch Gruppen der organisierten Kriminalität gebrauchen. Aber auch Wissenschaftler fanden in originären OK-Deliktbereichen, beispielsweise in der Herstellung von Rauschgiften, neue Arbeit. Last not least konnten auch Soldaten das Gelernte neu anwenden, was militarisierte Tatausführungen zur Folge hatte.

1.2.2.1 Quantitative Aspekte der Manpower

Zur Größenordnung der Potentiale: Zum Ende des „Kalten Krieges" wurde allein die Anzahl der hauptamtlichen (= offenen) Mitarbeiter der Staatssicherheitsdienste der Mitgliedstaaten des Warschauer Paktes, ohne militärische Nachrichtendienste, auf insgesamt 0,7 bis über eine Million geschätzt. Hunderttausende waren sog. Volksmilizen angehörig[78], Millionen wurden für die Territorialverteidigung ausgebildet.[79] Noch in Hochzeiten hatten Mitglieder einiger Staatssicherheitsdienste (zum Beispiel der bulgarische DS und der sowjetische KGB) Kontakte zu Berufsverbrechern[80], oder arbeiteten mit diesen zusammen (so die „Bulgarian Connection"[81]); oder waren selbst als kriminelle Vereinigung aktiv, belegt durch das Beispiel des polnischen SB[82]. Eine kurze Übersicht soll die quantitative Größenordnung der Sicherheitskräfte der sozialistisch-kommunistischen Staaten Osteuropas und der Sowjetunion zur Wendezeit 1989/90 verdeutlichen:

Nach der politischen Wende wurden in den nun nicht mehr sozialistischen Staaten Osteuropas die alten Staatssicherheitsorgane aufgelöst, reformiert oder einfach nur umbenannt. Beispiele:

- In Bulgarien wurde nur die „Abteilung für dem Kampf gegen die ideologische Diversion" der Staatssicherheit aufgelöst. Doch sollen über 100 Mitglieder dieses berüchtigten „Department 6" im neugegründeten Sicherheitsrat untergekommen sein.

- In der Tschechoslowakei wurde die sog. StB-Spinne (Statni Bezpecnost – Staatssicherheit) formal Anfang Februar 1990 aufgelöst. Dennoch sollen von den rund 1000 Mitarbeitern des im Mai 1991 gegründeten Föderalen Sicherheits- und Informationsdienstes (FIS) der CSFR etwa 20 Prozent aus dem alten StB übernommen worden sein.

- In Polen wurde die geheime Polizei „Sluzba Bezpieczenstwa" (SB) am 14. Mai 1990 aufgelöst und mit dem Aufbau eines Amtes für Staatsschutz („Urzad Ochrony Panstwa") begonnen. Mit dem neuen Namen wurde ein Reformprozeß in Gang gesetzt, durch den die Struktur des Polizeiapparates bis zum Sommer 1990 verändert wurde. Dennoch sollen nach Überprüfungen über 10 000 Mitarbeiter der alten Geheimpolizei in den neuen Staatsschutz übernommen worden sein.

- In Rumänien wurde dem Departamentul Securitatii Statului (DSS), kurz „Securitate" (rumän. = Sicherheit) kurzzeitig die autonome Zuständigkeit entzogen. Nach „vorübergehender Auflösung" um die Jahreswende 1989/ 90 wurde die Securitate im Frühjahr 1990 wieder schrittweise in ihren alten Strukturen eingesetzt und im April 1990 offiziell als Rumänischer Nachrichtendienst (Serviciul Roman de Informatii), dem mehrere tausend (6 000?) Mitarbeiter der früheren Securitate angehören, neu gegründet.

- Zwei Monate vor Auflösung der UdSSR wurde im Oktober 1991 der KGB, dessen hauptamtliche Mitarbeiter zu dieser Zeit noch auf mindestens 500 000 geschätzt wurden, offiziell per Dekret vom Staatsrat aufgelöst. Der neue Dienst erhielt am 11. Oktober 1991 den Namen MBS (Interrepublikanischer Sicherheitsdienst).

- In Ungarn wurde die Geheimpolizei „Aliam Biztonsage Szerv" (ABSZ) im März 1990 als Dienst aufgelöst. Ihre Aufgaben wurden auf verschiedene Hauptverwaltungen des Innenministeriums verteilt. Ein Nationaler Sicherheits- und Informationsdienst wurde neu organisiert.

Zählt man arbeitslos gewordene Mitarbeiter dieser Staatssicherheitsdienste mit denen der militärischen Nachrichtendienste, Volkspolizisten und Milizionären, Grenzschützern und anderen paramilitärischen Kräften, nicht zu vergessen die entlassenen Soldaten der Roten Armeen, zusammen, so kommt man auf ein Potential von vielen 100 000 Menschen. Den wohl überwiegenden Teil stellen hier Angehörige verschiedener Streitkräfte. So lag die Stärke der sowjetischen Streitkräfte Anfang 1990 noch bei 3,9 Millionen.[83] Mit dem Ende der UdSSR zerfiel auch die Einheit dieser „Roten Armee".[84] Die Russische Föderation zählte im Oktober 1996 nur noch 1,7 Millionen Mann. Ende November 1997 beschloß der russische Verteidigungsrat die Verkleinerung dieser Armee um rund ein Drittel bis zum Jahr 2005. Bis Ende 1998, so die Angaben von Verteidigungsminister *Igor Sergejew*[85], soll die Armee um

Die wichtigsten geheimen Staatssicherheitsdienste der Mitglieder des ehemaligen Warschauer Paktes (1955-1991)
(Das Zahlenwerk betrifft ausschließlich die Staatssicherheitsdienste, nicht die militärischen Nachrichtendienste)

	Land	Gründung der kommunisti. Volksrepublik	Staatssicherheits-dienst	Kürzel	Jahr der Gründung (inclusive Vorläufer)	Anzahl der hauptamtl. Mitarbeiter Ende der 80er Jahre (Schätzungen)	Anzahl der Zuträger (Informelle Mitarbeiter) Ender der 80er Jahre (Schätzungen)	Jahr der offiziellen Auflösung/ Umbenennung
1	Bulgarien	15.09.1946	Darzavna Sigurnost	DS	1946/47	?	Dichtes Netz von Mitarbeitern in der Zivilbevölkerung (?)	nur die Abt. 6 1989/90
2	CSSR	09.05.1948	Statni Bezpecnost	StB	1948/49	16000 bis 18000	150000	Anfang Febr. 1990
3	DDR	07.10.1949	Ministerium für Staatssicherheit („Stasi")	MfS	1949/50	85500 bis 96000	173000	1989/90
4	Jugoslawien	29.11.1945	Sluzba Bezbednosti	SB	1945/46	?	?	
5	Polen	19.02.1947	Sluzba Bezpieczenstwa	SB	1947/48	Knapp 25000	?	14.05.1990
6	Rumänien	13.04.1948	Departamentul Securitatii Statului („Securitate")	DSS	1947/48	ca. 40000	rd. 400000	1989/90
7	UdSSR	30.12.1922	Komitet Gosudarstvennoy Bezopasnosti	KGB	1917	ca. 500000 bis 700000	bis 7 Millionen	1991
8	Ungarn	20.08.1949	Allam Biztonsage Szerv	ABSZ	1949/50	?	?	

500 000 Mann auf 1,2 Millionen verschlankt werden. Wie viele von diesen gelernten Sicherheitskräften noch heute arbeitslos sind oder ihr Können in eine boomende private Sicherheitsindustrie eingebracht haben, wie viele sich als Söldner verdingt haben oder temporär in der Fremdenlegion[86] unterkamen und wie viele Arbeit als „bewaffneter Arm" in Gruppen der Organisierten Kriminalität fanden, ist nicht bekannt und kann bis auf wenige Ausnahmen auch nicht einmal annähernd geschätzt werden.

1.2.2.2 Manpower aus verschiedenen Bereichen

Nicht nur die Sicherheitskräfte verloren Personal durch Änderungen der Politsysteme. Weitere Beispiele:

- Die Umstellung von sozialistischer Planwirtschaft auf freie Marktwirtschaft hatte (und hat) zur Folge, daß ungezählte Wissenschaftler quasi als „Opfer privatwirtschaftlicher Rationalisierung" entlassen wurden. Das traf sowohl Naturwissenschaftler (plus Assistenzberufe) als auch Techniker. Ihr Können war und ist auch bei Gruppen der Organisierten Kriminalität gefragt.

- Zur Größenordnung der Nomenklatura: Allein in der Sowjetunion gab es im November 1991, einen Monat vor Auflösung der Union, rund 2,5 Millionen Abgeordnete in den vielen Parlamenten im Land. Nicht wenige hatten ihre parlamentarische Immunität auch für diverse Geschäfte, einige auch mit Kriminellen, mißbraucht und Verbindungen geschaffen, die auch nach dem politischen Mandat Bestand haben.

- Der Niedergang und die Auflösung der Sowjetunion versetzte auch über 80 linksgerichteten terroristischen Gruppen, die bis zum Ende des Kalten Krieges in Europa, Nahost, Asien, Afrika und Lateinamerika tätig waren, einen schweren Schlag. Die UdSSR und ihre sozialistischen Bruderstaaten waren bis dahin für viele „letzter Rückhalt für politische und finanzielle Unterstützung".[87] Bis in die späten 1980er Jahre war der internationale Terrorismus auch ein gewaltiges Geschäft. Über 100 Gruppen operierten weltweit als „unabhängige Unternehmen". In über 40 Ländern waren Zehntausende beschäftigt. Der Jahresumsatz dieser „Terrorindustrie" wurde auf über zwei Milliarden Dollar geschätzt. Der weltweite Wandel im politischen Klima ab den 90er Jahren würde, so Terrorexperten 1991[88], für mehrere Tausend Ex-Terroristen „Arbeitslosigkeit" bedeuten. Sie könnten, so die eindringlichen Warnungen vor einem guten halben Jahrzehnt, von anderen Bereichen der Kriminalität angezogen werden, die ihnen ein ähnliches Einkommen sicherten. Durch die weggebrochene Finanzhilfe waren einige Terrorgruppen in ihrem Lebensnerv getroffen, besonders Linksextreme in Europa. Internationale Widerstands- und Terrorgruppen sind, so Nachrichtendienstler Mitte der 90er Jahre, auch in Deliktbereichen der Organisierten Kriminalität tätig und benutzen hier, für ihre subversiven Infrastrukturen, beispielsweise die kurdische „Partiva Karkaren Kurdistan"

(PKK), die korsische „Front de Libération Nationale de la Corse" (FLNC) und die algerische „Groupe Islamique Armée" (GIA).

• Manpower kommt aber auch aus den eigenen Reihen der Organisierten Kriminalität. Dazu ein Beispiel aus Südamerika: Dem kolumbianischen „Medellin Kartell" wurde nachgesagt, auf dem Höhepunkt seiner Macht Ende der 1980er Jahre rund 100 000 Menschen in von ihm geleiteten legalen und illegalen Unternehmen beschäftigt zu haben. Allein die Anzahl der Bewaffneten wurde damals auf 15 000 geschätzt. Die zwei Kriege, die dieses Kartell von August 1989 bis Juni 1991 und von Januar bis April 1993 gegen die Regierung führte, hatten den Niedergang des Kartells und damit einhergehend die Arbeitslosigkeit ungezählter „Narcotrafficantes" zur Folge. Medellins Konkurrent, das „Cali Kartell", Profiteur der Entmachtung des Medellin-Kartells, soll auf seinem Höhepunkt der Macht Mitte der 90er Jahre in seinen legalen und illegalen Unternehmen rund 80 000 Menschen beschäftigt haben, einschließlich seines „bewaffneten Arms". Beim absehbaren Niedergang auch dieses kolumbianischen Kokain-Kartells[89] ist mit analoger Arbeitslosigkeit der Narcotrafficantes zu rechnen. Die freien Kräfte der dargestellten Manpower-Potentiale haben letztlich auch mit dazu geführt, daß sich Organisierte Kriminalität zur Netzwerk-Kriminalität (Network Crime) entwickelte.

1.2.2.3 Qualitative Aspekte der Manpower

In Gruppen der Organisierten Kriminalität haben geschaßte Mitglieder der Nomenklatura, arbeitslos gewordene Wissenschaftler und entlassene Soldaten ihr Wissen und Können für die neuen „Arbeitgeber" gewinnbringend eingebracht. Dazu folgende Beispiele:

• Militarisierung der Organisierten Kriminalität:

In der Zeit bis Ende des Kalten Krieges hatten einige OK-Gruppen schon gelernte Soldaten und/oder Nachrichtendienstler als militärische Berater für die Führungsebene, beziehungsweise als Ausbilder für den „bewaffneten Arm" angeworben. Vor dem Hintergrund der Lateinamerikapolitik Israels ab Mitte der 70er Jahre[90] ist dies beispielsweise belegt für Israelis, die Ende der 80er Jahre in Mittelamerika als Berater für Panamas Generalissimo *Manuel Noriega*[91], beziehungsweise als Ausbilder und Ratgeber des kolumbianischen Medellin-Kartells[92] enttarnt und medienöffentlich wurden. Nach dem Kalten Krieg gingen und gehen gelernte Soldaten in die Organisierte Kriminalität. So sind in größeren russischen Bruderschaften Veteranen des Afghanistan-Krieges, Ex-Angehörige der Truppen des Innenministeriums (Omon), entlassene Offiziere der ehemaligen Westgruppe der Truppen (WGT) und andere Ex-Angehörige der Streitkräfte tätig. Neben dem Imageverlust der einst ruhmreichen Roten Armee sind eine schlechte Zahlungsmoral und eine Soldhöhe (von nur wenigen hundert Mark für

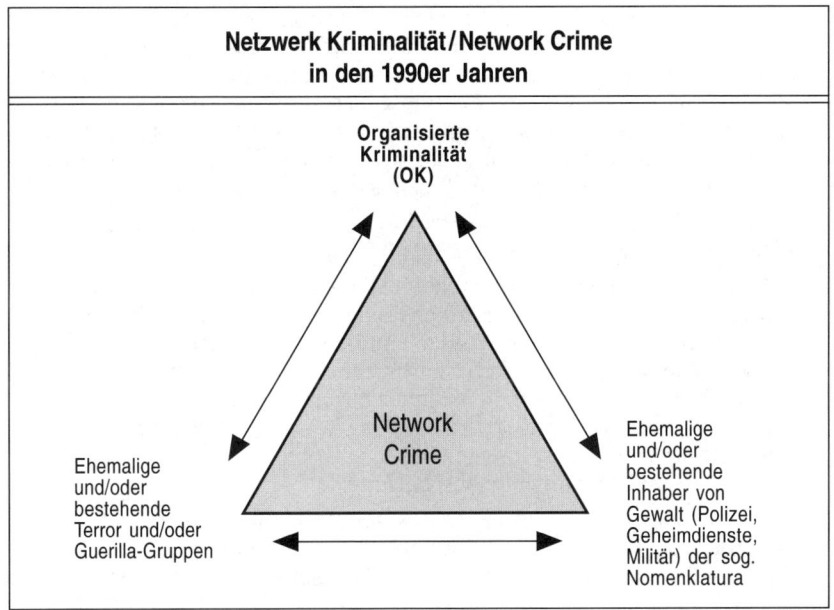

**Netzwerk Kriminalität / Network Crime
in den 1990er Jahren**

Organisierte
Kriminalität
(OK)

Network
Crime

Ehemalige
und/oder
bestehende
Terror und/oder
Guerilla-Gruppen

Ehemalige
und/oder
bestehende
Inhaber von
Gewalt (Polizei,
Geheimdienste,
Militär) der sog.
Nomenklatura

Führungsoffiziere[93]), von der kaum gelebt werden kann, wichtige Gründe zur Demotivation in den eigenen Streitkräften und zur Suche nach besser zahlenden Arbeitgebern. Gelernte Soldaten finden sich aber auch in vietnamesischen Banden in den USA[94], aber auch in den in Mitteleuropa, insbesondere in Deutschland operierenden Gruppen (sog. Offiziers-Mafia)[95]. Einige, heute international operierende chinesische Triaden sind, zum Beispiel die „Big Circle Gang", von Mitgliedern der „Roten Garden", die sich nach der Kulturrevolution abgesetzt hatten, gegründet worden.[96]

Neben der Militarisierung der Täter wurden und werden auch in einigen Tatausführungen der Organisierten Kriminalität originäre militärische Operationsformen aktuell, was militärische Ausbildungen beziehungsweise militärische Trainings nichtsoldatischer Täter bewirken. Die Tatausführungen (z.B. Blitzeinbrüche) rumänischer Tätergruppen Mitte der 90er Jahre lassen die Vermutung zu, daß diese, militärisch trainiert[97], in der Art militärischer Stoßtrupps operierten.

• Brutalisierung der Organisierten Kriminalität:

Durch Personalzuwachs aus Staatssicherheitsdiensten und dem Militär ist auch die Gewaltbereitschaft/Gewaltanwendung in der Organisierten Kri-

minalität gewachsen. Neue beziehungsweise modifizierte Erscheinungs-
formen sind u.a. Folter (einschließlich Scheinhinrichtungen), Entführung
und Mord aus Rache gegen Rivalen, um Vermögenswerte oder sonstige
Vorteile zu erpressen. Eine wichtige Ursache dieser Entwicklung ist das
Faktum, daß sich „Kampfsportgeübte", zum Beispiel Ex-Fallschirmjäger,
Ex-Kampftaucher, Nahkämpfer, aber auch geübte Kampfsportler und/oder
Personenschützer Gruppen der Organisierten Kriminalität andienen und/
oder von diesen angeworben werden.

• Nach Ende des Kalten Krieges bestand und besteht für diverse Gruppen der
  OK die Möglichkeit, nachrichtendienstliches Know How durch Einkauf
  einzusetzen beziehungsweise arbeitslos gewordene Nachrichtendienstler
  (und mit diesen Ausbildung, Wissen und Beziehungen) anzuwerben. Organisierte Kriminalität kann für unterschiedlichste Aufgaben, Vorhaben und
  Geschäfte auf nachrichtendienstliches Erfahrungswissen zurückgreifen.
  Einige „Nutzungsbeispiele": Auswertung wissenschaftlicher-technischer
  Informationen, Gegenspionage, Führung von Sabotageagenten, Grenzschleusung und Dokumentenbeschaffung.

• Durch die Anwerbung von arbeitslos gewordenem Fachpersonal konnten
  und können verschiedene Deliktbereiche optimiert werden. So fanden/
  finden beispielsweise im Kriminalitätsbereich Rauschgift, insbesondere
  in der Herstellung von synthetischen Drogen und Dopingmitteln, aber
  auch der Raffinierung klassischer Betäubungsmittel, Wissenschaftler/Fach-
  arbeiter wie Chemiker, Chemiefacharbeiter, Assistenzberufe, Pharmazeu-
  ten, Apotheker und Pharmakologen gut bis hervorragend bezahlte Anstel-
  lungen. Qualifizierte Wissenschaftler (auch Nachrichtendienstler) sind auch
  in Deliktbereichen wie der sog. Nuklear-OK, der Computerkriminalität,
  der illegalen Entsorgung von Sondermüll, der Schleusung und last not
  least der Wirtschaftsspionage gefragte Fachleute.

  Zur Größenordnung ein Zahlenbeispiel aus Rußland: Ungefähr 60 Prozent
  der 1994 offiziell zugegebenen 4,5 Millionen Arbeitslosen hatten akade-
  mische Bildung. In der ersten Hälfte der 90er Jahre gingen jährlich zwischen 14 000 und 33 000 Wissenschaftler und Ingenieure ins Ausland.

• Effektivierung verschiedener Connections:
  Mitglieder der alten Nomenklatura sind nicht nur „geschaßt" worden. Die
  Majorität hat in postkommunistischer Zeit wieder Sitz und Einfluß in osteuropäischen Reformstaaten und der Gemeinschaft unabhängiger Staaten
  in vielen Institutionen. Auch über die (entstandenen neuen) Grenzen hinweg unterstützt sich bis dato diese alte Nomenklatura gegenseitig, ferner
  auch in korrupten und anderen kriminellen Bereichen. Bevorzugte Organe
  sind hier Zoll, Polizei, Armee, Geheimdienst, Verwaltung bis in die Regie-
  rungsbehörden hinein. Einige Mitglieder der alten/neuen Nomenklatura
  hatten und haben Kontakte zur Organisierten Kriminalität, die ihrerseits

diese Beziehung beispielsweise zum Abschöpfen auch polizeilicher Informationsquellen nutzt.[98] Auch auf diplomatische Connections, die einst über die diplomatischen Vertretungen sozialistisch/kommunistischer Staaten im westlichen Ausland aufgebaut wurden, zum Beispiel über Handelsattachés[99], kann zurückgegriffen werden. Durch Einfluß auf die Nomenklatura beziehungsweise die Verflechtung mit ihr, hat das Organisierte Verbrechen, so die Russian Organized Crime (ROC), auch Zugriff (in der GUS) auf Rohstoffe (z.b. Erdöl), Schlüsselindustrien (z.b. Atomindustrie), staatliche Gewaltmonopole (z.b. Militär) und wohl auch auf verschwundene Vermögenswerte der früheren Kommunistischen Partei der Sowjetunion (KPdSU)[100] und ihrer Geheimdienste. Wie weit der OK-Einfluß in Rußland bereits sein könnte, wurde im Herbst 1997 durch das Washingtoner „Center for Strategic and International Studies" (CSIS)[101] bekannt. In seinem Task Force Report „Russian Organized Crime – Global Organized Crime Project" kam das CSIS zu der Einschätzung, daß sich in Rußland eine *„Verbrecherherrschaft aus zweifelhaften Geschäftsleuten, korrupten Beamten und gewöhnlichen Kriminellen entwickelt. Das Land würde an der Schwelle zu einer vom Verbrechen beherrschten Oligarchie stehen. Die russische Regierung wäre nicht vollständig Herrin der Lage."* [102]

- Die wohl für demokratische Staaten bedrohlichsten qualitativen Aspekte sind die Instrumentalisierung der Korruption, mittlerweile nicht nur in den Drittweltländern, sondern auch in den hochindustrialisierten Ländern der sog. Ersten Welt[103], und seit den 1990er Jahren auch zunehmend die Praxis der sog. Desinformation. Diese originäre nachrichtendienstliche Aufgabe[104], „Verwirrung durch lancierte falsche oder richtige Meldungen zu stiften", ist in den Händen der organisierten Kriminalität wohl eine der gefährlichsten Waffen, die auf der Schwelle zum 21. Jahrhundert gegen Verbrechensbekämpfer, Sicherheitspolitiker und andere Zielgruppen von „Geschäftsstörern" eingesetzt wird.

1.2.3 Neue Kommunikations- und andere Techniken und deren Nutzung durch die Organisierte Kriminalität

Eine schnellere Kommunikation ermöglicht ein rationelleres Management, was selbstverständlich auch für das Management krimineller Organisation zutrifft. Die Nutzung des „digitalen Neulands", auch Telekosmos, Cyberspace oder International Network, kurz Internet genannt, hat die Zukunftstrends der Kriminalität schlechthin auf den Weg gebracht.

Schon 1996 waren weltweit mehr als neun Millionen Computer per Telefon oder Datennetz miteinander verbunden und tauschten permanent Informationen aus. In diesem Internet hatte mehr als 30 Millionen Menschen weltweiten Zugang zum globalen Datennetz. Täglich wurden und werden es mehr. Und mit jedem neuen Nutzer und Anbieter wächst die Bedeutung die-

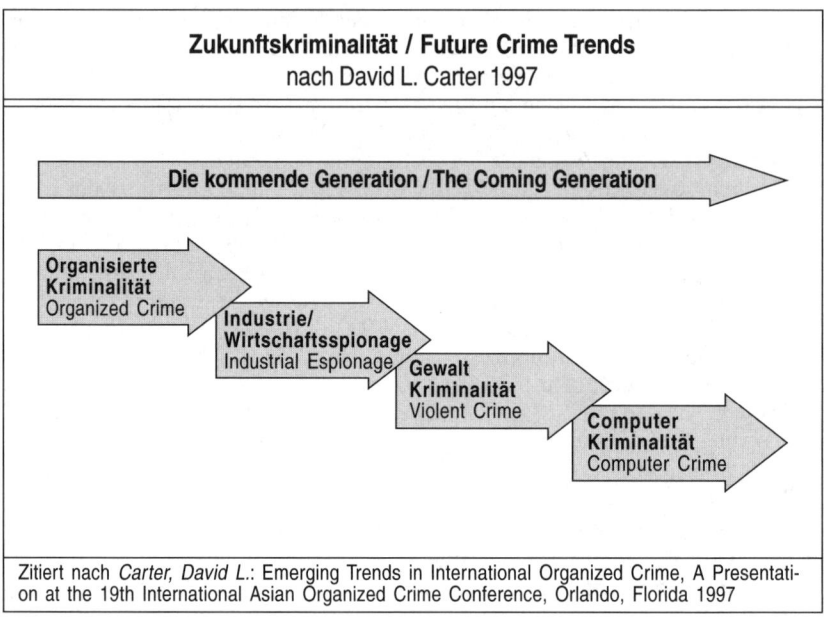

Zukunftskriminalität / Future Crime Trends
nach David L. Carter 1997

Die kommende Generation / The Coming Generation

Organisierte
Kriminalität
Organized Crime

Industrie/
Wirtschaftsspionage
Industrial Espionage

Gewalt
Kriminalität
Violent Crime

Computer
Kriminalität
Computer Crime

Zitiert nach *Carter, David L.*: Emerging Trends in International Organized Crime, A Presentation at the 19th International Asian Organized Crime Conference, Orlando, Florida 1997

ses Netzes als politischer, wirtschaftlicher, kultureller aber auch krimineller Raum. Im Frühjahr 1998 war die internationale Benutzerzahl schon nicht mehr zu schätzen, allein für Deutschland ging man von drei bis fünf Millionen Internetbenutzern aus. In 184 Ländern der Erde bestehen Zugänge zum Internet (zum Vergleich: Interpol hat 177 Mitgliedsstaaten). In diesem nicht mehr in Gänze zu durchschauenden Kommunikationsnetz, „mit dem man Tag und Nacht bis in die letzten Winkel der Welt Informationen und Daten sammeln, austauschen und abrufen und anderes kann", ist auch die Organisierte Kriminalität tätig. Über das Internet als „virtuelle Welt des Verbrechens" heißt es beim BKA-Spezialisten ***Thomas Hartung*** u.a.[105]: *„Seit der Einführung des World Wide Web (WWW) als grafische Benutzeroberfläche im Jahr 1993, wandelte sich das Internet nun zu einem weltweiten, kommerziellen und nichtkommerziellen Computernetzwerk, das jedem Interesse eine Vielzahl von Möglichkeiten bietet ... Die verschiedenen Dienste des Internet gehen oftmals ineinander über und ständig werden neue entwickelt. An den einzelnen Diensten lassen sich verschiedene kriminelle Erscheinungsformen oder Nutzungsmöglichkeiten des Internet darstellen. Über Datenleitung (TELNET) ist die vollständige Benutzung aller Funktionalitäten eines örtlich entfernt stehenden Rechners möglich. TELNET ist die schier unerschöpfliche Spielwiese für Hacker und Datenspione ... Über den kriminellen*

Zugriff auf Daten können ganze Länder oder ihre Wirtschaftsunternehmen ausgeschaltet, zumindest aber behindert werden ... Im Bereich der Spionage ist der Zugriff auf fremde Computer von höchstem Interesse.[106] ...

Mittels Softwarearchiven (FTP, FSP) können Dateien zwischen zwei Rechnern online verschickt (upload) oder abgerufen (download) werden. Es gibt im Internet eine Vielzahl von Rechnern, auf denen Software vorgehalten wird. Auf diese Rechner kann über das Internet zugegriffen werden ... Mit Hilfe dieses Dienstes können raubkopierte Software ausgetauscht und/oder beweisrelevante Daten auf fremden Rechnern abgelegt werden. Weiterhin können sie zur Begehung vieler Staatsschutzdelikte benutzt werden ... Auch können über diese Dienste Schadensprogramme (z.B. Computerviren[107]), versteckt in anderen Dateien, verbreitet werden ... Nachrichtenaustausch auf „Schwarzen Brettern" (USENET). Dieser Dienst ermöglicht Benutzern des Internet, in bestimmten Nachrichtengruppen (Newsgroup) Mitteilungen zu verschiedenen Themenbereichen ... zu hinterlassen ... Es gibt ca. 30 000 verschiedene Newsgroups im Internet ... In den Newsgroups werden Informationen zu Staatsschutzdelikten, Hacking, Softwarepiraterie oder kinder- und tierpornografische Darstellungen verbreitet ... Der Phantasie, wie das Internet kriminell genutzt wird, sind keine Grenzen gesetzt: Verbreitung extremistischer Propaganda, Aufrufe zu verbotenen Versammlungen, verbotenes Glücksspiel[108], betrügerisches Anbieten von Waren und Dienstleistungen zur Erlangung von Kreditkartennummern oder Geldbeträgen oder betrügerische Geldanlageangebote, Urheberrechtsverletzungen, Informationen zur Herstellung synthetischer Drogen[109] oder zum Verkauf von in Deutschland verbotenen Medikamenten ... Die Dienste des Internet, die in erster Linie mit Kommunikation zu tun haben (Email, Newsgroup, Internet-Telefonie, IRC etc.), sind auch für Straftäter nutzbar und durch ihre Vorteile (einfachste Verschlüsselung, erschwerte Nachvollziehbarkeit) für sie von Interesse. Die Erfahrung zeigt, daß Straftäter häufig zu den ersten Nutzern einer neuen Technologie gehören. Ein gutes Beispiel ist z.B. der Einsatz von Handys[110] ... Einerseits entsteht durch das Internet eine ganz neue Form von Kriminalität, die ohne Internet nicht möglich war. Andererseits bietet das Internet ungeahnte Möglichkeiten, klassische Straftaten mit modernen Mitteln zu begünstigen ..."

Ein weiterer Nutzungsbereich, der immer mehr zum Bestandteil von Arbeitsweisen der Organisierten Kriminalität wird, ist jener der nachrichtendienstlichen Technik. Dazu gehören beispielsweise das nachrichtendienstliche Einschleusen[111] und das Abhören von Telefonaten mit Scannern; hier reichen die Methoden von der Telefonüberwachung (TÜ) bis zum sog. großen Lauschangriff (über „Wanzen", Richtmikrophone, Minisender, Lasertechnik), die insbesondere von professionellen Menschenschmugglern (Schleusern) zur Anwendung kommen.[112] Das Erfahrungswissen von nachrichtendienstlich geschulten „Lauschern" ist gefragt. Wo beispielsweise die 4200 Profi-Lau-

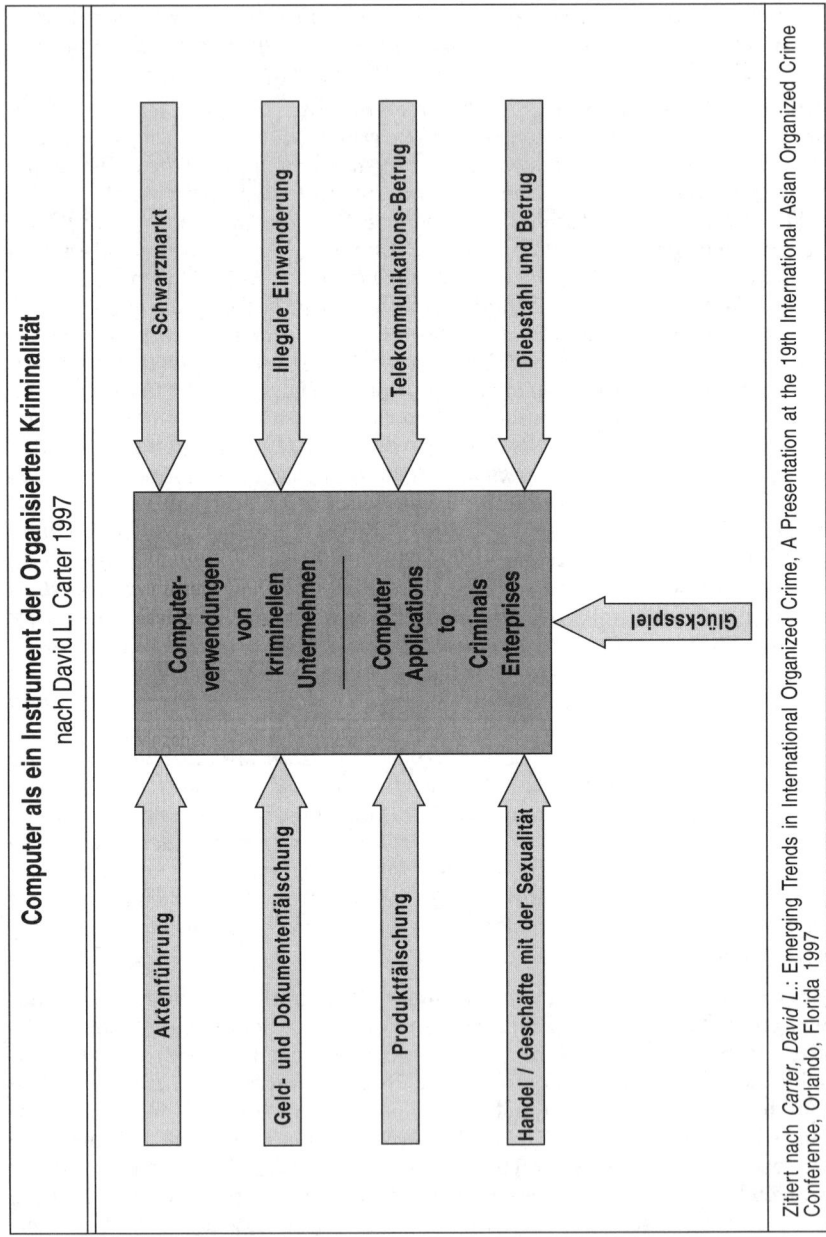

Computer als ein Instrument der Organisierten Kriminalität
nach David L. Carter 1997

Schwarzmarkt

Illegale Einwanderung

Telekommunikations-Betrug

Diebstahl und Betrug

Computer-
verwendungen
von
kriminellen
Untermehmen

Computer
Applications
to
Criminals
Enterprises

Glücksspiel

Aktenführung

Geld- und Dokumentenfälschung

Produktfälschung

Handel / Geschäfte mit der Sexualität

Zitiert nach *Carter, David L.*: Emerging Trends in International Organized Crime, A Presentation at the 19th International Asian Organized Crime Conference, Orlando, Florida 1997

scher der MfS-Abteilung „Elektronische Aufklärung" abgeblieben sind[113], ist nicht bekannt. Anwendung findet auch die ND-Praxis der Wissensabschöpfung bei Gesprächen (Empfänge, Tagungen, Kongresse); die Werbung von Angehörigen der OK-Bekämpferseite (Grenzschutz, Zoll, Polizei, Staatsanwaltschaft); das Einschleusen von OK-Agenten; die praxisbezogene Schwachstellenanalyse des Informationsschutzes des OK- Gegenübers (Strafverfolgungsbehörden), im Rauschgiftbereich[114] zum Beispiel durch das bezahlte Ausspähen der EU-Binnengrenzen durch Langzeitbeobachter oder Gegenobservation von polizeilichen Fahndern. Zur Praxisanwendung gehört weiterhin der Einsatz von Hackern zur Datenausspähung beziehungsweise zur Manipulation in fremden Rechner. Dazu ein klassisches Beispiel aus 1993[115]:

Ein Computervirus hatte die Ergebnisse des Escobar-Untersuchungsausschusses im US-Senat gelöscht – wenige Stunden, bevor sie der Öffentlichkeit präsentiert werden sollten. Das meldete der britische Informationsdienst „Virus News". Kokain-König *Pablo Escobar* war am 22. Juli 1992 aus dem Gefängnis „La Catedral" in Kolumbien geflüchtet.

Wie ein roter Faden zieht sich seit 1990 das Eindringen von Hackern auch in Polizeicomputer, angefangen von der DEA in den USA[116] über Scotland Yard[117] bis hin zur kolumbianischen Gerichtspolizei[118]. Zusammenfassend für die letzte Dekade läßt sich feststellen, daß – aus der Übersicht – Organisierte Kriminalität alles nutzt, was ihren Geschäften und deren Absicherung dienlich ist.

2 Organisierte Kriminalität –
OK-Gruppen zum Ende des 20. Jahrhunderts

Die Entwicklung organisierbarer Kriminalität zog sich fast durch das gesamte 20. Jahrhundert. Dennoch gibt es auf der Schwelle zum 21. Jahrhundert keine allgemeinverbindliche Definition der Völkergemeinschaft für die Organisierte Kriminalität; nicht einmal für politisch überschaubare Bereiche wie die Europäische Union. So gibt es bis dato nur einige Definitionen, die aus polizeilichem Erfahrungswissen geschaffen wurden, beispielsweise 1989 in der britischen Kronkolonie Hongkong: *„Organisiertes Verbrechen ist ein Produkt fortgesetzter und sich stets selbsterneuernder krimineller Verschwörung mit dem Ziel, der Gesellschaft maßlose Profite abzupressen – auf jede erdenkliche Weise, sauber oder unsauber, legal oder illegal. Es lebt von Furcht und Korruption. Auf die eine oder andere Art nutzt es in hohem Maße den Schutz des Gesetzes. Als eine besondere Daseinsform übt es strikte Disziplin auf die unteren Glieder aus, damit diese die schmutzige Arbeit tun und Spitzenleute des organisierten Verbrechens sich so von der kriminellen Tat fernhalten und der Strafverfolgung entziehen können."*

Oder Beschreibungen, um die Sicherheitsfachleute über Jahre strittig diskutierten, um schließlich zu einer für die Polizeiliche Kriminalstatistik zugeschnittenen reinen Arbeitsdefinition zu kommen, so in Deutschland über die Innenministerkonferenz (IMK) und die Arbeitsgruppe Justiz/Polizei des BKA 1990[119] *„Organisierte Kriminalität ist die von Gewinn- oder Machtstreben bestimmte planmäßige Begehung von Straftaten, die einzeln oder in ihrer Gesamtheit von erheblicher Bedeutung sind, wenn mehr als zwei Beteiligte auf längere oder unbestimmte Dauer arbeitsteilig*

a) unter Verwendung von gewerblichen oder geschäftsähnlichen Strukturen,

b) unter Anwendung von Gewalt oder anderen zur Einschüchterung geeigneten Mitteln,

c) unter Anwendung von Einflußnahme auf Politik, Medien, öffentliche Verwaltung, Justiz oder Wirtschaft zusammenwirken."

Wird das polizeiliche Erfahrungswissen der Bekämpfung krimineller Gruppen, ob nun in Asien, Europa oder Amerika, zugrunde gelegt, lassen sich in der Organized Crime drei Großgruppen ausmachen, die man als kriminelle Geheimgesellschaften, Bünde und sog. Ethno-Banden bezeichnen könnte.

• Die kriminalhistorisch gesehen wohl älteste Großgruppe ist die der kriminellen geheimen Gesellschaften (Secret Societies), deren Ursprünge in Ostasien in der japanischen „Yakuza" (ab 17. Jahrhundert) und der chinesischen „Triade" (ab 19. Jahrhundert) zu finden sind. Charakteristikum die-

Großgruppen der Organisierten Kriminalität

Kriminelle „Ethno-Banden"
z.B. Kriminell aktive Mitglieder
● korsischer Clans
● georgischer Clans

Organized Crime

Kriminelle
Geheimgesellschaften
z.B.
● Chinesische „Triaden"
● Japanische „Yakuza"

Kriminelle Bünde
(Gangs) z.B.
● MC-Gruppen
  („Hell's Angels")
● Streetfighting
  Gangs

ser OK ist bis heute, daß die Mitgliederbindungen nicht auf verwandtschaftlichen Beziehungen begründet sind, die Gesellschaften bzw. Grup-
pen/Syndikate aber wie Familien organisiert sind.

● Charakteristikum krimineller „Ethno-Banden" ist hingegen der Stammesverband (Clan)[120], also die „auf verwandtschaftliche Beziehungen begründete Gruppe". Das trifft auf Clans in der Kaukasus-Region, im gesamten
mediterranen Bereich (ausschließlich der sizilianischen Cosa Nostra), in
Nord- und im subsaharischen Afrika, aber auch in Lateinamerika zu.

● Kriminelle Bünde, meist Gangs (Banden), sind in der Regel Zusammenschlüsse von Jugendlichen und jungen Erwachsenen, die sowohl eigenständige Organisationen, als auch Vorstufen (bzw. Durchgangsstufen) für
noch größere kriminelle Gesellschaften sind. So konsequent wie die „Ethno-Banden" sind die Bünde ethnisch nicht abgeschottet. So finden sich
beispielsweise in großen kriminellen Motorrad Clubs (MC) Mitglieder
unterschiedlicher Ethnien.

Was die Quantität betrifft, hat die Großgruppe der kriminellen „Ethno-Banden" – weltweit gesehen – die meisten Angehörigen. Der Ethnozentrismus
spielt bis heute eine entscheidende Rolle in der Strukturierung krimineller
Organisationen. Die potentielle Gefährlichkeit dieser ethnisch strukturierten
Verbrecherkartelle liegt wohl noch vor der der multiethnisch strukturierten,
internationalen Verbrecherorganisationen. Zwischen Kartellen unterschiedlichen ethnischen Ursprungs kann, so *Jean Ziegler* 1998, ein hochgradiger

Rassismus herrschen[121], der letztlich eine Zusammenarbeit ausschließt; es kann aber auch, bei zweckgerichteten Interessen, zu lockerer Verbundenheit kommen. Ob „ethnische Gruppierungen, die sich stark nach außen abschotten, auf europäischer Ebene immer seltener werden", wie es jüngst aus Deutschland berichtet wurde[122], mag dahingestellt sein. Gemein ist bis dato fast allen Verbindungen, die sich den genannten Großgruppen zuordnen lassen – ob nun das japanische Yakuza-Syndikat „Yamaguchi-Gumi", der sizilianische Cosa-Nostra-Clan der „Cuntreras" oder die amerikanische MC-Gang „Hell's Angels" – der hierarchische Aufbau und die innere Abschottung, das konspirative und arbeitsteilige Vorgehen und bis heute immer noch, trotz einiger Einbrüche[123], das Prinzip des Schweigens mit dazugehöriger Strategie der Einschüchterung. Auch zum Ende des 20. Jahrhunderts läßt sich die Größenordnung des Organisierten Verbrechens nicht genau beziffern, wohl aber schätzen. Weltweit kann von gut einer bis über eineinhalb Millionen Menschen ausgegangen werden, die zu den genannten Großgruppen Organisierter Kriminalität gehören. Orientiert an ihren geographischen Heimatbasen sollen nachstehend die wichtigsten Gruppen steckbriefartig beschrieben werden.

2.1 Ost- und südostasiatische Gruppen

Gruppen der sog. Asian Organized Crime (AOC) zählen zu den ältesten und mit Einschränkungen größten Gruppen der Verbrechenswelt. Außerhalb ihrer jeweiligen Heimatbasis agieren diese Gruppen auch unter ihren im Ausland lebenden Landsleuten.

2.1.1 Chinesische Organisierte Kriminalität (Triaden)

• **Name/Namensherkunft:**

Die Chinese Organized Crime (COC) ist als Triade (Triad) benannt. Als geheime Gesellschaft wurde – im Kampf gegen „fremde Teufel" – insbesondere die Gesellschaft der „Drei-in-Einem" (Sanhe-Hui) bekannt, die auch Dreibund oder (von den Briten) „Triad" genannt wurde. Das Emblem der Triade, ein Dreieck, symbolisierte die Basiskräfte des chinesischen Kosmos: Tin Tei Wui – Himmel, Erde und Mensch.

Triad Symbol

- **Kurzgeschichte:** Die Anfänge chinesischer Secret Societies reichen bis in die Zeit der Han-Dynastie (206 v.Chr. bis 220 n. Chr.) zurück. Da gegen die konfuzianische Oberschicht und ihre Staatsbeamten, bzw. fremde Herrscher fremder Nachbarvölker, niemand legal opponieren konnte, jede Abweichung kriminell war, konnten im Kaiserreich Unzufriedene, Geknechtete und Ausgebeutete nur vom Untergrund aus wirken. Für soziale Gerechtigkeit, gegen Willkür und Korruption und gegen Fremdherrschaft kämpften ungezählte geheime Bünde. Allein namentlich sind in der Geschichte des Landes etwa 200 Geheimgesellschaften bekannt geworden. Im 19. Jahrhundert gab es zwei große Systeme von Geheimgesellschaften: im Norden das System des „Weißen Lotus" (der schon im 12. Jahrhundert an Aufständen beteiligt war), im Süden das System der „Triade". Im 17. Jahrhundert waren die Mandschus, ein tungusisches Nachbarvolk der Chinesen, an die Macht gekommen und regierten als Ching-Dynastie von 1644 bis 1911. Die Geheimgesellschaften der Han-Chinesen trachteten die barbarischen Mandschus vom Thron zu verjagen und die han-chinesische Ming-Dynastie, die vor den Fremden von 1368 bis 1644 herrschte, wiedereinzusetzen. Das politische Ziel wurde nicht erreicht (der „letzte (Kind-)Kaiser" mußte 1912 abdanken). Orientierungslos geworden, gingen nun viele Gesellschaften den Weg in das Gangstertum. Nach dem Sieg der Kommunisten über die Nationale Volkspartei (Kuo-min-tang) und der Proklamation der VR China 1949 flohen viele sog. Festland-Triaden in die britische Kronkolonie Hongkong, wo es zu Auseinandersetzungen mit dort etablierten Gruppen kam (Triaden-Krieg in den 1950er Jahren). Die letzte Innovation in Hongkongs Triaden-Unterwelt brachten „Rotgardisten", die aus der VR China sich nach der sog. Kulturrevolution in die Kronkolonie absetzten und dort Geheimgesellschaften gründeten.

- **Größenordnung:** Die Schätzungen zur Anzahl der Triaden-Mitglieder[124] schwankt zwischen über 100 000 bis über 300 000 weltweit, für die wichtigste Triaden-Basis Hongkong (mit 57 aktiven Triaden 1993) allein zwischen 80 000 bis 300 000.

  Die Mitgliederzahlen der größten Hongkong-Triaden lagen 1993 bei 20 000 (Wo Group, 14 K) und über 40 000 (Sun Yee On), die der Taiwan-Triaden bei 20 000 bis 40 000 (United Bamboo Gang).

  Daneben existierten mit Stand November 1994 in der VR China schätzungsweise 1500 Crimegroups mit 450 000 Mitgliedern.

- **Struktur:** Die klassische Triade versteht sich als „Familie" (Bruderschaft). Vor der Aufnahme in die Geheimgesellschaft („Hung Mun") muß der jugendliche Mitläufer Aufträge übernehmen, die ihm von einem „älteren Bruder" befohlen werden. Ist die Triade mit dem „Fußsoldaten" zufrieden, wird er durch zeremonielle (Blut-)Eidleistung aufgenommen und bekommt seinen Rang (Nummer-Position). Nun werden dem neuen Mitglied (Nr. 49 bei der „14 K" beispielsweise) verantwortliche Arbeitsbereiche (z.B. das

Die fünf größten Hongkong-Triaden (Major Syndicates) 1960 – 1993

Name der Society	Schätzungen zur Anzahl der Mitglieder			
	1960[1]	1984[2]	1989[3]	1993[4]
Sun Yee On (Chiu Chao Group)	10 000	16 000	30 000	40 000 – 47 000
Wo Group	über 50 000	28 000	25 000	20 000
14 K	80 000	24 000	20 000	20 000
Luen Group	über 2 000	5 000		
Tung Group	1 500	3 000		

1) Zitiert nach Morgan, W.P. (1960): Triad Societies in Hong Kong, The Government Printer, p. 290 – 306

2) Zitiert nach Royal Hongkong Police 1984, in: FBI (1987): Asian Organized Crime in the U.S., p. 11

3) Zitiert nach Bökemeier, Rolf (1989): Hongkong unter der Hand, GEO Nr. 2/1989, S. 99 und 100

4) Zitiert nach Burton, Sandra (1993): The Triads go global, TIME No 5, February 1, p. 38 and 39

Die drei größten Taiwan-Triaden (Major Syndicates) 1984 – 1993

Name der Society	Schätzungen zur Anzahl der Mitglieder	
	1984[1]	1993[2]
United Bamboo Gang (Chu Lien Pang)	10 000 – 15 000	20 000 – 40 000
Four Seas (Shih Hai)	mehrere 1 000	
Niu-Pu Gang	1 000	

1) Zitiert n. Royal Hongkong Police 1984, in: FBI (1987): Asian Organized Crime in the United States, Washington, p. 11

2) Zitiert n. Burton, Sandra (1993): The Triads go global, Time No 5, Febr. 1, p. 38/39

Eintreiben von Schutzgeld in Spielsalons) übertragen. Das Oberhaupt (sog. „Drachenkopf") einer großen Triade ist der „Meister der Loge"[125]. Dem „ältesten Bruder" stehen quasi Manager zur Seite, so die „Grass-Sandale" (432) als Geschäftsträger der Gesellschaft, der „Rote Pfahl" (426) als „Starker Arm" (Enforcer) und der „Weiße Papier-Fächer" (415), zuständig für Verwaltung und innere Organisation. (Zu den Nummernpositionen siehe Seite 68)

- **Kodex:** Die fast 150 Jahre alten „36 Bluteide auf die Triade" regeln das Verhalten der Mitglieder untereinander. Untreue und Verrat (= Eidbruch) werden sanktioniert, bis hin zur Todesstrafe. Ausgeprägt ist eine „identifizierende" und „legitimierende" geheime Zeichensprache. Ein Teil der geheimen Haltungen der Hand und Finger-Zeichen (Griffzeichen Code) ist entschlüsselt.
  Daneben hat sich auch eine Geheimsprache entwickelt[126]. Last not least finden sich, wie bei vielen anderen Verbrechensbünden, auch eine ganze Reihe spezifischer Tätowierungen.

- **Deliktbereiche:** Menschen-, Kinder- und Frauenhandel, Menschenschmuggel (Schleusung), Glücksspiel (Kontrolle über Spielcasinos), Prostitution, Schutzgelderpressung, Wucherzins- (Kredithai-)geschäfte, Fälschung von Münz- und Papiergeld, Fälschung von Reiseschecks, Ausweispapieren u.a. Urkunden, Produktpiraterie, Gewerbsmäßiger Betrug mit Kreditkarten, Geldwäsche, Politische und zivile Korruption, Auftragstötungen, Drogenherstellung sowie Handel und Schmuggel, Waffenhandel- und Schmuggel, Computerkriminalität.

- **Vertretungen außerhalb der Heimatbasis:** Mitte der 90er Jahre lebten rd. 38 Millionen Chinesen außerhalb des chinesischen Sprachraums, 32 Millionen davon in Asien. In ungezählten Kolonien der sog. Übersee- (Auslands-)Chinesen, in fast allen größeren Chinatowns, in den städtischen Ballungszentren der „weißen Teufel", operieren heute Triadenableger, existieren Triadendependancen, haben sich (über den Zeitraum von Generationen) eigene Bünde entwickelt. Dementsprechend ist die chinesische OK (außerhalb des Sprachraums = VR China/Hongkong, Taiwan, Macao) in Asien (Vietnam, Thailand, Malaysia, Singapur, Philippinen), Australien, Amerika (Kanada, USA, Dominikanische Republik, Paraguay), Europa (Großbritannien, Niederlande, Frankreich, Deutschland, Italien, Österreich, Spanien, Tschechien u. Rußland) und Afrika (Republik Südafrika) vertreten.

- **Sonderheiten im Ausland:** Im 19. Jahrhundert gründeten in die USA eingewanderte Chinesen Schutzbünde / Interessensverbände für ihre Landsleute, die sog. Tongs. Große Tongs, wie zum Beispiel der „Hip Sing", der neben New York und San Francisco Ortsgruppen in 16 Städten hat, bringen es auf 60 000 Mitglieder. An der Spitze steht ein Vorsitzender (Chairman) und sein Stellvertreter (Vice-chairman). Sie bilden zusammen mit einem

Nummern-Positionen der Triaden-Gesellschaft „14 K" mit Finger-Code (Greifzeichen)
Mitte der 1980er Jahre

nach Superintendent *Ian Seabourn* (Royal Hong Kong Police) 1989
und President's Commission on Organized Crime (PCOC) 1986

Nummer Rang	Bezeichnungen			Verantwortlichkeit Zuständigkeit	Greifzeichen Finger-Code
	Deutsch	Englisch	Kantonesisch (Mandarin)		
36	Rekrut	Recruit			
49	Mitglied	Member		Gewöhnlicher Logenbruder	
415	Weißer Papier-Fächer	White Paper Fan-Advisor	Pak Tsz Sin	Verwaltung und innere Organisation	
426	Roter Pfahl bzw. Roter Mast	Red Pole-Enforcer	Hung Kwan (Hung Kun)	„Starker Arm" für interne und externe Bestrafungsaktionen, sowie für die Führung von Bandenkriegen	
432	Grass-Sandale	Grass Sandal-Messenger	Cho Hai (Tsao Hsieh)	Verbindungsoffizier und Geschäftsträger seiner Gesellschaft	
438	Weihrauch-meister	Incense Burner Vanguard Leader Deputy – Second Brother	Xiang-zhu	Bevollmächtigter und stellvertretender Vorsitzender seiner Gesellschaft	
489	Bergspitze Meister des Bergs	Leader – Elder Brother	Shan-zhu	Ritual-„Meister" für die Aufnahme-zeremonie Meister der Loge	

Zitiert nach: FBI (1987): Asian Organized Crime (AOC) in the United States, FBI Organized Crime Section/Criminal Investigative Division, U.S. Department of Justice, Washington, p. 13 und Bökemeier, Rolf (1989): Hongkong unter der Hand, GEO Nr. 2/1989, Seiten 98 und 100

Die fünf großen Tongs (Bruderschaften) mit kriminell-aktiven Mitgliedern und Gang-Verbindungen in den USA Ende der 1980er Jahre

Name	On Leong - Tong ("Friedlich, tugendhaft")	Hip Sing ("Im Siege vereint")	Yin On - Tong	Hop Sing	Suey Sing
Gründung	Mitte/2. Hälfte 19. Jh. als Kaufmannsverbindung	Mitte/2. Hälfte 19. Jh. als Arbeiterschutzbund			
Hauptquartier	New York (Mottstreet/Canel St.)	1. New York 2. San Francisco	Los Angeles	US-Pazifikküste	US-Pazifikküste
Ortsgruppen (Chapters)	in 26 Städten	in 16 Städten	beherrscht den Südwesten der USA	in 10 Städten	Zweigbüros im Osten der USA
Mitgliederzahl		60.000			
Tong-Chairman (Regierungszeit in Chinatown)	Wing Wah Chang früher Tse-Tschui ("Fast Eddie") Tschan (Ende 70er - 1984)	"Onkel" Benny Ong (1975 - 1994)			
Kooperation mit der Gang	Ghost Shadows (seit 30 Jahren)	1. Flying Dragons (New York) 2. Wah Ching (San Francisco)		Hop Sing Boys	
Ortsgruppen der Gangs	in 9 Städten	2. in 9 Städten in den USA und in Toronto (Kanada)		in 2 Städten	
Gang-Leader	Wing Lok Chan	1. Johnny Eng 2. Tony Young			

69

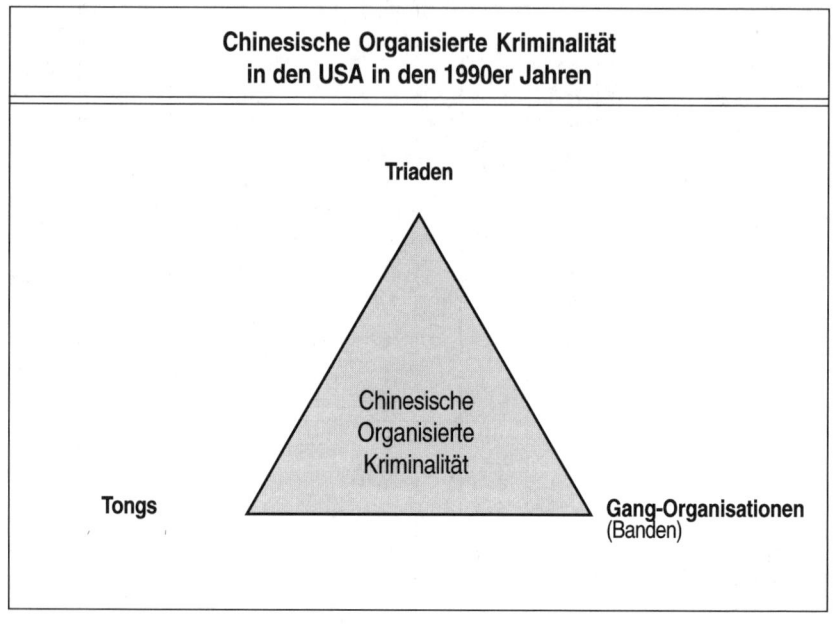

Chinesische Organisierte Kriminalität in den USA in den 1990er Jahren

Triaden

Chinesische Organisierte Kriminalität

Tongs

Gang-Organisationen
(Banden)

Organisation der chinesischen Straßen-Gang „Wah Ching" (Kalifornien) nach James R. Badey 1988

Gang-Boss
Meister/Führer

Stellvertreter

Zeremonien-
Meister/Führer

Verbindungsmann

Schatzmeister

Vollstrecker

Vollstrecker

Vollstrecker

Vollstrecker

Vollstrecker

Mitglieder

Mitglieder

Mitglieder

Mitglieder

Mitglieder

„Englisch- sprechenden Sekretär", dem Schatzmeister (Treasurer) und dem „Sekretär für soziale Angelegenheiten" das sog. „Officialdom", die höchste Verwaltung des Tong. Tongs und Triaden haben einen ähnlichen Aufbau. Querverbindungen zwischen den legalen Tongs und den illegalen Triaden gibt es[127], sind jedoch schwer nachzuweisen. Mit den Tongs sind, in zum Teil langjährigen Kooperationsgemeinschaften, Gang-Organizations verbunden. So arbeitet zum Beispiel der mächtige New Yorker Tong „On Leong" schon seit dreißig Jahren mit der Chinese Gang „Ghost Shadows" zusammen.

Die Kriminalität der Gang Organizations, Tongs und Triads werden in den USA zur Chinese Organized Crime (COC) zusammengefaßt.

• **Zusammenarbeit mit anderen Gruppen:** In unterschiedlichen Deliktbereichen kooperieren (temporär) Triaden mit anderen asiatischen Tätergruppen, so Yakuza-Syndikaten und vietnamesischen Gruppen; aber auch mit Nichtasiaten, beispielsweise mit korsischen und süditalienischen / italoamerikanischen Clans. Eine längere Tradition hat auch die Zusammenarbeit mit Geheimdiensten, vornehmlich chinesischen Nachrichtendiensten.[128]

2.1.2 Japanische Organisierte Kriminalität (Yakuza)

• **Name/Namensherkunft:** Im 17. Jahrhundert wurde das Kartenspiel „Hanafuda" gespielt. Das schlechtmöglichste Blatt dieses Spiels waren die acht (Ya), neun (Ku) und drei (Za). Ya-ku-za hießen dementsprechend die Verlierer. Später wurde das Wort auf die Gruppe der Spieler selber angewendet.

• **Kurzgeschichte:** Nach langandauernden Bürgerkriegen herrschte Anfang des 17. Jahrhunderts Frieden. Dennoch konnten sich viele an diese Änderung im Lande nicht gewöhnen. Sie wurden Banditen, die Dörfer und entstehende Städte plünderten. Gegen die Banditen brauchte man Schutz und wandte sich dementsprechend an herrenlose Samurai, Handwerker, Händler, Arbeiter und Obdachlose, von denen viele geschickte Spieler (Bakuto) waren. Als verteidigende Stadtdiener (Machi-Yakko) wurden sie bald geschätzt. Mit diesen wehrhaften Spielern begann die Yakuza-Geschichte. Die Bakuto jener Zeit entwickelten eine Organisation mit starker Führung, ausgearbeiteter Sozialstruktur, verschiedenen Rängen, Ritualen und einem komplexen (bis heute gültigen) Wertesystem. Mit der Zeit teilten sie die Spielbezirke unter verschiedenen Gruppen auf. Revierkämpfe führten zur Entwicklung eines paramilitärischen Systems. Die Bakuto übten Terror aus, erpreßten Geld auch von den einfachen Leuten und eröffneten entlang den neuen Hauptstraßen Spielhöllen. Neben den traditionellen, ortsgebundenen Bakuto arbeiteten im Spielgeschäft auch herumziehende Spieler und Straßenhändler (Tekiya). Ab dem 18. Jahrhundert verbündeten sich die Spieler mit korrupten lokalen Bürokraten, um das einfache Volk

Die wichtigsten Yakuza-Familien / „Syndikate"
(Organisiertes Verbrechen in Japan) um 1981/84

Syndikat	Gründ.-jahr	Hauptsitz	Einfluß-bereiche	Familien-gruppen	Gruppen mitglieder	Syndikats-Boss
Yamaguchi-Gumi	1915	Kobe/Osaka	29	400	10 400	Kazuo Nakanishi
Sumiyoshi-Rengo	1958	Tokyo	20	113	6 723	Masao Hori
Motokyokuto Aioh Rengo-Kai	1930	Tokyo	22	105	4 416	Haruo Tanaka
Inagawa-Kai	1945	Yokohama	12	119	4 347	Kakuji Inagawa
Ichiwa-Kai	1984	Kobe/Osaka	30	140	2 800	Hiroshi Yamamoto
Matsuba-Kai	1953	Tokyo	12	41	2 147	Eisuke Sato
Nippon Kokusui-Kai	1958	Tokyo	10	22	943	Kyo Koo-soo/ Seikichi Kimura
Dai Nippon Heiwa-Kai	1965	Kobe/Osaka	13	51	914	Katsuyoshi Hirata
Toa Yuai Jigyo Kumiai	1966	Tokyo	?	–	796	Chong Gwon Yong/ Hisayuki Machi

Quelle: National Police Agency and Press reports, 1981-1984, Japan   Zitiert nach: Kaplan / Dubro, Yakuza, New York 1986, S.139 f.

auszubeuten. Regierungsbeamte und Feudalherren arbeiteten mit den Spiel-
höllenbetreibern zusammen, da diese zugleich wichtige Vermittler von
Arbeitskräften waren. Modifiziert ist dieses Zusammenwirken bis Ende
des 20. Jahrhunderts erhalten geblieben.

• **Größenordnung:** In den frühen 1960er Jahren waren rd. 180 000 Yakuza
in mehreren tausend Gangs organisiert. Bis Anfang der 80er Jahre unter-
hielten über 4000 Gangs eine lose Mitgliedschaft zu einem der großen
Syndikate. Ende 1989 zählte das Dezernat zur Bekämpfung der OK bei der
Nationalen Polizei in Tokio 86 553 Yakuza in fast 3200 Gangs. 1992 wurde die Zahl der Yakuza auf 91 000[129] geschätzt. Der größte Teil der Banden
verteilt sich heute auf die drei Syndikate „Sumiyoshi-rengo" und die „In-
agawa-kai" (Sitz in Tokio) und die große, über 20 000 Mitglieder starke
„Yamaguchi-Gumi" (Kobe-Osaka).[130]

• **Struktur:** Das klassische Yakuza-Syndikat ist wie eine „Familie" organisiert. Familienoberhaupt ist der „Oyabun" (Vater und Herrscher zugleich),
der von seiner komplexen Familienorganisation unbedingte Loyalität erwartet. Novizen werden daraufhin kontrolliert. Hält man sie für vertrauenswürdig, werden sie als fiktive Söhne (Kobun) nach Eidleistung auf den
Oyabun angenommen. Die Oyabun-Kobun-Hierarchie stellt eine unauf-
lösliche „Lebensgemeinschaft" dar. Auf der untersten Ebene der Syndi-
kats-Hierarchie arbeiten Gangs, die aus etwa 20 bis 30 Männern bestehen.
Die Anführer dieser Banden bilden wiederum die Basis größerer Gangs,
deren Anführer weitere Banden bilden. Diese Hierarchie setzt sich fort bis
zum Oyabun. Die Yakuza wurden lange in verschiedene Gruppen bzw.
Kategorien eingeteilt, zu denen, so *Gabriele Kawamura* 1994[131], *„moderne" OK-Varianten hinzukamen. Zu letzteren gehören die „Gurentai", die
in der Nachriegszeit in den Städten als „neuere Bandenformen ohne Tradition" entstanden und die „Chimpira", ebenfalls in der Nachkriegszeit
entstandene Jugendbanden, die – auch als Motorradbanden (bosozoka) –
oft Ressourcen für die Gurentai und die traditionsreichen „Bakuto" und
„Tekiya" sind.*

• **Kodex:** Verbindliche Regeln bestimmen das Gemeinschaftsleben, sowohl
der Yakuza untereinander als auch das Verhältnis zum Oyabun. Regelverstöße wurden und werden streng geahndet. Die schwerste und selten praktizierte Strafe ist der Tod; ein zeitlich begrenzter oder gar dauernder Ausschluß kommt einer (alle Yakuza-Organisationen im Lande werden von
dieser „Schande" benachrichtigt) Ächtung gleich. Für geringfügigere Verstöße wurde und wird, vom Betroffenen meist freiwillig, das Fingerglied-
abschneiden (Yubitsume) durchgeführt. Diese Art der Verstümmelung gilt
bis heute als Zeichen der Reue und Entschuldigung. Zu den Erkennungszeichen der Yakuza gehört nicht nur ein traditionsreiches Begrüßungsritual (Jingi)[132]. Charakteristisch ist auch die Ganzkörpertätowierung. Nicht
selten tragen die „Yakuza-Kinder" den Namen ihrer „Familie" auf der Brust.

Yakuza entwickelten auch eine „Ingo" genannte Geheimsprache, die sich je nach Zeit und Ort veränderte.[133] Die nonverbale Geheimsprache besteht aus einer Anzahl bestimmter Körperteilhaltungen.

- **Deliktbereiche:** Drogenhandel, insbesondere von Amphetamin (jap. Shabu), Illegale Wetten (Buchmacherei), Glücksspiel, Mädchenhandel und Prostitution (Sexshops, Clubs, Salons), Erpressung, Schutzgeld, Geldverleih, Waffenhandel. Neben diesen klassischen Deliktbereichen kontrollieren die Yakuza die Unterhaltungsindustrie, den Profisport mit Wettgeschäften, nicht unerheblich auch die Filmproduktion[134]. Sie engagieren sich in der Finanzwirtschaft, wo sie massiv Aktien- und Kapitalmärkte beeinflussen, und im Immobiliengeschäft, wo sie (Stand Anfang der 90er Jahre) 50 Prozent des Marktes beherrschen sollen. In jüngerer Zeit zeigen Yakuza Interesse am Kunstmarkt und stiegen in das lukrative Börsengeschäft ein.

- **Vertretungen außerhalb der Heimatbasis:** Yakuza haben sich in Ländern Südost- und Ostasiens etabliert, so in Südkorea (es gibt auch koreanische Yakuza-Mitglieder), auf den Philippinen, Taiwan, selbst in Hongkong. Vertretungen gibt es in Australien, den USA (Hawaii, Kalifornien) und Brasilien (unter über einer Million hier lebender Japaner), aber auch in Westeuropa (Frankreich, Deutschland bis dato nicht bekannt).

- **Zusammenarbeit mit anderen Gruppen:** In unterschiedlichen Deliktbereichen kooperieren (temporär) Yakuza mit anderen asiatischen Tätergruppen, so Triaden und koreanischen Gruppen; aber auch mit Nichtasiaten, in den USA beispielsweise mit italoamerikanischen Clans, in Europa mit Clans der IOK.

2.1.3 Vietnamesische Organisierte Kriminalität

- **Kurzgeschichte:** In Französisch-Indochina (1883-1939) konkurrierten große vietnamesische Sekten, so die „Hoa Hao", „Cao Dai" und „Binh Xuyen" im Süden des Landes untereinander. Die mächtigste der drei hatte als Piratenbund am Saigon River ihren Anfang genommen. Ihre ersten Rekruten waren Tagelöhner, die vor der Zwangsarbeit aus den Gummiplantagen geflohen waren sowie geflüchtete Strafgefangene.[135] Sie tauchten in den Mangrovensümpfen des Rung Sat[136] unter. Von dort aus unternahmen sie Plünderzüge auf dem Fluß Saigon (Flußpiraten). Analog zu den Kriegsfürsten im nördlichen Tonking bauten auch die Sekten ihre eigenen Armeen aus geschulten Kämpfern auf, wurden zu Syndikaten. Mit zunehmender Größe wuchs ihr Einfluß über das südliche Delta. Ihre Unterstützung war die Voraussetzung für die Macht und das Weiterbestehen jeder regierenden Herrschaft. Sowohl der Kolonialherr Frankreich als auch die japanischen Besatzer (1940-45) buhlten um sie. 1948 überwarf sich das Flußpiraten-Syndikat „Binh Xuyen" mit seinen Verbündeten, den Vietminh. Die Franzosen machten sich während des 1. Indochina-Krieges

(1946-54) die Loyalität dieser Sekte zunutze, nachdem sie Binh Xuyen-Mitglieder als Polizeimacht in Saigon eingesetzt hatte. 1950 übertrugen die Franzosen den Flußpiraten die Kontrolle über alle Spielhöllen in Saigon-Cholon, anschließend auch über die Prostitution. Darüber hinaus hatten die Franzosen die Binh Xuyen nach dem 2.Weltkrieg für den Schleichhandel mit Opium benutzt, hatte doch der eigene Geheimdienst SDECE von 1951-54 ein ausgeklügeltes Vertriebssystem für Opium aufgebaut („Operation X"[137]).

Der von den USA unterstützte *Diem* ging ab 1955 gegen den Binh Xuyen-Einfluß in Saigon vor, nutzte in der Folge gewonnene Profite aus Drogen-, Bordell- und Glücksspielgeschäften zur eigenen Machtsicherung. Während des 2. Indochina-Krieges (1957-75) wurden ungezählte kriminelle Geschäfte im Dunstkreis von Nachrichtendienstlern, korrupten Militärs, Straßengangs und Geheimbünden getätigt. Zu den härtesten vietnamesischen Straßengangs zählten während des Vietnamkrieges (1964-73) die „Saigoner Cowboys". In den Jahren beider Indochina-Kriege wurde der Grundstein zur vietnamesischen organisierten Kriminalität gelegt. Kriminelles Know how brachten nach diesen Kriegen zahlreiche Flüchtlinge, insbesondere Südvietnamesen und chinesisch-stämmige Vietnamesen, mit in die USA, später auch nach Australien und Europa.

- **Größenordnung**: Nicht bekannt; die einzelnen Gangs im Ausland variieren in ihrer Mitgliederstärke: USA zwischen 65-200 (FBI 1987), Deutschland 90 bis über 120 (BKA 1995) und Australien bis 120.

- **Struktur**: Kein zentralistischer Gesamtaufbau; meist lose Zusammenschlüsse von früher nordvietnamesischen Gangs einerseits und mittel- und südvietnamesischen Gruppen andererseits. Die Gangs (zumindest in Europa) sind heute stärker nach Landesregionen bzw. Heimatprovinzen zusammengesetzt. Große Gang-Organisationen haben einen klaren hierarchischen Aufbau. Im Unterbau sind „Soldaten" quasi als Exekutivorgan tätig.

- **Kodex**: Regelverstöße werden mit Strafaktionen bis hin zur Tötung geahndet.

- **Vertretungen außerhalb der Heimatbasis**: Im südostasiatischen Raum (Thailand, Kambodscha),wahrscheinlich auch Hongkong[138]; USA[139] (hier insbesondere die Gangs chinesisch-stämmiger Vietnamesen wie die „Wa Ching" in San Francisco und die „Born to kill (BTK)" in New York) und Kanada; in Westeuropa in Frankreich und insbesondere in Deutschland[140], wo sich vornehmlich in den ostdeutschen Bundesländern von der Wende 1989/90 bis 1993 unter rivalisierenden Gruppen mafiose Strukturen herausbildeten; ferner in Osteuropa insbesondere in Tschechien.[141]

- **Deliktbereiche**: Schmuggel/Handel unverzollter Zigaretten, Menschenschmuggel (Schleusung), Menschen-(Frauen-)handel / Prostitution, Schutzgelderpressung, diverse Formen der Erpressung, Handel mit Betäubungsmitteln, Inverkehrbringen von Falschgeld, illegale Geldüberführungen,

**Französische Geheimdienste (Intelligence) und paramilitärische
Organisationen während des 1. Indochinakrieges**
nach Alfred W. McCoy 1972

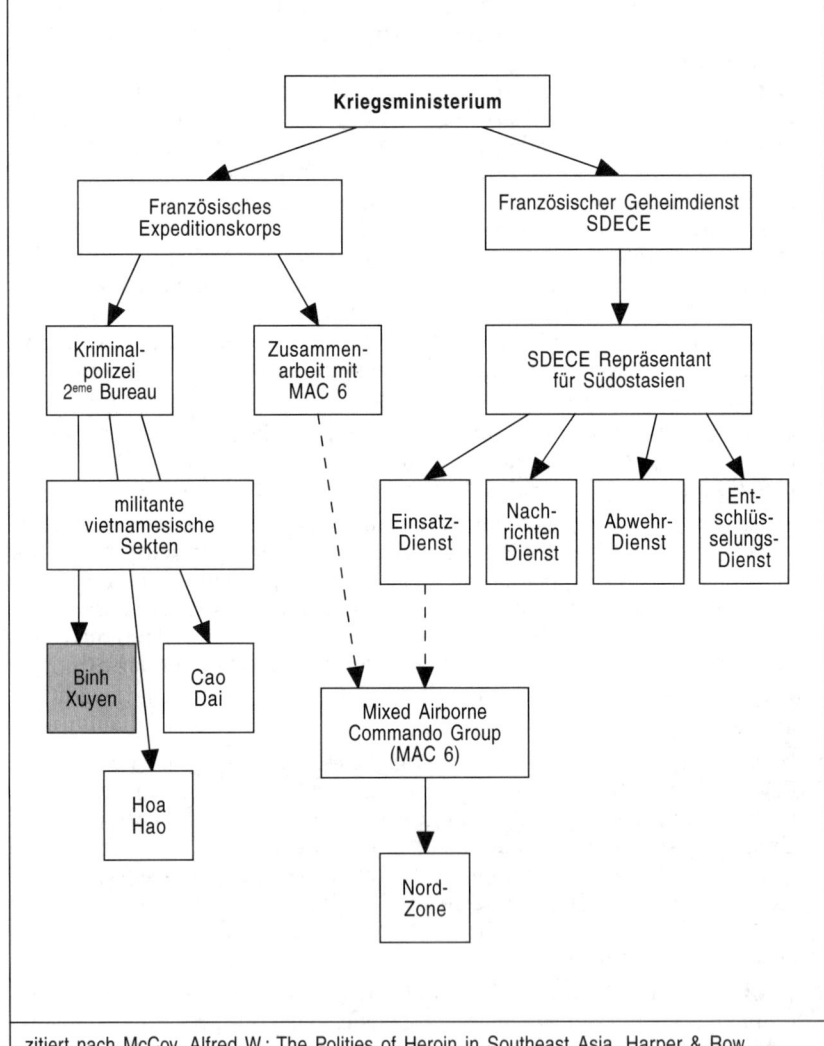

zitiert nach McCoy, Alfred W.: The Polities of Heroin in Southeast Asia, Harper & Row,
New York 1997

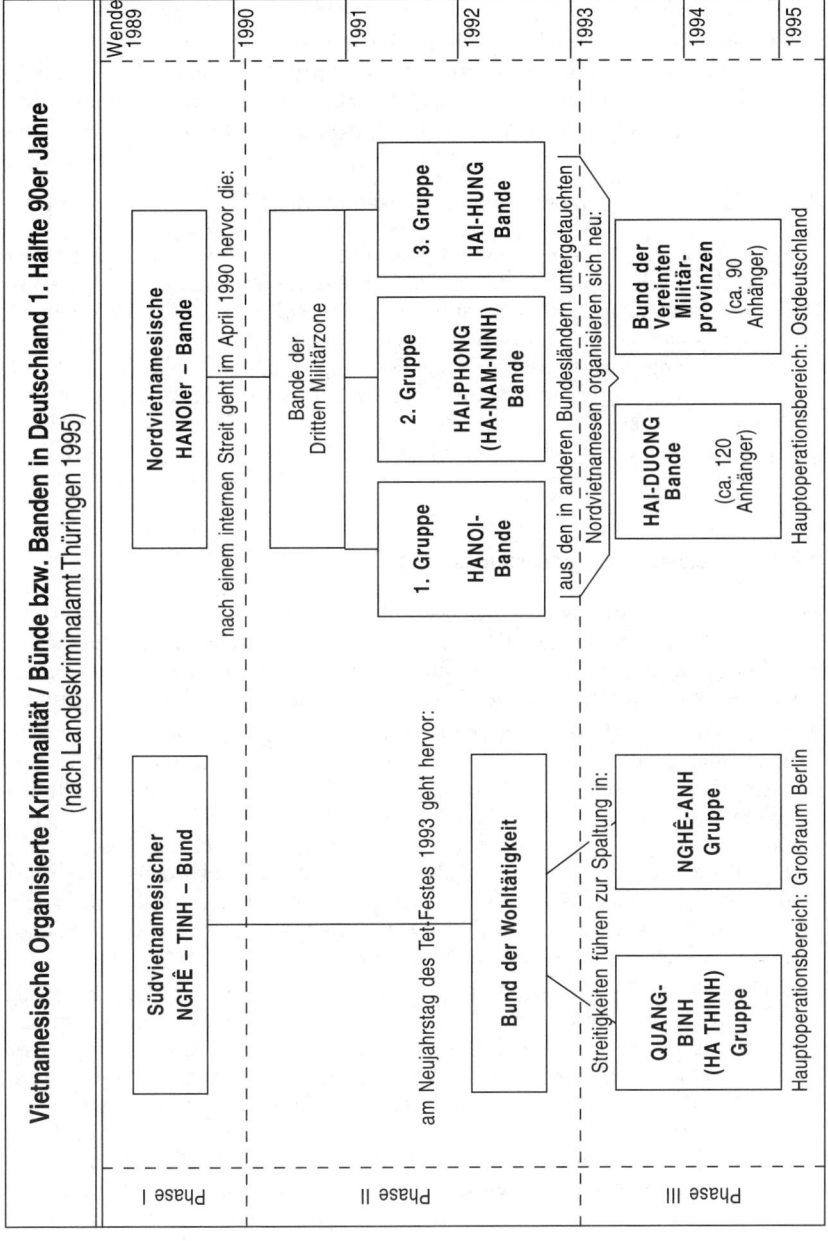

Vietnamesische Organisierte Kriminalität / Bünde bzw. Banden in Deutschland 1. Hälfte 90er Jahre
(nach Landeskriminalamt Thüringen 1995)

77

Glücksspiel, Herstellung von Raubkopien, Goldschmuggel, Geldwäsche, Korruption, Raubüberfall und Auftragstötung.

- **Zusammenarbeit mit anderen Gruppen**: Mit der chinesischen OK[142], in den USA auch mit einigen „Tongs"; in Europa (temporär) mit polnischen, tschechischen und russischen Tätergruppen; global mit korsischen Clans.

2.1.4 Andere Gruppen der Asian Organized Crime (AOC)

In verschiedenen Deliktbereichen, insbesondere im Drogenhandel aber auch in der Geldwäsche, spielen noch weitere in Asien beheimatete Gruppen eine erwähnenswerte, zum Teil sogar internationale Rolle. Dazu gehören pakistanische und insbesondere indische Gruppen (Indian Connection)[143], aber auch kriminelle Gangs kambodschanischer Khmer, afghanischer Pathanen-Clans und tamilischer Erpressergruppen. Letztere fordern mit Hilfe eines internationalen Netzwerkes – auch in Deutschland[144] und anderen EU-Staaten „Spenden" (sog. Befreiungssteuer) für die Liberation Tigers of Tamil Eelam (LTTE) ein.

2.2 Mittelasiatische und kaukasische Gruppen

Sowohl in den mittelasiatischen Republiken Usbekistan, Kasachstan und Tadschikistan als auch in den Kaukasus-Republiken Armenien, Aserbaidschan und Georgien, einschließlich der südrussischen Autonomien in der Kaukasusregion, dominieren in der Verbrechenswelt ethnisch struktuierte Gruppen.

- **GUS-Mitglied Usbekistan (Republik seit 1991)**: Schon Mitte der 80er Jahre wurde aus der Sowjetunion über eine „Usbekische Mafia" berichtet. Gemeint waren seinerzeit damit einige Familien, beispielsweise der Juldaschew-Clan, die in ihren Lebenskreisen „Herr über das Wasser" (der „Mirab", wie er seit Jahrhunderten heißt) waren und damit bestimmten, welche Kolchose in ihrem Kreis mehr oder weniger Wasser bekamen. Wasser war notwendig für das „Weiße Gold", wie die Baumwolle genannt wurde. Gegen die Paten der Baumwollmafia und die usbekischen Familienbande ermittelte damals eine kopfstarke Untersuchungsgruppe.[145]
- **GUS-Mitglied Tadschikistan (Republik seit 1991)**: Das Identitätsgefühl der Tadschiken, die in ihrem Land mit 62 Prozent die Bevölkerungsmehrheit stellen, aber auch der Usbeken, der zweitstärksten Bevölkerungsgruppe (22,6 Prozent), wurde schon immer ausschließlich durch regionale Herkunft und damit verbundene Clanzugehörigkeit bestimmt. In den Jahrzehnten kommunistischer Parteiherrschaft bestimmte der Clan von Leninabad (Chandsha) im Norden des Landes die gesamte Kaderpolitik, was mit der Unabhängigkeit des Landes zwangsläufig zum Bürgerkrieg mit wirtschaftlich vernachlässigten Clans des Südens führte.[146] Wie nirgendwo

sonst in der GUS gab es so viele Gerüchte über die geheimnisvolle „dritte Kraft" wie in Tadschikistan. Damit sind mafiose Strukturen gemeint, aus deren Hintergrund die Fäden gezogen werden. An den Kämpfen um die Vorherrschaft waren Dutzende sich befehdender Clans beteiligt.

* **GUS-Mitglied Georgien (Republik seit 1991):** Die schon zu *Gorbatschows* Zeiten (1985-91) aktive sog. Georgische Mafia zählte nicht wenige jüdische Mitglieder. Als ab Mitte der 70er Jahre die ersten georgischen Juden nach Israel auswanderten, reisten organisierte Verbrecher mit. Als „Special Types of Criminals" wurden sie hier Anfang der 80er Jahre polizeiauffällig und medienöffentlich. Die organisierte Kriminalität der georgischen Mafia in Israel wurde in einer Dreijahresstudie erstmals Mitte der 80er Jahre von *Menachem Amir* beschrieben[147], der, zehn Jahre später, auch eine Übersichtsarbeit zur Organisierten Kriminalität in Israel[148] vorlegte. 1998: Attentat auf das Staatsoberhaupt *Eduard Schewardnadse.* Es gehört zu den Verwicklungen der jüngsten georgischen Geschichte, daß hinter dem Anschlag offenbar dieselben Kräfte steckten, die Schewardnadse 1992 aus Moskau in die Heimat als Präsidenten holten. Die Mchedrioni, in Clanstrukturen organisierte Kriminelle, waren in Zeiten des Bürgerkriegs mächtig geworden. Doch statt der erhofften Reputation ihres Regimes entmachtete der Präsident die Clan-Chefs und gab dem Land eine demokratische Verfassung 1995. Damals überlebte er das erste Attentat. Der mutmaßliche Drahtzieher, der damalige georgische Geheimdienstchef, entkam nach Moskau. Von seinem Exil aus soll er auch das jüngste Attentat in Auftrag gegeben haben.[149]

* **Tschetschenische Autonomie in Rußland:** Von den fast eine Million Tschetschenen, die mit den Inguschen verwandt sind, lebt die Majorität im Nordkaukasus. Das Volk ist für sein militärisches Geschick und seine hermetisch verschlossenen Clanstrukturen bekannt. In diesen Clans herrscht ein strenger Ehrenkodex. Wenn ein Clan einer kriminellen Organisation einen Mann zur Verfügung gestellt hat und dieser Mann im Kampf stirbt (oder inhaftiert wird), ersetzt der Clanchef ihn sofort durch seinen nächstältesten Sohn.[150] Seit dem Untergang der Sowjetunion haben sich Tschetschenen auch in der organisierten Kriminalität (von den Russen) emanzipiert. Schon 1994 sollen Tschetschenen in Moskau 3000 Aktivisten in 140 Gruppen rekrutiert und weitere russische Städte erobert haben. Die straff organisierten Familienclans (Tschetschen-Kartelle) – die Jüngeren gehorchen den Älteren bedingungslos – sind ob ihrer Gewaltbereitschaft und Ausübung (insbesondere gegenüber Russen)[151] gefürchtet. Tradition hat auch das Clangesetz der Blutrache („Miest")[152]. Tschetschenen-Kartelle wie die „Tschetschenskaja Obschina", so das Ministerium für Sicherheit in Rußland, operieren nicht nur in der Russischen Föderation und der VR China, sondern unterhalten auch Stützpunkte in Polen, Ungarn, Türkei und Deutschland.[153] So wurde in Berlin beispielsweise schon 1992 eine Bande mit dem Namen

„Moscow Tschetschen Community" im Deliktbereich Schutzgelderpressung polizeiauffällig.

2.3 Vorderasiatische und nahöstliche Gruppen

Neben den ethnisch strukturierten Organisationen im Libanon und Syrien sind in der organisierten Kriminalität insbesondere türkische und kurdische Clans mit kriminell aktiven Mitgliedern tätig.

2.3.1 Türkische und kurdische kriminelle Clans

Noch Mitte der 1970er Jahre lebten drei Viertel der Bevölkerung der Türkei als Bauern in Dörfern. Jedes Dorf wurde von einem Vorsteher, seit altersher meist ein wohlhabender und einflußreicher Mann, und einem Ältestenrat regiert. Das Wachstum der Großstädte schaffte Arbeitsmöglichkeiten für das Landvolk, die ihre intakten Clanstrukturen mitbrachten. Dies galt und gilt auch für türkische Arbeitskräfte, die ab den 1960er Jahren in verschiedene Länder Westeuropas kamen[154], insbesondere nach Deutschland[155]. Unter über zwei Millionen türkischen Landsleuten (1996) operieren heute eine Reihe von Clans, die insbesondere im Rauschgiftgeschäft tätig sind. Die meisten dieser relevanten Großfamilien stammen aus den türkischen Provinzen Elazig, Bingöl, Gaziantep, Tunceli und Diyarbakir (BKA 1997). Zu diesen Sippen[156] heißt es beim Bundeskriminalamt[157]: *„Durch den hierarchischen Aufbau erreichen die Sippen eine nahezu perfekte Abschottung nach außen und durch die klare Aufgabenteilung gewährleisten sie einen reibungslosen Ablauf der geschäftlichen Aktivitäten. Die Machtverhältnisse innerhalb der Großfamilie sind personengebunden. Dem Familienoberhaupt wird bedingungslos gefolgt. Die Männer vertreten – in hierarchischer Reihenfolge – die Familie in Richtung Aussenwelt ... Jedes einzelne Familienmitglied trägt eine besondere Verantwortung für die übrigen Sippenangehörigen ... Das schlimmste Fehlverhalten innerhalb der Sippe ist ein Verstoß gegen die Ehre des Mannes (Seref) oder der Familie (Aile Seref). Ehrverletzungen wird daher mit massiven Racheakten begegnet, die beim gänzlichen Verlust der Familienehre, bis hin zu Tötungsdelikten gehen können (Namusun temizlenmesi)[158]. Der dargestellte, durch Kultur und Religion geprägte Phänotyp der Großfamilie erfüllt wichtige Wesensmerkmale der Organisierten Kriminalität ... In der Realität spiegeln sich die aus der Großfamilienstruktur resultierenden Erscheinungsformen der OK in der Arbeitsweise der Heroinschmuggler wieder. Das allein bestimmende Familienoberhaupt residiert nahezu ausnahmslos in der Türkei, vor allem in Istanbul ..."* Die Anzahl der Mitglieder türkischer Heroin-Kartelle wird mittlerweile auf 40 000 geschätzt.[159] Neben dem Rauschgiftgeschäft sind in Europa auch türkische Clans im Menschenschmuggel (Schleusungszentrale Istanbul), in

Türkische und kurdische kriminelle Clans

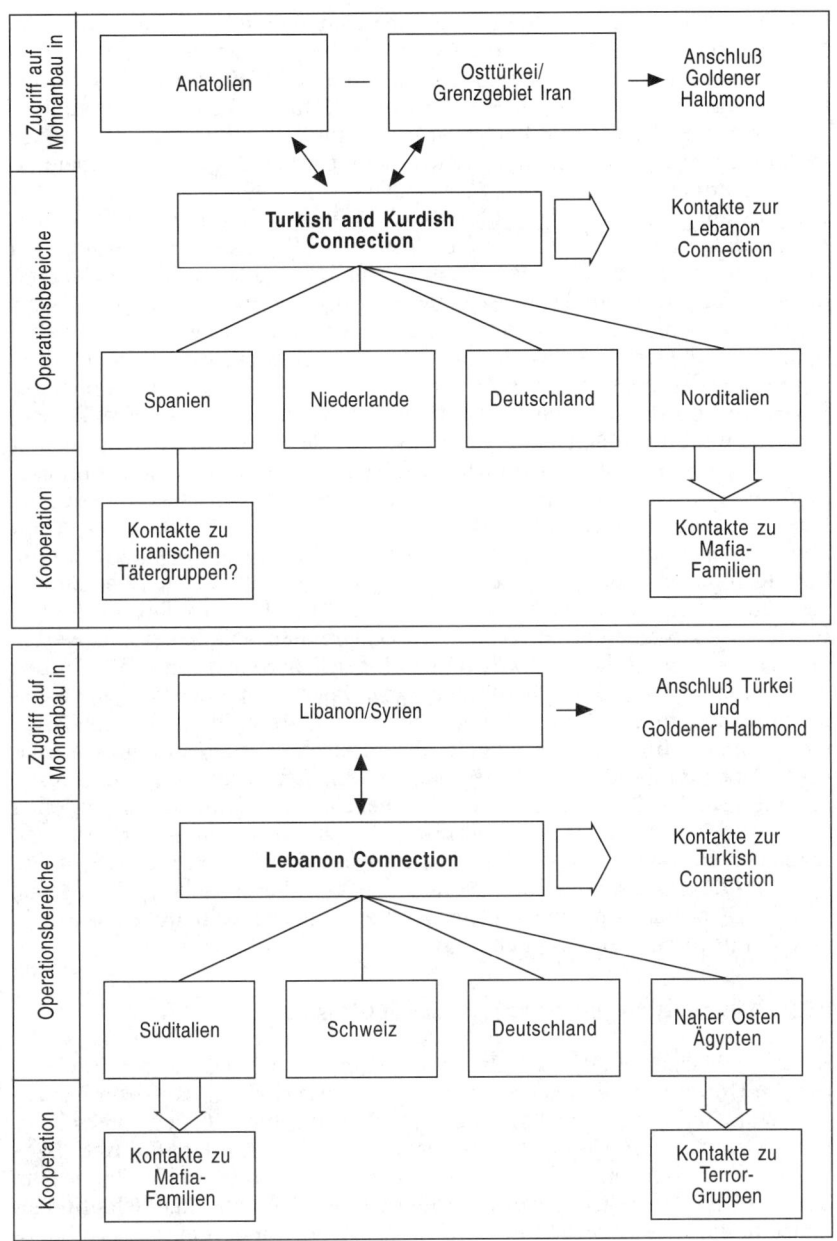

einigen Ländern auch in anderen Deliktbereichen tätig; in Deutschland zum Beispiel auch im Rotlichtmilieu (Menschenhandel), in der Schutzgelderpressung, im Menschenraub und Geiselnahme und nicht zuletzt in der Auftragstötung, wie es in Berlin der Fall um die türkischen „Kopfgeldjäger-Banden"[160] seit März 1998 belegt. Wie weit die Machtfülle und der Machtmißbrauch einer Sippe gehen kann, wurde im Umfeld des Clans der ehemaligen Regierungschefin *Tansu Ciller* bekannt. Ein 1998 bekanntgewordener Untersuchungsbericht „über die Verbindungen zwischen Politikern, Sicherheitsbeamten und dem organisierten Verbrechen", den der Regierungschef *Mesut Yilmaz* in Auftrag gegeben hatte, bestätigt, daß der türkische Geheimdienst offenbar, möglicherweise mit Billigung der Ex-Ministerpräsidentin Ciller, Bombenleger und Brandstifter anheuerte, um dem griechischen Tourismus zu schaden.[161] Anlaß für die Untersuchung war ein Verkehrsunfall in der Westtürkei, bei dem am 3. November 1996 ein hochgestellter Polizeioffizier, ein Abgeordneter aus Cillers Partei des Wahren Segens, *Sedat Bucak*, und ein wegen Drogenschmuggels und Mordes steckbrieflich gesuchter Mafiaboß gemeinsam verunglückten. Gegen den damaligen Innenminister *Mehmet Agar*, der zuvor mit diesen Verunglückten in Kusadasi im gleichen Hotel genächtigt hatte, wird heute ermittelt. In dem von Staatsanwalt *Kutlu Savas* ausgearbeiteten Untersuchungsbericht ging es im wesentlichen um fünf Komplexe[162]: die angebliche Beteiligung des türkischen Geheimdienstes am Putsch in Aserbaidschan 1995, Geldwäsche bei einer staatlichen Bank, die Aktivitäten des offenbar vom Geheimdienst als Killer angeworbenen Terroristen *Abdullah Catli*, Operationen der Sicherheitskräfte in den Kurdenprovinzen und um die mutmaßliche Verwicklung des türkischen Geheimdienstes in Bombenanschläge und Brandstiftungen im benachbarten Griechenland. Im April 1998 leitete das türkische Parlament eine Untersuchung der Vermögensverhältnisse der Ex-Ministerpräsidentin Ciller ein[163]. Anfang Mai 1998 wurde ihr Ehemann wegen Urkundenfälschung zu einer Bewährungsstrafe verurteilt.[164] Türkische Clans arbeiten in ganz Europa mit unterschiedlichsten Tätergruppen zusammen, beispielsweise mit der italienischen OK (insbesondere der 'Ndrangheta), mit bulgarischen, albanischen und libanesischen Gruppen, mit Clans mittelasiatischer Republiken und nicht zuletzt mit russischen Gruppen.

2.3.2 Libanesische und andere kriminelle Clans

In der arabischen Welt des Nahen Ostens lebte die Majorität der Bevölkerung in Dörfern. Im Verlauf von Jahrzehnten kam es durch Bevölkerungszuwachs und Industrialisierung zu einem, in den einzelnen Staaten unterschiedlichen, Verstädterungsprozeß, letzterer in geringerem Umfang im Irak, Syrien und dem Libanon. Auf dem Lande herrscht noch immer der Clan vor. In den Städten überwiegt dagegen die Kleinfamilie. Der Hanf- und Schlafmohnanbau in diesen Regionen wird dementsprechend von dort ansässigen Stämmen kontrolliert. Für die Anbauflächen der libanesischen Bekaa-Ebene trifft dies auf den dortigen Stamm der Ashaiyas (20 000 Personen), insbesondere auf den dazugehörigen schiitischen Clan der Yaffas (mit 5000 Personen) zu. In einer ähnlichen Größenordnung ist der Clan der Hamadis zu sehen. Den in Deutschland seit 1989 inhaftierten Terroristen *Mohammed Hamadi*[165] versuchte sein Clan schon zweimal freizupressen. Der frühere Hisbollah-Kämpfer stand im Januar 1998 im Verdacht, in den Drogenhandel innerhalb der JVA Schwalmbach, in der er bis November 1997 einsaß[166], verwickelt gewesen zu sein. Der Bürgerkrieg im Lande (1975-91)[167] ließ 800 000 Libanesen ins Ausland fliehen. In vielen Gastländern haben heute auch Polizeien mit bürgerkriegssozialisierten Libanesen zu tun, was auch für Deutschland zutrifft. In Berlin zum Beispiel wurde nach einer Schießerei Mitte September 1997 gegen eine Gruppe ermittelt. Dazu die Polizei[168]: *„Wir haben Hinweise darauf, daß die Täter Mitglieder einer in Berlin ansässigen arabischen Großfamilie sind. Wir vermuten, daß dieser Clan im Bezirk Wedding mehrere Kneipen in seinen Besitz bringen will, damit er später in diesen Lokalen kriminelle Geschäfte abwickeln kann"*. Ein halbes Jahr später wurde in der Hauptstadt mit dem Libanesen *Mahmut A.* eine der OK-Führungspersonen verhaftet, der in Berlin ob seines Einflusses einen Unterweltkrieg verhindern konnte.[169] Im Februar 1998 hob die Polizei eine internationale, in Berlin und Brandenburg aktive Autoschieberbande aus, die Autoteile im Container nach Beirut verschiffte.[170] Die festgenommenen Mitglieder dieses Rings stammten hauptsächlich aus Palästina, dem Libanon und Syrien. Wie im Libanon liegt auch in Syrien die Macht in den Händen der Clans, seit Anfang der 1970er Jahre in den Händen des Clans der Al-Assads. Die Assad-Familie, die der Minoritätensekte der Alawiten[171] angehört, regiert seit 1971 das Land mit harter Hand. Die israelische Polizei und die DEA warfen noch Anfang der 90er Jahre Staatschef *Hafis al-Assad* und einem Teil der politischen Führungsschicht in Damaskus vor, den Handel mit harten Drogen im Libanon ausgeweitet und das Land damit zum Heroin-Zentrum des Nahen Ostens gemacht zu haben.[172] Als sich *Rifaat al-Assad* gegen seinen Bruder Hafis stellte, schickte dieser ihn ins Exil nach Paris und Marbella. In den acht Jahren seiner Verbannung, der Präsidentenbruder durfte erst 1992 nach Syrien zurückkehren, erwarb sich Rifaat den Ruf eines undurchsichtigen Geschäftsmannes, der Millionen mit Waffen- und Drogenhandel verdient haben soll.[173] In Marbella hat auch der syrische „Geschäftsmann" *Monzer al-Kassar* sein Domizil. Obwohl sunnitischer Herkunft gilt Al-Kassar als Alawit. Er gehört zum Clan von Hafez und Rifaat al-Assad.[174] Praktisch alle Gefolgsleute Al-Kassars[175] sind Alawiten. Seinem Bruder, *Ghassan al-Kassar*, wurde schon vor über zwanzig Jahren nachgesagt, daß er – im ersten libanesischen Bürgerkriegsjahr – Kontakte zur sizilianischen Cosa Nostra (Familie Badalamenti) aufnahm und mit dieser das Geschäft Drogen gegen Waffen begründete.[176] Mit dieser neuen Form der Rauschgiftkriminalität wurde Mitte der 70er Jahre der sog. Narco-Terrorismus geschaffen. Die ethnische Zugehörigkeit brachte den Al-Kassars nicht nur immensen Reichtum, sondern auch beträchtliche politische Macht und last not least juristische Immunität.

2.4 Süd- und westeuropäische Gruppen

Im Westen und Süden Europas, insbesondere auch auf der mediterranen Inselwelt, spielten und spielen eine ganze Reihe ethnisch struktuierter Gruppen eine Rolle in der Verbrechenswelt. Sizilianische Clans stellten schließlich den Namen, der weltweit zum Synonym für die organisierte Kriminalität schlechthin wurde: Mafia.

2.4.1 Italienische Organisierte Kriminalität (IOK)

Das Innenministerium Italiens zählt zur organisierten Kriminalität des Landes rund 500 Großfamilien mit insgesamt fast 20 000 Mitgliedern. Der überwiegende Teil der kriminellen Clans in Süditalien ist namentlich bekannt.

Die IOK ist außerhalb des Landes heute auf fast allen Kontinenten mit Filialen beziehungsweise Rückräumen vertreten. In Europa zum Beispiel in Großbritannien, Deutschland, Österreich, Schweiz, Belgien-Niederlande-Luxemburg, Frankreich, Spanien und Portugal; auf dem amerikanischen Doppelkontinent in Kanada, USA, Venezuela, Brasilien, Bolivien, Argentinien und Uruguay; nicht zuletzt auch in Australien, wo Kalabreser schon vor dem ersten Weltkrieg eingewandert waren. Mit Verbrechensgruppierungen und kriminellen Clans arbeitete die IOK, so *Rolf Uesseler* 1994[177], auf allen Kontinenten zusammen. So in Amerika in Mexiko, Kolumbien und Peru; in Europa in Schweden, Polen, Ungarn, Ex-Jugoslawien, Rumänien, Bulgarien und den Baltischen Staaten; in Afrika in Marokko, Senegal/Sambia, Liberia, Ghana und Nigeria; in Asien in Syrien und dem Libanon, Oman, der Türkei und der Ex-Sowjetunion, Afghanistan, Pakistan, Indien, Thailand, Laos und selbst auf Papua-Neuguinea. Die IOK ist ein Sammelbegriff für unterschiedliche kriminelle Clans, die in fünf Regionen Italiens im Landessüden beheimatet sind.

2.4.1.1 Sizilianische kriminelle Clans (Cosa Nostra, „Mafia")

- **Name/Namensherkunft**: Über die Herkunft des Wortes „Mafia" gibt es viele etymologische Spekulationen. 1860 war der italienische Süden Teil des bourbonischen Königreichs. Gegen die fremden Herren handelten national gesinnte Süditaliener nach dem Wahlspruch „Morte alla Francia, Italia anela" (MaFIa), was soviel wie „Frankreich den Tod, keucht Italien" bedeutete. Im Palermitaner Dialekt bedeutete Mafia soviel wie Stolz, Selbst-

Wie aus der unten stehenden Übersicht zu entnehmen ist, ist der überwiegende Teil der organisierten Verbrechensgruppen im Süden des Landes, den Polizeien Italiens namentlich bekannt:

MAFIA

Clan Cariolo	Francesco Carbuscia, Marcello Idotta.
Clan Alleruzzo	Salvatore Pellegriti, Salvatore Santangelo.
Clan Costa	Antonino e Salvatore Trovato, G. Battista Smedile, Nuzio Amante, Giuseppe Leo, Giovanni Morgante, Antonino Genovese Stellario Carticiano, Antonio Cundari, Giovanni Carrolo.
Clan Ingemi	Luigi Caputo.
Clan Minore	Mariano Minore.
Clan Pillera	Vittorio Salvatore, Pietro Privitera, Giuseppe Laudani, Paolo Di Mauro.
Clan Santapaola	Emilio Montauro.
Cosa Nostra	Antonino Gargano, Giuseppe, Francesco e Antonino Madonia, Maurizio Puleo, Antonino Fascella, Gerlando Alberti jr.
Capo Clan	Angelo A. Pipitone.
Altri	Tomasello Placido.

CAMORRA

Nuova Famiglia	Patrizio Bosti, Giuseppe Russo, Giuseppe Diana, Antonio Trocchia, Filippo Savino, Francesco Vollaro, Pasquale Bevilacqua, Raimondo Carbone, Vittorio Boccolato, Aniello Grasso, Ciro Giuliano, Paolo Capone, Giuseppe Balestrieri, Vincenzo Amendola, Vincenzo Mascolo, Salvatore Migliorino, Giovanni e Giuseppe Magliuolo, Raffaele Setoia, Domenico Pagnozzi, Mario Pisaniello, Antonio Laurenza.
N. Camorra Org.	Roberto Cutolo, Mauro Laezza, Santo Flagiello, Fernando Rossano, Michele Ruggiero, Antonio Russo, Paolino Manganiello.

'NDRANGHETA

Cosca Avignone	Vincenzo Nanchi.
Cosca Barbaro	Pasquale Morando.
Cosca Cataldo	Giuseppe Cataldo.
Cosca Chimenti	Carmelo Salv. Giacubbo.
Cosca Facchineri	Giuseppe Facchineri, Giuseppe Lombardo.
Cosca Farao	Salvatore Benavento, Franc. Russo.
Cosca Gioffré	Rocco Gioffré.
Cosca Iamonte	Giuseppe Iamonte.
Cosca Imerti	Giovanni e Bruno Trapani, Salvatore Saraceno.
Cosca Macri	Francesco Carrozza.
Cosca Mollica	Saverio Mollica.
Cosca Morabito	Pasquale Latella.
Cosca Muto	Luigi Muto, Leopoldo Pagano, Serafino Avolio.
Cosca Nirta	Francesco Strangio.
Cosca Parrello	Rocco Romola.
Cosca Speranza	Santo Palamara.

Quelle: Jahresbericht der Karabinieri 1987 (Attivita operatisa dell'Arma dei Carabinieri 1987.)

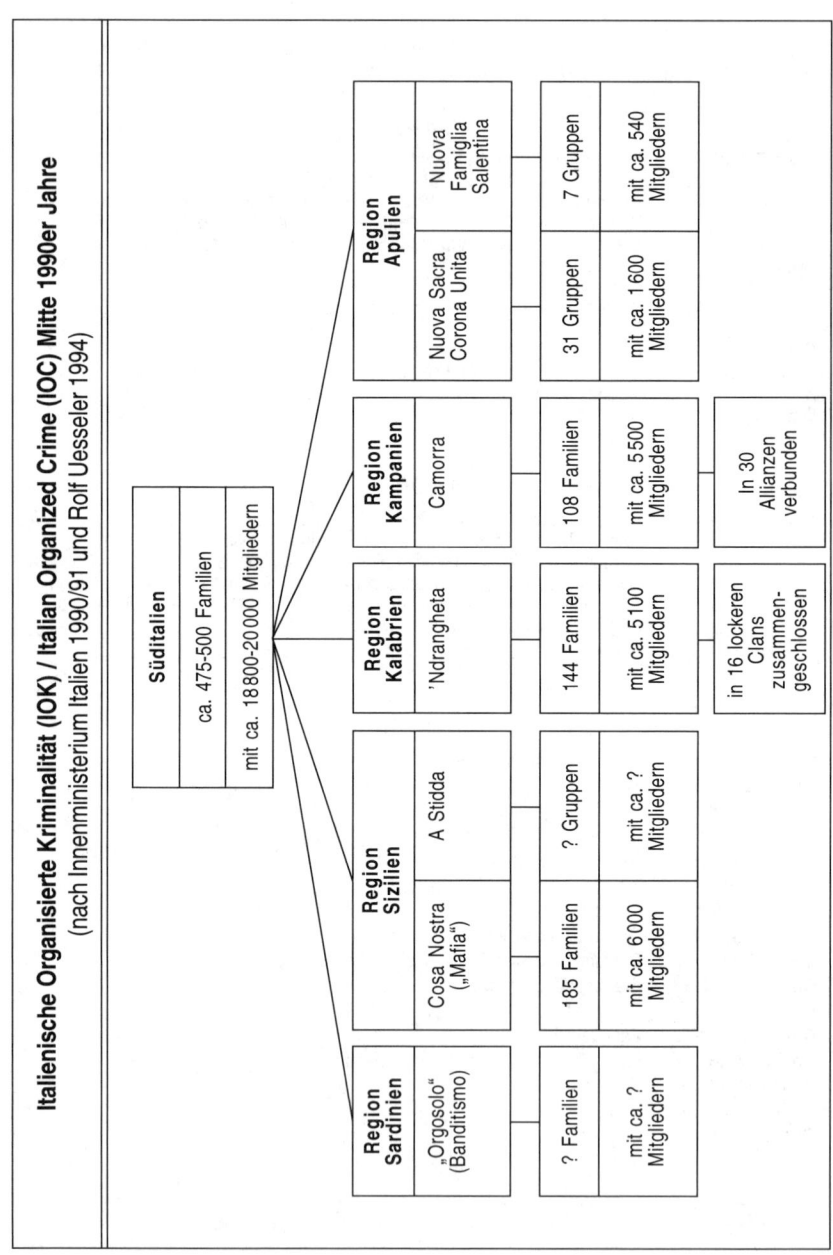

Italienische Organisierte Kriminalität (IOK) / Italian Organized Crime (IOC) Mitte 1990er Jahre
(nach Innenministerium Italien 1990/91 und Rolf Uesseler 1994)

Süditalien

ca. 475-500 Familien

mit ca. 18 800-20 000 Mitgliedern

Region Sardinien

„Orgosolo" (Banditismo)

? Familien

mit ca. ? Mitgliedern

Region Sizilien

Cosa Nostra („Mafia")

A Stidda

185 Familien

? Gruppen

mit ca. 6000 Mitgliedern

mit ca. ? Mitgliedern

Region Kalabrien

'Ndrangheta

144 Familien

mit ca. 5100 Mitgliedern

in 16 lockeren Clans zusammen-geschlossen

Region Kampanien

Camorra

108 Familien

mit ca. 5500 Mitgliedern

In 30 Allianzen verbunden

Region Apulien

Nuova Sacra Corona Unita

Nuova Famiglia Salentina

31 Gruppen

7 Gruppen

mit ca. 1600 Mitgliedern

mit ca. 540 Mitgliedern

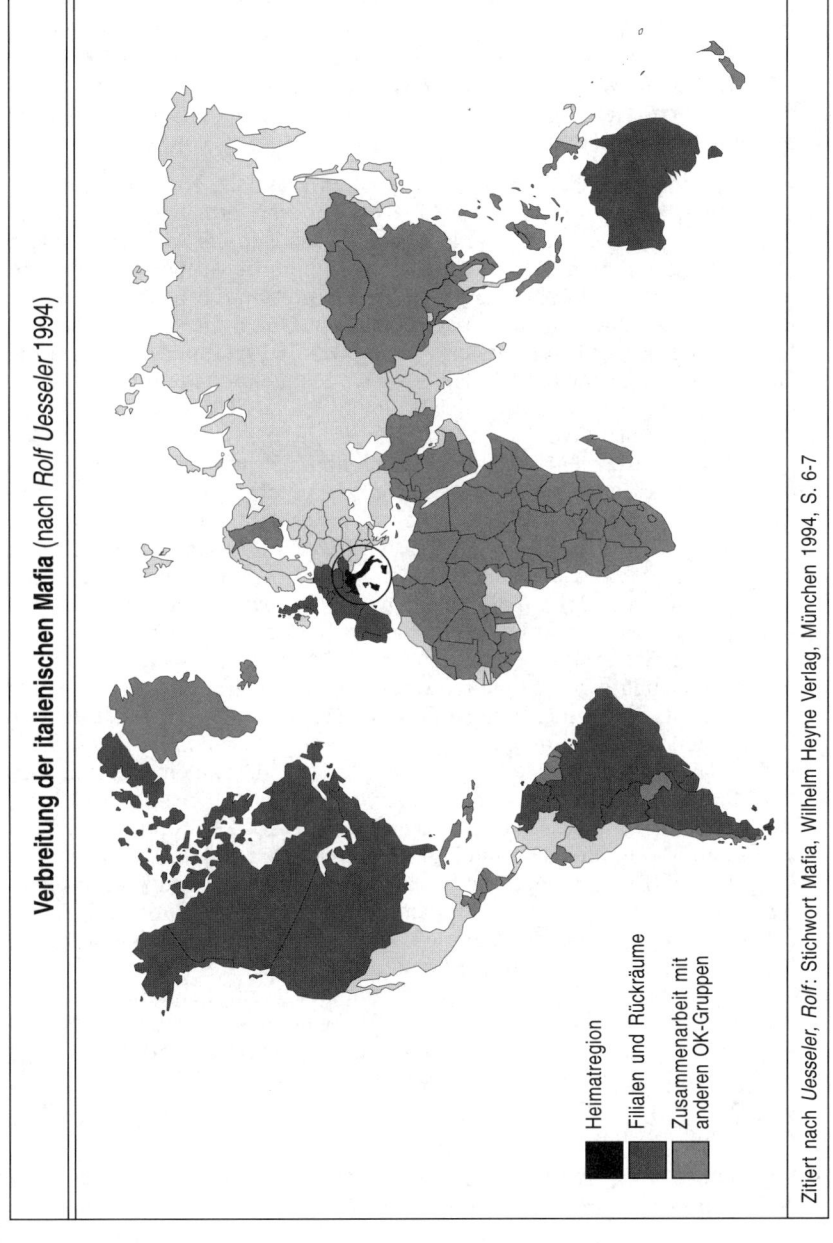

Verbreitung der italienischen Mafia (nach *Rolf Uesseler* 1994)

Heimatregion

Filialen und Rückräume

Zusammenarbeit mit anderen OK-Gruppen

Zitiert nach *Uesseler, Rolf*: Stichwort Mafia, Wilhelm Heyne Verlag, München 1994, S. 6-7

bewußtsein, aber auch anmaßendes Auftreten. In der offiziellen Amtssprache tauchte das Wort erstmals 1838 auf. Um die Mitte des 19. Jahrhunderts bekam die Bezeichnung Mafia den Beigeschmack des Kriminellen. Ab 1865 wurde das Wort von den Behörden für einen bestimmten Verbrechertypus benutzt. Der Eigenname „Cosa Nostra" bedeuted im Italienischen soviel wie „Unsere Sache".

• **Kurzgeschichte**: Jahrhunderte war Sizilien praktisch Kolonialland. Die Zentralregierung und damit die Staatsmacht war fern. Die eigentlichen Herren auf der Insel waren die landbesitzenden Barone. Auf ihren Gütern regierten sie unbeschränkt, unterstützt von ihren bewaffneten Feldwächtern. Ende des 18. Jahrhunderts verpachteten die in die Städte ziehenden Barone ihre ländlichen Güter an Großpächter. Und diese verpachteten das Land in kleinen Stücken weiter. Anfang des 19. Jahrhunderts traten die Großpächter das Erbe der Feudalherren an. Sie mehrten ihren Besitz durch Güterkauf, insbesondere nach der Einigung Italiens 1860. Als den Bauern ihre angestammten Weide- und Sammelrechte, die sie bis dahin auf den Feudal- und Kirchengütern hatten, weggenommen wurden, wurde das bis dahin nur sporadisch aufgetretene Banditentum chronisch. Gegen die unruhigen Kleinpächter und Landarbeiter, verarmte Bauern und Banditen, schützten sich die Grundherren durch schwerbewaffnete und durch ihre Gewalttätigkeit bald berühmt-berüchtigte private Feldhüter. Schon früh zwangen diese die Bauern, ihnen einen Teil der Ernte als Schutzgebühr zu zahlen. Aus diesen staatlich privilegierten Räubern (Mafiusi), die sich in der zweiten Hälfte des 19. Jahrhunderts auch schon „Giovanni d'Onore" (ehrenhafte Jünglinge) nannten, erwuchs die sog. Mafia. Sie regierten bald das Landgut, die kleinen und isoliert gelegenen Dörfer im Landesinnern. Sie strebten nach Latifundien[178], „schützten gegen Gebühr" Weide-, Sammel-, Wasser- und Brunnenrechte; beeinflußten über „kleine Gefälligkeiten" und kleine Aufträge öffentliche Ämter und wußten last not least Hunderttausende Stimmen armer Bauern hinter sich. Dieses doppelte Gesicht, wirtschaftlich im illegalen und legalen Bereich zu handeln, machte insbesondere im 20. Jahrhundert die Stärke der Mafia aus. Hinzu kam das Faktum, daß sie, genauer eine Reihe von mächtigen und einflußreicher Clans auf der Insel, in der Politik (Parteien, Regierung, Parlament), in der öffentlichen Verwaltung, in den Massenmedien, in Kirche, Verbänden – also fast allen staatlichen und gesellschaftlichen Sektoren und Institutionen – präsent und fest verankert ist. Mafia, das ist heute eine nahezu perfekte Mischung aus politischem „Filz" (in Regierung, Parteien und öffentlicher Verwaltung), skrupellosem, im Zweifelsfall alle Gesetze mißachtendem Unternehmertum und einer privaten „Task Force", die alle Einschüchterungsmittel bis hin zum Mord einsetzt.

• **Größenordnung**: Nach dem Innenministerium Italiens zählen zur Cosa Nostra insgesamt 185 Familien mit rund 6000 Mitgliedern. Zählt man die

Mafia-Familien ("Famiglie" mafiose)
in den wichtigsten Provinzstädten der Region Sizilien

Palermo	Riina, Provenzano, Madonia, Greco, Vernengo, Fidanzati
Alcamo	Greco, Sciacca
Castellammare del Golfo	Evola
Bagheria	Scaduto
Capo D'Orlando	Bontempo, Scavo, Galati, Giordano
Trapani	Minore
Messina	Costa, Garofalo, Milone
Mazara del Vallo	Agate
Siculiana	Caruana, Cuntrera
Misterbianco	Pulvirenti
Porto Empedocle	Grassonelli
Palma di Montechiaro	Ribisi / Allegro
Canicatti	Di Caro / Ferro
Gela	Jacolano, Madonia, Ianni
Cantania	Santapaola, Ferrera, Pilliera, Garozzo

Quelle: Storia di Copertina (Titelgeschichte), Europeo Nr. 31/1992, Seite 12   Stand:1992

weitläufigsten Gefolgsleute hinzu, wächst nach anderen Schätzungen die Gesamtgröße auf rund 70 000.

- **Struktur**[179]: Der Aufbau von Cosa Nostra folgt einerseits dem Territorialprinzip und andererseits der Notwendigkeit, Personen „von draußen" möglichst nicht eindringen zu lassen. Die 185 Familien (auch „Cosca" oder „Cosche" genannt) herrschen über ein geographisch präzis abgestecktes Territorium (z.B. ein Dorf, eine Stadt, mehrere kleinere Gemeinden, ein Stadtteil Palermos) Siziliens. Den Kern einer Cosca bilden die vereidigten Mitglieder, die Ehrenmänner und die engsten Gefolgsleute, die „Affiliati" (adoptierte oder angenommene Mitglieder). Um diesen Kern, der zwischen 20 und 300 Personen umfaßt, rotiert ein sehr viel größerer Personenkreis in der „Corona" (Krone/Kranz). Er besteht aus den männlichen Verwandten der Uomini d'Onore und Affiliati und aus Personen, mit denen Quasiverwandtschaftsbeziehungen eingegangen wurden (z.B. Patenschaften). Das weitverzweigte Netz der Paten spielt in Sizilien eine bedeutende Rolle. Der äußere Rand, die „Peripherie", umfaßt noch einmal eine sehr viel größere Anzahl von Personen. Sie stehen zum Teil für illegale Aktivitäten zur Verfügung. Zu diesem größten Kreis gehören Politiker, Finanzexperten- und -jongleure, Berufsverbrecher für Auftragsarbeiten oder kriminelle Banden, die beispielsweise Schutzgelder eintreiben dürfen. Eine solche Cosca umfaßt in der Regel mehr als 1000 Personen und erreicht in Palermo oder Catania nicht selten fast 5000 Leute.[180] Die Basiseinheit der „Ehrenmänner" ist innerhalb jeder Cosca die „Famiglia" (Familie). Sie hat nichts mit verwandtschaftlichen Beziehungen zu tun, schließt aber auch nicht aus, daß Blutsverwandte in ein und derselben „Famiglia" als Mitglieder vereidigt werden. Die Familie besteht aus einer quantitativ nicht festgelegten Anzahl von Personen.[181] Jede Familie ist streng hierarchisch gegliedert. Die einfachen Mitglieder werden „Soldati" (Soldaten) genannt und sind in Zehnergruppen zusammengefaßt, denen ein „Capodecina" (Zehnerchef) vorsteht. Die Famiglia wird von einem „Capofamiglia" (Familienchef) regiert, der von allen Mitgliedern bestimmt wird. Ihm assistieren zumeist ein „Vicecapo" und je nach Größe der Familie ein bis höchstens drei „Consiglieri" (Berater). Der Familienchef wählt sich die Zehnerchefs aus, bestimmt ihre Einsatzgebiete und leitet über sie die Befehle an die Soldaten weiter.

Die Aktivitäten der einzelnen Familien werden durch die „Commissione" (Kommission), auch „Cupola" (Kuppel) genannt, aufeinander abgestimmt. Dieses Koordinationsorgan arbeitet auf Provinzebene. Da Sizilien neun Provinzen hat, gibt es neun „Commissioni provinciali". Die einzelnen Provinzkommissionen werden gebildet durch die jeweiligen „Capomandamenti" (Mandatschefs). Diese repräsentieren zumeist drei , manchmal auch mehr Familien. Diese Mandatschefs werden von den Familienchefs bestimmt. Die Mitglieder der Kuppel (Kommission) werden in der Regel für drei Jahre gewählt und bestimmen aus ihrem Kreis für diese Zeit einen „Capocommissione" (Kommissionschef)[182].

Der jeweiligen Commissione obliegen folgende Aufgaben: 1) für die Einhaltung der Cosa-Nostra-Regeln in den jeweiligen Familien zu sorgen; 2) Vor allem Streitigkeiten und Konflikte zwischen einzelnen Familien beizulegen; 3) trifft sie die Entscheidung zu „Sanktionen" gegenüber Personen innerhalb und außerhalb von Cosa Nostra.[183]

- **Kodex**: In Süditalien, insbesondere auf Sizilien, war das (fehlende) Staatsbewußtsein durch das Familienbewußtsein ersetzt worden. Das Gebot, gegenüber außerfamiliären (insbesondere staatlichen) Instanzen zu schweigen (omerta), war nicht nur familiäre Pflicht, sondern berührte auch die Ehre (Ehrenschweigepflicht) der Familie. Jeder, den die Cosa Nostra offiziell als Mitglied aufnimmt, muß einen Treueeid schwören. Ehrverletzungen werden drakonisch, Eidbruch mit dem Tode bestraft. Wer sich nicht an

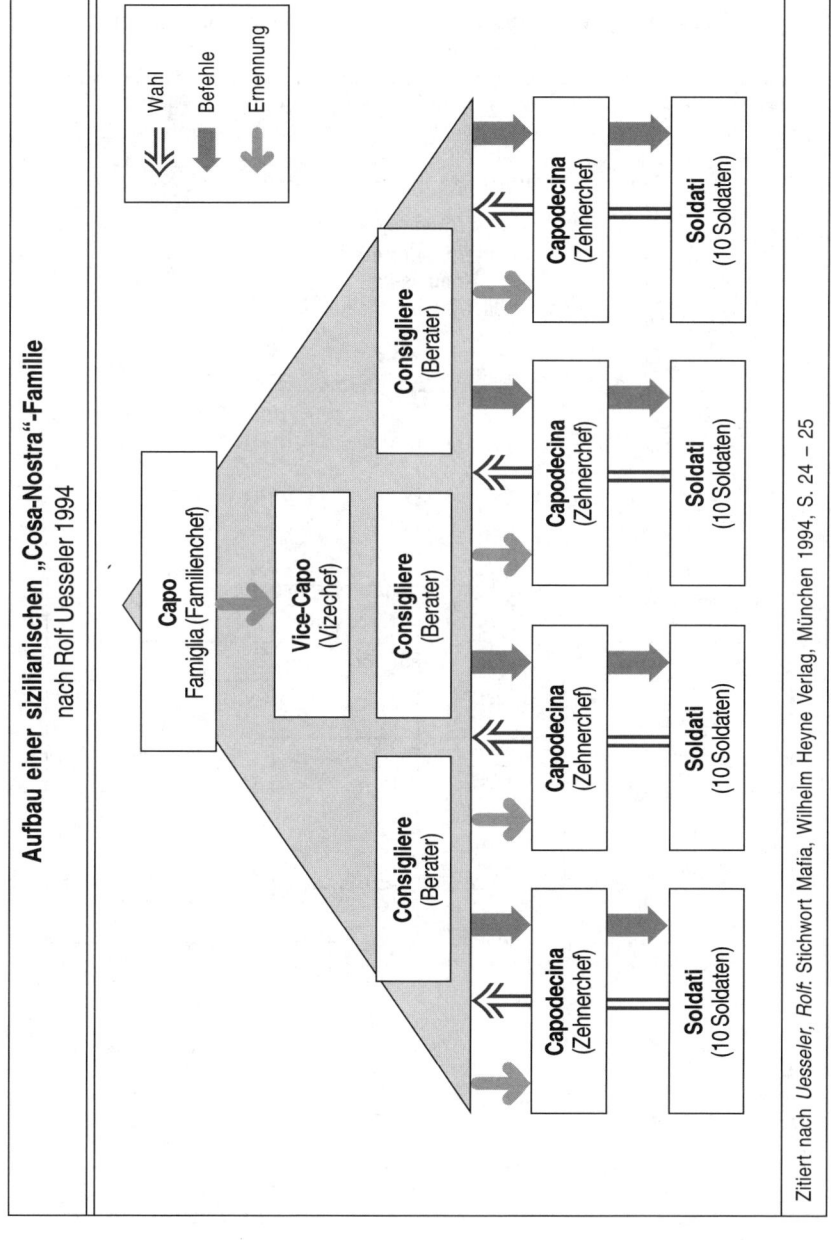

Aufbau einer sizilianischen „Cosa-Nostra"-Familie
nach Rolf Uesseler 1994

Wahl
Befehle
Ernennung

Capo
Famiglia (Familienchef)

Vice-Capo
(Vizechef)

Consigliere
(Berater)

Consigliere
(Berater)

Consigliere
(Berater)

Consigliere
(Berater)

Capodecina
(Zehnerchef)

Capodecina
(Zehnerchef)

Capodecina
(Zehnerchef)

Capodecina
(Zehnerchef)

Soldati
(10 Soldaten)

Soldati
(10 Soldaten)

Soldati
(10 Soldaten)

Soldati
(10 Soldaten)

Zitiert nach *Uesseler, Rolf:* Stichwort Mafia, Wilhelm Heyne Verlag, München 1994, S. 24 – 25

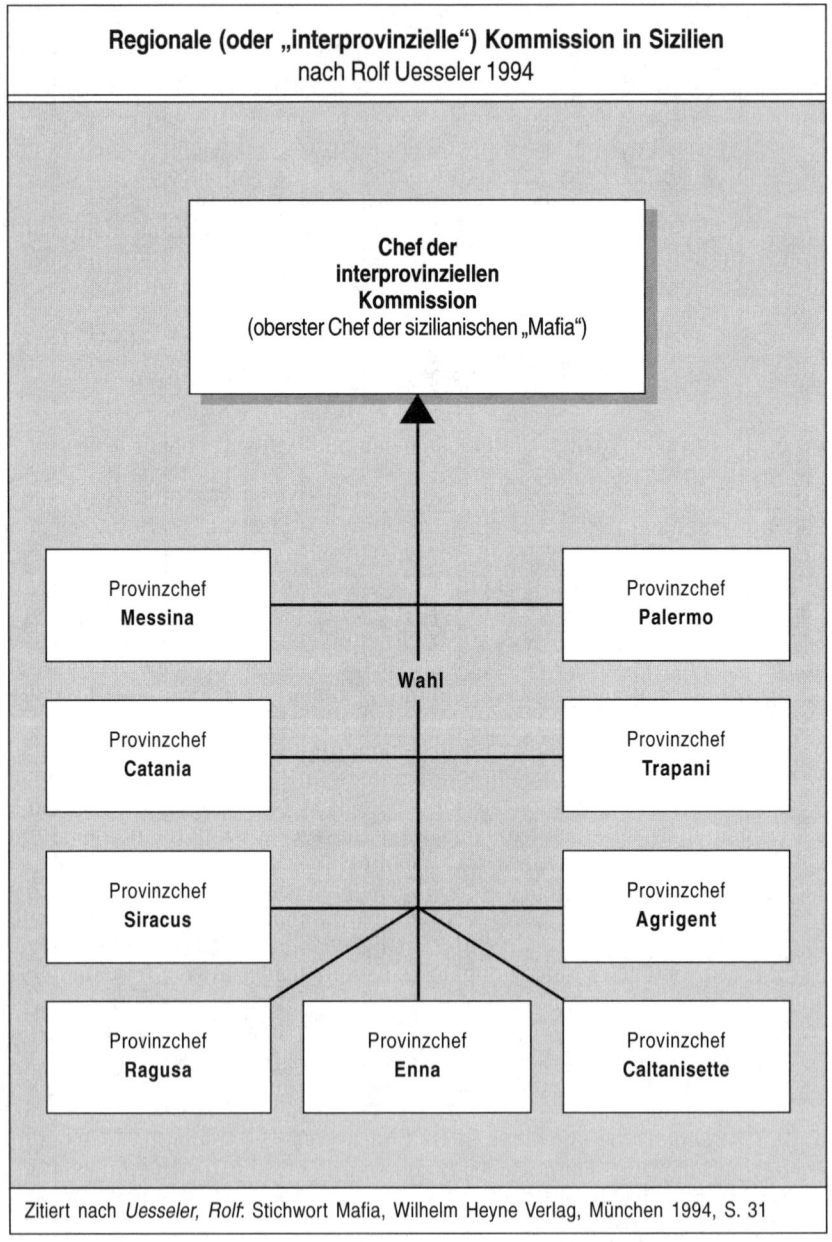

Regionale (oder „interprovinzielle") Kommission in Sizilien
nach Rolf Uesseler 1994

**Chef der
interprovinziellen
Kommission**
(oberster Chef der sizilianischen „Mafia")

Provinzchef **Messina**	Provinzchef **Palermo**

Wahl

Provinzchef **Catania**	Provinzchef **Trapani**
Provinzchef **Siracus**	Provinzchef **Agrigent**

Provinzchef **Ragusa**	Provinzchef **Enna**	Provinzchef **Caltanisette**

Zitiert nach *Uesseler, Rolf*: Stichwort Mafia, Wilhelm Heyne Verlag, München 1994, S. 31

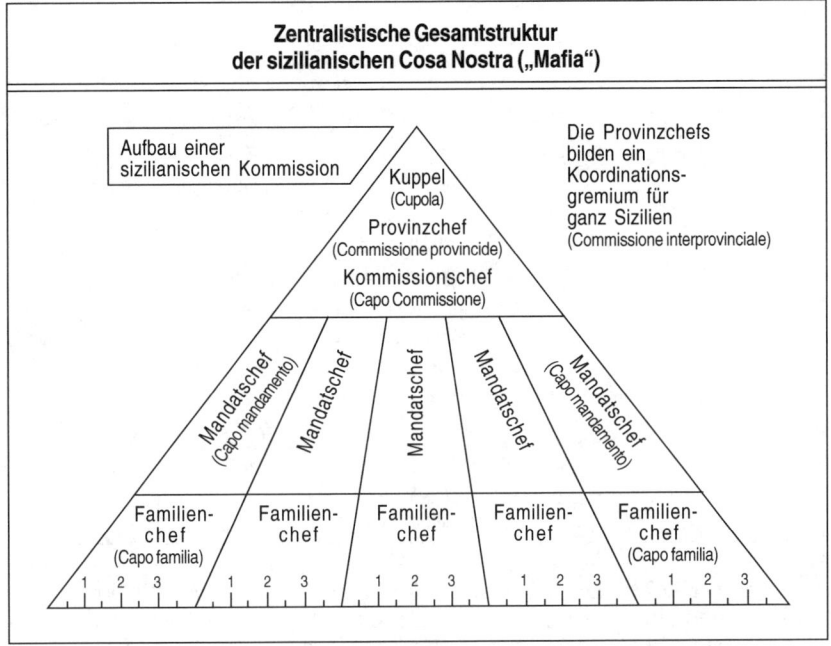

den Codex hält und als „Verräter" nicht selbst zu erreichen ist, löst eine „Vendetta transversale" (stellvertretende Blutrache) aus; d.h. Angehörige des Verräters werden im Auftrage der Cosa Nostra umgebracht. Gegen die allmächtigen Cosa Nostra-Familien gehen auf Sizilien seit 1990 kleine Gruppen vor, deren Mitglieder vor allem Verlierer und Versager unter den Mafiosi, drittrangige aber machthungrige Gangster, die bei Auseinandersetzungen der Cosa Nostra-Clans untereinander immer leer ausgingen, stellen. Sie selbst nennen sich nicht Mafiosi, sondern „Stiddari" (ital. Sterne[184]). Im Gegensatz zur Cosa Nostra ist die „Stidda" nicht streng hierarchisch ausgerichtet. Jede Stidda-Gruppe wirtschaftet und entscheidet für sich selbst und unterwirft sich niemandem. Die „A Stidda" (Der Stern) ist vornehmlich im Südwesten Siziliens tätig. Schon Anfang der 1990er Jahre wurden zwischen Gela, Agrigent und Trapani die „Stiddari", deren Gruppen nur lose miteinander verbunden sind, zu einer konkurrierenden Kraft.

2.4.1.2 Kalabresische kriminelle Clans ('Ndrangheta)

- **Name/Namensherkunft**: Im Altkalabresischen Süditaliens soviel wie „ein (ehren)werter Mann/Mensch, der anderen hilft".

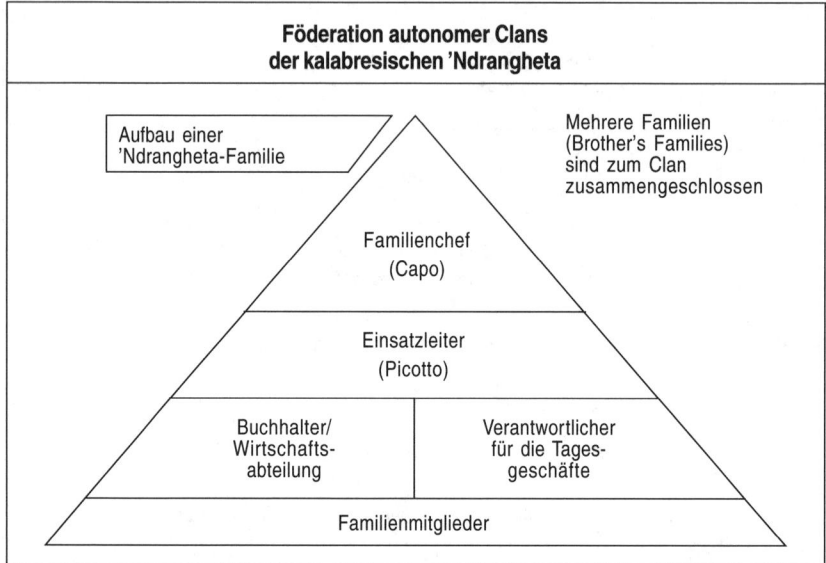

Föderation autonomer Clans
der kalabresischen 'Ndrangheta

Aufbau einer
'Ndrangheta-Familie

Mehrere Familien
(Brother's Families)
sind zum Clan
zusammengeschlossen

Familienchef
(Capo)

Einsatzleiter
(Picotto)

Buchhalter/
Wirtschafts-
abteilung

Verantwortlicher
für die Tages-
geschäfte

Familienmitglieder

- **Kurzgeschichte**: Die Stiefelspitze im Süden mit einer fast 800 km langen Küste und einem unzugänglichen Gebirge (Aspromonte) wurde von französischen Anjou, spanischen Aragonesen und Bourbonen in Neapel (wie ganz Süditalien) ausgeplündert. Gegen die Unterdrückung durch Neapel und lokale Feudalherrn erhoben sich Bauern, bildeten sich Banden (Briganti), die Kalabrien jahrhundertelang verunsicherten. Auch nachdem Kalabrien 1870 im italienischen Einheitsstaat aufging, lag die Macht in den Händen der Großfamilien (Clans), die meist zurückgezogen in den Bergen lebten.[185] Bis heute ist für die Kalabresi der Staat „eine fremde feindliche Macht". Dafür trat und tritt die eigene „Onorata Societa" als Firmengründer und Firmenpächter auf. Mit einem verästelten, kaum entflechtbaren Netzt von Unterpächtern gelangte sie über einen gewaltigen Kader von gepreßt Loyalen und ängstlich Abhängigen zu einer Fülle von Autorität und Macht. Die 'Ndrangheta ist zeremoniell männlich, Frauen werden niemals eingeweiht.[186] Ähnlich wie Cosa Nostra hat auch die 'Ndrangheta ihren Einfluß immer weiter von illegalen in legale Bereiche (wichtig in diesem Zusammenhang das Baugewerbe im Zuge der Industrialisierung der Region) ausgedehnt. Ganze Dörfer werden so von bestimmten 'Ndrangheta-Familien beherrscht, die dann alle wichtigen Ämter innehaben.[187]

- **Größenordnung**: Nach dem Innenministerium Italiens zählen zur 'Ndrangheta insgesamt 144 Familien mit rund 5100 Mitgliedern.

- **Struktur**: Die 'Ndrangheta-Familien basieren, im Unterschied zur sizilianischen Cosa-Nostra, nahezu ausschließlich auf blutsverwandtschaftlichen

Bindungen. Eine Erweiterung der Familie ist dementsprechend fast nur durch Heirat möglich. Familienoberhaupt ist immer das älteste männliche Familienmitglied. Mehrere Familien sind zum Clan zusammengeschlossen. In der ersten Hälfte der 1990er Jahre waren 144 Familien in insgesamt 16 lockeren Clans zusammengeschlossen. In Relation zur Cosa Nostra gibt es keinen zentralistischen Überbau, dafür eine Art Föderation autonomer Clans.

- **Kodex:** Bindung an die Familie und das Familienoberhaupt; Pflicht zu schweigen (Omerta); Vendetta (Blutrache), auch unter rivalisierenden Clans bzw. Familien.

2.4.1.3 Apulische kriminelle Clans (Sacra Corona)

- **Name/Namensherkunft**: Sacra Corona Unita (ital.) soviel wie „vereinigte heilige Krone (Kranz)“.

- **Kurzgeschichte**: In Relation zu den anderen süditalienischen Gruppen entstand die „Mafia der süditalienischen Region Apuliens“ erst nach dem 2. Weltkrieg und lebte lange Zeit vornehmlich vom Zigarettenschmuggel, der an der apulischen Küste (auch als „Tabakstraße nach Albanien“) in großem Maßstab betrieben wurde. Bis Anfang der 1990er Jahre konnte sich der „Neue heilige Kranz“ (Nuova Sacra Corona) neben den alten Mafia-Gruppen auch auf den Märkten der internationalen Kriminalität fest etablieren. In Apulien hat diese Gruppierung ihre Zentren insbesondere in den Küstenstädten Brindisi, Lecce und Taranto. Starke Machtkämpfe innerhalb der Organisation führten immer wieder zu regelrechten Bandenkriegen. Die Familien-Gruppen[188] werden heute einerseits der älteren „Nuova Sacra Corona Unita“ und andererseits der jüngeren „Nuova Famiglia Salentina“ zugeordnet.

- **Größenordnung**: Nach dem Innenministerium Italiens werden zur „Nuova Sacra Corona Unita“ 31 Gruppen mit rund 1600 Mitgliedern und zur „Nuova Famiglia Salentina“ sieben Gruppen mit circa 540 Mitgliedern gezählt.

- **Struktur**: Die erst wenige Jahrzehnte alte Sacra Corona ist bei weitem nicht so straff organisiert wie etwa die Cosa Nostra; doch nähern sich die Apulier in den letzten Jahren, was Organisation und Strukturen betrifft, immer mehr dem sizilianischen „Modell“ Cosa Nostra an.

- **Kodex**: Analog zu den anderen süditalienischen Gruppen der OK.

2.4.1.4 Kampanische kriminelle Clans (Camorra)

- **Name/Namensherkunft**: Im Altneapolitanischen bedeutet „Camorra“ eine Bluse. Camorristen waren „Blusenträger“, und mit denen meinte man schlicht das Proletariat.

- **Kurzgeschichte**: Von Neapel aus unterdrückten die Bourbonen das südliche Italien. In der Hafenstadt waren nicht wenige einfache Arbeiter wegen unterschiedlicher Taten und Anschuldigungen in Gefängnissen, und dort häufig den Brutalitäten der Aufseher der bourbonischen Herren ausgesetzt. Um sich dagegen zu schützen, organisierten neapolitanische Strafgefangene um 1820 den Bund der „Camorra".[189] In den 1830er Jahren bildeten entlassene Gefangene die „Straßen-Camorra". Sie wurde anfänglich von der französischen Herrschaft aus politischen Gründen geduldet. Der Bund nutzte diese Zeit und hatte bald Mitglieder in allen Ständen, selbst im Heer und in der Beamtenschaft. Erst nach einer „Lehrzeit und einem Lehrstück"[190] konnte man Camorrist werden. Aus der „Straßen-Camorra" des 19. Jahrhunderts entwickelte sich ein Stadtgangstertum, das von einzelnen Gangs dominiert wurde.[191] Nach dem 2. Weltkrieg schlossen sich Ende der 1960er Jahre die Gangs zu zwei größeren, straffer organisierten Gruppierungen, der „Nuova Famiglia" und der „Nuova Camorra Organisation" zusammen, die sich seit dieser Zeit hart bekämpfen. Die verlustreichen Kämpfe brachten eine, im organisierten Verbrechen nicht häufig vorkommende Variante mit sich: die der weiblichen OK-Führungspersonen. In Neapel füllten Frauen[192] die Lücken einsitzender und abgetauchter, aber auch getöteter Bosse.[193] Frauen, die sich von der Rolle des schweigenden Opfers, der Renegatin oder denunzierten Witwe emanzipierten und darüber zu Stellvertreterinnen, Komplizinnen, eben schlicht Täterinnen avancierten.

- **Größenordnung**: Nach dem Innenminister Italiens zählen zur Camorra (in Neapel und Umfeld der Region Kampaniens) 108 Familien mit rund 5500 Mitgliedern. Die Familien sind in 30 Allianzen verbunden. Zählt man die weitläufigsten Gefolgsleute hinzu, wächst nach anderen Schätzungen die Gesamtgröße auf 15 000 bis rund 20 000.

- **Struktur**: Innerhalb der Camorra besitzen die einzelnen Clans, von denen ein Großteil in verschiedenen Stadtteilen Neapels aktiv ist, eine starke Autonomie. Inzwischen setzen sich immer mehr Clans durch, die nach dem sizilianischen „Modell" Cosa Nostra sich organisieren und zunehmend mit dem legalen Teil der Gesellschaft vermischen.

- **Kodex**: Analog zu den anderen süditalienischen Gruppen der OK.

2.4.1.5 Sardische und andere kriminelle Clans

- **Name/Namensherkunft**: Das Synonym für das sardische Banditentum (Banditismo) ist „Orgosolo"; eigentlich der Name eines kleinen, 620 Meter hoch gelegenen Dorfes in der unzugänglichen Bergwelt (Barbagia), dessen Bewohner schon im 19. Jahrhundert gewalttätig gegen inselfremde Mächte vorgingen. Die Orgolesen wurde so zu „Banditi", ob ihrer damaligen Ziele zu „Banditi d'Onore" (ehrenwerte Banditi). Der Ort, der seit rund 100

Jahren durch Gewalt von sich reden macht, wurde zum „Banditendorf", Sardinien zur „Banditeninsel".

* **Kurzgeschichte**: In einem über sehr lange Zeit gewachsenen Wertesystem einer archaischen sardischen Hirtengesellschaft gehörte das Gemeineigentum an Weideland zu den existentiellen Werten der Hirtenclans. Hier setzte die Unterdrückung des italienischen Stiefmutterlandes an, dessen Gesetze nicht die der Sarden waren. 1820 privatisierten die Italiener die sardischen Weidegründe.[194] Der alten Bewirtschaftung des Weidelandes widersetzten sich neue Großgrundbesitzer. Die sardischen „Barbari" wurden durch die schnell reich werdenden Grundherrn von den Weiden verdrängt und mit hohen Pachtzahlen belastet. Die Privatisierung ihres Weidelandes und die demütigenden Pachtbedingungen nahm der Großteil der Sarden nicht hin. Die vormals freien Hirten holten sich ihren Tribut durch Überfälle auf die Großgrundbesitzer, aber auch Polizeistationen und Geldtransporte. Zuerst im Alleingang, dann organisiert, gingen die Schäfer vor. In Relation zu anderen (z.B. Sizilianern) hatten die sardischen Banditi ihr Geschäft ohne feste Strukturen betrieben. Sie gingen lediglich zeitweilige Zweckbündnisse ein.[195] Als „Banditi d'Onore" kämpften sie gegen Landraub, Polizeiwillkür, Arbeitslosigkeit und gewaltsame Industrialisierung. Ab Mitte des 20. Jahrhunderts waren die „Ehrenwerten" jedoch mehr als simple Kriminelle tätig, die sich auf Entführung mit Lösegelderpressung spezialisierten.[196]

* **Größenordnung**: Wie viele unter den 1,6 Millionen Sarden auf Kriminalitätsbereiche spezialisierte Banditi sind, ist unbekannt.

* **Struktur**: Keine zentralistische wie die der Sizilianer. Autonome (Entführer-)Gruppen, die ihre Basis in armen Dörfern haben.[197] Ihr Kapital ist die Ortskenntnis, was sie für planende, anonyme „Köpfe" (die oft vom Festland aus operieren) als ausführende „Glieder" interessant macht.

* **Kodex**: Zum Sippen(Clan)-Codex gehört die Pflicht zum Schweigen (Omerta) und die „Vindicau" (Blutrache), wie die sardische Vendetta heißt.

* **Deliktbereiche**: Aus archaischen Viehräubern wurden moderne Menschenräuber. Spezialisierung auf Entführung mit Lösegelderpressung „besser bemittelter Mitmenschen" sowohl vom italienischen Festland, als auch auf der Insel, hier insbesondere im Bereich der Costa Smeralda (Smaragdküste)[198].

* **Zusammenarbeit mit anderen Gruppen**: Nur die Straße von Bonifacio trennt im Norden die Inseln Sardinien und Korsika. Sardische Entführer[199] arbeiten mit korsischen Clans zusammen bzw. nutzen Korsika zum Abtauchen.

Die Verbrechensindustrie der italienischen Organisierten Kriminalität, die „Male Industria", ist in den 1990er Jahren in vielen illegalen, aber auch legalen Geschäftsbereichen tätig. Dazu gehören u.a. Drogen, Wucher, Immobilien, Handel, Import-Export, Vermittlungen, Illegales Toto, Glücksspiel, Handel mit Fälschungen, Schmuggel, Prostitution, Waffenhandel, Erpressung und Baustoffe, aber auch Computerkriminalität und intensiv die Geldwäsche.

2.4.2 Korsische kriminelle Clans

- **Name**: Als „Milieu" wird die korsische Unterwelt bezeichnet.

- **Kurzgeschichte**: Als die Franzosen Korsika 1769 eroberten, übernahmen sie nicht nur ein verarmtes Hirtenvolk in den Bergen und wenige wohlhabende Großbauern, wie die strengen Feudalfamilien, deren Heimat (Terra di Signori) der Südwestzipfel der Insel (das „Sartenais") war, sondern auch ein verbreitetes Banditenwesen.[200] Fremdherrschaft und Gewaltausübung der Fremden (Plünderungen, Verschleppungen) über lange Zeiten hatten dazu geführt, daß sich die Korsen zum Schutz ins bergige Binnenland zurückzogen; die Dörfer wurden zu Fliehburgen. Dort nahm das Familienbewußtsein die Stelle des fehlenden Staatsbewußtseins ein. Die zu Clans zusammengeschlossenen Großfamilien bestimmten mehr oder weniger das Geschehen auf der Insel. Zum Leben und Überleben gehörte eine strenge Sippenloyalität und ein unversöhnlicher persönlicher Ehrenkodex. Alteingesessene Clans bildeten die „Union Corse".[201] Im letzten Quartal des 19. Jahrhunderts wanderten Inselkorsen, und mit ihnen auch Clan-Mitglieder der Union, nach Südfrankreich, aber auch in die französischen Kolonien in Nordafrika und Südostasien aus. Einige Korsenfamilien zog es um die Jahrhundertwende auch in die USA. Der Einfluß der Union unter den Auslandskorsen ließ in der Diaspora eine korsische Unterwelt (das „Milieu") entstehen, insbesondere in Marseille. Die Hafenstadt wurde ab den 1870er Jahren zur Hochburg der Prostitution und des Schleichhandels. Letzteres hatten nicht wenige arme Korsen, die als Kinder unter Schmugglern und Rebellen groß geworden waren, gelernt. Mit dem Schmuggel, dem Bordellwesen und dem Einfluß auf die Schauerleute begann das Milieu zu wachsen. Noch vor dem 2.Weltkrieg wurden korsische Unterweltler durch ihre Zusammenarbeit mit La Cosa Nostra (USA) im Rauschgiftgeschäft als „French Connection" bekannt, die nach dem Krieg ihre Fortsetzung als „goldene Zeit" ab den 1950er Jahren fand. Penetrierung staatlicher Institutionen und Korrumpierung von Politikern haben die Geschäfte des Milieus effektiviert, angefangen von klassischen OK-Deliktbereichen bis hin zum Subventionsbetrug.

- **Größenordnung**: Mitte der 1990er Jahre lebten rund 250 000 Korsen auf ihrer Insel und zwischen 250 000 und 300 000 außerhalb Korsikas. Wie hoch der Anteil kriminell-aktiver Clan-Mitglieder, wie groß das Milieu insgesamt ist, kann nicht einmal geschätzt werden.

- **Struktur**: Unumstrittene Autorität ist der Clan-Chef, was gleichermaßen auf die „Seigneurs" der Korsen-Syndikate außerhalb der Insel zutrifft.

- **Kodex**: Fremdherrschaft und Willkür ausländischer Söldner führten dazu, daß sich auf Korsika keine funktionierende Justiz entwickeln konnte. Dementsprechend suchten die Korsen selbst die Gerechtigkeit. Nicht fremde Gerichte, sondern die eigenen Clans schlichteten Streit um Ackergrenzen oder verirrte Ziegen oder regelten andere Zwiste. Dem Clan-Chef fielen u.a. die Pflichten des „Richtens und Rächens", auch die „Rache des Blutes" zu. Die Vendetta war die Wahrung von Ehre und Gerechtigkeit. Nach Clan-Kodex war und ist ein Clan-Mitglied (Mann) verpflichtet, schwere Kränkungen seiner Ehre (Onore) durch Blut (= Mord) zu rächen (sog. Vergeltungsrecht[202]). Die Opfer der Vendetten werden bis heute durch Rachelieder (Voceri) besungen. Clan-Kodex war und ist das „Gesetz des Schweigens" (Omerta).

- **Deliktbereiche**: Zu den klassischen Deliktbereichen zählen Rauschgift (Heroinherstellung), Glücksspiel / Spielcasinos (die sog. Casino-Mafia an der Côte d'Azur ist korsisch), Schutzgelderpressung, Prostitution / Rotlichtkriminalität; zu den neueren Deliktbereichen zählen die Geldwäsche und der Subventionsbetrug.

- **Vertretungen außerhalb der Heimatbasis**: In Südostasien (Vietnam, Thailand) und anderen Regionen, die im 20. Jahrhundert von Frankreich besetzt waren.

- **Zusammenarbeit mit anderen Gruppen**: Die Union Corse hat, wie sonst keine andere europäische Gruppierung, hervorragende Kontakte zu südost- und ostasiatischen OK-Gruppen (vietnames. Banden, Triaden), sowohl in Asien als auch in den Übeseegemeinden in Frankreich (Paris), USA (über Exilkorsen in New York) und Kanada. Korsen-Clans haben an der französischen Riviera, mit Übergängen zur italienischen Riviera, engste Kontakte zur italienischen OK. Ab Mitte der 90er Jahre sind über den Standort Nizza auch Kontakte zu russischen Gruppen (auch in Kooperation zur IOK) gewachsen.

- **Sonderheiten**: Seit 1996 wurde mehr als deutlich, daß (insbesondere auf Korsika) die Grenzen zwischen Nationalisten, Clans und dem organisierten Verbrechen fließend geworden sind. Der nationalistische Untergrund hat mafiose Strukturen angenommen.[203] Nicht selten geht inzwischen Geschäftsinteresse mit gewöhnlicher Kriminalität zusammen, schließen mächtige Clans temporär Zweckbündnisse mit Nationalistengruppen, wie zum Beispiel der FLNC.

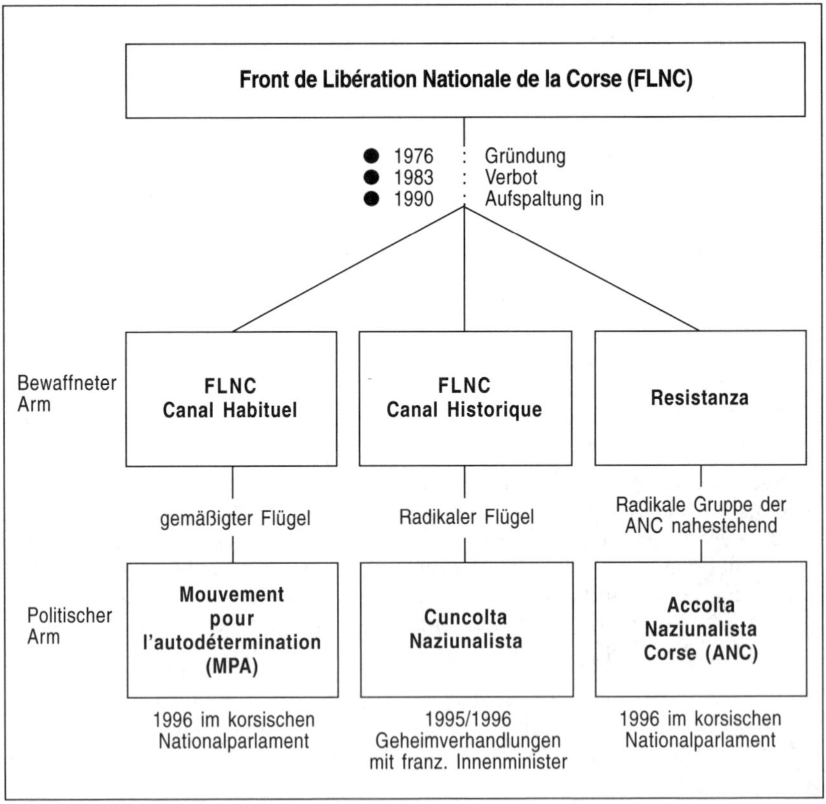

```
                Front de Libération Nationale de la Corse (FLNC)

                        ●  1976  :  Gründung
                        ●  1983  :  Verbot
                        ●  1990  :  Aufspaltung in
```

	FLNC Canal Habituel	FLNC Canal Historique	Resistanza
Bewaffneter Arm			

	gemäßigter Flügel	Radikaler Flügel	Radikale Gruppe der ANC nahestehend

Politischer Arm	Mouvement pour l'autodétermination (MPA)	Cuncolta Naziunalista	Accolta Naziunalista Corse (ANC)
	1996 im korsischen Nationalparlament	1995/1996 Geheimverhandlungen mit franz. Innenminister	1996 im korsischen Nationalparlament

2.4.3 Andere westeuropäische kriminelle Gruppen

In der Nordwestecke Spaniens leben seit langer Zeit die Galizier. Von Natur aus weniger militant als die Basken und Katalanen[204] hatten die Galizier schon früh den Schmuggel als Einnahmequelle entdeckt. Angeblich war Schmuggel an Spaniens Nordwestgrenze zu Portugal schon immer fester Bestandteil der Wirtschaft. In den Elendsjahren nach dem Bürgerkrieg entdeckte man hier einen neuen Markt: Das spanische Tabakmonopol ermöglicht einen gewaltigen Gewinn für schwarz importierte helle US-Zigaretten. Ein Dutzend Bosse wurde über den illegalen Tabakimport reich und mächtig. Unter den Sozialisten, die 1982 an die Macht kamen, wurde das bis dahin geduldete Schmuggeln zum Delikt. Zu dieser Zeit hatten die Gangsterfamilien schon längst ihre Geschäfte legal getarnt mit Weingütern, Immobilien oder Muschelzucht. Anfang der 1980er Jahre kam es zu ersten Berührungen mit marokkanischen Cannabisschmugglern. 1984 soll es zu ersten Kontakten zwischen kolumbianischen Kokainchefs und galizischen Tabakherren gekommen sein;[205] zwei Jahre später fing das Kokaingeschäft auf dem spanischen Festland an – über den Brückenkopf Galizien.

2.5 Osteuropäische und russische Gruppen

Von den Ländern des ehemaligen „Ostblocks" spielen, was Gruppen des organisierten Verbrechens betrifft, insbesondere die GUS-Mitglieder Rußland, Weißrußland und Ukraine, sowie ost- und südosteuropäische Reformstaaten eine Rolle.

2.5.1 Osteuropäische kriminelle Gruppen

- Polen (Republik seit 1990): Im Centre Europée in Luxemburg stellten im September 1997 zwei polnische Experten[206] das Lagebild ihres Landes vor: *„Die zunehmenden Reisebewegungen, Flüchtlingsströme und Migrationswellen, die in Europa überwiegend von Ost nach West verlaufen, begünstigen bei weitgehend offenen Grenzen die Bewegung von Kriminellen im internationalen Raum".* Polen bilde ein immer größeres Zielobjekt für kriminelle Aktivitäten, auch der OK.[207] Die polnische Polizei schätzt, daß ein Drittel des für Westeuropa bestimmten Rauschgiftes im Transit über Polen kommt. Weitere Stichworte für Formen der OK sind Geldwäsche, Autodiebstahl, Schmuggel von Elektronik und Alkohol sowie die Herstellung von Amphetaminen.[208] Mit Stand von Mitte 1995 operierten in Polen, so *Jerzy Stanczyk* (National Chief of Police), 293 OK-Gruppen.[209]
- Rumänien (Republik seit 1991): 1993 fingen im Osten Deutschlands (Ostbrandenburg, Sachsen) die sog. Blitzeinbrüche rumänischer Straftäter (Tatausführung wie militärischer Stoßtrupp) an. 1996 gehörten in Europa neben Deutschland auch die Niederlande, Belgien, Frankreich und die Schweiz

zu deren Operationsbereichen. Zur Bilanz des rumänischen Präsidenten *Emil Constantinescu* im September 1997 gehört auch die Aussage:[210] *„ Wir haben zwar im November 1996 die Wahl gewonnen, aber die Macht haben wir noch nicht errungen. Die haben weiterhin die Wirtschaftskriminellen . . Die kriminellen Seilschaften schädigen den Staat weiter ... "* Die Institutionalisierung der Korruption, so Rumäniens Außenminister im April 1998, hat wohl auch zu „kriminellen Machenschaften von Diplomaten" geführt. So wurden Beamte des Konsulats-Personals in Bonn verdächtigt, rumänische Kriminelle mit falschen Papieren auszustatten.[211] Die Schuldanwürfe von deutscher Seite gingen in die Richtung, daß *„mit Unterstützung aus der Botschaft Rumäniens in Bonn rumänische Menschenhändler mehr als 100 Kinder nach Deutschland geschafft haben. Auftrag der Kinderbanden war der Taschendiebstahl auf Straßen und Gaststätten."*[212]

• Albanien (Republik seit 1991) und Kosovo (autonome Provinz der Republik Serbien): Albanische und kosovo-albanische Straftäter sind in verschiedenen Deliktbereichen in Europa, insbesondere in Italien, Griechenland, Deutschland und der Schweiz tätig. Mit den Flüchtlingswellen, die nach Italien rund 100 000, nach Griechenland sogar 300 000 Albaner führten, schwammen auch ungezählte Kriminelle mit. Hintergrund: 1996 nahm das in einer Grauzone florierende Geldgeschäft in Albanien ein Ausmaß an,[213] welches selbst die Weltbank beunruhigte. Der internationale Währungsfond mutmaßte gar, daß sich hinter den Geldtransaktionen „illegale Aktivitäten wie Geldwäsche" verbergen könnten. Im März 1997 kam es zum erwarteten Zusammenbruch dieser Schattenwirtschaftssysteme, was zu bürgerkriegsähnlichen Ausschreitungen führte. Mit den „Zusammenstößen um die Finanzbetrügereien" wurde auch ein uralter Konflikt zwischen den Clans der Gebirgsbewohner des Nordens und den Clans der urbanen Küstenregion im Süden, mit dem Epizentrum Vlora, quasi reanimiert.[214] Im Bürgerkrieg versank Albanien in Chaos und Anarchie, Banden-Chefs beherrschten das Geschehen.[215] Mit dem Zusammenbruch der staatlichen Ordnung waren auch die meisten Gerichtsgebäude und beinahe alle Gefängnisse zerstört worden. Fast alle Häftlinge, darunter über 2000 Schwerverbrecher, entkamen.[216] Nicht wenige davon nach Italien, untergetaucht in den Strömen der Massenflüchtlinge.[217] Die meisten der albanischen Straftäter entkamen, zusammen mit dem Großteil der gestohlenen Waffenbestände,[218] nach Griechenland. Die Untergrabung des staatlichen Systems und des Zusammenbruch des Staates sollen, so Ermittlungen der Staatsanwaltschaft im italienischen Lecce, Familien der apulischen Sacra Corona Unita in Zusammenarbeit mit Clans der sizilianischen Cosa Nostra durch den „Aufbau eines gigantischen Betrugsnetzes" bewirkt haben.[219] Mit geflüchteten Mitgliedern der in Norden beheimateten Geken-Clans wurde auch deren Kodex der Blutrache (Gjakmarrja) in einigen Ländern in Europa, auch in Deutschland, bekannt. Mit Stand August 1997 wurde die

Anzahl der kriminell aktiven Mitglieder diverser Albaner-Clans auf 30 000 geschätzt.

- Bulgarien (Republik seit 1990): Nach der Wende gründeten insbesondere in Sofia Ex-Polizisten „Detekteien", von denen nicht wenige auch in illegalen Bereichen arbeiten. Einerseits sind damit Kontakte zur OK gegeben, andererseits können auch noch gute Beziehungen zu den ehemaligen, heute noch im Polizeidienst befindlichen Kollegen genutzt werden. Wie in anderen Ländern Osteuropas, kam es auch in Bulgarien Mitte der 90er Jahre zu Auseinandersetzungen in der Unterwelt; beispielsweise 1994 zwischen den Paten der Sofioter Unterwelt und den Provinz-Paten aus der Gegend um Plovdiv, die sich in der Landeshauptstadt bekriegten. In einem guten halben Jahrzehnt wurde das Land zu einer wichtigen Drehscheibe des Menschenschmuggels, des Drogen- und Waffenhandels. Zur Frage, wie er den Staat aus den Händen der Organisierten Kriminalität befreien wolle, anwortete Bulgariens Ministerpräsident *Iwan Kostow* im Januar 1998[220]: *„Wir haben die Schutzgelderpressungen gestoppt, fiktive Alkohol- und Tabakexporte sowie den Zuckerschmuggel unterbunden, wichtige Drogenkanäle verstopft. Und wir werden die Ausweise aller bulgarischen Staatsbürger einziehen und neue, fälschungssichere herausgeben. Jetzt hat die Unterwelt Angst vor der Polizei – vor einem Jahr war es noch umgekehrt. Vor allem gibt es keinen politischen Schutz mehr für Verbrecher. Wir haben korrupte Beamte entlassen – vom Zöllner bis zum Vizeminister. Auch Richter und Staatsanwälte sind nun kündbar, die Justiz hat Kriminelle oftmals abgeschirmt."* Bulgarische Straftäter sind auch außerhalb ihres Landes tätig, arbeiten in Deutschland zum Beispiel im Menschenhandel, hier nicht selten auch mit kriminellen türkischen Clans zusammen.

Auch in anderen Ländern Osteuropas hat das Organisierte Verbrechen Fuß gefaßt. In **Jugoslawien** wurde im April 1997 der stellvertretende serbische Innenminister und Polizeichef *Radovan Stojcic*, enger Vertrauter des Präsidenten *Slobodan Milosevic*, erschossen.[221] Dazu erklärte Parlamentspräsident *Dragan Tomic*, dieser gewaltsame Tod mache deutlich, *„daß die Kriminalität das Gewissen des serbischen Volkes ernsthaft gefährdet"*. Doch nicht nur die serbische Nomenklatura sieht sich bedroht. Kriminelle Banden – schätzungsweise ein Drittel davon sind serbische Flüchtlinge aus Bosnien und Kroatien – terrorisieren die Bevölkerung mit Plünderungen, Erpressungsforderungen und organisiertem Betrug. Die Zahl der Jugendbanden nimmt, so auch in Belgrad, deutlich zu.[222] In **Ungarn** kämpfen seit Mitte der 90er Jahre Banden um die Aufteilung der Unterwelt. Im „Krieg der Donau-Paten" versuchen rund ein Dutzend Banden, darunter auch die sog. Balaton-Mafia, ihre Claims abzustecken. Dazu der Budapester Polizeichef *Attila Berta* Anfang 1997[223]: *„Zur Zeit wird hier in Ungarn die Unterwelt aufgeteilt, so wie das im Amerika der 20er Jahre geschah. Während im Westen die Märkte für Drogen- und Waffenhandel, für Prostitution und Schutzgelder lange aufge-*

103

teilt sind, ist dieser Prozeß bei uns gerade erst im Gange." In der **Tschechischen Republik** hat sich die Zahl der Verbrechen seit der Wende bis 1995 verdreifacht.[224] In Prag und der Umgebung der Hauptstadt eskalierte das Organisierte Verbrechen. Schon vor Jahren kam es allein 1993 und 1994 hier zu 39 OK-Morden.[225]

2.5.2 Russische kriminelle Gruppen

Vorbemerkungen von *Alain Lallemand* 1997[226]: *„Genaugenommen kann man gar nicht von der russischen Mafia sprechen. Es handelt sich vielmehr um eine bunte Mischung aus Georgiern, Moskowitern, Polen, Israelis, Ukrainern, Deutschen, Amerikanern, Belgiern, Litauern, Weißrussen und Kolumbianern. Die Bezeichnung „russisch" unterstreicht dabei lediglich die Tatsache, daß Moskau ein, wenn nicht sogar das weltweit bedeutendste Zentrum dieser Kriminalität darstellt. ... Die russische Mafia ... ist nicht mit der sowjetischen Mafia[227] identisch. Die Kriminalisierung eines ganzen Regimes – oder besser gesagt, einiger seiner wichtigsten Repräsentanten – und der Zusammenbruch dieses Regimes aufgrund der willentlich betriebenen Untergrabung seiner ursprünglichen Ideale begünstigen natürlich gegen den Staat gerichtete Entwicklungen, die zu mafiosen Strukturen führen können. Der Zusammenbruch bedeutet jedoch keineswegs das Endstadium. Unserer Ansicht nach darf man die beiden Pole des Phänomens nicht miteinander vermischen: Einem käuflichen politischen und wirtschaftlichen System steht eine Unterwelt gegenüber, die zur Übernahme der Macht bereit ist. Sicher, zwischen beiden existieren Verbindungen, und sie verdichten sich sogar ... Zwei völlig verschiedene Welten arbeiten so in friedlichem Einvernehmen. Die Strategien der Organisazija sind glücklicherweise nicht identisch mit den Strategien im Kreml, aber beide sind am Roten Platz vertreten.*"

- **Name**: „Organisazija" ist ein Synonym für die Russian Organized Crime (ROC).

- **Kurzgeschichte**: Beginnt Ende der 1960er, Anfang der 70er Jahre. Die KPdSU verkündete den „Sieg des Sozialismus". Für die Wirtschaft, fest in staatlicher Hand, trug die KP die anonyme Generalverantwortung. Vor dem Hintergrund der folgenden wachsenden generellen Verantwortungslosigkeit begannen Fabrikdirektoren in ihren Betrieben illegale Abteilungen, quasi Untergrundfabriken (Zechi) zu gründen. Die „Zechowiki" produzierten mit staatseigenen Rohstoffen nun alles, was gefragt war: Schuhe, Kleidung, Lebensmittel und Maschinen. Größere „Zechi" entstanden insbesondere im Kaukasus und in Mittelasien. Arbeitskräfte waren billig und willig. Die Miliz und die Parteikontrolleure bekamen ihren Anteil. Der organisierte Diebstahl von Staatseigentum brachte Waren in die Regale. Es entstand die Schattenwirtschaft (Tenewaja Ekonomika). Neben den Privilegierten der Machtelite bereicherten sich auch privilegierte Schatten-

wirtschaftler mit Geld, Gold und Schmuck. Mit Millionen wurden Bürokraten, Parteifunktionäre, selbst Minister gekauft. Allein in der Sowjetrepublik Usbekistan verdiente die „Baumwollmafia" ungezählte Rubel mit
gefälschten Ernteziffern. Kriminelle Banden forderten nun ihre Anteile.
Unter der Präsidentschaft von **Breschnew** entstanden in der Sowjetunion
mafiose Strukturen, die auf einem Jahrzehnte langem Zusammenspiel von
privater Bereicherung und politischer Ambition, das die Union mit einem
Korruptionsnetz überzog, basierte. Als 1985 die Perestrojka begann, waren
diese Strukturen schon mehr als gefestigt. Kriminelle Banden und Clans
hatten zusammen mit anderen Bereicherten schon zu dieser Zeit ihr Grund-
kapital zusammen (für den Einstieg in die Marktwirtschaft). Die neue, die
Aufbruchzeit brachte nun Privatisierung und Privatwirtschaft, Öffnung von
Börsen, Kleinunternehmertum und private Banken – und die Öffnung der
Grenzen. Die sowjetischen „Bisnesmeni" begannen mit ihren Investitionen, von der Immobilie bis zu Joint-ventures. Außerhalb der Sowjetunion
bzw. der GUS wurden erste Geschäftsfilialen errichtet, in Deutschland in
Berlin, in Ungarn in Budapest.

• **Größenordnung**: In Rußland werden 5700 Banden der OK zugerechnet,
davon sind 3500, die zusammen etwa 100 000 Mitglieder zählen, mafiosen Typs. Der Leiter der russischen Abteilung zur OK-Bekämpfung, spezifizierte das Zahlenwerk im Mai 1994[228] *„Gab es in Rußland 1990 lediglich 785 OK-Gruppen, so ist die Zahl bis heute auf 5691 gestiegen. Die
Führung dieser Gruppen liegt in der Hand von etwa 3000 Bandenschefs,
von denen 279 als Paten gelten. Nach den uns vorliegenden Informationen existieren 926 Gruppen, die sich in 150 kriminellen Vereinigungen
mit jeweils 70 bis 300 Personen organisiert haben. Die Gesamtzahl der in
diesen kriminellen Gruppen Aktiven beläuft sich auf etwa 100 000 Personen. Die OK besitzt überregionalen Charakter, und mehr als 300 Gruppen
des organisierten Verbrechens operieren im Ausland ..."* (nach FBI waren
in den USA 52 ROC-Gruppen 1995 aktiv). Die mit Abstand höchste Schätzung wurde 1994 auf der „World Ministerial Conference on Organized
Transnational Crime" der Vereinten Nationen gegeben, wo es hieß: *„...
placed total membership in ROC at a staggering 3 million individuals,
comprising some 5700 gangs".*[229]

• **Struktur**: Schon zur Zarenzeiten waren Diebe (Wory) in einer „Welt der
Diebe" (Worowskoi Mir) organisiert, die ihren eigenen Kodex hatten. Der
Dieb, der den Kodex (= Gesetz) befolgte, war ein „Wor w Sakonje" (Dieb
im Gesetz). Heute ist die Worowskoi Mir, kurz „Wor", ein Oberbegriff für
das Verbrechermilieu. In den meisten Quellen, so **Lallemand**[230], nimmt der
Wor die oberste Stufe der Hierarchie ein. Es existiert also keine Cupola,
die, wie im Falle der sizilianischen Cosa Nostra, ein Leitorgan auf regionaler Ebene darstellt und mehrere Clanchefs vereint. Lediglich bei Verhandlungen und einigen zeitlich begrenzten Missionen soll die Bildung ähnli-

Anstieg der kriminellen Gruppen (Gruppirowka) in der Russischen Föderativen Sowjetrepublik 1989 – 1991 und der Russischen Föderation 1991 – 1996

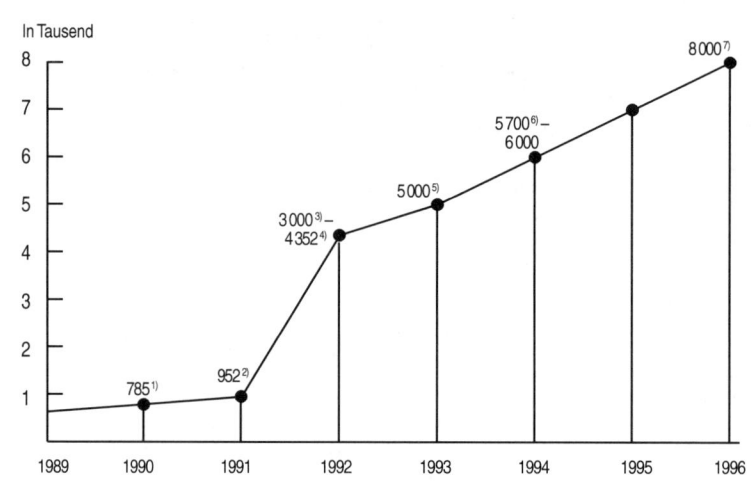

1) – zitiert nach Focus 2. Jg. Nr. 48, 28.11.1994, S. 307

2) – zitiert nach *Barannikow* (Sicherheitsminister) März 1993, in Berliner Zeitung Nr. 53, 4.3.1993, S. 3

3) – zitiert nach *Wladimir Burikin* (Leiter der Kriminalmiliz im Innenministerium) Dez. 1992, in Die Welt, 31.12.1992

4) – zitiert nach *Barannikow* (Sicherheitsminister) März 1993, in Berliner Zeitung Nr. 53, 4.3.1993, S. 3

5) – zitiert nach *Maxim Tscherbanenko* (Pseudonym eines Moskauer Reporters) April 1992, in GEO spezial „Russland" Nr. 2, 8.4.1992, S. 112 f

6) – zitiert nach *Gennady Chebotarev* (Vize-Chef der Abt. OK-Bekämpfung im Innenministerium) Dez. 1994, in Die Welt, 2.12.1994, S. 4

7) – zitiert nach *Nikolai Bulgakow* (Leiter der Abt. OK-Bekämpfung im Innenministerium) Sept. 1996, in Deutsche Polizei 45. Jg. Nr. 10/Oktober 1996, S. 12

Anstieg der Mitglieder krimineller Gruppen (Gruppirowka) in der Russischen Föderation 1991/92 bis 1996

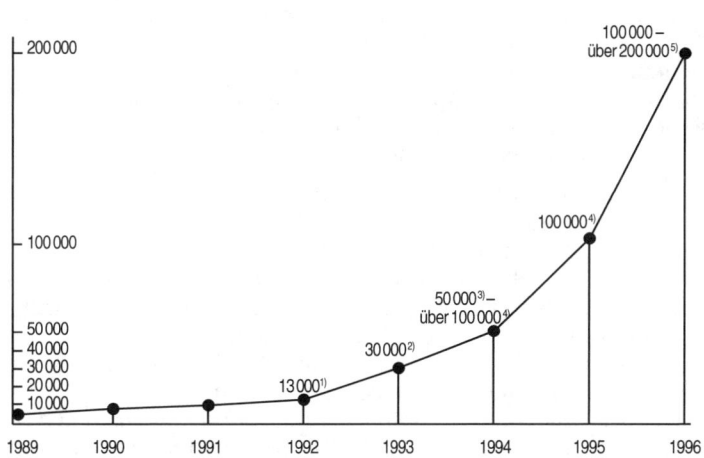

1) – zitiert nach *Wladimir Burikin* (Leiter der Kriminalmiliz im Innenministerium) Dez. 1992, in Die Welt, 31.12.1992
2) – zitiert in Focus 1. Jg. Nr. 4/1993, S. 43
3) – zitiert in Focus 2. Jg. Nr. 48, 28.11.1994, S. 307
4) – zitiert nach *Gennady Chebotarev* (Vize-Chef der Abt. OK-Bekämpfung im Innenministerium) Dez. 1994, in Die Welt, 2.12.1994, S. 4
5) – zitiert nach *Jerin* (Innenminister) in Neue Zürcher Zeitung (NZZ Fernausgabe) Nr. 270, 19.11.1994, S. 5

cher Entscheidungsebenen erfolgen. Die ROC besitzt folglich keine föderale Struktur. Welche Ebenen befinden sich nun unterhalb des Wor? Das Schema der kriminellen Infrastruktur läßt sich beschreiben: ein Pate, der „Wor (W Sakonje)", befehligt einem „Brigadier", die ihrerseits mehrere Gruppen (Zellen) mit unterschiedlichen Aufgabenbereichen leiten, zum Beispiel die „Kämpfer" (Boizy). Der „Brigadier" (Smotryashchiy) wiederum ist zwei „Spionen" unterstellt, die direkt dem Wor unterstehen und die Loyalität sowie eine mögliche Machtkonzentration in den Händen des Untergebenen überwachen. Eine wichtige Aufgabe gerade in großen „Bruderschaften" (Bratstwa), die bis zu 2000 Mitglieder haben sollen. Eben diese Bratstwa haben eine pyramidenförmige Struktur, in der die Planung und die kriminelle Strategie der Elite obliegen, während die Ausführung den kleinen Verbrechern überlassen wird.

Insbesondere in den Gefängnissen der Zaren und später in den sowjetischen Zuchthäusern und Gulags entwickelten sich die Strukturen, die in klassischen ROC-Gruppen bis heute Gültigkeit haben. Die erste Machtebene, die des „Diebes im Gesetz", hat fünf grundlegende Aufgaben: 1) Information: Er ist es, der über die neuesten Entwicklungen im kriminellen Sektor, die neuen Ernennungen etc. informiert; 2) Organisation: er plant die Operationen und überträgt bestimmte Machtbefugnisse; 3) Regulierung: er vertritt die Anführer bei deren Abwesenheit, regelt die Streitigkeiten zwischen den einzelnen Gruppen, achtet auf die Einhaltung des Kodexes; 4) Entscheidungsbefugnis und 5) die Verwaltung der „Gemeinschaftskasse" (Obschtschak), diese finanziert sich durch die Einnahmen aus Straftaten, die Bußgelder, die bei Nichteinhaltung des Ehrenkodex erhoben werden, und aus Profiten, die angeschlossene Wirtschaftsgebilde (Handelsgesellschaften, Vereinigungen) erbringen. Die Höhe des „Obschtschak" sollte dem Einfluß des Wor entsprechen. Dieser Fond wird für die Zahlung von Bestechungsgeldern, den Kauf von Nahrungsmitteln, Alkohol oder Drogen für Inhaftierte, die Organisation und den logistischen Rahmen der kriminellen Handlungen sowie für die Unterstützung von Familien der Inhaftierten verwendet. Die zweite Machtebene ist die des „Beraters" (Sowetnik). Die unterste Ebene ist die des Neulings (Schestjorka).

- **Kodex**: Die Wori waren in den Zuchthäusern und Gulags der Sowjetunion ab den 1960er Jahren innerhalb der Verbrechenswelt aufgestiegen. Hier waren sie die Auserwählten, die menschenverachtend für die Ordnung und Disziplin in den Gulags zuständig waren. Aus dieser Zeit stammen auch die bis heute gültigen Rituale, beispielsweise bestimmte Tätowierungen[231], das Treffen zu Ernennungszeremonien und insbesondere die Praktizierung eines eigenen Ehrenkodexes. Dieser geheime Code (Wo' rowskoi Sak'on) weist das Personal an, wie es sich in bestimmten Situationen zu verhalten hat. Der Ehrenkodex, bzw. dessen Einhaltung, wurde von den „Wory W Sakonje" überwacht. Im Laufe von Verbrechergenerationen hat

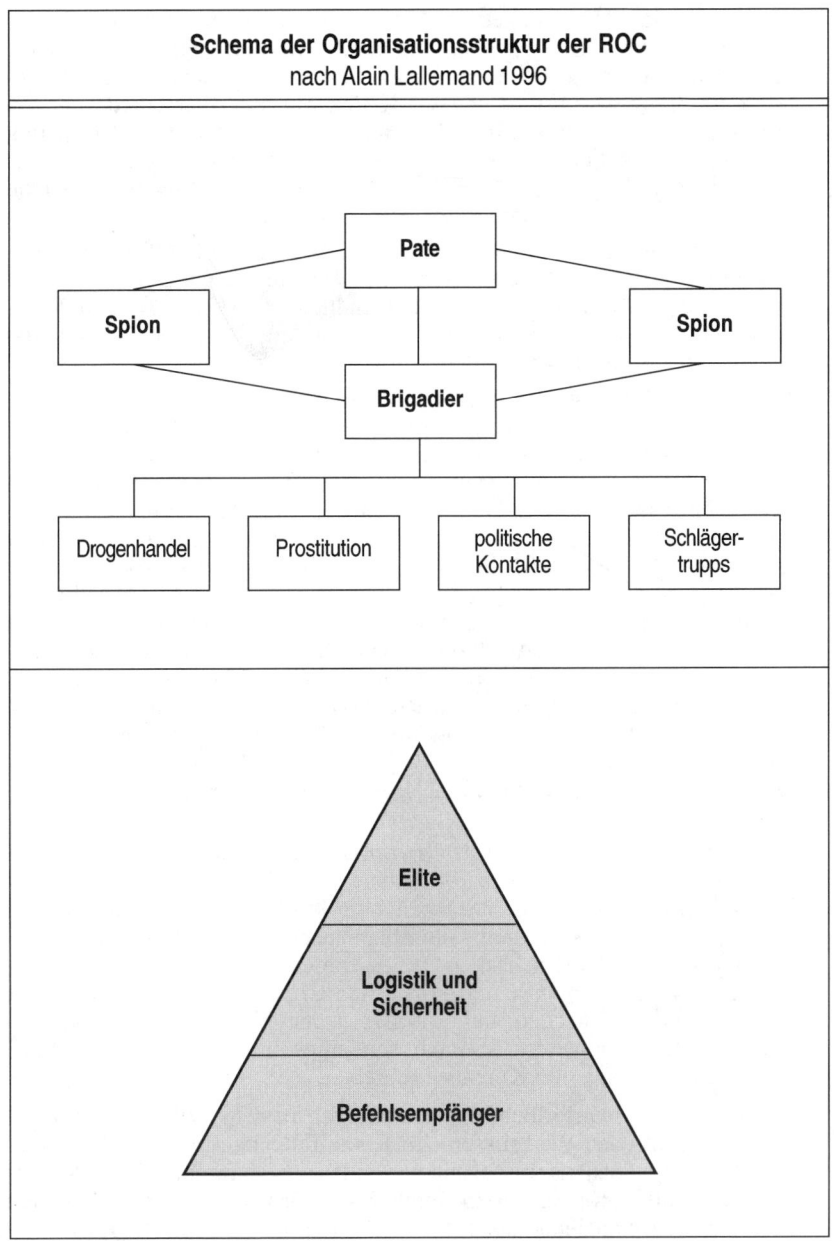

Schema der Organisationsstruktur der ROC
nach Alain Lallemand 1996

der Kodex viele Wandlungen erfahren. Eines der unumstrittenen Grundprinzipien des Kodexes ist bis heute die Ablehnung jeglicher Teilnahme am gesellschaftlichen Leben und jeglicher Unterwerfung an eine bestehende Ordnung. Die Einhaltung des Kodex war unter verschiedenen Verbrechergruppen umstritten und löste regelrechte Kriege, wie den „Krieg der Hündinnen" (Sutschja Woina)[232] aus. Streit zwischen Wori regelt eine Art „Hochgericht" (Na Ljudi), dem in der Regel eine OK-Führungsperson als Hüter des „Gesetzes der Gesetzlosen" vorsteht.

- **Deliktbereiche**: Die Gruppen der ROC decken einen großen Teil der klassischen und fast alle der neueren Kriminalitätsbereiche ab. Bei letzteren ist die illegale Entsorgung von Sonder(Gift)müll, der illegale Handel mit Kernmaterial und radioaktiven Stoffen (Atomschmuggel) und die Wirtschaftsspionage mehr als erwähnenswert.

- **Vertretungen außerhalb der Heimatbasis**: Die ROC ist in der zweiten Hälfte der 90er Jahre in 40 Ländern aktiv, so in Europa insbesondere in Deutschland (hier sollen 47 Gruppen aktiv sein), Österreich, Italien, Frankreich, Be-Ne-Lux, Polen, Ungarn; in Vorderasien in der Türkei und im Nahen Osten insbesondere in Israel (wo die ROC mit Hunderttausenden sowjetischer Juden bzw. Juden aus der GUS einwanderte), in den USA (hier teilten sich 1995 nach FBI-Angaben 12 ROC-Gruppen mit insgesamt 400 bis 500 Mitgliedern das Stadtgebiet von New York) waren 10 bis 12 russischen OK-Führungspersonen in Los Angeles bekannt, etwa 100 russische Mafiosi in Philadelphia. Weiterhin existierten Banden in Cleveland, Chicago, Dallas, Portland, Boston, Miami und in San Francisco. Zentren der ROC in den USA sind New York Brooklyn („Little Odessa" in Brighton Beach) und in Florida Miami und Umfeld.[233] Vertretungen gibt es weiterhin in Kanada und der Karibik, in Eurasien vom Baltikum bis nach China. Insgesamt operierten mit Stand 1994 über 300 Gruppen der ROC im Ausland.

- **Zusammenarbeit mit anderen Gruppen**: Von 40 Ländern, in denen die ROC aktiv ist, unterhält sie in 29 Ländern feste Beziehungen zu kriminellen Organisationen. In Amerika arbeitet die ROC in den USA mit La Cosa Nostra, in Lateinamerika mit kolumbianischen Kartellen zusammen; im Nahen Osten mit der israelischen OK, in Vorderasien mit türkischen Clans; in Südeuropa mit der IOK und korsischen Clans; in Osteuropa wird mit verschiedenen polnischen, bulgarischen, tschechischen aber auch baltischen Gruppen kooperiert. Kontakte scheint es auch zur Asian Organized Crime der Chinesen und Koreaner zu geben.

- **Besonderheit**: Eine tödliche Unvereinbarkeit besteht zwischen der ROC (Russen, Ukrainer, Weißrussen, im Einzelfall Georgier) und den sog. Schwarzen Kaukasiens, insbesondere der tschetschenischen Clans/Kartelle. Die Rivalitäten ziehen sich durch ganz Europa, spielten und spielen sich auch in Deutschland ab.[234]

2.6   Afrikanische Gruppen

Mit zunehmender Organisation des Drogenhandels gewannen ab den 1980er Jahren Nordafrika als Cannabisproduzent und Westafrika als Zwischenstation für den Drogenhandel von Asien nach Europa , ferner in den 90er Jahren Südafrika als Standort für afrikanische und internationale OK immer mehr an Bedeutung.

2.6.1   Nordafrikanische kriminelle Clans

Marokko ist das letzte nordafrikanische Königreich. Etwa 40 Prozent der Gesamtbevölkerung sind Berber, die in ihrer Mehrzahl in den schwer zugänglichen Landesteilen, vor allem in den Gebirgsregionen wohnen. Dazu gehört auch das von Armut geprägte Rif-Gebirge, ein Cannabishauptanbaugebiet.[235] Uralt sind die Stammesverbände der Berber. Die übrigen Marokkaner betrachten sich selbst als Araber und sind zum größten Teil in den großen Städten sowie in den fruchtbaren Ebenen am Atlantik ansässig. Drei Viertel der marokkanischen Bevölkerung lebt auf dem Land. Der überwiegende Teil dieser Landbevölkerung betont immer noch eher seine Bindung an den Stamm oder eine Stammesgruppe (Clan) als an ein bestimmtes Territorium. Mehr als 750 Stämme konnten listenmäßig erfaßt werden. Bei den Cannabis-Schmuggelringen können zwei Typen unterschieden werden. Die untere Stufe bezieht die Zulieferung des Inlandsmarktes mit ein; hierzu gehören diverse unabhängige Bauern-Clans (im Norden Marokkos mindestens 200 000 Produzenten); hinsichtlich des Exports werden Schmuggelringe eingesetzt, die hauptsächlich auf Familien- oder Stammesbanden beruhen. Da sie sich auch auf Emigranten in Europa stützen – fast eine Million Marokkaner hielten sich Anfang der 90er Jahre legal im Europäischen Wirtschaftsraum auf[236] – gelingt es ihnen, die verschiedenen Schmuggelphasen bis zur Verteilung auf den Märkten in Europa zu integrieren. Zahlreiche heutige „Drogenbarone" sind für ihre Karriere bekannt, die in den 80er Jahren zum Beispiel als kleiner Schmuggler im Rif begann. Die obere Stufe des Schmuggels besteht aus Netzwerken, deren Aktivität hauptsächlich international ausgerichtet ist. Die marokkanische Öffentlichkeit bezeichnet diese Ringe als „Mafia". Diese protegierten Schmuggelringe handeln zwar unabhängig, sprechen sich aus übergeordneten Interessen aber auch ab, so zum Beispiel die Drogenbarone von Tanger, Tetouan und der Provinz. Die großen marokkanischen Schmuggelnetze arbeiten heute in Spanien mit galizischen und kolumbianischen Ringen im Kokainschmuggel, mit türkischen Schmuggler-Clans im Heroinhandel zusammen. Es bestehen Kontakte zu niederländischen kriminellen Netzwerken und zur IOK, hier insbesondere zu einigen Camorra- Familien. Neben Rauschgiftgeschäften, die in Kontinentaleuropa recht militant vertreten werden[237], sind die großen – wohl auch politisch protegierten – Kartelle insbesondere auch im Bereich der Schleusung tätig, sowohl von Marokko nach Spanien als auch von Tunesien nach Italien.

2.6.2 Westafrikanische kriminelle Clans

Unter den Gruppen der Westafrican Organized Crime (WAOC) nimmt die Nigerian Organized Crime (NOC) eine herausragende Stellung ein. In der heutigen Bundesrepublik Nigeria (seit 1960) leben 434 Ethnien, darunter die Stämme der Hausa-Fulani (21 %) im rückständigen Norden des Landes, die Yoruba im Südwesten (21 %) und die Ibo (18 %) in der Ostregion. Nach der Unabhängigkeit von den Briten kam es zum Bürgerkrieg zwischen den Stämmen.[238] In der Nachkriegszeit setzten, mit bedingt durch Arbeitslosigkeit, Landflucht und Militärputschen in den 80er Jahren, zunehmend Schwarzmarktgeschäfte ein. Der Drogenhandel wurde zu einer einträglichen Einnahmequelle. Steigende Wirtschaftskriminalität ließ Lagos zur „Welthauptstadt des Betruges"[239] werden. Nigerianische Verbrecher konnten insbesondere Clans der Yoruba-Stämme zugeordnet werden. Die Größenordnung wurde mit Stand November 1994 auf einige 100 Gruppen mit etwa 15 000 Mitgliedern geschätzt. Kriminelle Clan-Mitglieder sind heute auch in anderen Teilen Afrikas tätig. So wurde zum Beispiel in der Republik Südafrika im August 1996 geschätzt, daß die meisten der über 136 im Lande operierenden Rauschgiftringe von Nigerianern kontrolliert werden. Im selben Jahr wurde in den USA der harte Kern der OK im Lande auf etwa 29 000 Kriminelle geschätzt, darunter auch viele Nigerianer.[240] Schon zwei Jahre zuvor wurde in den USA der Prozeß einer „Umschichtung der Rauschgiftszene" beobachtet. In diesem Zusammenhang berichtete seinerzeit Unterstaatssekretär *Robert Gelbard*, daß 35 bis 40 Prozent allen Heroins, das in die USA gelangte, von Nigerianern eingeschmuggelt würde.[241] Für Europa wußte das BKA Mitte der 90er Jahre zu berichten, daß die westafrikanische OK neben der Rauschgiftkriminalität auch in den Deliktbereichen Betrug, Fälschung, Schleusung, betrügerisches Anmieten von Kraftfahrzeugen u.a.m. tätig wäre; in Großbritannien sind diese Täter vornehmlich in Betrugsgeschäften involviert. Nach Scotland Yard sind die Betrüger hier in „Zellen" (5 bis 20 Mann) organisiert, die ähnlich wie die irischen Terrorgruppen arbeiten.[242] Die Nigerianische OK arbeitet heute mit einer Reihe anderer OK-Gruppen zusammen, im Rauschgiftgeschäft zum Beispiel mit Südamerikanern und Osteuropäern (Kokainhandel), aber auch mit Pakistanern und der IOK (Heroinhandel).

2.6.3 Südafrikanische kriminelle Banden

Im Apartheid-Südafrika hatten vom Reichtum des Landes nur ein Achtel der Bevölkerung etwas, dem über 80 Prozent des Landes und 90 Prozent aller Geschäfte gehörten – die Weißen. Die Majorität der Schwarzen vegetierte unter Dritte-Welt-Verhältnissen in sechs autonomen und vier „unabhängigen" Homelands dahin. Zwei von drei Erwachsenen hatten keine Arbeit; über 40 Prozent konnten nicht lesen und schreiben; rund sieben Millionen lebten in den Town-ships am Rande der großen Städte. Vor diesen Hintergründen war Kriminalität insbesondere in den Elendssiedlungen gegenwärtig. Mit der beginnenden Demokratisierung[243] stieg die Kriminalität kontinuierlich an. Diese Eskalation wurde auch im neuen, demokratischen Südafrika (ab April 1994) nicht gestoppt.[244] In der ersten Hälfte der 90er Jahre haben die Delikte um 30 Prozent zugenommen: Einbrüche, Raubüberfälle, Autodiebstahl mit Hijacking, Vergewaltigungen, Mord (einschließlich politisch motivierter Tötungen) und diverse andere Straftaten. Begangen wurden und werden diese von landesweit fast 500 Verbrecher-Syndikaten (Stand Sept. 1996)[245], in deren Auftrag die meisten Banden (Gangs) operieren. So waren allein in Johannisburg, einem Zentrum der Gewalt, mehr als 400 Banden nur in der Vorstadt Soweto aktiv. Und in den Vororten der Kapebene hat die Polizei 18 Syndikate und 137 Straßenbanden ausgemacht, in denen bis über 100 000 meist Jugendliche und junge Erwachsene organisiert sind. Unter diesen Banden zählte die von den Brüdern *Staggi* geführte „Hard Living Kids", die den Drogenhandel und die Prostitution in einigen Vierteln kontrollierte, zu den brutalsten in den Cape Flats von Kapstadt. Die öffentliche Hinrichtung des Gang-Bosses *Rashaad Staggi* durch Mitglieder der militanten Moslemgruppe „Pagad"[246] schrieb Anfang August 1996 weltweit Schlagzeilen. Südafrika wurde, so Polizeichef General *Johan van der Merwe* 1993, zu einem internationalen Drehkreuz im Drogenhandel. Nach Angaben des stellvertretenden Leiters der Drogenbehörde in Pretoria, Hauptmann *Jakkals Britz*, hatten sich bis Mitte 1993 bereits 20 internationale Drogenringe in Südafrika niedergelassen, darunter auch italienische und kolumbianische Tätergruppen. Im August 1996 wurde die Anzahl der im Lande operierenden Rauschgift-Ringe bereits auf über 136 geschätzt.[247] In nur wenigen Jahren der letzten Dekade wurde *Mandelas* neues Südafrika durch die ausufernde Kriminalität in eine tiefe Krise gestürzt.

2.7 Nordamerikanische Gruppen

In den USA wurde in den ersten Jahrzehnten dieses Jahrhunderts der Prototyp der Organized Crime der westlichen Hemisphäre geschaffen. Nach dem zweiten Weltkrieg und dem Vietnamkrieg bildeten sich kriminelle MC-Gangs, die in den 90er Jahren auch in Europa als organisierte Verbrecher tätig sind.

2.7.1 La Cosa Nostra (LCN)

- **Name/Namensherkunft**: Cosa Nostra (Italien.) „Unsere Sache", orientiert am Eigennamen der sizilianischen kriminellen Clans.

- **Kurzgeschichte**: Mit süditalienischen Einwanderern (Sizilien, Kalabrien, Kampanien) zum Ende des 19. Jahrhunderts wanderte in die USA auch das in Sizilien und Kalabrien beheimatete mafiose Prinzip der „Schwarzen Hand" ein. In den „Little Italy's" der Großstädte, insbesondere in New

York-Brooklyn und Chicago, kam auch das mafiose Erfahrungswissen der neapolitanischen Straßen-Camorra und sizilianischer Verbrecherbünde zur Anwendung. Über Prostitution (Bordellwesen), Glücksspiel und in der Prohibitionszeit (1919-33) illegale Alkoholgeschäfte wurden die LCN-Familien reich und mächtig. Nach internen Auseinandersetzungen, insbesondere dem sog. Castellammarese-Krieg (1928-1931) organisierte sich die LCN zusammen mit den jüdischen Gangstergruppen zum „Syndikat". Die USA wurden unter 24 LCN-Familien aufgeteilt, fünf davon („The Big Five") teilten sich New York. Ab den 1980er Jahren setzten die Strafverfolgungsbehörden der LCN immer stärker zu.[248]

- **Größenordnung**: Der „Kern" der italoamerikanischen LCN-Armee wurde Mitte der 1980er Jahre auf 1700 bis 2000 „eingeschworene" Mitglieder geschätzt. Auf jedes Mitglied kamen nochmals zehn Mitarbeiter (Associates). Diese mitgerechnet, lag die LCN-Größenordnung landesweit bei rund 20 000 Menschen. *Lallemand* (1996) gibt für die USA 25 LCN-Familien mit 3000 „Soldaten" an.

- **Struktur und Kodex**: Analog zur sizilianischen „Cosca".

- **Deliktbereiche**: Zu den illegalen Geschäften zählten (FBI 1986): Erpressung, Glücksspiel, Rauschgift, Entführung, Kredithaigeschäfte, Buchmacher/Wettbüros, Hehlerei, Fälscherei, Geldwäsche, Steuerbetrug, Bestechung, Unterschlagung/Veruntreuung, Menschenhandel und Waffenschmuggel. Zu den legalen Geschäfte u.a.: Bank- und Finanzwesen, Baugewerbe, Nahrungsmittelzubereitung, Spirituosen, Gastronomie, Warenvertrieb, Spedition, Unterhaltung (Entertainment), Gesundheitswesen / medizinische Dienste, Großschlächtereien, Kfz-Branche, Einkleidung (Textilien), Minen-Förderung, Im- und Export, Edelsteine/Schmuck.

- **Zusammenarbeit mit anderen Gruppen**: In den USA mit der Jewish Organized Crime (seit den 1920er Jahren), mit der Russian Organized Crime (seit den 1980er Jahren); außerhalb der USA mit der IOK (insbesondere mit der Cosa Nostra Siziliens), der OK in Israel.

2.7.2 MC-Gang Organisationen (Hell's Angles, Bandidos)

- **Name**: Hell's Angels (Höllen-Engel).

- **Kurzgeschichte**: Nach dem 2. Weltkrieg gründeten 1948 ein paar ehemalige US-Bomberpiloten in San Bernardino (Kalifornien) den „Hell's Angels Motorcycle Club" (MC). Das gelebte Motto der Motorrad-Rocker, „Fuck the world", machte sie rasch zu einer (ob ihrer Gewalttätigkeit) gefürchteten Gruppe der Subkulturen jener Zeit. Die Harley-Davidson fahrenden „Outlaw-Biker" wurden schon während der 70er Jahre in den USA wie Staatsfeinde bekämpft. Angels-Boss *Sonny Barger* wurde wegen Mordes und Heroinhandels angeklagt und verbrachte insgesamt mehr als ein

Dutzend Jahre im Gefängnis. Der MC wurde in der Folge in einschlägigen Rockerkreisen endgültig zur Legende. Mit der „born to be wild"-Romantik früherer Biker-Tage in den 60er und 70er Jahren haben die hochgerüsteten Banden heute nichts mehr gemein. Ein EU-Bericht sprach Mitte der 90er Jahre von „straff organisierten kriminellen Vereinigungen". Deutlich wird dies u.a. durch den blutigen Rockerkrieg, den sich Hell's Angels und „Bandidos" seit Juli 1995 in Skandinavien liefern. Im März 1998 feierten die Hell's Angels, Präsident ist zur Zeit *Chuck Zito*[249], ihr 50. Jubiläum in Kalifornien.

- **Größenordnung**: Anfang der 80er Jahre zählten die Angels weltweit 1000 Mitglieder in 13 Ländern auf vier Kontinenten. Im Jahr ihres 50. Bestehens wird die Mitgliederzahl weltweit auf mindestens 3500 geschätzt. Das FBI spricht von 1400 Mitgliedern plus 10 000 „Associates".

- **Struktur**: Die Angels sind als eine Art Orden oder Geheimbund hierarchisch strukturiert. An der Spitze steht der „Präsident", darunter der „Vizepräsident" und der „Kassenwart" (Cashia). Innerhalb der Gang sorgt der „Sergant at Arms" für Disziplin und organisiert die Kämpfe. Um Vollmitglied zu werden, muß man als Anwärter erst eine mehrmonatige bis mehrjährige Probezeit absolvieren, bis der MC überzeugt ist, daß über ausreichend „Ehre" und „Bikerweisheit" verfügt wird, um sich selbst und den MC verteidigen zu können. Nach einer Aufnahmeprüfung (Prospective) wird der Anwärter als Vollmitglied aufgenommen und darf nun die „Colors" (Farben und Symbole, das Hell's-Angels-Logo ist geschützt[250]) und den Namen tragen.

Hell's-Angels-Logo

- **Kodex**: Ohne Erlaubnis der Hell's Angels Basis in USA (Kalifornien) darf keine Ortsgruppe (Chapter) gegründet werden und keine MC-Gang den Namen „Hell's Angels" führen. Zu dieser „Outlaw-Biker-Gesellschaft" darf sich eine Motorrad-Gang erst dann zählen, wenn sie ihre „Ehrwürdigkeit" unter Beweis gestellt hat. Der einzige Weg, „Ehre" und „Würde" zu erlangen, sind friedliche Wettkämpfe – oder tödliche Auseinandersetzungen mit ebenbürtigen Clubs. Nach diesem Ehrenkodex muß eine Beleidigung beantwortet werden, bis der MC „mit dem letzten Wort oder dem letzten

Schuß" den Sieg davonträgt. Niemals darf eine Demütigung einfach weggesteckt werden.

• **Deliktbereiche**: Spezialisiert auf den Handel mit Drogen und Waffen, aber auch Prostitution und Erpressungen.

• **Vertretungen außerhalb der Heimatbasis**: Nach FBI existierten 1996 in 16 Ländern 95 Chapters (Ortsgruppen); in Europa beispielsweise in Großbritannien, Frankreich, den Niederlanden und in Dänemark. In Deutschland wurden die Hell's Angels 1983 als kriminelle Vereinigung verboten.

• **Besonderheiten im Ausland**: Mit der zweitstärksten Motorrad-Gang, den in Texas von Vietnamveteranen gegründeten „Bandidos", liefern sich die Hell's Angels in der letzten Dekade schon seit Jahren eine blutige Dauerfehde. Auseinandersetzungen mit anderen Rocker-Gangs hatte es zuvor schon in Dänemark, Frankreich und Kanada gegeben.[251] Die Wurzeln für die Fehde mit den Bandidos liegen im Jahr 1993. Damals erlaubten die Angels den Bandidos, in Dänemark (wo ihr MC schon lange vertreten war) eine Filiale zu gründen. Die Bandidos hielten sich nicht an den Kodex der Outlaw-Biker und eröffneten ständig neue Zweigstellen. In der Folge lieferten sich seit 1994 die beiden rivalisierenden Motorrad-Gangs in Skandinavien (Dänemark, Schweden, Norwegen und Finnland) bewaffnete Auseinandersetzungen um die „Vorherrschaft in Nordeuropa" in Sachen Drogen- und Waffenhandel, Prostitution und Schutzgeld. Aus Unterlagen, die von der dänischen Polizei Ende September 1996 im Angels Club in Roskilde beschlagnahmt wurden, ging hervor, daß die Hell's Angels die Länder der GUS im Visier haben und dort neue Chapters gründen wollen. Kontakte wurden bereits zu Gruppen in Moskau und St. Petersburg unterhalten. In den Dokumenten waren detaillierte Pläne für eine Ausbreitung enthalten. Danach wollen die Hell's Angels, unabhängig vom Gangkrieg gegen die Bandidos in Skandinavien, nach Rußland, Weißrußland, in die baltischen Republiken und die Ukraine. Sie verfolgen damit auch finanzielle Interessen, sind doch in Osteuropa Drogen, insbesondere synthetische Drogen (Amphetamine) wesentlich billiger.[252]

2.7.3 Andere kriminelle Gruppen in den USA

Anfang Februar 1996 gab der stellvertretende FBI-Abteilungsleiter *Jim Moody* vor einem Ausschuß des Repräsentantenhauses Auskunft über die Größenordnung des organisierten Verbrechens in den USA. Etwa 29 000 Kriminelle, so Moody, würden den „harten Kern" des Organized Crime bilden. Zu den 29 000 Aktiven würden auch Bürger der Vereinigten Staaten gehören. Die meisten aber stammten aus Rußland (etwa 4000, von denen die Hälfte nicht legal in die USA gekommen waren), Osteuropa, Mexiko, Kolumbien, Italien, Asien und Nigeria.[253]

2.8 Mittelamerikanische Gruppen

Sowohl in Mittelamerika, vornehmlich in Mexiko, als auch in der Karibik, haben sich Kartelle beziehungsweise Gang-Organisationen gebildet, die auch außerhalb ihrer Heimatbasen – bis nach Europa hinein – kriminell aktiv sind.

2.8.1 Jamaikanische Gang-Organisationen

Immer noch ist die Karibikinsel Jamaika als parlamentarische Monarchie (im Commonwealth) seit 1992 dem Vereinigten Königreich verbunden. In den schäbigen Vorstädten der Hauptstadt Kingston (104 000 Einwohner) lebten schon vor vielen Jahren rund 20 000 mehr oder weniger gewaltbereite „Rastafarier", darunter nicht wenige Kriminelle. Über Jahre entstanden Gang-Organisationen, die heute ganze Teile Kingstons beherrschen und die ihr kriminelles Know How auch ins Ausland brachten. Viele Jamaikaner zog es nach Großbritannien. Unter den hier Anfang der 90er Jahre legal lebenden 2,6 Millionen Ausländern waren fast 500 000 Menschen aus der Karibik, vornehmlich aus Jamaika. Nicht wenige lebten hier schon in der zweiten oder dritten Generation. Inmitten der jamaikanischen Bevölkerung Englands bildeten sich Banden, „Yardies"[254] genannt. Untereinander sprechen sie das schwer zu erlernende Patois, eine jamaikanische Creolen-Sprache. Zentrum der Yardie-Banden war Mitte der 90er Jahre Manchester; vertreten sind sie aber auch in Liverpool, Birmingham, Bristol und London.[255] Die Yardies kontrollieren heute nicht nur das Crack- und das Kokaingeschäft; in ihren Händen liegt auch die Verteilung des für England bestimmten Cannabis aus Jamaika. Jährlich wird Großbritannien von rund 350 000 Jamaikanern besucht. Die britische Einwanderungsbehörde schiebt jeden Monat eine Reihe Jamaikaner ab, die als unerwünscht gelten oder definitiv als „Yardies" identifiziert wurden. In den USA nannten sich die jamaikanischen Gangster nicht Yardies, sondern „Posses". Die jamaikanischen Gangs gingen um 1983/84 ein Bündnis mit dem kolumbianischen Cali-Kartell ein. Das von Kolumbianern hergestellte Crack fingen sie an, in den USA zu verbreiten und kontrollierten dort bald das Crack-Geschäft. Das US-Justizministerium schätzte, daß sich bis 1991 um die 40 000 jamaikanische Gangster in ungezählten Banden (Posses) zusammengeschlossen[256], in den USA aufhielten und in einem Zeitraum von nur fünf Jahren für mehr als 5000 Morde verantwortlich waren.

2.8.2 Mexikanische Kartelle

Mexiko ist seit Jahrzehnten Anbauregion für Cannabis und Schlafmohn. Mit Drogen aus Mexiko hatte schon der jüdische Mobster *Benjamin („Bugsy") Siegel*, den das Syndikat an die Westküste wegen Glücksspielunternehmungen geschickt hatte, Ende der 1930er Jahre einen lukrativen Handel aufgebaut. In der zweiten Hälfte der 70er Jahre, nach Ende des amerikanischen Vietnamkrieges, wurde hier aus eigenen Opiumernten Heroin (sog. Mexican Brown) raffiniert. In der ersten Hälfte der 90er Jahre, nach dem Niedergang des kolumbianischen Medellin-Kartells, wurde das mittelamerikanische Land zum Haupttransitland für Kokain Richtung USA; und – mit zunehmender Machteinbuße kolumbianischer Kokainhändler – auch als Standort für Drogenkartelle interessant. Analog zu Kolumbien entstanden in den letzten Jahren mexikanische „Drogenimperien". Die DEA zählte seit 1996/97 folgende Kartelle dazu:[257]

- Tijuana Cartel (The Tijuana Organization):

  wird von den *Arellano-Felix* Brüdern *Benjamin*, *Eduardo*, *Francisco* und *Ramon* geführt. Das Kartell kontrolliert die Grenzregion von Tijuana nach Kalifornien und gilt als die gewalttätigste Organisation Mexikos. Die Organisation operiert vornehmlich in den mexikanischen Bundesstaaten Baja California Sur und Norte, Chiapas, Jalisco, Michoacan und Sinaloa. Das Brüder-Kartell verfügt über gut ausgebildete Sicherheitskräfte, die sowohl Konkurrenten als auch eine Reihe von Strafverfolgern liquidiert hat. Das Kartell hat eine lange, aber auch komplizierte Beziehung zum

- Juarez Cartel,

  das von *Amado Carillo Fuentes*, der mächtigsten Figur im Drogenhandel Mexikos, geführt wird. Seine Organisation ist sowohl mit dem kolumbianischen Cali-Kartell (Rodriguez-Orjeula), als auch mit dem Medellin-Kartell (die Brüder Ochoa) verbunden.

- Sonora Cartel:

  wird von *Miguel Caro Quintero* geführt. Die Drogenhandels-Organisation operiert in den mexikanischen Bundesstaaten Chihuahua, Jalisco, Michoacan, Nuevo Leon und Sinaloa. Das Kartell ist direkt mit kolumbianischen Gruppen verbunden.

- Gulf Cartel (The Gulf Group):

  wurde bis zu seiner Inhaftierung Anfang 1996 von *Juan Garcia-Abrego* geführt. Das Kartell verbrachte Kokain vornehmlich nach New Jersey und New York.

Im Mai 1998 wies die US-Justiz erstmals eine Verwicklung mexikanischer Banken in Geldgeschäfte der Drogen-Kartelle nach. Nach Angaben des US-Finanzministers *Rubin* und der Justizministerin *Reno* handelte es sich um den größten Fall von Geldwäsche in der US-Geschichte. Darin verwickelt wären Mitarbeiter von zwölf der 19 großen Banken Mexikos.[258] Die Affäre zog weitere Kreise. Nach Angaben von Fahndern aus Washington waren in diese Drogengeldwäsche auch vier venezolanische Banken verwickelt.[259]

2.9   Südamerikanische Gruppen

In den 1980er Jahren entstand in Südamerika die größte illegale Drogenindustrie des 20. Jahrhunderts. Kokain-Kartelle produzierten für den Weltbedarf, führten diese Produktion in ein industrielles Stadium. Ende der 80er Jahre schätzte die DEA, daß die Kartelle ihre Geschäftsbeziehungen weltweit durch Kontakte zu über 24 000 Unternehmen und Einzelpersonen ausgebaut hatten. Die in den Kartellen zusammengeschlossenen rund 20 Drogenhändlerfamilien sollen in den von ihnen geleiteten legalen und illegalen Unternehmen bis zu 200 000 Menschen beschäftigt haben.

2.9.1   Kolumbianische Kartelle

In den größeren Städten verschiedener Provinzen bildeten sich in der ersten Hälfte der 1970er Jahre kleine Untergrundfirmen, die sich in der zweiten Hälfte jener Dekade zunächst locker, später streng kontrolliert zu sogenannten Kartellen zusammenschlossen:

• Cartell de Medellin (Provinz Antioquia):

   In der Industriemetropole Medellin (2,5 Mio. Einw.) nannte sich dieser Zusammenschluß „La Comania" (Die Firma), die ab den 80er Jahren von den Familien *Ochoa, Escobar/Gaviria* und *Gacha* beherrscht wurde. Das Kartell soll bis 1989, so US-Experten, zwischen 75 und 110 Milliarden Dollar verdient haben. Das US-Magazin „Forbes" zählte Anfang Juli 1988 die drei Händlerfamilien (Escobar über 2 Mrd. Dollar, Ochoa über 2 Mrd. Dollar und Gacha mit 1,3 bis 3 Mrd. Dollar) zu den Vermögendsten der Welt. Das Kartell soll bis zu 100 000 Menschen beschäftigt haben.

   Allein die Anzahl der Bewaffneten wurden bis zu 15 000 Mann geschätzt. Die Nr. 2 des Kartells, *Gacha („El Mexicano")*, soll als militärischer Organisator eine Privatarmee von 2000 bis 3000 Kämpfern unterhalten haben. Wer die illegale Hochfinanz störte oder bedrohte, wurde von bezahlten Mördern (Sicarios) getötet. So starben von 1981 bis 1989 über 220 Richter und Justizangestellte, 1600 Richter hatten Morddrohungen erhalten. Einzigartig in der Drogengeschichte des 20. Jahrhunderts ist der Fakt, daß das Medellin-Kartell gegen die kolumbianische Regierung zwei bewaffnete Auseinandersetzungen (24. August 1989 bis 19. Juni 1991 und Januar bis Dezember 1993) mit Bürgerkriegsdimensionen führte. Am 2. Dezember 1993 wurde die Nr.1 des Kartells, *Pablo Escobar („El Padrino")* von Sicherheitskräften erschossen. Zu seiner Beisetzung in Medellin kamen 20 000 Trauernde aus den Elendsvierteln. Profiteur der Machteinbuße des Kartells war der Konkurrent in Cali.

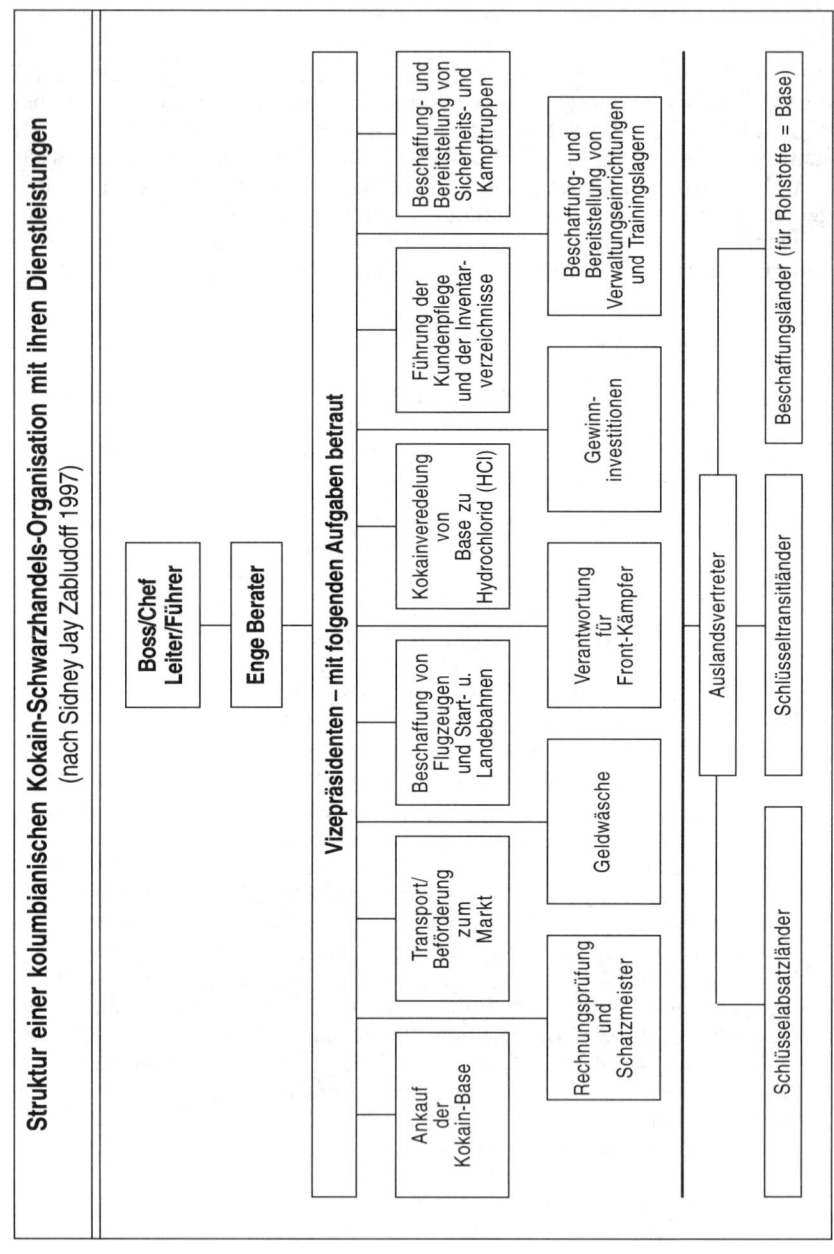

Struktur einer kolumbianischen Kokain-Schwarzhandels-Organisation mit ihren Dienstleistungen
(nach Sidney Jay Zabludoff 1997)

Boss/Chef
Leiter/Führer

Enge Berater

Vizepräsidenten – mit folgenden Aufgaben betraut

- Ankauf der Kokain-Base
- Transport/ Beförderung zum Markt
- Beschaffung von Flugzeugen und Start- u. Landebahnen
- Kokainveredelung von Base zu Hydrochlorid (HCl)
- Führung der Kundenpflege und der Inventar- verzeichnisse
- Beschaffung- und Bereitstellung von Sicherheits- und Kampftruppen
- Rechnungsprüfung und Schatzmeister
- Geldwäsche
- Verantwortung für Front-Kämpfer
- Gewinn- investitionen
- Beschaffung- und Bereitstellung von Verwaltungseinrichtungen und Trainingslagern

- Auslandsvertreter
  - Schlüsseltransitländer
  - Schlüsselabsatzländer
  - Beschaffungsländer (für Rohstoffe = Base)

Kolumbianische Kokain-Schwarzhandels-Industrie
nach Sidney Jay Zabludoff 1997

10
Allround-
Organisationen

1000 + Mitarbeiter

100
Spezialisierte
Organisationen
(Transport, Geldwäsche,
Vollstreckung, Kundschafter-
operationen)
10.000 + Mitarbeiter

1000
ausgebildete (spezialisierte) Freiberufler
(Piloten, Chemiker, Finanzberater, Makler,
Tötungsspezialisten, Rechtsanwälte etc.

10.000
angelernte und ungelernte Teilzeitarbeiter
(Wächter, Boten/Überbringer), Observationsteams,
Funker, Beschaffer von Schwergeräten, Arbeiter u.a.m.)

Waren- und Dienstleistungen anderer Industriebereiche
(Flugzeugindustrie, Flugzeugwartung, Kommunikationsausrüstung
und -dienste, Bank- und Finanzberatung,
chemische Industrie/Chemikalien etc.)

Zitiert nach *Zabludoff, Sidney Jay*: Columbian Narcotics Organizations as Business Enterprises, Transnational Organized Crime, Vol 3, Summer 1997, No 2, p. 48

- Cartell de Cali (Provinz Valle del Cauca):

  In Cali (1,6 Mio Einw.), Medellins größten Konkurrenten im In- und Ausland, dominierten die Familien *Orejuela* und *Santacruz*. Das Kartell soll bis zu 80 000 Menschen beschäftigt haben. Nach den „verlorenen Kriegen" des Cartell de Medellin hat, nach DEA-Angaben, Cali die Kontrolle weltweiter Kokaingeschäfte übernommen. Ab Mitte der 90er Jahre begann die Entmachtung des Kartells. Von den sieben Führungsmitgliedern wurden 1995 fünf, 1996 *Jose Santacruz Londono* und 1998 *Javier Caicedo* inhaftiert bzw. getötet.

- Cartell de Bogota (Provinz Cundinamarca):

  der kleinste Händler-Zusammenschluß (Familie *Lopez* u.a.) erfolgte in der Landeshauptstadt (4,8 Mio. Einw.).

- „Küsten-Kartell" (Provinz Atlantico):

  Zusammenschluß von Familien (*Chamorro* u.a.), die an der kolumbianischen Atlantikküste von den Karibikstädten Baranquilla, Cartagena und Santa Marta aus operieren.

Nach den Festnahmen der „Oberliga der Drogenhändler" (Kolumbiens Präsident *Ernesto Samper* im Februar 1998) beginnt sich die Drogenhierarchie neu zu organisieren. Zur Umstrukturierung des Kokainhandels gehören Machtzuwächse mexikanischer Kartelle, aber auch das Vorrücken weniger bekannter regionaler „Capi". Übernommen von den alten Kartellen haben die Aufsteiger, zu denen auch die Drogenbarone des „Nord-Valle-Kartells" gehören[260], das System der gemeinsamen Exporte. Großlieferungen werden zusammengestellt von Dutzenden Laborbetreibern, um bei Beschlagnahmungen das individuelle Risiko in Grenzen zu halten. Die DEA hatte noch im Mai 1997 „die einsitzenden Kartellchefs in Verdacht, nach wie vor diese „Arbeitsgemeinschaften" zu koordinieren – aus ihren Zellen heraus."[261]

2.9.2 Andere kriminelle Gruppen

In Südamerika ist in der letzten Dekade dieses Jahrhunderts nicht nur Kolumbien durch Drogenhändler bedroht, die durch Einflußnahme auf Politik und Wirtschaft die Gefahr der Realisierung von sog. Narco-Demokratien mit sich bringt. Auf diese Entwicklung machte 1993 eine Regierungsstudie in Venezuela aufmerksam. In **Brasilien** wurde 1994 auf eine enge Verknüpfung von Unterwelt, Polizei und Politik im Teilstaat Rio de Janeiro hingewiesen. Allein in diesem Bundesstaat sollen 10 000 Dealer den Drogenhandel kontrollieren. Für das Land insgesamt wurden mit Stand November 1994 rund 1000 Crimegroups mit 250 000 Mitgliedern geschätzt. Im selben Jahr erklärte die Regierung **Boliviens** die Landesprovinz Chapare (im westlichen Department Cochabamba gelegen) zur Militärzone. Ein im November 1994 begonnenes Programm („Option Null") sah die Entvölkerung der Coca-Anbauregion Chapare vor. 60 000 vom Coca-Anbau lebende Familien sollten umgesiedelt und finanziell entschädigt werden. In der Folge protestieren die Cocabauern seit Jahren gegen die Vernichtung ihrer Plantagen. Auch in **Peru** ist der Einfluß der Drogenhändler noch mehr als mächtig. Noch im Oktober 1996 gab Präsident *Fujimori* an, daß bis zu 800 Millionen Drogendollar in die Landeswirtschaft fließen.

3   Organisierte Kriminalität – Netzwerk-Kriminalität

Leoluca Orlando, Bürgermeister von Palermo, der ein Jahr vor der Ermordung seines Freundes und Vertrauten *Giovanni Falcone* im März 1991 „La Rete" (Das Netz), eine Anti-Mafia und Anti-Korruptionspartei als Bürgerbewegung gegründet hat, ist der festen Meinung, daß das Organisierte Verbrechen (nicht nur Italiens) „seine Kraft aus den unlösbaren Verbindungen zum Freimaurertum schöpft"; und er warnte: *„Durch das Freimaurertum[262] breitet sich die Mafia über ganz Europa aus.[263] Das bedeutet, daß der Kampf nicht auf Sizilien oder Italien beschränkt ist. Das Problem ist international. Das Problem ist zu wissen, wer fähig sein wird, eine Zukunft der Legalität aufzubauen – oder der Illegalität. "[264]*

3.1   Propaganda Due (P2) und das mafiose Netzwerk in Italien

Unter *Mussolini* wurden die Bünde der Freimaurer aufgelöst und ihre Mitglieder von den Faschisten verfolgt. Mit diesen Unterdrückungsstrategien des totalitären Italiens hat der „Dauerkonflikt des demokratischen Italiens mit seinen Logen" wenig gemein. Mit einem nach der Christdemokratin *Tina Anselmi* benannten Gesetz von 1982 sind Logen, die ihre Mitglieder geheimhalten, im Verborgenen operieren und in irgendeiner Form umstürzlerische Ziele haben, verboten.[265] Dazu ein erschreckendes Beispiel: Im März 1986, in Palermo kam gerade der Mammutprozeß gegen die Cosa Nostra in Gang, stieß Staatsanwalt *Alberto Di Pisa* im Zuge der Ermittlungen gegen den internationalen Rauschgifthandel auf eine Freimaurerloge (Palermitaner Bund nach dem alten Ritus), in deren Räumen im Zentrum von Palermo eine Mitgliederliste mit den Namen von gesuchten Mafiosi, Drogenhändlern, renommierten Rechtsanwälten, Geschäftsleuten, Industriellen und Journalisten, selbst drei Richtern, gefunden wurde. Die 2000 Namen umfassende Liste wurde von der Staatsanwaltschaft dem zuständigen Ermittlungsrichter übergeben. Nach einer ersten Sichtung des Materials zweifelte dieser nicht an „einer engen Verbindung zwischen Mafia und Freimaurerei".[266] Vielleicht ist hier der Grund zu suchen, daß Untersuchungsrichter Falcone später gegen geheime Logen zu ermitteln begann. Im August 1986 veröffentlichte eine juristische Untersuchungskommission in Palermo Aussagen des ersten hochgestellten „Pentito" (wörtl. Reuiger), Cosa Nostra-Boss *Tommaso Buscetta*. Nach dessen Aussagen wurde die Cosa Nostra in der Vergangenheit zweimal um Mithilfe bei Putschplänen gebeten: Anfang und Ende der 1970er Jahre. Im ersten Fall hätten rechtsgerichtete Militärs nach 8000 Mann gefragt, um in ganz Italien Aufruhr zu provozieren. 1979 hätten „internationale Freimaurerkreise" mit Hilfe von 300 Mafiosi einen eigenen Staat auf Sizilien errichten wollen." Buscettas Darstellung der Putschpläne aus den frühen

70er Jahren stimmten mit Aussagen des mutmaßlichen Paten *Luciano Liggio* im großen Mafia-Prozeß, in dem 470 Personen angeklagt waren, überein.[267] Anfang November 1992 wurden die Ermittlungen von *Agostino Cordova*, diesmal im 'Ndrangheta-beherrschten Kalabrien bekannt.[268] Er hatte 350 Ermittlungsverfahren gegen Freimaurer, darunter offenbar hochrangige Politiker, Juristen und Journalisten eingeleitet. Vermutet wurde, daß sich in den Freimaurerlogen („Geheime Bruderschaften mit undurchsichtigen Zielen") die Männer der „Ehrenwerten Gesellschaft" (mit mehr kriminellen Zielen) verstecken. Im Zusammenhang mit Umsturzplänen wurde und wird immer wieder eine Loge genannt, die 1966 von *Licio Gelli* in Rom gegründete „Propaganda Due".[269] Bekannter wurde dieser „Nebenarm einer Orient-Loge" unter dem Kürzel „P2". Mit der P2 erreichte Gelli, dank personeller und finanzieller Unterstützung durch die CIA[270], einen gesellschaftlichen Einfluß, der ihn vor allem in den 70er Jahren zu einem der einflußreichsten Männer Italiens machte. Die P2 war eine Geheimloge, ohne Verbindung zur offiziellen und regulären italienischen Großloge („Grande Oriente d'Italia") mit ihren 18 000 Mitgliedern. Zu den 2600 Mitgliedern[271] der „irregulären" P2 – nur 962 wurden je identifiziert – gehörten Armeegeneräle, Geheimdienstchefs, Minister, Abgeordnete, Unternehmer, Bankpräsidenten, Bürgermeister, Notare, Rechtsanwälte und Journalisten. Mit der P2 schufen Gelli, Großmeister der Loge, und seine einflußreichen Logenbrüder eine „zur Regierung parallellaufende Entscheidungsstruktur" in Italien. Mehr zufällig wurden 1981 die P2-Verschwörer entdeckt. Bei Ermittlungen im Fall des sizilianischen Bankrotteurs *Michele Sindona*[272] untersuchte die Guardia di Finanza auch das Büro des Fabrikanten Licio Gelli. Neben zahlreichen Dossiers der Geheimpolizei fand die Finanzpolizei auch eine Liste mit 962 Namen – das Mitgliederverzeichnis der geheimen P2, aber auch einen bereits fünf Jahre zuvor ausgearbeiteten „Plan zur demokratischen Wiedergeburt", der Italien unter bestimmten politischen Bedingungen in eine ultrakonservative Diktatur umwandeln sollte.[273] Nach der Entdeckung seiner konspirativen P2 floh Gelli ins Ausland. 1987 stellte er sich den Schweizer Behörden, die ihn zwei Jahre später unter der Bedingung, daß er nur im Zusammenhang mit dem betrügerischen Bankrott der Mailänder Banco Ambrosiano strafrechtlich belangt werden dürfe, an Italien auslieferten. Durch ärztliche Atteste als haftunfähig ausgewiesen, residierte Großmeister Gelli in seiner Villa in Arezzo (Toskana). Im Frühjahr 1998 schließlich wurde er vom Obersten Gerichtshof Italiens wegen Beteiligung an dem betrügerischen Bankrott der Vatikan-Bank (Banco Ambrosiano) rechtskräftig zu zwölf Jahren Gefängnis verurteilt. Als Polizeibeamte den 78jährigen Gelli in seiner Villa zur Verbüßung der Haftstrafe im Mai 98 abholen wollten, war dieser – rechtzeitig gewarnt – bereits geflüchtet. In den Medien hieß es dazu[274]: *„Wo sich der geheimnisvolle P2-Großmeister jetzt aufhält, ist unklar. Licio Gelli besitzt Villen und Ländereien in Uruguay, Paraguay und Argentinien[275], auf seinen Konten in Südamerika und der Schweiz liegen Millionen[276] Und dann sind* *da noch die Freunde und Logenbrüder in Italien, Deutschland und der Schweiz, in der CIA, in der Mafia. Sie alle werden Mittel und Wege finden, um zu verhindern, daß ihr Großmeister seinen Lebensabend im Gefängnis verbringen muß.*" Im Mai 1998 weitete sich der Skandal um den untergetauchten P2-Chef *Gelli* aus. Nach Medienberichten[277] ermittelt in Palermo die Staatsanwaltschaft gegen Gelli wegen subversiver Umsturzpläne. Zusammen mit dem sizilianischen Paten *Toto Riina*, einem Capo di tutti Capi, habe er 1990 die Abspaltung Siziliens vom Rest des Landes geplant. Italien sollte mit Bombenabschlägen ins Chaos gestürzt werden. Die Vorwürfe stützen sich auf Aussagen zahlreicher Zeugen. Demnach gehörten die Bombenanschläge auf die Mafiajäger *Giovanni Falcone* und *Paolo Borsellino* 1992 sowie die Sprengstoffattentate mit fünf Toten 1993 in Mailand, Florenz und Rom zum Umsturzplan. Neben dem P2-Chef Gelli und dem 1993 verhafteten Cosa Nostra-Boss Riina sollen Geheimdienstler und Rechtsextremisten an diesem Vorhaben beteiligt gewesen sein. Dem Umsturzplan zufolge sollte als Gegenpart zur sezessionistischen Lega Nord eine politische Gruppierung „Freies Sizilien" aufgebaut und von der Cosa Nostra finanziert werden. Ziel sei es gewesen, die politische Krise im Zuge der Korruptionsermittlungen Anfang der 90er Jahre auszunutzen.

3.2   Network Crime – Allgemeines

Wie nie zuvor in diesem Jahrhundert hat die organisierte Kriminalität in den letzten beiden Dekaden angefangen, sich auf hohem Niveau netzartig (Network Crime) zu organisieren, zur Effektivierung von OK-Binnenstrukturen oder zur Profitmaximierung verschiedener Kriminalitätsbereich.

In den USA zählt der Kriminalitätsbereich „Glücksspiel" zu den sogenannten Dienstleistungs-Rackets des Mob. In der ersten Hälfte der 1930er Jahre hatte dieser sich zum italienisch-jüdischen „Syndikat" organisiert. Die Führungspersonen des Syndikats trafen sich Weihnachten 1946 im Grand Casino Nacional in Havanna auf Kuba, um auf diesem ersten (belegten) OK-Gipfel zu beschließen, in der Inselhauptstadt die größten Spielcasinos zu bauen. 1947 kam es zu einem zweiten OK-Gipfel in Havanna. Das Syndikat war dem Diktator *Batista* behilflich, auf Kuba erneut die Macht auszuüben. In der ersten Hälfte der 50er Jahre sollen der Batista-Clan und das Syndikat ein „Finanzabkommen" geschlossen haben. Bis Ende 1958 war Havanna für die organized crime eine Goldgrube. Das „Bordell Amerikas" wurde durch die Revolution *Castros* 1959/60 geschlossen.[278]

Dreißig Jahre später zeichnete sich in der östlichen Hemisphäre der Niedergang der kommunistischen Diktatur in der Sowjetunion ab. Schon Mitte der 80er Jahre zählten hier die sowjetischen Kaukasusrepubliken Aserbaidschan, Armenien und Georgien zu den Hochburgen der Organisierten Kriminalität in der UdSSR. Gegen sie steuerte *Gorbatschow* mit einer Anti-Korruptions-

Kampagne. Und gegen *Gorbatschows* Perestroika-Politik steuerte schon früh das Organisierte Verbrechen. Nach glaubwürdigen Berichten sollen bereits im Sommer 1987 „an einem sowjetischen Schwarzmeerstrand" die Chefs aller in der UdSSR operierenden mafiaähnlichen Banden konferiert haben. Die „Mafiosniks" sollen sich dort auf konzertierte Aktionen gegen die höchst geschäftsschädigende Perestroika geeinigt haben. Schon 1988 sprach *Lew Baranow*, seinerzeit Moskaus oberster Staatsanwalt, von „Hirnzentren" der organisierten Verbrechens in der Sowjetunion. Deren Agenten würden die Schwachpunkte in der Gesellschaft aufspüren und für ihre Zwecke nutzen.[279] Die Gründe, warum Führungspersonen von mafiosen Gruppen und/oder kriminellen Clans zu OK-Gipfeln zusammenkommen, sind unterschiedlich. Einer der wichtigsten ist die Gefahrenabwehr. Beispiele:

- Marokko 1992: Unmittelbar nachdem der König den „Drogenkrieg" erklärt hatte, versammelten sich im Oktober 1992 bei einer Gipfelkonferenz in einem Palast in der Umgebung von Al-Hoceima die meisten Drogenbarone von Tanger, Tetouan und der Provinz. Im November 1992 berichtete ein Artikel der „Nouvelles du Nord" überblicksartig über dieses lokale Geheimtreffen: *„In dieser Provinzstadt, die nie sonderlich weit von einem üblen Ruf entfernt war, sind alle ins Drogengeschäft verwickelt: die RNI (Nationale Versammlung der Unabhängigen, dem König nahestehende Partei), die Handelskammer, das Journal de Tanger, Magistrat und IRT (Sportverein, dessen Fußballmannschaft in der ersten Liga spielt) usw., und der Immobilienmarkt ist noch nicht in Betracht gezogen"*. Ein ähnlich wichtiges Treffen wurde im Sommer 1993 in einem Tourismusort in der Provinz Tetouan einberufen.[280]

- Südafrika 1996: Von den 127 Straßen-Gangs am Kap galt die von den Brüdern *Rashaad* und *Rashied Staggie* rund 1000 Kopf starke „Hard Living"-Gang Mitte der 90er Jahre als eine der härtesten Banden. Als Rashaad Staggie Anfang August 1996 von militanten Muslims der Pagad-Organisation angeschossen und verbrannt wurde, fand eine Woche später in den Kapstädter Townships eine – vom Zwillingsbruder Rashied angeführte – öffentliche Demonstration von rund 1000 Kriminellen statt. Vor dem Hintergrund, daß Pagad-Kämpfer den „Tod der Drogendealer" zum Ziel ausriefen, machten die Kapgangster mobil. Abgesandte von über 100 Banden schlossen 1996 ein Friedensabkommen untereinander, denn jetzt müsse man sich „gegen den gemeinsamen Feind wehren". Zugleich sandten sie einen Hilferuf an andere Drogenhändler Südafrikas aus, ihnen mit bewaffneten Leuten zu Hilfe zu eilen.[281]

- Österreich 1995: Seit dem Untergang der Sowjetunion haben sich in der Verbrechenswelt Rußlands auch die tschetschenischen Kartelle emanzipiert. Ihre Paten kontrollieren heute ganze Viertel in Moskau (in der Hauptstadt leben heute 40 000 Tschetschenen), besonders im südlichen Teil rund um den Südhafen, der ihnen als Sprungbrett nach Europa dient. In diese

Bezirke dringt kein russischer Mafyosniki ein.[282] Kein Wunder, daß zwischen diesen Gruppierungen unterschiedlichen ethnischen Ursprungs ein hochgradiger Rassismus herrscht. Vor diesem Hintergrund wurde im Herbst 1995 im Wiener Hotel Marriot ein Gipfeltreffen der bedeutendsten russischen Paten abgehalten, die in Rußland selbst oder im Ausland operieren. Die Zusammenkunft wurde von den Agenten der österreichischen EDOK (Ermittlung und Dokumentation) beobachtet.[283] Etwa zwanzig Paten mit Beratern und Leibwächtern nahmen daran teil. Ein wichtiger Punkt auf der Tagesordnung war die Frage, wie man die russischen Städte „säubern", wie man die „Schwarzen" (= Kaukasier) ausschalten könne. Schließlich wurde die physische Eliminierung aller kaukasischen Mafiosi in jeder Stadt mit russischer Bevölkerungsmehrheit beschlossen.

3.3 Network Crime – Zusammenarbeit

Insbesondere auf internationaler Ebene werden die sonst so wichtigen Unterschiede zwischen den verschiedensten OK-Gruppen sekundär. Kooperation statt Konfrontation ist die Maxime der 1990er Jahre. Gemeinsame Heimatregionen, Nachbarschaften durch Auslandsfilialen, analoge Binnenstrukturen und ganz besonders die Lukrativität diverser globaler Deliktbereiche (zum Beispiel Rauschgift, Waffen, Menschenhandel und Menschenschmuggel) werden zur, meist temporären, Basis der „Zusammenarbeit aus übergeordneten Interessen". Zur Zielrealisierung, wie der Profitmaximierung, verbündet man sich mit den unterschiedlichsten Gruppen; die müssen nicht nur aus originären Verbrecherkreisen stammen; sie können auch aus Nachrichtendienst- und Militärkreisen, aus Politik und Wirtschaft kommen, selbst aus terroristischen Umfeldern. Hohe und höchste Professionalität wird zum verbindenden Faktor, der Landesgrenzen, Religionen und Hautfarben (in der Regel) überwindet.

3.3.1 Organisierte Kriminalität und Organisierte Kriminalität

Auf einer Tagung des Aspen-Instituts Berlin zur Internationalen OK im März 1996 wurde berichtet, daß 1992 in Paris eine „Konferenz" zwischen japanischen und italienischen Gruppen über Praktiken der Geldwäsche stattgefunden hatte. Im selben Jahr fanden Vertreter der ROC und der IOK zusammen. Am 8.November 1992 berichtete die liberale Prager Zeitung „Lidove noviny" unter Berufung auf den Berater des Prager Innenministeriums *Jiri Vacek*, daß russische und italienische Mafia-Bosse bei einem Treffen in der CSFR offenbar ein gemeinsames Drogenkartell gebildet hatten. Es sei vereinbart worden, daß die italienische Seite das kommerzielle Know How in das Kartell einbringen sollte. Die russische Seite hingegen würde professionelle Tötungsspezialisten „zum Schutz der Transitwege und des Verteilernetzes" stellen.[284] Nach Vacek waren russische und ukrainische Mafiosi bereits seit längerer Zeit in der CSFR tätig. Im Oktober 1993 wurden diese Darstellungen vom Vorsitzenden der Anti-Mafia-Kommission des italienischen Parlaments, **Luciano Violante**, bestätigt. Dieser bezog sich dabei zum Teil auf einen Bericht der russischen Akademie der Wissenschaften, wonach Mofiosniks auch Beziehungen zu früheren KGB und KPdSU-Angehörigen hätten. Violante fügte hinzu[285], daß seit 1992 die russischen und italienischen Mafiosi mindestens zwei Gipfeltreffen über ihre künftige Zusammenarbeit abgehalten hätten. Ebenfalls im Oktober 1993 erschien ein Bericht in der Prager Zeitung „Mlada fronta dnes".[286] Danach hatten sich die italienische und russische Mafia ihre Wirkungsbereiche in der Tschechischen Republik aufgeteilt. Nach „gut unterrichteten Kreisen" hatten sich die Mitglieder der Verbrecherbanden beider Länder bei einem Treffen im Oktober 1992 in Prag auf ihre jeweiligen Interessensgebiete in Böhmen und Mähren geeinigt. Die IOK sah die Tschechische Republik als Hinterland für Verhandlungen und Vertragsabschlüsse an, während die ROC mittels Strohfirmen Geld wusch und Immobilien kaufte.[287] Über Jahre beobachtete die italienische Polizei den Zusammenschluß von Clans der sizilianischen Cosa Nostra mit organisierten Crimegangs in Rußland, Polen, Bulgarien und anderen osteuropäischen Ländern.[288] Die Aktivitäten russischer Gruppen in Italien ließen nicht lange auf sich warten. Auf einem russischen Mafia-Gipfel, der 1993 in Miami – dem zweiten Zentrum der „Organisazjia" in den USA stattfand, soll die „Unterwanderung der italienischen Geschäftswelt im großen Stil" beschlossen worden sein.[289] Den Auftrag dafür bekam der aus Wladiwostok stammende **Juri Essine**. Seine „Brigade der Sonne" wurde im März 1997 im norditalienischen Skiort Madonna di Campiglio enttarnt. Bis dahin soll der **„Bulldozer" Essine** etwa 9000 Mitglieder für die gestellte Aufgabe in Italien rekrutiert haben, so Italiens oberster Anti-Mafia-Staatsanwalt.[290] Schon im Frühjahr 1994 arbeiteten nach Erkenntnissen russischer Behörden mehr als 60 russische Gangstergruppen in Italien.[291] Die wohl wichtigsten Gipfel der ROC fanden, meist zusammen mit Vertretern der der jüdisch-russischen Emigranten-OK, in der ersten Hälfte der 90er Jahre in Israel statt. Nach **Menachem Amir** (1996)[292] haben hier zwischen 1993 und 1994 „Top Russian Mafiosi" aus Rußland, Europa und den USA dreimal getagt, um über gemeinsame „Investitionspolitik" und Niederlassungen zu disputieren. Sicherheitsfachleute belegten dies. Als Anfang November 1994 eine Arbeitstagung über die Zusammenarbeit israelischer und ukrainischer Polizeibehörden beendet war, stellten sich auf einer Pressekonferenz am 2. November **Mosche Schahal**, Polizeiminister Israels, und sein ukrainischer Kollege, Oberstleutnant **Wladimir Radtschenko**, der Medienöffentlichkeit und stellten fest[293], daß die ukrainischen Banden mit der israelischen Verbrecherwelt zusammenarbeiteten und in Tel Aviv ein Gipfeltreffen, quasi ein gemeinsamer Konvent der OK, abgehalten worden war. Die „Jerusalem Post" meldete darüber am 12. November 1994, daß der wichtigste Tagesordnungspunkt dieses OK-Gipfels die Anonymisierung der Vermögenswerte deliktischer Herkunft – schlicht Geldwäsche – war.[294] Ein halbes Jahr später wurde die Einflußnahme der eurasischen OK noch deutlicher. Nach einer zweiwöchigen Arbeitsreise nach Rußland, Ungarn und in die Ukraine stellte Generalinspekteur *Assaf Hefetz*, Leiter der israelischen Polizeibehörde, am 28. Juni 1995 noch auf dem Flughafen Ben Gurion in Tel Aviv auf einer Pressekonferenz u.a. fest[295], daß die ROC versuche, ganz Israel – von der Wirtschaft bis hin zur Politik – zu unterwandern. Von 30 Milliarden Dollar, die die Ex-Sowjetunion in den letzten Jahren „im Auftrag der Mafia" verlassen hätten, wären vier Milliarden in Israel gewaschen worden.

In 40 Ländern ist die ROC heute aktiv, in 29 unterhält sie feste Beziehungen zu kriminellen Organisationen. Auf eine, auch für die USA bedrohliche Zusammenarbeit, wies Ende September 1997 FBI-Direktor *Louis Freeh* vor dem Außenpolitischen Ausschuß des US-Repräsentantenhauses hin. In seiner Warnung hieß es u.a.[296], daß die USA akut gefährdet ob der zunehmenden Allianzen zwischen der ROC und kolumbianischen Kartellen sei. Waffen würden im großen Stil nach Südamerika verschoben, im Gegenzug Drogen nach Osteuropa geliefert werden. Um Waffen, Rauschgift, aber auch Schleusung ging es kriminellen Netzwerken im mediterranen Bereich, auf die Mitte der 90er Jahre das Innenministerium Italiens aufmerksam machte:[297]

- Die sardische Mafia („Anonima"), Spezialist in Geiselnahme mit Lösegelderpressung, würde mit Clans der kalabresischen 'Ndrangheta und französischen (korsischen) Syndikaten eng zusammenarbeiten.

- Kampanische Camorra-Familien wären mit der apulischen Sacra Corona Unita und chinesischen Triaden einen engen Pakt eingegangen. Gemeinsam würden sie die Schleusung von Kurden, Chinesen und Albanern über die Adria nach Italien und Deutschland organisieren.

- Inzwischen würde sich der Verdacht erhärten, daß Camorra und Sacra Corona mit Hilfe von Triaden und Gruppen der ROC „ein Vertriebsnetz für Drogen" in Mitteleuropa organisieren.

Unmöglich, zum Ende der 90er Jahre allein die Netzwerkkriminalität im Deliktbereich Rauschgift zu beschreiben, da heute der überwiegende Teil dessen, was als Organisierte Kriminalität bezeichnet wird, von der Secret Society über das ethnisch strukturierte Verbrechenskartell bis zur Gang-Organisation, in regionalen oder/und internationalen Drogengeschäften tätig ist. Wie in keinem anderen Kriminalitätsbereich ist es hier auch zu multiethnisch strukturierten, internationalen Verbrecherorganisationen gekommen. Dies gilt nicht nur in der westlichen, sondern auch in der östlichen Hemisphäre. Als zwei Drachenköpfe der „Shih Hai" (Four Seas Gang), einer der größten Triaden in Taiwan, am 15. Januar 1996 in einem Restaurant in der Hauptstadt Taipeh erschossen wurden, kam es knapp vier Wochen später zu einer der größten Beerdigungen, die Taiwan bis dahin gesehen hatte. Die Nachrichtenagenturen meldeten[298], daß rund 100 000 Gangster aus Hongkong, Macao, Japan und Vietnam, aber auch aus den USA an der Beisetzung der beiden OK-Führungspersonen, deren Einfluß bis in Wirtschaft und Politik hineinreichte, teilnahmen.

3.3.2   Organisierte Kriminalität und Nachrichten-/Geheimdienste

Wie viele von den weltweit rund 200 aktiven Geheimdiensten zum Ende dieses Jahrhunderts mit Gruppen der Organisierten Kriminalität im weitesten Sinne zusammenarbeiten, vermag niemand zu sagen. Belegt ist hingegen diese „düstere Allianz" in der zweiten Jahrhunderthälfte – zumindest temporär – in nicht wenigen Ländern der Nachkriegszeit. Beispiele:

* Italien: Als 1981 im Büro des Großmeisters der Loge P2 eine 962 Mitgliedernamen umfassende Liste der „Propaganda Due" gefunden wurde, stießen die Ermittler auch auf Armeegeneräle und Geheimdienstchefs: zum Beispiel *Giovanni Santovito*, Chef des Sicurezza Interna Servizio del Ministro Interno (SISMI), dem militärischen Geheimdienst Italiens. Die P2, genauer ihr Großmeister, unterhielt, so die seit 1982 recherchierende Kommission zum Fall der Loge[299], bereits seit Jahren beste Beziehungen „jenseits des Eisernen Vorhangs", auch in postkommunistischer Zeit. Welche Informationen von P2-Logenbrüdern an kalabresische und sizilianische Clans gingen, läßt sich bis heute nicht genau sagen. Wohl aber läßt sich sagen, daß das Zusammenspiel zwischen Geheimdienstlern und Mafiosi Italiens Demokratie bedrohte. Auf die Selbstanzeige des italienischen Staatspräsidenten *Francesco Cossiga* Ende November 1991, die eine Untersuchung gegen ihn wegen Vorwürfen „im Zusammenhang mit der Geheimorganisation Gladio"[300] zur Folge hatte, soll an dieser Stelle nicht näher eingegangen werden, obwohl „die Achse zwischen Geheimdiensten und Mafia bei etlichen Anschlägen nachgewiesen ist". So soll, um wenigstens ein Beispiel zu nennen, bei der Entführung des Christdemokraten-Präsidenten *Aldo Moro* am 16. März 1978 in der römischen Via Fani ein 'Ndrangheta-Boß namens *Antonio Nirta* mitgeschossen haben, angeheuert von einem Ex-Geheimdienstoffizier, dem Carabinieri-General *Francesco Delfino*.[301] Für Skandale sorgte auch Italiens Inlandsgeheimdienst SISDE (Sicurezza Interna Servizio Del Estero), galt dieser doch „unter anderem als verlängerter Arm der Mafia".[302] *Bruno Contrada*, dritthöchster SISDE-Mann und ehemaliger Vize-Polizeipräfekt, wurde am 24. Dezember 1992 verhaftet. Ihm wurde ein „hochgefährlicher Beitrag zu den Aktivitäten und Zielen der Cosa Nostra" vorgeworfen. Jahrelang soll Contrada, in Cosa Nostra-Kreisen unter dem Namen „Dottore" bekannt, den Schutz des sizilianischen „Bosses der Bosse" *Toto Riina* gewährleistet haben. Dem sizilianischen Ex-Chefagenten waren auch die geheimen An- und Abflugzeiten des Mafiajägers *Giovanni Falcone* bekannt. Contrada stand in Verdacht, den Cosa Nostra-Clans jene interne Informationen geliefert zu haben, die im Mai 1992 das tödliche Bombenattentat auf Falcone ermöglich-

ten. Im Herbst 1993 war gar der SISDE-Chef *Riccardo Malpia* zusammen mit Mitarbeitern als Bankrotteur ins politische Gerede gekommen. Im Dikkicht der Schmiergeld-Skandale der sog. Tangentopoli-Affäre waren Staatsanwälte im Dezember 1992 zufällig auf Konten gestoßen, auf denen schwarze Geheimdienstgelder ruhten. Allein in der Rom- Filiale des Kreditinstituts „Carimonte" waren umgerechnet 14 Millionen Mark deponiert. Die Identität der Kontoinhaber konnte enttarnt werden; es waren hochrangige SISDE-Männer, die bei den Italienern zur „Bande der falschen Bärte" wurden. In San Marino stieß man auf weitere SISDE-Konten. In der Folge ermittelten Richter wegen geheimer Fonds über Millionen Mark, die auf Privatbanken von hohen SISDE-Beamten lagen. Zur gleichen Zeit war der militärische Dienst SISMI so belastet und in Affären verwickelt gewesen, daß im Oktober 1993 etwa 300 Mitarbeiter, darunter mehrere Abteilungsleiter, gehen mußten. Ministerpräsident *Ciampi* stieß vor diesem Hintergrund eine große Säuberungs- und Neuorganisation der Geheimdienste an. Die erfolgreiche Flucht des Großmeisters der verbotenen Loge P2 im Mai 1998 spricht dafür, daß die Dienst-Säuberung noch nicht ganz gelungen ist.

• Rußland: Schon Mitte der 1970er Jahre soll der KGB Berufsverbrecher in Gefängnissen angeworben haben[303]; über 200 Agenten und KGB-Informanten sollen allein in die USA eingeschleust worden sein. Dazu der in die USA geflüchtete Ex-KGB-Major *Stanislav Levochenko*[304]: *„Sie sollten hier in die Geldfälscherei einsteigen und die Emigranten verunsichern".* Mit dem Profit aus dem organisierten Verbrechen konnten auch Geheimoperationen des KGB finanziert werden. Ein gutes halbes Jahrzehnt nach der Auflösung des KGB (per Dekret vom Staatsrat im August 1991) wurde in westlichen Nachrichtendienstkreisen davon gesprochen, daß zumindest der russische Inlandsgeheimdienst FSB (Federalnaya Sluzhba Bezopasnosti) mit der ROC eine „symbiotische Beziehung zu gegenseitigem Nutzen" eingegangen wäre. In einer BND-Analyse zu diesem Thema hieß es u.a.[305]: *„Die Einflußnahme der Organisierten Kriminalität auf einzelne Personen und Gruppen der Nachrichtendienste ist teilweise schon so intensiv geworden, daß von einer partiellen Durchdringung gesprochen werden muß ..."* Eine Einschätzung, die auch von der Task Force des Center for Strategic and International Studies (CSIS) in Washington geteilt wurde.

• Türkei: Von einem „Spinnennetz", das kriminelle Organisationen, die außerhalb des Sicherheitsapparates, aber mit dessen und der Politiker Billigung operieren, „um Staat und Gesellschaft legen", sprach im November 1996 der frühere sozialdemokratische Premier *Bülent Ecevit*. Mit dem „Spinnennetz" stellte er und andere Politiker auf eine Organisation „des Clans um *Tansu Ciller*", der damaligen Premierministerin ab, „deren Aufbau vorgeblich um den Staat zu schützen erfolgt war". Nach Meinung von *Dogu Perincek*, dem Vorsitzenden der kleinen „Arbeiterpartei", war jedoch *„eine 700 Personen umfassende Geheimorganisation aus Kriminellen,*

*Angehörigen der Sicherheitskräfte und Politikern entstanden, deren Paten **Agar** (Innenminister) und* Ciller *seien.* "[306] In dieser „Spezial-Büro" genannten Organisation, vermuteten die politischen Gegner des Ciller-Clans, *„würden Mitarbeiter aus Geheimdienst, Militär, Polizei und Unterwelt kooperieren, um Macht und Reichtum des Clans zu mehren und zu sichern".* Zum Führungskader würden, so der Chef der Republikanischen Volkspartei (CHP) **Deniz Baykal**, neben Ex-Innenminister **Mehmet Agar** (trat nach Mafiavorwürfen im November 1996 zurück) der für den Geheimdienst zuständige Vize- Staatssekretär **Mehmet Eymür**, Militärhauptmann **Hüseyin Pepkal** und der Unterweltboß **Abdullah Catli** (der 17 Jahre von Interpol gesuchte Profi-Killer kam bei einem Autounfall südlich von Istanbul am 3. November 1996 um) gehören.[307] Ziel des „Spezial-Büros" war der Machtausbau und die Kontrolle über alle Staatsbereiche. Finanziert werde das Büro durch Drogen- und Waffenschmuggel, der wegen der guten Kontakte zwischen der türkischen Mafia und der Polizei, so Cillers Gegner, reibungslos funktioniere. In die Kassen flossen außerdem Gelder aus Schutz- und Schweigegelderpressungen und aus Geldwäschetransaktionen. Als die Zeitung „Yeni Yüzyül" am 9. Dezember 1996 die Nachricht brachte, daß *„Tansu Ciller 1994, in ihrer Zeit als Premierministerin, den türkischen Unterweltboß Abdullah Catli beauftragt haben soll, den PKK-Führer **Abdullah Öcalan** zu ermorden und dem Mafioso dafür umgerechnet 3,7 Millionen Mark gezahlt hatte"*[308], Generalstab und Geheimdienst MIT hätten im letzten Moment die Aktion verhindert, nahm eine Staatsaffäre ihren Lauf. Im Januar 1998 gab der neue Regierungschef **Mesut Yilmaz** schließlich im türkischen Privatsender Kanal D und damit öffentlich bekannt, daß in der Amtszeit der früheren Ministerpräsidentin Ciller zahlreiche Verbrechen mit Wissen der Sicherheitsbehörden oder gar in ihrem Auftrag begangen worden waren. In dem Bericht seines Sonderermittlers **Kutlu Savas**, auf den sich Yilmaz stützte, hieß es weiter u.a.:[309] Einzelne Bereiche des Sicherheitsapparates wie Polizei und Geheimdienst MIT seien in schwere Interessenskonflikte geraten. Dabei seien 15 MIT-Agenten Opfer nicht aufgeklärter Morde geworden. Weitere Mordopfer seien Geschäftsleute, die verlangte Schutzgelder oder Anteile nicht zahlten.

- Südafrika: Insbesondere die seit April 1996 arbeitende TRC (Truth and Reconciliation Commission), der Anfang Oktober 1995 gegründeten „Wahrheits- und Aussöhnungskommission", sind die Informationen zu verdanken, daß es in Zeiten der Rassentrennung „Verbindungen zwischen Staatssicherheitsorganen der Apartheidregierung und kriminellen Gruppen gab." Auf dem Höhepunkt des (insbesondere schwarzen) Widerstandes gegen die Apartheidpolitik in den 80er Jahren, arbeiteten Sicherheitspolizisten und Beamte des Büros für Staatssicherheit für das Inland (BOSS) des Nationalen Sicherheitsdienstes (NIS) eng mit einigen Gruppen mit dem Ziel zusammen, von diesen Informationen über die Aktivitäten (damals verbotener) politischer Organisationen zu erhalten. Als Gegenleistung blieben die Banden bei ihren kriminellen Unternehmen weitgehend unbehelligt.[310]

- VR China / Taiwan: Vornehmlich in Kriegszeiten, im bürgerkriegsgeschüttelten China der 1920er Jahre, im Kalten Krieg zwischen der VR China und Nationalchina und dem ersten Indochinakrieg der 1950er Jahre, kam es temporär immer wieder zur Zusammenarbeit zwischen chinesischen Syndikaten einerseits und asiatischen Geheimdiensten (Secret Societies und Secret Services) andererseits. Ein erster Hinweis dieser Zusammenarbeit findet sich im Jahr 1927. In Shanghai beherrschte der Drachenkopf *Tu Yueh-Scheng* mit seiner grünen Bande (Green Pang Triad) die Unterwelt. Im Auftrag des KMT-Führers General *Tschiang Kai-Schek* ging seine Bande in jenem Jahr gewalttätig gegen die linken Gewerkschafter in der Stadt vor. Nach dem Sieg der Kommunisten 1949 suchte die KMT-Regierung indirekt die Volksrepublik von der britischen Kronkolonie Hongkong aus zu destabilisieren. Dazu unterstützte sie finanziell und logistisch die dort operierende Triade 14 K. Deren umstürzlerisches Wirken während der sogenannten Oktober-Revolte 1956 scheiterte jedoch am energischen Durchgreifen der britischen Kolonialmacht. In der Folge wurden Tausende von Mitgliedern der 14 K und anderer Triaden 1957 aus Hongkong ausgewiesen und nach Taiwan abgeschoben, wo sie mit fördernder Hilfe der Kuomin-tang eine neue, die United Bamboo Gang gründeten. Dieser wird seit jener Zeit ein enger Kontakt zum taiwanesischen Nachrichtendienst nachgesagt, der bis in die heutige Zeit reicht und im extremen Fall auch Auftragsarbeiten wie Mord (sog. nasse Sachen) umfaßt. Über ein Beispiel berichtet Posner 1991:[311]

Im Oktober 1984 wurde der in den USA lebende taiwanesische Journalist *Henry Liu* (aus San Francisco) vor seinem Haus in einer Vorstadt erschossen. Er hatte des öfteren Kritik an der Regierung Taiwans geübt und gerade einen harten Artikel gegen Präsidenten *Tschiang Tsching-Kuo* (Sohn von Tschiang Kai-Schek) verfaßt. Der Mord, so US-Ermittlungen in Kalifornien und New York, war auf persönlichen Befehl des Dragonheads der United Bamboo Gang, *Tschen Tschi-Li* (alias „Trockene Ente"), von Triadenmitgliedern begangen worden. Taiwan lehnte das Auslieferungsbegehren der USA ab, machte Tschen in Taiwan mehr widerwillig einen Prozeß. Vor Gericht erklärte dieser, daß die United Bamboo Gang für diesen politischen Mord von Admiral *Weng Hsi-Ling*, einem Chef des taiwanesischen Nachrichtendienstes angeheuert wurde. Tschen, Admiral Weng und zwei weitere hochrangige Nachrichtendienstler wurden verurteilt. Nach FBI-Angaben soll Tschen schon ein Jahr später aus dem Gefängnis heraus die Triade weiter geführt haben. Taiwan nahm von der US-Beschwerde keine Notiz.

Im profitablen Deliktbereich Rauschgifthandel kam es zwischen Geheimdienst und Heroin-Syndikat schon eineinhalb Jahrzehnte zuvor zur Zusammenarbeit. Es wird berichtet, daß 1968 General *Li Wen-Huan*, Kommandeur der 3. KMT-Armee, in Thailand einen Kontakt zwischen dem Heroinhändler *Ma Sik-Yu* (einem Chiu Chao der HK-Triade Sun Yee On) und dem Nachrichtendienst Taiwans hergestellt hat. Mitte der 70er Jahre unterhielt Ma (Der Ältere) ein Netz von mehr als 40 Agenten und berichtete Taiwan über die Vorgänge chinesischer Gemeinden in einem halben Dutzend südostasiatischer Staaten und alle anderen für Taiwan interessante Entwicklungen. Sein jüngerer Bruder *Ma Sik-Tschun* gründete zu dieser Zeit die „Oriental Daily News", die in Hongkong in chinesischer Sprache erschien und zur Pro-Taiwan-Zeitung Nummer eins wurde. Als Dank für ihre Dienste versorgte KMT-General Li die Brüder Ma mit Opium zu erheblichem Preisnachlaß. Angeblich glich Taiwan den entstandenen Preisunterschied durch zusätzliche Waffenlieferungen an die KMT-Armee Lis aus. 1974 war das Ma-Syndikat das größte Heroin-Syndikat in Hongkong, dessen Jahresumsatz auf 750 Millionen Dollar geschätzt wurde.

Auch die in Rauschgiftgeschäften erfahrenen Hongkong-Triaden haben mit dem politischen Wechsel ihres Hauptquartiers 1997 neue Partner gefunden. Der langjährige Vize-Generalsekretär von Xinhua, *Wong Man-fong*, räumte in einem Seminar der Baptist University ein:[312] *Die Triaden „versprachen uns, während der Übergabe die Stadt stabil zu halten, und wir lassen sie bei ihren illegalen Aktivitäten gewähren".* Das Stillhalteabkommen zwischen schätzungsweise 120 000 „Drachen" der Triaden und etwa 900 Agenten der Staatssicherheit (Guojia Anquan Bu) ist längst Jointventures gewichen. Genutzt wird das Triaden-know-how in der Geldwäsche und zur Technologiebeschaffung, partizipiert wird an der Einträglichkeit der Bordelle im Rotlichtviertel Mong Kok und der Gangsterkontrolle über Bau- und Filmwirtschaft. Nicht zuletzt kann der Geheimdienst, ob der Größenordnung seines Partners, auf eine regelrechte „Untergrundarmee" zurückgreifen, was bei rund 5000 Geheimdienstagenten nichtchinesischer Länder[313] in der einstigen britischen Kronkolonie durchaus dienlich sein kann.

Für die letzten Jahrzehnte sind temporäre Zusammenarbeiten zwischen dem bulgarischen Staatssicherheitsdienst KDS (Komitet Darschawna Sigurnost), dem späteren DS, und türkischen Heroinhändlern in den 1970er belegt; für die 1950er Jahre die Kooperation vietnamesischer militanter Sekten im Drogengeschäft mit dem französischen SDECE (Service de Documentation Extérieure et de Contre-Espionage), im welchem wohl auch korsische „Seigneurs" involviert waren; von Ende der 1960er bis Anfang der 70er Jahre machte unter dem Code-Namen „Aktion Eisen" ein Gangsterring von sich reden, dessen Mitglieder Agenten des polnischen Geheimdienstes SB (Sluzba Bezpieczenstwa), geführt vom damaligen SB-Chef General *Miroslaw Milewski*, waren. Ende der 1980er Jahre machten einige Ex-Agenten des israelischen Mossad durch Berater- und Ausbildungstätigkeiten in Mittelamerika (Panama) und in Kolumbien, dort für die Oligarchie beziehungsweise das Kokain-Kartell von sich reden. Last not least kann für die 1990er Jahre keiner sagen, wie intensiv die Zusammenarbeit zwischen Clans der nigerianischen OK und dem geheimen Staatssicherheitsdienst SSS des Landes aussieht.

3.3.3 Organisierte Kriminalität und Terrorgruppen

Bis in die späten 1980er Jahre war der internationale Terrorismus auch ein großes Geschäft. Über 100 Gruppen operierten weltweit als „unabhängige Unternehmen". In über 40 Ländern waren mehrere 10 000 „Mitarbeiter" beschäftigt. Der Jahresumsatz dieser „Terrorindustrie" wurde auf über zwei Milliarden Dollar geschätzt. Weggebrochene Finanzhilfen, bedingt durch einen weltweiten Wandel im politischen Klima der 90er Jahre, trafen nicht wenige Terroristen, zum Teil ganze Terrorgruppen, in ihrem finanziellen Lebensnerv. Um die Einkommenseinbußen zu egalisieren, boten sich klassische Kriminalitätsbereiche an, insbesondere der Rauschgiftsektor. In finanzschwachen Bürgerkriegsregionen wurde Rauschgift zu Geld (Narcodollar), was nicht zuletzt für Waffenkäufe in erheblichen Größenordnungen gebraucht wurde und wird. Die Rauschgift-gegen-Waffen-Geschäfte ziehen sich seit über zwei Jahrzehnten wie ein roter Faden durch die Kriegsschauplätze der Welt, beginnend mit dem Bürgerkrieg im Libanon Mitte der 1970er Jahre bis hin zur Bürgerkrieg in Afghanistan Ende der 90er Jahre. Schon 1995 wurde hier geschätzt, daß Heroin aus Afghanistan, die Schlafmohnfelder lagen vornehmlich in den von Taliban-Kämpfern kontrollierten Gebieten, im Wert von 75 Milliarden Dollar die europäischen und amerikanischen Märkte überschwemmt hat.[314] Ein Milliardengeschäft konnte der Narco-Terrorismus schon vor zehn Jahren aufweisen. Bereits 1989 schätzte die DEA, daß zwischen Europa und den USA einerseits und Asien andererseits auf den Schwarzmärkten jährlich Waffen gegen Drogen im Wert von 9 Milliarden Dollar getauscht werden. Die Größenordnung dieses Tauschgeschäftes zwischen Europa und den USA mit Südamerika wurde auf 7 Milliarden Dollar jährlich geschätzt. Die Wirren eines Bürgerkrieges nutzen auch immer wieder Gruppen der OK. Dazu ein Beispiel aus 1992 in Afrika:[315] In Somalia, einst Kolonie Italiens, gab es als Folge eines Krieges zwischen verfeindeten Rebellengruppen keine funktionierende Staatsgewalt mehr. Diese Situation ausnutzend fingen Clans der italienischen OK an, ganze Schiffsladungen von Giftmüll nach Ostafrika zu bringen, so seinerzeit der Exekutivdirektor von UNEP, dem Umweltprogramm der Vereinten Nationen, ***Mostafa Tolba***. Zugleich bestätigte er den Bau von zwei Müllverbrennungsanlagen in Somalia. In seinem Interview mit der kenianischen Zeitung „Sunday Nation" wollte der UN-Direktor die Namen der beteiligten Firmen und die Orte, an denen das in Italien eingeschiffte Gift angeblich deponiert wurde, nicht nennen. Dafür nannte er die Größenordnung: rund eine Million Tonnen Giftmüll waren bis Anfang September 1992 in Somalia schon abgeladen worden. Die meist illegale Entsorgung von giftigem Müll ist nur einer unter vielen Deliktbereichen, die Organisierter Kriminalität hohe und höchste Profite bringt.

4 Anmerkungen

1 Daten wurden auf dem „Deutschen Forum Weltsozialgipfel" in Bonn am 18. 3.1998 vorgestellt.

2 Arbeitsmarktbericht 1996/97 der ILO, dpa-Meldung in: Berliner Zeitung, 26.11.1996, S. 9

3 UNHCR-Report „Zur Lage der Flüchtlinge in der Welt", AP/ dpa-Meldung in: Tagesspiegel, 9.12.1997, S. 4

4 Zum Beispiel waren von den 82 zwischen 1989 und 1992 registrierten gewalttätigen Konflikten nur drei Konflikte zwischen Staaten.

5 Zitiert n. Focus 2. Jg. Nr. ll/14. 3.1994, S. 254.

6 UNCTAD-World Investment Report 1996: nach diesem verfügten insgesamt 39 000 transnationale Konzerne, meist mit Sitz in Industrieländern, über 270 000 Niederlassungen im Ausland und ein Direktinvestitionsvolumen von insgesamt 2,7 Billionen US Dollar, zitiert in: Berliner Morgenpost, 25.9.1996, S. 25.

7 Zitiert n. UNDCP (eds): The World Drug Report (1996) of the United Nations Drug Control Program, Oxford Univers Press, New York 1997.

8 Nach dem UNO-Entwicklungsbericht besitzen 358 Milliardäre mehr als jene Länder, in denen mit 2,5 Milliarden Menschen fast die Hälfte der Menschheit lebt.

9 Die Masseneinwanderung ließ in den USA die Bevölkerung von nur 5,3 Millionen im Jahr 1800 auf 75,9 Millionen im Jahr 1900 ansteigen. Um 1800 waren die USA noch ein Agrarstaat mit überwiegend ländlicher Bevölkerung. 1860 arbeiteten bei einer Gesamtbevölkerung von über 31 Millionen schon 1,3 Mio in der Industrie. Um 1900 lebten schon 39 % der Menschen in Städten.

10 Eine unbekannte Krankheit hatte 1845 die Kartoffelpflanze befallen und vernichtete über Jahre das Hauptnahrungsmittel der Iren. In der Folge starben bis 1850 über eine Millionen Menschen, doppelt so viele wanderten aus Irland aus.

11 Die 1887 praktizierte Schutzzollpolitik der italien. Regierung förderte, mit Hilfe ausländischen Kapitals, die Industrialisierung im Norden. Im Süden hingegen führte diese Politik zu Wirtschafts- und Finanzkrisen, Bank- und Korruptionsskandalen. Der Handelskrieg mit Frankreich (1888-98) verschärfte die Lage, führte zu Teuerung und Not der Landarbeiter. Geringe Löhne, Lange Arbeitszeiten und Kinderarbeit waren die Folge. Die Masse der Bevölkerung hatte bisher recht und schlecht von der Getreideproduktion gelebt. In den 1880er Jahren war die süditalienische Landwirtschaft in eine ausweglose Krise geraten, weil sie der Konkurrenz des billigen amerikanischen Getreides, das damals zum ersten Mal auf die europäischen Märkte strömte, nicht gewachsen war: Mit dieser Agrarkrise vergrößerte sich der Abstand des Südens zum übrigen Italien. Für viele Süditaliener gab es nur den Ausweg der Auswanderung. Sizilianer wanderten vornehmlich in die USA. Kalabreser gingen ebenfalls in das Land der unbegrenzten Möglichkeiten, aber auch nach Kanada und Australien. 1914 lebte jeder vierte Italiener im Ausland.

12 In Rußland erreichte die Pogromstimmung unter den Zaren *Alexander III.* (1881-94) und *Nikolaus II.* (1894-1914) ihren Höhepunkt, insbesondere in den Pogromwellen von 1881-1884 und 1903-1906.

13 Eine verstärkte Auswanderung von Korsika setzte ab den 1870er Jahren ein, zuerst nach Frankreich (Marseille), später u.a. auch nach Amerika.

14 Gegen die Ching-Dynastie der Fremden Mandschus (1644-1911) erhob sich die von Zentralchina ausgehende Aufstandsbewegung „Taiping Tianguo" (Himmlisches Reich des Großen Friedens), die ab 1850/51 gegen die Mandschu-Regierung kämpfte, zum Teil mit Hilfe der Triaden „Chang Choa" und „T' ien Fang". Die Erhebung kostete bis zur Niederschlagung 1861/62 über 20 Millionen Menschen das Leben. Überlebende der Taiping-Rebellion flohen in die Südsee und bis in die USA.

15 Die immer härter werdende bewaffnete Straßenkriminalität führte 1909 zur Verabschiedung des sog. Sullivan Gesetzes, das legales Waffentragen nur mit Lizenz erlaubte. Die Anwendung des Gesetzes griff nicht. 1912 wurde für New York das „Jahr der Kriminalität". In der Folge kam es 1914 zu einem neuen, strikteren Einwanderungsgesetz, das die legale Einreise der Süditaliener erschweren und damit auch verlangsamen wollte – und der illegalen Einreise Vorschub leistete. Danach nahmen die Italiener ihre Sache (ital. Cosa Nostra = Unsere Sache) selbst in die Hand.

16 Zum Kriminalitätskartell umgeändert wurde die Unione Siciliane 1914 von dem Harlemer Black Hand Boss *Ignazio Saietta* (1877-1944), der als „Lupo the Wolf" Verbrechensgeschichte schrieb. Nahezu drei Jahrzehnte war er Führungsperson der „Schwarzen Hand".

17 Ab 1830 verstärkte sich die Einwanderung der Aschkenasier, wie die Juden aus Deutschland genannt wurden. 1840 lebten schon an die 10 000 „German Jews" in der Lower East Side. Bis 1877 war ihre Zahl auf 80 000 gestiegen. Mit Beginn der starken Einwanderung der Juden aus Osteuropa ab 1880 verließen die Aschkenasi ihren bevorzugten Ansiedlungsdistrikt und wichen in andere Gemeinden aus, wurden damit zu „Uptown Jews". Den Neuankömmlingen hatten sie jene Straßenzüge überlassen, in denen die Ostjuden (nun „Downtown Jews" genannt) ihren Eingliederungsprozeß in die amerikanische Gesellschaft beginnen konnten. „Downtown", der ostjüdisch besiedelte Teil der Lower East Side, lag im großen und ganzen zwischen Bowery Street und East River, bzw. Houston und Monroe Streets.

18 Zitiert n. Hödl, Klaus (1991): Vom Shtetl an der Lower East Side - Galizische Juden in New York, Böhlau-Verlag, Wien-Köln-Weimar.

19 Galizien war eines der stärksten Rekrutierungsgebiete für die Prostituierten, die sowohl nach Nord-, besonders aber nach Südamerika gebracht wurden. Der jüdische Entführerring war seinerzeit als „Kaftan' s Association" bekannt. Vgl. hierzu auch Bristow, Edward J.: Prostitution and Prejudice The Jewish Fight Against White Slavery 1870-1939, New York 1982.

20 Dokumentiert wurde die jüdische Kriminalität in den sog. Kehillah-Berichten. Der 1877 in Kalifornien geborene und 1900 zum Reformrabbiner ordinierte *Judah Magnes* wirkte im Februar 1909 bei der Gründung der „Kehillah" mit, einer Organisation, die Agenten aussandte, um Laster und Kriminalität an der Lower East Side dokumentieren zu lassen. Die „Kehillah-Berichte" umfaßten den Zeitraum 1909 bis 1915. Rabbi Magnes emigrierte 1922 nach Palästina und wirkte hier bei der Gründung der Hebräischen Universität mit. Seine Papiere, darunter auch die Kehillah-Berichte, befinden sich heute im Archiv der Hebrew University in Jerusalem.

21 Diese Einschätzung über die Organisation „Union Corse" vertrat noch 1972 das „US Bureau of Narcotics and Dangerous Drugs" (BNDD), das seinerzeit die (eigentlich korsische) „French Connection", die den Heroinhandel dominierte, bekämpfte.

22 Im Zusammenhang mit den Goldfunden Mitte des 19. Jahrhunderts begann für San Francisco, das 1850 die Stadtrechte bekam, ein stürmisches Wachstum, das auch nach Rückgang der Goldförderung (ab 1855) nicht aufhörte. Das Chinatown der Stadt begründeten damals Einwanderer aus der chinesischen Provinz Kwangtung.

23 Das trifft z.B. auf den in der zweiten Hälfte des 19. Jahrhunderts als Kaufmannsverbindung entstandenen Tong „On Leong" („friedlich, tugendhaft") in New York und den ebenfalls in jener Zeit als Arbeiterschutzbund begründeten Tong „Hip Sing" („Im Siege vereint") in San Francisco (auch New York) zu.

24 Zum Beispiel 1871 im Chinatown von Los Angeles. Hier wurde Jahrzehnte später eine eigene Kommission zur Untersuchung der gewalttätigen Straßenkriege in Chinatown gegründet.

25 Das „Kriegsbeil" dieser Schlägerbanden war ein chinesisches Schlachtermesser („chopper"), das den bewaffneten Auseinandersetzungen den Namen „Hackmesserkriege" gab.

26 Diese Gang unterhielt auch eine Mädchenuntergruppe namens „Lady Gophers" um 1900.

27 „Mob", der US-Sammelname für das Organized Crime, leitete sich vom lat. mobile vulgus = wandelbarer, flexibler, unzuverlässiger Haufen ab; „Mobster" = Angehöriger des Mob.

28 „Doc" *Stacher* entzog sich 1964 in den USA den schlimmsten Konsequenzen einer Verurteilung wegen Steuerhinterziehung, indem er seiner Ausweisung zustimmte und nach Israel (nach dem Law of Return) übersiedelte.

29 Stacher meinte damit das Jewish Organized Crime. Als er 1964 nach Israel zog, in Caesarea eine Villa kaufte und in Tel Aviv ein Appartement mietete, wirkte er auch auf andere Jewish Mobster - die es in der Folge ebenfalls nach Israel zog. Dortige Journalisten schrieben daraufhin, daß die amerikanische Mafia nach Israel ziehe, daß in Tel Aviv eine Filiale entstanden sei, die israelische Mafia. Man sprach, angelehnt an die sizilianische „Cosa Nostra", nun von der „Kosher Nostra".

30 Am 29. Januar 1919 ratifizierte New Hampshire als 36. Bundesstaat der USA den 1917 vom Kongreß beschlossenen 18. Zusatzartikel zur amerikanischen Verfassung. Damit war die erforderliche Dreiviertelmehrheit erreicht, um das „Eighteenth Amendment", das „die Herstellung, den Vertrieb und den Transport von alkoholischen Getränken" unter Strafandrohung stellte, auf die gesamten USA auszudehnen. Im Januar 1920 trat der sog. Volstead Act, benannt nach dem republikanischen Kongreßabgeordneten *Andrew Joseph Volsted* (1860-1947), der über das Veto des Präsidenten *T.W. Wilson* hinweg den „National Prohibition Enforcement Act" initiierte, in Kraft, der die praktische Durchführung des 18th Amendment sicherstellen sollte. Durch dieses Gesetz unterband der Staat die Geschäfte legaler Brauereien und Destillerien (es betraf Getränke mit mehr als 0,5 % Alkohol), mit Ausnahme der Produktion sog. technischen Alkohols, also der legalen Brennerei reinen Alkohols für die Pharmazeutische Industrie.

Gegner der Prohibition wiesen nicht nur auf die Unwirksamkeit der Maßnahme hin, sondern verurteilten sie auch als Freiheitsbeeinträchtigung. Ihre Widerrufkampagne war 1933 erfolgreich, als der 21. Verfassungszusatz den 18. ablöste und den Volstead Act außer Kraft setzte. Die landesweite Prohibition endete am 5. Dezember 1933.

31 Die Verwendung des Begriffs „Racket" zur „Definition eines Planes, der durch illegale oder unmoralische Methoden Geld einbringt", geht zurück bis zum Anfang des 19. Jahrhunderts. Doch erst in den späten 1920er Jahren führten die US-Zeitungen und Zeitschriften das Wort in den allgemeinen Sprachgebrauch ein. Erpressung und Androhung von Gewalt waren kennzeichnende Merkmale eines jeden Rackets. In den ersten Jahren der Wirtschaftskrise wurde der Begriff dann dazu benutzt, um alles zusammenzufassen, was am Leben in der Großstadt schädlich, korrupt und beängstigent war. Der Mob zählte zu seinen sog. Dienstleistungsrackets z.B. das (verbotene) Glücksspiel.

32 *Rothstein* hielt in New York Ausschau nach cleverem, jungen Verbrechernachwuchs, dem er finanziell unter die Arme greifen konnte. Auf einer Barmizwa-Feier begegnete Rothstein dem jungen *Lansky* und erkannte dessen kriminelle Begabung. Rothsteins Geld und seine Beziehungen verhalfen einer ganzen Generation angehender (nicht nur jüdischer) Gangster zum Karrierestart: *Charles Luciano*, *Jack Legs Diamond*, *Dutch Schultz*, *Wexley Gordon*, *Abner Longy Zwillmann* und *Frank Costello*.

33 Zitiert nach Borovicka, V.P. (1989): Mafia, Verlag das Neue Berlin, S. 43 f.

34 Wurde nach dem sizilianischen Dorf Castellammare del Golfo benannt, dem Geburtsort von *Salvatore Maranzano*.

35 Diese fünf italoamerikanischen LCN-Familien waren die Familien Gambino, Genevese, Lucchese, Colombo und Bonanno.

36 Der mächtige Black Hand Boss *James („Big Jim") Colosimo* (1878-1920), der aus Kalabrien 1895 in die USA eingewandert war, hatte es in Chicago durch den Aufbau des dortigen Bordellwesens zum „ungekrönten Herrscher über Dirnen und Zuhälter" gebracht. Bereits vor dem ersten Weltkrieg waren in der Stadt rd. 5000 Prostituierte in 1020 Bordellen tätig. Das Geschäft wurde so umfangreich, daß „Big Jim" 1909 seinen neapolitanischen Neffen *John Torrio* aus New York als Geschäftsführer seiner Bordellbetriebe nach Chicago holte. Der Ex-Five-Pointer Torrio holte 1919 den 17 Jahre jüngeren Ex-Five-Pointer *Capone* in die Colosimo-Gang nach Chicago. Nach der Ermordung von Colosimo 1920 trat Torrio dessen Nachfolge an und beteiligte den 21jährigen Capone an seinen Bordellgeschäften. Mit diesem Startkapital gründete dieser ein eigenes Geschäft, aus dem später sein „Alkoholimperium" wuchs.

37 „Unbedeutendere" Durchsetzungsmaßnahmen wie Einschüchterung und Verprügeln konnten von einfachen Soldati des Mob (aber auch von Ranghöheren) vorgenommen werden. Bei Mord jedoch reagierten die Strafverfolgungsbehörden genauer, was die „Auftragsarbeit Tötung" für die Durchführenden schwieriger machte. Es stellte sich daher die Aufgabe, eine Art „Mord-Organisation" zu schaffen, die die Aufklärung von Todesfällen für die Untersucher nahezu unmöglich machen sollte.

38 Innerhalb des Syndikats scheint es keinen speziellen Namen für dieses „ausführende Organ" gegeben zu haben. Seinen medienöffentlichen Namen bekam es von dem Journalisten *Harry Feeny*, der den mörderischen Geschäften (von

Buchalter und Shapiro) im New York World Telegram den Titel „Murder Inc."
gab.

39   Nach allgemeiner Auffassung zählt zu den Gründungsmitgliedern ***Morris Bar-
ney („Moe") Dalitz*** (1899 - 1989). Als Mitbegründer des Cleveland Syndicate
zählte Dalitz mit ***Lansky*** zusammen zu den „ most powerful jewish gangsters in
the United States".

40   Nach Joe Dorigo (1993) gehörten zum Codex: 1) Die Murder Inc. tötet nur
andere Mitglieder des Mob. Das Töten von Zivilpersonen (z.B. Polizisten, Politiker, Reporter) ist schlecht für das Geschäft, da es zuviel Aufmerksamkeit er-
regt. 2) Die Murder Inc. tötet andere Mobster nur aus gut überlegten Geschäfts-
gründen. Persönliche Racheakte und politisch motivierte Morde sind verboten.
Zu den Hauptgeschäftsgründen zählen „schlechtes Geschäftsverhalten" und eine
„eindeutig vorliegende aktuelle Gefahr für den Mob". 3) Der Auftragsmord
(Hit) muß so verschleiert werden, daß der Auftraggeber nicht zu ermitteln ist.

41   Für die einfachsten Morde wurden Neulinge zum Anlernen, sog. punks genommen. Für komplizierte Mordaufträge wählte man erfahrene „Troops".

42   Im Kaiserreich Deutschland konnte in Berlin ab den 1870er Jahren von einer
Unterwelt gesprochen werden. Den ersten wirklichen Zusammenschluß von
Halunken soll es bereits 1890 gegeben haben. Zum Ende des 19. Jahrhunderts
gab es bereits mehrere sog. Ringvereine (benannt nach dem von seinen Mitgliedern praktizierten Ringen, das seinerzeit vom Bürgertum als barbarische Sport-
art verschrien war). Schon damals sollen Berliner Unterweltler lose Kontakte zu
Berufsverbrechern in den USA unterhalten haben. Bis zum Ende des 1. Weltkrieges gab es in Berlin nur fünf „Ringvereine". Mit Beginn der Weimarer
Republik wuchs ihre Zahl ständig. 1929 waren es schließlich 62, deren Mitgliederzahl rd. 1600 betrug. Die Organisation wuchs, da sich in den 20er Jahren
neben Großberlin Ganoven auch in anderen deutschen Großstädten, z.B. Braunschweig, Hannover, Nürnberg und Hamburg in Vereinen zusammenschlossen.
Polizeilich waren die Ringvereine als „Geselligkeitsvereine", „Vergnügungsver-
eine", „Sparvereine", „Männergesangsvereine", „Lotterievereine" oder „Sport-
clubs" gemeldet; dementsprechend unverfänglich auch die Namen der Ringvereine, z.B. Immertreu, Berolina, Rolandseiche, Glaube u. Liebe u. Hoffnung,
Nordpiraten, Fidele Brüder, Apachenblut, Felsenfest, Alt-Berlin, Deutsche Kraft,
Südost, Concordia, Hand in Hand, Weiße Rose, Vergißmeinnicht, Herzblatt,
Rosenthaler Vorstadt, Friedrichstadt und Unter uns. Der „Ring" wurde zum
Staat im Staat. Strukturiert wie eine Geheimloge, orientiert nach Statuten, die
nichts mit der Obrigkeit zu tun hatten. Nach der Machtergreifung der Nazis trat
am 1.1.1934 das Gesetz zur Sicherungsverwahrung in Kraft, das unbegrenzte
Haftzeiten ohne Urteil zuließ. In der Folge wurden 62 Ringvereine verboten, die
Ringbrüder verhaftet. Alle kamen als „Schmarotzer und Berufsverbrecher" in
verschiedene Internierungsstätten. Viele starben in Konzentrationslagern.

43   Mit Ende der Alkohol-Prohibition in den USA 1933 wurde der Heroinhandel
zum lukrativen Anschlußgeschäft. Die Heroinerzeugung war in den USA bereits während Prohibitionszeiten 1924 verboten worden. Ein Jahr später wurde
Heroin auf der sog. 3. Opium-Konferenz in Genf international geächtet. Ein Jahr
vor Ende der Prohibition wurde 1932 die Anzahl der US-Heroinverbraucher auf
rd. 250 000 geschätzt, die Mehrzahl davon in New York. Schon 1931 war die
Heroinproduktion und Verbreitung (Abgabe) auf strikte ärztliche Notwendigkeit

eingeschränkt worden. All diese idealen Bedingungen führten zur Zusammenarbeit der LCN, insbesondere der New Yorker „Big Five", mit korsischen Clans, die sowohl Zugriff auf Schlafmohnanbaugebiete hatten, als auch das Rohopium in illegalen Laboren im Großraum Marseille zu Heroin veredeln konnten.

44 z.B. Turkish/Kurdish-Connection, Lebanon Connection und Indian Connection.

45 Gemeint ist eine inoffizielle Wirtschaftstätigkeit, die im weitesten Sinn alle Tätigkeiten außerhalb der Sozialproduktberechnung, also neben illegalen Transaktionen auch Hausarbeit, Eigenfertigung und Selbstversorgung umfaßt.

46 Am 17. Dez. 1991 wurde die 1922 gegründete UdSSR vom Staatspräsidenten (seit 1990) und KPdSU- Generalsekretär (seit 1985) *Michail Gorbatschow* und dem russischen Präsidenten *Boris Jelzin* aufgelöst, hatten doch alle 15 Sowjetrepubliken bis Mitte Dezember 1991 ihre Unabhängigkeit erklärt. Einen Tag später gründete die Mehrheit der nun unabhängigen Republiken die Gemeinschaft unabhängiger Staaten (GUS). Diese Gründung wurde in der Erklärung von Alma-Ata (Kasachstan) am 21. Dezember 1991 festgeschrieben.

47 In den sozialistisch-kommunistischen Staaten war die Personalkompetenz der Partei von größter Wichtigkeit. Sie wurde über die Kaderpolitik und das Nomenklaturasystem realisiert. In ihrem Ergebnis waren alle Staatsfunktionäre letztlich von der Einheitspartei abhängig. Schließlich wurde die Tätigkeit aller Staatsorgane vom hauptamtlichen Parteiapparat angeleitet und von den in diesen bestehenden Grundparteiorganisationen und Parteigruppen kontrolliert.

48 Erstmals wurde seit Gründung der VR China offiziell im Januar 1995 „vor den Aktionen der ausländischen und einheimischen Triaden gewarnt". Diese öffentliche Warnung kam von *He Jingyuan*, der seit Anfang 1994 Polizeichef der an Hongkong grenzenden Wirtschaftssonderzone Shenzhen ist. In dieser, so der Beamte, hätten die Hongkong-Triaden „14 K", „Wo Shing Wo" und „Sun Yee On" fußgefaßt und gemeinsam mit ihren Ablegern auf dem Festland soviel Einfluß gewonnen, daß sie sich sogar den Behörden entgegenstellen. (Zitiert nach Mann, Otto, 1995: Triaden dringen in China wieder vor, Berliner Zeitung Nr. 3, 4.1., S. 7)

Als eine Art Sonderwirtschaftszone dürfte heute auch Hongkong gelten. Gemäß dem Übereinkommen vom 19. Dez. 1984 wurde die Kronkolonie Britanniens am 30. Juni 1997 an die VR China übergeben. Seit dem 1. Juli '97 ist Hongkong eine Special Administrative Region (SAR). In dieser „besonderen Verwaltungsregion", die weitgehend Autonomie genießt, sind nach wie vor die größten Triaden tätig, die mittlerweile mit dem Geheimdienst der Volksrepublik „Guojia Anquan Bu" (Staatssicherheit) in Sachen Geldwäsche, Technologiebeschaffung u.a.m. zusammenarbeiten (zitiert n. Der Spiegel Nr. 42, 13.10.1997, S. 218).

49 Zu den Hauptnutznießern der Steueroasen Europas zählen Wohlhabende, Off-Shore-Gesellschaften, Multinationale Konzerne, Kapitalanleger aller Art, Briefkastenfirmen, Banken, Makler, Versicherungen, Trusts, Headquarter Companies u.a. Sie nutzen Europas Steueroasen, da dort Quellen- oder Kapitalsteuer grundsätzlich bzw. bei Ausländern und/oder Einkommen- oder Körperschaftsteuer ermäßigt ist oder darauf verzichtet wird, bzw. für bestimmte Unternehmen oder Branchen Steuerermäßigung besteht. Vor diesem Hintergrund zählten mit Stand August 1997 zu Europas Steueroasen die Kanarischen Inseln, Irland, Isle of Man, Channel Islands, Andorra, Monaco, Süditalien, Triest, Österreich, Liechtenstein, Schweiz, Benelux-Staaten, Dänemark, Schweden und Finnland.

50 Nach dem Inkrafttreten von Schengen II 1995 ist von Spaniens postkolonialen Exklaven in Marokko insbesondere Melilla zu „Europas größtem Immigranten-lager auf afrikanischen Boden" geworden.

51 Am 1. Juli 1991 wurde der am 14. Mai 1955 begründete Warschauer Pakt (das militärisch-politische Bündnis der UdSSR in Europa, basierend auf dem „Ver-trag über Freundschaft, Zusammenarbeit und gegenseitigen Beistand") nach 36 Jahren des Kalten Krieges aufgelöst.

52 So dominieren in Australien z.B. im Rauschgiftgeschäft vornehmlich Gruppen der Asian Organized Crime (AOC), insbesondere chinesische und vietnamesi-sche Tätergruppen.

53 So die Schuldanwürfe der US-Außenministerin *Madeleine Albright* im Juli 1997, anläßlich der Aufnahme Myanmars in den Bund südostasiatischer Staaten (ASEAN). Mit offizieller Unterstützung des Regimes können Birmas Drogen-händler ihre Gelder in birmanischen Banken und Unternehmen waschen. Inter-nationale Finanzexperten entdeckten z.B. in den offiziellen Wirtschaftsstatisti-ken Birmas für den Zeitraum 1995/96 Deviseneinkünfte von rd. 0,6 Milliarden Dollar, deren Herkunft sich nicht anders erklären läßt. Das Regime in der Haupt-stadt Rangun (Yagon) pflege ein enges Verhältnis zu den „Drug War Lords" im sog. Goldenen Dreieck, die ihre Profite gemeinsam mit den Generalen in lukrative Hotel- und Grundstücksprojekte investieren (zitiert n. dpa/Reuter/AP-Meldungen, die in der Berliner Zeitung (S. 7) u. im Tagesspiegel (S. 5) am 29.7.1997 veröffentlicht wurden).

54 Im Herbst 1995 ging Interpol davon aus, daß sich mindestens 100 der weltweit meistgesuchten Verbrecher zu jener Zeit in Kambodscha aufhielten. Interpol hatte 3000 bis 4000 Namen zum Abgleichen nach Kambodscha (kein Interpol-Mitglied, unterhielt aber seit Frühjahr 1995 ein Verbindungsbüro) an die Polizei des Landes geschickt, die davon über 100 als im Lande aufhältliche Kriminelle identifizierte (Zitiert n. dpa-Meldung „Kambodscha ist Zuflucht für Verbre-cher", Tagesspiegel, 9.11.1995, S. 44). 1996 nahmen kambodschanische Polizi-sten z.B. das international gesuchte Mitglied der japanischen Roten Armee, *Yo-shimi Tanaka*, (s.a. Der Spiegel Nr. 18, 29.4.1996, S. 157) und 1997 einen international gesuchten Japaner, der als Chef eines Fälscherrings galt, fest (s.a. Der Spiegel Nr. 5, 27.1.1997, S. 119).

55 Mit Stand August 1997 zählte die DEA dazu das „Tijuana Cartel" (OK-Füh-rungsperson *Benjamin Arellano-Felix*), „Sonora Cartel" (*Miguel Caro-Quin-tero*), „Juarez Cartel" (*Amado Carrillo-Fuentes)* und das „Gulf Cartel" (*Juan Garcia-Abrego*) (zitiert n. DEA: Changing Dynamics of the U.S. Cocaine Tra-de, Drug Intelligence Report, August 1997, p.3).

56 So wurde im Februar 1997 Mexikos oberster Drogenfahnder, Armeegeneral *Jose de Jesus Gutierrez Rebollo,* wegen Verbindungen zum Drogenkartell sei-nes Amtes enthoben. Die Festnahme des Chefs des Nationalen Institutes für die Drogenbekämpfung (INCD) hatte seinerzeit zu einer empfindlichen Störung des Verhältnisses zwischen Mexiko und den USA geführt. Als zweiter hochrangi-ger Militär wurde im März 1997 General *Alfredo Navarro* wegen seiner Nähe zum „Tijuana Cartel" inhaftiert.

57 Die Inselrepublik wird von Triadenmitgliedern deswegen geschätzt, weil sie zum einen ein Bankgeheimnis und zum anderen kein Auslieferungsabkommen

mit der VR China (Hongkong) hat. Gesuchte „Drachenköpfe" wie *Lau Wing-Kui* (Kung Lok Triade des Luen Syndikats) in Kanada und *Tse-Tschui („Fast Eddie")* *Tschan* (On Leong-Tong) in den USA setzten sich hier vor polizeilichen Ermittlungen ab. Seit rd. 30 Jahren soll die „Sun Yee On" in der Dominikanischen Republik vertreten sein.

58 Über die russischen „Organisazija units" in der Karibik wurde berichtet: *„Working with British agents, the FBI has pinpointed nine banks in Antigua, and five in Aruba, as possible targets for Russian infiltration."* (Zitiert n. Davies, Hugh: US alarm spread of Russian gangsters, The Daily Telegraph, Tuesday, September 30, 1997, p.18). Auf Aruba, Antigua und St.Vincent haben lt. Angaben von Nachrichtendiensten in jüngerer Zeit mehrere Treffen zwischen Russen und Vertretern des kolumbianischen Cali-Kartells stattgefunden (NZZ Nr. 232, 7.10.1997).

59 Schon der sizilianische Untersuchungsrichter *Giovanni Falcone* (20.5.1939 - 23.5.1992), der im Auftrage des Cosa Nostra-Bosses *Salvatore „Toto" Riina* und anderer Mitglieder der sizilianischen „Kuppel" ermordet wurde, wies bei seinen regelmäßigen Besuchen bei französischen Fahndungsbehörden darauf hin, daß es Beweise dafür gab, daß Cosa Nostra, 'Ndrangheta und Camorra zwischen Côte d'Azur und der Region Rhone-Alpes (in Sachen Rauschgift Schwerpunkt Marseille) Fuß gefaßt hätten. Der Bericht einer französischen Parlamentskommission zur Einflußnahme der italienischen OK in Frankreich 1993 (dem National Assembly Committee gehörte als stellvertretende Vorsitzende auch die am 25. Februar 1994 von der südfranzös. OK ermordete Abgeordnete *Yann Piat* an) machte auf deren Einfluß im südostfranzösischen Raum (Dreieck Marseille – Nizza – Grenoble), im Fürstentum Monaco und auf der französisch-niederländischen Antilleninsel Saint-Martin aufmerksam. An der Côte ist insbesondere Nizza seit 1993 zunehmend von Russen (aber auch Ukrainern, Kirgisen, Georgiern und Turkmenen) zum Zielort geworden. Bei der Höhe der Geldsummen, die diese mitbrachten, mutmaßte die Polizeipräfektur von Nizza, deren Partnerstadt heute Jalta ist, daß diese „nicht auf normalem Weg verdient" sein. Man ordnete die Millionen mehr aus Handel mit Waffen stammend, der organisierten Kriminalität und der Prostitution zu.

60 Der internationale Flughafen Lagos zählt als einer der Hauptumschlageplätze im illegalen Drogengeschäft. Der Militärregierung, deren geheimer Staatssicherheitsdienst SSS berüchtigt ist, wurde nachgesagt, daß sie Drogen nach ihrer Konfiszierung „etwas anders verwenden" würde.

61 Für viele Polizeien ist Lagos heute die „Welthauptstadt des Betruges". Zu den Tricks diverser von hier aus operierenden Betrugsbanden gehören z.B. Scheckfälschungen, ergaunerte Vorauslieferungen, erfundene Ausschreibungen und erschwindelte Einladungen. Bei letzteren wird vorgetäuscht, daß z.B. eine Firma in Deutschland von nigerianischen Geschäftsleuten besucht werden soll. Dazu werden Einladungsschreiben, Tickets und Spesen verlangt – das alles landet nach Zusendung nicht nur bei illegalen Einwanderern und Scheckbanden, sondern auch bei Drogenkurieren.

62 So wurde in Südafrika im August 1996 geschätzt, daß mehr als 136 Rauschgiftringe im Lande operieren, die meisten von Nigerianern kontrolliert (zitiert n. Drechsler, Wolfgang: Schlimmer als die Apartheid, Der Tagesspiegel, 17.8.1996, S. 6).

63 Allein in den Vororten der Kapebene hat die Polizei 18 Syndikate und 137 Straßenbanden ausgemacht, in denen über 100 000 meist Jugendliche organisiert sind. Mehr als 400 Banden gibt es allein in Johannisburgs Vorstadt Soweto. Die meisten von ihnen operieren im Auftrag von landesweit fast 500 Verbrechersyndikaten (zitiert n. Räther, Frank: Soldaten gehen auf Gangsterjagd, Berliner Zeitung, 7.9.1996, S. 8).

64 Während in der Sowjetunion (bis 1991) das Ministerium für Zivilluftfahrt streng über die Einhaltung der Regeln wachte, konnten die fünf Nachfolgebehörden dieses sowj. Ministeriums danach nicht einmal mehr intakte Richtlinien gewährleisten. Die unter Geldmangel leidenden Behörden standen den mit eingeflogenem Geld ausgestatteten und sehr interessierten Aeroflot-Nachfolgern machtlos gegenüber. Hatte ein Profiteur ein Flugzeug, war die Betriebslizenz auch kein Problem. Der Rußlandreisende trifft heute auf seltsame Firmennamen, die auf Flugzeugen der Marken Tupolew Antonow oder Iljuschin stehen, z.B. Don-Avia, Saratow-Air, Wnukowo-Airlines oder Krastow-Air aus dem sibirischen Kransnojarsk (zitiert n. Bartz, Joachim: Blinkende Warnleuchten, Der Tagesspiegel, 5.5.1996, S. 3).

65 In der Folge nahm zwischen 1992 und 1994 die Zahl der Abstürze von Linienmaschinen um mehr als das Vierfache zu.

66 So lag mit Stand von Mai 1998 das Durchschnittsalter der russischen Maschinen bei 21 Jahren (zum Vergleich: Lufthansa bei sechs Jahren). Neben dem technischen Verschleiß spielen eine weitverbreitete Fahrlässigkeit bei der Durchsetzung von Sicherheit an Bord und andere Faktoren eine wichtige Rolle, die der Flugunsicherheit zuarbeiten.

67 Zitiert n. Windisch, Elke: Grenzenlose Gewinne, Tagesspiegel, 2.4.1996, S. 3.

68 So die Schätzung von Michael Howell, der als Cross Border Capital Analytiker für eine Londoner Firma tätig ist (zitiert n. Hassel, Florian: Fluchtkapital kehrt nach Rußland zurück, Berliner Zeitung, 29.1.1997, S. 12).

69 Seit 1979 herrscht in Afghanistan Kriegszustand. Bis 1988 kämpften die Mujahedin gegen sowjetische Invasoren, danach bekriegten sich die „War Lords" untereinander; seit 1994 dominieren in diesem Bürgerkrieg die Taliban-Milizen.

70 Zitiert n. Kerstenholtz, Daniel: Nichts für Passagiere mit schwachen Nerven, Der Tagesspiegel, 12.8.1996, S. 24.

71 1998 weist der Flugplan von Amsterdam-Schiphol allein 106 außereuropäische Zielorte aus. Mit einem Gewinn von rd. 247 Mio Gulden (224 Mio DM) konnte 1997 das Vorjahresergebnis der staatlichen Betreibergesellschaft um 42 Prozent gesteigert werden. Drei Milliarden Gulden (2,73 Mrd DM) investiert man in den kommenden sechs Jahren in den Ausbau des Drehkreuzes. Das sieht ein neuer Masterplan vor, mit dessen Realisierung im Mai 1998 begonnen wurde. Nach diesem sind bis 2003 jährliche Investitionen von 500 Mio Gulden (455 Mio DM) vorgesehen.

72 So *Hans-Eckart Scharrer*, Vizepräsident des Instituts für Wirtschaftsforschung-Hamburg (HWWA) (Zitiert n. dpa-Meldung, Der Tagesspiegel, 25.2.1998, S. 18).

73 Ein Korruptionsbeispiel: wegen Bestechlichkeit wurde Ende März 1998 ein 36jähriger Diplomingenieur der Frankfurter Flughafen AG vom Landgericht Frankfurt/Main zu zwei Jahren und zehn Monaten Gefängnis verurteilt. Der Mann hatte zwischen 1992 und 1995 insgesamt 447 000 Mark an Schmiergel-

dern von einem Baufirmen-Kartell kassiert, das als Gegenleistung bevorzugt Aufträge für den Bau des Terminals 2 erhielt. Dabei war der Flughafen AG durch überhöhte Scheinrechnungen ein Schaden von rd. 600 000 Mark entstanden (zitiert n. AP-Meldung, Berliner Zeitung, 1.4.1998, S. 2).

74 In diesem Zusammenhang: Mitte April 1996 tauchten wieder neue Gerüchte um den Untergang des am 28. September 1994 gesunkenen Fährschiffes „Estonia" auf. Nach einem sog. Felix-Report (aus Moskauer Geheimdienstkreisen) soll die „Estonia" regelmäßig zum Schmuggel von Rauschgift und anderen illegalen Stoffen zwischen Estland und Schweden benutzt worden sein. In der Unglücksnacht sollen auf der „Estonia" 100 kg Heroin und zwei Lkws mit 40 t Kobalt gewesen sein. Die Mafia soll erfahren haben, daß in Schweden eine Zollkontrolle geplant gewesen sei und deshalb den Kapitän angewiesen haben (per Funktelefon), die Ladung über Bord zu kippen (u.a. zitiert n. Berliner Zeitung, 16.4.1996, S. 8).

75 Auf dem 1. Gipfel der Ostseeanrainer im schwedischen Visby (Gotland) regte im Mai 1996 Bundeskanzler *Helmut Kohl* eine Task Force gegen die OK an. Einen ersten Bericht stellte der schwedische Task Force- Leiter *Pär Nuder* auf dem Gipfel in Riga (Lettland) im Januar 1998 vor. Hier verlängerten die 11 Mitgliedstaaten des „Ostseeblocks" das Mandat der Task Force.

76 Durban hat heute den größten Hafen, wohl auch den des ganzen Kontinents und den größten Zuckerumschlageplatz der Welt. Schon ab 1855/60 hatte die Briten Vertragsarbeiter für ihre Zuckerrohrfelder in Natal angeworben. Heute leben rd. eine Million Inder in Südafrika, davon fast 500 000 in Durban. Mit 1,3 Mio Einwohnern ist Durban die drittgrößte Stadt der RSA. Die Inder beherrschen einen großen Teil des Handels, sind auf starke kulturelle Unabhängigkeit bedacht und grenzen sich von anderen Bevölkerungsgruppen Südafrikas ab. Durban ist heute ein fast idealer Standort für OK-Gruppen aus Indien und Pakistan (Indian Connection); idealer Einschmuggelhafen für Drogen aus den indisch-pakistanischen Teilen des „Goldenen Halbmondes"; idealer Platz zum Abtauchen bzw. als Ruhequartier für indisch/pakistanische OK-Führungspersonen durch ethnische Abgrenzung; lukrativer Operationsbereich durch Einfluß der Inder auf Handelsgeschäfte.

77 Zitiert n. Räther, Frank: Südafrika wird zum internationalen Drogenkreuz, Berliner Zeitung, 15.6.1993, S. 6.

78 So allein in der früheren CSSR rd. 120 000 Volksmilizionäre.

79 Im früheren Jugoslawien waren rd. 2 Millionen Menschen für die Territorialverteidigung ausgebildet worden.

80 Mitten im Kalten Krieg fing Mitte der 1970er Jahre die UdSSR an, sowjetische Juden nach Israel, Europa und die USA auswandern zu lassen. Mit diesen jüdischen Emigranten schleuste sie zugleich Kriminelle aus; in die USA 1975 beispielsweise *Jewsej Agron*, ein Berufsverbrecher aus Leningrad, der sich in Brighton Beach in Brooklyn niederließ und hier, im New Yorker „Little Odessa", die sog. Organisazija aufbaute. Manche Straftaten gingen über das rein Kriminelle hinaus. Über 200 KGB-Agenten und KGB-Informanten, viele in sowjetischen Gefängnissen angeworben, waren in die USA eingeschleust worden. Sie gaben sich (wie Agron) als jüdische Einwanderer aus. Die Anwerbung und der Einsatz von Kriminellen waren seinerzeit gängige Praxis, so der in die USA geflüchtete ehemalige KGB-Major *Stanislav Levochenko*. Die so Ange-

worbenen sollten im Zielland in die Geldfälscherei einsteigen und die Emigranten verunsichern (20 000 davon lebten schon 1975 in Little Odessa in New York). Mit dem Profit aus dem organisierten Verbrechen konnten auch Geheimoperationen des KGB finanziert werden (Zitiert n. Attanasio, Traci Anne: The Emergence of Russian Organized Crime (ROC), The NarcOfficer, May/June 1994, p.91 u. Adams, Nathan M.: Aufgedeckt – die Verbrechen der russischen Mafia, Reader's Digest 45. Jg. Nr. 9/1992, S. 97-106).

81 1967 sollen die Chefs der Staatssicherheitsdienste des Warschauer Pakts die Frage gestellt haben, *„wie man sich die Verderbtheit der westlichen Gesellschaft zunutze machen und sie fördern könne"*. Diese Überlegungen setzten auf einer Folgekonferenz Funktionäre des bulgarischen Staatssicherheitsdienstes „Komitet Darschawna Sigumost" (KDS), dem späteren DS, in Sofia fort. Der illegale Drogenhandel aus dem Nahen Osten über Bulgarien nach Westeuropa und Nordamerika war dem Geheimdienst bestens bekannt. Natürlich wurden auch in Bulgarien entdeckte Drogen beschlagnahmt. Die neue Taktik ab 1970 sah vor, Drogen bzw. Drogenhandel als taktische Waffe Richtung West einzusetzen. Man griff auf das bulgarische Staatsunternehmen KINTEX zurück, einem wichtigen Devisenbeschaffer durch Ex- und Importe von Handelsgütern. KINTEX hatte durch seine Geschäfte gute Beziehungen, sowohl in den Nahen Osten als auch nach Westeuropa. Da ein großer Teil des Warenhandels auf dem Landweg zwischen dem Nahen Osten und Europa die Grenzen Bulgariens passierte, hatte man mittlerweile auch einen guten Überblick über den internationalen Drogenschmuggel aus dem Nahen Osten für die nordamerikanischen und europäischen Märkte; aber auch über den Waffenhandel für die Türkei, Syrien und den Irak. Die „French Connection" war in Südfrankreich gerade mit US-amerikanischer Hilfe zerschlagen worden. Vom entstandenen Macht- und Drogenvertriebsvakuum profitierte der DS. In dieser Situation wurde nun versucht, die „westliche Gesellschaft durch massiven Einsatz von Narkotika zu schwächen". ... Bereits beschlagnahmte Ware, Heroin oder Morphinbase, wurde über KINTEX-Funktionäre an bestimmte nahöstliche und europäische Händler weiterverkauft. Die neue Rolle Bulgariens sprach sich in Drogenhändlerkreisen bald herum. Nicht wenige verlegten ihre Hauptquartiere oder Dependancen nach Bulgarien, meist nach Sofia. In den späten 70er Jahren hatten die DS-Funktionäre bei KINTEX den Kreis der bevorzugten Kunden auf etwa 20 Großhändler und Makler reduziert, fast ausschließlich Türken. Sie bildeten ein Konsortium, das nahezu 50 Prozent des Drogenhandels mit dem Nahen Osten kontrollierte. Über eine Heroin-Verteilerorganisation, die bis 1980/81 ihren Sitz in Mailand hatte, konnte das Konsortium auch Kontakte zu Repräsentanten der sizilianischen Cosa Nostra knüpfen. Politischen Klimaänderungen wurde mit dem flexiblen Konzept der „Neuaufteilung des europäischen Heroinmarktes" begegnet (Zitiert n. Adams, Nathan M.: Drogen gegen Waffen – Der „bulgarischen Mafia" auf der Spur, Reader's Digest Nr. ll/1983, S. 100-128).

82 Im Oktober 1990 wurde über den polnischen Innenminister *Kozlowski* bekannt, daß der alte (= kommunistische) Geheimdienst „Sluzba Bezpiczenstwa" (SB) Anfang der 1970er Jahre in westlichen Ländern einen Gangsterring betrieben hatte. Die Geheimdienstagenten dieses Ringes erbeuteten zwischen 1969 und 1971 bei Überfällen, Raub und Finanzbetrügereien große Mengen von Gold u.a. Wertsachen. Kopf der unter dem Codewort „Aktion Eisen" laufenden Aktion

soll der damalige Leiter des Geheimdienstes *Miroslaw Milewski* gewesen sein. Erst 1984 soll die damalige Regierungsführung von diesen kriminellen Machenschaften erfahren, diese jedoch nicht den Justizbehörden mitgeteilt haben. Seinerzeit hatte der frühere Innenminister General *Czeslaw Kiszczak* eine Untersuchungskommission zu dem Gangsterring eingesetzt und die Ergebnisse dem Politbüro mit der Empfehlung übersandt, die Staatsanwaltschaft einzuschalten. Der Organisator der Bande, Ex-Geheimdienstchef Milewski, erhielt jedoch nur ein Parteirüge, verlor dann später seine Arbeit im Politbüro ganz (Zitiert n. Reuter-Meldungen in der Tagespresse am 11/12.10.1990 u. Heller, Edith: Immer neue Teile im „Goldenen Puzzle", Frankfurter Rundschau Nr. 281, 3.12.1990, S. 8).

83 1989/90 belief sich die Stärke der sowjetischen Streitkräfte auf 3,7 (3,9) Mio. Soldaten und 5 Mio. Reservisten (zum Vergleich USA mit 2,1 Mio. Soldaten und 900 000 Reservisten). Von den Soldaten der Roten Armee waren 1989 rd. 627 500 im Ausland stationiert; über 300 000 davon als Westgruppe der Truppen (WGT) in der DDR.

84 Mit Ende der Sowjetunion im Dezember 1991 zerfiel auch die Einheit der sowj. Streitkräfte. Der Zusammenbruch der UdSSR hatte eine fatale Auswirkung auf Struktur und Ausrüstung, weil die Streitkräfte zuvor als nationale Einheit integriert waren; das Auseinanderbrechen der Union traf die Rote Armee völlig unvorbereitet. Ein Großteil der militärischen Ausrüstung war in den Grenzgebieten stationiert. Folglich wurden Waffen und Infrastruktur Eigentum der neuen Länder. Diese, Mitglieder der im Dez. 1991 gegründeten GUS, begannen eigene Streitkräfte aufzubauen. Selbst in der Russischen Föderation existierte kein einheitliches Militär mehr. Seine Macht wurde aufgesplittert, auf über 20 verschiedene Ministerien und Institutionen verteilt. Teile der Streitkräfte wurden von 1992 bis 1996 dem Kommando anderer Ministerien unterstellt. Die Zahl der Truppen, die nicht dem Verteidigungsministerium unterstehen, war 1996/97 schon halb so groß, wie die Zahl der Soldaten, über die das Verteidigungsressort verfügt. Dazu gehörten z.B. 15 000 Mann paramilitärische Sicherheitspolizei (Omon) und 251 000 Mann der Truppen des Innenministers; 205 000 Mann Grenztruppen, dazu allein 25 000 Mann Staatsschutzdienst. Diese Zahlen sind zu vergleichen mit der Gesamtstärke des Heeres (zitiert n. Der Spiegel Nr. 11/10. 3.1997, S. 158-161).

85 Im Interview mit Der Spiegel Nr. 5/26.1.1998, S. 118.

86 Die 1831 gegründete Söldnertruppe zählte zu ihren besten Zeiten bis zu 50 000 Mann. Heute (Stand August 1997) sind es 8500 Fremdenlegionäre aus 120 Ländern. Jährlich kommen durchschnittlich 1500 Neu-Legionäre mit 5-Jahres-Verträgen hinzu. Seit Mitte der 1990er Jahre bewerben sich immer mehr junge Männer. Nach offiziellen Angaben kamen allein 1996 über 10 000 Bewerbungen, davon zwei Drittel aus den früheren Ostblock-Staaten.

87 vgl. auch Adams, James (1991/92): Wer finanziert den Terror? Die geheimen Geldgeber terroristischer Organisationen, Lübbe Verlag, Bergisch Gladbach

88 Nach dem Ende des Kalten Krieges trafen sich 1991 in Paris Experten aus 17 Ländern, einschließlich der EG, der USA und der Sowjetunion. Sie kamen zu der Empfehlung, daß die früheren Industrienationen so schnell wie möglich ein *„operatives Zentrum für den Kampf gegen den Terrorismus"* schaffen müßten. (zitiert n. Taheri, Amir: Arbeitslose Terroristen wechseln zu Drogen, Die Welt, 25.11.1991).

89 Der Niedergang des Cali-Kartells begann 1995. Allein zwischen Juni und September jenen Jahres wurde fünf der insgesamt sieben Führungsmitglieder des Kartells inhaftiert. Anfang März 1996 wurde mit *Jose Santacruz Londono* der dritte Mann in der Hierarchie des Cali-Kartells (von kolumbian. Sicherheitskräften) erschossen. Im Februar 1998 wurde das letzte führende Mitglied, *Javier-Caicedo (Guillermo Ortiz)* auf seinem Landsitz verhaftet.

90 Seit Ende der 70er Jahre rangiert Mittelamerika auf der Liste der für Israel wichtigen Weltregionen ganz weit oben. Ein Indiz dafür war die Tatsache, daß die Mossad-Zentralresidentur für Mittelamerika in Tequcigalpa mit einem Vizedirektor des Mossad besetzt wurde. Alle heikleren israelischen Operationen z.b. die militärische Schulung der Contra-Guerilleros, lagen in den Händen des Mossad. 1975 hatte Israel es geschafft, in die Gruppe der führenden Waffenlieferanten des Kriegsschauplatzes Mittelamerika vorzustoßen. Seither ist Kriegsgerät „Made in Israel" dort allgegenwärtig. ... Persönliche Beziehungen zwischen hochrangigen persionierten israelischen Offizieren und den Generälen der Region Mittelamerika haben sich aus einer engen Zusammenarbeit während der aktiven Dienstzeit entwickelt ... Viele israel. Ex-Offiziere sind durch Mittelamerika „getingelt" und haben individuell ihre Dienste als Antiterror-Experten, ständige Militärberater, Ausbilder oder als Personenschützer angeboten. Allerdings ist das Auftreten solcher Söldner das Ergebnis amtlicher Kontakte ... (Zitiert n. Beit-Hallahmi, Benjamin: Schmutzige Allianzen – Die geheimen Geschäfte Israels, Kindler Verlag, München 1988).

91 z.B. *Michael (Mike) Harari*, Ex-Leiter des Mossad in Mexiko und für ganz Mittelamerika (n. New York Times) und 1988/89 *Noriega*-Berater und Ausbilder in Panama, soll auch Todesschwadrone für die kolumbianische Oligarchie bzw. das Kokain-Kartell trainiert haben. Setzte sich nach der Festnahme Noriegas Ende Dez. 1989 wahrscheinlich über Costa Rica nach Israel ab, wo es im Jan. 1990 hieß, Harari hätte den Mossad nie verlassen und für den Dienst in Mittelamerika „Erkenntnisse über Noriega" gesammelt. Harari leitete wohl auch Waffengeschäfte an den Käufer Panama weiter.

92 z.B. *Yair Klein*, Oberst (a.D.), Reservist der Zahal, unterhielt in Kolumbien eine Sicherheitsfirma namens „Hod Hadanit" (Speerspitze); Klein war mutmaßlich Ratgeber von Kartell-Führungspersonen, Ausbilder von Tötungsspezialisten (Narcoterroristen) und Söldner. Setzte sich nach der Ermordung des kolumbianischen Politikers *Galan* durch ein (von ihm ausgebildetes) Killerkommando Ende August 1989 nach Israel ab. Hier widersprach er allen Behauptungen des kolumbianischen Secret Service, der ihn mit diesem Mord in Verbindung brachte. Oder z.B. *Isaac Guttnan*, der bei Sabaneta als Gutsherr eine Schule unterhielt, in der über 350 Tötungsspezialisten ausgebildet worden sein sollen. Guttnan wurde in Kolumbien getötet.

93 Im Januar 1997 lag der Sold eines Regimentskommandeurs bei 883 000 Rubel (257 DM), der eines Zugführers bei 167 DM (Zitiert n. Windisch, Elke: Weihnachten auf Pump, Der Tagesspiegel, 8.1.1997, S. 3). Im März desselben Jahres wurde der Verdienst eines Oberst mit umgerechnet 530 DM (zum Vergleich: ein Bundeswehroffizier im gleichen Rang erhält das Zehnfache) angegeben (zitiert n. Schepp, Matthias: Besiegt im Frieden, Der Stern Heft Nr.13, 20.3.1997, S. 82).

94 Die härtesten vietnamesischen Gangs, die sich nach dem verlorenen Vietnamkrieg der Amerikaner (1973) in den USA gründeten, bestanden aus Angehörigen der südvietnamesischen Armee. So gründeten z.b. Soldaten von Sonderein-
heiten der südvietnamesischen Kriegsmarine die Bande der „Froschmänner"
(Frogmen Gang), die in verschiedenen Tötungstechniken (einschließlich Spreng-
stoffanwendung) ausgebildet waren. Inwieweit die „Frogmen" und andere militante Viet-Gangs Kontakte zu in den USA lebenden hohen Offizieren der ehemaligen südvietnamesischen Armee haben (oder von diesen unterstützt werden), ist
nicht eindeutig zu belegen, wird aber vermutet. In diesem Zusammenhang sagte
ein anonymer Zeuge vor der President's Commission on Organized Crime
(PCOC) 1984 aus, daß der Pate der vietnamesischen Banden in den USA kein
anderer als der frühere südvietnamesische Luftmarschall *Nguyen Cao Ky* sei.
Dieser stritt auf seinem Besitz in Kalifornien diese Behauptung ab.

95 Von der Wende 1989/90 bis Mitte der 90er Jahre hat sich in den vietnamesischen
Banden in Deutschland ein regelrechter Generationswechsel vollzogen. Zur Ent-
wicklung gehörte, daß in die Banden zunehmend „gelernte" Soldaten gingen. Im
Herbst 1993 beispielsweise ermittelte die Polizei in nicht wenigen Fällen als
Hintermänner des Schmuggels und Verkaufs unverzollter Zigaretten frühere
Angehörige der vietnamesischen Armee. Bei diesen Drahtziehern, so die Straf-
verfolger, handelte es sich nicht selten um Ex-Offiziere, was zur Namensgebung
„Offiziers-Mafia" führte.

96 Die „Roten Garden", die in der VR China in der sog. Kulturrevolution (1966-
1969/70) gegen „revisionistische" Tendenzen in der KP China und im Staat
kämpften, waren revolutionär-sozialistische Kämpfer Mao-treuer Schüler- und
Studentenverbände, die ob ihrer Gewaltbereitschaft und Gewaltanwendung gefürchtet waren. Über ihre Praxis der Menschenverachtung (z.B. Foltertechni-
ken) waren nicht wenige „Rotgardisten" hart und bösartig geworden. Ex- Rotgardisten setzten sich nach der Kulturrevolution nach Hongkong ab, wo sie die
„Bande des Großen Kreises" (Big Circle Gang) gründeten, die ob ihrer Grün-
dungsmitglieder rasch den Ruf einer besonders gewalttätigen und grausamen
Triade bekam.

97 Mit dem Problem der rumänischen Tätergruppen waren allein in Deutschland
mit Stand Nov. 1995 über zwei Dutzend Arbeitsgemeinschaften der Länderpolizeien befaßt, mit AG Namen wie „Balkan", „Rumänien" oder „Karpaten". Die
brandenburgische Sonderkommission (früher „Blitz") nannte sich „Delta". Diesen Namen hatte die Soko von der Heimat vieler rumänischer Täter, die im
Gebiet am Delta der Donau – an der Grenze zu Moldawien – zu Hause sind,
insbesondere im Bezirk Galati unweit des Schwarzen Meeres. Hier hatte auch
das rumän. Departement für Staatssicherheit (Securitate) Ausbildungs- und Trai-
ningseinrichtungen. Und hier sollen auch, so Einschätzungen verschiedener
LKAs, Mitglieder der Banden von Experten der Ex-Securitate ausgebildet worden sein (und werden?). Nach dieser Ausbildung ist die Vorgehensweise dann,
so damalige Aussagen des zuständigen Sachgebietsleiters beim Bayerischen
LKA, fast militärisch organisiert. Ein im Nov. 1995 in der JVA Schweinfurt
einsitzender junger Rumäne war geständig. Nach seinen Aussagen sollen hoch-
gestellte Securitate-Beamte als Hintermänner eines in Deutschland operierenden
Gangster-Bundes namens „Garde" stehen. Die „Gardisten", so der Geständige,
wurden nach der Rekrutierung zentral geschult, in Gruppen aufgeteilt und mit

erfahrenen Komplizen nach Westen geschickt. Diese Aussagen deckten sich mit Recherchen des LKA Bayern. Nach den Ermittlern wurde die „Garde" von Securitate-Veteranen im Verein mit „hochgestellten Persönlichkeiten der Legislative und Judikative des rumänischen Staates" kontrolliert.

98   So wurde noch zu UdSSR-Zeiten über OK-Kontakte der ehemaligen Sowjetrepublik und heutigen mittelasiatischen Republik Usbekistan berichtet. Nach *Jürgen Roth* war auf der Interpol- Generalversammlung im September 1994 in Rom als offizieller Delegierter Usbekistans der Exilrusse Valerie E. vertreten, der als „Unternehmer" in Schwalbach bei Saarbrücken lebt und nach Polizeierkenntnissen eine der Schlüsselfiguren der russischen Mafia ist. Mit diplomatischer Protektion Usbekistans konnte E. polizeiliche Informationsquellen regelrecht abschöpfen (zitiert n. Roth, Jürgen: Die deutschen Bosse der Russenmafia, Amica 5/1996, S. 57 f).

99   Nach nachrichtendienstlichen Kenntnissen sollen (1996) Ex-Handelsattachés auf der „Kommandoebene des organisierten Drogenhandels" tätig sein.

100   Mit Informationsstand Sept. 1991 wurde das Vermögen der KPdSU auf 100 Milliarden Dollar geschätzt. Allein in Europa soll die KPdSU über 7000 Geheimkonten verfügt haben. Riesige Summen sollen (n. Angaben einer Untersuchungsgruppe des sowj. Unternehmerverbandes über Parteigelder) nach Lateinamerika in die Länder Uruguay, Ecuador, Nicaragua und Kuba transferiert worden sein (zitiert n. dpa-Meldungen in der Berliner Tagespresse am 10.9.1991, Der Spiegel 45. Jg. Nr. 44/28.10.1991, S. 209).

101   The Center for Strategic and International Studies (CSIS) wurde 1962 als private, überparteiliche und unabhängige Forschungsinstitution für politische Analysen und Einflußnahmen gegründet. Diesem „Think-Tank" gehören u.a. die Ex-CIA-Direktoren *William Webster*, *Robert Gates* und *James Woolsey*, sowie der Ex-FBI-Direktor *William Sessions* an. Mitglieder der CSIS Task Force stellen u.a. das Permanent Senate Subcommittee of Investigations, National Defence University, U.S. Customs Service, CIA, Department of Justice, FBI, Department of State, Department of Commerce, Foreign Military Studies Office. Zu den Projekten, mit denen sich das CSIS beschäftigt, gehört u.a. das „Global Organized Crime Project" (Chair: William H. Webster).

102   Zitiert n. CSIS Task Force Report „Russian Organized Crime Global Organized Crime Project" (Project Chair: W.H.Webster) The Center for Strategic and International Studies, Washington 1997.

103   Seit den 1980er Jahren finden in- und ausländische OK-Gruppen zunehmend in ihren Operationsländern einheimische Ansprechpartner/Komplizen, z.B. im Behördenapparat.

104   Im KGB z.B. war dafür die Sektion „D" (Desinformazija) zuständig. Die Hauptaufgabe bestand darin, mit „Desinformationen" die Politik des ideologischen Gegners und die damit verfolgten Ziele, auch über Massenmedien, anders darzustellen. In der Arbeit der Desinformation können selbst wahre Informationen, wenn sie „richtig lanciert und plaziert" sind, Irritationen hervorrufen.

105   Zitiert n. Hartung, Thomas: Internet – Die virtuelle Welt des Verbrechens, dp-special, Supplement der Zeitschrift Deutsche Polizei Nr. 4/1998.

106   In diesem Zusammenhang sei an einen der größten Spionagefälle erinnert. Die National Security Agency (NSA) der USA und der israelische Mossad stahlen mit Hilfe höchster Regierungsstellen einer kleinen Softwarefirma ein geheimnis-

volles Computerprogramm namens „PROMIS" . Mit dessen Hilfe drangen sie in vertrauliche Datenträger bei Banken, Konzernen und Behörden in aller Welt ein. Ein US-Journalist, der in dieser Sache recherchierte, starb unter mysteriösen Umständen; einer seiner Informanten wurde ermordet. Vgl. hierzu Koch, Egmont R. und Sperber, Jochen: Die Datenmafia. Geheimdienste, Konzerne, Syndikate: Computerspionage und neue Informationskartelle, Rowohlt Verlag, Reinbek b. Hamburg 1995.

107 Zur Größenordnung: mit Stand Mai 1998 waren rund 18 000 Computerviren bekannt. Jeden Monat kommen 150 bis 200 neue hinzu (Zitiert n. dpa-Meldung in der Tagespresse vom 8.5.1998).

108 Beispiel: als der Amerikaner *Jay Cohen* in den USA keine Glücksspiel-Lizenz bekam, fuhr er in die Karibik und eröffnete sein Spielcasino vor der Küste der Insel Antigua. In seinem Cyber-Casino können nun Landsleute virtuell und oneline „zocken", zum Ärger des US-Justizministeriums. Mit seinen Konkurrenten macht Cohen einen Umsatz, der weltweit bereits 200 Mio Dollar im Jahr ausmacht. Die virtuellen Casinos zählen mittlerweile, zusammen mit dem Offshore-Handel und dem Tourismus, zu den Haupteinnahmequellen von Antigua oder Barbados. Mehr als 30 000 Unternehmen, die mit Handel oder Glücksspiel ihr Geld verdienen, sind offiziell in der Karibik registriert. Allein die jährliche Lizenz jeder dieser Firmen bringt den Karibikstaaten zwischen 75 000 und 100 000 Dollar (zitiert n. Siering, Frank: Wetten, daß das Zoff gibt?, Der Stern Heft Nr. 21/14.5.1998, S. 138-140).

109 Anleitungen zur Herstellung von Drogen aller Art finden sich zuhauf im Internet. Die bloße Eingabe des Suchbegriffs „Drugs" in einem Suchprogramm fördert ca. 200 Internet-Seiten zu Tage, die sich vorwiegend mit der Herstellung von Drogen – teils mit einfachsten Mitteln – beschäftigen. Teilweise findet der interessierte Leser Anleitungen, die nicht mal besondere chemische Fähigkeiten erfordern und so einfach aufgebaut sind wie ein Kochrezept (zitiert n. Zimmermann, Christian: Der Hacker – Computerkriminalität: Die neue Dimension des Verbrechens, W. Heyne Verlag, München 1998).

110 Schon im März 1996 hatte NRW-Innenminister *F.-J. Kniola* (SPD) bei der Vorstellung des „Lageberichtes zur Organisierten Kriminalität in Nordrhein-Westfalen" auf die immer häufigere Benutzung von Handys durch die OK hingewiesen: *„In jedem dritten von insgesamt 81 Ermittlungsverfahren haben die Täter fast ausschließlich Handys benutzt"*.

111 Diesem Bereich widmete z.B. der DDR-Nachrichtendienst eine eigene, in der Hauptverwaltung Aufklärung (HVA) angesiedelte Abteilung, die Abt. XVII (Grenzschleusung).

112 So sind z.B. hochorganisierte „Fluchthelfer" an der EU-Ostgrenze heute technisch gut ausgestattet (Funk- und Nachtsichtgeräte, präzise Geländekarten). Über Handys melden (als Angler, Radler o.ä.) getarnte Beobachter an wichtigen Zufahrtsstraßen hinter der Grenze die Situation, z.B. abfahrende Streifenwagen vor den Dienstunterkünften. Es werden Ablösezeiten der Grenzbeamten ausgespäht, mit Restlichtverstärkern und selbst teuren Wärmebildgeräten die Sicherungsmaßnahmen der Grenzer observiert, mit Digitalscannern der Polizeifunk abgehört, im Einzelfall auch gestört.

113 Im „elektronischen Kampf gegen die BRD" belauschten rd. 4200 Angehörige der Hauptabteilung III des MfS der DDR als „Soldaten an einem besonderen

Frontabschnitt" rd. 100 000 Telefonanschlüsse (u.a. von Politikern, Wirtschafts-managern, Militärs und Journalisten, die gezielt abgehört wurden). Mit Hilfe sog. selektierender Anlagen (in der DDR und CSSR) kämmte die Spezialeinheit den Richtfunk der BRD und Österreichs nach nachrichtendienstlich Interessantem ab. Die Ergebnisse der Lauschangriffe gingen fast ausnahmslos an die Spionageabteilung Hauptverwaltung Aufklärung, die das Material für Erpressungen oder Desinformation benutzte. Die Protokolle gingen auch an das sowjet. KGB. 1989 gelang es den MfS-Lauschern erstmals, vor der US-Mission in West-Berlin Computerabstrahlungen abzufangen und lesbar zu machen. Nach der Wende zeigten sich westliche Nachrichtendienstler erstaunt über das Ausmaß und den hohen Standard der elektronischen Aufklärungs-Truppe der MfS-Abteilung, über deren Verbleib in Nachwendezeiten nichts bekannt wurde (Weiteres dazu auch im Spiegel-Interview mit dem Ex-Stasi Abhörchef und Generalmajor Horst Männchen (über Lauschangriffe), Der Spiegel 47. Jg. Nr. 43/25.10.1993, S. 93 ff.)

114   Im Rauschgifthandel werden z.B. auch von den Anbietern von vornherein bestimmte Mengen für die polizeiliche Sicherstellung und weitere sich anschließende Abwehrmaßnahmen quasi bereitgestellt (z.B. als Grenzaufgriff).

115   Zitiert n. Focus 1. Jg. Nr. 20/17.5.1993, S. 15.

116   Im Dezember 1990 wurde bekannt, daß Hacker Leitungen der DEA genutzt und Telefonkosten in Millionenhöhe verursacht hatten (Zitiert n. dpa-Meldung: Hacker telefonierten kostenlos über NASA-Computer, Der Tagesspiegel, 23.12.1990, S. 24).

117   Im August 1996 wurde bekannt, daß Hacker das Sicherheitssystem von Scotland Yard (die Telefonzentrale) durchbrochen hatten und für 1,6 Mio Dollar Ferngespräche auf Kosten der Kriminalisten führten (zitiert n. Focus 4. Jg. Nr. 34/19.8.1996, S. 130).

118   Im April 1996 wurde bekannt, daß kolumbianische Drogenschmuggler in das mobile Telefonnetz des Leiters der Gerichtspolizei des Landes eingedrungen waren und den Anschluß zu weltweiten Rauschgiftgeschäften mißbrauchten. Sie führten Gespräche für umgerechnet 300 000 Mark in 25 Länder, teilten die Behorden mit (zitiert n. Berliner Zeitung, 26.4.1996, S. 8).

119   Zuvor hatte das deutsche Strafrecht auf die Entwicklung organisierbarer Kriminalität reagiert, indem es die Kategorien „Bande" und „Kriminelle Vereinigung" einführte. Letztere Organisationsform differenzierte die Polizei in drei Hauptgruppen: 1) Ideologie-bestimmte kriminelle Vereinigung, 2) wirtschaftskriminelle Vereinigung und 3) (all)gemeine kriminelle Vereinigung. Als nächstumfassende Organisation stellte man sich eine kriminelle Organisation vor, mit der auf eine „unternehmensähnlich aufgebaute und geleitete Vereinigung, gleichsam eine Verbrechensindustrie" abgestellt wurde. Diese Modellvorstellung definierte z.B. der frühere Direktor des LKA NW *Hans-Werner Hamacher* (Tatort Bundesrepublik, Verlag Deutsche Polizeiliteratur, Hilden 1986).

120   Clan (gäl. Kinder), ursprünglich der alte Stammesverband in Schottland und Irland, wird von Ethnologen im weitesten Sinn als „eine auf verwandtschaftlichen Beziehungen gründende Gruppe" definiert. Bis heute sind mit dieser „Abstammungsgruppe meist bestimmte Obliegenheiten verbunden, die sich aus dem gesellschaftlichen Aufbau des Stammes ergeben. Der Clan kann das Nutzungs-

recht an einem fest umgrenzten Gebiet besitzen, kann eine Heiratsgruppe bilden und hat eine eigene Gerichtsbarkeit. Er gliedert sich in Verwandtschaftsgruppen oder in Familien."

121 Ein Beispiel: Im Herbst 1995 wurde im Hotel Marriot (Wien) ein Gipfeltreffen der bedeutendsten russischen Paten abgehalten, die in Rußland selbst oder im Ausland operieren. Die Zusammenkunft wurde von den Agenten der österreichischen EDOK (Ermittlung und Dokumentation) oberserviert (vgl. Reichmann, Hannes: Das Netzwerk der Wiener Paten, in: Revue Wirtschaftswoche, Wien, Nr. 18, 18.11.1995). Etwa 20 Paten mit Beratern und Leibwächtern nahmen daran teil. Ein wichtiger Punkt auf der Tagesordnung war die Frage, wie man die russischen Städte „säubern", wie man die „Schwarzen" ausschalten könnte. Die russischen Mafiosi bezeichnen alle aus dem Kaukasus stammenden Mafiasoldaten als „Schwarze". Schließlich wurde die physische Eliminierung aller kaukasischen Mafiosi in jeder Stadt mit russischer Bevölkerungsmehrheit beschlossen (zitiert n. Ziegler, Jean: Die Barbaren kommen – Kapitalismus und organisiertes Verbrechen, C. Bertelsmann Verlag, München 1998, S. 70 f.)

122 Zitiert n. Der Spiegel Nr. 21 / 18.5.1998, S. 56, hier werden Einschätzungen, die sich aus dem BKA-OK Bericht für Deutschland 1997 ergeben, dargestellt. So heißt es im Spiegel-Artikel u.a.: *„Die lange vertretene These zum Beispiel, organisierte Verbrecher würden sich in verschworenen Gemeinschaften gleicher Sprache und Herkunft am wohlsten fühlen, läßt sich nicht länger aufrechterhalten"*, eine Einschätzung, die sich so im BKA-Bericht nicht wiederfindet.

123 So z.B. in Italien, wo der sog. Pentito („Reuiger") als Aussteiger aus der Mafia durch seine Aussagen (er schließt mit dem italienischen Staat einen regelrechten Vertrag) bisher unbekannte Aspekte der Organisation beleuchtet und damit zu Verhaftungen (auch politischer Hintermänner) und Erfolgen in der Mafia-Bekämpfung beiträgt.

124 Die Schätzungen über die Anzahl aller Mitglieder der über 50 Triaden in Hongkong variieren seit einem guten Jahrzehnt von 80 000 (100 000) bis 300 000. Bei Bökemeier (1989) heißt es: Jeder 18. der 5,6 Millionen Hongkong-Einwohner soll ein „Drache" sein, insgesamt rd. 300 000. Im Spiegel Nr. 39 vom 26.9.1988 wurden gar mehr als 300 000 Triaden-Mitglieder allein für Hongkong erwähnt. 1984 wurde für Hongkong von der RHKP die Triaden- Mitgliederzahl mit 80 000 bis 100 000 angegeben. Für Hongkong und Taiwan zusammen schätzte das U.S. Justice Department (n. Walsh 1993) die Anzahl auf 100 000 oder mehr.

125 Der Begriff „Loge" stellt auf die Geschichte der südlichen Geheimgesellschaften ab. Das Triaden-System des 19. Jahrhunderts scheint keine zentrale Führung gehabt zu haben. Nach der Überlieferung der Triade sollen die örtlichen Logen aus jeweils fünf Großlogen und Kleinlogen bestanden haben. Jede örtliche Loge war autonom. Sie hatte ihre eigenen Würdenträger, so auch als Meister der Loge den „Meister des Bergs" (Shan-Zhu). Die Groß- und Kleinlogen entsprachen jeweils einer Provinz.

126 In der heutigen Geheimsprache (die es auch schon in früheren Triaden-Zeiten gab) heißt z.B. die Polizei „Luftstrom"; wer sie benachrichtigt, „setzt den Luftstrom in Bewegung"; die Forderung nach Schutzgeld wird mit „kein Wasser unter den Füßen" bezeichnet. „Die Ohren waschen" ist eine Redewendung dafür, wenn das Leben aufs Spiel gesetzt wird.

127 So saß z.B. der am 6.8.1994 verstorbene Chairman des New Yorker Tongs Hip Sing, *„Onkel Benny" Ong*, zu Lebzeiten auch im Führungsgremium der „Hung-Meng"-Triade.

128 Ein erster Hinweis dieser Zusammenarbeit findet sich im Jahr 1927, als der Drachenkopf der Grünen Bande (Green Pang Triad), *Tu Yueh-Scheng*, in Schanghai dem Führer der Kuomintang, General *Tschiang Kai-Schek* „gefällig" war. In den 70er Jahren arbeitete der Heroinhändler *Ma Sik-Yu* (HK-Triade Sun Yee On) mit dem Nachrichtendienst Taiwans zusammen. Gleiches traf in den 80er Jahren auch auf den Drachenkopf der United Bamboo Gang, *Tschen Tschi-Li* zu, der dem taiwanesischen ND Admiral *Weng Hsi-Ling* in Sachen Auftragstötung („nasse Sache") gefällig gewesen sein soll. Last not least wird HK-Triaden nach der Hongkong-Rückgabe eine Zusammenarbeit mit dem ND der VR China, dem Guojia Anquan Bu (Staatssicherheit) nachgesagt.

129 Ein Vergleich der Anzahl der Boryokudan-Gruppen und ihrer Einzelmitglieder in Japan während der letzten 30 Jahre zeigt, daß sich die Zahl der Banden seit 1960 um fast 40 % von 5119 auf 3155 vermindert hat. Die Zahl der Mitglieder dagegen ist im selben Zeitraum nur um 30 %, von 124 763 im Jahr 1969 auf 88 600 im Jahr 1990 gesunken. Eine Erklärung für das Sinken derZahl der Yakuza-Mitglieder ist, daß ein Teil von ihnen inzwischen in ebenfalls von Yakuza-Mitgliedern gegründeten legalen Sicherheitsunternehmen untergebracht ist (Zitiert n. Kawamura, G.: Yakuza, Centaurus, Pfaffenweiler 1994, S. 54).

130 Das mächtigste Syndikat ist die bereits 1915 entstandene „Yamaguchi-gumi" mit mehr als 20 000 Mitgliedern und Repräsentanzen in 37 oder 47 Präfekturen Japans (Terziani 1990). Die Yamaguchi-gumi war in der letzten Zeit offensichtlich bestrebt, ihren Einflußbereich auch auf das Tokyoter Gebiet auszudehnen. Sie hat insgesamt seit 1986 ihre Mitgliederzahlen auf etwa 30 000 mehr als verdoppeln können ... 1984 splittete sich von der Yamaguchi- gumi aufgrund von Führungsrivalitäten die „Ichiwa-kai" ab. Die Konkurrenz der Yamaguchi-gumi war jedoch so mächtig, daß die „Ichiwa-kai" 1989 die Auflösung ihres Syndikats bekannt gab (Kawamura 1994).

131 Zitiert n. Kawamura, Gabriele: Yakuza – Gesellschaftliche Bedingungen organisierter Kriminalität in Japan, Centaurus Verlagsgesellschaft, Pfaffenweiler 1994, S. 55 ff.

132 Neben den traditionellen, ortsgebundenen „Bakuto" arbeiteten in der Edo-Zeit (1603-1867) im Spielgeschäft auch fahrende Banditen/Straßenhändler als herumziehende Spieler (tekiya). Über diverse Treffen beider Gruppen entwickelte sich über die Zeiten ein Begrüßungsritual (jingi), das von den Yakuza bis heute praktiziert wird.

133 Im verbalen Teil der Yakuza-Geheimsprache „Ingo" werden Wortteile umgedreht, abgekürzt oder chinesisch ausgesprochen. Es werden aber auch Wörter völlig neu erfunden oder koreanische Wörter benutzt.

134 Die Kontrolle (unterschiedlicher Intensität) der Landesfilmindustrie ist auch bei anderen Gruppen der Asian Organized Crime zu beobachten. Das trifft insbesondere auf die Hongkong-Filmindustrie (Triaden-Einfluß) und die Filmindustrie Indiens zu.

135 Die aus den französischen Sträflingskolonien Südostasiens, Poulo Condore oder Con Son (dem Gefängnis auf der Teufelsinsel in Indochina) geflohen waren.

136 Ein weites Sumpfgebiet südlich von Saigon.

137 Auch nach dem 2. Weltkrieg gab Frankreich seinen Kolonialanspruch auf Indochina nicht auf, mußte dort aber gegen eine immer stärker werdende Rebellion ankämpfen. Als die französische Regierung schließlich das Opium in Indochina verbot, ging der SDECE mit dem Handel in den Untergrund. Die französische Militärführung hatte sich ausgerechnet, daß sie den Krieg gegen die Nordvietnamesen am besten mit Hilfe von Zehntausenden von Söldnern als konterrevolutionären Feldzug führen könnten. Dazu Posner (1991): *„Da der Indochinakrieg in Frankreich äußerst unpopulär war, stellte die Regierung nur wenig Geld zur Verfügung. In der Folge entschlossen sich führende Geheimdienstbeamte zur 'Operation X'…"*, eben einem Aufbau eines Opiumvertriebsnetzes zur Kriegsfinanzierung. Darüber heißt es bei Posner weiter: *„In jedem Frühjahr kauften SDECE-Agenten Opium zu Kampfpreisen von den Bergstämmen. Unter Umgehung des Zolls und der Polizeikontrollen flogen dann Berg-Guerilleros die Drogen illegal zu einer französischen Kriegsschule. Von dort wurden sie in Lastwagen nach Saigon transportiert, wo man sie einem Syndikat von Flußpiraten übergab, das für den SDECE arbeitete. In zwei großen Saigoner Raffinerien verwandelten die Flußpiraten das Rohopium in eine zum Rauchen verwendbare Mixtur. Gewisse Mengen gingen an die Opiumhöhlen der Stadt. Den erheblichen Überschuß verkaufte man an chinesische Geschäftsleute mit Verbindung zu Triaden. Die enormen Gewinne wurden mit dem französischen Geheimdienst geteilt …"*

138 Nach der Machtübernahme der Kommunisten flohen aus der nun sozialistischen Republik Vietnam zwischen 1975 und 1995 rd. 200 000 Vietnamesen nach Hongkong, darüber hinaus auch nach Malaysia, Thailand und den Philippinen.

139 Die OK von Vietnamesen (Mitte der 1990er Jahre lebten über 700 000 Vietnamesen in 27 Bundesstaaten der USA, insbesondere in Kalifornien) wurde (n. FBI 1987) besonders in Vietnamesengemeinden in Kalifornien, Texas, Louisiana, Mississippi, Virginia, New York, Illinois, Colorado beobachtet.

140 Mitte der 1990er Jahre waren nach Schätzungen unter den illegalen Vietnamesen in Deutschland über 10 000 im Klein- und Kleinsthandel mit unverzollten Zigaretten involviert. Mehrere 100 wurden gewalttätigen Banden, die alle Kriterien der organisierten Kriminalität aufwiesen, zugerechnet. Nach Angaben des Bundesinnenministeriums waren (mit Stand Aug. 1995) in Deutschland schon knapp 14 300 vietnamesische Tatverdächtige ermittelt worden.

141 Straff organisiert sind auch die in Tschechien operierenden Banden, insbesondere in Prag. Das Land (mit Hauptstadt) gehört zu den Transitregionen, was die Schleusung von Rußland (Moskau) in die Europäische Union betrifft.

142 Schon Anfang der 1970er, den letzten Kriegsjahren, war Vietnam zu einem riesigen Testmarkt für chinesische Secret Societies geworden. In Saigon war die „Cholon-Triade" im Drogengeschäft führend. Eine Art Beobachterstatus hatten die Hongkong-Triaden „Wo Shing Wo" und „14 K". Einer der größten Heroinhändler Hongkongs, der „Drachenkopf" *Ma Sik-Yu*, nahm seinerzeit Schmuggelverbindungen zum vietnamesischen Straßensyndikat „Saigoner Cowboys" auf.

143 Bei der Geldwäsche der Indian Connection spielt u.a. auch ein traditionsreiches Underground Banking System , „Hawala" genannt, eine nicht unwesentliche Rolle. Über ein Untergrund-Banksystem, entstanden aus einem geschichtlich

begründeten Mißtrauen gegenüber offiziellen Banken, verfügen auch Chinesen. Aufzeichnungen bei diesem System gibt es kaum. Codierte Zettelmitteilungen (z.B. ein Elefantenbild) berechtigen zur Ein- und Auszahlung.

144 In Deutschland lebten 1997 40 000 tamilische Asylbewerber und Asylanten. Viele von ihnen „spenden" einen Teil ihrer Einkünfte der Auslandsorganisation „Welt-Tamilen-Verein", die die Mittel für den Bürgerkrieg der „Befreiungstiger" (LTTE) in Sri Lanka beschafft. Wegen gewaltsamer Spendenerpressungen wurde von der Staatsanwaltschaft Düsseldorf, lt. NRW Verfassungsschutzbericht, im Jahr 1996 gegen Angehörige der LTTE Klage erhoben (zitiert n. Focus 5. Jg. Nr. 43, 20.10.1997, S. 68).

145 Hintergrund des damaligen „Baumwollskandals" war, daß Moskau in den 70er Jahren – unter Mißachtung der tatsächlichen Möglichkeiten – die Planaufgaben für usbekische Baumwolle ins Phantastische gesteigert hatte. Die im Gegenzug gemeldeten Produktionsziffern entfernten sich immer mehr von der Realität. Zugleich wuchsen die Einnahmen für nicht vorhandene Baumwolle. Am Ende standen Milliardenunterschlagungen und ein weitverzweigtes Netz von Profiteuren, kleinen Geschäftemachern und erpreßten Mitläufern. Moskau schickte eine kopfstarke Untersuchungskommission gegen die „Paten des weißen Goldes". In der Folge der 1985 begonnenen Ermittlungen sollen 3000 Polizisten entlassen, 4000 Genossen angeklagt und die Drahtzieher zum Tode verurteilt worden sein. Bekannt wurde der usbekische Schriftsteller **Raul Mir-Chaidorow**, der über Jahre über Verflechtungen zwischen politischer Macht, Schattenwirtschaft und Unterwelt schrieb und dann einen mysteriösen Unfall, der ihn zum Invaliden machte, hatte. Vgl. auch Heine, Roland: Helden der Arbeit als Mafiosi, Berliner Zeitung, 8.4.1991, S. 8 und Schnibben, Cordt: Die Paten des weißen Goldes, Der Spiegel 46. Jg. Nr. 23, 1.6.1992, S. 154 ff.

146 Der Norden Tadschikistans, der nahezu 70 Prozent der Landwirtschafts- und Industrieproduktion lieferte, majorisierte den zurückgebliebenen Süden und besetzte dort alle wichtigen Führungspersonen mit Männern des eigenen Clans. Mit Auflösung der alten und starren Parteistrukturen regten sich im Süden begreifliche Revanchegelüste. Die beginnenden Machtkämpfe stellten sich nur vordergründig als Kampf zwischen Altkommunisten und islamischer Opposition dar. Im Kern ist und war es ein Clankrieg. Ein großer Teil der weltanschaulich auftretenden Banden war schon 1992 völlig außer Kontrolle.

147 Amir, Menachem: Organized Crime among Georgian Jews in Israel, in R.Kelly (ed.) Organized Crime: Global Perspectives (Totowa, NJ: Rowman and Littlefield, pp. 172-192).

148 Amir, M.: Organized Crime in Israel, in Transnational Organized Crime Vol 2, Winter 1996, No 4, p. 28 ff.

149 Zitiert n. Herold, Frank: Verschwörung der Verlierer, Berliner Zeitung, 11. 2.1998, S. 1 u. 2.

150 Zitiert n. Ziegler, Jean: Die Barbaren kommen, a.a.O., S. 68.

151 In der ersten Hälfte des 19. Jahrhunderts war das Land der Tschetschenen eine Bastion im Unabhängigkeitskampf des Kaukasus. Bis 1917 wurde das Gebiet dann von Russen und Ukrainern kolonialisiert (Ölvorkommen). Tschetschenen (1922) und Inguschen (1924) gründeten eigene Autonome Regionen. Diese wurden unter **Stalin** 1936 zu einer Autonomen Republik zusammengelegt, 1944 aber aufgelöst. Im gleichen Jahr wurden Tschetschenen und Inguschen nach

Zentralasien deportiert. 1957 wurden die autonomen Republiken (Rußland zugehörig) wiederhergestellt. Im Oktober 1991 riefen muslemische Nationalisten nach einer dubiosen Wahl die souveräne Republik Tschetschnja aus, mit eigenen Gesetzen und der Erlaubnis zum Waffenbesitz – eine perfekte Operationsbasis für kriminelle Clans. Um die Abtrünnigen zurückzuzwingen, befahl *Boris Jelzin* im Dezember 1994 den Krieg. Die eineinhalbjährige Auseinandersetzung zwischen Russen und Tschetschenen forderte rd. 70 000 Leben. Im Sommer 1996 handelte Jelzins damaliger Sicherheitsberater *Alexander Lebed* ein Friedensabkommen aus. Ende Dez. 1996 zogen die letzten russischen Truppen ab. Aus Sicht Tschetscheniens beinhaltet der Friedensvertrag vom 12. Mai 1997 die „De-facto-Anerkennung" der politischen Unabhängigkeit; aus russischer Sicht ist dieser Status ausgeklammert und die Kaukasusrepublik nach wie vor Bestandteil Rußlands. Die Schlüsselfrage, ob Tschetschenien unabhängig wird, bleibt bis zu einer Entscheidung im Jahre 2001 offen.

152 Die tief verwurzelte Clanstruktur der Tschetschenen begünstigt eine extreme Abschottung nach außen und eine große Homogenität nach innen. Der Clan, die Basiseinheit der tschetschenischen Gesellschaft, wird „Tep" genannt. Er funktioniert nach dem Gesetz des Blutes, genannt „Miest". Dieses verpflichtet jeden Clanangehörigen, jeden zu töten, der den Tod eines anderen Clanmitglieds verschuldet hat. Der wahre Name eines Mannes ist nur den Angehörigen seines Clans bekannt. Außerhalb dieses Clans – und noch mehr außerhalb Tschetscheniens – benutzt er einen beliebigen weitverbreiteten Namen der tschetschenischen Sprachen, z.B. Abdullahab, Shamhan, Jandarbijew, Djokar oder Zelimkan (zitiert n. Ziegler, J.: a.a.O., S. 70).

153 Die in Moskau residierende „Tschetschenskaja Obschina" betätigt sich in Banküberfällen, Autohandel, Erpressungen, Waffelhandel, Raubüberfälle, Wirtschaftsverbrechen und Geiselnahmen. Bekannt sind ihre Manipulationen mit gefälschten Belegen im Bankgewerbe. Anführer dieser Gruppe sind (Stand 1996) *Musa Wachitowitsch Talagow*, *Nikolaj Saidaljewitsch Suleimanow* (zitiert n. Roth, Jürgen: Die Russen Mafia, Rasch und Röhring, Hamburg 1996, S. 79).

154 In Westeuropa lebten Anfang der 1990er Jahre u.a. in den Niederlanden 191 000, in Belgien 80 000, in Österreich 60 000, in Dänemark 29 000 und in Deutschland 1,7 Millionen Türken.

155 Wenige Monate nach dem Bau der Mauer schloß die Bundesrepublik am 30. Oktober 1961 mit der Türkei eine bilaterale Regierungsvereinbarung über die Anwerbung und Vermittlung ausländischer Arbeitnehmer. Ähnliche Übereinkommen bestanden damals schon mit Italien, Spanien und Griechenland.

156 Die bisher gewonnenen Erkenntnisse belegen, daß diese Sippen einen hoch orientierten Professionalisierungsgrad erreicht haben und sich die zwischenzeitlich herausgebildeten Strukturen verfestigen. Die Großfamilie hat in der türkischen Gesellschaft die Rolle des Auffangbeckens für eine fehlende soziale Absicherung durch den Staat. In diesem Zusammenhang ist zu beobachten, daß unter der „türkischen Großfamilie" nicht nur die Familie im herkömmlichen Sprachgebrauch zu verstehen ist, sondern daß es sich hierbei um ein wesentlich komplexeres Beziehungsgeflecht handelt. So werden beispielsweise auch der beste Freund als Bruder (Abi) und der nicht verwandte Beschneidungspate (Kirve) sowie alle männlichen Freunde des Vaters als Onkel bezeichnet. Hinzu kommt, daß in jeder Dorfgemeinschaft nahezu jedes Mitglied mit einem anderen ver-

wandt oder verschwägert ist, so daß nicht allein der Familienname, sondern die Herkunft aus einem Dorf entscheidend für eine Zuordnung zur Sippe sein kann (BKA 1997).

157 Zitiert in BKA-Rauschgiftkurier, Ausgabe 3/1997, S. 5-6.

158 vgl. auch Kehl, Krisztina und Pfluger, Ingrid: Die Ehre in der türkischen Kultur – Ein Wertesystem im Wandel, Die Ausländerbeauftragte des Senats von Berlin, 7. Auflage, März 1997.

159 Schätzung des italienischen Wirtschaftsmagazins 'Il Mondo zitiert in Focus 5. Jg. Nr. 34, 18.8.1997, S. 196-197.

160 Nach heutigem Kenntnisstand fing das Unwesen der „Kopfgeldjäger-Bande" im Sommer 1996 an. Ihr Hauptquartier hatte sie in Kreuzbruch bei Oranienburg, einem brandenburgischen Dorf südlich von Liebenwalde. Im Sommer 1997 kam es innerhalb der Bande zu Streitigkeiten um die Beute aus einem Erpressungsfall. Daraufhin teilte sich die Bande in zwei rivalisierende Gruppen. Im Zuge dieser Auseinandersetzungen kam es, so Berlins Polizeipräsident *Saberschinsky*, zu mindestens 40 schweren Verbrechen. Den türkischen Gangstern, im März 1998 saßen 24 in Untersuchungshaft, wurden Mord, Entführung, Erpressung und zahlreiche Schießereien zur Last gelegt.

161 Als Mitte Juli 1994 eine Serie von Bombenanschlägen auf der griechischen Insel Rhodos für Panik sorgte, sah die Athener Zeitung „Eleftherotypia" ausländische Terroristen am Werk. Auch der damalige griechische Minister für Öffentliche Ordnung, *Stelios Papathemelis*, äußerte den Verdacht, die Urheber der Anschläge, bei denen etwa ein Dutzend Menschen verletzt wurden, seien „jenseits der Grenzen", eben in der benachbarten Türkei zu suchen.

162 Zitiert n. Höhler, Gerd: Legten Ankaras Agenten Bomben auf Rhodos?, Der Tagesspiegel, 7.4.1998, S. 7.

163 Zitiert n. Seibert, Thomas: Türkisches Parlament untersucht Cillers Vermögensverhältnisse, Der Tagesspiegel, 17.4.1998, S. 6.

164 Zitiert n. AFP-Meldung, in Der Tagesspiegel, 7.5.1998, S. 2.

165 Am 14.6.1985 nahmen *Mohammed Hamadi* und *Hassan Essedine* 153 Menschen des TWA-Fluges Athen-Rom als Geiseln und ermordeten einen amerikanischen Passagier. Am 13.1.1987 wurde Mohammed Hamadi, der zusammen mit seinem Bruder Abbas Flüssigsprengstoff einschmuggelte, auf dem Flughafen Frankfurt festgenommen. Am 17.5.1989 wurde er wegen Mordes, Flugzeugentführung und Sprengstoffeinfuhr vom Landgericht Frankfurt zu lebenslänglicher Haft verurteilt.

166 Im November 1997 verlegte die hessische Justiz Hamadi von der JVA Schwalmstadt in die JVA Butzbach.

167 In 15 Jahren Bürgerkrieg wurden im Libanon etwa 94 000 Zivilisten getötet und 115 000 verletzt. Über 14 000 Personen wurden entführt, darunter einige ausländische Staatsangehörige. Beinahe 20 000 Menschen gelten als vermißt (Westermann-Lexikon: Krisenherde der Welt, 1996).

168 Zitiert n. Berliner Zeitung, 19.9.1997, S. 17.

169 Der aus dem Libanon stammende Sozialhilfeempfänger Mahmut A. gilt bei der Polizei als Unterweltgröße, die ihre Finger nicht nur im Drogenhandel, sondern auch in zahlreichen anderen illegalen Geschäften hat. In einem von der ARD am 8. November 1996 ausgestrahlten Beitrag mit dem Titel der „Rotlichtprinz" hieß

es über den Libanesen: *„ Er ist der starke Mann in der Berliner Unterwelt. Ohne ihn läuft zumindest im Westteil der Stadt nichts. "* Über den Einfluß von Mahmut A. wurde berichtet, daß es seinem Einsatz zu verdanken wäre, daß die sog. Hütchenspieler den Kurfürstendamm räumten. Daß die Versuche der sog. Petersburger Familie – sie gilt als eine der größten russischen Mafia-Gruppierungen – 1995/96 ihren Einflußbereich auf das Berliner Rotlichtmilieu auszudehnen, nicht in einem Unterweltkrieg endeten, ist vermutlich auch auf den Einfluß von Mahmut A. zurückzuführen ... (zitiert n. Schmidt, Werner: Drogenpate verhaftet, Der Tagesspiegel, 14.3.1998, S. 9).

170 Zitiert n. Der Tagesspiegel, 7.2.1998, S. 10 und Berliner Zeitung, 7.2.1998, S. 20.

171 Die Alawiten, sie gelten den Sunniten als Ketzer, erlangten unter Assad in Syrien viele Schlüsselpositionen. Alawit bedeutet „Anhänger Alis" („der, der Ali gehört"). Ihr Glaube weist einen starken schiitischen Einfluß auf. Eine geheime Hierarchie regiert die Gemeinschaft. Die Alawiten sprechen den Stammesdialekt, der seit undenklichen Zeiten in den Bergketten zwischen dem Mittelmeer und Lattakia (Hafenstadt Syriens) gesprochen wird. Ein esoterischer Code und eine ebensolche Weltanschauung prägen ihr Weltbild. Die Verwandtschaftsbeziehungen sind kompliziert und durch einen Ehrenkodex geschützt, in dem Treue, Verschwiegenheit, Solidarität innerhalb des Stammes als höchste Werte gelten. Im französischen Mandat Syrien (1919-1941/43) engagierten sich die Alawiten in den „Troupes speciales du Levant", der einheimischen Speerspitze der Kolonialarmee. Nach der Befreiung (Unabhängigkeit) Syriens ließen die aufeinanderfolgenden Regierungen von Damaskus die Alawiten für ihre Kollaboration mit der Mandatsmacht teuer bezahlen. Das änderte sich erst, als am 17. November 1970 der junge Luftwaffengeneral *Hafez al-Assad* die sunnitische Regierung stürzte und seinem Stamm zur Macht verhalf. Seitdem regieren die Alawiten, mit Hafez („der Löwe") als Staatspräsidenten, über Syrien – und *Monzer al-Kassar* ist einer ihrer wichtigsten Finanziers (zitiert n. Ziegler, Jean: Die Barbaren kommen, a.a.O., S. 67-68).

172 Aus DEA-Materialien geht hervor, daß unter syrischer Kontrolle mehrere Hanf- und Mohnsorten angebaut werden. Es handelt sich vor allem um schiitische Dörfer (nach DEA wenigstens 24). Sie befinden sich meist im Norden und inmitten der Bekaa-Ebene, z.B. Nabi Chit bei Baalbek, Tarraya, Quasr, Chaat und Bouday, oder an den Ausläufern der Gebirgsmassive wie Deir el Achmar. Die Besitzer der Plantagen tragen bekannte Namen: *Firass al-Assad* (Neffe des Staatspräsidenten und Sohn des Präsidentenbruders *Rifaat al-Assad*), *Hrawi* (Assad-Vertrauter und libanesischer Staatspräsident), *Assem Kanso* (Führer des libanesischen Zweiges der syrischen Staatspartei al Bath) ... (zitiert n. Liminski, Jürgen: Die dunklen Geschäfte der Familie Assad, Rheinischer Merkur, Nr. 4/24.1.1992, S. 6).

173 Diese Geschäfte wurden auch *Dschamil al-Assad*, einem jüngeren Bruder des Präsidenten, nachgesagt. Dieser hatte die Stadt Lattakia (Stammesgebiet der Alawiten) verwaltet. Der größte Hafen des Landes brachte Dschamil Einnahmen aus Drogen- und Waffenhandel und damit auch Einfluß. Offiziell verließ er das Land Ende 1996 zur „medizinischen Behandlung" nach Frankreich (zitiert n. Focus 5. Jg. Nr. 6/3.2.1997, S. 205).

174 Zitiert n. Ziegler, Jean: Die Barbaren kommen, a.a.O., S. 66.

175 Nach polizeilichen und nachrichtendienstlichen Dossiers war *Monzer al-Kassar* (geb. 01.07.1947 oder 1945 in Yabroud oder Nabeq/Syrien) am Iran-Contra-Geschäft, wie am Kokainschmuggel in die USA beteiligt; er belieferte gleichzeitig den Iran und den Irak mit Waffen aus Österreich; er soll Waffen für die Terroristen geliefert haben, die 1985 für die Entführung des Kreuzfahrtsschiffes Achille Lauro und die Ermordung einer jüdischen Geisel verantwortlich waren u.a.m. Bis heute lebt Monzer al-Kassar in seinem südspanischen Anwesen „Palacio Mifadil" (Marbella). Die Sperrung seiner Konten konnte die spanische Justiz bis dato nicht durchsetzen.

176 vgl. hierzu auch Morstein, Manfred: Der Pate des Terrors Die mörderische Verbindung von Terrorismus, Rauschgift und Waffenhandel, Piper, München-Zürich 1989.

177 Zitiert n. Uesseler, Rolf: Mafia, Heyne, München 1994, S. 6-7.

178 Die „Ehrenhaften" erwarben auf Sizilien zwischen 1860 und 1900 schon 400 000 Hektar Land.

179 Zitiert n. Uesseler, R.: Mafia, a.a.O., S. 22 ff.

180 Aufgrund ihrer Struktur kann sich die „Cosca" in Zeiten staatlicher Repressionen oder sozialer Offensive „mimetisieren", sich einigeln und auf weniger als 100 Personen zusammenziehen.

181 Zeugte es früher von der Stärke einer Familie, über möglichst viele vereidigte Mitglieder zu verfügen, so hat die Cosa Nostra seit den 1980er Jahren ihre Strategie infolge der massiven Strafverfolgung durch den italienischen Staat und der wachsenden Zahl der „Aussteiger" (Pentiti) geändert. Sie hat die Zahl der „Ehrenmänner" drastisch reduziert (indem sie u.a. keine Neuaufnahmen vornahm) und rekrutierte ihre Mitglieder nach langer Beobachtungszeit fast ausschließlich aus der Gruppe der „Affiliati". Dies führte zu einer erhöhten Sicherheit nach innen wie nach außen.

182 Neben dieser „Provinzkommission" wurde in den 1970er Jahren auch noch eine „Commissione Interprovinciale" eingerichtet. Dieses Koordinationsgremium regelt für ganz Sizilien die Geschäfte, deren Interessen eine Provinz überschreiten.

183 Bei Verbrechen bedeutender Art, etwa der Ermordung von Politikern oder Repräsentanten des Staates wie Richter, Polizisten etc. wird Einstimmigkeit in der „Commissione" – bei Verbrechen „von nationaler Bedeutung" sogar eine zustimmende Entscheidung von der „Interprovinziellen Kommission" – verlangt.

184 Von den „Stiddari" erfuhr die Polizei erstmals etwas 1989, als *Francesco Marino Mannoia* (der „Chemiker der Cosa Nostra") als Aussteiger vom Krieg der alten Cosa Nostra gegen die junge Stidda erzählte. Nach Mannoia haben auch die Stiddari eine Art Aufnahmeritus. Während die Mafiosi einen Blutstropfen auf ein Heiligenbildchen fallen lassen und dann die Ikone anzünden, wird der Stidda-Neuling tätowiert. Er bekommt fünf kleine Punkte einer blauschwarzen Tinte zwischen Daumen und Zeigefinger gestochen, die dann einen Stern bilden (so weiß man es im Polizeikommissariat von Caltanissetta). Wenn die Stiddari in die Herrschaftsgebiete anderer Familien gehen, müssen sie eine Reihe von geheimen Kennworten auswendig lernen (zitiert n. Gümpel, Udo: Mafia – Ein neuer „Stern" geht auf, Berliner Zeitung, 10.10.1992, S. 7).

185 Die meisten der zwei Millionen Kalabresen wohnen in den Zentren an der Küste. Das war nicht immer so. Tatsächlich liegen 387 der 409 Gemeinden im Binnen-

land. Denn jahrhundertelang waren die Küstenniederungen malariaverseucht und brandschatzten Piraten die Küstensiedlungen, so daß sich die Menschen in die Berge zurückzogen. Anfang des 20. Jahrhunderts machten die desolate wirtschaftliche Lage Kalabriens und die starke Bevölkerungszunahme die Not unerträglich. Allein zwischen 1901 und 1916 wanderten 600 000 Kalabreser nach Übersee aus.

186 Zitiert n. Rob, Gerda: Kalabrien – Ein Land, das unter die Räuber fiel, in GEO Nr. 3/März 1983, S. 6-28.

187 In den letzten Jahren wurden mehrere Kommunalverwaltungen von Rom aus aufgelöst und kommissarisch verwaltet, da in ihnen die Infiltration der 'Ndrangheta eindeutig erwiesen war.

188 Zur Nuova Sacra Corona zählten Anfang der 1990er Jahre die Familien der Tarantiner, der Monopolitaner, der Andrianer, der La Rosa und der Rizzi-Moretti.

189 Seinerzeit hieß es: Jeder ankommende neue Häftling wurde sogleich für die Genossenschaft in Anspruch genommen und ihr tributpflichtig gemacht. Weigerte er sich, „Für die Lampe der Madonna" zu entrichten, lief er in Gefahr, zu Tode gemartert zu werden. Andernfalls fand er Schutz und Schirm.

190 Wer Camorrist werden wollte, mußte zunächst in die Klasse der Novizen (Picciotto di Sgarro) eingeweiht werden und ein drei- bis sechsjähriges Noviziat unter Anleitung eines „Bruders" hinter sich bringen. Nach seiner Lehrzeit und einem Lehrstück – zu dem auch Meuchelmord gehören konnte – erfolgte die Aufnahme des „Picciotto" in den Camorristen-Grad durch ein Aufnahmeritual.

191 Nach der politischen Einigung Italiens ging die Regierung gegen die Camorra vor und verhaftete viele Mitglieder in den Jahren 1862, 1877, 1885 und später. Nach vorübergehender Schwächung Ende des 19. Jahrhunderts erstarkte die Camorra im 20. Jahrhundert, insbesondere nach Gründung der Republik Italien wieder.

192 z.B. *Rosetta Cutolo*, die Schwester eines Camorra-Anführers. Nach seiner Verhaftung 1979, soll sie die Organisation geleitet haben und ging wegen ihrer Camorra-Mitgliedschaft später für fünf Jahre ins Gefängnis. Zu den sog. Naples Godmother's zählten die Strafverfolger Anfang der 1990er Jahre, Rosetta Cutolo war schon 1981 untergetaucht und regierte vom Versteck aus, die „Grausame *Anna" Moccia*, die nach dem Tode ihres Mannes (einem Camorra-Boss der neapolitanischen Vorstadt Afragola) mindestens zehn Morde befohlen haben soll. Auch in sizilianische Cosa Nostra-Strukturen waren Frauen eingedrungen. So ging in Catania beispielsweise 1990 die Patin *Lucia Ferrera* (43) der Polizei ins Netz, die als Cosa Nostra-Chefin gefürchteter war als ihr Mann.

193 vgl. hierzu auch Longrigg, Clare: Patinnen – Die Frauen der Mafia, Karl Blessing Verlag, München 1998.

194 Durch einer Erlaß zur privaten Aneignung von Land (Editto delle Chiudende).

195 Beispielsweise überfielen 1894 rund 500 Orgolesen das Dorf Tortoli und brachten dort sämtliche Männer um, sowie drei Viertel der in einer Kaserne stationierten Gendarmen. 1922 plünderten die gefürchteten Fellsarden bei einer solchen „Bardana" einen Schnellzug aus; Postämter und Polizeiwachen folgten.

196 1925 kam es zur ersten (belegten) Kindesentführung. In der Folge kam es immer wieder zum Menschenraub. Zwischen 1945 und 1965 gab es auf Sardinien 58

Entführungen, auf dem italienischen Festland in diesen zwanzig Jahren keine. in gut dreißig Jahren, von 1960 bis 1992, haben sardische Entführerbanden, wie z.b. die Terrorgruppe „Anonima marda", 178 Entführungen durchgeführt; 31 Entführte wurden ermordet. Jede Entführung brachte den Banditi im Schnitt zwei Millionen Mark. Für kleine Dörfer, die sonst nur von der Schafzucht leben, sind die Gelder aus den Entführungen eine lukrative Einnahmequelle.

197   Seit Jahren liegt mit rund 20 Prozent die Arbeitslosenquote Sardiniens doppelt so hoch wie der Landesdurchschnitt.

198   Bis Mitte der 1960 er Jahre gab es keine Entführungen auf dem italienischen Festland. Von 1965 bis 1968 gab es auf Sardinien 18, auf dem Stiefel bereits 77 Entführungen. Um 1995 hatte sich ein Verhältnis von drei sardischen zu einhundert Festlandsentführungen herausgebildet. Als Segelsportler hatte *Aga Khan IV* (eigentlich *Karim al Hussain Schah*), religiöses Oberhaupt der islamischen Sekte der Ismaeliten, Anfang der 1960er Jahren diesen Abschnitt der Galluraküste Sardiniens entdeckt. Er kaufte zu Spottpreisen das Land von den Bauern und entwickelte einen Master Plan, der die „Smaragdküste" in ein Ferienparadies verwandelte. Der 55 km lange Küstenstrich wurde mit Hotels, exklusiven Ferienvillen und Jachthäfen bebaut. Porto Cervo, ein Fischernest, wurde zum urbanen Zentrum des Küstenstrichs. Über drei Jahrzehnte, von Mitte der 60er bis Mitte der 90er Jahre, war das Lebenswerk des Prinzen ein Refugium der Blaublütigen, Schönen und insbesondere der Reichen – und damit der potentiellen Entführungsopfer sardischer Banditi. Zu den Entführungsopfern wurden nicht nur das Lieblingspferd von Aga Khan, sondern z.B. der florentinische Industrielle Belardinelli (1989), der achtjährige Sohn Farouk des aus dem Libanon stammenden Immobilienhändlers *Fateh Kassam* (1992) und Silvia Melis (1997).

199   So wurde im Oktober 1992 auf Korsika einer der meistgesuchten Verbrecher Italiens in einem Hotel festgenommen: *Matteo Boe*. Dieser galt als einer der Anführer der sardischen Entführer- und Erpresserbanden. Boe soll auch an der Entführung des kleinen *Farouk Kassem* beteiligt gewesen sein.

200   Vor den Ordnungskräften zogen sich die Banditen in die Unzugänglichkeit des Gestrüppwaldes (Macchia) zurück, wo sie sich jahrelang verborgen halten konnten, ohne aufgegriffen werden. Selbiges zählte auch für die „Ehrenbanditen". Noch im 19. Jahrhundert galt nach korsischen Kodex die Ermordung von Polizisten (fremder Herrn) als „ehrenvolle Tat". Die Bandenkriminalität der Inselbanditen gibt es bis zum heutigen Tage. Bekannt wurde z.B. Mitte der 1980er Jahre eine Bande, die sich nach einer Hafenkneipe in Bastia, „Die Meeresbrise", nannte und der seinerzeit über 30 Morde angelastet wurden. In den 1990er Jahren verstärkten sich die Banditenaktivitäten (vor dem Hintergrund der Bruderkriege der Nationalisten). Gut organisierte Gangsterbanden gibt es heute im Norden der Insel.

201   Als Organisation ist „The Union Corse" abgeschotteter und geheimer als der sizilianische Counterpart (Unione Siciliana, gegr. 1908), so 1972 die Einschätzung des Bureau of Narcotics and Dangerous Drugs (BNDD) zur Zeit der „French Connection"-Bekämpfung.

202   Das „Vergeltungsrecht" hatte in der ersten Hälfte des 19. Jahrhunderts einen Höhepunkt, als die Zahl der durch Vendetten Ermordeten auf über 1000 im Jahr anstieg und unzählige „Ehrenbanditen" sich in der Macchia versteckt hielten. Im Buch „Vendetta und Banditentum in Korsika im 19. Jahrhundert" hieß es dazu

u.a.: „... *Korsen töteten nur um des Ruhmes willen mit einer pathologischen Neigung zur Gewalt, schossen einander nieder wegen eines Schafes oder weil ein Nachbar in einen Flintenlauf gespuckt hatte ... Schon damals bestand ein enger Zusammenhang zwischen Ehre und materiellen Interessen ...*"

203 Mit Stand von Mitte der 1990er Jahre haben auf Korsika diverse Gruppen mafiosen Charakter angenommen. Unter mafiaähnlichen Nationalistengruppen tobt ein Bruderkampf, dessen Vendetten zahlreiche Opfer fordern. Im korsischen Regionalparlament agieren auch Parteien, die nur politische Ableger mafia-ähnlicher Untergrundgruppen sind. Deren originäre politischen Ziele werden von den Verteilungskämpfen um Subventionen überlagert.

204 Zitiert n. Stephens, Meic: Minderheiten in Westeuropa, Matthiesen Verlag, Husum 1979.

205 Zitiert n. Der Spiegel 44. J. Nr. 25, 18.6.1990, S. 149.

206 Vor dem UISP-Exekutivkomitee in Luxemburg sprachen *Jerzey Stanczyk*, Ex-Hauptkommandant der polnischen Polizei und jetziger Sicherheitsberater in der polnischen Botschaft in Bonn und Botschaftsrat *Jerzy Olejniczak*.

207 Im Jahre 1989 wurden in Polen 548 000 Straftaten registriert; 1990 betrug diese Zahl schon 883 000, also eine Steigerung von 62 %. Seither hat sich die Steigerung deutlich verlangsamt, so etwa für 1995 „nur" noch um 7 % gegenüber 1994 auf 975 000 Straftaten, doch ist dies gegenüber 1989 ein Zuwachs von 75 % (n. Botschaftsrat Jerzy Olejniczek, 1997).

208 Zitiert n. Deutsche Polizei Heft 11/November 1997, S. 18.

209 Zitiert n. The Warsaw Voice, Aug. 13, 1995, Voice-Crime.

210 Zitiert n. Berliner Zeitung, 26.9.1997

211 Zitiert n. dpa-Meldung, in Der Tagesspiegel, 17.4.1998, S. 6.

212 Zitiert n. Der Spiegel Nr. 14, 30.3.1998, S. 96. In diesem Zusammenhang sei auf die „Instrumentalisierung diplomatischer Einrichtungen durch die OK" auch auf andere Gruppen hingewiesen. So steht, nach BND- Kenntnissen, beispielsweise auch die Botschaft Vietnams in Bonn in Verdacht, illegal eingereiste Landsleute heimlich Personaldokumente für Scheinehen mit Deutschen zu verschaffen (zitiert n. Focus 6. Jg. Nr. 15, 6.4.1998, S. 14).

213 Es wurde im Herbst 1996 angenommen, daß etwa 150 000 Familien oder jeder vierte der rd. 3,2 Millionen Bewohner von den Zinsen der privaten Geldleiher lebte. Diese Firmen hatten nach Weltbankschätzungen von den Bürgern rd. 3,1 Milliarden Mark geliehen. Das entsprach einem Zehntel des albanischen Bruttosozialprodukts (zitiert n. dpa-Meldung, in Berliner Zeitung, 22.10.1996, S. 12).

214 Die Wurzeln der albanischen Krise sind ein uralter Konflikt zwischen den Kulturen. Der Fluß Skhumbin gilt in Albanien seit Jahrhunderten nicht nur als Sprachscheide – die Geken des Nordens sprechen bis heute einen anderen albanischen Dialekt als die Tosken im Süden. Während der Blütezeit des byzantinischen Reiches bekehrte die griechische Orthodoxie vor allem die Tosken. Als die Osmanen kamen, machten sie die Geken zu ihren islamischen Getreuen, die sich bei den neuen Herrschern als Söldner verdingten. Im Süden Albaniens lebten sie mit Griechen – heute wird deren Minderheit auf 80 000 geschätzt – und ebenfalls orthodoxen Vlachen zusammen. Deren Orientierung nach Westen, ihre regen Handelsbeziehungen und offenere Weltanschauung aufgrund der Religion sorgten für einen höheren Bildungsgrad und besseren Lebensstandard der südalbani-

schen Bevölkerung. Die Geken orientierten sich dagegen an ihren Stammesstruk-
turen, deren rigidester Ausdruck die bis heute anhaltenden Blutrachefehden sind
– Gipfel moslemischer Rückständigkeit in den Augen des Südens. Die totale
Isolation des Hoxha-Regimes von der Außenwelt und das absolute Religions-
verbot hatten diese Gegensätze vierzig Jahre lang etwas entschärft. Doch die
Unterschiede traten nach der Wende wieder hervor. Im Süden kam schon bald
eine bescheidene Unternehmertätigkeit in Gang, Griechenland war nah, und die
sprachlichen, kulturellen und eben religiösen Bindungen mit dem europäischen
Nachbarn wurden für Geschäfte genutzt. ... Besonders im Süden gab es für die
Finanzschwindler Kapital zu holen. Und natürlich will vor allem der Süden sein
Geld zurück. Aus dieser Forderung aber entwickelte sich eine Eigendynamik,
die auch nach politischem Wandel verlangte. ... (zitiert n. Jessen, Corinna: Ein
uralter Konflikt zwischen den Kulturen, in Berliner Zeitung, 13.3.1997, S. 6).

215   Vor dem Hintergrund der bürgerkriegsähnlichen Zustände ab März 1997 regierten zunehmend Bandenchefs Albaniens Süden. Anfang Juli 1997 zählten zu den
berühmtesten unter den „Räuber-Fürsten" *Gjolek Malaj*, ein früherer Polizist –
der nun mit seiner Bande in Mamalia und Tepelena herrschte – und ein Gangster
namens *Qurku*, der in Sarande dominierte. Die Banden der beiden bekriegten
einander oder bildeten brüchige Allianzen.

216   Laut Albaniens Polizeiminister *Neritan Ceta* Anfang November 1997 wurde
von den über 2000 Schwerverbrechern nicht einmal ein Zehntel wieder gefaßt.

217   Im Rom führte die Furcht vor dem „Import der albanischen Kriminellen" zu
innenpolitischem Streit; mutmaßte man doch im Lande so viele albanischen
Mafiosi, daß um die Erfolge im Kampf gegen die IOK gefürchtet wurde. So
mühte sich Italien mit dem Rücktransport der als kriminell eingestuften Flüchtlinge nach Albanien.

218   Von den rd. 600 000 in Albanien aus Heeres- und Polizeibeständen 1997 ent-
wendeten Maschinenpistolen und schwereren Waffen waren, nach Angaben von
Polizeiminister Ceta, bis November 1997 nur knapp ein Sechstel sichergestellt
worden.

219   Nach Meinung der italienischen Fahnder (Staatsanwaltschaft Lecce) bauten Pa-
ten der Sacra Corona und der Cosa Nostra ein riesiges Betrugsnetz auf, dem
Hunderttausende Albaner ihre Ersparnisse anvertrauten. Das System war banal.
Agenten der IOK versprachen in Albanien Zinsen bis zu 50 000 (!) Prozent auf
Ersparnisse. Dabei interessierte man sich nicht für die wenigen finanzstarken
Unternehmen des Landes, sondern „kümmerte" sich um ungezählte Familien
und alte Menschen und deren Ersparnisse (zwischen 100 und 5000 Dollar).
Tatsächlich erhielten die Kunden erste Zinszahlungen, die aus den Einlagen
neuer Opfer bestritten wurden. So vertrauten immer mehr Kunden den Vermitt-
lern immer mehr Geld an. Im Herbst sollen es rd. 150 000 Familien gewesen
sein, die den Agenten insgesamt rd. 3,1 Milliarden Mark geliehen hatten. Um das
Projekt in dieser Größenordnung überhaupt realisieren zu können, bedurfte es
einer Anschubfinanzierung von mehreren Millionen Dollar. Die einzige Organisation, die bereit war, diese Beträge in Albanien gegen weniger harte Währungen
auszuzahlen, war nach Erkenntnissen eben auch die IOK. Sie hatte das Geld
durch Drogen- und Waffenhandel illegal erworben und konnte es auf diese
Weise ungehindert „waschen". Auch registrierte, aus Banküberfällen stammende Lire- und DM-Scheine soll die IOK mit dem Betrugssystem als Köder in

Umlauf gebracht haben. Die Staatsanwaltschaft in Lecce glaubte zumindest, daß die „Vefa Italia", die mit dem größten albanischen Staatskonzern „Vefa" zusammenhing, und deren Büros in Lecce durchsucht worden waren, dem genannten Zweck diente. Offizielle betrieb die Gesellschaft Im- und Export mit albanischen Gütern. Nach Angaben aus Tirana wurden (Stand Ende März 1997) nicht einmal 10 Prozent der eingesammelten Summe wieder aufgefunden. Es bestand der Verdacht, daß das Geld von Albanien ins Ausland, vermutlich nach Italien transferiert wurde. Vertreter der „Vefa Italia", die wegen mutmaßlicher Mitgliedschaft in einer kriminellen Organisation angezeigt wurden, konnten sich die Vorwürfe nicht erklären (zitiert n. Englisch, Andreas: Mafia trieb Albaner an den Bettelstab, Berliner Morgenpost, 24.3.1997, S. 2).

220   Spiegel-Interview mit Ministerpräsident Kostow in Der Spiegel Nr. 4, 19.1.1998, S. 125

221   Zitiert n. AFP-Meldung, in Der Tagesspiegel, 12.4.1997, S. 2.

222   Zitiert n. Der Spiegel, 3.11.1997, S. 168.

223   Zitiert n. Focus 5. Jg. Nr. 9, 24.2.1997.

224   So stieg die Zahl der Verbrechen von 18 671 im Jahr 1990 über 31 032 (1992), 35 157 (1993) und 51 931 (1994) auf 54 967 (1995). Quelle: Jahrbuch der Tschechischen Republik 1996.

225   Zitiert n. Schmidt, Hans-Jörg: In Prag haben die Profi-Killer Konjunktur, Berliner Zeitung, 17.8.1996, S. 7.

226   Lallemand, Alain: Russische Mafia, Lichtenberg Verlag, München 1997, S. 11 ff.

227   Die sowjetische Mafia beschreibt Arkadi Waksberg in seinem gleichnamigen Buch, Piper Verlag, München 1992.

228   In seiner Rede vor dem US-Senat, zitiert n. Lallemand, Alain: Russische Mafia, a.a.O., S. 16.

229   The World Ministerial Conference on Organized Transnational Crime, United Nations Crime Prevention and Criminal Justice Newsletter No 2627, November 1995, p. 27.

230   Zitiert n. Lallemand, Alain: Russische Mafia, a.a.O., S. 22 ff.

231   Zum Beispiel ist die Tätowierung eines grimmig blickenden Adlers mit weitgeöffneten Flügeln und ausgestreckten Krallen eine Tätowierung, die nur ein „Dieb im Gesetz" tragen darf.

232   Der „Krieg der Hündinnen" (Sutschja woina) ist eine blutige Auseinandersetzung innerhalb der ROC. Sie begann Ende der 1940er Jahre zwischen den Verfechtern eines strikten mofiosen Ehrenkodexes - vor allem lehnten sie jede Zusammenarbeit mit dem sowjetischen Staat ab - und den Pragmatikern, die während der deutschen Offensive in der Armee *Stalins* dienten. Die „Hündinnen" oder „Suki" sind Verbrecher, die sich für den letzteren Weg entschieden haben (Lallemand 1996).

233   Zitiert n. Lallemand, Alain: Russische Mafia, a.a.O., S.35. Die ROC bewegt sich vornehmlich unter den eigenen Landsleuten. Für die USA schätzte 1994 die US-Telefongesellschaft AT & T die russischsprachige Bevölkerung auf eine Million, darunter gut 10 (bis weit über 20 % sowjetischer Juden bzw. Juden aus der GUS). In Brighton Beach, dem New Yorker „Little Odessa" in Brooklyn, Sitz der russisch-jüdischen Emigranten-Mafia, lebten im November 1997 rd. 60 000 Russen.

234 *Tengis Marianaschwili*, Ex-Leibwächter von *Efim Laskin* (der als Kopf der „Organisazija für Westeuropa" im September 1991 in München ermordet wurde), war im Raum Berlin eine ROC-Autorität und ein erbitterter Feind der Tschetschenen. Sein Rivale, ebenfalls in Berlin lebend, war der tschetschenische Killer *Saidamin Mussosttow*, der die Schießerei vor dem Berliner Restaurant „Gianni" geplant haben soll. Der Tschetschene wurde im selben Jahr in den Niederlanden ermordet.

235 1926 legalisierte die französische Kolonialmacht den Cannabisanbau im Norden Morokkos, um die jüngst unterworfenen Berberstämme des Rif zufriedenzustellen und überließ die Produktion der Kontrolle der marokkanischen Verwaltungsstelle für Kif und Tabak. Die Steuereinnahmen auf den Kif wanderten in die französischen Staatskassen. Erst 1954, am Vorabend der Unabhängigkeit Marokkos, verbot Frankreich das Cannabis wieder.

236 Neben den illegalen Marokkanern, vor acht Jahren z.B. schon über 100 000 in Spanien, lebten legal in Europa Anfang der 1990er Jahre 148 000 in den Niederlanden, 135 000 in Belgien, 550 000 in Frankreich, 80 000 in Italien und fast 60 000 in Spanien.

237 So wurden im März 1997 zum Beispiel bei einem Anschlag auf ein marokkanisches Cafe im Brüsseler Stadtteil Molenbeek, in welchem auch mit Drogen gehandelt und um Geld gespielt wurde, vier Menschen getötet und fünf verletzt. Das Cafe konkurrierte mit einem anderen Lokal in der Nähe, das von Türken geführt wurde. Unter den fünf festgenommenen Verdächtigen des Brandanschlages war auch ein Marokkaner (zitiert n. AFP-Meldung, in Der Tagesspiegel, 18.3.1997, S. 28).

238 Am 1. Oktober 1960 wurde Nigeria unabhängig und bildete eine Föderation aus den Regionen Ost, Nord, West und ab 1963 auch Mittelwest. Der Sezessionsversuch der lange versklavten Ibo der Ostregion (Biafra) führte zu einem Bürgerkrieg zwischen der Region und der Zentralregierung, der von 1967 bis 1970 das Leben von 50 000 Soldaten und mehr als einer Million Zivilisten forderte. Die Mißstände (mit zunehmender Korruption) blieben in der Nachkriegszeit.

239 Betrug im Ausland wurde erstmalig 1973 in den USA notiert. Hochprofessionell weltweit läuft dieser „Brief-Betrug" seit 1988, zuerst in den reichen Ländern Europas (Großbritannien, Deutschland), Amerikas (USA, Kanada, später Mexiko) und Asiens (Japan, später Thailand); seit der Wende in Osteuropa seit 1992 auch in Rumänien, Polen und Bulgarien. Mit Stand Anfang 1995 waren Fax-(Betrugs-)Briefe aus Lagos in 66 Ländern aufgetaucht.

240 Zitiert n. AP-Meldung, in Frankfurter Allgemeine Zeitung, 2.2.1996, S. 9.

241 Zitiert n. AP-Meldung, in Der Tagesspiegel, 6.4.1994, S. 1.

242 Jede „Zelle" wird von einem „Leutnant"geführt; nur er kennt die Anführer weiterer Zellen. Seine Soldaten werden in Lagos und London (z.B. in Dokumentenfälschung) ausgebildet. Jeder „Soldat" hat eine bestimmte Aufgabe (nach einem Bericht der britischen Polizei für einen US-Nachrichtendienst).

243 Im Februar 1990 wurde der von *Botha* 1986 verhängte Ausnahmezustand von *De Klerk* aufgehoben.

244 Die nun deutliche Abkehr von der Apartheid zeigte sich u.a. in der Einführung eines neuen Rechtssystems, das sich in seiner Praxisanwendung auch deutlich von der regiden Apartheidvergangenheit unterscheiden wollte. Das führte dazu,

daß die (in Teilen von der Apartheid noch immer nicht ganz freien) Sicherheitskräfte die öffentliche Ordnung nur selten garantieren können und die Polizei-
kräfte die Expansion der Kriminalität nicht eindämmen können. Die quasi zum
Ausgleich (für die vorherige Apartheid) praktizierte hohe Toleranz (so der Kapstädter Kriminologe *Wilfried Schärf*) hat ab Mitte der 90er Jahre zu einer be-
drohlichen Sicherheitslage geführt.

245   Zitiert n. Räther, Frank: Soldaten gehen auf Gangsterjagd, Berliner Zeitung,
7.9.1996, S. 8.

246   Die Moslemgruppe „Pagad" (= People against gangsterism and drugs) wurde
1995 in den Townships von Kapstadt als Bürgeraktion gegen das allgenwärtige
Verbrechen gegründet. Die militante Gruppe zählt rund 5000 straff organisierte
Mitglieder. Am Sonntag, 4. August 1996, zogen um die 2000 Pagad-Anhänger
vor das Haus des Gangsterbosses Staggi, um gegen dessen Rauschgifthandel zu
protestieren. Die aufgebrachte Menge holte sich *Rashaad Staggi*, übergoß ihn
mit Benzin und zündete ihn an.

247   Zitiert n. Drechsler, Wolfgang: Schlimmer als die Apartheid, Der Tagesspiegel,
17.8.1996, S. 6.

248   Ab 1983 fingen die Strafverfolgungsbehörden an, intensiv Beweismaterial gegen die New Yorker Unterwelt und ihre Paten zu sammeln. Dem FBI war zuvor
durch das sog. Rico-Gesetz (Racketeering Influenced and Corruption Organiza-
tions-Act), das der US-Kongreß 1979 verabschiedete, die Möglichkeit gegeben
worden, strukturierte kriminelle Organisationen wegen ihrer gesamten kriminellen Tätigkeiten strafrechtlich zu verfolgen. Durch das „Rico- Gesetz" ermächtigt, entwickelte das FBI eine „Unternehmenstheorie" der Ermittlungen. In diesem Zusammenhang führten Vorfeldermittlungen zu einem umfangreichen Datenbestand („Racketeering Enterprise Investigations"). Die 1987 weiterentwik-
kelte „Unternehmenstheorie" des FBI konzentrierte sich nicht nur auf die einzelnen, insgesamt 25 LCN-Familien, sondern auf die gesamte LCN als „eine gemeinsame kriminelle Verschwörung auf nationaler Ebene der USA". Die Ermittlungen gegen einzelne LCN-Familien blieb bestehen. Wichtig waren jedoch die
Ermittlungen gegen die gesamte Organisation, um die gegenseitige Beeinflus-
sung und die Absprachen zwischen den Familien zu erkennen (zitiert n. FBI-
Direktor *William S. Sessions*: Die Bekämpfung der OK in den USA durch das
FBI, Rede anläßlich einer Fachtagung am 4. Dezember 1992 in München; zitiert
n. Konrad Freiberg).

249   Hell's Angels Präsident *Chuck Zito* war früher auch Leibwächter des belgischen
Action-Schauspielers *Jean-Claude Van Damme*. Anfang Februar 1998 gerie-
ten beide in dem New Yorker Nachtclub „Scores" heftig aneinander. *Zito*, inzwischen selbst im Film- und Fernsehgeschäft, schlug *Van Damme* mit einem
einzigen Fausthieb zu Boden. Der k.o.-Geschlagene konnte den Club aber ohne
fremde Hilfe verlassen (AFP-Meldung, in Der Tagesspiegel, 8.2.1998, S. 32).

250   Das Höllen-Engel-Logo, den Totenkopf mit Schwinge, hatte Angels-Boss *Sonny
Barger* in den USA als Markenzeichen unter der Nummer 926-590 patentieren
lassen. 1996 verkaufte die schwedische Ortsgruppe Artikel mit dem geschützten
Logo im Internet und sammelte Geld für einsitzende Gang-Mitglieder.

251   Als in Frankreich ein abtrünniger Hell's Angel einen Bandido-Club aufbauen
wollte, wurde er von Ex-Kumpels 1991 mit einer Pistole zusammengeschossen.
In Kanada tobte von 1994/95 an über achtzehn Monate ein Kampf zwischen

„Jokers", dem dortigen Ableger der Hell's Angels, und ihren regionalen Widersachern. In dieser Zeit starben 28 Rocker. Anfang Mai 1996 rüsteten im Großraum Toronto 350 Rocker für eine große Vergeltungsschlacht gegen die Hell's Angels. In Dänemark störten Anfang der 80er Jahre die „Bullshits" die Kreise der Hell's Angels. Sie gaben auf, als ein Dutzend ihrer Mitglieder ermordet war (Zitiert n. Focus 4. Jg. Nr. 19, 6.5.1996, S. 270-271).

252 Zitiert n. AFP-Meldung, in Der Tagesspiegel, 12.10.1996, S. 28.

253 Zitiert n. AP-Meldung, in FAZ, 2.2.1996, S. 9.

254 Aus der jamaikanischen Creole-Sprache Patois und der engen Verbindung zu ihrer Heimat Jamaika leiten die in England seßhaften Gruppen ihren Namen „Yardies" ab. „Yard" ist ein Slangausdruck für Zuhause, und den Banden gefällt die Assoziation mit ihren Wurzeln.

255 Zitiert n. Freemantle, Brian: Importeure des Verbrechens, W. Heyne Verlag, München 1998, S. 92.

256 Unter den organisierten jamaikanischen Banden in den USA (Posses) war die berüchtigste Gruppe die „Shower Posse", angeblich von einem Kolumbianer geführt. Sie bekam den Namen, weil sie ihre Opfer mit einem Kugelhagel tötete, der einer Wasserstrahl aus der Dusche ("Shower") glich.

257 Zitiert n. DEA Briefing Book, U.S.Department of Justice, Public Affairs Section, October 1996, p. 19 und DEA Drug Intelligence Report: Changing Dynamics of the U.S. Cocaine Trade, U.S.Department of Justice, Intelligence Devision, August 1997, p. 3f.

258 Zitiert n. AFP-Meldung, in Der Tagesspiegel, 20.5.1998, S. 7.

259 Zitiert n. AFP-Meldung, in Der Tagesspiegel, 22.5.1998, S. 2.

260 Zitiert n. Reuter-Meldung, in Neue Zürcher Zeitung (NZZ) Nr. 227, 1.10.1997.

261 Zitiert n. Buss, Hero: Die Kokainhändler sind weiter im Geldrausch, in Die Welt, 10.5.1997.

262 Gemeint ist hier nicht das Freimaurertum als solches, sondern verbotene Freimaurerlogen, die das organisierte Verbrechen decken und politischen Einfluß ausüben wollen. Ihre Gemeinsamkeit: Sie alle führen das Wort „Orient" in ihrem Namen. Die aktivste und mächtigste von ihnen ist die „Grande Orient Lodge de France" ... In Belgien gibt es aktive Orient-Logen ... In Italien wurde ein Nebenarm einer Orient-Loge mit dem Namen Propaganda Due (P2) bekannt ... (Freemantle 1998).

263 Innerhalb eines Jahres nach dem Zusammenbruch des Kommunismus in der Sowjetunion steuerte die irreguläre italienische Orient-Loge die Gründung zweier Logen in der tschechischen und der slowakischen Republik, zweier Logen in Polen und einer in Rußland. Französische Freimaurer – die traditionelle Freimaurerbewegung bezeichnet solche nicht anerkannten Logen als „irregulär" – ermutigten die Gründung von Logen in der ehemaligen Tschechoslowakei, in Rumänien, dem auseinanderbrechenden Jugoslawien, in Ungarn und Rußland. Alle wurden ursprünglich als Exillogen gegründet, und ihre Treffen fanden in Paris statt. Unter diesem Deckmantel konnte die Mafia des ehemaligen kommunistischen Imperiums gedeihen: Die Orient- Logen bereiteten die Kanäle für versteckte Verbindungen zum organisierten Verbrechen im Westen (Freemantle, 1998).

264 Zitiert n. Freemantl, Brian: Importeure des Verbrechens, a.a.O., S. 39.

265 Eine Situation, die man mit der in Deutschland nicht vergleichen kann. In Italien wird befürchtet, daß aus den geheimen Bruderschaften ein „Staat im Staate" erwachsen könnte, der die demokratischen Institutionen noch weiter aushöhlt (Schönau, 1998).

266 s.a. Meichsner, Friedrich: Palermos Loge nach dem „alten Ritus", Die Welt, 10.3.1986, S. 18.

267 Zitiert n. Reuter-Meldung, in Der Tagesspiegel, 19.8.1986, S. 19.

268 Zitiert n. Schönau, Birgit: Freimaurer unter Mafiaverdacht, Der Tagesspiegel, 5.11.1992, S. 40.

269 *Gelli* verstand die P2 als Nachfolgerin der 1890 entstandenen „Loge Propaganda", die sich zum Ziel gesetzt hatte, Regierungsmitglieder zu stellen und dunkle Finanzgeschäfte zum Vorteil ihrer Logenbrüder zu steuern.

270 Es wurde offenkundig, daß die von Gelli geschaffene P2 alles andere war als eine religiös-ethische Organisation. Bei der Loge handelte es sich vielmehr um eine von der CIA aus der Taufe gehobene Geheimgruppierung, der die Aufgabe zukam, in Italien amerikanische Interessen zu vertreten. „Paese Sera" schrieb im Juni 1981, daß die Führer der Geheimdienste der USA und Vertreter der italienischen Rechtskräfte bereits 1969 beschlossen hatten, eine als Freimaurervereinigung getarnte subversive Organisation zu bilden. Sie sollte dazu beitragen, in der italienischen Politik einen radikalen Umschwung herbeizuführen. Nach Angaben der römischen Zeitung „La Repubblica" befand sich die Zentrale der Freimaurer-Exekutive in Monte Carlo. Sie verfügt(e) über Exekutivorgane in Paris, Genf und New York. Aus New York erhielten die Logenbrüder finanzielle und wirtschaftliche Unterstützung (zitiert n. Kowaljow, E. und Malyschew, W.: Terror – Drahtzieher und Attentäter, Militärverlag der Deutschen Demokratischen Republik, Berlin 1986, S. 210).

271 Zitiert n. Freemantle, Brian: Importeure des Verbrechens, a.a.O., S. 38.

272 *Michele Sindona* stammte aus einer relativ wohlhabenden sizilianischen Familie in Patti. Nach ersten, aber gründlichen Lehrjahren in einer Kanzlei und bei kommunalen Finanzbehörden ging er 1946 in den Norden. Als Spezialist für das komplizierte italienische Steuerrecht war er schon bald in Mailand erfolgreich und gewann das Vertrauen mächtiger Industrieller, Bankiers und der regionalen Interessenverbände. Als Spezialist entwickelte er ein Gespür für marode Firmen, die er übernahm, sanierte, mit anderen fusionierte, wieder verkaufte etc. und so am Ende ein Imperium von Verbindungen und Beteiligungen schuf, die für das Italien der damaligen Zeit einmalig war. Er erreichte Größenordnungen, die ihn in die Nähe der Agnellis und anderer Industriebarone brachte. Eine besondere Beziehung entwickelte sich zu dem damaligen Erzbischof von Mailand, Kardinal Montini, dem späteren *Papst Paul IV*. Mit ihm verbanden sich gemeinsame Interessen und politische Haltungen. Mit dadurch wurden Sidonas Beziehungen zu den Spitzen der Politik, aber auch jene zu der Finanzmacht des Vatikan begründet. Die Gründe für das endliche Scheitern Sindonas sind vielschichtig. Eine Rolle dabei spielen auch sein Zusammentreffen mit *Roberto Calvi*, dem Chef der Banco Ambrosiana (der 1982 erhängt in London aufgefunden wurde), *Licio Gelli*, P2-Großmeister und einem betrügerischen Devisenhändler. Es spricht auch vieles dafür, daß *Sindona* als Bankier in Geldwaschaktionen der Mafia verwickelt war. Nach seiner Verurteilung durch ein italienisches Gericht kam

Sindona in das Hochsicherheitsgefängnis von Voghera bei Mailand, wo er im März 1986 durch mit Cyanid versetzten Kaffee vergiftet wurde (s.a. Tosches, Nick: Geschäfte mit dem Vatikan – Die Affäre Sindona, Wirtschaftsverlag Langen-Müller, München 1987).

273 Diese bestimmten politischen Bedingungen waren im Italien der 70er Jahre unter dem Begriff „Historischer Kompromiß" bekannt. Es ging um die Annäherung der mächtigen Parteien des Landes mit dem Ziel einer großen Koalition – der Christdemokraten (DC) unter *Aldo Moro* und der Kommunisten (KPI) unter *Enrico Berlinguer*. Insbesondere in den USA wuchs danach die Sorge, der amerikanische Einfluß könne schwinden, und der Nato-Bündnispartner würde sich für einen Neutralitäts-Status entscheiden. Im März 1978, als der „Historische Kompromiß" greifbar nahe war, wurde der DC-Chef Aldo Moro von den „Roten Brigaden" entführt. Zwei Monate später fand man die Leiche des Abgeordneten. Bis zum heutigen Tage ist in der Moro-Affäre die Rolle der P2, der CIA und der NATO-Geheimorganisation „Gladio" ungeklärt.

274 Zitiert n. Förster, Andreas: Die Flucht des Marionettenspielers, Berliner Zeitung, 12.5.1998, S. 3.

275 Im faschistischen Italien stand Gelli an der Spitze der Schwarzhemden in Pistoia. Nach dem Zusammenbruch des Faschismus floh er nach Lateinamerika.

276 Gelli war es gelungen, einen Teil der Geheimdossiers von *Mussolinis* Geheimpolizei zu erbeuten. Diese benutzte er dazu, viele einflußreiche Leute in Italien zu erpressen, die mit dem faschistischen Regime ihres Landes zusammengearbeitet hatten. Einige italienische Blätter sind der Ansicht, daß Gellis Nachkriegsreichtum aus dem zusammengeraubten Goldschatz der Ustaschafaschisten des kroatischen Diktators *Ante Pavelic* stammt. Zum Zeitpunkt seiner Verhaftung im September 1982 besaß Gelli jedenfalls eine ganze Anzahl exklusiver Häuser nicht nur in Italien, sondern auch in Mexiko, Uruguay, Paraguay und Brasilien. Sein Gesamtvermögen wurde auf die phantastische Summe von 100 Milliarden Lire geschätzt (zitiert n. Kowaljow, E. u. Malyschew,W.: Terror, a.a.O., S. 187).

277 Zitiert n. dpa-Meldung, in Der Tagesspiegel, 24.5.1998, S. 5 und Berliner Zeitung, 25.5.1998, S. 7.

278 In der Zeit der ersten Diktatur *Batistas* (1933-39) verlagerte die Führungsperson der jüdischen OK *Meyer Lansky* 1938 seine „Glücksspieldienste" auch nach Kuba, richtete damals schon das „Grand Casino Nacional"und das Casino an der Rennbahn ein. Von 1940-44 war Batista Präsident Kubas. Mit Amtsantritt von Präsident *Ramon Grau San Martin* 1944 ging Batista ins Exil in die USA, wo er in Daytona Beach (Florida) lebte, in der Nachbarschaft von Lansky. 1948 kam es zum erneuten Präsidentenwechsel. Der neue Mann hieß *Carlos Prio Socarras*, der seit Jahren mit Batista bekannt war. Lansky begann vor diesem Hintergrund mit der „Operation Havanna", indem er Präsident Socarras bestach mit der Bedingung, daß dieser wieder Batista nach Kuba ließ. Anfang der 50er Jahre kam Batista auf die Insel, verübte 1952 einen Staatsstreich und wurde wieder Diktator, bis er sich wieder (wie 1940) 1954 zum Präsidenten wählen ließ. Für die Glücksspielsaison 1953/54 bot Batista dem Fachmann Lansky an, sein Berater für die „Glücksspielreform" zu werden. Über Jahre arbeitete nun das Syndikat mit dem korrupten System zusammen, bis der Batista-Clan 1958/59 von *Fidel Castro* gestürzt wurde (floh Ende 1958 in die USA, ging 1959 nach Europa, wo er am 6.8.1973 in Marbella/Spanien starb).

279 Zitiert n. Schreiter, Helfried: Mafia gegen Moskau, in Der Stern Heft Nr. 49, l.12.1988, S. 266.

280 Zitiert n. FR-Dokumentation „Die Droge ist das Geschäft des Königs und der hohen Tiere", Frankfurter Rundschau, Nr. 259, 7.11.1994, S. 12.

281 Daraufhin brachen 99 Jugendliche aus einem Jugendgefängnis in Wynberg aus, um in den Krieg gegen Pagad einzusteigen. Erst wurde ein muslimischer Taxifahrer ermordet, der vor Staggies Haus mit dabeigewesen sein soll, dann feuerten Unbekannte in Manenberg aus Maschinenpistolen auf das Haus eines religiösen Muslimführers. Die Gangster drohen mit weiteren Angriffen auf Moscheen und islamische Geschäfte (zitiert n. Räther, Frank: Tod den Dealern, in Focus 4. Jg., Nr. 34, l9.8.1996, S. 195).

282 Zitiert n. Ziegler, Jean: Die Barbaren kommen, a.a.O., S. 68 f.

283 Zitiert n. Reichmann, Hannes: Das Netzwerk der Wiener Paten, in Revue Wirtschaftswoche, Wien, Nr. 18, 18.11.1995.

284 Zitiert n. dpa-Meldung, in Der Tagesspiegel, 7.11.1992, S. 32.

285 Zitiert n. Reuter-Meldung, in Der Tagesspiegel, 11.10.1993, S. 5.

286 Zitiert n. dpa-Meldung, in Der Tagesspiegel, 13.10.1993, S. 31.

287 Die Allianz zwischen russischen und italienischen Mafia-Clans handelte vermutlich der Armenier **Rafael „Rafik" Bagdasarian**, genannt „Swo", aus. Als diese moralische Autorität im Sommer 1993 im Moskauer Hochsicherheitsgefängnis von Lefortowo ermordet wurde, waren auf seiner Beerdigung im Juli in Eriwan Vertreter der türkischen, amerikanischen, deutschen und italienischen Kriminalität zugegen. Nach Stephen Handelman, dem ehemaligen Moskauer Bürochef des „Toronto Star", besaß „Swo" in der internationalen Verbrecherwelt so etwas wie den Rang eines Diplomaten: *„In den Versammlungen der russischen Underworld setzte er sich für eine Beteiligung am Drogenhandel, am Immobiliengeschäft und an weiteren Aktivitäten ein, die dem sowjetischem Banditentum den Einstieg in das neue Zeitalter des kriminellen Kapitalismus ermöglichen sollten. Swo gehörte zu jenen „Wory", die die Chancen der postkommunistischen russischen Wirtschaft für die ausländischen Verbrechersyndikate erkannten, und verwandelte sich in einen gerissenen und unnachgiebigen Unterhändler. Er arbeitete mit seinem ausländischen Alter ego an dem Ausbau neuer Absatzmärkte für Drogen und Waffen in Osteuropa und im Nahen Osten. Sieben Monate vor seiner Ermordung setzte er sich aktiv für die – dann auch geschlossene – Allianz zwischen russischen und italienischen Verbrechersyndikaten ein. Einige behaupten sogar, er hätte eine Abmachung mit den Kolumbianern ausgehandelt* (zitiert n. Lallemand, Alain: Russische Mafia, a.a.O., S. 130 f).

288 Zitiert n. Phillips, John: Russian Mafia links up with Cosa Nostra, The Times, November 14, 1994.

289 Zitiert n. Focus 5. Jg. Nr. 13, 24.3.1997, S. 243.

290 Zu den Aktivitäten von **Juri Essine** Staatsanwalt **Piero Luigi Vigna** im März 1997: *„Einerseits kommandierte er die kriminellen Aktivitäten seines Clans wie Schutzgelderpressung, Waffen- und Drogenhandel und die Prostitution in Rußland. Andererseits war er für die Investitionen illegaler Gelder in Italien verantwortlich".* Vigna schätzte, daß zwischen 1993 und 1995 sieben bis zehn Milliarden Mark schmutzigen ROC-Geldes nach Italien geflossen sei. Investiert wurde das Geld vor allem in Industriebetrieben und Touristikunternehmen in Mittel- und Norditalien" (Focus 13/97, S. 243 f).

291 Erklärung des Staatssekretärs im russischen Innenministerium, General *Michail Yegorow*, am 26. Mai 1994 während eines Hearings im US-Senat. Nach Yegorow waren seinerzeit auch 47 russische Gangstergruppen in Deutschland tätig (zitiert n. Raith, Werner: Das neue Mafia-Kartell, Rowohlt Berlin Verlag, Berlin 1994, S. 8).

292 Zitiert n. Amir, Menachem: Organized Crime in Israel, a.a.O., p. 30 ff.

293 Polizeiminister *Schahal* hatte für Israel auch an der Internationalen Verbrechenskonferenz der UN in Neapel (World Ministerial Conference on Organized Transnational Crime) vom 21. bis 23. November 1994 teilgenommen. In einem Interview des israelischen Rundfunks sprach er danach von der Kenntnis, daß ein erneutes Treffen der ROC in einem Tel Aviver Hotel stattfinden würde. Nach Tom Sawichis (Jerusalem Post) war dies nicht das zweite, sondern bereits das dritte Treffen. Ein 1. Gipfel, der sowohl den Geschäften als auch der Erholung diente, wäre bereits im Sommer 1993 im Tel Aviver Hilton abgehalten worden (n. Sawicki, T.: Mobster's paradise, in Jerusalem Report, March 9, 1995.).

294 vgl. auch Roth, Jürgen: Die Russen-Mafia, Rasch und Röhring Verlag, Hamburg 1996, S. 46.

295 Zitiert n. Lallemand, Alain: Russische Mafia, a.a.O., S. 241.

296 vgl. auch von Rimscha, Robert: Kampfhubschrauber für statt gegen Kokain, Der Tagesspiegel, 6.10.1997, S. 5.

297 Zitiert n. Englisch, Andreas: Deutschland – Tummelplatz der Mafia, Berliner Morgenpost, 28.5.1995, S. 3.

298 Zitiert n. dpa-Meldung, in Der Tagesspiegel, 12.2.1996, S. 24.

299 Zitiert n. Raith, Werner: Das neue Mafia-Kartell, Rowohlt Berlin Verlag, Berlin 1994, S. 21 f.

300 „Gladio" ist der Code-Name (abgeleitet von Gladio = Kurzschwert der römischen Legionäre/Gladiatoren) für eine 1951 (?) gegründete Geheimorganisation, die das westliche Verteidigungsbündnis NATO als Agentennetz unterstützte. Gründungsdienst war die CIA, die mit einer „Operation Schwert (Gladio)" im Kalten Krieg „einem Einmarsch des Warschauer Paktes sofort begegnen" wollte, so jedenfalls *William Colby*, CIA-Direktor von 1973 bis 1975 in einem Interview mit dem italienischen Magazin „L' Espresso" im November 1990. Ausgebildet wurden die „Gladiatoren" bei Poglina auf Sardinien in einem Zentrum für Saboteure, das dem militärischen Geheimdienst SISMI unterstellt war. Top-Gladiatoren sollen vom britischen „Secret Service" ausgebildet worden sein. Gladio-Agenten, die wohl auch Kontakte zu Logenbrüdern der P2 hatten, sollen in Italien für Bombenanschläge zwischen 1969 und 1984 (Reuter, 10.11.90) verantwortlich sein. Im Zusammenhang mit der italienischen Einheit von Gladio, die u.a. vom Geheimdienstorganisator *Vito Miceli* (wurde wg. Umsturzversuch am 8. Dez. 1970 festgenommen), deren Existenz *Giulio Andreotti* am 2. August 1990 zugab, geriet der Ministerpräsident unter Druck. Von November 1990 an wurde von Italien ausgehend, wo die Gladio-Auflösung gefordert wurde, der Gladio-Wirkungskreis bruchstückhaft bekannter: in Belgien leitete Verteidigungsminister *Guy Coeme* eine offizielle Untersuchung über die Existenz von Gladio an (dpa, 11.11.90); in der Bundesrepublik bestätigte Regierungssprecher Klein die Existenz in Deutschland (taz, 15.11.90); Gladio-Ableger gab es auch im neutralen Schweden (Reuter/dpa, 19.12.90). In den Ländern, in denen die Exi-

stenz von Gladio-Ablegern zugegeben wurde, wurde die Auflösung der geheimen Gruppe, die 1959 der NATO unterstellt worden war (Andreotti) und die besonders in Südeuropa aktiv war, angekündigt.

301   Zitiert n. Der Spiegel 47. Jg. Nr. 43, 25.10.1993, S. 212.

302   vgl. auch David, Wolfgang: Vor der Zarin kuschte jeder, in Rheinischer Merkur Nr. 16, 22.4.1994, S. 27.

303   Zitiert n. Attanasio, Taci Anne: The Ermergence of Russian Organized Crime (ROC), The Narc Officer, May/June 1994, p. 91.

304   n. Adams, Nathan M.: Menace of the Russian Mafia, Reader s Digest, August 1992, p. 33-40.

305   Zitiert n. Der Spiegel Nr.41, 6.10.1997, S. 341.

306   Zitiert n. Köhne, Gunnar: „Patin oder Pate" der Drogenmafia? Berliner Zeitung, 13.11.1996, S. 3.

307   Zitiert n. Focus 4. Jg. Nr. 48, 25.11.1996, S. 325 f.

308   Zitiert n. Herrmann, Frank: Der Agha von Bucakistan, die Mafia und Frau Ciller, Berliner Zeitung, 10.12.1996, S. 6.

309   Zitiert n. dpa-Meldung, in Der Tagesspiegel, 24.1.1998, S. 6.

310   Das Erbe dieser historischen Verbindung besteht u.a. bis zum heutigen Tage darin, daß auch die neue Polizei in der Verbrechensbekämpfung nicht so auftritt und agiert, wie man es eigentlich von einer demokratischen Polizei in einem Rechtsstaat erwarten könnte. Die gefürchteten Geheimdienste der Apartheid-Regierung sollten völlig neu gestaltet werden. Schon im Oktober 1994 veröffentlichte der Justizminister der RSA, *Dullah Omar*, mehrere Gesetzesvorlagen, nach denen die Dienste zu einer für das Inland zuständigen National Intelligence Agency (NIA) und einen mit der Auslandsaufklärung beauftragten South Africa Secret Service (SASS) zusammengefaßt werden. Ein Ausschuß soll das Parlament einmal jährlich über die Arbeit der Dienste unterrichten (dpa-Meldung, Tagesspiegel, 22.10.1994, S. 5).

311   Zitiert n. Posner, Gerald: Die chinesische Mafia – die Triaden, Gustav Lübbe Verlag, Bergisch Gladbach 1991, S. 332 f.

312   Zitiert n. Der Spiegel Nr. 42, 13.10.1997, S. 218 ff.

313   Schätzung des Hongkonger Wochenmagazins Trend 1997.

314   Zitiert n. Focus 4. Jg. Nr. 41, 7.10.1996, S. 332.

315   Zitiert n. dpa-Meldung, in Berliner Morgenpost, 7.9.1992, S. 5.

5 Literatur und Quellennachweise

Adams, James (1990):
Wer finanziert den Terror? – Die geheimen Geldgeber
terroristischer Organisationen,
Gustav Lübbe Verlag, Bergisch Gladbach

Agee, Philip (1993):
CIA Intern – Tagebuch 1956-1974
Europäische Verlagsanstalt, Hamburg

Albaz, Jewgenija (1992): Geheimimperium KGB – Totengräber der Sowjetunion,
Deutscher Taschenbuchverlag, München

Alexander, Shana (1989):
Pizza Connection – Der Prozess gegen die Drogenmafia,
List Verlag, München

Amir, Menachem (1996):
Organized Crime in Israel, in Transnational Organized Crime Vol 2,
Winter 1996, No. 4, p. 21-39

Anonymus (1989):
Mein Leben für die Mafia – Der Lebensbericht eines ehrbaren Sizilianers,
Rowohlt Verlag, Reinbek bei Hamburg

Arlacchi, Pino (1986):
Mafia Business – The Mafia Ethic & The Spirit of Capitalism,
Verso, London

Aspen Institute Berlin (1996):
Crime in a borderless Europe – Report on an Aspen Institute Berlin conference
(March 17-19, 1996) prepared by John Harris and Katrin Töns,
Aspen Institute Berlin (AIB), Berlin

Badey, James R. (1988):
Dragons and Tigers,
Palmers Enterprises, Loomis, California

Beit-Hallahmi, Benjamin (1988):
Schmutzige Allianzen – Die geheimen Geschäfte Israels,
Kindler Verlag, München

Bergreen, Laurence (1996):
Al Capone – Ein amerikanischer Mythos,
F. A. Herbig Verlagsbuchhandlung, München

Black, Ian und Morris, Benny (1994):
Mossad Shin Bet Aman – Die Geschichte der israelischen Geheimdienste,
Palmyra Verlag, Heidelberg

Blok, Anton (1981):
Die Mafia in einem sizilianischen Dorf 1860-1960,
Suhrkamp Verlag, Frankfurt/Main

Blumenthal, Ralph (1988):
Last Days of the Sicilians – At War with the Mafia. The FBI Assault on the
Pizza Connection, Bloomsbury, London

Borovicka, Vaclav Pavel (1989):
Mafia – Organisiertes Verbrechen in Amerika,
Verlag Das Neue Berlin, Berlin

Cagnetta, Franco (1986):
Die Banditen von Orgosolo – Portrait eines sardischen Dorfes,
Cooperative-Verlag, Frankfurt/Main

Calvi, Fabrizio (1993):
Jenseits von Palermo – Gehört Europa der Mafia?
F. A. Herbig Verlagsbuchhandlung, München

Campbell, Rodney (1978):
Unternehmen Luciano – Die Rolle der Mafia im Zweiten Weltkrieg,
Europaverlag, Wien München Zürich

Caponnetto, Antonino (1993):
Die Antimafia – Wie dem organisierten Verbrechen der Prozeß
gemacht werden kann,
Droemersche Verlagsanstalt Th. Knaur Nachf., München

Caroccio, Mary A. (1997):
Chronology of Organized Crime, Drug Trafficking, and Money Laundering in
South Africa, November 1994 – October 1997, in Transnational Organized
Crime Vol 3, Summer 1997, No. 2, p. 150-164

Carter, David L. (1997):
Emerging Trends in International Organized Crime,
A Presentation at the l9th International Asian Organized Crime Conference,
Orlando, Florida

Chesneaux, Jean (1976):
Weisser Lotus, Rote Bärte – Geheimgesellschaften in China,
Verlag Klaus Wagenbach, Berlin

CSIS Task Force (1997):
Report „Russian Organized Crime – Global Organized Crime Project",
The Center for Strategic and International Studies, Washington

Davis, John H. (1989):
Mafia – Schattengeschichte der USA,
Schweizer Verlagshaus, Zürich

Delle Donne, Vincenzo (1993):
Falcone – Die Biographie
Verlag Ullstein, Frankfurt/Main Berlin

Dorigo, Joe (1993):
Mafia – Die Geschichte der ehrenwerten Gesellschaft,
Heel AG, Schindellegi, Schweiz

Eddy, Paul u. Sabogal, Hugo u. Walden, Sara (1989):
The Cocaine Wars
Bantam Bokks, Toronto New York London Sydney Auckland

Elliott, Michael und Waller, Douglas et al (1993):
Global Mafia – The New lords of Worldwide Crime
(A Newsweek Investigation, Special Investigation) Newsweek, December 13,
1993, p. 8-19

Falcone, Giovanni (1991):
Cose di Cosa Nostra,
Rizzoli, Milano

Falcone, Giovanni / Padovani (1992):
Inside Mafia,
F. A. Herbig Verlagsbuchhandlung, München

Faligot, Roger und Kauffer, Rémi (1988):
Der Meister der Schatten – Kang Sheng und der chinesische Geheimdienst
1927-1987,
Ehrenwirth Verlag, München

Falkner, Thomas (1989):
Terrorismus-Report – Rom, Stockholm, Beirut und andere Schauplätze,
Urania-Verlag, Leipzig, Jena, Berlin

FBI (1992):
Eurasian/Eastern European Organized Crime,
Federal Bureau of Investigation / Criminal Investigation Division
U.S. Department of Justice, Washington

Fei-Ling Davis (1977):
Primitive Revolutionaries of China – A study of secret societies of the late
nineteenth century,
Heinemann Educational Books (Asia) Ltd., Hong Kong Singapore Kuala
Lumpur

Freemantle, Brian (1998):
Importeure des Verbrechens - Europa im Griff der organisierten Kriminalität,
W. Heyne Verlag, München

Freiberg, Konrad und Thamm, Berndt Georg (1992):
Das Mafia-Syndrom – Organisierte Kriminalität:
Geschichte – Verbrechen – Bekämpfung
Verlag Deutsche Polizeiliteratur, Hilden

Frier, James C. (1993):
Organized Crime and Gang Activities, in
The Narc Officer March/April 1993, p. 37-42

Gambetta, Diego (1994):
Die Firma der Paten – Die sizilianische Mafia und ihre Geschäftspraktiken,
Deutscher Taschenbuchverlag, München

Giancana, Sam und Chuck (1992):
Giancana – Der Pate der Macht,
Gustav Lübbe Verlag, Bergisch Gladbach

Gordiewsky, Oleg und Andrew, Christopher (1990):
KGB – Die Geschichte seiner Auslandsoperationen von Lenin bis Gorbatschow,
C. Bertelsmann Verlag, München

Gude Hohensinner, Hannelore (1998):
Die Genoveses – Eine Familie, die Angst zu Geld gemacht hat,
Europaverlag, München -Wien-Zürich

Gugliotta, Guy und Lee, Jeff (1989):
Die Kokain Bosse – Der schockierende Tatsachenbericht über den Aufstieg des
kolumbianischen Drogenkartells,
Gustav Lübbe Verlag, Bergisch Gladbach
Hamacher, Hans-Werner (1986):
Tatort Bundesrepublik – Organisierte Kriminalität,
Verlag Deutsche Polizeiliteratur, Hilden
Hartung, Thomas (1998):
Internet – Die virtuelle Welt des Verbrechens,
dp-special zur Ausgabe Deutsche Polizei 47. Jg. Nr. 4/98
Hermann, Kai und Venzago, Alberto (1990):
Yakuza – Portrait einer kriminellen Vereinigung,
Rasch und Röhring Verlag, Hamburg
Hertoghe, Alain und Labrousse, Alain (1990):
Die Koksguerilla – Der Leuchtende Pfad in Peru,
Rotbuch Verlag, Berlin
Hess, Henner (1986):
Mafia – Zentrale Herrschaft und lokale Gegenmacht,
J. C. B.Mohr (Paul Siebeck) Tübingen, 2.Auflage
Holtorf, Jürgen (1996):
Die Logen der Freimaurer – Geschichte, Bedeutung, Einfluss,
Wilhelm Heyne Verlag, München, 10. Auflage
Illesch, Andrej (1991):
Die roten Paten – Organisiertes Verbrechen in der Sowjetunion,
Rowohlt Berlin Verlag, Berlin
Kaplan, David E. und Dubro, Alec (1986):
Yakuza – The Explosive Account of Japan's Criminal Underworld,
Colliers Books, Mac Millan Publishing Company, New York
Kawamura, Gebriele (1994):
Yakuza – Gesellschaftliche Bedingungen organisierter Kriminalität in Japan,
Centaurus- Verlagsgesellschaft, Pfaffenweiler
Knightley, Phillip (1989):
Die Geschichte der Spionage im 20. Jahrhundert – Aufbau und Organisation,
Erfolge und Niederlagen der großen Geheimdienste,
Scherz Verlag, Bern München Wien
Koch, Egmont R. und Sperber, Jochen (1995):
Die Datenmafia – Geheimdienste, Konzerne, Syndikate: Computerspionage und
neue Informationskartelle, Rowohlt Verlag, Reinbek bei Hamburg
Koschko, Dimitrij und Dazkewitsch, Aleksandr (1995):
Das neue Reich der Drogen – Die russische Mafia auf dem Weg zur Weltmacht?
Verlag J.H.W.Dietz Nachfolger, Bonn
Kowaljow, Eduard und Malyschew, Wladimir (1986):
Terror – Drahtzieher und Attentäter: Das Netz der CIA in Westeuropa,
Militärverlag der Deutschen Demokratischen Republik, Berlin
Krauthausen, Ciro (1997):
Moderne Gewalten – Organisierte Kriminalität in Kolumbien und Italien,
Campus Verlag, Frankfurt/Main New York

Lacey, Robert (1992):
Meyer Lansky – Der Gangster und sein Amerika,
Gustav Lübbe Verlag, Bergisch Gladbach

Lallemond, Alain (1997):
Russische Mafia – Der Griff zur Macht: Das Netzwerk zwischen Moskau,
Berlin und New York,
Lichtenberg Verlag, München

Lesnik, Renata und Blanc, Helene (1997):
Die neue Mafia-Gefahr aus dem Osten
Langen Müller in der F.A.Herbig Verlagsbuchhandlung, München

Lewis, Norman (1984):
The Honoured Society,
Eland Books, London

Longrigg, Clare (1998):
Patinnen – Die Frauen der Mafia,
Karl Blessing Verlag, München

Lowther, Nicola J. (1997):
Organized Crime and Exortion in Russia: Implications for Foreign Companies,
in Transnational Organized Crime, Vol 3, Spring 1997, No. l, p. 23-38

MacLean, Don (1976):
Pictorial History of The Mafia,
Pyramid Books, New York, Third printing

Mayer, Heinz (1990):
Kolumbien: Der schmutzige Krieg – Zwischen Kaffeebaronen und
Drogenmafia – ein Land im Ausnahmezustand,
Rowohlt Taschenbuch Verlag, Reinbek bei Hamburg

Morgan, W. P. (1982):
Triad Societies in Hong Kong,
The Government Printer at the Government Press, Hong Kong, 2nd impression

Morstein, Manfred (1989):
Der Pate des Terrors – Die mörderische Verbindung von Terrorismus,
Rauschgift und Waffenhandel,
Piper Verlag, München Zürich

Müller, Peter (1990):
Die Mafia in der Politik,
Verlag C. H. Beck, München

Nash, Jay Robert (1992):
World Encyclopedia of Organized Crime,
Paragon House, New York

O'Brien, Joseph F. und Kurins, Andris (1992):
Ehrenwerte Männer – Das FBI und der Pate von New York,
S. Fischer Verlag, Frankfurt/Main

O'Callaghan, Sean (1978):
The Triads – the Mafia of the Far East,
A Universal Book, W. H. Allen & Co. Ltd, London

Oschwald, Hanspeter (1997):
Einer gegen die Mafia – Leoluca Orlando, Bürgermeister von Palermo,
Verlag Herder, Freiburg Basel Wien

Payne, Ronald (1993):
Mossad – Israels geheimster Dienst,
Piper Verlag, München Zürich

Powers, Thomas (1986):
CIA – Die Geschichte, die Methoden, die Komplotte
Gustav Lübbe Berlin, Bergisch Gladbach, 4. Auflage

Pretterebner, Hans (1989):
Der Fall Lucona – Ost-Spionage, Korruption und Mord im Dunstkreis
der Regierungsspitze,
Droemersche Verlagsanstalt Th. Knaur Nachf., München

Raith, Werner (1983):
Die ehrenwerte Firma – Der Weg der italienischen Mafia vom „Paten"
zur Industrie,
Verlag Klaus Wagenbach, Berlin

Raith, Werner (1992):
Parasiten und Patrone – Siziliens Mafia greift nach der Macht,
Fischer Taschenbuch Verlag, Frankfurt/Main

Raith, Werner (1994):
Das neue Mafia-Kartell – Wie die Syndikate den Osten erobern,
Rowohlt Berlin Verlag, Berlin

Ranellagh, John (1987):
The Agency – The Rise and Decline of the CIA,
Cambridge Publishing Limited

Ross, Shelly (1989):
Präsidenten und Affären – Skandale und Korruption in der
amerikanischen Politik,
Verlag Bonn aktuell, Stuttgart

Roth, Jürgen (1996):
Die Russen Mafia – Das gefährlichste Verbrechersyndikat der Welt,
Rasch und Röhring Verlag, Hamburg

Roth, Jürgen (1998):
Die roten Bosse – Rußlands Tycoone übernehmen die Macht in Europa,
Piper Verlag, München Zürich

Schmid, Alex P. (1996):
The Links between Transnational Organized Crime and Terrorist Crimes,
in Transnational Organized Crime Vol 2, Winter 1996, No. 4,

Schmid, Ulrich (1996):
Gnadenlose Bruderschaften – Aufstieg der russischen Mafia,
Verlag Ferdinand Schöningh, Paderborn

Schoenberg, Robert J. (1994):
Al Capone – Die Biographie,
vgs Verlagsgesellschaft, Köln

Seagrave, Sterling (1996):
Die Herren des Pazifik – Das unsichtbare Wirtschaftsimperium der
Auslands-Chinesen,
Limes Verlag, München

Shaw, Mark (1997):
State Responses to Organized Crime in South Africa,
in Transnational Organized Crime Vol 3, Summer 1997, No. 2, p. 1-19

Sterling, Claire (1990):
Die Mafia – Der Griff nach der weltweiten Macht,
Scherz Verlag, Bern München Wien

Sterling, Claire (1994):
Verbrecher kennen keine Grenzen – Die internationale Mafia
übernimmt die Macht,
Droemersche Verlagsanstalten Th. Knaur Nachf., München

Stille, Alexander (1997):
Die Richter – Der Tod, die Mafia und die italienische Republik,
Verlag C. H. Beck, München

Taheri, Amir (1993):
Morden für Allah – Terrorismus im Auftrag der Mullahs,
Droemersche Verlagsanstalt Th. Knaur Nachf., München

Thamm, Berndt Georg (1994):
Im Osten viel Neues – Vom Polski-Kompott zur Russen-Mafia,
vierteilige Serie in Sucht-Report 8. Jg. Heft 1, S. 10-23, Heft 2, S. 38-49,
Heft 3, S. 38-47 und Heft 4, S. 38-47

Thamm, Berndt Georg (1994):
Mehrzweckwaffe Rauschgift – Von Kampfgiften, Verhördrogen und
Wahrheitsseren,
Verlag Deutsche Polizeiliteratur, Hilden

Thamm, Berndt Georg (1996):
Drachen bedrohen die Welt – Chinesische Organisierte Kriminalität,
Verlag Deutsche Polizeiliteratur, Hilden

Thamm, Berndt Georg (1996):
Die Schwerter der Viet Kieu – Die organisierte Kriminalität
der Auslandsvietnamesen,
zweiteilige Serie in Sucht-Report 10. Jg. Heft 1, S. 6-18 und Heft 2, S. 38-46

Thamm, Berndt Georg (1996):
Innovationsbestrebungen der Organisierten Kriminalität in den 90er Jahren,
Referat auf der GdP-Fachtagung „Hauptstadt Berlin – Drehscheibe der
Organisierten Kriminalität?", Berlin 12. September 96,
Tagungsheft des Verlages Deutscher Polizeiliteratur, S. 8-24

Thamm, Berndt Georg (1996):
Organisierte Kriminalität aus Osteuropa und Ostasien – Entwicklung und
Einfluß in Europa – unter besonderer Berücksichtigung von Nachrichten-
diensten, in Barett Nr. 1 (Juli/Aug.) 96, S. 17-21

Thamm, Berndt Georg (1997):
Nigeria Connection – Organisierte Kriminalität in West- und Südafrika,
zweiteilige Serie in Sucht-Report 11. Jg. Heft 2, S. 18-25 und Heft 3, S. 42-49

Timtschenko, Viktor, (1998):
Russland nach Jelzin – Die Entwicklung einer kriminellen Supermacht,
Rasch und Röhring Verlag, Hamburg

Tophoven, Rolf (1996):
Die neue Qualität und Dimension des internationalen Terrorismus, Referat
auf dem 4. Deutschen Polizeikongreß (Thema: OK – Neue Formen des
Terrorismus), Berlin, 30. Mai 96

Tosches, Nick (1987):
Geschäfte mit dem Vatikan – Die Affäre Sindona,
Wirtschaftsverlag Langen-Müller, München

Uesseler, Rolf (1987):
Mafia – Mythos, Macht, Moral
Verlag J. H. W. Dietz Nachfolger, Berlin Bonn

Uesseler, Rolf (1994):
Mafia,
W. Heyne Verlag, München

UNDCP, eds (1997):
The World Drug Report (1996) of the United Nations Drug Control Program,
Oxfort Univers Press, New York

Waksberg, Arkadi (1991):
Die sowjetische Mafia – Organisiertes Verbrechen in der Sowjetunion
Piper Verlag, München Zürich

Witaljew, Witali (1990):
Die rote Mafia – Recherchen im kriminellen Untergrund der UdSSR
ECON Verlag, Düsseldorf Wien New York

Woodward, Bob (1987):
Geheimcode Veil – Reagan und die geheimen Kriege der CIA,
Droemersche Verlagsanstalten Th. Knaur Nachf. München

Wright, Peter und Greengrass, Paul (1988):
Spy Catcher – Enthüllungen aus dem Secret Service,
Ullstein Verlag, Frankfurt/Main Berlin

Zabludoff, Sidney Jay (1997):
Colombian Narcotics Organizations as Business Enterprises,
in Transnational Organized Crime Vol 3, Summer 1997, No. 2, p. 20-49

Ziegler, Jean (1998):
Die Barbaren kommen – Kapitalismus und organisiertes Verbrechen,
C. Bertelsmann Verlag, München

Zimmermann, Christian (1998):
Der Hacker – Computerkriminalität: Die neue Dimension des Verbrechens,
W. Heyne Verlag, München

Zion, Sidney (1994):
Loyalty and Betrayal – The story of the American Mob,
Collins Publishers, San Francisco

2. Teil

Kriminelle Unterwelten – Deliktbereiche zum Ende des 20. Jahrhunderts

Ausgewählte Deliktbereiche der Organisierten Kriminalität

Verschiedene Deliktbereiche der Organisierten Kriminalität von A bis Z

Organisierte Kriminalität – Lagebild Deutschland –

Mit zunehmender Organisation des Verbrechens und der damit verbundenen Professionalisierung diverser Kriminalitätsbereiche ist im 20. Jahrhundert eine „Verbrechensindustrie" entstanden, deren Umsätze nur grob geschätzt werden können. In den USA beispielsweise erzielte das Alkohol-, Glücksspiel- und Bordellimperium von *Al Capone* während der Prohibition (1920–33) Jahresumsätze von 60 und mehr Millionen Dollar. Legt man die lebenslange Verbrecherlaufbahn Capones zugrunde, soll der Gesamtumsatz rund eine Milliarde Dollar betragen haben. Capone war Mitbegründer des italienisch-jüdischen Syndikats. Nach dem zweiten Weltkrieg wurde Ende der 1960er Jahre der Jahresprofit des Syndikats auf insgesamt 40 Milliarden Dollar geschätzt.[1] Ein Vierteljahrhundert später wurde 1994 der Umsatz aller Crime Groups in den USA (La Cosa Nostra, Triaden, Nigerianer, Kolumbianer) auf 100 Milliarden Dollar jährlich geschätzt,[2] der weltweite Jahresumsatz gar auf 750 Milliarden Dollar. Auf einen dreistelligen Milliarden-Jahresumsatz hatte es zur Mitte der 90er Jahre auch die sogenannte Male Industria, das organisierte Verbrechen (der Cosa Nostra, der 'Ndrangheta, der Camorra und anderer) in Italien gebracht.

Mit Schätzungen zum Umsatz der Verbrechensindustrie beschäftigt sich hier schon seit Anfang der 80er Jahre das Mailänder Wirtschaftsmagazin „Il Monde". Das gab 1997 allein für Europa einen OK-Umsatz von insgesamt 350 Milliarden Dollar[3] an. Nimmt man die OK-Umsätze in Amerika, Afrika und insbesondere Asien hinzu, dürfte ein Jahresweltumsatz aller Crime Groups jenseits der Billionengrenze nicht unwahrscheinlich sein. Auch noch zum Ende des 20. Jahrhunderts wird der überwiegende Teil des Umsatzes durch klassische Kriminalitätsbereiche erwirtschaftet, von der Schutzgelderpressung über das Glücksspiel bis zur „weißen Sklaverei", allen voran aber der Drogenhandel. Der Weltjahresumsatz des illegalen Rauschgiftgeschäftes wurde von den Vereinten Nationen 1994 mit 280 Milliarden[4], 1997 mit 400 Milliarden Dollar[5] beziffert. Andere Schätzungen liegen bis zum Doppelten höher.[6] Legt man vier Nachkriegsjahrzehnte zugrunde, die Zeit von Ende der 40er bis Ende der 80er Jahre, dürfte der Rauschgiftumsatz jener Zeit bei insgesamt vier bis über fünf Billionen Dollar gelegen haben. In der zweiten Hälfte dieses Jahrhunderts sind damit Gelder aus dem Drogenhandel zum Bestandteil des Finanzhandels geworden.

Anteile verschiedener Gruppen der OK
am Welt-Jahres-Umsatz 1993/94 (in US-Dollar)

Schätzung anläßlich der UN-World Ministerial Conferenz on Organized Transnational Crime,
Neapel, 21. – 23. Nov. 1994

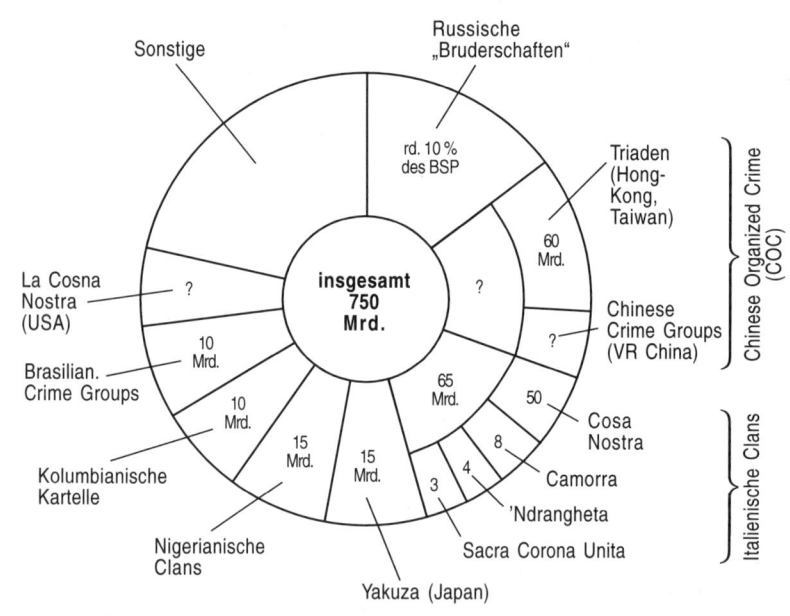

Zitiert nach: Berliner Zeitung Nr. 276 / 25. November 1994/S. 7

Der illegale Umsatz der „Male Industria" (= Mafia, Camorra, 'Ndrangheta und Großstadtbanditentum) 1981 (in Deutsche Mark)
Schätzung des italienischen Wirtschaftsmagazins „Il Monde" 1982

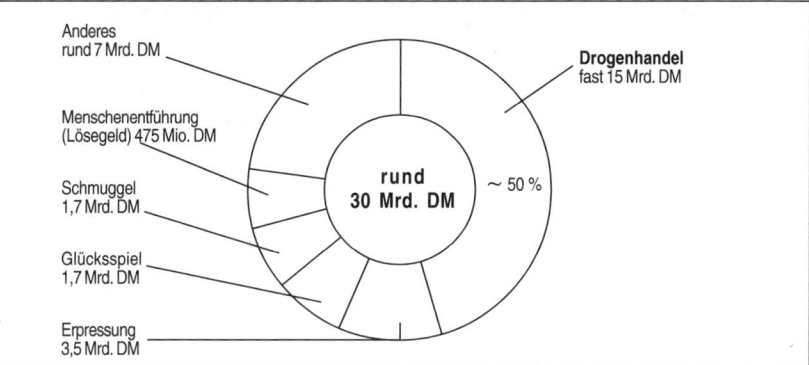

Anderes rund 7 Mrd. DM

Drogenhandel fast 15 Mrd. DM

Menschenentführung (Lösegeld) 475 Mio. DM

Schmuggel 1,7 Mrd. DM

Glücksspiel 1,7 Mrd. DM

Erpressung 3,5 Mrd. DM

rund 30 Mrd. DM

~ 50 %

Zitiert nach: Der Spiegel (Hamburg) 36. Jg. Nr. 37/13.9.1982, S. 129

Der illegale Umsatz der „Male Industria" 1993 (in Deutsche Mark)
Schätzungen aus italienischen Quellen (Confcommercio/La Stampa) 1994

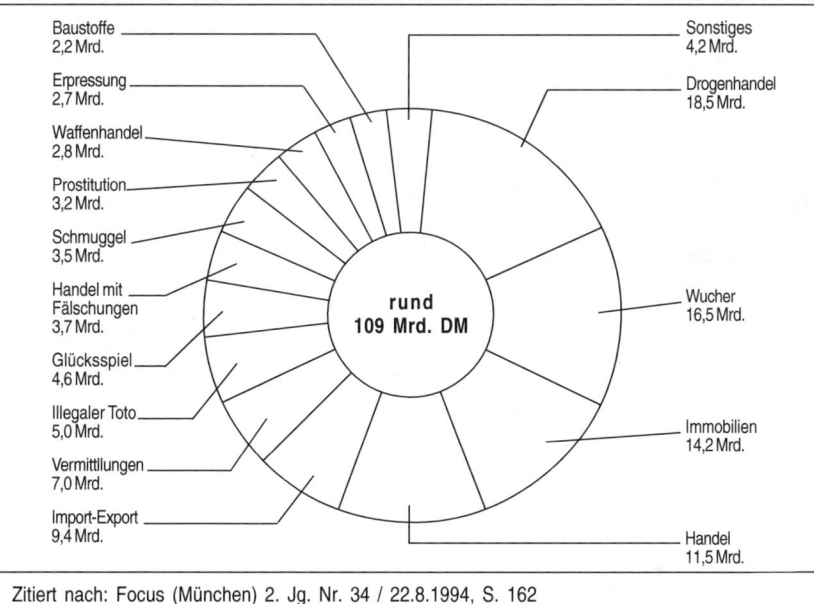

Baustoffe 2,2 Mrd.

Erpressung 2,7 Mrd.

Waffenhandel 2,8 Mrd.

Prostitution 3,2 Mrd.

Schmuggel 3,5 Mrd.

Handel mit Fälschungen 3,7 Mrd.

Glücksspiel 4,6 Mrd.

Illegaler Toto 5,0 Mrd.

Vermittlungen 7,0 Mrd.

Import-Export 9,4 Mrd.

Sonstiges 4,2 Mrd.

Drogenhandel 18,5 Mrd.

Wucher 16,5 Mrd.

Immobilien 14,2 Mrd.

Handel 11,5 Mrd.

rund 109 Mrd. DM

Zitiert nach: Focus (München) 2. Jg. Nr. 34 / 22.8.1994, S. 162

187

Illegaler Jahresumsatz der Organisierten Kriminalität
(aus Südamerika, Westafrika, Süd- und Südosteuropa, Russland, Vorderasien und Fernost)
in Europa 1997 (in US-Dollar)

Schätzungen des italienischen Wirtschaftsfachmagazins „Il Monde" (Mailand) 1997

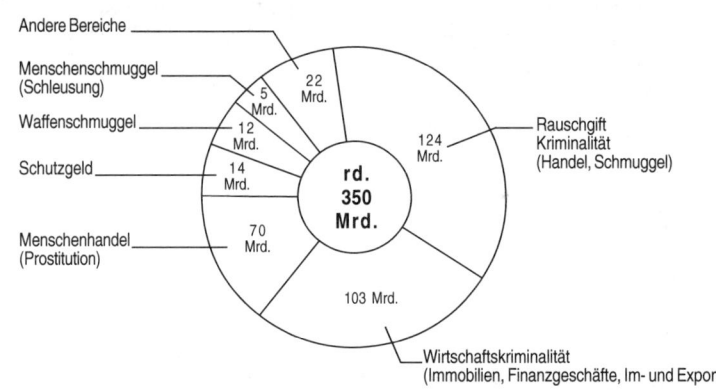

Andere Bereiche

Menschenschmuggel
(Schleusung)

Waffenschmuggel

Schutzgeld

Menschenhandel
(Prostitution)

22 Mrd.
5 Mrd.
12 Mrd.
14 Mrd.
70 Mrd.

rd. 350 Mrd.

124 Mrd.

103 Mrd.

Rauschgift
Kriminalität
(Handel, Schmuggel)

Wirtschaftskriminalität
(Immobilien, Finanzgeschäfte, Im- und Export)

Zitiert nach: Focus (München) 5. Jg. Nr. 34 / 18.8.1997, S. 196-197

Anteile der verschiedenen Gruppen der Organisierten Kriminalität
am Jahresumsatz in Europa 1997 (in US-Dollar)

Schätzungen des italienischen Wirtschaftfachmagazin „Il Monde" (Mailand) 1997

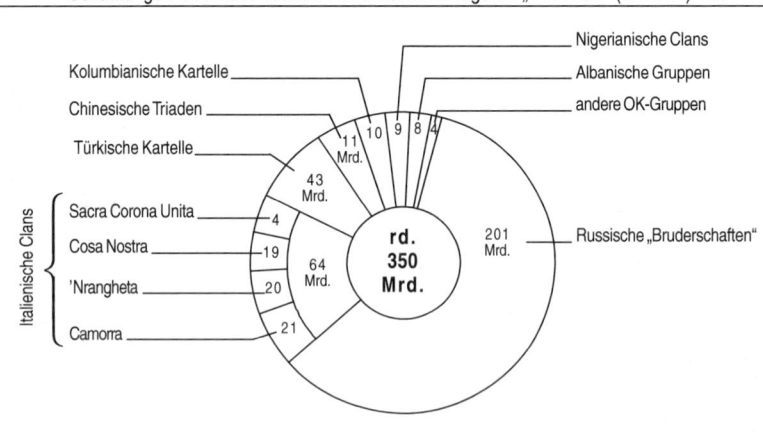

Kolumbianische Kartelle

Chinesische Triaden

Türkische Kartelle

Italienische Clans {
Sacra Corona Unita
Cosa Nostra
'Nrangheta
Camorra

Nigerianische Clans

Albanische Gruppen

andere OK-Gruppen

11 Mrd.
10
9
8
4
43 Mrd.
4
19
64 Mrd.
20
21

rd. 350 Mrd.

201 Mrd.

Russische „Bruderschaften"

Zitiert nach: Focus (München) 5. Jg. Nr. 34 / 18.8.1997, S. 196-197

1 Ausgewählte Deliktbereiche der Organisierten Kriminalität

Zu den sogenannten OK-relevanten Kriminalitätsbereichen werden neben Handel und Schmuggel mit Rauschgift und Waffen die Kriminalität im Zusammenhang mit dem Wirtschaftsleben, Fälschungskriminalität, Eigentumskriminalität, Kriminalität im Zusammenhang mit dem Nachtleben, Gewaltkriminalität, Schleuserkriminalität, Umweltkriminalität und andere, nicht immer festgelegte Kriminalitätsbereiche gezählt.

1.1 Rauschgift – klassischer Deliktbereich im 20. Jahrhundert

Die politgeographischen Änderungen nach dem 2. Weltkrieg haben in der zweiten Hälfte des 20. Jahrhunderts zur Bildung sog. kriminalgeographischer Großräume geführt. Dazu zählen Asien (mit Einfluß auf Australien), der Doppelkontinent Amerika, Europa/Eurasien (von der portugiesischen Atlantikküste bis zum russischen Ural und der kaukasischen Bergwelt) und Afrika, zunehmend das subsaharische Afrika. In diesen kriminalgeographischen Großräumen operieren sowohl kontinental-lokale Gruppen der OK als auch internationale Täterverflechtungen. Letztere sind in globalen Deliktbereichen, insbesondere im grenzüberschreitenden Rauschgifthandel- und Schmuggel zu finden. Seit Ende des Kalten Krieges 1991 ist die Anzahl der in Drogenkonsum und Rauschgiftvermarktung involvierten Menschen und Staaten (1989 waren 47 selbständige Länder als Drogenerzeuger, Drogentransitländer und Drehscheiben im Drogenhandel bekannt) gestiegen. Gründe dafür sind eine verstärkte Drogennachfrage, die Zunahme der Anbauregionen, die Industrialisierung der Drogenherstellung, die Globalisierung des Schmuggels, die quantitative Zunahme der Rauschgiftanbieter (neue OK-Gruppen) und nicht zuletzt auch die Innovation des Organisierten Verbrechens.

1.1.1 Zunahme der klassischen Drogenpflanzen

Zu den „klassischen" Drogenpflanzen werden der Schlafmohn, der Hanf (Cannabis) und die Coca gezählt.

• Schlafmohn – Anbausituation

Bis zur Wende 1989/90 zählten als klassische Anbauregionen:

– das sog. Goldene Dreieck (The Golden Triangle) in Südostasien: Myanmar (vormals Burma), Laos, Thailand und ein Teil der Südprovinz Yünnan der

VR China. Im Erntejahr 1990/91 soll nach Angaben der Drug Enforcement Administration (DEA) und des Bundesnachrichtendienstes (BND) die Rohopium-Ernte bei ca. 2700 t gelegen haben.

- Der sog. Goldene Halbmond (The Golden Crescent) im Mittleren Osten: Nordindien, Pakistan, Afghanistan, Iran und Osttürkei. Im Erntejahr 1990/91 soll hier die Rohopium-Ernte (n. DEA/BND) bei ca. 3100 t gelegen haben.
- Die nahöstliche (libanesisch-syrische) Anbauregion. Im Erntejahr 1990/91 soll hier (n. DEA/BND) die Rohopium-Ernte bei ca. 600 t gelegen haben.
- Anbauregionen in Mittelamerika: Mexiko und Guatemala.

Zusätzliche, neue Anbauregionen seit Anfang der 90er Jahre sind:
- Südamerika: Kolumbien, Ecuador und Venezuela.
- Eurasien: Ukraine, Russische Föderation, Weißrussland, Kasachstan, Tadschikistan, Kirgisien und Usbekistan.

Nach UNDCP-World Drug Report 1996 (aus 1997) ist die Schlafmohnanbaufläche seit 1985 um das Dreifache auf insgesamt 280 000 Hektar gewachsen.

• Coca – Anbausituation

Bis zur Wende 1989/90 zählten als „klassische" Anbauregionen die
- Andenstaaten: Bolivien, Peru und Ecuador.
- Karibikstaaten: Kolumbien, Venezuela und Surinam;
- sowie angrenzende Amazonasgebiete Brasiliens.

Auf insgesamt 0,5 (Minimum) bis (wahrscheinlich) über 1 Million Hektar wird Coca in Südamerika kultiviert und bis zu dreimal im Jahr geerntet. Im Erntejahr 1989 soll allein die Cocablatt-Ernte Perus, Boliviens und Kolumbiens (n. DEA) bei 213 000 t gelegen haben. Nach UNDCP-World Drug Report 1996 (aus 1997) wuchs seit 1985 der Cocablatt-Ertrag der Andenstaaten auf das Doppelte. Die Hälfte der Ernte 1996 kam aus Peru; je ein Viertel aus Bolivien und Kolumbien. Auch wenn das Coca-Anbaumonopol noch in Südamerika liegt, muß es nicht auf die westliche Hemisphäre beschränkt bleiben. Coca könnte auch in
- Indonesien (wie Anfang des 20. Jahrhunderts) und in
- Afrika (Anbauversuchszonen gab es 1993 schon in Kamerun; klimatische Voraussetzungen dafür sind im Norden Nigerias, in Kenia, Uganda und in der Zentralafrikanischen Republik gegeben) kultiviert werden.

• Hanf – Anbausituation

Bis zur Wende 1989/90 zählten als „klassische" Anbauregionen der Cannabiskraut-(Marihuana)-Produzenten in
- Mittelamerika: Mexiko[7] Belize, Costa Rica, Panama.
- Karibik: Jamaika.

Weltweite Opium-Produktion 1989 bis 1995 (in Tonnen)
(n. DEA 1996)

Worldwide Potential Net Opium Production, 1989 – 1995						
	1989	1990	1991	1992	1993	1994	1995
Afghanistan	585	415	570	640	685	950	1,250
India	–	–	–	–	66	82	71
Iran	–	–	–	–	–	–	–
Pakistan	130	165	180	175	140	160	155
Burma	2,430	2,255	2,350	2,280	2,575	2,030	2,340
China	–	–	–	–	–	25	16
Laos	380	275	265	230	180	85	180
Thailand	50	40	35	24	42	17	25
Colombia	–	–	–	–	–	–	65
Lebanon	45	32	34	–	4	–	1.5
Guatemala	12	13	17	–	4	–	–
Mexico	66	62	41	40	49	60	53
Total Opium	3,698	3,257	3,492	3,389	3,745	3,409	4,157

Quelle: DEA – Intelligence Bulletin, May 1996 (DEA-96032) p. 2

– Südamerika: Kolumbien, Brasilien und mit Einschränkungen Venezuela und Surinam.
– Afrika[8]: Ghana, Nigeria, Sambia und m.E. Sudan.
– Südasien: Indien.
– Südostasien: Thailand.

Im Erntejahr 1989/90 soll hier die Marihuana-Ernte bei weit über 100 000 t gelegen haben.

Bis zur Wende 1989/90 zählten als „klassische" Anbauregionen der Cannabisharz-(Haschisch)-Produzenten:

– Nordafrika: Marokko.
– Naher Osten: Libanon.

Coca-Anbau (in Hektar) und Coca-Blatt-Ernten (in Tonnen) und Kokainproduktion (in Tonnen) in der Andenregion Südamerikas 1991 bis 1995 (n. DEA 1996)

Andean Region Coca Cultivation and Leaf Production					
	1991	1992	1993	1994	1995
Net cultivation (hectares)	206,200	211,700	195,700	201,700	214,800
Peru	120,800	129,100	108,800	108,600	115,300
Bolivia	47,900	45,500	47,200	48,100	48.600
Colombia	37,500	37,100	39,700	45,000	50,900
Potential leaf production (metric tons)	317,700	329,100	273,700	291,200	309,400
Peru	209,700	219,200	157,600	165,400	183,600
Bolivia	78,000	80,300	84,400	89,800	85,000
Colombia	30,000	29,600	31,700	36,000	40,800
Potential cocaine (metric tons)	805	835	715	760	780
Peru	525	550	410	435	460
Bolivia	220	225	240	255	240
Colombia	60	60	65	70	80

Quelle: The NNICC (National Narcotics Intelligence Consumers Committee) Report 1995 – The Supply of Illicit Drugs to the United States, Aug. 1996, DEA-96024, p. 13

– Vorderasien: Türkei.

– Mittlerer Osten: Pakistan, Afghanistan und mit Einschränkung Iran.

– Himalaya-Region: Nordindien und Nepal.

Im Erntejahr 1989/90 soll hier die Haschisch-Ernte bei über 10000 t gelegen haben.

Zusätzliche, neue Anbauregionen seit Anfang der 90er Jahre:

– Eurasien: Ukraine, Turkmenistan, Usbekistan, Tadschikistan, Kirgisien, Kasachstan (Hanf-Anbaufläche 1992: ca. 140 000 Hektar) und die Russische Föderation. Hanf soll in Rußland schon 1992 auf insgesamt über 1 Million Hektar angebaut worden sein, insbesondere

  – im Südural, in Tscheljabinsk,
  – in der westsibirischen Region Altai,
  – in der Küstenregion des Fernen Ostens,
  – im Nordkaukasus und
  – im Gebiet Astrachan am Kaspischen Meer.

Neben Mexiko und insbesondere Marokko sind Mitte der 90er Jahre die Philippinen[9] zu einem Cannabis-Hauptproduzenten geworden.

1.1.2 Zunahme der Industrialisierung der Drogen-Herstellung

Synthetische Drogen (SyDros), aber auch illegale Dopingmittel, werden heute faktisch industriell hergestellt. Dieses Stadium war bei Herstellung potenter Wirkstoffe aus nativen Drogenpflanzen schon in früheren Dekaden erreicht.

• Wirkstoff-Raffinierung aus nativen Drogenpflanzen

Die illegale industrielle Herstellung von Heroin aus Rohopium begann nach dem 2.Weltkrieg bereits in den 1950er Jahren in Indochina durch Zusammenarbeit vietnamesischer Täter (insbesondere der militanten Sekte „Binh Xuyen") mit dem französischen Nachrichtendienst SDECE (Service de Documentation Extérieure et de Contre-Espionage), später mit (in Saigon und Marseille residierenden) korsischen Tätergruppen („French Connection"). Korsische und besonders chinesische Chemiker (der Triaden) professionalisierten die Heroinraffinierung derart, daß ihr wachsendes Erfahrungswissen einen Stand erreichte, der die Herkunft der Ware – selbst für kriminaltechnische Labore der Strafverfolgungsbehörden – verschleiern konnte. Rückschlüsse auf die Herkunft des Heroins lassen sich m.E. aus „Heroin-Warenzeichen" ziehen. Eines der bekanntesten Labels, „Double Uoglobe Brand" (Zwei Löwen umspannen den Erdball), steht für die Herkunft aus den (von den Shan kontrollierten) Regionen des „Goldenen Dreiecks" und die Macht der chinesischen Hersteller. Dieses Markenzeichen findet sich auf fast jeder Kilopakkung Heroin, das mit das hochwertigste (Heroin Nr. 4) der Welt ist. Die Vorsilbe „Uo" ist eine Transkription des chinesischen „Wo" und bedeutet soviel wie „greifen" oder „zupacken".

Neben den Heroin-Laboren auf dem südostasiatischen Festland und seit Anfang der 80er Jahre auf See (Schiffe als schwimmende Labore) in internationalen, meist südost- und ostasiatischen Gewässern, werden Heroin-Labore im Mittleren Osten (Schwerpunkt Pakistan), im östlichen Mittelmeerraum (Naher Osten, Nordafrika, Südeuropa), in den 90er Jahren auch im nördlichen Südamerika vermutet.

Theoretisch ließen sich aus über 6000 t Rohopium rund 600 t Heroin herstellen. Nach UNDCP-World Drug Report 1996 (aus 1997) werden schätzungsweise 300 t im Jahr produziert. Damit hätte sich die Heroin-Produktion in den vergangenen zehn Jahren verdreifacht. Die Sicherstellungsmenge lag 1995 weltweit bei 31 t.

In diese Schätzungen sind noch nicht die Tonnagen involviert, die für das Ende der Dekade aus GUS-Schlafmohnanbaugebieten erwartet werden.

Die Kokain-Produktion führte in der westlichen Hemisphäre kolumbianische Händlerfamilien (vornehmlich das Cartell de Medellin und das Cartell

Chinesische Heroin-Warenzeichen (Heroin Labels)
Heroin-„Sorten", die nach dem 2. Weltkrieg in die
USA eingeschmuggelt wurden

Quelle: *James A. Inciardi*: The war on drugs, Mayfield Pub. Comp., Palo Alto, Cal. 1986

Chinesische Heroin-Warenzeichen (Heroin Labels)
Heroin-„Sorten", die nach dem 2. Weltkrieg in die
USA eingeschmuggelt wurden

Quelle: *James A. Inciardi*: The war on drugs, Mayfield Pub. Comp., Palo Alto, Cal. 1986

de Cali) Mitte der 80er Jahre in ein industrielles Stadium. Seit den 90er Jahren wird Kokain in Südamerika, gemessen an der Weltnachfrage, überproduziert. Die Jahresproduktionsschätzungen lagen (n. nachrichtendienstlichen Angaben) 1990 bei 970 t, 1992 bei 1300 bis 1400 t und 1995/96 bei rund 1600 t. Nach UNDCP-World Drug Report 1996 (aus 1997) werden schätzungsweise 1000 t im Jahr produziert. Damit hätte sich die Kokain-Produktion in den vergangenen zehn Jahren verdoppelt. Die Sicherstellungsmenge lag 1995 weltweit bei 251 t.

• Herstellung synthetischer Drogen

Bei den vollsynthetischen Drogen spielen vornehmlich die illegale Herstellung von Amphetamin und Amphetamin-Abkömmlingen eine Rolle. Die SyDros der „Phencyclidine" (z.B. PCP), der kurzwirkenden „Tryptamine" (z.B. DMT) und die sog. Designer-Drogen vom Opioid-Typ (Derivate der Narco-Analgetica vom Prodin/Pethidin-Typ und Fentanyl) hingegen spielen quantitativ in Europa nicht die Rolle wie die Stimulantien.

Das Herstellungsmonopol im kriminalgeographischen Großraum (Ost-)Asien liegt in den Händen der japanischen OK (Yakuza).

Im kriminalgeographischen Großraum Europa dominierten bis zur Wende im Westen die niederländischen illegalen Amphetamin-Labore. Seit Anfang der 90er Jahre produzieren zusätzliche Tätergruppen im Osten, die hier Zugriff auf Labore der vormals sozialistischen pharmazeutischen Industrie haben, beziehungsweise Untergrundlabore schufen, so

– im Baltikum (Lettland);

– Polen (schon 1992 wurde hier die Anzahl der Amphetamin-Labore auf bis zu 200 geschätzt, darunter allein 15 Großlabore in der Region Warschau, Lodz und Stettin);

– Slowakische Republik (Großraum Bratislava);

– Ungarn;

– Bulgarien (1993 größter Hersteller von Amphetamin und anderer SyDros zur Versorgung des Nahen- und Mittleren Ostens, sowie einiger afrikanischer Länder).

• Herstellung von Dopingmitteln

Die illegale Produktion von Dopingmitteln, dazu zählen die Gruppen:

– Aufputschmittel (z.B. Amphetamin-Präparate, Kokain),

– Kleine (= nicht narkotische) und narkotische Schmerzmittel,

– Beruhigungsmittel (z.B. Benzodiazepine und Beta-Blocker),

– Künstliche Hormone (Ableitungen vom männlichen Sexualhormon Testosteron = sog. Anabolika, vom Wachstumshormon Somatropin, aber auch Corticoide),

– Harntreibende Mittel, sog. Diuretika;

erfolgt einerseits für Nachfrager im Hochleistungs-/Spitzensport und andererseits für Nachfrager in Kraftsportstudios. Letztere machten in den USA, zusammen mit diversen Gesundheitsclubs und Fitneßcentern, die die DEA schon in der zweiten Hälfte der 80er Jahre als Hauptumschlagplätze für Dopingmittel ausmachte, einen Umsatz mit diesen Mitteln, dessen Höhe 1988 schon auf 100 Millionen Dollar pro Jahr geschätzt wurde. Seit der Wende 1989/90 wird im Industriemaßstab für genannte Nachfrager illegal produziert, insbesondere künstliche Hormone wie Anabolika und Corticoide. Produziert wird heute in der Ex-Sowjetunion, in der die Hersteller Zugriff auf Labore früherer sozialistisch-kommunistischer Hochleistungssportzentren bzw. auf die Pharmaindustrie hatten und haben. Korrespondierend damit können Hersteller/Anbieter auf einschlägige Vorerfahrungswerte (die sich durch jahrzehntelange Doping-Anwendungspraxis im sozialistischen Hochleistungssport ergeben) und geschulte (nach der Wende arbeitslos geworden) Fachleute zurückgreifen.[10] Den Dopingmittelbedarf in Deutschland belegte auch ein Fall Anfang Oktober 1996. Ermittler der Mobilen Kontrollgruppe Traunstein der bayerischen Zollfahndung fanden bei einer Routinekontrolle in einem türkischen Reisebus 11 400 in Deutschland verbotene Hormontabletten mit einem Schwarzmarktwert von rund 100 000 DM.

1.1.3 Zunahme der Drogennachfrage

Seit Ende des 2. Weltkrieges hat die Nachfrage nach verschiedenen betäubenden, aufputschenden und halluzinogenen Drogen über vier Dekaden auf allen Kontinenten zugenommen. In der letzten Dekade des 20. Jahrhunderts ist eine verstärkte Rauschgiftnachfrage insbesondere in Eurasien, im subsaharischen (West- und Süd-)Afrika und in Lateinamerika zu beobachten. Nach dem UNDCP-World Drug Report 1996 (aus 1997) greifen heute zwischen 3,3 und 4,1 Prozent der Weltbevölkerung (5,78 Mrd. Menschen) zu illegalen Drogen.

• Nachfrage nach Cannabis-Produkten

Bis zur Wende 1989/90 wurde die Weltnachfrage nach Cannabiskraut (Marihuana), Cannabisharz (Haschisch) und Cannabiskonzentrat (Haschisch-Öl) in Nord-, Mittel- und Südamerika, Westeuropa, Afrika, Asien und Australien insgesamt auf rund 400 Millionen Menschen geschätzt , von denen rund 10 Prozent (um die 40 Millionen) zu den regelmäßigen Konsumenten gezählt wurden.

Seit 1990 kommt eine verstärkte Nachfrage in Osteuropa und der GUS zusätzlich hinzu. Nach dem UNDCP-World Drug Report 1996 (aus 1997) fragen heute 2,5 Prozent der Weltbevölkerung nach Cannabis nach.

Zunahme der Drogennachfrage in der zweiten Hälfte des 20. Jahrhunderts

	50er Jahre	60er Jahre	70er Jahre	80er Jahre	90er Jahre
Nordamerika	Heroin Marihuana	Heroin Marihuana Halluzinogene	Heroin Manhuana Halluzinogene Kokain	Heroin, Marihuana Halluzinogene Kokain und Crack Synthetische Drogen	Heroin, Marihuana Halluzinogene Kokain und Crack Synthetische Drogen
Mittel- und Südamerika	Marihuana Coca	Marihuana Coca	Marihuana Coca	Marihuana, Coca Kokain-Billigvarianten	Marihuana, Coca Kokain-Billigvarianten, Opiate?
Westeuropa		Haschisch Halluzinogene Opiate	Haschisch Halluzinogene Opiate/Heroin	Haschisch Halluzinogene Heroin, Kokain Synthetische Drogen	Haschisch, Halluzinogene Heroin, Kokain Synthetische Drogen Kokain-Billigvarianten?
Osteuropa einschließlich SU bzw. GUS				Opiate Amphetamin Cannabis	Opiate/Heroin? Amphetamin, Cannabis Kokain und Synthet. Drogen?
Naher und Mittlerer Osten	Haschisch Rauch und Eßopium	Haschisch Rauch und Eßopium	Haschisch Rauch und Eßopium	Haschisch Opiate/Heroin	Haschisch Heroin, Kokain Synthetische Drogen?
Nord- und Schwarzafrika	Haschisch	Haschisch	Haschisch	Haschisch/Marihuana Opiate/Heroin Synthetische Drogen	Haschisch/Marihuana Heroin Synthetische Drogen
Süd- Südost- und Ostasien einschl. Japan	Cannabis Rauch und Eßopium Amphetamin	Cannabis Rauch und Eßopium Amphetamin	Cannabis Opiate/Heroin Amphetamin	Cannabis Heroin Synthetische Drogen Amphetamin	Cannabis Heroin Synthetische Drogen Amphetamin/Kokain ?
Australien		Cannabis Halluzinogene	Cannabis Halluzinogene Opiate/Heroin	Cannabis Halluzinogene Heroin Kokain und SyDro?	Cannabis Halluzinogene Heroin Kokain/Synthetische Drogen

Zunahme der Drogenanbieter (sog. Connections) in der zweiten Hälfte des 20. Jahrhunderts

	50er Jahre	60er Jahre	70er Jahre	80er Jahre	90er Jahre
Nordamerika	Cosa Nostra und Korsen (French Connection)	Cosa Nostra und Korsen (French Connection) Mexican Connection	Cosa Nostra u. Mafia (Sicilian Connection) Columbian Connect. Mexican Connection	Cosa Nostra u. Mafia (Pizza-Connection) Columbian Connect. (Kokain-Kartelle) Mexican Connection	Cosa Nostra Chinese Connection (Triads) Asian Criminal Groups Kolumbian-Kokain-Kartelle Mexican u. a. Latino-Connect.
Mittel- und Südamerika		Latin Connection (Mexican Connect.)	Columbian Connection Mexican Connection	Columbian Connection (Kokain-Kartelle) Bolivian Connection Mexican Connection	Columbian Connection (Kokain-Kartelle) Latino Connect., Mexican Connect., Brazil Connection?
Westeuropa	French Connection	French Connection	Chinese Connection Turkish Connection Sicilian Connection	Chinese Connection Turkish/Kurdish Connection Sicilian/Italian Connection Columbian Connection Lebanon Connection	Chinese Connection Turkish/Kurdish Connection Italian Connection Columbian Connection Lebanon Connection Russian und Polish Connect.
Osteuropa einschließlich SU bzw. GUS			Bulgarian Connection	Polish Connection Russian Connection	Polish Connect., Russian Connect., Middle East Connect., Chinese Connect.
Naher und Mittlerer Osten			Lebanon Connection	Lebanon Connection Turkish Connection Middle East Connection	Lebanon Connection Turkish Connection Middle East Connection
Nord- und Schwarzafrika		Maroc Connection	Maroc Connection Lebanon Connection	Maroc Connection Lebanon Connection African Connection	Maroc Connect., Lebanon Connect., African Connection Asian Criminal Groups
Süd- Südost- und Ostasien einschl. Japan	Yakuza	Chinese Connection Yakuza	Chinese Connection Yakuza	Chinese Connection Indian Connection Yakuza	Chinese Connect., Indian Connect., Columbian Connect. Yakuza
Australien			Chinese Connection	Chinese Connection	Chinese Connection

• Nachfrage nach Opium-Produkten

Nach sog. Eß- und insbesondere Rauchopium (Chandoo) fragen auch noch heute mehrere Millionen Menschen in Asien, insbesondere in Indien nach. Seit 1990 zusätzlich stärkere Nachfrage auch in anderen asiatischen Ländern, zum Beispiel in Vietnam. Hier wurde die Anzahl der Opiumraucher (Drogenabhängige) Anfang 1993 auf 800 000 (n. Vietnam News) geschätzt.

Nach Mohnstroh- und anderen Opiat-Aufkochungen fragten bis zur Wende 1989/90 über 2 Millionen in Osteuropa (vornehmlich in Polen, hier die Variante des sog. Kompott) und der GUS (insbesondere in der Russischen Föderation) nach. In diesen Regionen wird seit 1990 von einer noch höheren Nachfrage ausgegangen.

Bis zur Wende 1989/90 fragten nach Heroin weltweit über 6 Millionen Schnupfer, Spritzer und Raucher nach; davon gut 0,5 Mio. in den USA, bis 1,5 Mio. in der Europäischen Gemeinschaft (12 EG-Mitgliedsstaaten) und weit über 4 Mio. in Asien.

Seit 1990 zusätzlich verstärkte Nachfrage im subsaharischen Afrika (z.B. Nigeria und mit Ende der Apartheid ab 1994 in Südafrika), Osteuropa und der GUS. Verstärkte Nachfrage ist aber auch in schon bestehenden Nachfrageregionen zu beobachten, zum Beispiel in Indien. Auch in Amerika ist, nach Zeiten langer Stagnation, wieder verstärkte Heroinnachfrage gegeben. Nach dem UNDCP-World Drug Report 1996 (aus 1997) sind heute 8 Millionen Menschen von Heroin abhängig.

• Nachfrage nach Coca-Produkten

In Südamerika fragen bis heute zwischen 8 und 15 Millionen – meist indianische – Coca-Kauer nach Coca-Blättern nach.

Bis zur Wende 1989/90 fragten nach Kokain weltweit schätzungsweise 10 Millionen Schnupfer, Spritzer und (seltener) Raucher nach; darunter 5 bis 6 Mio. in den USA und bis zu 1 Mio. in Westeuropa.

Seit 1990 verstärkte Kokainnachfrage in Lateinamerika, Europa (insbesondere Osteuropa und GUS), Asien und Afrika. Nach dem UNDCP-World Drug Report 1996 (aus 1997) sind heute 13 Millionen Menschen von Kokain abhängig.

Nach sog. Kokain-Billigvarianten (z.B. „Crack" in den USA, „Basuco" in Kolumbien und „Pitillo" in Bolivien) fragten zwischen 2 und 3 Millionen auf dem amerikanischen Doppelkontinent nach. Seit 1990 ist eine verstärkte Nachfrage in Südamerika zu beobachten.

• Nachfrage nach Synthetischen Drogen

Für die Nachfrage nach Synthetischen Drogen, vornehmlich von Amphetamin und Amphetamin-Derivaten lagen bis in die 90er Jahre hinein nicht einmal grobe Schätzungen vor. Deren rasante Verbreitung – inzwischen auch in Osteuropa und in Afrika – einerseits und die quasi herausragende Stellung des Amphetamin-Abkömmlings MDMA, unter jugendlichen Verbrauchern besser als „Ecstasy" bekannt, haben in den vergangenen Jahren zu genaueren Beobachtungen geführt. Nach dem UNDCP-World Drug Report 1996 (aus 1997) nehmen weltweit heute 30 Millionen Menschen SyDros vom Typ der Amphetamin-Stimulantien.

Insgesamt, so die Schätzung des UNDCP in ihrem „World Drug Report" 1997, greifen zwischen 3,3 und 4,1 Prozent der Weltbevölkerung (5,78 Milliarden Menschen) zu illegalen Drogen, vornehmlich zu Cannabis (2,5 Prozent der Weltbevölkerung).

1.2 Neue Kriminalitätsbereiche

In den letzten zwei Jahrzehnten dieses Jahrhunderts ist die Organisierte Kriminalität verstärkt beziehungsweise zunehmend in Deliktbereichen tätig, die sich in diesem Zeitraum erst entwickelt haben oder durch wirtschaftspolitische Änderungen in verschiedenen Regionen der Welt erst ermöglicht wurden. Beispiele:

1.2.1 Industriespionage und Wirtschaftsspionage (Wirtschaftskriminalität)

Nach Ende des Kalten Krieges sind aus politischen Feinden von einst weltpolitische Partner geworden. Auf dem Weltmarkt sind die Partner zugleich Konkurrenten. In der Folge haben nicht wenige Nachrichtendienste u.a. auch den „geistigen Diebstahl" zur Aufgabe[11], beispielsweise der russische Dienst FAPSI[12] oder das japanische Ministerium für Internationalen Handel und Industrie (MITI)[13]. Dem deutschen BND ist diese „Informationsbeschaffung", um der eigenen Volkswirtschaft einen Vorsprung zu verschaffen bis dato untersagt.[14] Ziele dieser Spionage in Europa, den USA und Ostasien (auch in befreundeten Ländern) ist der illegale Know-how-Transfer von Wirtschafts- und Technologiedaten. Wirtschaftsspionage hat auf der Schwelle zum 21. Jahrhundert vier Zielrichtungen:

- Diebstahl: von Technologien und Forschungsergebnissen;
- Informationsbeschaffung: bei Firmen über Entwicklungsstand bei neuen Produkten, Investitionsvorhaben, Beteiligungsplanungen, Wirtschaftliche Situation, Marktstrategien u.a.;
- Einflußnahme: auf Vertragsverhandlungen, Auftragsvergaben, Wirtschaftsabkommen;
- Proliferation: Produktion von A-, B- und C-Waffen sowie Trägersystemen durch illegale Beschaffung von Technologien, Industrieanlagen und Bauteilen.

Auch Deutschland ist Standort für Wirtschaftsspione, die nach Angaben des Verfassungsschutzes u.a. sowohl aus den USA[15] als auch insbesondere aus

Rußland kommt.[16] Die Zielrichtung der Spionage ausländischer Geheimdienste wurde für Baden-Württemberg (als Bundesland „mit hoher industrieller Dichte und innovativen mittelständischen Unternehmen") von der Arbeitsgemeinschaft für Sicherheit in der Wirtschaft (ASW) untersucht und mit Vorjahren verglichen[17]: danach entfielen 1996 von den „Spähangriffen" 7 Prozent auf Politik und Verwaltung (1994: noch 18 Prozent), 3 Prozent auf Streitkräfte (1994: noch 25 Prozent) und 87 Prozent auf Wirtschaft (1994: nur 43 Prozent). Die Schäden, die Deutschland jährlich durch Industriespionage entstehen, wurden 1997 auf über 20 Milliarden Mark geschätzt.[18]

Die Wirtschaftskriminalität, so das BKA 1996, ist in hohem Maße Organisierte Kriminalität. Im Mai 1997 erklärte das BKA, daß *„die internationale OK einzelne Wirtschaftsbereiche in Deutschland gezielt für ihre Zwecke unterwandere, um illegale Geschäfte zu verschleiern oder Gelder zu waschen."*[19] 1996 führte die Frankfurter Wirtschaftsprüfungsgesellschaft KPMG in 4000 Firmen in 18 Ländern eine Umfrage zur Wirtschaftskriminalität mit dem Ergebnis[20] durch, daß besonders die Länder China, Italien, Nigeria, Pakistan, Singapur und die USA gefährdet sind. Wirtschaftskriminalität, beispielsweise

- Ausschreibungs-, Abschreibungs- und Subventionsbetrug von Firmen,
- Untreue und Unterschlagung von Firmenmitarbeitern und
- Korruption, Bestechung und Produktdiebstahl von Externen,

hat global zugenommen. Allein in Deutschland stieg die Zahl der erfaßten Wirtschaftsdelikte von 1994 bis 1995 um 20 Prozent auf rund 74 000 Fälle. Die Zahl der nicht aufgedeckten Vergehen oder jener, die nicht zur Anzeige gebracht werden, liegt noch höher. Nach der Polizeilichen Kriminalstatistik (PKS) stieg die Wirtschaftskriminalität 1996 im Vergleich zu 1995 um fast 24 Prozent. Die dadurch verursachten Schäden wurden auf 11 Milliarden DM geschätzt, zwei Milliarden mehr als 1995. Allein in Berlin stieg die Zahl der erfaßten Fälle von 5281 (1994) auf 10 269 (1995). 1996 waren es bereits 14 525. Die dadurch verursachten Schäden wurden für die Hauptstadt mit 1,3 Milliarden DM angegeben.[21]

Expertenschätzungen liegen noch weit höher. Die Wirtschaft rechnet mit einer weiteren Zunahme der Wirtschaftskriminalität. Nach einer von der ASW Anfang Juli 1997 veröffentlichten Umfrage[22] *„rechnen vier von fünf Sicherheitsmanagern (84 Prozent) deutscher Unternehmen mit einer Zunahme von Wirtschaftskriminalität und -spionage ... 69 Prozent der Befragten gingen davon aus, daß die Organisierte Kriminalität die deutsche Wirtschaft schon heute in erheblichem Umfang schädigt".* Staatsanwaltschaften sehen durch das „Lagebild der Großverbrechen im Wirtschaftsbereich" einen Zustand gegeben, der durch das Zusammenspiel von Teilen der Politik und der öffentlichen Verwaltung mit Teilen der „allzu freien" Wirtschaft gezeichnet ist. Die moderne Datentechnik, mit der Wirtschaftskriminalität oft abgewickelt wird, sowie die Verflechtung mit Organisierter Kriminalität, Internationalität und Korruption „läßt Staatsanwaltschaft und Polizei in Nöte geraten".[23] Alle Straftaten, bei denen die EDV in den Tatbestandsmerkmalen enthalten ist, werden als „Computerkriminalität" definiert.

1.2.2 Computerkriminalität

In Deutschland zählten Mitte der 90er Jahre zu den „Straftaten, bei denen die EDV in den Tatbestandsmerkmalen enthalten war":

– Ausspähen von Daten,

– Computerbetrug, mit Ausnahme der einfachen Codekartenmißbrauchsfälle (Geldautomaten, elektronische Kassen),

– Fälschung beweiserheblicher Daten,

– Täuschung im Rechtsverkehr bei Datenverarbeitung,

– Falschbeurkundung im Zusammenhang mit Datenverarbeitung,

– Datenveränderung, Computersabotage,

– Softwarepiraterie in Fällen gewerbsmäßigen Handelns,

– Verrat von Betriebs- und Geschäftsgeheimnissen,

– Verstoß gegen Datenschutzgesetze

und „alle Straftaten, bei denen die besonderen technischen Möglichkeiten der Datenverarbeitung (DV) die Begehung und/oder Durchführung unterstützt haben und zu deren Aufklärung eine besondere Sachkenntnis notwendig ist."

• Zum Computerbetrug: er umfaßt alle Fälle der Programm- und Hardwaremanipulation, die Verwendung unrichtiger und unvollständiger Daten sowie die unbefugte Verwendung von Dateien „zur Verschaffung eines rechtswidrigen Vermögensvorteils". Zu dieser Betrugsform zählt man beispielsweise:

– Mißbrauch von ec-/Kreditkarten an Geldausgabeautomaten;

– Telefonkarten-Simulatoren;

– Mißbrauch von Telekommunikationseinrichtungen (sog. phreaking).

Schon der 1995 über den Meldedienst „Computerkriminalität" mitgeteilte Schaden belief sich auf 42,9 Millionen DM. Selbst der damalige tatsächlich entstandene Schaden wird weit höher gelegen haben, da die meisten Meldungen beim BKA ohne Schadensangabe eingehen.[24]

Das zunehmend größer werdende weltweite Rechnernetz, das International Network (Internet), ist zum Tatort für „Cyber-Gangster" geworden. Das gilt insbesondere für die Finanzwelt, genauer für die Abhängigkeit der Banken von der Datenverarbeitung. In diesem Zusammenhang sei nur auf die Aktivitäten der „Cyberterroristen" hingewiesen. Ende Juni 1996 wurde über die Londoner „Sunday Times" bekannt[25], daß diese schon seit 1993 „die europäische und amerikanische Finanzwelt erpressen und damit über die Jahre rund eine Milliarden Mark erbeuteten". Die Erpresser sollen verschiedene Firmen mit der Lahmlegung oder Zerstörung ihres Computersystems mittels elektromagnetischer Waffen gedroht haben. Bezeugt wurde von den betroffenen Finanzinstitutionen diese Art des „Cyber-Terrorismus" nicht, hätte man doch bei öffentlichen Äußerungen darüber um das Vertrauen der Kunden fürchten müssen.

Im November 1996 sagte der für Banking zuständige Generaldirektor von IBM, **Robert Howe**, auf dem Europäischen Bankenkongreß in Frankfurt/ Main u.a.[26], daß *„das Internet das weltweite Bankgewerbe in den nächsten Jahren drastisch verändern wird. Bankkunden werden künftig von überall und zu jedem Zeitpunkt Zugriff auf Dienstleistungen der Kreditinstitute haben. Bis zum Jahr 2000 werde die Zahl der Internetbenutzer von 52 Millionen auf 400 bis 500 Millionen hochschnellen".* Howe erklärte vor rund 800 Vertretern aus der internationalen Finanzwelt weiter, daß *„die Bank der Zukunft durch Online-Banking und Elektronik-Banking eher einer Netzwerk-Bank ähneln werde."* Als die Banken 1996 mit Testversuchen zum elektronischen Bargeld anfingen[27], stießen sie nicht nur auf Datenschutz- und Akzeptanzprobleme. Chipkarten, die Banknoten und Münzen ersetzen sollen, sind kein Garant für die Sicherheit des elektronischen Geldes.[28]

Beispiele für diese und andere Unsicherheiten sind mittlerweile Legion. Nur zwei sollen dies verdeutlichen:

- Ein FBI-Fahnder gab im August 1995 in New York veröffentlichten Gerichtsakten zufolge zu Protokoll, daß russische Computerspezialisten 1994 vierzigmal über das Telefonnetz in das elektronische Überweisungssystem der Citibank-Computer eindrangen und mehr als zehn Millionen Dollar auf Konten in Finnland, Rußland, Deutschland, den Niederlanden, den USA, Israel und der Schweiz überwiesen.[29]

- Im November 1996 wurde unter dem Codenamen „Goldfisch" eine europaweite Razzia gegen eine kriminelle Vereinigung vornehmlich asiatischer Kaufleute („Computermafia") durchgeführt. Rund 2000 Beamte durchsuchten etwa 400 Objekte in zehn Ländern. In Deutschland lag der Schwerpunkt im Süden und in Nordrhein-Westfalen, aber auch in Berlin (mit vier Objekten). Ferner fanden Razzien in Belgien, Dänemark, Frankreich, Großbritannien, Italien, den Niederlanden, der Schweiz, Spanien und auf den Bahamas statt. Die Bande soll minderwertige Computerteile nach Europa geschmuggelt haben, diese dann aber als hochwertig verkauft haben. Der Vertrieb der gefälschten Pentium-Chips hat in Europa einen Schaden von über 100 Millionen Mark bewirkt. Die Computerfirma der Kaufleute hatte Scheinfirmen gegründet, um Steuern zu hinterziehen und Gelder zu waschen. Durch die Ausfuhr der Teile etwa nach Hongkong und Taiwan konnten die Täter sich die Mehrwertsteuer zurückerstatten lassen. Als Kopf der Kriminellen Vereinigung galt ein 36jähriger aus Laos stammender Besitzer einer Computerfirma mit Sitz in München. Bei der Staatsanwaltschaft der bayerischen Landeshauptstadt lag auch die Leitung der Euro- Fahndung. Im Rahmen dieser Mega-Razzia sollen allein rund 30 000 Telefongespräche abgehört worden sein – und erstmals wurde von den Ermittlern auch ein Internet-Anschluß überwacht, über den Geschäfte abgeschlossen wurden.[30] Die Schadenshöhe in diesem gigantischen Ermittlungskomplex, so Oberstaatsanwalt **Hubert Vollmann** Ende November 1996, wurde im dreistelligen Millionenbereich angesiedelt. Selbst die Größenordnung von nahezu einer Milliarde Mark wollte man nicht ausschließen.[31] Schon vor einem halben Jahrzehnt war der weltweite Markt der Telekommunikation- und Informationstechnik ein Billionenmarkt.[32] Zum Ende der 90er Jahre wird der *„Cyber-Angriff auf zentrale, zum Beispiel wirtschaftliche Computersysteme (bei Banken, Börsen und anderen) als „größte Gefahr für die Sicherheit"* eingeschätzt, so US-Präsident **Clinton** im Mai 1998.[33]

1.2.3 Sonder-/Giftmüllkriminalität

Seit den 1980er Jahren hat das Aufkommen an gefährlichen Abfällen (Sondermüll), insbesondere toxischer Industrieabfälle (Giftmüll) zugenommen. Entsorgt wird zum einen im Inland, zum anderen im Ausland. 1989 erarbeitete die UN in Basel eine „Konvention zur Kontrolle grenzüberschreitender Transporte gefährlicher Abfälle". Diese sogenannte Baseler Konvention (der 91 Staaten angehören) trat 1992 in Kraft. Zwei Jahre später stellten die Baseler Vertragsstaaten 1994 ein Sondermüll-Exportverbot aus OECD-Mitgliedstaaten in andere Teile der Welt, vornehmlich Entwicklungsländer, in Aussicht, das 1998 wirksam werden soll. Anfang der 90er Jahre exportierte Westeuropa jährlich rund 2,1 Millionen Tonnen gefährlichen Mülls durch Versenkung im Meer (1 Mio. t), Verbringung auf ausländische Deponien (0,7 Mio. t) und Recycling (0,4 Mio. t). Deutschland war und ist mit Abstand der größte Exporteur. Allein in den Altbundesländern stieg das Sondermüllaufkommen von 2,8 Millionen Tonnen 1984 auf 5 Millionen Tonnen 1989. Seit Anfang der 90er Jahre liegt es bei rund 10 Millionen Tonnen, davon allein 1,2 Millionen Tonnen hochtoxischer Reste aus der Lackindustrie. Davon wurden legal über 600 000 Tonnen im Ausland entsorgt. Da die umweltgerechte Entsorgung teuer ist, stiegen mit Beginn der letzten Dekade die illegalen Müllverbringungen. Schon 1991 stieg allein die Zahl der entdeckten illegalen Exporte um 20 Prozent. Die Dunkelziffer war und ist unbekannt. In der Stellungnahme des Bundesumweltministers **Klaus Töpfer** hieß es dazu 1992[34]: *„Diese Fälle stehen in Gefährlichkeit und moralischer Verwerflichkeit dem Waffen- und Drogenhandel nicht nach"*. Nach Töpfers Informationen hieß es schon damals, daß Kriminelle in großem Umfang mit

Mafia-Methoden vor allem Pestizide aus DDR Produktion, deren Verfallsdatum abgelaufen war, ins Ausland schaffen. Der Handel mit hochgiftigen Abfällen aus der Industrie entwickelte sich in Italien zu einem einträglichen Geschäft für das Organisierte Verbrechen. Im Juni 1993 berichtete die römische Tageszeitung „La Repubblica"[35], daß die Industrie- und Handelskammer des Landes den Jahresverdienst der „Male Industria", die die Abfälle meist ins Ausland schaffte[36], auf mehrere 100 Millionen Mark schätzte. In jenem Jahr kostete in Deutschland die legale Entsorgung von einer Tonne Sondermüll bei Deponierung 600 bis 1000 DM, bei Verbrennung 1500 bis 3000 DM. Für eine Tonne Pestizide mußten bis zu 40 000 DM gezahlt werden. Vor diesem Hintergrund machte und macht es für kriminelle Abfall-Recycler geschäftlich Sinn, Giftmüll als harmlosen Abfall zu deklarieren. So werden hochtoxische Stoffe mit Bauschutt oder Hausmüll gemischt; und es wird im Ausland entsorgt, wo die Kosten nicht selten oft nur ein Zehntel betragen. Lukrativ wird das Abfallgeschäft, wenn nationale Umweltgesetze und die „Baseler Konvention" umgangen werden. Diese Anwendungspraxis hat dazu geführt, daß die Umweltdelikte „umweltgefährdende Abfallbeseitigung" und „Freisetzung von Giften" nicht nur Teil der Wirtschaftskriminalität, sondern seit Jahren auch zur Einnahmequelle der Organisierten Kriminalität wurde. Der Deliktbereich „Müllkriminalität" ist mit Stand Ende der 90er Jahre von der OK transkontinental organisiert. Weltweit liegen auch hier die Gewinnspannen im Milliardenbereich. Eine Änderung ist wohl auch dann nicht zu erwarten, wenn Betriebe, die Sondermüll produzieren, gesetzlich zur Rechenschaft über den Verbleib des gefährlichen Mülls verpflichtet werden.[37]

1.2.4 Schleusung (Menschenschmuggel)

In der letzten Dekade wird die Anzahl der Flüchtlinge, die auf der Welt sichere Zufluchtsorte suchen, auf mindestens 45 bis 50 Millionen geschätzt. Die meisten von ihnen, die wegen Kriegen, Unterdrückung, Überbevölkerung, Ökokatastrophen und wirtschaftlicher Not ihre Heimat verlassen, ist es unmöglich, Kontinente zu überwinden. Sie bleiben innerhalb ihrer Staatsgrenzen insbesondere in Afrika und Asien, wo die Anzahl dieser „Binnenflüchtlinge" auf 25 bis 30 Millionen geschätzt wird. In Relation zu ihnen genießen jene 20 Millionen, die in fremde Länder fliehen, immerhin die Aufmerksamkeit des Völkerrechts. Schon 1991 sprach der Amerikaner *James Purcell*, Generaldirektor der Internationalen Organisation für Wanderungsbewegungen (Genf) von der Erwartung der „größten und längsten Migrationswelle, die die Welt je gesehen hat". Und das Flüchtlingswerk der Vereinten Nationen (UNHCR) geht ob dieser „Flüchtlingsströme ungeahnten Ausmaßes" davon aus, daß die Migration mit Sicherheit eines der zentralen Probleme des 21. Jahrhunderts sein wird. Geographisches Ziel der modernen Völkerwanderung ist und bleibt die sog. Erste Welt[38], insbesondere das hochindustrialisierte Westeuropa und Nordamerika. Als Reaktion auf den zuneh-menden Migrationsdruck schotten sich die Zielregionen immer mehr ab. Zum einen durch asyl- und ausländerrechtliche Maßnahmen, die die legale Einwanderung erschweren sollen, zum anderen durch Verbesserung des Grenzschutzes. Je effektiver die Abwehr, desto dringender brauchen illegale Zuwanderer Hilfe von professionellen Schleusern. Diese haben in den 1990er Jahren ihre illegale „Immigrationshilfe" zu einem hochprofitablen Dienst-leistungsbereich aufgebaut. Kaum ein anderer illegaler Wirtschaftszweig ist zum Ende des 20. Jahrhunderts bei ähnlich geringem Risiko so profitabel wie der organisierte Menschenschmuggel. Nach Recherchen der österreichi-schen Illustrierten „News" Ende 1996 sollen international mit der „Ware Mensch" jährlich schätzungsweise 11 Milliarden Mark verdient werden. Andere Schätzungen zur Profitabilität dieses Kriminalitätsbereichs liegen weit höher. Unstrittig ist die Einschätzung, daß der Deliktbereich Schleu-sung auf absehbare Zeit keine Konjunktureinbrüche befürchten muß, sorgt doch allein schon das Wohlstandsgefälle zwischen der Ersten und der Drit-ten Welt für eine anhaltende Nachfrage.

1.2.4.1 Schleusungsziel Europa (Europäische Union)

Das reiche Westeuropa, genauer die Europäische Union (EU), stand und steht unter wachsendem Druck zweier großer Migrationsströme:

- Süd-Nord-Migrationsstrom: er bringt Afrikaner in die Europäische Gemein-schaft. Da das Wirtschaftswachstum in ihren Ländern mit dem Bevölke-rungswachstum[39] nicht Schritt hält, hoffen sie hier auf Arbeit. Von Afrika führt der Seeweg nach Europa über Spanien und Italien.[40] Schon heute drängen vier Millionen vom Südrand der Sahara (Sahelzone) über die nicht zu kontrollierenden Landesgrenzen in das Königreich Marokko. Und die Nordafrikaner drängt es, wie auch Flüchtlinge aus Ghana, Mali, Zaire und Liberia, nach Europa. Der Migrantenstrom fließt im Westen des Maghreb über die Straße von Gibraltar nach Südspanien;[41] im tunesischen Osten des Maghreb („Tor des Nordens") fließt er über Hafenstädte wie Sfax in Rich-tung der kleinen, Italien vorgelagerte Fischerinseln (Lampedusa), um von dort dann über Sizilien auf das europäische Festland zu kommen.

- Ost-West-Migrationsstrom: bringt Osteuropäer, Menschen aus der GUS und aus Asien in die EU.[42] Schon im April 1994 schätzte die Internationale Organisation für Migration (IOM), daß sich vor der über 2500 Kilometer langen EU-Ostgrenze[43] mehr als eine Million Menschen stauten; im Dezember 1997 waren sich polnische Experten darin einig, daß rund 1,2 Millionen Menschen „auf einen günstigen Augenblick warten, um durch ihr Land nach Deutschland geschleust zu werden."[44] Neben dem Landweg ist insbesondere die Ostsee zu einer der wichtigsten Schleusungs-regionen geworden.

Der Europol-Coordinator *Jürgen Storbeck* ging schon im August 1996 davon aus, daß jährlich schätzungsweise 300 000 Menschen in die EU geschleust werden. Die Gruppen und Organisationen, die illegale Einwanderer aus Osteuropa und der Dritten Welt in die EU professionell einschleusen, verdienen jährlich – so Schätzungen aus 1997 – zwischen gut 7 und knapp 9 Milliarden Mark.[45] Das Lagebild skizzierten Sicherheitskreise im Januar 1998: Die Bevölkerungsexpolsion in den nordafrikanischen und vorderasiatischen Staaten läßt erwarten, daß Armut und Wohlstandsgefälle als Fluchtmotiv noch an Bedeutung gewinnen werden. Trotz aller Abwehrbemühungen wird damit gerechnet, daß der Zuwanderungsdruck auf Europa noch zunehmen wird. Ähnliche Erfahrungen machten die Amerikaner.[46]

1.2.4.2 Schleusungsziel Nordamerika (USA)

Auch in den USA steigt die Zahl der illegalen Einwanderer seit Anfang der 90er Jahre von Jahr zu Jahr. Bereits 1995 schätzte die zuständige Behörde des US-Justizministeriums, der Immigration and Naturalization Service (INS), daß fünf Millionen Menschen ohne gültige Papiere, so hoch wird auch die Zahl der in der EU lebenden illegalen Ausländer geschätzt, in Amerika leben. Jedes Jahr kämen 300 000 bis 400 000[47] hinzu. Wie in Europa gibt es auch in den USA mehrere Migrationsströme. Mit Abstand am größten

- ist der Süd-Nord-Migrationsstrom: dieser führt illegale lateinamerikanische, vornehmlich mexikanische Wanderarbeiter, aber auch „andere als Mexikaner" (sog. OTMs – Others Than Mexicans)[48] in die USA. Die illegalen mittelamerikanischen Durchwanderer („Indocumentados") aus Nikaragua, El Salvador und Guatemala, die bis 1989 von den mexikanischen Behörden geduldet wurden, müssen mittlerweile erst die mexikanisch-guatemaltekische Grenze überwinden[49], um dann durch Mexiko bis zur sog. Tortilla-Mauer vorzustoßen; so wird die rund 3400 Kilometer lange mexikanisch-nordamerikanische Grenze genannt, die von 6000 Beamten der US-Border Patrol[50] bewacht wird. Seit Ende der 80er Jahre werden hier rund eine Million ungesetzlicher Einwanderer, „Illegal Aliens" (Illegale Außerirdische) genannt, jährlich festgenommen: 1989 waren es ca. 950 000, 1993 über 1,3 Millionen. Von den 1995 rund 1,3 Millionen abgefangenen Illegalen waren die meisten Mexikaner. Die Zahl ist relativ. Auf eine Million mexikanischer „Aliens", die es nicht schaffen, kommen eine bis drei Millionen illegale Einwanderer, denen das Passieren der US-Südgrenze gelingt. Schon 1991 wurde geschätzt[51], daß täglich 1100 Menschen den Wechsel über die Armutsgrenze in das gelobte Land schafften. Professionelle Hilfe leisteten um die 20 mafia-ähnlichen Vereinigungen, die den Menschenschmuggel zwischen Tijuana und San Diego straff organisierten.[52] Von mexikanischer Seite ist die illegale Immigration auch aus ökonomischen Gründen[53] nicht zu stoppen.

- Ost-West-Migrationsstrom: führt vornehmlich Immigranten aus Südost- und Ostasien auf dem Wasserweg in die USA. Nach Angaben des INS kamen Mitte der 90er Jahre Chinesen insbesondere an der Westküste, Großraum Los Angeles an. Die Einreise über den Luftweg wurde und wird oft auch über süd- und mittelamerikanische Flughäfen organisiert. Die auf Schleusung spezialisierten Triaden arbeiten offensichtlich mit Komplizen und professionellen Schlepperorganisationen in Mexiko, Panama und Honduras zusammen. Zur Größenordnung des Geschäftes in den 90er Jahren: in die USA reisen (seit dem ersten Aufbringen eines Menschenschmugglerschiffes bei Guatemala 1991) jährlich allein aus der VR China schätzungsweise 80 000 Chinesen auf den See-, Luft- und Landwegen illegal ein. Zählt man zu diesen „Undocumented Chinese" die Illegal Immigrants aus Hongkong, Taiwan und Malaysia hinzu, sind es wohl mehr als 100 000 Chinesen. Bei Schleusungskosten, die zwischen 20 000 und 50 000 Dollar pro Kopf liegen, liegt allein im Einschmuggelgeschäft mit Chinesen ein Volumen von zwei bis fünf Milliarden Dollar – jährlich.

Die Bezeichnungen für professionelle Menschenschmuggler sind vielfältig. „Snake heads" (Schlangenköpfe) heißen die chinesischen Schleuser; „Coyotes" oder „Polleros" (Geflügelhändler)[54] heißen die mexikanischen Profis. In Europa werden die spanischen Schlepper „Pasantes" genannt – um nur einige Beispiele zu nennen. Gemeinsam ist ihnen allen, daß sie die Schleusung zu einem hochprofessionellen Dienstleistungssektor ausgebaut haben. So haben die Schlepper international tätiger Schleuserorganisationen[55] heute:

- sog. Schlepperbasen, die insbesondere als Sammelstationen für Zwischenstops und Aufenthalte dienen. Diese „Schleuserstützpunkte" sind in den städtischen Ballungszentren in Mittel- und Osteuropa (Warschau, Budapest, Prag, Bratislava, Sofia, Bukarest, Athen), in der GUS (Kiew, Minsk, Moskau), in Vorder- und Hinterasien (Istanbul, Bangkok, Hongkong/Macao), aber auch in Nordafrika (Tanger) und Lateinamerika (La Paz, Belize).

- Zur Logistik der Schleuser-Kartelle gehört u.a., daß in diesen Städten Filialen unterhalten werden, in denen sie ihre Dienste („Immigrationshilfe") fast wie reguläre Touristikunternehmen anbieten.

- Die international vernetzten Schlepper-Organisationen planen die Routen der Flüchtlinge länderübergreifend.

- Eine multinationale Zusammenarbeit gibt es auch im Checken von Schmuggelwegen (Auskundschaften von Schleusungsdurchgangsstationen wie Harare, Nairobi, von neuen Flugrouten nach Weißrußland oder in die Ukraine etc.) und in der Verwendung entwendeter oder anders erworbener Originaldokumente.[56]

- Die Preisvariation der illegalen Dienstleistung „Schleusung" ist enorm, orientiert sich insbesondere nach dem Herkunftsland und dem sozialen Status des Ausreisewilligen. Die Bandbreite reicht dementsprechend von der „Billigschleusung" bis zur „Luxusschleusung".[57] Während ausreise-willige „Billigkunden" meist auf dem Landweg von darauf spezialisierten „Agenturen" von Osteuropa in die EU beziehungsweise von Mexiko in die USA[58] geschleust werden, bringen international tätige Agenturen, die teilweise – wie türkische Syndikate und chinesische Triaden – langjährige Erfahrungen im Schlepperwesen haben, ihre Luxuskunden, vornehmlich aus dem Mittleren Osten (Iran, Pakistan), Südasien (Indien) und Südost- und Ostasien (Vietnam, China) meist auf dem Luftweg über große Umstei-geflughäfen in Osteuropa und Lateinamerika in die Zielländer der EU und in die USA.

Schleusung, Müllkriminalität, Computerkriminalität und Wirtschaftsspio-nage stehen stellvertretend für Deliktbereiche, die in den 90er Jahren als neue oder intensivierte Einnahmequellen die OK-Profite maximieren. Zu den neuen Kriminalitätsbereichen zählt auch der sog. Atomschmuggel, ge-nauer der illegale Handel mit Kernmaterial und radioaktiven Stoffen[59], der im Zusammenhang mit der Proliferation[60] als wichtigem Ziel der Wirtschafts-spionage gesehen werden muß.

2 Verschiedene Deliktbereiche der Organisierten Kriminalität von A bis Z

Nach Angaben der Vereinten Nationen Anfang 1997[61] belaufen sich die jährlichen Einkünfte transnationaler Verbrecherorganisationen auf rund 1000 Milliarden Dollar. Das entspricht dem Bruttosozialprodukt aller Länder, die von der Weltbank als einkommensschwach eingestuft werden, also der erarbeiteten Leistung von insgesamt drei Milliarden Menschen. Die genannte Summe umfaßt Erlöse aus dem Drogen- und Waffenhandel, aus Glücksspiel, Prostitution und Schmuggel. Unberücksichtigt sind Einkünfte, die den kriminellen Organisationen aus legalen Geschäftszweigen erwachsen. In welchen Kriminalitätsbereichen OK-Gruppen verdienen, soll durch die nachstehende Skizze verdeutlicht werden, die vom Anlage-Betrug bis zur Wettkriminalität reicht.

2.1 Anlage-Betrug

Tatort ist jener Bereich, in dem Geld abseits kontrollierter Institutionen (wie Banken und Versicherungen) angelegt wird, der „graue Kapitalmarkt". Hier sind die Grenzen zwischen Anlagen mit hohem Risiko und reinem Betrug fließend und für den Anleger kaum zu erkennen. Weite Teile dieses grauen Kapitalmarktes werden von kriminellen Finanzmaklern beherrscht, deren Angebotspalette vom riskanten Steuersparmodell über hochspekulative Börsengeschäfte bis zum betrügerischen Schneeballsystem reicht. Mit ausgeklügelten Vorgehensweisen bringen sie Anleger dazu, ihr Geld in Abschreibungsprojekte, Warenterminkontrakte oder Firmenanteile zu stecken. Jahr für Jahr werden so arglose Anleger um Milliardenbeträge gebracht.[62] Nach Schätzungen des „Gerlach-Reports" 1997[63] hat sich der Anlegerschaden durch dubiose Anbieter des grauen Kapitalmarktes von 1990 bis 1996 in Deutschland vervierfacht: er stieg von 10 auf 40 Milliarden Mark.[64] Insbesondere Deutschland ist seit der Wende 1989/90 zu einem „El Dorado für Anlagebetrüger und dubiose Geldvermehrer" geworden. In der ersten Hälfte der 90er Jahre „entwickelte sich der graue Geldmarkt, der nicht kontrollierte Teil des Finanzplatzes Deutschland, zu einer gigantischen Geldvernichtungsmaschine."[65] Die EU fordert schon seit Jahren, in den Mitgliedsländern die Basis für einen störungsfreien Ablauf auf dem Kapitalmarkt zu schaffen. Das gilt insbesondere für Deutschland, wo bis 1997/98[66] „meist ein Gewerbeschein genügte, um in den grauen Kapitalmarkt einzusteigen". Ab 1998 hofft man auf eine Änderung durch verstärkte staatliche Aufsicht (Bundesaufsichtsämter für Kreditwesen und Wertpapierhandel). Da jedoch heute schon viele betrügerische Unternehmen ihre Firmensitze im Ausland haben, insbesondere in Offshore-Plätzen (zum Beispiel Bermudas und Bahamas), an denen die deut-

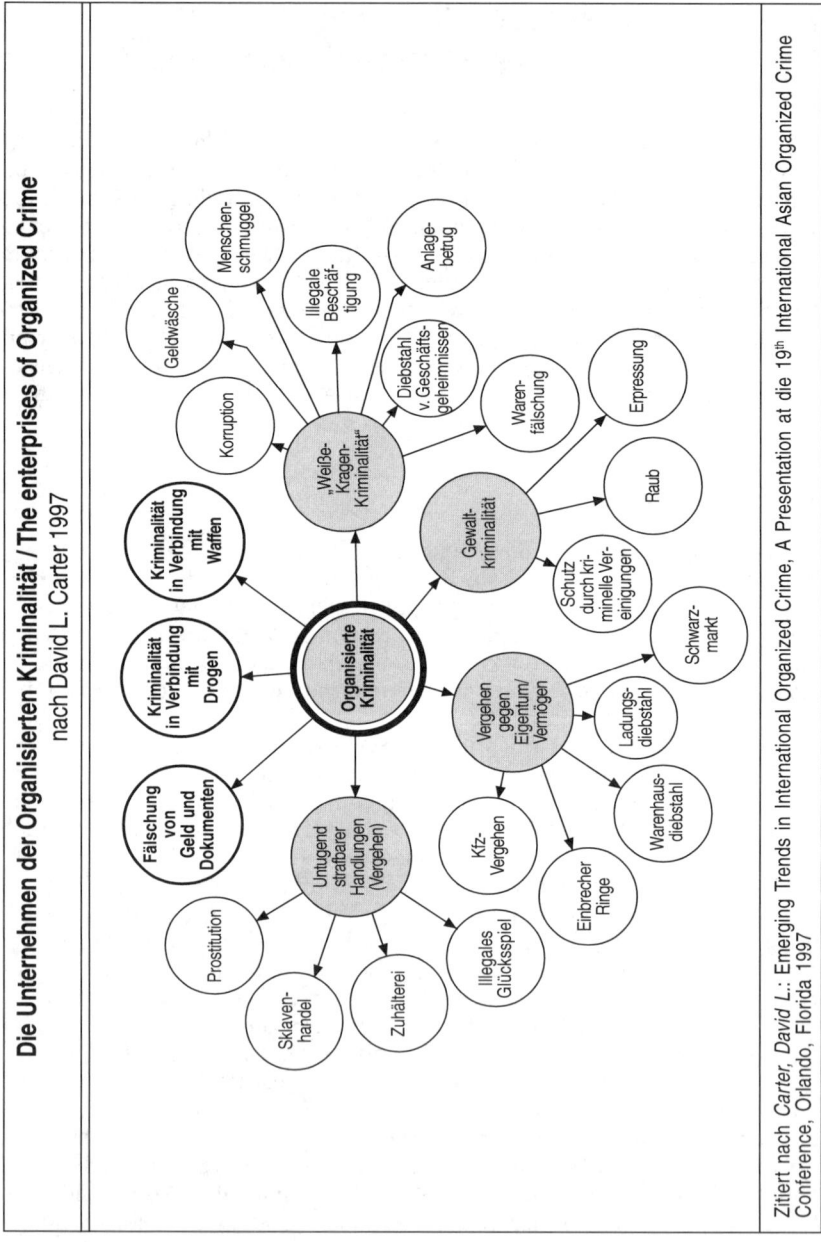

Die Unternehmen der Organisierten Kriminalität / The enterprises of Organized Crime
nach David L. Carter 1997

Zitiert nach *Carter, David L.*: Emerging Trends in International Organized Crime, A Presentation at die 19th International Asian Organized Crime Conference, Orlando, Florida 1997

sche Justiz kein Recht zum Zugriff hat, wird die Praxisanwendung der neuen gesetzlichen Regelungen wohl nicht zur „Kontrolle von wesentlichen Teilen des grauen Kapitalmarktes" führen.

2.2 Arznei-Imitat-Schmuggel und Medikamentenfälschung

Anfang der 80er Jahre wurden die ersten Fälle von Arzneimittelfälschungen, beispielsweise in Ecuador, ausgemacht. Innerhalb eines gutes Jahrzehnts entwickelte sich aus einer Randerscheinung eine globale Bedrohung. „*Es gibt Firmen in Indien und in Thailand*", so Kenner dieses Imitatschmuggels Mitte der 90er Jahre, „*die gefälschte Medikamente in großen Mengen herstellen und nach Afrika exportieren*[67]. *Früher produzierte man in Garagen, wo Amateure mit dem Chemiebaukasten arbeiteten. Heute wird der Handel professionell aufgezogen*". Zunehmend würden sich auch internationale Drogenhändlerringe an dem lukrativen Geschäft beteiligen, warnte ein gemeinsamer Bericht von WHO und Internationalem Pharmaverband IFPMA.[68] Die Größenordnung verdeutlichte der IFPMA-Vizepräsident **Richard Arnold** auf einer Fachtagung in London 1994[69]: danach entfielen mindestens fünf Prozent des Welthandels mit Arzneimitteln – schon damals ein Markt von 233 Milliarden Dollar – auf Arznei-Imitate. Sowohl Interpol als auch das britische Counterfeiting Intelligence Bureau gingen Mitte der 90er Jahre davon aus, daß weltweit operierende Syndikate sich dieses Deliktbereichs angenommen hätten, die insbesondere die Erfahrung der „Pharmafälscher in Westafrika" nutzten. In seiner Dokumentation über die „Medikamenten-Mafia" berichtete der Fernsehautor **Egmont R. Koch** Anfang 1997 u.a.:[70] „*Die Fälschung von Arzneimitteln hat sich mittlerweile zu einem ernsten Problem der Weltgesundheit entwickelt. Fünf bis zehn Prozent aller weltweit vertriebenen Medikamente*[71] *gelten inzwischen als gefälscht. In manchen Ländern ist schon jedes zweite Arzneimittel gefälscht oder eindeutig minderwertig.*" Gefälscht wird alles. Vom Wirkstoff über Dosierung, Beipackzettel, Verpackung, Herstellername, Chargennummer, Verfallsdatum bis zum Dokument über angebliche Qualitätskontrollen. Da der Arznei-Imitat-Umsatz schon 1994 auf jährlich mindestens 11,5 Milliarden Dollar (von der IFPMA) geschätzt wurde ist es nicht verwunderlich, daß in der zweiten Hälfte der 90er Jahre die Fälscher nicht mehr nur in den Entwicklungsländern[72] sitzen. Ermittlungen von Interpol führten in Europa auch nach Italien, Spanien und Griechenland. Die Fälscherringe sind heute gut organisiert und arbeiten im großen Stil.[73]

2.3 Entführung mit Lösegeldforderung (Kidnapping)

Sicherheitsfachleute unterscheiden heute zwei Tätergruppen: die schwierig zu lösenden Kidnappings mit politischen Hintergründen und die wirtschaftlich motivierten Entführungen, die mit Lösegeldzahlungen meist erfolgreich beendet werden können. Auf letztere Varianten haben sich nicht wenige Verbrecherbanden spezialisiert. In Europa zum Beispiel sardische Banditen, deren Entführungspraxis bis in die 1920er Jahre zurückreicht. Nach dem letzten Weltkrieg haben sardische Entführerbanden, wie beispielsweise die „Anonima Marda", von 1960 bis 1992 fast 180 Entführungen durchgeführt. Jede brachte den Banditi im Schnitt zwei Millionen Mark. Vor dem Hintergrund sehr großer Einkommensunterschiede und mehr oder weniger ineffizienter Polizei hat in den 90er Jahren der Menschenraub in Lateinamerika regelrecht Hochkonjunktur. Nach Kroll Associates 1995 gab es in Mittel- und Südamerika 1994 um die 6000 Entführungen[74]. Mit 4000 Fällen lag Kolumbien an der Weltspitze. Allein in diesem Land wurden von 1992 bis 1994 400 Millionen Dollar an Lösegeld gezahlt.[75] Die mit dieser Thematik befaßte Londoner Firma Control Risks Group (CRG) weiß, daß *„vor allem Gangsterbanden in Entwicklungsländern die Entführung von Besuchern aus Industrienationen als besonders lukrative Einnahmequelle entdeckt haben und den Menschenhandel mit zunehmender Perfektion betreiben".*[76] Weltweit ist die Zahl der Entführungen in der letzten Dekade sprunghaft angestiegen. Nach einer CRG-Statistik aus 1996 kam es im Zeitraum 1989 bis 1995 in den USA zu 226, Mexiko 227, Philippinen 240, Brasilien 430, Pakistan 869 und Kolumbien 1879 Entführungen.[77] Die Dunkelziffer liegt wesentlich höher. „Rekordhalter" im Entführen war und ist Kolumbien. Nach dem Tode des Medellin-Kartellchefs **Pablo Escobar** im Dezember 1993 ist der Menschenraub reiner Gelderwerb geworden, dominiert von Guerillas.[78] Diese betrieben die Entführungen als Geschäft zur Aufbesserung der Kriegskasse. Ihre Lösegeldforderungen richteten sich nach Herkunft und Position. Im Herbst 1996 verlangten die paramilitärischen Gruppen[79] für gekidnappte Unternehmer und Händler 40 000 Dollar, für Großgrundbesitzer und Viehzüchter 65 000 Dollar, für Führungskräfte der Erdöl- oder Smaragdindustrie 85 000 Dollar und für Spitzenkräfte ausländischer Firmen über eine Million Dollar. 1995 brachten weit über 1200 Entführungsfälle der kolumbianischen Kidnapping-Branche geschätzte 530 Millionen Dollar. Gegenüber 1995 stieg die Zahl der registrierten Entführungsfälle 1996 um 18,5 Prozent auf 1375. Eine Analogie zu Kolumbien gibt es auch in der östlichen Hemisphäre. Dort ist die philippinische Kapitale Manila „auf dem Weg zur Kidnapper-Hauptstadt Asiens". Während im profitablen Lösegeldgeschäft in den städtischen Ballungszentren mehr Gangsterbanden dominieren, kassieren im ländlichen Bereich mehr Guerillabanden ab, auf der philippinischen Insel Mindanao beispielsweise die Kämpfer der Rebellenorganisation Moro Islamic Liberation Front (MILF).[80] Landesweit lag die Zahl der Entführungsopfer 1993 bei 179 (an Lösegeld wurde 2,62 Millionen Dollar gezahlt); 1994 bei 286 (3,74 Mio. Dollar), 1995 bei 199 (4,25 Mio. Dollar) und 1996 bei 241 (2,62 Mio. Dollar). In den ersten zehn Monaten des Jahres 1997 wurden auf den Philippinen 193 Menschen entführt und 8,27 Millionen Dollar Lösegeld gezahlt.[81]

Von Entführungsfällen durch Clans, fast immer mit Lösegeldforderungen verbunden, wird auch seit Jahren aus dem Jemen berichtet. Hier wurden von 1993 bis März 1997 insgesamt etwa 80 Ausländer entführt.[82] Rund 800 Entführungen wurden 1997 im Nordkaukasus bekannt, so jedenfalls russische Angaben.[83] Sicher ist, daß in Tschetschenien sowohl Freischärler als auch kriminelle Clans mit Kidnapping Millionen verdienen. Die tschetschenische Regierung schätzte im August 1997, daß im Lande rund 150 Geiseln festgehalten werden.[84] In Italien, Europas Land mit klassischer OK und traditionsreicher Entführungtradition, wurden von 1945 bis 1997/98 von sardischen Banditen, kalabresischen 'Ndrangheta und anderen kriminellen Clans mehr als 1000 Personen entführt; eine relativ kleine Zahl gemessen an den Entführungsopfern im Libanon während des Bürgerkrieges.[85] Zum Ende der 90er Jahre muß davon ausgegangen werden, daß die wirtschaftlich motivierten Entführungen durch kriminelle Clans und Gang-Organisationen weiter auf hohem Niveau praktiziert werden, die OK in diesem Deliktbereich temporär wohl auch mit ethnischen Rebellenorganisationen kooperieren wird.

2.4   Exoten (bedrohte Arten) -Schmuggel, illegaler Handel

Seit Mitte der 70er Jahre beschränkt beziehungsweise untersagt das „Übereinkommen über den internationalen Handel mit gefährdeten Arten freilebender Tiere und Pflanzen", das sog. Washingtoner Artenschutzabkommen (CITES)[86] den Handel mit rund 2500 Tier- und 35 000 Pflanzenarten.[87] Doch ist zum einen das Abkommen ein internationales Handelsabkommen, das erst bei Grenzüberschreitungen wirksam werden kann – und zum anderen ist der illegale Verkauf der geschützten Arten insbesondere in den 90er Jahren zu einem hochprofitablen Geschäft geworden. Der weltweite Jahresumsatz wurde 1993 auf etwa 6 Milliarden Dollar[88] geschätzt. Ein halbes Jahrzehnt später schätzte die US-Naturschutzbehörde den jährlichen Umsatz allein der Tiere auf mindestens 10 Milliarden Mark.[89] Andere Schätzungen lagen schon vor Jahren um Milliarden höher.[90]

Im Gegensatz zum Waffen- und Drogenhandel, beide sind professionell organisiert, besteht das Geschäft mit wilden Tieren „aus einer formlosen Kette unabhängiger Kleinunternehmen", die in Einzelfällen temporär auch mit klassischen OK-Gruppen zusammenarbeiten. Zu diesen „unabhängigen Kleinunternehmen" gehören zum Beispiel im russischen Sibirien Clans, die sich auf dort beheimatete Tiger „spezialisiert" haben. Zur Vermarktung des Tigers: bis zu 100 Dollar erhält der Wilderer für 1 Kilo Tigerknochen, 300 Dollar sein Mittelsmann. Für das komplette Tigerskelett zahlten Händler 1995 bis zu 10 000 Dollar. Für die traditionelle chinesische Medizin (TCM) wird der Tiger regelrecht vermarktet. Allein die Produkte, die aus einem Kilo Tigerknochen[91] gefertigt werden, sind bis zu 3000 Dollar wert. Wird der Tiger komplett zu Pillen, Puder und Salben verarbeitet, kann er in Asien bis zu 600 000 Dollar bringen.[92] Ähnlich profitabel, weil ähnlich hoch geschätzt in der TCM, ist das Nashorn. Für ein Kilo des „Potenzverstärkers" Rhinozeroshorn wurde 1993 zwischen 20 000 bis 40 000, 1994 bis zu 60 000 Dollar gezahlt. Zwei Beispiele für die zahlreichen Wildtiere, die insbesondere von Chinesen und Koreanern zu fernöstlichen Heilmitteln verarbeitet werden. Andere gefährdete Tiere (z.B. Eulen, Echsen, Schlangen, Schildkröten) werden, ob der kulinarischen Vorlieben in Ostasien zu Opfern. Die Nachfragen nach seltenen Tieren (Vögel, Affen, Schlangen, Schildkröten) kommen von privaten Sammlern in Saudi-Arabien und Japan, aber auch von Händlern in den USA oder Zoos und Zirkusbetrieben in Osteuropa. Fachleute schätzten 1995[93], daß weltweit jährlich mindestens 5 Millionen Wildvögel in den Handel kommen, wobei die EU mit mehr als 1,5 Millionen Exemplaren zu den wichtigsten Abnehmern gehört. Andere Sammler fragen nach Reptilienhäuten, Raubkatzenfellen, Elfenbein oder ausgestopften Exemplaren für die Trophäensammlung. Im Schmuggel von bedrohten Arten wie Raubkatzen, Reptilien, Primaten, tropischen Fischarten und seltenen Vögeln zählten 1993/94 zu den

- exportierenden Ländern:[94]
  In Lateinamerika: Mexiko, Nicaragua, Venezuela, Guyana, Brasilien, Argentinien und Peru; in Afrika: Senegal, Kamerun, Zaire, Uganda, Kenia, Tansania, Südafrika und Madagaskar; in Asien: Indien, Indonesien, Malaysia, Philippinen, Vietnam, China und Rußland.
- Hauptimporteuren:
  USA, Europäische Union, Saudi Arabien und Japan.
- Hauptumschlägeplätzen:
  Mexiko, Spanien, Frankreich, Belgien, Italien, Griechenland, Polen, Tschechien, Rußland, Thailand, Singapur und Taiwan.

Nach Angaben des World Wide Fond (WWF) for Nature hat sich bis Mitte der 90er Jahre Moskau zu einer der bedeutendsten Drehscheiben im internationalen Tierschmuggel entwickelt. Exportiert werde hauptsächlich nach Westeuropa und Arabien. Etwa zehn Händlerringe hätten sich den Markt in der Hauptstadt aufgeteilt.[95] Diese Verteilung ist so geblieben. Im Frühjahr 1998 hieß es dazu u.a.[96]: *„Wie die englischsprachige Moscow Time behauptet, ist der Vogelmarkt fest in der Hand von zehn internationalen Gangs. Sie erzielen Gewinnmargen, die nach Schätzung von Interpol nur von Profiten aus dem Drogenhandel übertroffen werden."* Auch in Deutschland hat sich mittlerweile das illegale Geschäft mit geschützten Arten „zu einem blühenden Geschäftszweig" entwickelt, so der Präsident des Bundesamtes für Naturschutz (BfN).[97] Daran ändern weder Razzien gegen verbotene chinesische Medizin[98], noch die Zunahme der Zollaufgriffe an Exoten und ihrer Schmuggler[99] etwas. Dafür galt noch 1997 Deutschland im internationalen Handel mit seltenen Greifvögeln als eine erste Adresse.

2.5 Falschgeld

Geld zu verfälschen oder nachzumachen ist einer der ältesten Kriminalitätsbereiche.[100] Je aufwendiger der Staat Banknoten herstellen ließ, desto perfekter gestalteten Kriminelle ihr Fälscherhandwerk. In den 80er Jahren wurden erstmals elektronische Aufnahmegeräte eingesetzt, die mit Laserstrahlen Vorlagen für Druckmaschinen produzieren. Derlei High-Tech konnten sich seinerzeit nur Verbrechersyndikate leisten. Zur am meisten gefälschten Währung wurde die international am meisten gehandelte – der amerikanische Dollar. Der „Greenback" hat auch, im Gegensatz zu anderen Währungen, sein Aussehen seit mehr als 60 Jahren so gut wie nicht verändert.[101] Gleich nach dem Dollar kommt bei den Fälschern die deutsche Währung. Laut Interpol wurden 1996 weltweit „DM-Blüten" mit einem Nennwert von fast 40 Millionen Mark sichergestellt.[102] Und das vor dem Hintergrund, daß die Banknoten aus den Druckereien in Berlin und München, die seit 1990 im Umlauf sind, im internationalen Vergleich als besonders sicher gelten. Möglicherweise sind in die Falschgeldbranche „Leute eingestiegen, die sonst auch Geld drucken". Dieses wird für den sog. Super-Dollar vermutet (perfekt gefälschte 100 Dollar-„Bills"), der seit einigen Jahren im Umlauf ist. Über dessen Herkunft gibt es bis heute nur Vermutungen: Nordkorea, China, Rußland oder der Iran, wie es die CIA seit 1993 vermutet.[103] 380 Milliarden Dollar sind weltweit im Umlauf, zwei Drittel davon außerhalb der USA. Der Bargeldumlauf der deutschen Währung belief sich Ende 1993, dem „Jahr der Geldfälscher"[104], auf 239 Milliarden Mark, davon 224 Milliarden Banknoten. Im Visier der organisierten Kriminalität ist seit 1997 der Euro. Zum einen könnte die Einführung des Euro, so Erkenntnisse der italienischen Direzione Investigative Antimafia (DIA), auch für die Clans der IOK große Vorteile bringen; würde er den Clans doch erleichtern, die Herkunft ihrer Schwarzgelder zu verschleiern.[105] Im Februar 1998 wurde die Befürchtung des BKA medienöffentlich, daß mit der Einführung des Euro „neue Tatgelegenheiten" für Kriminelle entstehen. Diese könnten die Währungsumstellung nutzen, um illegale Gewinne zu erzielen.[106] Nach Auffassung des Berliner LKA *„drohen mit der Einführung des Euro Millionenschäden durch Falschgeldgeschäfte und Bilanzbetrug".*[107] Dazu die deutlichen Worte:[108] *„Während die Bevölkerungsmehrheit der Ablösung der D-Mark durch den Euro eher skeptisch entgegensieht, gibt es wohl zumindest eine Gruppe, die die europäische Währungsunion kaum erwarten kann: jener zwielichtige Personenkreis, der der organisierten Kriminalität und speziell der Herstellung von Falschgeld nachgeht. Beim Umtausch der großen Bargeldbeträge im Jahr 2002 werden massenhaft Blüten in die Schredder wandern, nachdem an die Einzahler saubere Euro-Beträge ausgereicht wurden – die ideale Geldwäsche im großen Stil."* Die Attraktivität des Euro liegt für diverse OK-Gruppen auch im Angebot der großen Scheine. Dazu der US-Wirtschaftswissenschaftler **Kenneth Rogoff** im Frühjahr 1998:[109] *„Die hohen Nennwerte von 100,*

200 und 500 Euro werden diese Geldscheine für die New Yorker oder russische Mafia und die südamerikanischen Drogen-Kartelle besonders attraktiv machen. Riesen-Noten werden den Europäern helfen, den Vereinigten Staaten bei solchen Kunden Konkurrenz zu machen." Die Europäische Zentralbank hat diese Gefahr erkannt, die den großen Euro-Banknoten[110] innewohnt. Um Geldwäsche zu verhindern, soll die Zahl der 500-EuroScheine begrenzt werden, so Belgiens Finanzminister *Philippe Maystadt* am Rande des OECD- Ministerrates im April 1998. Vor den genannten Hintergründen ist es wohl nicht nur Zufall, daß im Mai 1998 unbekannte Täter sensible Druckvorlagen für die Herstellung der fälschungssicheren neuen Euro-Banknoten gestohlen haben.[111] Nach Erkenntnissen der französischen Polizei verschwand der „unter hohem Sicherheitsaufwand transportierte, einzig existierende Hologramm-Druckstempel für die neuen Euro-Noten" auf einem Flug von Paris nach München.[112] Mit der Druckvorlage (Spezialmatrize) können fälschungssichere Hologramme für die neuen Euro-Noten hergestellt werden. Die Täter werden in den Reihen international organisierter Falschgeldbanden vermutet.[113]

2.6 Kreditkarten-, Scheckbetrug

Im letzten Vierteljahrhundert entwickelten sich die unbaren Zahlungssysteme Eurocheque (EC), das 1972 eingeführt wurde, und Kreditkarten zu den größten im Zahlungsverkehr. Parallel dazu entwickelte sich der internationale Scheckbetrug zu einer regelrecht prosperierenden Sparte der Verbrechensindustrie. Ende der 80er Jahre lag der Kreditkartenbetrug vornehmlich in den Händen der Asian Organized Crime – mit den kriminalgeographischen Zentren Hongkong, Malaysia und Thailand. Allein von dieser drei Ländern wurden seinerzeit 44 Prozent des in der ganzen Welt verübten Kreditkartenbetruges gesteuert.[114] Anfang der 90er Jahre wurde der Betrugsschaden in Deutschland vom BKA auf rund 100 Millionen Mark jährlich geschätzt. Der weltweite Schaden belief sich damals schon auf Milliarden. 1991 nannte die damals zweitgrößte Kreditkarten-Organisation der Welt, Mastercard in New York, erstmals Zahlen.[115] Das Unternehmen bezifferte die Schäden in seinem Bereich für 1990 auf 300 Millionen Dollar, davon die Hälfte in den USA und 90 Millionen in Europa. Es entfielen allein 130 Millionen Dollar auf gestohlene und 40 Millionen auf verlorene Karten. 1994 wurde die Schadenssumme für Mastercard und VISA auf 700 Millionen Dollar geschätzt.[116] Mitte der 90er Jahre wurde auch in Europa deutlich, daß das Plastikgeld sich immer stärker verbreitete. Das machte der Marktführer Europay[117] im April 1996 deutlich. So konnte Europay International 1995 die Zahl der Zahlungskarten um 15 Prozent auf 132 Millionen steigern. Europay-Manager *Manfred Michalek* rechnete mit einer Fortsetzung des Booms bei bargeldlosen Zahlungssystemen. So soll sich allein die Zahl der Akzeptanzstellen zum Bezahlen mit EC-Karte und persönlicher Geheimzahl

(PIN) von europaweit 478 000 Ende 1995 auf gut eine Million bis 1998 mehr als verdoppeln.[118] In Deutschland waren Mitte 1996 schon fast 60 Millionen Karten im Umlauf. Marktführer war mit rund 7 Millionen Eurocards die Gesellschaft für Zahlungssysteme (GZS) mbH in Frankfurt/Main. Die Sicherheitsexperten des Unternehmens machten deutlich, daß – nach verbesserter Sicherheits-Software[119] – der überwiegende Teil der Kreditkartenkriminalität (ca. 70 Prozent) nun auf den Mißbrauch deutscher Karten im Ausland entfalle; und weiter[120]: *„Einhergehend mit der Globalisierung ist ein stärkerer Organisationsgrad der Täter zu beobachten. Der Trend geht eindeutig weg von Einzeltätern hin zu größeren Banden."* Dazu zwei Beispiele:

- AFP-Meldung im Juni 1996: Deutsche und tschechische Polizeibehörden zerschlugen eine europaweit arbeitende Bande von Scheckbetrügern, die allein in Deutschland rund 9 Millionen Mark kassierten. Das LKA Sachsen teilte mit, daß nach mehr als einjährigen Ermittlungen die Fälscherwerkstatt in Prag ausgehoben wurde. Dabei konnten 40 Bandenmitglieder identifiziert werden. Bei Durchsuchungen in Prag, Dresden und Leipzig wurden rund 6000 gefälschte Schecks, 1100 gestohlene Scheckkarten und 76 gefälschte Personalausweise sowie Falschgeldscheine beschlagnahmt. Das System der Bande bestand darin, zu gestohlenen Scheckkarten die passenden Personalausweise und Schecks herzustellen, die dann von unverdächtigen Helfern eingelöst wurden.

- rtr-Meldung im Januar 1997: In Zusammenarbeit mit italienischen Behörden konnte die Polizei in Ostbayern eine kriminelle Organisation mit 300 Tatverdächtigen zerschlagen. Die Bande, die der neapolitanischen Camorra zugeordnet wird, soll seit 1993 durch den Diebstahl von Verrechnungsschecks aus Postsendungen (viele davon aus Deutschland) und die Einlösung in verschiedenen Ländern Europas mehr als 100 Millionen Mark erbeutet haben. Allein der in Bayern entstandene Schaden wurde auf 20 Millionen geschätzt.

Magnetkarten wie die EC-Karte sind nach einem Vierteljahrhundert Ende der 90er Jahre „ein Auslaufmodell der bargeldlosen Zahlungsära". Um der Computerkriminalität, die vom Magnetkartenlesen über das Kopieren ungeschützter Magnetstreifen bis zur Entschlüsselung der PIN-Nummern reicht, begegnen zu können, hat beispielsweise in Deutschland die Kreditwirtschaft 1997 angekündigt, neue Geheimzahlen mit längerem Sicherheitsschlüssel für die über 60 Millionen EC- und Bankkundenkarten zu vergeben.[121]

2.7 (Illegaler) Kunsthandel und Kunstfälschung

„Kunst ist nicht länger bürgerlicher Luxus, sondern heiße Ware für Spekulanten. Neureiche Japaner, Drogenhändler oder vom Aktienmarkt enttäuschte Millionäre – sie alle lockt die Einzigartigkeit und damit die vermeintliche

Wertbeständigkeit der Gemälde", so war es in der Titelgeschichte „Ware Kunst – Milliardengeschäft mit Bildern" des Hamburger Nachrichtenmagazins Der Spiegel Ende November 1988[122] zu lesen. Nicht wenige Experten des Kunstmarkts waren schon vor zehn Jahren der Meinung, daß „der Gemäldekauf eine günstige Methode sei, um schwarzes Geld weiß zu waschen". Die unbekannte Konkurrenz, die sich ab Mitte der 80er Jahre zum bietenden Hochadel auf den Kunstauktionen gesellte, beschrieb 1988 **Baron Hans Heinrich Thyssen Bornemisza**, einer der bedeutenden Kunstsammler der Welt, mit den Worten: *„Heute schieben diese Unbekannten den Händlern fünf Millionen in die Hand. Und wir wissen nicht, was geschieht; die Geldquellen liegen im dunkeln. Menschen aus Südamerika, dem Libanon und Japan wechseln ihre Dollar in Kunst um. Niemals bekommt man einen von ihnen zu sehen. "*

Die Lage der Kunst beklagten seinerzeit auch Kunsthändler: *„Jeder Preis für Kunst ist absolut irrational, das ist die Basis des Marktes. Nur begreift heute kaum einer noch Kunst als Kunst, alle nähern sich ihr über den Preis. "* Das machten insbesondere Auktionshäuser wie Christie oder Sotheby nach der profitablen Formel: den Wert jeglichen Kunstgegenstandes schätzen, alles versteigern und nach beiden Seiten (Käufer und Verkäufer) je 10 Prozent kassieren. Bereits 1975 hatte Sotheby begonnen seine Verkaufsergebnisse in einem Index darzustellen: 1975 waren 100, 1988 bereits über 800 Punkte erreicht. In der Auktionssaison 1987/88 wuchs Sothebys Umsatz um 20,8 Prozent auf 1,5 Milliarden Dollar. In der japanischen Kunstwelt jener Zeit, Sotheby hatte bereits 1979 eine Filiale in Tokio eingerichtet, galt als einer der bedeutendsten Händler **Shigeki Kameyama**[123]. Über ihn wissen japanische Kunstberater:[124] *„Kameyama war einmal, ehe er mit Kunst handelte, Mitglied der Yakuza ... Man geht besser vorsichtig mit ihm um, noch immer ist er mächtig und kann Druck ausüben, Gewalt. "* Im Gespräch mit dem Spiegel- Reporter **Peter Schille** sagte Kameyama, daß ihm manchmal „Bekannte oder ein Museum Geld" gäben, damit er auf den Auktionen dann antreten könne. Öfter würde er sich „mit jüdischen Freunden aus London und New York zu Joint Ventures" verbünden, um ein wichtiges Bild zu erwerben. Zwar betrug der Etat der fünf nationalen Museen 1987 nur 500 Millionen Yen; aber, so der Direktor des Kunstinstituts von Tokio, es wurde im selben Jahr für 300 Milliarden Yen Kunst gekauft, ein Drittel davon im westlichen Stil.

Mit dem Ende der kommunistischen Systeme Osteuropas und der Sowjetunion stiegen mit der Wende 1989/90 die Kunstdiebstähle in den vormals sozialistischen Staaten dramatisch an. Im Februar 1991 mutmaßte die Berliner Polizei, daß der „kriminelle Ausverkauf" der Kunstschätze in der ehemaligen DDR erst bevorsteht.[125] Beamte des damaligen Gemeinsamen LKA hatten bereits Kenntnisse über „südländische Banden, so aus Italien und Jugoslawien." Weitere Wege ließen sich auch in die Niederlande verfolgen. Erste Spuren führten auch in Richtung Rumänien und in den südlichen Teil der

Sowjetunion. Im Juli 1992 meldete die Moskauer Wochenzeitung Moscow News[126], daß seit 1980 27 Millionen russische Ikonen illegal aus dem Land exportiert wären. Das waren 90 Prozent des russischen Kunstbestandes zu Beginn des Jahrzehnts. Unter Berufung auf das Innenministerium, so „Moscow News", hätten sich europaweit etwa 40 internationale Schmugglerorganisationen auf den russischen Antiquitätenhandel spezialisiert. Rund 500 Warenlager würden sie in ganz Europa besitzen. Gegenüber 1990 habe sich der Handel mit Kunstwerken 1991 verdreifacht. Nach Einschätzungen von Kunstexperten sei dadurch ein Verlust von Hunderten Millionen DM entstanden. Dazu *Iwan Chrapow*, im August 1992 stellvertretender Untersuchungschef der Miliz:[127] „*Der Kunsthandel ist eine Art Geldwäsche*". Fast zeitgleich warfen Diebstähle in Italien Fragen nach Verbindung von Kunst und Geldwäsche auf. Die Millionenwerte gestohlener Bilder werden zum Zahlungsmittel für Drogen, Bekanntgabe von Geheimnissen und für alle Arten von Gefälligkeiten, weiß die Polizei. Dazu **Roberto Conforti**, Kunstraubspezialist der Strafverfolger 1992:[128] „*Immer häufiger werden Meisterwerke benutzt, um große Mengen Betäubungsmittel aus Lateinamerika und aus dem Orient zu bezahlen ... Wir haben den Verdacht, daß schmutziges Geld in Millionenhöhe mit Kunstankäufen reingewaschen wird.*" Von 1970 bis Anfang der 90er Jahre wurden in Italien, so Schätzungen, fast 300 000 Kunstschätze gestohlen – ein Gutteil aus den 95 000 meist schlecht gesicherten Kirchen. Mit den Profiüberfällen des Museums von Modena (23. Januar 1992) und der Nationalgalerie in Rom wenig später wurde selbst Historikern wie *Giulio Carlo Argan* deutlich, daß eine „neue Qualität des Kunstraubes" gegeben wäre, die die Spuren der Mafia trüge. Ob Mafiosi in Japan, Rußland oder Italien – den weltweiten Jahresumsatz auf diesem Sektor bezifferten US-Quellen schon 1992 mit zwei Milliarden Dollar.[129] Zwei Jahre später berichtete das „Wall Street Journal" über die Einschätzung von Kunstkennern aus 1994,[130] „*nach denen jährlich Kunstwerke im Wert von 10 Milliarden Dollar aus Museen, Galerien und Privathaushalten verschwinden, von denen weniger als zehn Prozent wieder auftauchen*". Auch wenn diese Größenordnung von anderen Kunstexperten für zu hoch gegriffen[131] gehalten wird, ist es unstrittig, daß Kunst zu einem weiteren Betätigungsfeld der Organisierten Kriminalität geworden ist. Mit wenigen Ausnahmen[132] wurde die internationale Dimension der Kunstdiebstähle bis Mitte der 90er Jahre unterschätzt. Nach einer Welle von Kunstdiebstählen in Großbritannien, Scotland Yard vermutete die russische OK als Täter, warnte 1994 *Thomas Wessel*, Experte der Nordstern-Versicherung, die sich auf die Versicherung von Kunstgegenständen spezialisiert hat, vor einem Überschwappen der Kunstdiebstahlswelle nach Kontinentaleuropa, insbesondere auch nach Deutschland. Wessel hielt es aber auch nicht für ausgeschlossen,[133] „*daß die Diebstähle dazu dienen könnten, die Preise auf dem Kunstmarkt durch Verknappung der Ware in die Höhe zu treiben.*" Osteuropa war zu dieser Zeit schon seit Jahren Tatort, wo internationale Banden den Kunstdiebstahl im großen Stil betrieben. So wurden 1996 nach vorsichtigen Schätzungen[134] der Prager Polizei allein in Tschechien jährlich Kunstschätze im Wert von 40 Millionen Dollar gestohlen und in den Westen transferiert. In Rußland lag die offizielle Jahresbilanz sogar bei 130 Millionen Dollar. In welcher Größenordnung gestohlen wurde, belegte der Anfang 1994 bekannt gewordene Raub im Jüdischen Museum in Budapest.[135] Bei diesem größten Kunstdiebstahl nach 1945 in Ungarn wurden aus dem reichsten Museum seiner Art in Europa über 200 Kunstschätze (einschließlich alter Gebetsbücher und Thorarollen) in einer geschätzten Schadenshöhe von 170 Millionen Mark gestohlen. An der Aufklärung dieses Falls arbeiteten seinerzeit nicht nur die ungarische Polizei und Interpol, sondern auch der israelische Auslands-Nachrichtendienst Mossad. In der zweiten Hälfte der 90er Jahre lassen sich, so das BKA Anfang 1997[136], *„im neuen Europa ohne Grenzen die Dimensionen dieses Kriminalitätsfeldes nur erahnen"*. Etwa zur gleichen Zeit wurde das 1744 gegründete und damit älteste und heute größte Auktionshaus der Welt, Sotheby's in London, der Beteiligung an internationalem Kunstschmuggel bezichtigt. Die britische Regierung leitete Anfang Februar 1997 Ermittlungen mit dem Ziel ein, festzustellen, ob auf dem Londoner Kunstmarkt unrechtmäßige Geschäfte abgewickelt wurden.[137]

2.8   (Organisierter) Ladendiebstahl im Einzelhandel

Wie nur wenige Branchen leidet insbesondere der Einzelhandel unter Kriminalität, wird zum Opfer durch Einbruch, Bandendiebstahl, Raub, Bombendrohung, Lebensmittelerpressung, Schutzgelderpressung und insbesondere Ladendiebstahl. Allein in Deutschland stieg die Zahl der Ladendiebstähle von 501 572 Fällen 1991 auf 656 339 im Jahr 1996. Die Schäden der Delikte beliefen sich nach Angaben des Hauptverbandes des Deutschen Einzelhandels (HDE) auf mehr als 4,5 Milliarden DM. Die Bundesarbeitsgemeinschaft der Mittel- und Großbetriebe schätzte im Juni 1997[138], daß dem Einzelhandel durch Ladendiebstahl jährlich ein Verlust von rund 5 Milliarden DM entsteht. Nach einer Umfrage, die der Präsident des Gesamtverbandes des Einzelhandels Land Berlin (GdE), *Bernd Rückert*, im September 1997 präsentierte[139], haben 91 Prozent aller Läden in den letzten zwei Jahren Erfahrungen mit Ladendieben gemacht. 27 Prozent der Befragten gaben an, in diesem Zeitraum Opfer von Bandendiebstahl geworden zu sein. Gut zwei Drittel der befragten Einzelhändler hätten dabei eine deutliche Zunahme dieser Delikte beobachtet.

2.9   Lkw-Diebstahl (Highway robbery)

Die vom Hijacking – Flugzeugentführung – abgeleitete Verbrechensform des „Carjacking" gibt es schon seit Jahren in den USA. Mit Beginn der 90er

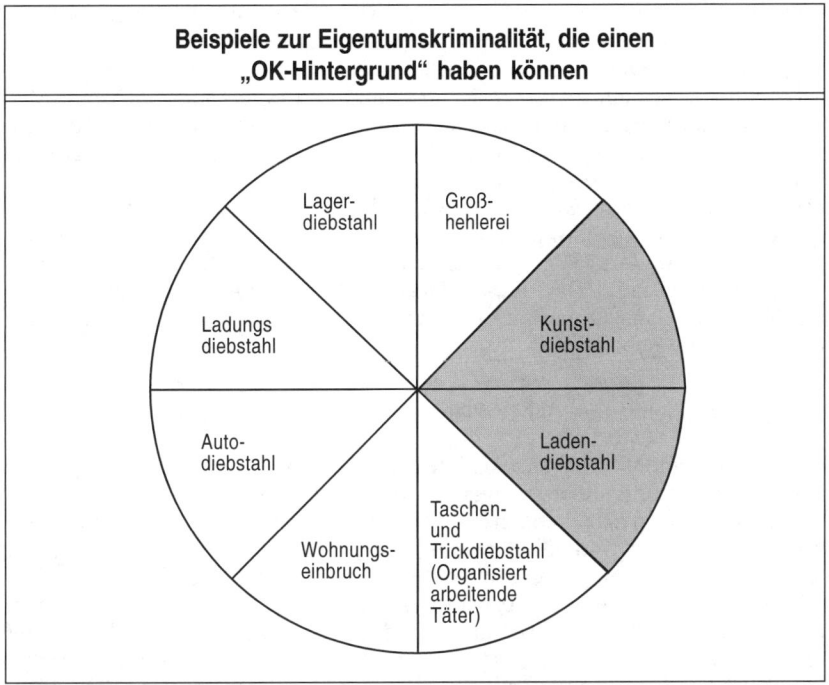

**Beispiele zur Eigentumskriminalität, die einen
„OK-Hintergrund" haben können**

Jahre wurde auch in Deutschland diese „Autoentführung" bekannter. Weitergehend, gefährlicher und durch voluminöse Schäden auffälliger ist seit Mitte der 90er Jahre das „Truckjacking", die Lkw-Entführung, die, beginnend in Polen, vornehmlich im Osten Europas praktiziert wird,. Was den Schutz der Lkw-Transporte betrifft, hat die dortige Gefahrenlage der Polizeikommandant von Szczecin (Stettin), *Kazimir Rybinski*, auf einer Tagung Ende 1996 beschrieben.[140] Nach seinen Angaben operierten rund 120 international besetzte Banden in ganz Polen, darunter viele russisch, weißrussisch oder ukrainisch dominierte Verbrechergruppen. Der Schaden, den diese international operierenden kriminellen Organisationen anrichten, ist nach Angaben von Bundesverkehrsminister *Matthias Wissmann*[141] enorm: allein in den EU-Staaten entgingen durch Zollbetrug zwischen 1990 und 1994 Einnahmen in Höhe von 750 Millionen Mark. Zur steigenden Kriminalität im Güterverkehr würden zunehmend Raub und Diebstahl bis hin zum Verschwinden ganzer Transporteinheiten gehören. Dementsprechend beschlossen die Verkehrsminister von 35 Nationen auf ihrer Tagung im April 1997 in Berlin Gegenmaßnahmen, beispielsweise die Einführung einer fälschungs- und diebstahlsicheren Fahrzeugkennung für Lkw zur Verhinderung von Lkw-Diebstählen. Das vor dem Hintergrund, daß allein in Deutschland 1995 Lkw-

Ladungen im Wert von 21 Millionen Mark verschwanden. Zur Größenordnung des Güterverkehrs auf der Straße, Richtung Ost. Auf über eine Million ist inzwischen (Stand November 1997) die Zahl der Trucks im grenzüberschreitenden Verkehr zwischen Deutschland und Polen angewachsen.[142] Ob der Gefahren weiß ein Fernfahrer:[143] *„Bis hinter Warschau, nach Weißrußland oder gar nach Moskau fährt kaum ein Deutscher. Das sind höchstens Verrückte oder verkrachte Existenzen. Andere setzen sich doch den Gefahren nicht aus."* Diese Art der „Highway Robbery" hat auch in anderen Regionen der Welt zugenommen, insbesondere in Brasilien. Um die 3200 Überfälle zählte man dort 1996, ein Jahr später schon 4000. Der Wert der gestohlenen Güter lag bei 320 Millionen Dollar. Dieser Deliktbereich der brasilianischen OK (Gang-Organisationen) wird für einen der aktivst wachsenden der 90er Jahre gehalten.[144]

2.10 Menschenhandel (White Slavery)

Der Frauenhandel zählt zu den ältesten Kriminalitätsbereichen, dem sich Entführerringe und andere Gangs schon vor rund einhundert Jahren widmeten.[145] Vor der nun anstehenden Jahrhundertwende zählt die Polizei den Menschenhandel zur Kriminalität im Zusammenhang mit dem Nachtleben, der sich durch Relevanz zur Organisierten Kriminalität kennzeichnet. Zusammen mit der Förderung der Prostitution / Zuhälterei ist daraus ein Geschäft (Sexindustrie) erwachsen, dessen weltweiter Umsatz Anfang 1998 auf mehr als 100 Milliarden Dollar geschätzt wurde.[146] Schon ein halbes Jahrzehnt zuvor schätzten US-Experten 1993,[147] daß jährlich circa eine Million Menschen, darunter immer mehr Kinder, rund um die Erde in Prostitution und Sklaverei verkauft werden. Mitte der 90er Jahre wurde, anläßlich einer Konferenz von südostasiatischen Frauenorganisationen, vermutet[148], daß allein aus Südostasien seit den 70er Jahren nahezu 30 Millionen Frauen in die ganze Welt verkauft wurden. Die „Rotlicht-Weltkarte Anfang 1995" stellte sich wie folgt dar:[149]

- Karibik:
  Jamaika: gängiges Ziel weiblicher Sextouristen aus dem Westen.
  Dominikanische Republik: mit dem Tourismus steigt auch das Sexgeschäft, besonders in Sosua und Santo Domingo; expandierender Frauenhandel.
  Kuba: Liebensdienste von Kubanerinnen für Westtouristen gegen US-Dollar.

- Südamerika:
  Kolumbien: wichtiges Nachschubland für die internationale Prostituierten-Szene, vor allem in Westeuropa. Häufig wird der Mädchenhandel von den international operierenden Drogenkartellen betrieben.
  Brasilien: nach Rio ist Recife im Nordosten neues Zentrum geworden. Immer mehr pädophile Täter kommen ins Land – über 500 000 minderjährige Prostituierte.

- Mitteleuropa:
Deutschland: von den rund 200 000 hier arbeitenden Prostituierten[150] stammt ein Viertel bereits aus Osteuropa; gefragt sind insbesondere Minderjährige. Im Grenzgebiet boomt der Tages-Sextourismus nach Tschechien. Zudem starten jährlich rund 300 000 Deutsche zum Sextrip ins Ausland mit den Hauptzielen Asien, Kenia und Brasilien.

- Osteuropa und GUS:
GUS: Russinnen sind weltweit immer stärker auf den Märkten. Starke Zunahme auch in der Russischen Föderation. Allein in Moskau arbeiten etwa 50 000 Prostituierte in bis zu 1000 Bordellen.
Tschechien: der Städtetourismus in Prag ist insbesondere auch auf Billig-Sex zurückzuführen.
Ungarn: auch Budapest gilt als attraktiver Billigmarkt.
Polen: Frauen aus Warschau werden von Zuhälter-Ringen vermehrt nach Deutschland geschleust.

- Afrika:
Ghana: reger Verkehr zum Nachbarn Elfenbeinküste sowie nach Italien.
Südafrika, Swaziland, Mosambik: Südafrikaner nutzen die Billigsexangebote von nach Swaziland geflüchteten Frauen aus Mosambik.
Tunesien: Ziel weiblicher Sextouristen;
Kenia: eines der ältesten Ziele deutscher Sextouristen.

- Mittlerer Osten:
Saudi-Arabien, Vereinigte Arabische Emirate (VAE), Kuwait: offiziell ist das Thema tabu. Menschenrechtler klagen jedoch an, daß Tausende von nepalischen und indischen Frauen, als Hauspersonal auf die arabische Halbinsel gelockt – von ihren Arbeitgebern sexuell mißbraucht werden.

- Asien:
Thailand: über 1,5 Millionen Prostituierte, dazu 800 000 Kinder. Mehr als 80 Prozent der Kunden sind Einheimische; unter den ausländischen Freiern insbesondere Japaner und Deutsche.
Philippinen: über 300 000 Prostituierte; über 60 000 Minderjährige, viele Knaben.
VR China: rund 1 Million Prostituierte; am Geschäft sind auch Angehörige der Volksbefreiungsarmee beteiligt. Aus Südchina werden die Bordelle in Thailand mit neuen Mädchen versorgt.
Japan: hier arbeiten rund 1 Million „Hostessen".

Laos / Kambodscha / Vietnam: bereits über 300 000 Prostituierte; viele werden nach Thailand weitervermittelt.

Indien: über 2,5 Millionen Frauen verkaufen Sex fast ausnahmslos an einheimische Freier.

Sri Lanka: starke Kinderprostitution, die vor allem die weltweite Pädo-Szene bedient.

Nepal: jährlich werden rund 7000 Kinder von Händlern in indische Bordelle vermittelt.

Birma: bereits mehr als 20 000 Frauen arbeiten in Thai-Bordellen.

Bangladesh: Nachschubland für Pakistan und den Mittleren Osten; jährlich werden 10 000 Frauen verschickt.

In der zweiten Hälfte der 90er Jahre ist das Geschäft weltweit noch voluminöser geworden. In Südostasien zum Beispiel wurde die Anzahl der Prostituierten auf rund 600 000[151] geschätzt. Allein im früheren Saigon (HCM-City) sollen 20 000 Professionelle und 30 000 Teilzeitprostituierte arbeiten. Und beim Nachbarn Kambodscha wurde die Anzahl der sich prostituierenden Frauen Ende 1995 auf ebenfalls bis zu 600 000 geschätzt.[152] Asiatische Zuhälterringe bringen die Frauen auch nach Amerika (USA) und Europa. Hier, in der Alten Welt, hat der Frauenhandel als Folge des Wirtschaftsgefälles zwischen reichen westlichen Staaten und den ärmeren Ländern deutlich zugenommen. Die EU-Kommission schätzte im Juni 1996[153], daß bis zu 500 000 Frauen meist aus Mittelost- und Osteuropa mit falschen Versprechungen in die EU-Länder gelockt wurden, wo sie oft mit Gewalt zur Prostitution gezwungen werden. Das italienische Wirtschaftsmagazin „Il Monde" schätzte 1997 die Anzahl der Prostituierten in Europa auf 600 000, die der „Euro-Mafia 70 Milliarden Dollar Jahresumsatz" bringen würden.[154] Mitte der 90er Jahre nahm sich der „Ausschuß für die Rechte der Frau" im Europäischen Parlament (EP) dieses Themas an. In seiner Stellungnahme vom September 1995 hieß es u.a.:[155] „...Wichtig im Zusammenhang mit diesem nahezu unsichtbaren Verbrechen ist der weltweit wachsende Handel mit osteuropäischen Frauen nach der Öffnung der Grenzen; die Übernahme dieses Handels durch das organisierte Verbrechen, oft in Kombination mit Drogen- und Waffenhandel; das Phänomen, daß traditionelle Ursprungsländer wie beispielsweise Thailand nun auch zu Empfängerländern (insbesondere burmesischer Frauen) und andere Länder wie Ungarn und Polen zu Transitländern (Empfänger- und Weitergabeländern) werden; die Beweisführung in Prozessen gegen Händler u.a. durch die Ausweisung der Opfer und durch die vage Deliktbeschreibung in den nationalen Strafgesetzbüchern und den internationalen Übereinkommen erschwert wird ... Das Delikt Frauenhandel umfaßt folgende Praktiken: das Festhalten einer Person in illegaler Abhängigkeit; die Anwendung von Zwang und Irreführung; die Veranlassung zur Prostitution oder zu anderer ungeregelter und ungeschützter Arbeit; die Bindung durch Schulden, die beispielsweise mit Hilfe horrender Vermittlungssummen und Wucherzinsen aufgehäuft werden[156]; (emotionale) Erpressung und Ausbeutung des illegalen Status; Verletzung der körperlichen und sexuellen Unversehrtheit; körperliche Gewalt und Androhung von Gewalt; Transport einer oder mehrerer Personen innerhalb eines Landes oder über Grenzen hinweg zu Gewinnzwecken."* Zwei Jahre später wurde auf der EU-Ministerkonferenz über den Frauenhandel in Den Haag im April 1997 festgestellt[157], daß jährlich eine halbe Million Frauen in die Länder der EU gelockt und verschleppt und dort zur Prostitution gezwungen werden. Nach Deutschland beispielsweise wurden schon 1993 fast 55 000 Frauen von Menschenhändlern eingeschleust. Nach Schätzungen von Prostituierten-selbsthilfegruppen nehmen in Deutschland rund 1,2 Millionen Männer täglich die Dienstleistungen von 200 000 Prostituierten in Anspruch. Sie kaufen sich rund 250 Millionen Befriedigungen im Jahr. Der Umsatz wird auf mindestens 12,5 Milliarden Mark geschätzt.[158] Dazu merkte das BKA in seinem „Lagebild Menschenhandel 1995" schon im Mai 1996 u.a. an: *„Aufgrund teilweise bestehender OK-Relevanz sowie des weiterhin zu erwartenden Einflusses Osteuropas auf den Menschenhandel ist ein Ende der expandierenden Entwicklung dieses Deliktsbereiches derzeit nicht abzusehen. Die Bundesrepublik Deutschland wird auch zukünftig Zielland der durch die Menschenhändler angeworbenen Opfer bleiben."*[159]

2.11 (Illegaler) Organhandel

Bis zum heutigen Tage ist auf dem Transplantationsmarkt die Nachfrage nach Organen (wie Nieren, Lebern, Herzen, Lungen, Därmen, Bauchspeicheldrüsen und Augenhornhäuten) weltweit größer als das Angebot. Von dieser Diskrepanz profitieren kriminelle Einzeltäter und Kleingruppen, in den 90er Jahren aber auch international operierende Banden. **Hans See**, Dritte-Welt-Experte in Frankfurt/Main, berichtete darüber schon 1991:[160] *„Es gibt Hinweise darauf, daß man nun massiv im nichteuropäischen Ausland Märkte für Organe erschließt ... Eine Mafia begreift die Menschen als Organbanken, von denen man nur abzuheben braucht."* Mit dem nichteuropäischen Ausland wird zum einen Asien, insbesondere Indien, und zum anderen Lateinamerika gemeint. Im Jahr 1987[161] tauchten in Honduras erstmals Gerüchte über den Handel mit Kinderorganen auf. Ein halbes Jahrzehnt später wollte auch Präsident **Rafael Callejas** „solche Verbrechen in seinem Land nicht mehr ausschließen". Nicht zuletzt vor dem Hintergrund, daß bis Anfang der 90er Jahre rund 600 Kinder, so die Schätzung des privaten „Komitees zum Schutz verschwundener Kinder", von Kidnappern entführt worden waren, beschäftigte sich 1993 ein parlamentarischer Untersuchungsausschuß in Honduras mit diesem Thema.[162] Diversen Gerüchten über illegalen Organhandel in Lateinamerika ging die französische TV-Journalistin **Marie-Monique Robin** in Kolumbien, Argentinien und Mexiko nach.[163] Ihre einjährigen Recherchen konnten die Vermutungen belegen. Südamerikanische Menschenrechtsgruppen hatten schon Ende der 80er Jahre auf die Schicksale mehrerer Tausend verschwundener Kinder aus Brasilien aufmerksam gemacht.[164]

Ab der zweiten Hälfte der 80er Jahre wurde von einem „Organ-Tourismus" nach Indien berichtet.[165] Hier entstanden sog. Nieren-Kartelle, geschäftliche Zusammenschlüsse von Schleppern, kriminellen Ärzten und Besitzern privater Krankenhäuser. Dazu ein Beispiel aus

- 1995:[166] Nach eigenen Angaben gelang es der indischen Polizei in Bangalore eine Bande von Organhändlern zu enttarnen. Gegen vier Beteiligte, unter ihnen der Chefarzt der nephrologischen Abteilung des Victoria Hospitals sowie ein weiterer Arzt und zwei „Schlepper", wurde Anklage erhoben. Möglicherweise, so die Polizei, seien von den Verdächtigen während der letzten zwei Jahre „mehr als 1000 Nieren" entnommen und reichen Kunden aus arabischen Ländern und Fernost eingepflanzt worden.

Die Strafverfolgung international arbeitender Organ-Räuber ist bis heute schwierig, zumal es fließende Übergänge zum „Großhandel mit Leichenteilen verstorbener Patienten aus Krankenhäusern" gibt, der auf der ganzen Welt, auch in Deutschland[167] stattfindet.

2.12 Produkt-Piraterie

Unter Produkt- oder Markenpiraterie wird die „rechtswidrige Nachahmung von Waren oder die illegale Nutzung fremden geistigen Eigentums unter Verletzung von Urheber- und gewerblichen Schutzrechten" verstanden. Von dieser „Wirtschaftspiraterie" sind seit den 80er Jahren insbesondere die Firmen betroffen, die bei ihren Produkten auf Sorgfalt bei der Herstellung und auf Qualität achten (Markenprestige). Darauf brauchen die Illegalen nicht zu achten. Zu deren Piratenware gehören beispielsweise:

- Kleider und Modelle aus jeweils jüngster Kollektion;
- Werkzeuge aller Art;
- Kosmetika aller Richtungen, Waschmittel;
- Alkoholika (Whisky-, Gin-, Sekt-/Champagner-Markensorten);
- Lebensmittel (Suppen, Senf, Instantkaffee);
- Pharmazeutika, Pflanzenschutzmittel;
- Autozubehör, Autofelgen, Bremsbeläge, Bremsflüssigkeit;
- Computer, Hard- und Software, Büromaterialien;
- Erzeugnisse der Kunst- und Unterhaltungsindustrie wie Raubdrucke, Nachpressungen von Schallplatten, illegal kopierte Musikkassetten, CDs, Videobänder und neueste Kinofilme.

Schon Ende 1987 schätzte die Internationale Handelskammer den Anteil des Handels mit Piratenware auf 4 bis 5 Prozent des Welthandels. Dazu der OK-Fachmann *Hans-Werner Hamacher* 1989[168]: *„Mit der Piratenware und ver-*

hältnismäßig geringem Risiko lassen sich große Gewinne erzielen. Wo so viel Geld lockt, sind organisierte Verbrecherbanden nicht weit. Die kriminelle Grauzone reicht inzwischen von der Steuerhinterziehung bis zum Raub, zur Erpressung und wahrscheinlich auch bis zum Mord. Wer da aussteigen will, muß mit Repressalien rechnen ... Produktpiraterie fördert nicht nur das Organisierte Verbrechen, sie führt auch zu Verlusten in den Volkswirtschaften. In einem Bericht des Ausschusses für Außenwirtschaftsbeziehungen des EP vom 9. Oktober 1985 wird der Verlust an Arbeitsplätzen durch aus Drittländern eingeführte Piratenware innerhalb der EG auf 100 000 geschätzt; allein auf die Bundesrepublik entfallen rund 50 000 verlorene Arbeitsplätze. Auch der Verbraucher profitiert nicht von dieser Schmutzkonkurrenz. In vielen Fällen entspricht die Qualität der Piratenware in keiner Weise dem nachempfundenen Original. Selbst der Preisnachlaß auf die Fälschung deckt einen solchen Qualitätsverlust nicht ab. Hinzu kommen die beschriebenen Gefährdungen für die öffentliche Sicherheit und Volksgesundheit durch verpanschte oder gefälschte Produkte."

Während in den 80er Jahren noch zwei Drittel aller Fälschungen oder Nachahmungen aus Fernost (insbesondere Taiwan) stammten, sind in den 90er Jahren am Handel mit gefälschten Markenartikeln viele beteiligt. So stammte, nach Angaben der Oberfinanzdirektion München, der größte Teil der 1996 an deutschen Grenzen abgefangenen Imitate aus Polen und der Türkei.[169] Die weltweiten Schäden, die sich durch Verkaufsverluste ergeben, schätzte die Internationale Handelskammer 1996 auf 100 Milliarden Dollar[170], 1997 gar auf 500 Milliarden Mark.[171]

Die am häufigsten gefälschten Marken waren Mitte der 90er Jahre:[172]

- Produktgruppe Textilien der Marken:
  Levis, Diesel, Replay, Boss, Calvin Klein, Azzaro, Chiemsee, Lacoste, Chevignon. Herkunft der Imitate: Türkei, Osteuropa (insbesondere Polen, Tschechien), China.

- Produktgruppe CDs der Marken:
  Sony Music, MCA, East West Records, WEA, EMI, BMG. Herkunft der Imitate: Asien (insbesondere China), Bulgarien, Polen, Rußland.

- Produktgruppe Computer-Software der Marken:
  Microsoft, Apple, MS-DOS-Produkte. Herkunft der Imitate: Taiwan, Malaysia, Hongkong.

- Produktgruppe Videos der Marken:
  CIC, Warner, Disney / Buena Vista. Herkunft der Imitate: Polen.

- Produktgruppe Uhren der Marken:
  Rolex, Cartier, Seiko, Citizen. Herkunft der Imitate: Asien (insbesondere Thailand)

- Produktgruppe Sportbekleidung und -schuhe der Marken:
  Reebok, Nike, Adidas, Puma. Herkunft der Imitate: Türkei, Osteuropa, Asien.

- Produktgruppe Kosmetika und Parfüm der Marken:
  Chanel, Dior, Givenchy, Lacoste. Herkunft der Imitate: Asien.
- Produktgruppe Luxus-Konsumgüter der Marken:
  Moet u. Chandon, Porsche Design, MCM. Herkunft der Imitate: Osteuropa
  (insbesondere Polen).
- Produktgruppe Etiketten der Marken:
  Diesel, Chiemsee. Herkunft der Imitate: Asien, Osteuropa, EU.

Diese kriminelle Schattenseite der Wirtschaft vernichtet weltweit auch Arbeitsplätze; jährlich allein in Deutschland, so der Präsident des Deutschen Industrie- und Handelstages (DIHT) *Peter Stihl*, zwischen 40 000 und 70 000 (mehrheitlich in der deutschen Textilindustrie[173]); in Europa bis zu 200 000.[174]

2.13 Rotlichtkriminalität: Illegales Glücksspiel

Das Glücksspiel (Gambling) zählt zu den ältesten Deliktbereichen, insbesondere in Asian. In Japan gab das, seit Jahrhunderten gespielte, Kartenspiel „Hanafuda" mit der Blattkombination 8-9-3 (Ya-Ku-Za) dem dortigen Organisierten Verbrechen den Namen. Bis zum heutigen Tage gehört das Glücksspiel zur originären Einnahmequelle der japanischen OK. Das gilt gleichermaßen auch für andere Gruppen der Asian Organized Crime (AOC)[175], vornehmlich für die Triaden der Chinesen. Neben ungezählten „Spielhöllen" in den Chinatowns Europas, Amerikas und Asiens sind es die legalen Spielkasinos, die verschiedene Triaden interessieren. Einfluß, noch besser die Kontrolle dieser Kasinos, bringt für die Bünde höchste Profite. In Macao beispielsweise stellen sechs Spielkasinos rund 50 Prozent der Haushaltseinnahmen der bis 1999 unter portugiesischer Verwaltung stehenden Stadt, in der heute insbesondere die Hongkong-Triaden 14 K und Sun Yee On Einfluß ausüben. Begehrt ist die Monopollizenz für die Spielkasinos Macaos, die von der portugiesischen Regierung vergeben werden.[176] Von den Kasinos in Macao können Millionenbeträge an Bargeld für Spielchips telegraphisch überwiesen werden, ohne daß eine Regierungsbehörde davon unterrichtet wird. In diesem Zusammenhang wurden schon vor Jahren Kasinos in Macao, Las Vegas und Atlantic City (USA) und eine von Triaden (Luen Group oder Sun Yee On) gekaufte Spielbank in der Dominikanischen Republik genannt. Die Inselstaaten der Karibik haben in den 90er Jahren diese Branche als eine Haupteinnahmequelle entdeckt. Ob Antigua oder Barbados, mehr als 30 000 Unternehmen, die mit Handel oder Glücksspiel ihr Geld verdienen, waren bis Mai 1998 offiziell in der Karibik registriert. Allein die jährliche Lizenz jeder dieser Firmen bringt den Inselstaaten zwischen 75 000 und 100 000 Dollar.[177] In Europa liegt das Zentrum der Glücksspielaktivitäten in Südfrankreich und Monaco. Die sogenannte Kasino-Mafia an der Côte d'Azur ist korsisch. Tödliche Auseinandersetzungen zwischen rivalisierenden Clans gibt es seit Jahrzehnten. In Nizza zum Beispiel zog sich die Auseinandersetzung zweier Clans über 30 Jahre hin bis Ende der 80er Jahre.[178] Im Glücksspiel an der Côte sind Mitte der 90er Jahre auch Angehörige der italienischen und russischen OK involviert, die mit korsischen Clans und Bezugspersonen in der Regionalpolitik vernetzt sind beziehungsweise Netzwerke anstreben.[179] Ab Mitte der 90er Jahre ist zunehmend eine Globalisierung des Glücksspielgeschäftes zu beobachten. Die Branche plant für die nächsten

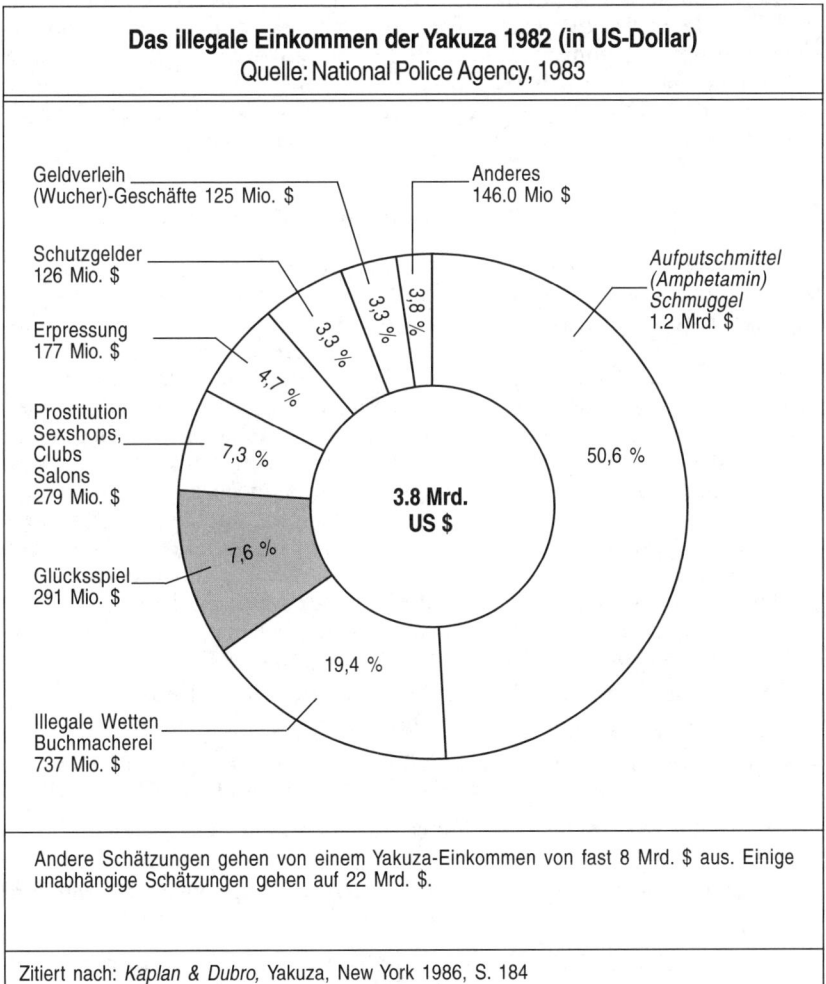

Das illegale Einkommen der Yakuza 1982 (in US-Dollar)
Quelle: National Police Agency, 1983

Geldverleih (Wucher)-Geschäfte 125 Mio. $ — 3,3 %
Anderes 146.0 Mio $ — 3,3 %
— 3,8 %
Schutzgelder 126 Mio. $
Erpressung 177 Mio. $ — 4,7 %
Aufputschmittel (Amphetamin) Schmuggel 1.2 Mrd. $
Prostitution Sexshops, Clubs Salons 279 Mio. $ — 7,3 %
50,6 %
3.8 Mrd. US $
Glücksspiel 291 Mio. $ — 7,6 %
19,4 %
Illegale Wetten Buchmacherei 737 Mio. $

Andere Schätzungen gehen von einem Yakuza-Einkommen von fast 8 Mrd. $ aus. Einige unabhängige Schätzungen gehen auf 22 Mrd. $.

Zitiert nach: *Kaplan & Dubro,* Yakuza, New York 1986, S. 184

Jahre Milliardeninvestitionen.[180] Branchenführer Hilton beispielsweise, in der Spielerstadt Atlantic City bestens positioniert, unterhielt schon 1996 zwei Kasinos in Australien und ein drittes in der Türkei. Geplant für Ende der 90er Jahre ist ein großes Kasino zwischen Johannisburg und Pretoria, sieht doch die Branche „am Kap das Monaco der Zukunft".[181] Dafür wurden im Februar 1998 die 79 legalen Spielkasinos in der Türkei geschlossen. Das Verbot der Glücksspielbetriebe hätte das Staatsoberhaupt *Suleyman Demirel* gerne verhindert, doch die fundamentalistische Wohlfahrtspartei, unterstützt von bürgerlichen Politikern, hatte für das Durchsetzen der Schließung gute Gründe[182]: Nicht der Staat, sondern die Mafia verdiente im Kasinogeschäft, dessen Jahresumsatz auf 2,7 bis 3,6 Milliarden Mark geschätzt wurde. Schutzgelderpressung und Wucherkredite brachten die Kasinos in Mißkredit. Nach der Schließung wurden sie offiziell als „Depots für Spielgeräte" deklariert, deren Ausstattung verkauft werden soll.

2.14 Subventitionsbetrug und Zollbetrug (Europäische Union)

Subventionen reizen zum Betrug, insbesondere im Bereich der EU. Mitte der 90er Jahre war außer in Deutschland, Italien und Portugal das „illegale Anzapfen der Brüsseler Kasse" in keinem der Mitgliedstaaten ein eigener Straftatbestand.[183] Die EU behilft sich dementsprechend selbst mit einer eigenen Einheit zur Koordinierung der Betrugsbekämpfung, der 1987 gegründeten „Unité de Coordination de la Lutte anti-fraude (UCLAF)[184], die alle gemeldeten Betrügereien registriert, die nationalen Maßnahmen koordiniert und selbst in die Aufklärung eingreift. Schon 1993 wurden Betrügereien im Wert von 394,2 Millionen ECU (rund 740 Mio. DM) aufgedeckt, fünfzig Prozent mehr als 1992. 1994 wurden in den EU-Staaten insgesamt 4264 Delikte registriert (60 Prozent mehr als im Vorjahr), mit festgestellten Schäden von rund 1,9 Milliarden Mark. Die Dunkelziffer ist unbekannt, wurde von Europa-Abgeordneten 1995 schon auf 20 Milliarden Mark jährlich geschätzt.[185] Die EU-Kommission gab die Schäden durch aufgedeckte Betrugsfälle an der EU im Zeitraum von 1990 bis Mitte 1994 wie folgt an:

– Sozialfonds-Betrug: 1 902 395 220 ECU (1 ECU = ca. 1,85 DM)

– Fischereifonds-Betrug: 1 692 580 000 ECU

– Eigenmittel und Ausgaben außerhalb der EU-Fonds, darunter Zölle (146 Mio.) Agrarabschöpfung (122 Mio.): 1 452 000 000 ECU

– Agrarfonds (Abteilung Ausrichtung = Zuschüsse im Agrarbereich): 1 014 993 560 ECU

– Agrarfonds (Abteilung Garantie = garantierte Abnahme): 942 073 680 ECU

– Regionalfonds-Betrug: 769 247 890 ECU

Als im April 1996 in Brüssel Haushaltsexperten des EU-Parlaments zusammen mit Vertretern der 15 nationalen Parlamente über Vorbeugemaßnahmen und neue Methoden der Betrugsbekämpfung diskutierten, klagte EP-Präsident **Klaus Hänsch**[186]: *„Die internationalen Verbrecherorganisationen haben längst begriffen, daß es weit ungefährlicher und weit profitabler ist, die EU zu betrügen, als mit Heroin zu handeln."* Die Schäden, die der Union durch Schmuggel, umgeleitete Subventionen und Zollbetrug in der zweiten Hälfte der 90er Jahre entstanden – die Verluste lagen 1995 bei rund 1,1 Milliarden ECU (2,1 Mrd. DM), 1996 bei 1,3 Milliarden ECU (2,6 Mrd. DM) und 1997 bei rund 1,4 Milliarden ECU (2,7 Mrd. DM) – sprechen dafür, daß eine „geradezu perfekt organisierte Kriminalität mit Hilfe modernster Technik und ausgefeilter betriebswirtschaftlicher Planung in großem Stil den EU-Haushalt schädigt". Im Mai 1998 stellte die EU-Kommissarin **Anita Gradin** den 1997er Bericht der UCLAF vor und berichtete u.a.[187]: *„Die Ermittler der EU-Kommission haben 50 Tätergruppen identifizieren können. Ein erheblicher Teil der international operierenden Verbrechersyndikate kommt aus dem ehemaligen Jugoslawien, Rußland, der Ukraine und anderen Staaten Osteuropas."* Schon seit Jahren nutzt die OK, beispielsweise korsische Clans und neapolitanische Camorristi, die institutionellen Schwächen der Gemeinschaft. Auf eine wies im Februar 1997 ein EP-Untersuchungsausschuß in seinem Abschlußbericht hin – auf die „archaischen" Kontrollverfahren beim Transitverkehr. Das EU-Transitverfahren, mit dem Waren zollfrei transportiert werden, nutzt auch die sogenannte Transit-Mafia. Sie setzt insbesondere auf nicht mehr zu kontrollierende Größenordnungen: Schon 1996 durchquerten jährlich rund 18 Millionen Trucks die EU. Noch mehr sind es im Transitraum Europa, der 1997 mit den Ländern der EU und des Europäischen Wirtschaftsraumes, der Schweiz sowie Polen, Tschechien, Ungarn und Slowakei insgesamt 23 Staaten umfaßte. In diesem Transitraum werden Waren aus Drittländern, etwa den USA oder Asien, zollfrei befördert. Steuern erhebt im Prinzip das Land, für das die Ware bestimmt ist. Jährlich werden 18 Millionen komplizierte Transitverfahren abgewickelt. Die ob dieser Größenordnung nur noch eingeschränkt funktionierende Kontrolle wird auch intensiv von Spirituosen und Tabakschmugglern genutzt. Anfang 1997 schätzte der europäische Verband der Tabakwaren-Einzelhändler[188], daß der Marktanteil der Schmuggelware in einzelnen Ländern wie Spanien und Österreich bis zu 15 Prozent beträgt. Für Deutschland wurde dieser Anteil auf zehn Prozent geschätzt.

2.15 (Organisierter) Taschen- und Trickdiebstahl

Als Mitte der 80er Jahre in Deutschland die ersten in Taschendiebstahl ausgebildeten Kinder polizeiauffällig wurden, zum Beispiel in Hamburg, ergaben kriminalpolizeiliche Recherchen auf dem Balkan[189], *„daß jugoslawische Behörden seit 1986 verstärkt Roma und Sinti in den Westen schicken, um ein wachsendes soziales Problem loszuwerden. Einige tausend Kinder* *aus dem Kosovo und aus Mazedonien wurden verkauft oder gekidnappt. In Westeuropa betteln oder stehlen sie, gehen auf den Strich oder brechen ein.* " Ende der 80er Jahre ging das BKA davon aus, daß die organisierten Gruppen der Taschendiebe, analog zu den europäischen Zugräubern, zentral aus Italien gesteuert wurden. Nach Interpol war für diese Täter der zentrale Sammelpunkt Mailand. Dort wurden einzelne Gruppen verschiedenen europäischen Arbeitsbezirken zugeteilt; dort wurden aber auch Termine und Diebstahlstouren abgestimmt, Kautionen und Anwaltshonorare bereitgestellt. Seinerzeit waren es zumeist junge Jugoslawen, die in Deutschland ab 1987 als sogenannte Jugo-Mafia bekannt wurden. Ihr wurden allein im Raum Frankfurt/Main bis zu 600 Taschendiebe, Trickbetrüger, Hehler aber auch kriminelle Gewalttäter zugeordnet, die von Mitgliedern einer serbischen Emigranten-Organisation[190] gesteuert wurden. Konkurrenz im lukrativen Markt des organisierten Taschen- und Trickdiebstahls erwuchs zunehmend durch Gruppen reisender Südamerikaner, vor allem Peruaner. In Berlin, einer ihrer Operationsregionen, konnte die Polizei unter den gut organisierten südamerikanischen Banden 1992 zunehmende Gewalt untereinander durch noch härtere Konkurrenz notieren. Nach **Hubert Gollin**, damals Leiter der Ermittlungsgruppe Südamerika[191], wurden die Täter in ihrem Heimatland speziell ausgebildet. Bandenköpfe würden sie dann in Berlin in ihr Arbeitsfeld einführen. Sie trugen ihren Teil dazu bei, daß 1992 in Berlin durch 16 000 Taschendiebstähle ein Schaden von rund 6,7 Millionen Mark entstand. Wie weit der Einfluß der OK in diesem Bereich inzwischen reicht, wurde im Frühjahr 1998 bekannt. Nach Erkenntnissen der Kölner Sicherheitsbehörden hatten Angehörige der rumänischen Botschaft in Bonn mehreren Banden von Taschendieben aus Rumänien falsche Papiere für ihre Beutezüge in Deutschland verschafft. Die Kölner Polizei deckte den Handel der Botschaft mit falschen Papieren bei Ermittlungen gegen ein weitgespanntes Netz rumänischer Taschendiebbanden auf, die mit Gewaltanwendung Kinder aus Ostrumänien zu Diebstählen in deutsche Städte zwingen.[192] Die Kinder wurden von den Bandenführern in Heimen in Rumänien rekrutiert oder von ihren Eltern für 500 bis 1000 Mark verkauft. Von Ostrumänien, einer der ärmsten Regionen Europas, brachten Schlepper die Kinder über die Ukraine nach Polen, zur „Grundausbildung als Taschendiebe". Danach wurden die Kinder über die polnisch-deutsche grüne Grenze nach Brandenburg und Berlin geschleust. Hier, in Nordrhein-Westfalen, aber auch in anderen Bundesländern, wurden sie zum gewerbsmäßigen Taschendiebstahl, mit einem Tagessoll von 2000 bis 3000 Mark, gezwungen.[193] Analog zu den rumänischen „Blitz-Einbrechern" vermuten deutsche Strafverfolger[194], *„daß es oberhalb der bekannten Täter- und Logistikebene noch eine andere"* gebe. Vermutungen, daß die Hintermänner frühere Mitarbeiter der einstigen „Securitate" sind, konnte bis dato nicht belegt werden.

2.16 Waffen- und Sprengstoffschmuggel, illegaler Handel

Gruppen der Organisierten Kriminalität profitierten im Deliktbereich Waffenschmuggel durch die politgeographischen Änderungen in Osteuropa und der Sowjetunion im Jahr 1991:

- Auflösung des militärisch-politischen Bündnissystems der Sowjetunion in Europa (Warschauer Pakt) am 1. Juli,
- Auflösung der UdSSR am 17. Dezember.

Verbunden damit war eine Identitätskrise der „Roten Armee", einhergehend mit einer drastischen personellen Reduzierung; Auflösungen von Milizen in vormals sozialistischen Staaten Osteuropas, einhergehend mit Armeeverkleinerungen. Diese Entwicklungen hatten zur Folge, daß riesige Waffenbestände „frei wurden". Das vor dem Hintergrund, daß sich insbesondere die Armee der Russischen Föderation über Jahre in einem Zustand der Demoralisierung und Zerrüttung befand; der Sold, wenn er überhaupt gezahlt wurde, war gering. Ende Dezember 1996 stand der Staat mit 3,3 Trillionen Rubel bei der Armee in Verzug. Zur Selbsthilfe von Armeeangehörigen gehörte unter anderem auch der illegale Waffenverkauf. Schon 1993 hielt der Moskauer Militärsoziologe und Oberst der Reserve, *Jurij Derjugin*, die Armee *„für einen einzigen Hort des Verbrechens"*.[195] Diese Situation nutzte und nutzt insbesondere die russische OK. Dementsprechend machte auch FBI-Direktor *Louis Freeh* am 29. September 1997 vor dem Außenpolitischen Ausschuß des US- Repräsentantenhauses darauf aufmerksam, daß *„Waffen im großen Stil von der Russian Organized Crime (ROC) nach Südamerika verschoben wurden."*[196] Insbesondere vom ROC-Standort Miami/Florida wurden, so die DEA, in den letzten Jahren Vertretern der Columbian Connection diverse Rüstungsgüter angeboten. Dazu zählten Kampfhubschrauber (mindestens zwei sollen an kolumbianische Drogenkartelle verkauft worden sein), Boden-Luft-Raketen und sogar ein dieselgetriebenes U-Boot der Tango-Klasse[197], abgesehen von ungezählten Kalaschnikow-Gewehren des Typs AK-47. Zu den Drahtziehern dieser Waffengeschäfte zählte die Polizei den in Miami ansässigen russisch-jüdischen Mafioso *Ludwig Fainberg*[198]. Nicht nur polizeiliche Fachleute in den USA sind seit 1997 über diese unheilvolle Allianz zwischen kolumbianischen Kokain-Kartellen und organisierten Verbrechergruppen in Moskau besorgt. Die Fahnder wissen[199], daß diese Verbindung beidseitig ist. So schmuggeln Gruppen der Kolumbianer Drogen aus Südamerika nach Europa, wo sich vor allem in den ehemaligen Ostblockländern ein lukrativer Markt entwickelt. Im Gegenzug liefert die ROC Waffen nach Lateinamerika. Adressaten sind hier Drogenhändlerringe, paramilitärische Gruppen und die Guerilla. Auf russischer Seite sind in diesem Geschäft, und dieser Trend macht besorgt, neben Vertretern der ROC auch „Akademiker, hochrangige Militärs und ehemalige KGB-Agenten"[200] involviert. Nach der politischen Wende nutzten ab Anfang der 90er Jahre in Europa mehr und mehr Waffenschieber aus Ost und West auch Deutschland als Drehscheibe für ihre Geschäfte.[201] Nach Erkenntnissen des BKA[202] wurden Mitte der 90er aus europäischen Nachbarländern wie Belgien, Frankreich, Polen oder Tschechien (wo die Regelungen über den Waffenerwerb weniger streng sind), unkontrolliert Waffen nach Deutschland geschleust. Da Deutschland selbst zu den weltweit wichtigsten Waffenexport-Ländern gehört, mit 600 Millionen Dollar lag das Land 1996 an Stelle sieben[203], und diese Geschäfte nicht selten im Geheimen getätigt werden[204], entstehen diverse Grauzonen. In diesen findet sowohl der „Waffenschmuggel im Staatsauftrag" als auch der illegale Waffenhandel durch kriminelle Mittelsmänner statt.

2.17   Wettkriminalität / Sportwettkampf-Manipulation

Ob La Cosa Nostra-Familien in den USA oder Yakuza-Syndikate in Japan, zu den originären Einnahmequellen der OK zählt auch das illegale Wettgeschäft. Bekannt dafür ist der Pferdesport, ob in Europa oder in Asien. Beispiele zu den finanziellen Größenordnungen:

- In den Wettbüros Deutschlands wurden 1988 in den Trabrennstätten zwischen Hamburg-Bahrenfeld und München-Daglfing über 360 Millionen Mark umgesetzt.[205]

- Auf den Pferderennbahnen Tschung Fat-pak (im „Happy Valley") und Sha Tin (in den New Territories) der früheren britischen Kronkolonie Hongkong wurden 1993 7,81 Milliarden Dollar (über 12 Mrd. DM) verwettet;[206] pro Tag beinahe soviel, wie auf allen deutschen Galoprennbahnen im Jahr.

Bei diesen Umsätzen sind nicht nur asiatische OK-Gruppen an Wettsiegen in ihrem Sinne interessiert. Wenn nötig, wird mit Manipulationen wie dem Doping von Renn- und Trabrennpferden[207] oder Erpressung der Sportler nachgeholfen. Organisierte Kriminalität ist aber auch in anderen Sportarten tätig. In Kolumbien beispielsweise im Fußball:

- Als der kolumbianische Justizminister **Rodrigo Lara Bonilla** 1983 erschossen wurde, ging es auch um Verbrechen im Fußball-Milieu. Der Minister leitete damals eine Untersuchung des Finanzgebarens der Spitzenclubs sowie deren Hintermänner. Seine Nachfolger brachen diese Ermittlungen ab.

- Mit Stand von 1993 gingen kolumbianische Gerichte davon aus, daß in den meisten Fußballclubs des Landes Drogen-Dollar steckten. Nicht wenige Spieler wurden von von den Kartellen bezahlt. So war der Lieblingsclub des Drogenbosses **Escobar** „Atletico Medellin", der im Lande mit dem Club „America Cali" konkurrierte. Der einstige Nationaltorwart **Rene Higuita** nannte sich einen langjährigen Freund Escobars.[208]

- Die Financial Times berichtete im Juli 1997[209] über eine Untersuchung der kolumbianischen Regierung, nach der „fünf kolumbianische Spitzenclubs zu über 70 Prozent Personen mit kriminellen Beziehungen gehören" würden. Ähnliche Investitionen würde es in professionellen Basketball- und Baseball-Teams geben.

An Fußball ist auch die italienische OK interessiert. Beispiele:

- Anfang der 90er Jahre wurde das illegale Fußball-Toto „Totonero" von der neapolitanischen Camorra kontrolliert. Nach Ermittlungen der Polizei hatte die Camorra versucht, durch Erpressung, Bestechung und sogar Attentate auf den argentinischen Fußballstar *Diego Armando Maradona* 1991 den Sieg der Meisterschaft des SSC Neapel zu verhindern. Da alle Neapolitaner auf Neapel als Titelgewinner gesetzt hatten, waren Siegesprämien in Millionenhöhe fällig. Selbst bei einfachen Heimspielen des SSC soll die Camorra versucht haben, die Spieler zu manipulieren, um hohe Gewinne bei den Fußball-Wetten einstreichen zu können.[210] Gegen Maradona wurde seinerzeit wegen Drogenhandel ermittelt. Polizeiliche Telefonüberwachungen von Camorristi hatten ihn als Kokainkunden identifiziert.

- Auch die sizilianische Cosa Nostra ist am Fußball interessiert. Für die Niederlage der „Azzurri" gegen Tschechien in der Fußball-Europameisterschaft 1996 machten nicht nur die Sportzeitungen Italiens den umstrittenen Nationaltrainer *Arrigo Sacchi* verantwortlich. Der Cosa Nostra „Boss der Bosse", *Salvatore Riina*, der eine lebenslange Haft absitzt,[211] ließ über seinen Anwalt dem Trainer ausrichten, daß dieser „eine Selbstmord-Taktik" gewählt und „selbstmörderische Entschlüsse" getroffen hätte.

Immer wieder kommt es zur Einflußnahme auf Sportveranstaltungen insbesondere durch „Wettmafiosi", auch bei Nachwuchssportlern. So wurde im April 1995 beispielsweise „ein Skandal unbekannten Ausmaßes" bei der Fußball-Junioren-Weltmeisterschaft in Katar bekannt.[212] Einige Begegnungen des Turniers wurden aller Voraussicht nach von einer malayischen „Wettmafia" manipuliert. Bei Spielern von mindestens drei Teams (Portugal, Kamerun und Burundi) wurden Bestechungs- und Erpressungsversuche mit dem Ziel der Ergebnismanipulation unternommen.

Nicht nur rüde, sondern im Einzelfall tödlich ist die Einflußnahme auf den Sport der Gemeinschaft unabhängiger Staaten durch die ROC. Zunehmend wird seit Mitte der 90er Jahre von Bedrohungen von Funktionären, Aktiven und deren Angehörige durch Erpresser und andere Kriminelle berichtet. Betroffen waren zum Beispiel russische und ukrainische[213]

– Leichtathleten (so die russische Kugelstoß-Olympiasiegerin von Barcelona, *Swetlana Kriweljowa*, die Sprinterin *Galina Maltschugina*, die Sprint-Europameisterin *Irina Priwalowa*), die als Spitzensportler vergleichsweise bessere Verdienstchancen haben und damit Opfer von Einbrüchen und Erpressungen wurden.

- Athleten aus Kampfsportarten; so bestätigte *Alexander Koslowski*, erster Stellvertreter des NOK-Präsidenten Rußlands, daß *„vor allem Athleten aus Zweikampfsportarten von kriminellen Banden rekrutiert werden"*. Beispiel dafür sei der Welt- und Europameister im Kickboxen, *Wiktor Doroschenko* aus Kiew, der wegen räuberischer Erpressung verhaftet wurde. Und *Igor Zuzkow*, Direktor der Kindersportschule Cherson in der Ukraine, fiel einem Anschlag zum Opfer, nachdem er sich geweigert hatte, junge Boxer seiner Sektion zu nennen und einem Verbrechersyndikat auszuliefern.

Opfer von Auftragsmördern wurde auch eine Reihe von Sportfunktionären, beispielsweise:[214]

- 1994 wurde der Präsident des Frauen-Basketball-Klubs Medina, *Alexander Akopjan* ermordet.

- im Herbst 1995 fiel der Präsident des Fußball-Klubs Schachtjor Donezk, *Alexander Bragin*, zusammen mit seinen Leibwächtern einem Bombenattentat im Fußballstadion des Vereins zum Opfer.

- Im April 1996 wurde der Präsident des Basketball-Klubs Schachtjor Donezk, *Alexander Schwedtschenko*, in Kiew auf offener Strasse erschossen. Zwei seiner Leibwächter wurden schwer verletzt.

- Im Juni 1997 wurde die Finanzdirektorin des russischen Fußball-Klubs Spartak Moskau, *Larissa Netschajewa*, in Taratowo (rund 120 Kilometer östlich von Moskau) bei einem Schußwaffen-Überfall getötet. Anfang 1997 war bereits der Präsident des russischen Eishockyvereins ermordet worden.

Die Serie von Gewalttaten im russischen Sport macht auch nicht vor den Aktiven halt, was eine Reihe von Morden an Spitzensportlern in Rußland, aber auch in Übersee belegt.[215]

Die Auftragstötung hat sich in Rußland zum lukrativen OK-Deliktbereich entwickelt, was ein von der Wochenzeitung Moscow News im November 1995 veröffentlichtes „Tarifsystem für Auftragsmorde" belegt.[216] In postkommunistischer Zeit sind die Opfer meist Geschäftsleute, Bankiers und Industrielle – sowie deren Leibwächter. 1996 wurden 580 Menschen von bezahlten Killern ermordet. Weitere Deliktbereiche, in denen russische und andere OK-Gruppen tätig werden, sind der Schmuggel von Edelmetallen und Edelsteinen, der organisierte Einbruchsdiebstahl, der illegale Kfz-Handel, die Kinderpornographie, die illegale Leiharbeit, die Erschleichung von sozialen Hilfen („Sozialbetrug"), Versicherungsbetrug und illegaler Zigarettenhandel.

Auch Deutschland ist Tatort Organisierter Kriminalität. Neben Deutschen werden die OK-Täter über 100 anderen Nationen zugeordnet, die in nicht wenigen der dargestellten Deliktbereiche polizeiauffällig wurden.

OK-relevante Kriminalitätsbereiche
(nach BKA 1995/96)

Waffenhandel und -schmuggel

Rauschgifthandel und -schmuggel

Umweltkriminalität, insbesondere

– Unerlaubter Umgang mit Kernbrennstoffen
– Illegale Entsorgung von Abfall

Schleuserkriminalität, inbesondere

– Straftaten gegen das Asyl VG
– Einschleppen und Einschleusen gem. § 92 AuslG

Gewaltkriminalität, insbesondere

– Straftaten gegen das Leben
– Raub
– Schutzgelderpressung
– Erpressung
– Straftaten gegen die persönliche Freiheit

Kriminalität im Zusammenhang mit dem Nachtleben, insbesondere

– Illegales Glücks- und Falschspiel
– Menschenhandel
– Förderung der Prostitution/ Zuhälterei

Eigentumkriminalität, insbesondere

Diebstahl in/aus Wohn- oder Geschäfts- räumen mit zentraler Beuteverwertung

– Diebstahl/Unterschlagung Hehlerei von
– Kraftfahrzeugen
– unbaren Zahlungsmitteln
– amtlichen Ausweisen
– Antiquitäten/Kunstgegenständen
– Ladungen (Lkw-, Schiffs- und Containerladungen)

Fälschungskriminalität, insbesondere

– Herstellen von Falschgeld
– Inverkehrbringen von Falschgeld
– Fälschung unbarer Zahlungsmittel
– Urkundenfälschung

Kriminalität im Zusammenhang mit dem Wirtschaftsleben, insbesondere

– Betrug
– Beteiligungs- und Kapitalanlagebetrug
– Geldkreditbetrug
– Betrug zum Nachteil von Versicherten
– Delikte in Verbindung mit illegaler Arbeitnehmerüberlassung

Sonstige – nicht festgelegte – Kriminalitätsbereiche

3 Organisierte Kriminalität in Deutschland

Nach Vorarbeiten der Arbeitsgruppe Justiz/Polizei einigte sich die Innenministerkonferenz (IMK) 1990 auf eine Definition der OK, die, allgemein gehalten, neben strafrechtlichen auch sozialpsychologische und politische Aspekte berücksichtigt. Nach dieser Arbeitsdefinition wird seit 1991 jährlich ein „Lagebild zur Organisierten Kriminalität in der Bundesrepublik Deutschland" erstellt, in welchem heute die Erkenntnisse der Polizeien der Bundesländer, des BKA, des Bundesgrenzschutzes (BGS) und auch der Zollbehörden nach einem einheitlichen Erhebungsraster zusammengefaßt werden.

3.1 Lagebilder Organisierter Kriminalität in der Bundesrepublik Deutschland in den Jahren 1991 bis 1997

Als der 1997er OK-Lagebericht offiziell im Juni 1998 vorgestellt wurde, brachte er in der Medienöffentlichkeit – in Relation zu den Vorjahresberichten dieser Dekade – ganz neue Schlagzeilen; von der Deutschen Presseagentur (dpa) zusammengefaßt: „Organisierte Kriminalität leicht rückläufig". In der Tagespresse war unter anderen zu lesen:[217] *„Zum gängigen, von interessierter Seite gepflegten Schreckensbild der wachsenden Gefahr durch Organisierte Kriminalität passen im übrigen weder die Zahlen noch die Erkenntnisse über Strukturen. Da heißt es, die Mehrzahl der Banden sei eher locker verbunden und zweckgerichtet, sie agierten nicht unter der Kontrolle eines Anführers. Und: Die kriminellen Akteure sind weiterhin fast ausschließlich in den traditionellen Kriminalitätsbereichen tätig... Die Bewertung durch die Experten des BKA räumt mit Klischees auf, die auch von konservativen Innenpolitikern gepflegt werden: Straftätern aus der ehemaligen Sowjetunion ist augenblicklich nur ein geringer Teil der Organisierten Kriminalität zuzuordnen, heißt es, und an anderer Stelle: Ethnische Gruppierungen, die sich stark nach außen abschotten, werden auf europäischer Ebene immer seltener."*

Dieser Beitrag unter dem Titel „Organisierte Kriminalität in Deutschland nimmt ab", wie auch ein Beitrag im Hamburger Nachrichtenmagazin Der Spiegel (21/1998): *„Die Organisierte Kriminalität geht zurück, eine Russenmafia gibt es kaum"*[218] und andere, erwecken den ersten schmalen Hoffnungshorizont der Entwarnung. Eine trügerische Hoffnung, wie in Europa nicht nur der im Mai 1998 vorgestellte 1997er UCLAF-Bericht der Europa-Kommission belegt. Zum einen, so räumte auch das BKA ein, sind die Zahlen *„abhängig von der jeweiligen Ermittlungsintensität der Strafverfolgungsbehörden"*. Zum anderen, so heißt es in der Schlußbemerkung im Bulletin des Presse- und Informationsamts der Bundesregierung über „Die Kriminalität in der Bundesrepublik Deutschland" vom 29. Mai 1998:[219]

Kurzdarstellung des Lagebildes Organisierte Kriminalität in der Bundesrepublik Deutschland der Jahre 1991 bis 1997 (nach BKA 1992 – 1998)
(Die Vergleichbarkeit der Ergebnisse der OK-Jahreslagebilder ist nur bedingt möglich)*

Nr.	Erhebungsraster		1991	1992	1993	1994	1995	1996	1997
1	Anhängige OK-Ermittlungsverfahren		369	641	776	789	787	845	841
2	davon	Erstmeldungen	369	540	477	497	472	489	444
		Fortschreibungen		101	299	292	315	356	397
3	OK-Tatverdächtige nach ausgewerteten Ermittlungsverfahren (Verfahrensdaten und Sachverhaltsdaten)		5149	8352	9884	9256	7922	8384	8089
4	Anzahl der Einzeldelikte dieser Tatverdächtigen		104938	60654	42256	97877	52181	47916	42936
5	Straftaten-Gruppen	Vermögen	97255	37235	22539	77454	27487	13192	
		Eigentum	1717	4902	5778	5029	3591	8429	
		Betäubungsmittel (BTM)	1735	2635	1843	2489	2581	3954	
		Gewalt	329	1178	1539	2101	2036	2773	
		Sonstige	3872	14614	10547	10834	16486	19568	
6	Anteil der bewaffneten Tatverdächtigen			8,9%	9,2% (= 910)	7,7% (=716)	6,3%	6,5% (=546)	7,7% (=621)
7	Staatsangehörigkeit	Anteil nichtdeutscher Tatverdächtiger		51,0%	54,5%	58,7%	63,6%	62,2%	60,1%
		Anteil deutscher Tatverdächtiger		49,0%	45,5%	41,3%	36,4%	37,8%	39,9%
8	Verfahren mit	Zeugenschutzmaßnahmen		72	84	103	78	73	75
		Geldwäschehandlungen		84	33	37	42	75	78
		Gewinnabschöpfung		32	51	54	65	89	102
		Korruptionshandlungen		–	–	28	33	29	36
9	Gesamtschaden (in Milliarden DM)			1,032	1,871	3,448	ca.0,673	rd.2,7	ca.1,58
10	Zusätzlich geschätzter Gewinn (in Milliarden DM)			0,674	0,766	1,231	ca.0,718	ca.1,25	ca.0,73

*) Die dargestellte Datenbasis läßt prognostische Aussagen zu Entwicklungen im OK-Bereich u.a. wegen fehlender bzw. unterschiedlicher Vergleichserhebungen in den Vorjahren nur sehr eingeschränkt zu. Im Lagebild 1991 wurden Angaben bis 1987 rückwirkend erfaßt, den Lagebildern 1992 bis 1996 liegen dagegen jeweils nur Sachverhaltsdaten aus den Erhebungsjahren zugrunde. Weiter ist zu berücksichtigen, daß 1991 nicht alle Bundesländer auswertbare Beiträge anlieferten und in das Lagebild erst seit 1993 Daten des Bundesgrenzschutzes bzw. erst seit 1996 Angaben der Zollfahndung eingeflossen sind.

„Eine Entspannung des Kriminalitätsphänomens Organisierte Kriminalität erscheint aufgrund der wirtschaftlichen Attraktivität des westeuropäischen Raumes leider nicht wahrscheinlich. " Und ganz nüchtern wird festgestellt: Das Ausmaß der registrierten Organisierten Kriminalität in Deutschland – gemessen an den geführten Ermittlungskomplexen – entspricht im wesentlichen dem Vorjahresniveau. Das jährliche Lagebild zur OK ist, um es ganz deutlich zu sagen, ein „Hellfeld-Lagebild durch registrierte OK". Die Größenordnung des „OK-Dunkelfeldes" kann bestenfalls geschätzt werden.

Kennzeichen der Organisierten Kriminalität ist ihre Internationalität, was seit Jahren die Herkunft der nichtdeutschen OK-Tatverdächtigen (TV) belegt:

- 1992 stellten diese 51 Prozent aller TV, die insgesamt 78 Nationalitäten angehörten; unter den nichtdeutschen TV stellten Türken mit 14,8 Prozent, Italiener mit 5,9, Jugoslawen mit 5,7 und Polen mit 5,0 Prozent die größten Gruppen. Von den jugoslawischen TV waren 30,2 Prozent, von den Italienern 15,6 und von den Türken 12,1 Prozent bewaffnet.[220]

- 1993 stieg der Prozentsatz auf 54,5 Prozent; die nichtdeutschen TV gehörten 90 Nationalitäten an. Darunter stellten die Türken mit 15,0 Prozent, Jugoslawen mit 6,2, Italiener mit 5,2 und Polen mit 2,8 Prozent die größten Gruppen. Von den jugoslawischen TV waren 35,5 Prozent bewaffnet.

- 1994 stieg der Prozentsatz weiter auf 58,7 Prozent; 84 Nationalitäten waren vertreten. Die größten Gruppen stellten die Türken (14,2 Prozent), Jugoslawen (7,3), Italiener (4,6), Polen (3,1), Vietnamesen (2,9) und Russen (2,2). Der Anteil der Bewaffneten unter den nichtdeutschen TV lag bei 9 Prozent, am höchsten bei den Vietnamesen (27,7).

- 1995 stieg der Prozentsatz auf 63,6 Prozent; 86 Nationen waren vertreten. Wie in den Vorjahren stellten die größten Gruppen Türken (14,6 Prozent), Jugoslawien (7,5), Italiener (5,7), Polen (5,7), Vietnamesen (2,2) und Russen (1,8). Der Anteil der Bewaffneten lag bei 6,6 Prozent, am höchsten wieder bei den Vietnamesen mit 19,4 Prozent.

- 1996 sank der Prozentsatz auf 62,2 Prozent; dafür gehörten die nichtdeutschen TV 97 Nationen an. Die größten Nationalitätengruppen wie zuvor: Türken (13,5 Prozent), Jugoslawen (7,3), Polen (5,6), Italiener (5,5), Vietnamesen (3,7), Russen (2,9), Bosnier (1,5) und Albaner (1,3). Insgesamt waren davon 7,4 Prozent bewaffnet, am höchsten wieder die Vietnamesen mit 21,3.

- 1997 sank der Prozentsatz nochmals, lag bei 60,1 Prozent. Die Anzahl der Nationalitäten der nichtdeutschen TV hatte mit 99 den höchsten Stand in dieser Dekade. Immer noch lagen die Türken mit 11 Prozent vor den Jugoslawen (5,9), denen Polen (4,8) und Italiener (3,9) folgten.

Deutlich stieg in der ersten Hälfte der 90er Jahre der Anteil der Tatverdächtigen aus Osteuropa insgesamt[221]; 1993 lag der Prozentsatz bei 10,6 Prozent, 1994 bei 12,8, 1995 bei 14 und 1996 bei 14,4 Prozent.

Die Internationalität wurde auch durch die Tatbegehungen und Täterstrukturen deutlich:

– Bei den OK-Verfahren mit homogener Täterstruktur, also Tatverdächtigen ausschließlich einer Nationalität (deutsche oder nicht-deutsche TV), ging der Anteil von 46,4 Prozent 1992 auf 26,6 Prozent 1996 zurück. Der Anteil der Verfahren mit heterogener Täterstruktur, mit Tatverdächtigen bis zu 15 verschiedenen Nationalitäten, stieg hingegen kontinuierlich: von 53,6 Prozent 1992 über 67,6 Prozent 1994 auf 73,4 Prozent 1996.

– Bei den OK-Verfahren mit nur regionalen Bezügen ging der Anteil von 17,8 Prozent 1992 auf 9,9 Prozent 1996 zurück. Dies traf auch auf die Ermittlungsverfahren zu, deren Tatbegehung durch überregionale Bezüge gekennzeichnet war; deren Anteil sank ebenfalls von 19,2 Prozent 1992 auf 13,1 Prozent 1996.
Der Anteil der Verfahren mit internationalen Bezügen hingegen stieg kontinuierlich von 63 Prozent 1992 (die Straftaten wurden in 76 verschiedenen Ländern begangen) über 66,1 Prozent 1994 auf 77 Prozent 1996.

Bei den ausgewerteten OK-Verfahren der Jahre 1992 bis 1997 dominierten die Sachverhalte, deren spezielles Merkmal die „Verwendung von gewerblicher oder geschäftsähnlicher Struktur" war.

Eine ganze Reihe von Ermittlungskomplexen konnte und kann benennbaren OK-Gruppen zugeordnet werden. Schon seit Anfang der 90er Jahre können einzelne Verfahren der italienischen OK aus Sizilien, Kalabrien, Apulien und Kampanien, seit Mitte der 90er Jahre auch anderen OK-Gruppen, beispielsweise dem kolumbianischen Cali-Kartell, zugeordnet werden.

Auch wenn es in Deutschland nicht eine Entwicklung einer Organized Crime (im Sinne einer mafiosen Parallelgesellschaft) wie in den USA gegeben hat und Deutschland auch keine über Generationen gehende Tradition im Bestehen und Wirken von klassischen OK-Gruppen wie die Yakuza in Japan, Triaden in China oder 'Ndrangheta in Süditalien besitzt, bleibt doch festzuhalten, daß Deutschland in den letzten zehn Jahren zu einem zunehmend attraktiveren Standort für das organisierte Verbrechen schlechthin geworden ist.

Nach den dargestellten polizeilichen „Hellfeldkenntnissen" ein paar Anmerkungen zum „Dunkelfeld" der OK in Deutschland.

3.2 Dunkelfeld der Organisierten Kriminalität in Deutschland

„Deutschlands neue Wirtschaftsmacht Mafia GmbH" titelte das Hamburger Nachrichtenmagazin Der Spiegel seine Ausgabe vom 29. Februar 1988, in

OK-Relevanz der Verfahren 1992 bis 1997 (nach BKA)						
Spezielle OK-Merkmale	Anzahl der Sachverhalte					
	1992	1993	1994	1995	1996	1997
Verwendung von gewerb- lichen oder geschäfts- ähnlichen Strukturen	444	426	429	415	443	409
Anwendung von Gewalt oder anderer zur Ein- schüchterung geeigneter Mittel	260	282	327	249	263	254
Einflußnahme auf Politik, Medien, Öffentliche Verwaltung, Justiz oder Wirtschaft	138	91	102	84	86	96

der es u.a. hieß:[222] *„Eine deutsche Mafia macht Milliardenumsätze: Vom Autoklau bis zum Aktienschwindel ist das kriminelle Geschäft weitgehend in den Händen professionell geführter Gangsterunternehmen. Mafiosi aus Italien und lateinamerikanische Drogensyndikate haben längst Filialen über- all in Westdeutschland eingerichtet."* Das war noch vor der Wende. „Mafia: Ziel Deutschland", nannte der OK-Fachmann **Werner Raith** sein Buch, das im Wendejahr 1989 erschien.[223] Nach der Wende ist ein seit dem 3. Oktober 1990 geeintes Deutschland im letzten Jahrzehnt dieses Jahrhunderts nicht nur aus geographischen Gründen (in seiner Mittelposition zwischen Ost und West) zum attraktiven Standort des organisierten Verbrechens geworden. Vor dem Hintergrund der Globalisierung, Internationalisierung und Technologi- sierung erfüllen nationale Grenzen und Kontrollmechanismen nicht mehr die Funktion, die Souveränität des Staates zu sichern. Das die Grenzen spren- gende Netz der Wirtschaftsstrukturen ist von staatlicher Seite kaum mehr einsehbar. *„Die legalen Geschäftsstrukturen sind die ideale Basis für das organisierte Verbrechen"*, so der Präsident des bayerischen LKA **Hermann Ziegenaus** auf einer Tagung der Hanns-Seidel-Stiftung (Thema „Neue Be- drohungen staatlicher Sicherheit") in Wildbad Kreuth im November 1996.[224] Im selben Monat trafen sich die Innenminister von Bund und Ländern in Hamburg und fast 400 Strafverfolger, Wissenschaftler und Politiker zur BKA- Jahrestagung (Thema „Bekämpfung der OK – eine gesamtgesellschaftliche Aufgabe und Herausforderung an die internationale Staatengemeinschaft")

Italienische Organisierte Kriminalität (IOK) in Deutschland
Zuordnung der Ermittlungskomplexe / Verfahren von 1989 bis 1997 (nach BKA)

IOK-Gruppen	Anzahl der Ermittlungskomplexe						
	1989-1991	1992	1993	1994	1995	1996	1997
'Ndrangheta (Heimatregion Kalabrien)	6	6			6	13	7
Camorra (Heimatregion Kampanien)	14 (3)*	9		12	13	8	6
Cosa Nostra / „Mafia" (Heimatregion Sizilien)	18 (8)	24		13	13	6	5
Sacra Corona Unita (SCU) (Heimatregion Apulien)	5	5				6	2
Stidde (Heimatregion Sizilien)	3				2		
Zuordnung nicht möglich (nicht verifizierbar)	12 (2)	3					
IOK Insgesamt		50					

* Die in Klammern aufgeführten Fälle resultieren aus einer Auswertung der Datei PIOS

Andere nichtdeutsche Gruppen der Organisierten Kriminalität in Deutschland
Zuordnung der Ermittlungskomplexe / Verfahren von 1994 bis 1997 (nach BKA)

OK-Gruppen	Anzahl der Ermittlungskomplexe			
	1994	1995	1996	1997
Russische „Mafia" (Straftäter sowjetischer Herkunft)/ Mazutkinskaja/Soluzevskaja	9	3	10 (6)	3
Cali-Kartell (Heimatbasis Kolumbien)	8		4	
Kurdische PKK (Heimatbasis Osttürkei)	10	8	7	
Kosovoalbanische Gruppen (Heimatbasis Jugoslawien)			3	
Pruszkow (Heimatbasis Polen)			2	

in Wiesbaden. Fazit der polizeilichen Fachleute aus den USA, Deutschland, Italien, den Niederlanden und anderen europäischen Staaten: Das kriminalistische Phänomen der organisierten Kriminalität blieb auch nach Jahren vielfacher und intensiver Bespiegelung durch die deutschen Experten eine in ihren Strukturen und Dimensionen unbekannte Größe. Die Schädlichkeit dieser Großkriminalität ist nicht einmal in Umrissen erkennbar, geschweige denn empirisch belegbar.[225] Zur Einschätzung der Lage fanden Politiker seinerzeit doch auch deutliche Worte, so Kanzleramtsminister *Friedrich Bohl*:[226] *„Wir stehen vor einem Generalangriff der weltweit agierenden Mafia ... Deutschland ist .. ein ideales Betätigungsfeld für international operierende Straftäter. "*

Nach Umfragen unter Polizeipraktikern[227] stellte der Stern im November 1996 einen Überblick über Täter und Deliktbereiche der Unterwelten in Großstädten mit mehr als 400 000 Einwohner zusammen.[228] Danach dominierten in:

• Berlin:
  im Menschenhandel/Prostitution Russen, Bulgaren, Ex-Jugoslawen und Türken; im Drogenhandel Libanesen, Kurden und Südamerikaner; im Einbruch/Raub/Kfz-Diebstahl Rumänen, Polen, Ex-Jugoslawen; in der Schutzgelderpressung Russen und Vietnamesen. Spezialisiert hatten sich russische Täter auf den Waffenhandel und vietnamesische Täter auf den Zigarettenhandel.

• Bochum:
  im Menschenhandel/Prostitution Deutsche, Türken und Albaner; im Drogenhandel Italiener (Kokain), Kurden (Heroin), Deutsche und Nordafrikaner (Haschisch); im Einbruch/Raub/Kfz-Diebstahl Rumänen und Deutsche.

• Bremen:
  im Menschenhandel/Prostitution Deutsche und Türken; im Drogenhandel Kurden, Schwarzafrikaner (Haschisch); im Einbruch/Raub/Kfz-Diebstahl Deutsche und Türken; in der Schutzgelderpressung Kurden.

• Düsseldorf:
  im Menschenhandel/Prostitution Deutsche; im Drogenhandel Türken und Marokkaner; im Einbruch/Raub/Kfz-Diebstahl Serben, Bosnier, Kroaten, Albaner, Polen, Russen, Niederländer; in der Schutzgelderpressung Chinesen und Italiener.

• Dresden:
  im Menschenhandel/Prostitution Russen; im Drogenhandel Russen und Deutsche (vor allem aus Frankfurt/Main); im Einbruch/Raub/Kfz-Diebstahl Rumänen und Polen; in der Schutzgelderpressung Vietnamesen.

• Essen, Duisburg, Dortmund:
  im Menschenhandel/Prostitution Deutsche und Türken; im Drogenhandel Kurden und Türken; im Einbruch/Raub/Kfz-Diebstahl Rumänen und Deutsche.

- Frankfurt / Main:
  im Menschenhandel / Prostitution Deutsche; im Drogenhandel Türken, Bulgaren, Südamerikaner, Afrikaner, Ex-Jugoslawen; im Einbruch / Raub / Kfz-Diebstahl Polen, Rumänen, Südamerikaner; in der Schutzgelderpressung Chinesen.

- Hamburg:
  im Menschenhandel / Prostitution Türken, Albaner, Deutsche (als Strohmänner); im Drogenhandel Kurden, Schwarzafrikaner; im Einbruch / Raub / Kfz-Diebstahl Rumänen, Ex-Jugoslawen, Deutsche in Zusammenarbeit mit Polen; in der Schutzgelderpressung Italiener, Chinesen, Kurden.

- Hannover:
  im Menschenhandel / Prostitution Russen, Ukrainer, Tschetschenen; im Drogenhandel Türken und Russen; im Einbruch / Raub / Kfz-Diebstahl Russen und Rumänen; in der Schutzgelderpressung Russen und Kurden.

- Köln:
  im Menschenhandel / Prostitution Türken und Deutsche; im Drogenhandel Kurden, Türken, Italiener; im Einbruch / Raub / Kfz-Diebstahl Rumänen und Italiener; in der Schutzgelderpressung Chinesen und Italiener.

- Leipzig:
  im Menschenhandel / Prostitution Russen; im Drogenhandel Russen und Deutsche (vor allem aus Frankfurt / Main); im Einbruch / Raub / Kfz-Diebstahl Rumänen und Polen; in der Schutzgelderpressung Vietnamesen.

- München:
  im Menschenhandel / Prostitution Tschechen, Polen, Vietnamesen; im Drogenhandel Kosovo-Albaner und Türken; im Einbruch / Raub / Kfz-Diebstahl Ex-Jugoslawen, Polen, Ukrainer; in der Schutzgelderpressung Italiener, Chinesen und Vietnamesen.

- Nürnberg:
  im Menschenhandel / Prostitution Polen, Tschechen und zunehmend Vietnamesen; im Drogenhandel Türken; im Einbruch / Raub / Kfz-Diebstahl Rumänen und Russen; in der Schutzgelderpressung Chinesen und Türken.

- Stuttgart:
  im Menschenhandel / Prostitution Kosovo-Albaner; im Drogenhandel Türken in Kooperation mit Italienern (harte Drogen), Nordafrikaner (Haschisch); in der Schutzgelderpressung Italiener und Ex-Jugoslawen. Spezialisiert hatten sich Kurden der PKK auf das „Eintreiben von Spenden".

Die landesweite Größenordnung des organisierten Verbrechens skizzierte Bundesinnenminister *Manfred Kanther* Anfang März 1998:[229]

In der Bundesrepublik operierten 600 bis 700 Banden mit etwa 7000 Mitgliedern, denen 70 000 bis 80 000 Straftaten – vom Menschenhandel bis zur Geldwäsche – zur Last gelegt würden.

Zu dieser *„Schattengesellschaft, die jenseits des gesellschaftlichen Lebens und außerhalb der gesellschaftlichen Normen ein Eigenleben führt"*, so **Leo Schuster**, Hauptabteilungsleiter im BKA im Mai 1997 in Berlin, gehören auch Tätergruppen aus der früheren Sowjetunion, landläufig „Russen-Mafia" genannt. Schon Jahre zuvor hatte General **Michail Yegorow**, Staatssekretär im russischen Innenministerium (am 26. Mai 1994) erklärt, daß *„nach Erkenntnissen der russischen Behörden 47 russische Gangstergruppen in Deutschland arbeiten würden"*.[230] Diese Gruppen spezifizierte **Jürgen Roth** 1996 und nannte unter Berufung auf das Moskauer Ministerium für Sicherheit nachstehende Gruppen, die in Deutschland Treffpunkte bzw. Stützpunkte unterhalten:[231]

– „Meschdunarodnaja" aus Deutschland mit Treffpunkten in Köln und Düsseldorf;
– „Meschdunarodnaja Opg" aus dem Kaliningrader Gebiet, Litauen;
– „Mamedowa" aus dem Tjumener Gebiet, Surgut;
– „Kadijewych" aus dem Tjumener Gebiet, Surgut;
– „Schmajenka" aus Moskau mit Treffpunkt in München;
– „Orlowa" aus dem Uljanowsker Gebiet;
– „Akopa" aus dem Moskauer Gebiet;
– „Puschkinskaja" aus Moskau mit Treffpunkt Berlin;
– „Frola" aus Moskau;
– „Bolschakowa" aus Moskau;
– „Koschelewa" aus dem Moskauer Gebiet;
– „Mikerowa" aus Moskau;
– „Russische Liga der professionellen Boxer" aus dem Moskauer Gebiet;
– „Noginsko-Elektrostalskaja" aus dem Moskauer Gebiet;
– „Bortsa" aus dem Moskauer Gebiet;
– „Schelkowskaja" aus dem Moskauer Gebiet;
– „Selenogradskaja-Schodnenskaja" aus dem Moskauer Gebiet;
– „Rublewa" aus dem Kirowsker Gebiet;
– „Werchuschka" aus Mordwinien;
– „Katschanowa" aus dem Smolensker Gebiet;
– „Sportsmeny" aus dem Smolensker Gebiet;
– „Arsmakowa" aus dem Moskauer Gebiet mit Stützpunkt Hamburg;
– „Zentrowaja" aus dem Swerdlowsker Gebiet;
– „Schirokowa" und „Zwetmet" aus dem Swerdlowsker Gebiet;
– „Zyganjata" aus dem Swerdlowsker Gebiet; Besonderheit: die Mitglieder sind Kampfsportler wie Boxer, Ringer und Karatekämpfer;

- „Naumowa" aus dem Moskauer Gebiet;
- „Grusinische Mafia" aus Moskau;
- „Djibu" aus der Ukraine;
- „Chusb-Allah" aus dem Libanon;
- „Kasaner Gemeinschaft" aus Moskau;
- „Krasnojarsker Mafia" aus dem Krasnorjarsker Kreis;
- „Litauische Gruppe" aus Wolgograd;
- „Krylowa" aus dem Tambowsker Gebiet;
- „Menjaly" aus Krasnojarsk; Besonderheit: die Gruppe besitzt Valutakonten in der Schweiz und Israel;
- „Podolskaja / Lalakina" aus dem Moskauer Gebiet;
- „Dolgoprudnenskaja" und „Solnzewskaja" aus Moskau.

Über diese Gruppen wußte Innenstaatssekretär **Kurt Schelter** (CSU) im November 1996 u.a. zu berichten:[232] *„Insbesondere für russische Mafiabanden ist Deutschland ein bevorzugtes Aktionsfeld mit einem Schwerpunkt in den neuen Ländern. Das Geflecht ehemaliger russischer Nachrichtendienste und der früheren Sowjetarmee in der Ex-DDR[233] ist ein guter Nährboden. Das nutzen die Banden. Zudem liegt Deutschland durch die zentrale Lage in Europa geographisch günstig ... Bei uns bewegt sich die Russenmafia in den klassischen OK-Feldern Prostitution, Drogenschmuggel, Menschenhandel, Schutzgelderpressung, Geldwäsche ... Grundsätzlich stellen wir mit großer Sorge eine wachsende Aktivität der russischen Banden auf all diesen Feldern fest. Neuerdings stürzen sich diese Gruppen, wie andere auch, auf den Kunstschmuggel und die Markenpiraterie. Dort warten riesige Gewinne ..."*
Wie bei keiner anderen Tätergruppe im OK-Bereich klaffen Hellfelderkenntnisse und Dunkelfeldvermutungen über die ROC weit auseinander. Besser belegt hingegen ist die Präsenz und der Einfluß der italienischen OK, der das deutsche Fernsehen schon 1992 durch TV-Reportagen wie „Gesucht wird ... Die Pizza Connection – das italienische Gangstertum greift auf Deutschland über"[234] hohe Aufmerksamkeit schenkte. Schon Anfang der 90er Jahre konnten, so das BKA, *„vielfältige Kontakte der Führungsebene der Mafia in die Bundesrepublik Deutschland"* nachgewiesen werden. Seinerzeit sollen sich beispielsweise die Cosa Nostra-Bosse und führende Mitglieder der Cupola **Salvatore Riina** und **Bernardo Provenzano** verschiedentlich in Deutschland aufgehalten haben. Bereits 1992 vermutete der militärische Geheimdienst Italiens SISMI,[235] daß die Mafia in der Ex-DDR bereits 72 Milliarden Mark angelegt habe. SISMI-Informationen zufolge soll die IOK in zahlreichen Städten der früheren DDR Immobilien in so großer Zahl erworben haben, daß sie bereits Anfang der 90er Jahre Einfluß auf die Kommunalverwaltung nehmen konnte. Die SISMI-Einschätzungen wurden seinerzeit von Polizeien in Deutschland unterschiedlich bewertet. Einig hingegen war man

sich in der Einschätzung[236], daß *„die sizilianische Mafia und mit ihr Camorra und 'Ndrangheta auf deutschem Boden tatsächlich präsent sind".* Nach Kenntnis der italienischen Polizeien hatte sich die IOK „den Markt in Westdeutschland schon aufgeteilt". Wenige Monate später hieß es auch beim BKA, daß sich *„die Aktivitäten der italienischen Mafia in Deutschland in einem weit höheren Maß entwickelt hatten, als dies bisher vermutet wurde."* Am 23. Mai 1992 war der italienische Untersuchungsrichter *Giovanni Falcone*, wenig später am 19. Juli sein Richterkollege *Paolo Borsellino* ermordet worden. Und die Spur der Mörder, so die Ermittlungen, wies nach Deutschland, eine Pista Tedesca[237]. Mitte der 90er Jahre ging das BKA davon aus, daß sich alle Gruppen der IOK *„in Deutschland fest etabliert hatten und immer weiter ausbreiten ... Mehrere hundert Leute hätten in der Republik nachweislich Beziehungen zur IOK."*[238] Ebenfalls mehrere hundert Mitglieder zählen diverse vietnamesische Banden, die – miteinander konkurrierend – Ostdeutschland unter sich aufgeteilt haben. Zur geographischen Übersicht 1996:[239]

- Berlin: Hier arbeiteten die Banden „Ngoc Thien", „Phu Ho A Bet", „Quang Chan" und „Bac Coc" zusammen und konkurrierten mit den Banden „Quang Binh" und „Nghi Xuan", die ihrerseits kooperierten. Seit Dezember 1996 bildeten sich neue Gruppen, von denen die „Tri-Bom" besonders gewalttätig in Erscheinung trat.

- Sachsen: In Leipzig kooperieren die nordvietnamesischen Banden „Hai Duong" und „Hanoi". Konkurrent ist die mittelvietnamesische „Nghe Tinh".

- Sachsen-Anhalt: In Stendal existierten die „Khoung"-Bande, die „Onkel Ha"-Bande und die „Thang Minh"-Bande. In Merseburg ist die „Thien Than"-Bande aktiv. In Halle agieren die Banden „Quang Cau" und „Son Tu". Im Raum Dessau dominierte die Bande „Hung Co" und im Raum Köthen/Wolfen war die „Hoa Troc"-Bande aktiv.

- Thüringen: Landesweit ist hier die Bande „Lien Quan" aktiv.

Von allen OK-Gruppen, die in Deutschland in der letzten Dekade virulent sind, zählen die vietnamesischen zu den gewalttätigsten. Von 1992 an zählte man bis Herbst 1996 insgesamt 92 vollendete Tötungsdelikte. Hinzu kommen noch die Versuche mit einer hohen Anzahl an Opfern (1996 15 Versuche mit 34 Opfern / 26 Morde). Die genannten Gruppen und andere organisierte Verbrecher nutzen Deutschland als Ruhe- und Rückzugsraum, insbesondere aber als Operationsraum, seit Jahren auch als Standort zur Geldwäsche. Nach Berichten des BND werden in Deutschland jährlich 50 bis 80 Milliarden Mark gewaschen.[240] In der Größenordnung von Milliarden sind auch andere Deliktbereiche zu sehen. Zu den lukrativsten zählt die „Kriminalität im Zusammenhang mit dem Nachtleben", insbesondere der Menschenhandel und die Förderung der Prostitution/Zuhälterei. Allein für den letzteren Bereich wird von einem Jahresumsatz von mindestens 12,5 Milliarden Mark ausgegangen.

Von den rund 200 000 Prostituierten in Deutschland kamen 1994 schon ein Viertel aus Osteuropa, 1996/97 mehr als ein Drittel. Auch die „Förderer der Prostitution" haben sich geändert, was deutlich der Wandel der Täterstrukturen im Rotlicht-Milieu zeigt, beispielsweise in Hamburg St.Pauli.[241] Im Schlepptau einer jungen Garde türkischer Zuhälter, die Ende der 80er Jahre gewaltbereit in Erscheinung traten, kamen auch Waffen und Drogen. In einer sich entfaltenden türkischen Unterwelt dominierten bald vier kurdische Clans den Heroinhandel. Und auch der Rückfluß der aus dem Heroinhandel erwirtschafteten Gelder oblag der Kontrolle der Clans. Über Wechselstuben, Überweisungsträger oder Kurier sollen allein aus Hamburg „*jährlich 300 Millionen Mark in die Türkei fließen*".[242] Bei geschätzten 250 000 bis 300 000 Konsumenten harter Drogen insgesamt, darunter rund 100 000 bis 150 000 „*Personen mit hoher Konsumidentität und riskanter Konsumform (intravenös)*",[243] liegt der Jahresumsatz an harten Drogen bei schätzungsweise fünf Milliarden Mark oder mehr. Auch legale Drogen bringen sehenswerte Profite, was der Handel und Schmuggel unverzollter Zigaretten, hier sind vietnamesische Gruppen auf unterer und mittlerer Ebene involviert, deutlich belegt. Seit 1993 wird der jährliche Steuerausfall vom Bundesfinanzministerium mit 1 bis 1,5 Milliarden Mark angegeben. Nach Schätzungen Berliner Strafverfolger gelangten bis 100 Millionen Mark Schwarzgeld aus dem illegalen Handel unverzollter Zigaretten 1993 auf Konten in Vietnam. Die Ermittlungen seinerzeit ergaben[244], daß mehr als 10 000 illegale vietnamesische Zigarettenkleinsthändler aus ganz Deutschland diese Summe erwirtschafteten und sie über einen vietnamesisch-stämmigen deutschen Bankier in die sozialistische Republik transferieren ließen. Der Organisationsgrad dieses Geldtransfers ist, analog zu türkischen/kurdischen Tätergruppen, hoch. Die Schäden der Wirtschaft sind beträchtlich:

– Nach einem Bericht des Wirtschaftsmagazins Capital im November 1997[245] sind in Deutschland durch Kriminalität 1996 Kosten in Höhe von insgesamt mehr als 142 Milliarden Mark entstanden. Allein der von Kriminellen direkt angerichtete Schaden wurde mit 45 Milliarden Mark angegeben.

Diese Kriminalität, insbesondere die OK zu bekämpfen, ist teuer.

– Etwa 40 Milliarden Mark werden in Deutschland jährlich im Rahmen der Kriminalitätsbekämpfung für die Bereiche Polizei, Gerichte und Gefängnisse ausgegeben. Das teilte im Februar 1997 das Bundesinnenministerium auf eine Parlamentsanfrage mit.[246]

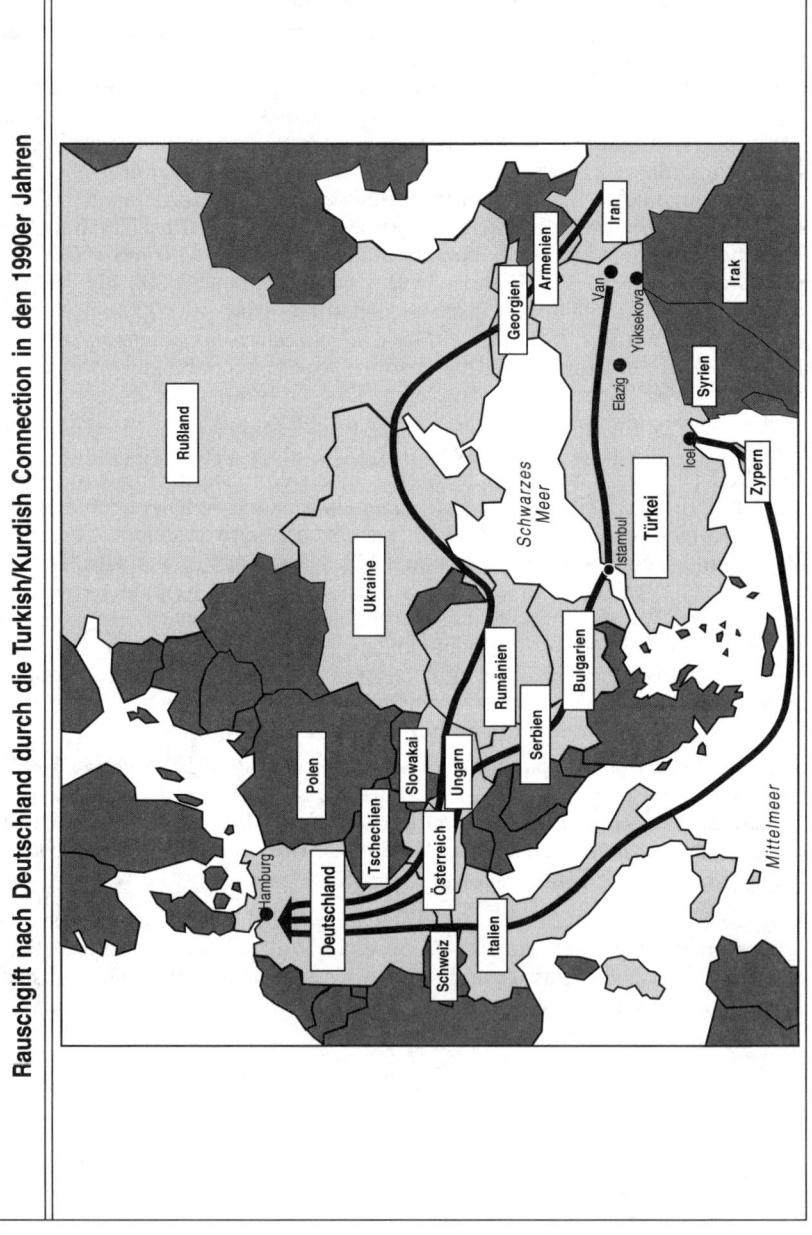

Rauschgift nach Deutschland durch die Turkish/Kurdish Connection in den 1990er Jahren

4 Anmerkungen

1 Vgl. auch Borovicka, V.P.: Mafia – Organisiertes Verbrechen in Amerika, Verlag Das Neue Berlin, Berlin 1989.

2 Zitiert n. Gümpel, Udo: Bankgeheimnis im Visier, Berliner Zeitung, 25.11.1994, S. 7.

3 Zitiert n. Focus 5. Jg. Nr. 34, 18.8.1997, S. 196-197.

4 Schätzung auf der UN-World Ministerial Conference on Organized Transnational Crime, Neapel, 21-23.11.1994.

5 Schätzung des United Nations Drug Control Programm (UNDCP) in seinem „World Drug Report 1996", der auf dem „Weltdrogentag" der Vereinten Nationen im Juni 1997 vorgestellt wurde.

6 Erste Schätzungen der globalen Jahresumsätze im Deliktbereich Drogen gab es mit 300 Mrd. Dollar Mitte der 80er Jahre (UNFDAC-Generaldirektor im Februar 1986). Anfang der 90er Jahre lag die Schätzung bei 500 Mrd. Dollar. Mitte der 90er Jahre findet sich in einigen Quellen die Schätzung von 800 Mrd. Dollar, also rd. 1 Billion DM. Die weltweit daraus erwachsenden Gewinne schätzte der BKA-Präsident *Hans Ludwig Zachert* 1993 schon auf jährlich 500 Mrd. Dollar (vgl. Zachert, H.-L.: Kriminalitätsgefährdung der Wirtschaft, in Zeitschrift für interne Revision, 28. Jg. Nr. 2, 1993, S . 57-65).

7 Die Internationale Kaffee-Organisation (ICO) legt die Exportquoten der Erzeugerländer (der Dritten Welt) fest. Nachdem die ICO 1992 das Kaffee-Exportquoten-System aufhob, wurden die illegalen Drogenpflanzen (in Mexiko, Kolumbien und Brasilien) quasi zum Substitut und deren Anbau in der Folge intensiviert.

8 Fachleute wußten schon 1993 zu berichten, daß der Anbau von Cannabis sich bereits seit zehn Jahren ausdehnt und Hanf nicht mehr nur in den traditionellen Anbaugebieten gepflanzt wird. „Alle subsaharischen Länder Afrikas erzeugen Cannabis, und alle zentralafrikanischen exportieren es" (Eric Fottorino 1996).

9 Nach Angaben des Senators *Ernesto Herrera* (Manila) produzieren die Philippinen Marihuana und Haschisch im Wert von umgerechnet 2,1 Milliarden DM (AFP-Meldung im Sommer 1996).

10 In diesem Zusammenhang sei erwähnt, daß in Deutschland die Zentrale polizeiliche Ermittlungsstelle zur Verfolgung der Regierungs- und Vereinigungskriminalität (ZERV) der ehemaligen DDR im August 1996 ihre Doping-Ermittlungen im DDR-Sport ausweitete. Seit Mitte März 1998 läuft in Berlin das erste Verfahren wegen DDR-Staatsdoping.

11 Vgl. auch Förster, Andreas: Maulwürfe in Nadelstreifen, Wirtschaftsspionage – der neue Job der Geheimdienste, Henschel Verlag 1997 und Förster, Andreas: Wirtschaftsspionage – Der lautlose Krieg, fünfteilige Serie in der Berliner Zeitung, 22.-26.1.1996.

12 Die FAPSI ist der Nachrichtendienst für Fernmelde- und elektronische Aufklärung. Sie erfaßt u.a.den ausländischen Fernmeldeverkehr und dringt in geheime Netze von Sicherheitsbehörden und Firmen ein. Der FAPSI angeschlossen ist der 1993 gegründete Sicherheitsdienst SBP, der unmittelbar Präsident *Jelzin* unterstellt ist (n. Förster, A. 1996).

13 Japan besitzt keinen offiziellen Auslandsnachrichtendienst. Bei der dennoch in großem Umfang erfolgenden Informationsbeschaffung aus dem Ausland mit dem Schwerpunkt Wirtschaftsaufklärung arbeiten Regierungseinrichtungen und Privatwirtschaft eng zusammen. Koordiniert wird die Zusammenarbeit durch das Ministerium für Internationalen Handel und Industrie (MITI). Hauptzielrichtung der Japaner ist nach einer internen Analyse der CIA von 1987 die Informationsbeschaffung über geheime technologische Entwicklungen in den USA und Westeuropa.

14 Zitiert n. BND-Präsident *Hansjörg Geiger* in der TV-Dokumentation „Agent des Kanzlers" von Heinz Suhr, ausgestrahlt im 3. Programm „B 1" am Freitag, 29.5.1998. Nach anderen Quellen soll der BND „seit Mitte der 60er Jahre besonders aktiv im Bereich der Wirtschaftsspionage gewesen" sein (zitiert n. Schweizer, P.: Diebstahl bei Freunden, Rowohlt, Reinbek b. Hamburg 1993, S. 209ff.).

15 Erstmals wurde im März 1997 in Bonn ein US-Diplomat als Agent enttarnt und zum Verlassen Deutschlands aufgefordert. Dem CIA-Mitarbeiter konnte Wirtschaftsspionage nachgewiesen werden. Der Agent hatte versucht, einen hohen Beamten des Bundeswirtschaftsministeriums anzuwerben und sich Informationen über High-Tech-Projekte zu verschaffen. Daraufhin offenbarte sich der Beamte dem BfV (zitiert n. dpa-Meldung in der Tagespresse, 10.-13.3.1997).

16 So die Warnung des Leiters des Berliner LfV *Eduard Vermander* in einem Bericht, der im Februar 1997 den Mitgliedern des zuständigen Parlamentsausschusses zugänglich gemacht wurde. In dem LfV-Bericht hieß es u.a.: *„Mit dem weiteren Ausbau Berlins zum politischen Zentrum und zur Wirtschafts- und Wissenschaftsmetropole wird sich die prekäre nachrichtendienstliche Bedrohungslage in unserer Stadt weiter verschärfen."* Vor allem die Geheimdienste Rußlands und anderer GUS-Staaten seien schon in Berlin aktiv (zitiert n. Richter, Christiane: Agenten von Freund und Feind zieht es nach Berlin, Berliner Zeitung, 21.2.1997, S.2).

17 Zitiert n. Focus 5. Jg. Nr. 9, 24.2.1997, S. 13.

18 Zitiert n. Magenheim, Thomas: Wirtschaftsspionage verursacht Milliardenschäden, Tagesspiegel, 24.3.1997, S. 13

19 Zitiert n. AP-Meldung, Tagesspiegel, 10.5.1997, S. 4 und Berliner Zeitung, 10.5.1997, S. 5.

20 Zitiert n. Gruber, Christina: Globale Raubzüge, in Rheinischer Merkur, Nr. 4, 24.1.1997, S. 14.

21 Zitiert n. Hasselmann, F. u. Helbig, M.: Wirtschaftskriminalität: 4000 Verfahren liegen auf Eis, Berliner Zeitung, 22.5.1997, S. 19.

22 Zitiert n. ddp, ADN-Meldung, Der Tagesspiegel, 9.7.1997, S. 15.

23 Zitiert n. Hübner, Ralf: Wirtschaftskriminalität im Osten wächst, Tagesspiegel, 24.10.1997, S. 4.

24 Zitiert n. BKA: Erfahrungsbericht Computerkriminalität 1995, Wirtschafts- und Computerkriminalität, Mitteilungsblatt Nr.1/96, S. 29.

25 Um die „Cyber-Terroristen" zu fassen, beteiligte sich 1996 Scotland Yard an einer europäischen Operation unter dem Decknamen „Lathe Gambit" (Drehbank), so die „Sunday Times". In Deutschland wußten seinerzeit von diesen Computererpressungen und der Operation „Lathe Gambit" offiziell weder das BKA noch das Bundesamt für Sicherheit in der Informationstechnik etwas

(zitiert n. Der Spiegel Nr. 26, 24.6.1996, S. 162 f. und Hoffmann, Andreas: Cyberterror bedroht die Finanzwelt, Der Tagesspiegel, 30.6.1996, S. 26).

26 Zitiert n. ttl-Meldung (Internet revolutioniert das Bankgewerbe), Tagesspiegel, 27.11.1996, S. 26.

27 Vgl. auch Focus 4. Jg. Nr. l9, 6.5.1996, S. 162 ff.

28 Zitiert n. Der Spiegel Nr. 47, 18.11.1996, S. 216 f.

29 Zitiert n. AP-Meldung, Berliner Zeitung, 21.8.1995, S. 8.

30 Zitiert n. diversen Agentur-Meldungen (AP, dpa, Reuter, rtr) in der Tagespresse vom 27.11. bis 1.12.1996 und Dönch, Uli: Das Milliarden-Ding, Focus 4. J. Nr. 49, 2.12.1996, S. 20-26.

31 Zitiert n. Linkenheil, Rolf: „Operation Goldfisch" zieht weitere Kreise, Tagesspiegel, 29.11.1996, S. 36.

32 Mitte März 1996 legte die Siemens AG auf ihrer CeBIT-Pressekonferenz in Hannover neue Zahlen vor: 1994 hatten demnach die im Bereich der Telekommunikations- und Informationstechnik tätigen Unternehmen Waren und Dienstleistungen im Wert von rund zwei Billionen DM umgesetzt. Das entsprach knapp sechs Prozent des weltweiten Bruttosozialprodukts (zitiert n. ddp ADN Meldung, Tagesspiegel, 15.3.1996, S. 18).

33 Präsident **Clinton** in einer Rede vor Absolventen der Marine-Akademie in Annapolis. Clinton erklärte, diese neue Gefahren hätten inzwischen die atomare Bedrohung des Kalten Krieges abgelöst. Er rief u.a. zu einer nationalen Anstrengung auf, bis zum Jahr 2003 ein System gegen Computerangriffe zu entwickeln (zitiert n. AP-Meldung, Tagesspiegel, 23.5.98, S. 2).

34 Zitiert n. Seher, Dietmar: Mafia-Methoden bei der Müllentsorgung, Berliner Zeitung, 1.8.1992.

35 Zitiert n. epd-Meldung, Berliner Morgenpost, 25.6.1993, S. 4.

36 Im September 1992 wurde von der in Nairobi (Kenia) ansässigen UN-Umweltbehörde (UNEP) ein großer Giftmüllskandal aufgedeckt. Nach Dokumenten, die der UNEP vorliegen, hatten Schweizer und italienische Firmen mit einer der Bürgerkriegsgruppen in Somalia einen Vertrag geschlossen, der den Export von Industrie- und Krankenhausabfällen bis ins Jahr 2011 erlaubt. Mehr als eine Million Tonnen Giftmüll waren bis dahin schon, so Befürchtungen der UNEP-Behörde, ohne Information und Schutzmaßnahmen für die Bevölkerung verbracht worden. Unterschrieben hatten das Geschäft im Dezember 1991 Vertreter der Schweizer Gesellschaft „Acher", der Agentur Reuter zufolge eine bloße Briefkastenfirma, die vor allem für italienische Abfallgroßhändler agierte, und Dr. **Nuur Elmy Osman**, der in der somalischen Übergangsregierung von **Ali Mahdi** als Gesundheitsminister tätig war. Die „Regierung" war hinterher lediglich nur noch eine von mehreren Bürgerkriegsfraktionen im Lande, die seinerzeit etwa ein Viertel Somalias nördlich der Hauptstadt Mogadischu kontrollierte. In der Folge bestritt der Ex-Regierungschef Ali Mahdi, von diesem Handel überhaupt etwas gewußt zu haben. Ein Teil der Unterlagen über die Giftmülltransporte wurde offenbar von Vertretern des gestürzten Staatschefs **Siad Barre** aus seinem Exil in Nigeria den UNO-Beamten zugespielt, mit dem Ziel, seinen unmittelbaren Nachfolger zu diskreditieren. Über 20 Jahre, von 1991 bis 2011, so ging aus den zitierten Dokumenten hervor, sollte der Sondermüll aus Europa nach Somalia exportiert werden. Allein in der ersten Phase

sollte der Handel der somalischen Bürgerkriegsfraktion 80 Millionen Dollar einbringen. Viel höher noch wären die Profite für die Müllmakler und Reedereien, die die Transporte organisierten. Der Müllexport war offenbar auch mit Waffengeschäften für die Bürgerkriegsmilizen verknüpft, wobei nach Aussagen des UNEP-Direktors die italienische Organisierte Kriminalität (Mafia) die Hand im Spiel hatte (zitiert n. Opletal, Helmut: Für die Annahme von Giftmüll gibt es auch Waffen, Tagesspiegel, 14.9.1992, S. 5).

37 Aus Deutschland gelangen jährlich rund 560 000 Tonnen Abfall über die Grenze, die Hälfte davon in belgische und französische Zementfabriken. Ein lohnender Ausweg für deutsche Unternehmen. Mit Stand von Mitte November 1997 kostete die Verbrennung einer Tonne Sondermüll je nach Art 300 bis 3000 DM in Deutschland, die Zementwerke zahlen dagegen noch für Altöl oder anderen Müll. Umweltschützer kritisieren den unkontrollierten Schadstoffausstoß bei der Müllverbrennung in den Fabriken. Abhilfe soll 1999 ein Gesetz schaffen, das Betriebe dazu verpflichtet, Rechenschaft über den Verbleib gefährlichen Mülls abzulegen und Exporte extra auszuweisen.

38 Hier, in Australien, Japan, Nordamerika und Westeuropa stellten Schutzsuchende von 1985 bis 1995 fünf Millionen Asylanträge.

39 Einige Untersuchungen haben Anfang der 90er Jahre hochgerechnet, daß bis zum Jahr 2025 die Not subsaharischer Völker dazu führt, daß 60 bis 70 Millionen Menschen in den Maghreb (Marokko, Algerien, Tunesien) einwandern werden.

40 Dementsprechend nennen die Spanier die über das Wasser geschleusten Afrikaner „Espaldas mojadas" (Naßrücken); die Italiener nennen ihre heimlichen Einwanderer „Clandestini".

41 Spanien hat insgesamt rd. 10 000 Küstenkilometer. Diese lassen sich in toto nicht kontrollieren; dies trifft auch auf die 7200 Küstenkilometer der Türkei und die fast 7500 Küstenkilometer Italiens zu.

42 Eine großangelegte Umfrage im November 1992, die im Auftrag der EG-Kommission in 18 Staaten Mittel- und Osteuropas durchgeführt wurde, hatte zum Ergebnis, daß rund 20 Millionen Osteuropäer „sicherlich" oder zumindest „wahrscheinlich" nach Westeuropa auswandern wollten.

43 Die EU-Ostgrenze wird heute (1998) von Deutschland mit seiner 1264 km langen Grenze zu Polen und Tschechien und von Österreich mit einer 1260 km langen Grenze zu Tschechien, der Slowakei, Ungarn und Slowenien gebildet.

44 Allein in der Umgebung von Kiew (Ukraine) und Minsk (Weißrußland) sollen (mit Stand Januar 1998) mehrere 100 000 Menschen warten, in die EU zu kommen.

45 Das italienische Wirtschaftsmagazin „Il Monde" schätzte die Größenordnung der Schleuserkriminalität auf fünf Milliarden Dollar (zitiert n. Focus 5. Jg. Nr. 34, 18.8.1997, S. 197).

46 Mitte Oktober 1997 beispielsweise trafen sich in Tschechien die Innenminister von 34 Staaten aus Europa, den USA, Kanada und Australien zu einer internationalen Konferenz, um „Maßnahmen zur Eindämmung und Bekämpfung des Menschenhandels" zu erarbeiten. „Vor dem Hintergrund", so die Sicherheitspolitiker, „daß die Migration und damit verbundene Organisierte Kriminalität die öffentliche Sicherheit bedrohen", wird zunehmend ein „abgestimmtes Vorgehen aller Länder" erforderlich. Ein Katalog mit 55 „Empfehlungen von Prag" wurde ver-

abschiedet. Dazu gehörten die Aufforderung aller Staaten, das Schleusen illegaler Einwanderer über Landesgrenzen als schwere Straftat einzustufen und es im Sinne der Vorbeugung künftig mit Freiheitsentzug und zusätzlichen Geldbußen zu ahnden.

47 Zitiert n. de Thier, Peter: Konjunktur für Menschenschmuggler, Der Tagesspiegel, 28.11.1995, S. 4.

48 Nach Angaben der US-Einwanderungsbehörde 1989 stieg die Zahl der „OTMs" an der Grenze zwischen Tijuana und San Diego von 2 auf 5 Prozent. Von den US-Grenzpatrouillen wurden Illegale aus 60 verschiedenen Ländern entdeckt (zitiert n. Neubauer, Rita: Mit bezahlten „Coyoten" in die USA, Tagesspiegel, 16.7.1989, S. 31).

49 Der Strom der illegalen Ein- und Durchwanderer ins Schwellenland Mexiko begann in den 80er Jahren. Damals flüchteten vor Armut und Bürgerkrieg in Nikaragua, El Salvador und Guatemala zwischen 1,8 und 2,8 Millionen Menschen nach Mexiko. 1992 ging die mexikanische Regierung von insgesamt 100 000 Flüchtlingen aus, die UNO-Flüchtlingsorganisation von 50 000 anerkannten und 400 000 nicht anerkannten Flüchtlingen. Hilfsgruppen sprachen gar von einer Million. So strittig die Zahlen, unstrittig war die Einschätzung, daß noch mehr „Indocumentados" nach Mexiko kommen. Bis 1989 wurden diese von den Behörden geduldet, bis 1988 deportierten die mexikanischen Behörden durchschnittlich nur 12 000 Indocumentados. Nach dem offiziellem Ende der Bürgerkriege in El Salvador und Nikaragua Ende der 80er Jahre stiegen die Zahlen. 1989 wurden 90 000 Illegale zurückgeschickt, 1990 schon 126 000; 1991 waren es schätzungsweise 150 000 ... (zitiert n. Werner, Johannes: Flüchtlinge werden wie Hühner gejagt, Berliner Zeitung, 29.7.1992, S. 7).

50 1996 stimmte das US-Abgeordnetenhaus für „drastische Schritte gegen illegale Einwanderer". In einem Vier-Punkte-Plan wurde u.a. gefordert, die US-Grenzpatrouille auf 10 000 Beamte aufzustocken.

51 Zitiert n. Reuter-Meldung, Tagesspiegel, 10.7.1991, S. 24.

52 Noch Mitte der 90er Jahre war am Westzipfel Mexikos der Übergang Tijuana – San Diego der Transitpunkt Nummer Eins, an dem 40 bis 50 Prozent der Illegalen gezählt wurden.

53 Mexiko stellt den größten Teil illegaler Einwanderer in die USA, die vor allem auf den kalifornischen Plantagen zu Niedrigstlöhnen arbeiten oder Dienstleistungen verrichten, die die Nordamerikaner nicht tun wollen. Schon 1991 wurde geschätzt, daß jährlich eine Million junger Mexikaner auf den Arbeitsmarkt drängen; dem standen seinerzeit aber nur etwa 300 000 bis 400 000 neue Jobs gegenüber. Mitte der 90er Jahre hätte Mexiko mit seinen 89 Millionen Einwohner, um den sozialen Druck im Lande zu reduzieren, jährlich für eine Million junger Menschen Arbeitsplätze schaffen müssen. Einer der wichtigen Gründe, warum es Mexiko unmöglich ist, die illegale Immigration zu stoppen. Ein zweiter Grund: 1995 lebten etwa fünf Millionen Mexikaner in den USA, die jährlich zwischen 2,6 und 4 Milliarden Dollar an ihre Familien schicken. Dies ist die zweitwichtigste Devisenquelle nach den Erdöleinnahmen und wird in den Haushaltstöpfen des Landes dringender denn je benötigt.

54 Mexikanische und andere mittelamerikanische Flüchtlinge werden „Pollos" (Hühner) genannt, die von „Geflügelhändlern" (Polleros) geschleust werden.

55 Zu den weltweit einflußreichsten Schlepper-Kartellen zählen in der zweiten Hälfte der 90er Jahre chinesische, türkische und (mit geographischen Einschränkungen) marokkanische und mexikanische Schleuserorganisationen.

56 So machte das US-Außenministerium schon Ende 1995 darauf aufmerksam, daß die Ausländer keineswegs nur über die „grüne Grenze" kämen. Immer häufiger würden gefälschte Dokumente benutzt, die aufgrund moderner Technologie kaum noch von echten zu unterscheiden wären. Allein 1993 fing die INS an Grenzübergängen 170 000 gefälschte Pässe, Visa und grüne Karten ab, die einen Ausländer berechtigen, in den USA einen Arbeitsplatz zu suchen. Die Dunkelziffer ist jedoch noch wesentlich höher. In Europa machten Grenzschützer an der EU-Ostgrenze auf den Erwerb von Originaldokumenten durch Aufkaufdiebstahl aufmerksam, der nicht selten im Zusammenhang mit Korruptionsdelikten zu sehen ist.Über „massive Erschleichung" von Visa berichtete z.B. das ARD-Magazin „Panorama" Ende 1996. Den Schuldanwurf, daß es „Verdachtsfälle illegalen Handels mit Einreisevisa nach Deutschland durch Botschaftsmitarbeiter (in Teheran und Kiew)" gibt, wurde nach Agentur-Meldungen (AFP/AP) sowohl von der Polizei als auch vom Auswärtigen Amt bestätigt.

57 Im Januar 1998 nahmen die Schleuser für den Menschenschmuggel aus China in die EU bis zu 50 000 DM, aus Pakistan/Sri Lanka bis zu 25 000 DM, aus den irakischen Kurdengebieten 6000 DM, der Türkei 3000 und aus Polen/Tschechien 500 DM.

58 Die Schleusungskosten von Mexiko in die USA waren in der ersten Hälfte der 90er Jahre relativ stabil. Ein „Ticket" nach Kalifornien (Los Angeles) kostete 1991 450 Dollar; 1996 kostete dieses Ticket nach Texas rund 500 Dollar. Mehr Service führte zu höheren Preisen. So kostete (1991) ein Transfer nach Chicago, einschließlich Arbeitsplatz, etwa 3000 Dollar. Schlepper mit guten Verbindungen sorgen dafür, daß ihr Honorar direkt vom künftigen Lohn ihrer Kunden abgezogen wird.

59 „Kernmaterialien" sind Materialien, die der Sicherheitsüberwachung unterliegen (Sicherungsmaßnahmen oder Safeguards), z.B. im Rahmen des Euratom-Vertrages, der internationalen Atomenergie-Organisation (IAEO) oder des Nichtverbreitungsvertrages (NVV), und bei denen je nach Material eine mehr oder weniger große Gefahr besteht, direkt oder indirekt zu militärischen Zwecken eingesetzt zu werden. Hierunter fallen z.B. Plutonium und hochangereichertes Uran. „Radioaktive Stoffe" sind solche Stoffe, die nicht der Sicherheitsüberwachung unterliegen und deren Kontaminationsrisiko von dem jeweiligen Stoff ausgehender Strahlung abhängt, die aber in unverarbeitetem Zustand nicht als Brennstoff verwendet werden können. Hierunter fallen z.B. Stoffe, die häufig zu medizinischen Zwecken eingesetzt werden, wie Radium oder Cäsium.

60 Proliferation (lat.-fr.-engl.-amerik.): Weitergabe von Atomwaffen oder Mitteln zu deren Herstellung an Länder, die selbst keine Atomwaffen entwickelt haben.

61 Zitiert n. Neubauer, Rita: Gewinn ohne Grenzen, Tagesspiegel, 3.1.1997, S. 3.

62 Die häufigste Masche der kriminellen Anbieter waren 1997 in Deutschland der Handel mit wertlosen Aktien, verlustbringenden Immobilien, dubiosen Unternehmensbeteiligungen und Schwindel mit Altersvorsorge.

63 Zitiert n. Dönch, U. et al: Finanzen – 30 Anleger-Fallen, in Focus 5. Jg. Nr. 25/97, S. 218-230.

64 Nach anderen Schätzungen liegt die jährliche Schadenssumme bei 60 Milliarden DM.

65 Zitiert n. Focus 5. Jg. Nr. 25/1997, S. 219.

66 Auf dem grauen, völlig ungeregelten Kapitalmarkt will die Bundesregierung die staatliche Aufsicht verstärken. Ein Gesetzesentwurf, der ursprünglich zum August 1997, später ab 1998 die Kontrolle realisieren soll, hatte zum Hauptziel, daß Vermittler von Waren-, Devisen- u.a. Finanztermingeschäften von staatlicher Aufsicht kontrolliert werden, auf ihre fachliche Eignung, Seriösität und Zahlungsfähigkeit hin durchleuchtet werden sollten. Dem Bundesaufsichtsamt für das Kreditwesen sollte dabei eine zentrale Rolle zufallen. Kritiker sprachen schon Anfang 1997 davon, daß die Regierungsinitiative allerfalls ein in Ansätzen tauglicher Versuch sei. Zwar würden (neben den 3500 Banken, um die sich die Kapitalwächter schon kümmern mußten) künftig (ab 1998) 7500 weitere Finanzdienstleister zusätzlich kontrolliert, aber erfaßt wären damit nur 10 Prozent des grauen Kapitalmarktes. Die große Masse und damit kriminelle Anbieter könnten ihren Geschäften unbehelligt weiter nachgehen (zitiert n. Obertreis, Rolf: Milliarden verschwinden einfach spurlos, Der Tagesspiegel, 2.1.1997, S. 18).

67 Nach WHO-Schätzungen 1997 sind mindestens 7 Prozent der weltweit gehandelten Medikamenten Fälschungen. Über 70 Prozent davon werden in Entwicklungsländern entdeckt, die meisten in Afrika. In Nigeria z.B. schätzte schon 1994 der zuständige Gesundheitsminister, daß jedes zweite im Handel befindliche Medikament im Lande eine Fälschung wäre. Was diese Imitate bewirken können, belegte in Nigeria schon im Frühjahr 1990 ein Fall: über 100 Kinder starben hier an einem „Hustensaft", der mit einem organischen Lösungsmittel verlängert worden war (WHO).

68 Zitiert n. Koch, Egmont et al: Gefälschte Pillen, in Focus 2. Jg. Nr. 37, 12.9.94, S. 155.

69 Zitiert n. Focus 2. Jg. Nr. 37, 12.9.1994, S. 154.

70 Die Dokumentation von E. R. Koch wurde vom ZDF im Februar 1997 ausgestrahlt. Dazu gab Koch in der TV- Zeitschrift HörZu (Heft Nr. 7, 7.2.1997, S. 116-117) ein Interview („... und keiner kann diese Mörder fassen").

71 Der Umsatz des Medikamentenweltmarktes war 1995 um gut 13 Prozent auf 282 Milliarden Dollar expandiert. 1996 stieg die Nachfrage nochmals um rund 7 bis 8 Prozent.

72 Die Dunkelziffern im Arznei-Imitat-Schmuggel sind nach wie vor hoch. Zum einen wollen Behörden insbesondere in den Entwicklungsländern den maroden Zustand ihrer Arzneimittel-Kontrollsysteme nicht zugeben; zum anderen wollen Pharmakonzerne bei Imitaten ihrer Präparate den quasi programmierten Imageverlust nicht in Kauf nehmen. Defizite bei der Überwachung der Arzneimittelproduktion in den betreffenden Ländern, Schwierigkeiten bei der Importkontrolle, unübersichtliche Vertriebswege und nicht zureichende Strafverfolgung ermutigen die Schmuggler und Pharma- Fälscher in der Fortsetzung ihres Tuns.

73 Zitiert n. Volkner, Angela: Frostschutzmittel im Fiebersirup, Berliner Zeitung, 12.3.1997, S. IV.

74 Die geschätzte Anzahl der Kidnapping-Fälle 1994 betrug in den lateinamerikanischen Ländern (nach Kroll Associates) bezogen auf eine Million Einwohner in

Mexiko 8,7; Guatemala 10,0; Peru 4,7; Ecuador 19,4; Kolumbien 114,6; Venezuela 10,1 und Brasilien 5,3.

75 Zitiert n. Focus 3. Jg. Nr. 16, 15.4.1995, S. 294.

76 Zitiert n. Hinze, Peter: Entführt im Paradies, Focus 4. Jg. Nr. 3, 15.1.1996, S. 127.

77 Nach der CRG-Statistik aus 1996 endeten diese Entführungen zu 59 Prozent durch Freilassung, 25 Prozent durch Rettung, 11 Prozent durch Tod (auch Krankheit) und 5 Prozent durch Flucht der Entführten.

78 Zitiert n. dpa-Meldung, in Der Tagesspiegel, 9.2.1996, S. 24.

79 Zitiert n. Erck, Christina: Lohnendes Geschäft, Focus 4. Jg. Nr. 43, 21.10.1996, S. 347.

80 Die moslemische Rebellengruppe MNLF kämpft für ein unabhängiges muslimisches Mindanao. Die MNLF ist die größte von mindestens zwölf Guerillagruppen, die als Separatisten einen autonomen islamischen Staat auf der Insel einfordern. Im Sept. 1996 unterzeichnete die Regierung in Manila mit der MNLF ein Autonomieabkommen und beendete damit formell den Unabhängigkeitskampf, der 100 000 Menschen das Leben kostete. Etliche Splittergruppen halten sich aber nicht an diesen Waffenstillstand. Ihren fortgesetzten Aufstand gegen die Regierung finanzieren sie aus den Lösegeldern.

81 Zitiert n. Heesch, Gunnar: Philippinen – Geisel als Hehlerware, Focus, 5. Jg. Nr. 47, 17.11.1997, S. 386- 387.

82 Zitiert n. AFP-Meldung in Berliner Zeitung, 12.3.1997, S. 10.

83 Zitiert n. dpa/AFP-Meldung in Berliner Zeitung, 27.12.97, S. 6.

84 Zitiert n. Focus 5. Jg. Nr. 34, 18.8.1997, S. 208.

85 In den 15 Bürgerkriegsjahren (1975-1991) wurden im Libanon über 14 000 Personen entführt, darunter auch ausländische Staatsbürger (zitiert n. Westermann-Lexikon „Krisenherde der Welt", Braunschweig 1996, S.486).

86 CITES, die „Convention on International Trade in Endangered Species of Wild Fauna and Flora", wurde am 3.3.1973 in Washington/D.C. durch 10 Staaten unterzeichnet und trat 1975 in Kraft. Zwanzig Jahre später (1995) zählte die CITES über 120 Vertragsstaaten, darunter Deutschland (seit 1976). Das größte Defizit des Washingtoner Abkommens liegt bei seiner Umsetzung: CITES-Vorgaben haben bisher nur in 15 Vertragsstaaten nationale Gesetzeskraft erlangt.

87 Nach anderen Angaben sind es 5400 Tier- und 26 000 Pflanzenarten (nach den Roten Listen 1995) bzw. rd. 8000 Tier- und 40 000 Pflanzenarten. Im CITES werden die bedrohten Arten in 3 Schutzkategorien unterteilt, deren Auflistung in Anhängen erfolgt: Anhang I umfaßt die unmittelbar vor der Ausrottung bedrohten Arten, deren Handel einer besonders strengen Regelung unterliegt; Anhang II listet Arten auf, deren Überleben gefährdet ist; hier ist der kontrollierte Handel mit Ausfuhrdokumenten erlaubt. Anhang III beinhaltet Arten, die ein Staat für sein Gebiet als gefährdet erklärt; diese dürfen nur mit Ausfuhrdokumenten gehandelt werden.

88 Zitiert n. Focus Nr. 34/1993, S. 138.

89 So hieß es im TV-Report „Gesucht wird ... die Schlangen-Bande. Der Handel mit bedrohten Tierarten", Reportage von Mona Botros und Tiemont R. Koch, ausgestrahlt in der ARD, 18.3.1998.

90 In einem Hintergrundbericht (Tiere – das größte Schmuggelgeschäft nach Drogen und Waffen) in Die Welt, 17.7.1993, S. 6, wurde von einem Umsatz der Schwarzhändler in Höhe von 17 Milliarden DM geschrieben.

91 Die Nachfrage ist enorm. Zwei Tonnen Tigerknochen werden in Taiwan jährlich zu „Tigerwein" verarbeitet. Größter Abnehmer ist China (Zitiert n. Mayer, Kurt-Martin: Der Tiger – Ein König stirbt aus, Tango, Nr. 41, 6.10.1994, S. 36).

92 Zitiert n. Schepp, Matthias: Die Tiger-Truppe, Stern, Heft Nr. 6, 1.2.1996, S. 28-34.

93 Zitiert n. Karlowski, Ulrich: Ein Mordsgeschäft nach Mafia-Art, Rheinischer Merkur, Nr. 49, 8.12.1995, S. 10.

94 Zitiert n. Die Welt, 17.7.1993, S. 6 und Focus 2. Jg. Nr. 45, 7.11.1994, S. 254-255.

95 Zitiert n. Schepp, Matthias: Exoten-Handel – Tiere quälen und Dollar zählen, Stern Heft Nr.10, 2.3.1995, S. 154.

96 Zitiert n. Windisch, Elke: Und am Ende ins Klo – Auf dem Moskauer Tiermarkt blüht der illegale Handel mit Exoten, in Der Tagesspiegel, 19.2.1998, S. 3.

97 Zitiert n. Der Spiegel Nr. 16, 14.4.1997, S. 70.

98 Ende 1995 gelang dem Zoll ein Schlag gegen den Handel mit Arzneimitteln, die Organe bedrohter Tierarten enthalten. Nach Hinweisen des WWF wurden am 15. und 16. November Geschäfte durchsucht, die chinesische Medikamente verkaufen. Dabei wurden über 3000 durch das Artenschutzabkommen verbotene Arzneimittel sichergestellt (zitiert n. ADN-Meldung).

99 Nach dem Zollkriminalamt (ZKA) in Köln stieg 1996 die Zahl der „Grenzaufgriffe" von Personen, die illegal Pflanzen oder Tiere einführen wollten, auf 1799 an.

100 So wurden Münzfälscher im 13. Jahrhundert zum Feuertod oder zum Sieden in kochendem Öl verurteilt. Wer Falsifikate verbreitete, mußte mit dem Verlust der rechten Hand rechnen. Die Geldfälschung wurde zum Politikum, als während des amerikanischen Bürgerkrieges die Briten die neue US-Währung zerstörten, indem die königliche Regierung die amerikanischen Noten massenhaft nachdruckte. Die wohl größte Geldfälschung der Geschichte lief unter *Adolf Hitler* (im KZ Sachsenhausen) an: Auf Befehl des Reichssicherheitshauptamtes wurden 100 Millionen englische Pfundnoten gedruckt. 1959 fischten Taucher den „Schatz aus dem Töplitzsee" in der Steiermark (zitiert n. Der Spiegel 47. Jg. Nr. 29, 19.7.1993, S. 74).

101 Nur mit kleinen, für das bloße Auge kaum sichtbaren Korrekturen haben die US-Behörden versucht, den Geldfälschern die Arbeit zu erschweren. Die jüngste Veränderung fand 1991 statt, als mit einem zusätzlichen Sicherheitsstreifen und der Einführung von Mikroschriftzeichen den immer raffinierter werdenden Kopiertechniken der Fälscher neue Hürden in den Weg gelegt werden sollten. Nach dem US-Finanzminister *Lloyd Bentsen* waren die Sicherheitsvorkehrungen (Mitte der 90er Jahre) so erfolgreich, daß die Fälschungen nur ein Hundertstel eines Prozentes der insgesamt 350 Milliarden Dollar ausmachten, die national und international im Umlauf waren ... (zitiert n. Kaps, Carola: Wenn der Schein trügt, hilft ein neuer Streifen, in Frankfurter Allgemeine Zeitung, 15. Juli 1994).

102 Zitiert n. „Brennpunkt Falschgeld", in Focus 5. Jg. Nr. 37, 8.9.1997, S. 96-97.

103 Durch Zufall wurde (1993?) ein nachgemachter „Greenback" von der philippinischen Zentralbank entdeckt. Als Verantwortlichen für die Herstellung des Super(Hunderter)-Dollar machte die CIA den Iran aus. Erkenntnissen des US-Dienstes zufolge wären aus dem Iran und aus dem Libanon in den nächsten Jahren rd. 12 Milliarden falsche Dollar zu erwarten. Mit diesen Imitaten, so die CIA, „sollen auch arabische Terroristen finanziell unterstützt werden". Das BKA vermutete, daß „terroristische Gruppen im Libanon an der Verbreitung dieser Fälschung beteiligt sind." Das US-Schatzamt, das sich mit dem „Super-Dollar" befaßte, schätzte die Fälschung für so raffiniert ein, daß es von „einer neuen Generation von Falschgeld" sprach. Mit dem Super-Dollar beschäftigte sich auch eine Task Force der Republikaner im US-Repräsentantenhaus. Dem Task-Force-Bericht zufolge machten westliche Nachrichtendienste zwei potentielle Herstellungsorte der Super-Falsifikate aus: die iranische Hauptstadt Teheran und das libanesische Bekaa-Tal, das von proiranischen Hisbollah-Kämpfern kontrolliert wurde. Westliche Geheimdienste besitzen Luftaufnahmen von einer Falschgelddruckerei in Baalbek. Der Chef des syrischen Geheimdienstes im Libanon, General *Mohammed al-Chuli*, soll den Oberbefehl über die Verbreitung der in Teheran und Baalbek hergestellten Super-Dollars haben. Die Falsifikate, so der Task Force-Bericht, werden mit Sondermaschinen der Iran-Air nach Damaskus gebracht, von wo aus sie den Weg auf die internationalen Finanzmärkte antreten. Nach einer Testphase im Mittleren Osten infiltrieren die Blüten inzwischen die Geldmärkte in Nordafrika, Südamerika, Europa und den USA. Angeblich werden sie sowohl bei der Wäsche von Gewinnen aus dem Drogenhandel als auch für die Bestechung lokaler Größen in den ehemaligen zentralasiatischen Sowjetrepubliken eingesetzt. Auch in Deutschland tauchte der Super-Dollar auf ... Das US-Schatzamt nahm die Falsifikat-Invasion so ernst, daß eine Planungsgruppe mit dem Entwurf eines neuen Hunderters anfing (zitiert n. Focus l. Jg. Nr. 44, 30.10.1993, S. 34-36.

104 Die Zahl der von der Bundesbank 1993 ermittelten falschen Banknoten war mit 41 838 (Wert der Falsifikate 5,73 Mio DM) dreimal so hoch wie 1992 mit 14 057 (2,52 Mio DM). Das Schwergewicht der Falschgeldproduktion lag 1993 mit einem Anteil von knapp 80 Prozent auf der 100-DM-Note. (Zitiert n. dpaMeldung, Berliner Zeitung, 22.4.1994, S. 11) 1996 ermittelte die Bundesbank 25 769 Falsifikate. 63,5 Prozent davon entfielen auf 100-DM-Noten, 21,4 % auf 200-DM-Noten, 4,8 % 20-DM-Noten, 2,7 % 50-DM-Noten, 2,2 % 10-DM-Noten und 0,1 % 5-DM-Noten. (zitiert n. Focus Nr. 37, 8.9.1997, S. 96).

105 Zitiert n. Englisch, Andreas: Mord auf Bestellung so billig wie noch nie, Berliner Morgenpost, 25.5.1997, S. 1.

106 Zitiert n. Der Spiegel Nr. 8, 16.2.1998, S. 81.

107 Nach *Uwe Schmidt*, Abt. Lt. OK im LKA Berlin, entstehen zur Zeit in polnischen Druckereien falsche DM- Scheine in hoher Qualität. Sie könnten in den neuen Euro umgetauscht werden. Eine zweite Möglichkeit wäre, das Falschgeld ins Ausland zu transferieren und dort in Umlauf zu bringen. Beim Bilanzbetrug könnte der Schaden sogar im Milliardenbereich liegen. Bei der Bewertung von Vermögen könnte mit Manipulationen erreicht werden, daß im Ergebnis ein höherer Euro-Bestand in den Büchern steht (zitiert n. dpa-Meldung, Berliner Zeitung, 6.4.1998, S. 21).

108 Zitiert n. Schlegel, Mathias: Kriminelle Banden haben die Euro-Einführung fest im Blick, Tagesspiegel, 14.4.1998, S. 2.

109 Zitiert n. Schönstein, J. und Diederichs, F.: Drogenkartelle und Geldwäscher freuen sich auf den 500-Euro- Schein, in Berliner Morgenpost, 29.4.1998, S. 6.

110 In einen Aktenkoffer passen 12 000 100-Dollar-Scheine, ein Geldwert von insgesamt 1,2 Mio Dollar. In denselben Koffer gehen 10 000 500-Euro-Scheine, die umgerechnet 5,5 Mio Dollar wert sind. Da der 500-Euro-Schein über fünfmal soviel wert wie die 100-Dollar-Note ist, reduziert sich das Bargeld-Transportvolumen auf weniger als ein Fünftel. Entsprechend sinken die Kosten der Bargeldschieber bei ihren weltweiten Transaktionen (zitiert n. Der Spiegel Nr. 23, 1.6.1998, S. 128).

111 Zitiert n. Focus 6. Jg. Nr. 21, 18.5.1998, S. 11.

112 Zitiert n. dpa-Meldung in Der Tagesspiegel, 20.5.1998, S. 44.

113 Gelddruckereien wie die Fa.Giesecke u. Devrient (die Firma soll die Hälfte des deutschen Euro-Erstsortiments produzieren – rund 1,8 Milliarden Noten) befürchten „ein hohes Interesse der Geldfälscher am Euro". Der entwendete, ein Kilo schwere Hologramm-Druckstempel ist für international organisierte Geldfälscher, so die Sicherheitsbehörden, äußerst wertvoll – zum Druck von Noten bei der Erstausgabe des Euro oder für Studien zur Weiterentwicklung eigener Methoden.

114 Vgl. auch Der Spiegel 46. Jg. Nr. 24, 8.6.1992, S. 53-71.

115 Zitiert n. Der Tagesspiegel, 22.5.1991, S. 35.

116 Zitiert n. de Thier, Peter: Kreditkartenbetrüger rollen die USA auf, in Der Tagesspiegel, 23.9.1995, S. 14.

117 Europay International, mit Sitz in Waterloo bei Brüssel, ist mehrheitlich im Besitz europäischer Banken und Lizenzgeber für Reiseschecks, EC-Karten sowie Kreditkarten. Die Dienstleistungen von Europay werden von mehr als 7000 Geldhäusern in 26 Ländern in Anspruch genommen. Die Zahl der über die Zahlungskarten aus dem Hause Europay abgewickelten Transaktionen nahm 1995 europaweit um 17 Prozent auf 1,4 Milliarden zu, das entsprechende Verrechnungsvolumen um 16 Prozent auf 180 Milliarden DM. (Stand April 1996).

118 Zitiert n. Salchow, Burkhart: Plastikgeld nimmt in Europa schnell zu, Berliner Morgenpost, 27.4.1996, S. 19.

119 Zur Sicherheits-Software der GZS gehören die Mitte 1995 in Betrieb genommene „Falcon"-Systeme (Falcon Expert, Falcon Realtime). Die Falcon-Software verfolgt die anhand eines Inhaberprofils festgelegten Muster typischer Geldtransaktionen des Kartenhalters. Bei stark abweichendem Verhalten schlägt das System Alarm. Datenschutz-Vorbehalte gegen ihre Erkennungssysteme (Entwicklung hin zum „gläsernen Kreditkartenkunden") weist die GZS zurück. Die Anwendungspraxis der Falcon-Software konnte die Mißbrauchsverluste für Eurocard-Inhaber 1995 auf 30 Mio DM drücken, gegenüber 44 Mio DM 1994.

120 Zitiert n. Der Tagesspiegel, 13.6.1996, S. 20.

121 Zitiert n. Pitscheneder, Robert: Angriff auf das Plastikgeld, Focus 5. Jg. Nr. 49, l.12.1997, S. 48.

122 Zitiert n. Der Spiegel 42. Jg. Nr. 48, 28.11.1988, S. 180.

123 *Kameyama* soll am 11. Nov. 1987 bei Sotheby in New York van Goghs „Schwertlilien" für 53,9 Mio Dollar ersteigert, gekauft und wahrscheinlich auch versteckt

haben. Insider glauben zu wissen, daß Kameyama „am Kauf beteiligt war, aber nicht der einzige Besitzer ist".

124 Zitiert n. Schille, Peter: Das goldene Zeitalter steht vor der Tür, Der Spiegel 42. Jg. Nr. 50, 12.12.1988, S. 207.

125 Während 1989 in der DDR ganze fünf Kunstdiebstähle mit einem Verlust von über einer Million Ost-Mark gezählt wurden, gab es 1990 bereits 47 größere Einbrüche mit einem Schaden von rd. 32 Mio DM (zitiert n. ADN/AP-Meldung in Der Tagesspiegel, 16.2.1991, S. 26).

126 Zitiert n. KNA-Meldung in Der Tagesspiegel, 12.7.1992, S. 42.

127 Zitiert n. AFP-Meldung in Berliner Zeitung, 26.8.1992, S. 32.

128 Zitiert n. Brandl, Luisa: Wertvolle Gemälde als Zahlungsmittel der Mafia, Der Tagesspiegel, 19.2.1992, S. 24.

129 Zitiert n. Trankovits, Laszlo: Selbstbedienungsladen für Kunstdiebe, Berliner Zeitung, 20.2.1992, S. 32.

130 Zitiert n. Ostwald, Susanne: Dreiste Diebe, tollkühne Erpresser und fanatische Sammler, Tagesspiegel, 22./23.5.1994, S. 30.

131 Der Versicherungsexperte *Thomas Wessel* (Nordstern-Versicherung) schätzte 1994, daß sich der Wert der gestohlenen Kunst auf dem westlichen Kunstmarkt, Singapur und Hongkong mit einbezogen, auf 2 bis 3 Milliarden Dollar pro Jahr beziffert. Im Januar 1995 zitierte Susanne Ostwald Experten, die schätzten, daß der Handel mit gestohlener Kunst jährlich weltweit über 7 Milliarden DM einbringt (Tagesspiegel, 23.1.1995, S. 24).

132 Die Briten waren Vorreiter im Kampf gegen den Kunstdiebstahl als OK-Sektor. Sie haben eigene „Art Detectives", die schon seit Jahren darauf spezialisiert sind, Kunstwerke wiederzubeschaffen. In Großbritannien gibt es ein vorbildliches „Art Loss Register", das seit Anfang der 90er Jahre existiert und in dem (mit Stand 1994/95) Daten von rd. 60 000 gestohlen gemeldeten Kunstwerken gespeichert sind. Das Art Loss Register arbeitet mit einem Computersystem, in dem auch Abbildungen der vermißten Kunstwerke (ab einem Wert von mindestens 500 Pfund) erfaßt werden. Von 1991 bis 1994 wurden durch die Einrichtung über 400 Kunstgegenstände im Wert von rd. 34 Mio DM aufgespürt. In diesem Zusammenhang arbeitet Scotland Yard auch mit dem FBI und den Zollbehörden im internationalen „Financial Crime Enforcement Network" zusammen, das gewaschenes Geld der OK aus den Deliktbereichen Drogen, Waffen und Kunst verfolgt. In Deutschland war 1994/95 die Sensibilität für dieses Thema noch nicht sehr ausgeprägt. Das BKA verfügte zu dieser Zeit nur über vier Mitarbeiter, die für Kunstdiebstahl zuständig waren.

133 Zitiert n. Ostwald, Susanne: Sammler oder Organisierte Kriminalität? Der Tagesspiegel, 1.8.1994, S. 20.

134 Zitiert n. Der Spiegel Nr.16, 15.4.1996, S. 254.

135 Zitiert n. Focus 2. Jg. Nr. l, 3.1.1994, S. 71.

136 Seit der Vereinigung werden in Deutschland statistisch gesehen jede Woche 52 Kunstdiebstähle der Polizei gemeldet, bei denen teils sehr wertvolle Gegenstände verschwinden. Von 1990 bis 1996 erfaßte das BKA fast 16 000 Fälle. Als gestohlen wurden 26 000 Teppiche, 27 000 Schmuckstücke, 33 000 Gemälde, Grafiken und Zeichnungen sowie 53 000 sonstige Kunstgegenstände registriert. Etwa die Hälfte der Meldungen über entwendete Kunstwerke stammt aus dem

Ausland. Durchschnittlich wird nur in 22 Prozent der Fälle der Kunstgegenstand aufgespürt. Von 1991 bis 1996 waren von deutschen Polizeibehörden fast 33 300 Personen als Tatverdächtige von Kunstdiebstählen ermittelt worden (ADN-Meldung, Tagesspiegel, 13.1.1997, S. 12).

137 Schuldanwürfe erfolgten am 6.Februar 1997 sowohl über die Tageszeitung „The Times", welche erste Auszüge eines Buches von **Peter Watson** mit dem Titel „Sotheby's: Inside Story" veröffentlichte, als auch vom kommerziellen TV-Sender „Channel 4" in der Dokumentarsendung „Dispatch". Watson behauptete u.a., *„daß Sotheby's mit indischen Kunstschmugglern unter einer Decke steckte. Experten des Auktionshauses seien häufig nach Indien gereist, um sich Kollektionen anzusehen, von denen dann Einzelstücke gesetzwidrig in London versteigert wurden. Sie stammten aus Heiligtümern und wären über 100 Jahre alt."* Vgl. auch Puetter, Martin: Bilderschmuggel bei Sotheby's, in Der Tagesspiegel, 7.2.1997, S. 24 und Bebber, Hendrik: Miese Methoden im noblen Auktionshaus, Berliner Zeitung, 8.2.97, S. 8.

138 Zitiert n. AP-Meldung in Der Tagesspiegel, 26.6.1997, S. 17.

139 Zitiert n. Der Tagesspiegel, 25.9.1997, S. 21.

140 Zitiert n. Steyer, Claus-Dieter: Nicht ohne Begleitschutz oder „Garantiekarte", Der Tagesspiegel, 18.12.1996, S. 16.

141 Zitiert n. Der Tagesspiegel, 16.4.1997, S. 2.

142 Rund die Hälfte aller Lkw in Richtung Osten transportieren Lebensmittel. Bekleidung, Maschinen und Autos sind weitere wichtige Exportgüter. Umgekehrt werden vor allem Baustoffe, Holz und halbfertige Industriewaren befördert.

143 Zitiert n. Steyer, Claus-Dieter: Kaum einer traut sich weiter als bis nach Warschau, Der Tagesspiegel, 13.11.1997, S. 18.

144 Zitiert n. Wheatley, Jonathan: Highway robbery booming in Brazil, Financial Times, 8.10.1997.

145 So wurde die „White Slavery" insbesondere von jüdischen Gangs praktiziert. Um die Jahrhundertwende 1900 stellten Jüdinnen einen beträchtlichen Teil der Prostituierten. Vor diesem Hintergrund wurde Galizien zu einem der stärksten Rekrutierungsgebiete für die Prostituierten, die sowohl nach Nord-, besonders aber nach Südamerika gebracht wurden. Als „Kaftan's Association" wurde der jüdische Entführerring bezeichnet, der unter verschiedenen Verlockungen Mädchen in seine Gewalt brachte und sie zur „geschäftlichen Liebe"erpreßte. Czernowitz galt damals als Sammelpunkt für den Mädchenhandel nach Indien, China und Konstantinopel. Wegen des gewaltsamen Transports von Frauen und Kindern nach Konstantinopel mußten sich beispielsweise 1892 in Lemberg Beteiligte an der Weißen Sklaverei vor Gericht verantworten, wobei 22 jüdische Entführer verurteilt wurden (zitiert n. Hödl, Klaus: Vom Shtetl an die Lower East Side – Galizische Juden in New York, Böhlau Verlag, Wien 1991, vgl. auch Bristow, Edward J.: Prostitution and Prejudice: The Jewish Fight against White Slavery 1870-1939, New York 1982).

146 Zitiert n. TV-Dokumentation „Sex ohne Grenzen – Das Milliardengeschäft mit der Lust" (Arte-Themenabend von 1997), ausgestrahlt im ZDF (Nachtexpress), 16.1.1998,

147 Nach Einschätzung von **Joseph P. Kennedy**, demokratischer Abgeordneter für Massachusetts, vor dem Kongreßausschuß für Menschenrechtsfragen, sind in

den Bergarbeitercamps am Amazonas 25 000 Mädchen zur Prostitution gezwungen. 70 000 Thaimädchen arbeiten als Sexsklavinnen in Japan. 200 000 Mädchen und Frauen aus Bangladesh sind in Pakistan verkauft oder versteigert worden (Die Welt, 17.7.1993, S. 3)

148 Zitiert n. Focus 3. Jg. Nr. 2, 9.1.1995, S. 111-112.

149 Zitiert n. Heesch, G. / Siegert, J. / Hinze, P. / Paetow, S.: Weltmarkt Sex, Focus 3. Jg. Nr. 2, 9.1.1995, S. 110-114.

150 Nach einer in „Das neue Wochenend" veröffentlichten Liste zahlten Männer jährlich 12 Milliarden DM an Prostituierte. Täglich nahmen 1,2 Millionen Männer diese „Dienstleistung" in Anspruch. Zählt man Sexhilfen (vom Duftwasser über Dessous bis zum Massagestab) hinzu, geben die Deutschen jährlich mehr als 60 Milliarden DM für Sex, Erotik etc. aus (zitiert n. ddp/ADN-Meldung in Berliner Zeitung, 7.7.1994, S. 16).

151 Nach der offiziellen Nachrichtenagentur Vietnam News (mit Stand von Anfang 1993).

152 Zitiert n. Hinze, Peter: Tempel der Lust, in Focus 3. Jg. Nr. 49, 4.12.1995, S. 218.

153 Konferenz der EU-Kommission und der österreichischen Regierung (über den Frauenhandel) im Juni 1996 in Wien (n.dpa-Meldung).

154 Zitiert n. Focus 5. Jg. Nr. 34, 18.8.1997, S. 197.

155 Zitiert n. EP-Ausschuß für die Rechte der Frau: Entwurf einer Stellungnahme für den Ausschuß für Grundfreiheiten und innere Angelegenheiten zum Menschenhandel (Verfasserin Nel van Dijk) vom 7.9.1995.

156 Zur Schuldenfalle: 1996 mußte z.B. eine junge Frau aus Thailand, die nach Deutschland geschleust wurde, an die Organisation 1600 DM für den Flug, 6000 DM für den „Kurier" (= Begleiter/Schleuser) und 30 000 DM für eine Scheinehe zahlen. Hinzu kamen laufend überhöhte Spesen für Wohnen und Verpflegung im Bordell.

157 Zitiert n. dpa-Meldung, Der Tagesspiegel, 26.4.1997, S. 6.

158 Zitiert n. Focus 4. Jg. Nr. 34, l9.8.1996, S. 15.

159 Bei den Milliardenumsätzen wird die Prostitution zunehmend als Wirtschaftsfaktor begriffen. Verlierer im Geschäft sind bis dato die Frauen. Einige Parteien in Europa, so das Bündnis 90 / Die Grünen in Deutschland, fordern dementsprechend die Anerkennung der Prostitution als ordentlichen Beruf. Begründet wird diese Haltung u.a. damit: wer wie die Huren Steuern zahle, müsse auch Zugang zur Renten-, Kranken- und Arbeitslosenversicherung haben. Mit der Anerkennung der Prostitution als Arbeit wird jedoch auch die Vorstellung „vom Frauenhandel als der verwerflichsten Form der Prostitution" immer problematischer. Europaparlamentarier wie z.B. *Nel van Dijk* sind daher dafür (1995), daß „Handel, Transport und Zwangsarbeit" die entscheidenden Faktoren für die Feststellung des Delikts Frauenhandel sein sollten. Die Tatsache, daß die Zwangsarbeit meist die Form der Prostitution annimmt, sollte dem untergeordnet sein; zumal in den meisten europäischen Ländern der Begriff Frauenhandel nicht mehr synonym mit Prostitution (wie in dem veralteten UN-Übereinkommen von 1949/50 noch unterstellt wird) ist.

160 Zitiert n. Grabowski, Andrej: Eine skrupellose Mafia raubt Menschen als Organbanken aus, Berliner Zeitung, 13.11.91, S. 3.

161 Das Jahr 1987 dient Vertretern von US-Botschaften in ganz Lateinamerika als Jahr des Beginns einer von Kuba und der Sowjetunion initiierten Desinformationskampagne.

162 Zitiert n. Reuter-Meldung in Der Tagesspiegel, 20.4.1993, S. 28.

163 Zitiert n. Burmeister, Kirsten: Sie drückten mir ein Kind in die Arme. Es konnte mich nicht mehr sehen, in HörZu Heft 2, 7.1.1994, S. 6-8.

164 Danach hatte man in den Jahren 1984 bis 1989 4000 Kinder zur Adoption nach Italien freigegeben. Aber nur 1000 Kinder wurden bei den italienischen Behörden registriert. Der größte Teil, 3000 verschwundene Kinder, fiel vermutlich Organhändlern in die Hände (zitiert n. Berliner Zeitung, 13.11.91, S. 3).

165 1991 kostete eine Niere von Spendern aus den Slums von Bombay den Organhändler „im Einkauf selten mehr als 2000 DM". Der durchschnittliche Monatsverdienst eines indischen Arbeiters lag bei 40 DM.

166 Zitiert n. Der Spiegel Nr. 9, 27.2.1995, S. 168. In diesem Zusammenhang sei darauf hingewiesen, daß in Indien Anfang Februar 1995 ein neues Gesetz („Transplantation of Human Organs Act") in Kraft trat, das den Handel mit Organen unter Strafe stellt.

167 So wurde nach Erkenntnissen der Berliner Gesundheitsverwaltung bekannt, daß zwischen 1989 und 1994 in acht Krankenhäusern der Hauptstadt rd. 4000 Hirnhäute verstorbener Patienten (2300 konnten eindeutig den verschiedenen Krankenhäusern zugeordnet werden) ohne Einwilligung der Angehörigen entnommen wurden. Um künftig diesen Mißbrauch auszuschließen, wollte das Land Berlin ein eigenes Sektionsgesetz auf den Weg bringen (zitiert n. Berliner Zeitung, 15.3.1996, S. 18).

168 Zitiert n. Hamacher, Hans-Werner: Lohnende Geschäfte mit „falschen Fuffzigern" (DP-Titelgeschichte: Produktpiraterie), Deutsche Polizei Heft 7/Juli 1989, S. 8-21.

169 Nach der Oberfinanzdirektion in München stammten die 1996 an deutschen Grenzen abgefangenen Imitate zu 39,55 % aus Polen; 17,62 % Türkei; 10,14 % Tschechien; 7,79 % Thailand; 7,48 % China; 3,59 % Südkorea; 2,15 % Indonesien; 1,84 % Hongkong; 1,64 % Pakistan; 1,43 % USA und 1,13 % Taiwan.

170 Zitiert n. Focus 4. Jg. Nr. 35, 26.8.1996, S. 160.

171 Zitiert n. Focus 5. Jg. Nr. 12, 17.3.1997, S. 16.

172 Quelle: Zollkriminalamt Köln.

173 Zitiert n. Koch, Michael u. Sturm, Christian: Markenfälschung – Ost-Kopien groß in Mode, Focus 3. Jg. Nr. 10/6.3.1995, S. 68-69.

174 Zitiert n. Kirnich, Peter: Persil, Bonsil, Persall – Geschäfte mit gefälschten Marken schädigen Firmen in Milliardenhöhe, Berliner Zeitung, 27.8.1997, S. 13.

175 Zu den typischen Spielen (Asian Gambling) werden bei den Japanern „Hanafuda", bei den Chinesen „Pai-Gow", Pai-Gow Poker, 13 Card Poker, Mah-Jhong u.a., bei den Vietnamesen „Bai Tu Sac", 13 Card Poker, Pai-Gow, Pai-Gow-Poker, Shrimp Game u.a., bei den Kambodschanern „Apong", Blackjack und Poker, bei den Laoten „3 Kings", Thai Lottery und bei den Koreanern „Hanafuda" u.a. gezählt.

176 1962 entbrannte ein regelrechter Kampf um das Anrecht auf diese einträgliche Lizenz zwischen der reichen Familie Fu (den Besitzern des Hotels Furama in

Hongkong) und der „Gesellschaft für Tourismus und Unterhaltung in Macao (STDM)", die durch *Stanley Ho*, einem chinesischen Händler in Macao, vertreten wurde. Ein Vierteljahrhundert später, um 1988, gehörten Ho 25 Prozent von STDM. Er hatte in Grundbesitz, Transportwesen und eben Spielcasinos in Asien, Europa und Australien investiert. Stanley Ho ist als König des Glücksspiels von Macao der „Casino Tycoon" schlechthin. Mit seinem geschätzten Kapital von 5 Milliarden Dollar zählt er zu den reichsten Hongkong-Chinesen und gilt als einer der einflußreichsten Geschäftsleute in Ost- und Südostasien.

177 Zitiert n. Siering, Frank: Wetten, daß das Zoff gibt? in Stern Heft Nr. 21, 14.5.1998, S. 140.

178 Nach dem 2.Weltkrieg kam es in Nizza ab Ende der 50er Jahre zwischen zwei Clans zu einem mörderischen Konkurrenzkampf. Der „Casino-Mafia" wurden Attentate, Tote und für immer Verschwundene in dieser Auseinandersetzung nachgesagt. Diese eskalierte in den 70er Jahren derart, daß Paris Nizza gar die Casino-Lizenz strich. Danach floh der letzte große Casino-König, der Korse *Jean-Dominique Frantoni*, in die Schweiz. Erst zehn Jahre später hielt die Regierung in Paris die Zeit für gekommen, die Casino-Sperre für Nizza 1987 wieder aufzuheben. Noch bevor das erste internationale Spielcasino wieder eröffnet wurde, kam es mit Bombenattentaten zur Fortsetzung dieses „30jährigen Krieges".

179 Beispiele dafür sind Monaco, wo es 1996 zu einer Affäre von Casino-Angestellten mit Berufsspielern gab. Nizza in der Ära *Jacques Medecin*, der als Bürgermeister (1966-90) die Stadt zum „Mittelmeer-Chicago" machte. Cannes, wo Bürgermeister *Michel Mouillot* (seit 1989) wegen Korruptionsverdachtes (unrechtmäßige Geldforderung für eine Spielautomatenlizenz) im Juli 1996 vor der Anklage stand. Und nicht zuletzt das Städtchen Hyeres, wo die hier lebende (und um das Bürgermeisteramt 1995 kandidierende) Abgeordnete *Yann Piat*, die u.a. die Schließung des Spielcasinos wegen Verdachts der Geldwäsche forderte, am 25.2.1994 von Mördern aus dem Milieu von Toulon erschossen wurde.

180 Zum drittenmal seit 1931, als in Nevada das legalisierte Glücksspiel eingeführt wurde, bereinigt seit Mitte der 90er Jahre eine Gruppe von Unternehmen „den chronisch unordentlichen Gambler-Markt". In den 40er Jahren hatte das italienisch-jüdische Syndikat auf seine Art für Ordnung gesorgt. In den 60er Jahren übernahmen private Geldleute das Gewerbe. In den 80er Jahren lag das Geschäft in den Händen großer Konzerne, finanziert von New Yorker Investmentbanken. Die neuen Eigner investierten in vorhandene Spielpaläste viel Geld und bauten gewaltige Hotel-Kasinos. Nach einer Phase der Ausbreitung in der Provinz (seit 1978 erlauben neben Nevada immer mehr US-Bundesstaaten das organisierte Glücksspiel; 1988 das Indian Gambling Regulation Act) konzentrierten die Kasino- Konzerne ihre Milliarden wieder in die alten Zentren des Glücksspiels – Las Vegas, Reno, Laughlin, Atlantic City und New Orleans. Es entstanden sog. Themen-Kasinos und die Eigner kauften, wenn möglich, die Konkurrenz auf. Bereits 1994 kaufte zum Beispiel der Konzern ITT („Sheraton") für 1,7 Milliarden Dollar „Caesars World", dem die Kasino-Hotels Caesars Palace in Las Vegas und Atlantic City gehörten. Im Juni 1996 verkündete ITT-Chef *Araskog* ein zusätzliches Entwicklungsprogramm von 2,5 Milliarden Dollar, mit dem die meisten Kasinos des Konzerns generalüberholt werden sollten (zitiert n. Spiegel 35/1996, S. 94-95).

181 Zitiert n. Der Spiegel Nr. 35, 26.8.1996, S. 95.

182 Zitiert n. Focus 6. Jg. Nr. 8, 16.2.1998, S. 246.

183 Erst Mitte 1995 beschlossen die EU-Mitglieder ein Übereinkommen, wonach Betrug zum Nachteil der EU in jedem Mitgliedstaat als strafbare Handlung geahndet werden sollte. Im Sommer 1996 wurde das Übereinkommen unterzeichnet. Es sieht vor, künftig bei der Betrugsbekämpfung enger zusammenzuarbeiten und die notwendigen rechtlichen Instrumente zu schaffen. Danach müssen u.a. die Mitgliedstaaten in ihrem nationalen Recht festschreiben, daß der Betrug zum Schaden der EU eine Straftat ist, daß sie Schritte gegen die Geldwäsche beschließen und die Gewinne der kriminellen Organisationen einziehen. Mit Stand von April 1998 hatte noch kein EU-Mitglied diese entscheidenden Rechtsinstrumente ratifiziert; was nicht wundert, gibt es in der EU doch allein 70 verschiedene Definitionen von Betrug.

184 Die von *Jacques Delors* gegründete UCLAF war ursprünglich dem Präsidenten direkt unterstellt. 1994 arbeiteten in der EU-Betrugsbekämpfung 35, 1995 schon 85 Beamte. Vor dem Hintergrund jährlich zunehmender Schäden (in Milliardenhöhe), vornehmlich durch die OK, will die EU-Kommission diese Sondereinheit weiter stärken und intern auch unabhängiger machen. Im Rahmen einer Neuorganisation (Stand Mai 1998) soll in der UCLAF eine „Task Force" geschaffen werden, die sich speziell auf die osteuropäischen Länder konzentrieren und die Zusammenarbeit mit den Beitragsländern verstärken soll. Dennoch, da nur 12 Prozent des EU-Haushaltes von der Kommission direkt verwaltet werden, sind die Möglichkeiten der Betrugskontrolle durch die Brüsseler Behörde begrenzt.

185 Zitiert n. Uniewski, Herbert u. Eikenaar, Albert: Europäische Union – ausgetrickst und abgezockt, Stern Heft Nr.18, 27.4.1995, S.174.

186 Zitiert n. Gack, Thomas: Lukrativer als der Handel mit Heroin, Der Tagesspiegel, 26.4.1996, S. 2.

187 Zitiert n. Der Tagesspiegel, 7.5.1998, S. 22.

188 Zitiert n. AFP-Meldung in Tagesspiegel, 21.2.1997, S. 15.

189 Zitiert n. Der Spiegel 43. Jg. Nr. 15, 10.4.1989, S. 108.

190 Ab Mitte der 80er Jahre (1987?) agierten in Deutschland (Großraum Frankfurt/Main) schon vorbestrafte Gangster, getarnt als serbische Emigranten-Organisation „Ravne Gora", die in der Bundesrepublik als „Königstreue" vom Balkan politisches Asyl erhielten, in verschiedenen Deliktbereichen, nicht nur unter Landsleuten.

191 Zitiert n. Palmer, Anne-Kattrin: Mit Greifarm Geldscheine geangelt, Berliner Zeitung, 24.10.1992, S. 17.

192 Mit Stand März 1998 richteten sich die Ermittlungen nach Angaben des Kölner Kommissariatsleiters *Hardy Vraetz* gegen 25 „Bosse" und 100 Kinder im Alter zwischen 8 und 14 Jahren (AFP-Meldung).

193 Besonders geschickte Diebe unter den Kindern wurden gehandelt wie Prostituierte auf dem Transfermarkt – 20 000 DM Ablösesumme und mehr.

194 Zitiert n. Der Spiegel Nr. 14, 30.3.1998, S. 96-97.

195 Zitiert n. Stern Heft Nr. 16, 15.4.1993, S. 221.

196 Vgl. Rimscha, Robert: Kampfhubschrauber für – statt gegen Kokain, Der Tagesspiegel, 6.10.1997, S. 5.

197 Laut Anklageschrift gegen *Ludwig Fainberg* hat dieser den Kolumbianern (des Cali-Kartells?) ein dieselgetriebenes U-Boot der Tango-Klasse angeboten, dessen Heimathafen eigentlich Kronstadt bei St.Petersburg ist. DEA-Beamte gaben an, daß im Laufe der Verhandlungen der Preis für das U-Boot samt seiner 20köpfigen Besatzung von den Kolumbianern von 9 auf 5 Millionen Dollar heruntergehandelt wurde. Das Geschäft sei geplatzt, weil es den Kolumbianern plötzlich zu riskant erschien (NZZ Internationale Ausgabe, Nr. 232, 7.10.1997).

198 Zitiert n. Neue Zürcher Zeitung, 7.10.1997.

199 Zitiert n. Neubauer, Rita: Unheilvolle Allianzen in einer Welt mit wenig Regeln, Der Tagesspiegel, 1.11.1997, S. 6.

200 Zitiert n. Schönstein, Jürgen: Russische Mafia macht in Amerika Geschäfte mit Drogen, Berliner Morgenpost, 6.10.1997, S. 6.

201 vgl. auch Der Spiegel 47. Jg. Nr. 6, 8.2.1993, S. 63ff.

202 Zitiert n. dpa-Meldung in Der Tagesspiegel, 20.3.1995, S. 4.

203 Nach dem am 14.10.1997 in London veröffentlichten Militärjahresbericht des International Institut for Strategic Studies (IISS) über den Waffenexport 1996.

204 Vgl. Vielain, Heinz: Waffenschmuggel im Staatsauftrag – Was lange in Bonn geheim bleiben mußte, Verlag Busse u. Seewald, Herford 1986 und Roth, Jürgen: Die illegalen deutschen Waffengeschäfte und ihre internationalen Verflechtungen, Eichborn, Frankfurt/Main 1988.

205 Zitiert n. Der Spiegel 43. Jg. Nr. 10, 6.3.1989, S. 218.

206 Im Durchschnitt kamen 1992/93 zu den Rennen 40 000 Zuschauer. Von über 5 Millionen Hongkong-Bürgern (1992) wetteten eine Million mehr als einmal im Monat. Der Wettumsatz pro Rennen ist wahrscheinlich der höchste der Welt. In einem Rennen werden durchschnittlich 110 Million HK-Dollar (= etwa 20 Millionen DM) umgesetzt. Schon 1974 wurde die Telefonwette eingeführt. Anfang der 90er Jahre kamen an einem gewöhnlichen Renntag 440 000 Telefonwetten zusammen. Über Satellit trafen außerdem Wetten aus Singapur, Malaysia, Dubai, Japan und Australien ein. Schon vor der Rückgabe Hongkongs durch die Briten am 30.6./1.7.1997 zählten über Jahre auch hohe Funktionäre aus der VR China zu den Besuchern.

207 Vgl. auch Körner, Harald Hans: Doping – Der Drogenmißbrauch im Sport und im Stall, Zeitschrift für Rechtspolitik, 22. Jg. Nr. ll/November 1989, S. 401-440.

208 Zitiert n. Novomonte, Manfredo: Kolumbiens Drogenbosse beherrschen den Fußball, Berliner Zeitung, 31.7.1993, S. 13.

209 Zitiert n. Ross, Timothy: Columbian Football linked to Organized Crime, Financial Times, July 14, 1997.

210 Zitiert n. Englisch, Andreas: Maradona – Ich bin ein Opfer der Camorra, Die Welt, 20.2.1991.

211 Zitiert n. dpa-Meldung in Berliner Zeitung, 17.6.1996, S. 10.

212 Zitiert n. Der Tagesspiegel, 20.4.1995, S. 22.

213 Zitiert n. Kodym, A. und Juny, P.: Kriminalität erschüttert den Sport der GUS-Staaten, Berliner Morgenpost, 12.1.1996, S. 28.

214 Zitiert n. dpa-Meldung in Tagesspiegel, 10.4.1996, S. 18 und AFP-Meldung in Der Tagesspiegel, 17.6.1997, S. 28.

215 So wurde im November 1996 der Mittelstreckentrainer *Viktor Koslow* in Moskau nahe dem Kreml in seinem Auto ermordet aufgefunden. Erst kurz zuvor war in Tscheljabinsk der Mannschafts-Europameister im Judo, *Viktor Oschegin*, erschossen worden. Das prominenteste Opfer war nach den Olympischen Spielen in Atlanta der Schwimmer *Alexander Popow*. Der mehrfache Olympiasieger, Welt- und Europameister im Freistilsprint war bei einem Überfall von Unbekannten schwer verletzt worden. Profi-Boxer *Sergej Kobosew* ist in New York vermißt gemeldet. Boxer *Oleg Karotajew* starb in einem Kugelhagel (dpa-Meldungen im März u. November 1996).

216 Nach diesem Tarifsystem kostete die Ermordung eines Opfers ohne Leibwächter 7000 Dollar (rd. 10 000 DM). Mit Leibwächter erhöhte sich der Preis auf 12 000 Dollar (rd. 17 000 DM). Gewöhnlich werde die Hälfte des Preises im voraus bei der Übergabe eines Fotos des Opfers, seiner Adresse und einer Beschreibung seines Autos gezahlt. Der Rest werde spätestens vierzehn Tage nach Erfüllung des Auftrages fällig (zitiert n. Reuter-Meldung in Frankfurter Allgemeine Zeitung, Nr. 275, 25.11.1995).

217 Zitiert n. Schmidt-Lunau, Christoph: Organisierte Kriminalität nimmt ab, Der Tagesspiegel, 17.5.1998, S. 4.

218 Zitiert n. Der Spiegel Nr. 21, 18.5.1998, S. 56.

219 Zitiert n. Presse- und Informationsamt der Bundesregierung, Bulletin Nr. 37, 29.5.1998, S. 459.

220 BKA (1993): Schwerpunktthema „Lagebild der Organisierten Kriminalität in der Bundesrepublik Deutschland 1992", BKA – wöchentlicher Lagebericht.

221 Osteuropa insgesamt heißt: Albanien, Bulgarien, Estland, Lettland, Litauen, Moldau, Polen, Rumänien, Slowakische Republik, Russische Föderation, Tschechische Republik, Ungarn, Ukraine und Weißrußland.

222 Zitiert n. Der Spiegel 42. Jg. Nr. 9, 29.2.1988, S. 68.

223 Raith, Werner: Mafia: Ziel Deutschland – Vom Verfall der politischen Kultur zur Organisierten Kriminalität, Kösler Verlag, Köln 1989.

224 Zitiert n. Scheidges, Rüdiger: Das organisierte Verbrechen ist Kapitalismus pur, Der Tagesspiegel, 30.11.1996, S. 5.

225 Zitiert n. Scheidges, Rüdiger: Zu viele in Bonn reden ohne Sachverstand, Der Tagesspiegel, 25.11.1996, S. 6.

226 Zitiert n. Stern, Heft Nr. 48, 21.11.1996, S. 196.

227 Zu den Polizeipraktikern gehörten *Hans Dieter Klosa* (PP von Hannover), *Gerd Hue* (Ltr. OK-Abt. der Düsseldorfer Polizei), *Günter Sausen* (Ltr. OK-Abt. der Kölner Polizei), *Steffen Lux* (Ltr. OK- und RG Inspektion Frankfurt/Main), *Wolfgang Sielaff* (Ltr. LKA Hamburg), *Hartmut Koschny* (Ltr. Ref. OK im LKA Berlin), *Uwe Pradel* (Sprecher des LKA Sachsen), *Gerhard Schlögl* (Ltr. OK-Abt. Kripo Nürnberg).

228 Zitiert n. Mathes, Werner: Organisierte Kriminalität Wir stehen vor einem Generalangriff, Stern Heft Nr. 48, 21.11.1996, S. 196-197.

229 Die Zahlen nannte Innenminister *Kanther* anläßlich der Diskussionen um die Abstimmung um eine Entschärfung der Begleitgesetze zum großen Lauschangriff (Abhörverbot für weitere Berufsgruppen) im Bundestag am 5. März 1998, zitiert in Schwehn, Klaus J.: Großer Oppositionsangriff, Der Tagesspiegel, 6.3.1998, S. 3.

230 Zitiert n. Raith, Werner: Das neue Mafia-Kartell, a.a.O., S. 8.

231 Zitiert n. Roth, Jürgen: Die Russen-Mafia, a.a.O., S. 74-82.

232 Kurt Schelter im Focus-Interview, zitiert in Focus 4. Jg. Nr. 47, 18.11.1996, S. 28.

233 Vgl. hierzu Koop, Volker: Zwischen Recht und Willkür – Die Rote Armee in Deutschland, Bouvier Verlag, Bonn 1996.

234 Die TV-Reportage „Gesucht wird ... die Pizza Connection" (von Jürgen Roth) wurde in der ARD am 2.4.1992 ausgestrahlt.

235 Zitiert n. Der Tagesspiegel, 17.6.1992, S. 17.

236 Zitiert n. Scherer, Peter: Mafia im Osten – BKA bezweifelt die 72 Milliarden, Die Welt, 19.6.1992.

237 Mit dem Spiegel-Titel „Mafia-Morde – Die Killer kommen aus Deutschland" (42. Jg. Nr. 35, 24.8.1992, S. 26-36) wurde das Thema der Präsenz der IOK in Deutschland öffentlich.

238 Zitiert n. Der Spiegel Nr. 22, 29.2.1995, S. 62-76.

239 Zitiert n. BKA (1997): Bundeslagebild OK 1996, S. 77.

240 Zitiert n. Freiberg, Konrad: Organisierte Kriminalität in Deutschland (Stand 6/97), Gewerkschaft der Polizei, Juni 1997, unveröffentl. Manuskript.

241 Der Hamburger Stadtteil St. Pauli mit seinen 32 000 Bewohnern hat einen Ausländeranteil von knapp 50 Prozent; 24 verschiedene Nationalitäten sind vertreten. Das Vergnügungsviertel in St. Pauli, ein nur 800 000 Quadratmeter großes Gebiet um die 900 Meter lange Reeperbahn herum, umfaßte Ende 1997 rund 450 Lokale, 32 Diskotheken und Live-Musik-Clubs, 6 Theater, 4 Museen, 1 Wachsfigurenkabinett, 22 Spielhallen, 1 Kasino, 2 Leihhäuser, 17 Sexläden, 5 Sadomaso-Treffs, 5 Strip-Bühnen, 4 Kopulationsschauen und 52 Bordelle – Angebote, die von 15 Millionen Besuchern jährlich wahrgenommen werden. Vergleiche hierzu auch den Spiegel-Titel von Ariane Barth: „Kampf um die Reeperbahn", Der Spiegel Nr. 50, 8.12.1997, S. 86-107.

242 Zitiert n. Ulrich, Andreas und Gökbulut, Hamdi: Motiv Gigantische Gewinne, Die Welt.

243 Berechnungsmodell, das unter der Federführung des Bundesgesundheitsamtes (BGA) und unter Beteiligung des BKA interdisziplinär erarbeitet wurde. Zitiert in Märkl, Albert: Rauschgiftlage 1996, in Jahrbuch Sucht '98 (Hrsg. DHS), Neuland Verlag, Geesthacht 1997, S. 75-76.

244 Zitiert n. BKA (1995): Bundeslagebild OK 1994.

245 Zitiert n. dpa-Meldung in Berliner Zeitung, 17.11.1997, S. 7.

246 Zitiert n. AP-Meldung in Berliner Morgenpost, 21.1.1997, S. 5.

5 Literatur und Quellennachweise

Amendt, Günter (1984):
Sucht Profit Sucht, Zweitausendeins, Franfkurt/Main

BKA (1985):
Wirtschaftskriminalität Teil 2, BKA-Schriftenreihe Band 53, Bundeskriminalamt, Wiesbaden

BKA (1993):
Lagebild OK Bundesrepublik Deutschland 1992, Bundeskriminalamt Wiesbaden

BKA (1994):
Lagebild OK Bundesrepublik Deutschland 1993, Bundeskriminalamt Wiesbaden

BKA (1995):
Lagebild OK Bundesrepublik Deutschland 1994, Bundeskriminalamt Wiesbaden

BKA (1996):
Lagebild OK Bundesrepublik Deutschland 1995, Bundeskriminalamt Wiesbaden

BKA (1996):
Erfahrungsbericht Computerkriminalität 1995, BKA Wirtschafts- und Computerkriminalität Mitteilungsblatt Nr.1/96 Bundeskriminalamt, Wiesbaden

BKA (1997):
Lagebild Organisierte Kriminalität Bundesrepublik-Deutschland 1996, Bundeskriminalamt Wiesbaden in Zusammenarbeit mit den Landeskriminalämtern, der Grenzschutzdirektion Koblenz und dem Zollkriminalamt Köln

Bundesregierung (1998):
Die Kriminalität in der Bundesrepublik Deutschland – Polizeiliche Kriminalstatistik für das Jahr 1997, Bulletin Nr. 37, 29.5., S. 425-472, Presse- und Informationsamt, Bonn

Coony, P. (1991):
Berichtsentwurf über die Verbreitung der organisierten Rauschgiftkriminalität in den Ländern der Europäischen Gemeinschaft, Europäisches Parlament, Untersuchungsausschuß „Verbreitung der Organisierten Drogenkriminalität in den Ländern der Gemeinschaft", DOC-DE/PR/113289/Freelance PE 152.380, Brüssel

Dorn, N. u. Murji, K. u. South, N. (1992):
Traffickers – Drug markets and Law enforcement, Routledge, London

Förster, Andreas (1996):
Wirtschaftsspionage – Der lautlose Krieg, fünfteilige Serie in Berliner Zeitung, 22.1.96, S. 16/23.1., S. 14/24.1., S. 22/25.1., S. 18 u. 26.1., S. 14

Förster, Andreas (1997):
Maulwürfe in Nadelstreifen – Wirtschaftsspionage: Der neue Job der Geheimdienste, Henschel Verlag in der Dornier-Medienholding, Berlin

Freiberg, Konrad (1989):
Bargeldlose Zahlung: Neuer Kriminalitätszweig – provoziert und selbst verschuldet?
Deutsche Polizei Heft 6/Juni, S. 17-19

Freiberg, Konrad (1997):
Organisierte Kriminalität in Deutschland (Stand: 6/97),
Gewerkschaft der Polizei, unveröffentliches Manuskript

Freiberg, Konrad u. Thamm, Berndt Georg (1992):
Das Mafia-Syndrom – Organisierte Kriminalität:
Geschichte – Verbrechen – Bekämpfung, Verlag Deutsche Polizeiliteratur, Hilden

Hamacher, Hans-Werner (1986):
Tatort Bundesrepublik – Organisierte Kriminalität,
Verlag Deutsche Polizeiliteratur, Hilden

INCB (1990-97):
Reports of the International Narcotic control Board for 1989-96,
United Nations, New York

Koch, Egmont R. (1988):
Grenzenlose Geschäfte – Organisierte Wirtschaftskriminalität in Europa,
Knesebeck u. Schuler Verlag, München

Kommission der EG (1997):
Schutz der finanziellen Interessen der Gemeinschaft Betrugsbekämpfung –
Jahresbericht 1996, Amt für amtliche Veröffentlichungen der Europäischen
Gemeinschaften, Luxemburg

Kommission der EG (1997):
Schutz der finanziellen Interessen der Gemeinschaft Betrugsbekämpfung –
Arbeitsprogramm 1997/98, Amt f. amtl. Veröffentlichungen der Europäischen
Gemeinschaften, Luxemburg

Leyendecker, Hans u. Rickelmann, Richard u. Bönisch, Georg (1992):
Mafia im Staat – Deutschland fällt unter die Räuber, Steidl Verlag, Göttingen

Möchel, Kid (1997):
Spionagedrehscheibe Wien – Der geheime Krieg der Agenten,
Rasch und Röhring, Hamburg

Peters, Butz (1990):
Die Absahner – Organisierte Kriminalität in der Bundesrepublik,
Rowohlt Verlag, Reinbek bei Hamburg

Raith, Werner (1989):
Mafia: Ziel Deutschland – Vom Verfall der politischen Kultur zur Organisierten
Kriminalität, Kösler Verlag, Köln

Rebscher, Erich u. Vahlenkamp, Werner (1988):
Organisierte Kriminalität in der Bundesrepublik Deutschland-Bestandsauf-
nahme, Entwicklungstendenzen und Bekämpfung aus Sicht der Polizeipraxis,
BKA-Forschungsreihe, Sonderband, Bundeskriminalamt Wiesbaden

Roth, Jürgen (1988):
Die illegalen Waffengeschäfte und ihre internationalen Verflechtungen,
Eichborn, Frankfurt/Main

Roth, Jürgen (1989):
Makler des Todes – Waffenhändler packen aus, Heyne, München

Roth, Jürgen u. Frey, Marc (1992):
Die Verbrecher-Holding – Das vereinte Europa im Griff der Mafia,
Piper Verlag, München Zürich

Salisch, Heinke, Berichterstatterin (1993):
Bericht des EP-Ausschusses für Grundfreiheiten und innere Angelegenheiten
„über Alltagskriminalität in Ballungszentren und ihre Verbindung zur organisierten Kriminalität", Europäisches Parlament, Sitzungsdokument A3-0289/93
v. 14. Oktober

Scherer, Peter (1993):
Das Netz – Organisiertes Verbrechen in Deutschland, Ullstein Verlag,
Frankfurt/Main – Berlin

Schille, Peter (1988):
Über Händler, Sammler und Spekulanten im weltweiten Kunstgeschäft,
dreiteilige Spiegel-Serie,
1. Teil: Kunst ist stärker als der Dollar (USA), Spiegel 42. Jg., Nr. 48, 28.11.,
    S. 184-203
2. Teil: Die Mafia wäscht ihr Geld mit Kunst (Europa) Nr. 49, 5.12.,
    S. 206-223
3. Teil: Das goldene Zeitalter steht vor der Tür (Japan) Nr. 50, 12.12.,
    S. 194-213

Schweizer, Peter (1993):
Diebstahl bei Freunden – Wie die Geheimdienste der Japaner und Deutschen
die US-Wirtschaft ausspionieren, Rowohlt Verlag, Reinbek bei Hamburg

See, Hans und Schenk, Dieter, Hrsg. (1992):
Wirtschaftsverbrechen – Der innere Feind der Marktwirtschaft,
Kiepenheuer u. Witsch, Köln

Stümper, Alfred (1993):
Die unsichtbare Macht – Das organisierte Verbrechen in Deutschland,
Verlag Bonn-Aktuell, Bonn

Thamm, Berndt Georg (1997):
Internationale Situation der Rauschgiftvermarktung, in Schlußbericht zum
Seminar „Rauschgiftkriminalität" (27.-29.8.96),
Polizei-Führungsakademie (PFA), Münster, S. 87-112

Thamm, Berndt Georg (1998):
Schmuggelware Mensch – Schleuserkriminalität als profitabler Wirtschaftszweig
auf der Schwelle zum 21. Jahrhundert, Deutsche Polizei, 47. Jg. Heft 6/Juni,
S. 6-15

Thamm, Berndt Georg (1998):
Weltdrogenhandel und Organisierte Rauschgiftkriminalität, 1. Nachlieferung
(1.NL – 10/98) zur Loseblattsammlung „Moderne Suchtmedizin",
Hrsg. Gölz, Jörg (1998), Thieme Verlag, Stuttgart

Thamm, Berndt Georg (1998):
Drogenhandel und international organisierte Rauschgiftkriminalität,
in Handbuch des Betäubungsmittelstrafrechts, Hrsg. Kreuzer, Arthur,
Verlag C. H. Beck, München, S. 247-276

United Nations Drug Control Program (1997):
World Drug Report, Oxford University Press, New York

Vielain, Heinz (1988):
Waffenschmuggel im Staatsauftrag – Was lange in Bonn geheimbleiben mußte,
Verlag Busse u. Seewald, Herford

Werner, Thomas Achim (1996):
Wachstumsbranche Geldwäsche – Die Ökonomisierung der
Organisierten Kriminalität, Edition Sigma, Rainer Bohn Verlag, Berlin
Wichmann, Stefan (1992):
Wirtschaftsmacht Rauschgift, Fischer Taschenbuch Verlag, Frankfurt/Main
Zimmermann, Christian (1998):
Der Hacker – Computerkriminalität: Die neue Dimension des Verbrechens,
W. Heyne Verlag, München

3. Teil

Bekämpfung der kriminellen Unterwelten

Bekämpfung der Organisierten Kriminalität
– Internationale und nationale Aspekte –

Bekämpfung der Organisierten Kriminalität
mit nachrichtendienstlichen Mitteln und/oder
durch Nachrichtendienste
(von Elmar Ruhlich)

Europäische Verbrechensbekämpfung
am Beispiel von Europol
und den Schengener Sicherheitsinstrumenten
(von Jürgen Storbeck)

Obwohl über Generationen mit der Bekämpfung organisierter Verbrechen befaßt, schufen betroffene Länder erst im letzten Quartal dieses Jahrhunderts die gesetzlichen Grundlagen, die eine Bekämpfung der Organisierten Kriminalität ermöglichten:

- USA: 1979 verabschiedete der Kongreß den „Racketeering Influenced and Corruption Organizations Act", kurz RICO-Gesetz. Damit wurde insbesondere dem FBI die Möglichkeit gegeben, strukturierte kriminelle Organisationen wegen ihrer gesamten kriminellen Tätigkeiten strafrechtlich zu verfolgen. Unter anderem wird versucht, das Vermögen der kriminellen Organisationen zu identifizieren, um es dann später zu beschlagnahmen und einzuziehen. Dies führt dazu, daß bereits die Vorfeldermittlungen zu einem umfangreichen Datenbestand führen („Racketeering Enterprise Investigations"). Die vom FBI geschaffene und 1987 weiterentwickelte „Unternehmenstheorie" konzentriert sich nicht nur auf die einzelnen LCN-Familien, sondern auch auf die gesamte LCN als eine gemeinsame kriminelle Verschwörung auf nationaler Ebene .

- Italien: Am 13. September 1982 trat, nach 1956 und 1965, das dritte und wichtigste Anti-Mafia-Gesetz in Kraft; das sogenannte Rognoni-La Torre-Gesetz.[1] Es war das erste Gesetz seit Gründung des italienischen Staates 1861, in das das Wort „Mafia" Eingang fand und mit Straftatbeständen in Verbindung gebracht wurde. Wortlaut des Gesetzes: *„Eine Vereinigung ist mafiosen Typus, wenn diejenigen, die ihr angehören, sich der Einschüchterung aufgrund einer Bindung in Vereinigungen, von Abhängigkeitsverhältnissen oder der daraus entspringenden Verschwiegenheitspflicht bedienen zum Begehen von Verbrechen, vom direkten oder indirekten Ansichziehen der Leitung oder der Kontrolle ökonomischer Aktivitäten, öffentlicher Konzessionen, Zulassungen, Aufträge und Dienstleistungen, oder zum Erzielen unrechtmäßiger Profite und Vorteile für sich und andere."* Das La Torre – Gesetz wurde in den letzten Jahren mehrmals ergänzt, um die mafiosen Aktivitäten immer präziser benennen zu können. Zur effektiven OK-Bekämpfung wurde eine spezielle Anti-Mafia-Einheit, die „Direzione Investigative Antimafia" (DIA) gegründet.[2]

- Japan: Am 1. März 1992 trat das „Anti-Banden-Gesetz" in Kraft, welches sich am amerikanischen „Organized Crime Control Act" orientierte. Erstmals findet sich dort der Begriff „Kriminelle Vereinigung". Als „Boryokudan" (Gangsterbanden) werden Organisationen bezeichnet, *„deren Gruppenmitglieder (inclusive der Mitglieder ihrer Untergruppen) befürchten lassen, gruppenweise oder gewohnheitsmäßig die Durchführung gewalttätiger und rechtswidriger Handlungen zu fördern."* Hauptziel des Gesetzes ist es, der gewaltsamen Einmischung von Gangsterbanden in zivilen Angelegenheiten einen Riegel vorzuschieben. Dazu will die Polizei bei der Identifizierung der Banden[3] einerseits und der Beschneidung ihrer Haupteinnahmequellen[4] andererseits ansetzen.

Wie schwer sich die Staaten – obwohl selbst betroffen – mit der Verwirklichung derartiger Gesetze (mit notwendiger stringenter Anwendungspraxis) immer noch tun, belegt in Europa das Beispiel Skandinavien. Obwohl hier seit 1994 ein regelrechter Krieg (bis Mitte 1997 24 Mordanschläge mit elf Toten) zwischen rivalisierenden Rocker-Banden (Hell's Angels gegen Bandidos) um die Vorherrschaft im Geschäft mit Drogen und Prostitution geführt wird, hatte lediglich Dänemark Mitte 1997 die Prüfung eines Verbots der Banden in Erwägung gezogen. In Norwegen, Schweden und Finnland hatten die Regierungen es als „nicht durchsetzbar erkannt, die Gangs zu verbieten."[5]

1 Bekämpfung der Organisierten Kriminalität – Internationale und nationale Aspekte

Zwei Aspekte der OK stellen sich sowohl für einzelne Staaten als auch für die Völkergemeinschaft demokratischer Staaten als besonders gefährlich und bedrohlich dar: über regelrecht instrumentalisierte Korruption untergräbt sie die politische Kultur und konterkariert rechtsstaatliche Systeme; und über korrumpierte Organe lassen sich nicht nur einige Schwarzgelder noch besser erwirtschaften, sie lassen sich auch besser „weiß waschen". Und auch hier, obwohl das Gefahrenpotential klar erkannt war, tat und tut man sich mit der Abwehr dieser Gefahren schwer. Erst in den 80er Jahren fing man mit der eigentlichen Bekämpfung der „Geldwäsche" an; und erst in den 90er Jahren widmete man sich zunehmend der Korruptionsbekämpfung.

1.1 Bekämpfung der Geldwäsche

Nach Schätzungen des Internationalen Währungsfond (IWF) 1997 erwirtschaftet die OK weltweit pro Jahr zwischen 450 und 750 Milliarden Dollar, „die gewaschen werden müssen". Auch US-Fachleute, die an einer OK-Tagung im Herbst 1997 in Berlin[6] teilnahmen, gingen davon aus, daß „organisierte Kriminelle den westlichen Volkswirtschaften jährliche Schäden in geschätzter Höhe von 750 Milliarden Dollar zufügen". Andere Schätzungen Ende der 90er Jahre gingen auf weit über 1 Billion Dollar. So wie die OK zumeist international arbeitet, ist auch die von ihr betriebene Geldwäsche international.[7] Dementsprechend muß sie auch auf dieser Ebene bekämpft werden.

1.1.1 Internationale Aspekte

Der frühere Tessiner Staatsanwalt **Paolo Bernasconi** bezeichnete die Geldwäsche 1988 als „Achillesferse der OK"[8] vor dem Hintergrund, daß *„über die Geldwäsche die Kriminellen sich in Kontakt mit der legalen Wirtschaft begeben, wo sie zu Beginn der Aktion möglicherweise noch überführbar sind"*. Geldwäsche wird deshalb in erster Linie als Folge, Voraussetzung und gleichzeitig Schwachstelle der OK mit dem Ziel bekämpft, diese selbst zu treffen. Über fast zwanzig Jahre ist es daher zu Vereinbarungen zur internationalen Koordination der gezielten Bekämpfung gekommen. Die wichtigsten Schritte:[9]

- Empfehlungen des Europarates 1980:
  Am 27. Juni 1980 verabschiedete das Ministerkomitee des Europarates die „Maßnahmen gegen die Überweisung und Verwahrung von Geldern krimineller Herkunft". Darin wird die zentrale Rolle der Banken hervorgehoben. Die Empfehlungen (= kein bindender Charakter für die Mitglieder des

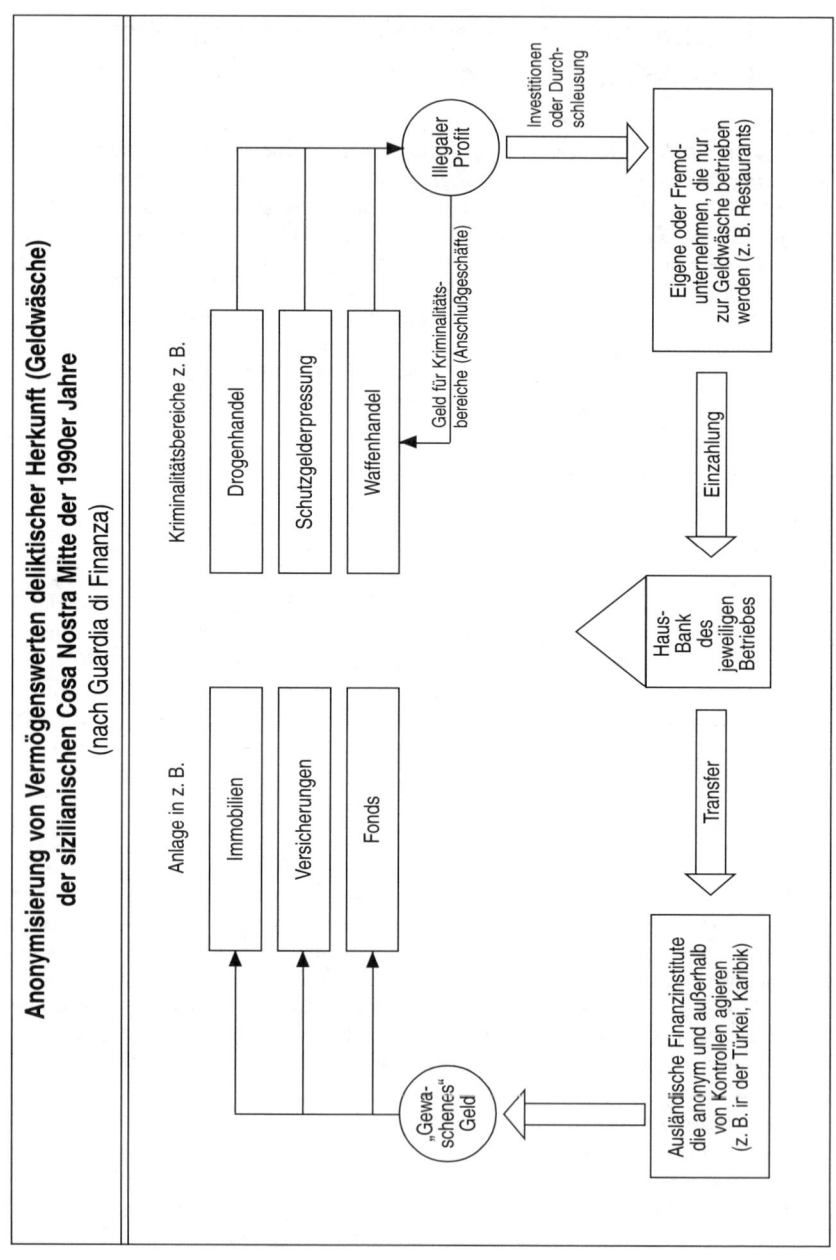

Anonymisierung von Vermögenswerten deliktischer Herkunft (Geldwäsche) der sizilianischen Cosa Nostra Mitte der 1990er Jahre
(nach Guardia di Finanza)

Europarates) sehen die Identifikation der Kunden und der Herkunft verdächtig erscheinenden Bargeldes durch die Banken vor.

- Wiener UN-Drogenkonvention 1988:
Nach 1961 und 1971 wurde im Dezember 1988 ein drittes internationales Abkommen verabschiedet: „Convention on Illicit Traffic in Narcotic Drugs and Psychotropic Substances". In diesem Übereinkommen gegen den unerlaubten Verkehr mit Suchtstoffen und psychotropen Stoffen wurden erstmalig Vorschriften auf die weltweite Zusammenarbeit gegen den unerlaubten Geldverkehr zugeschnitten. Die Unterzeichnerstaaten verpflichten sich, bestimmte Ausprägungen von Geldwäsche innerstaatlich zu bekämpfen. Die Konvention trat zum 11.11.1990 in Kraft und hat völkerrechtlich bindenden Charakter für die Unterzeichnerstaaten.

- Baseler Prinzipienerklärung 1988:
In dem „Basle Statement of Principles concerning the Prevention of Criminal Use of the Banking System for the Purpose of Money Laundering" verpflichten sich im Rahmen des Ausschusses für Bankenaufsicht der Bank für Internationalen Zahlungsausgleich (BIZ) die Notenbanken Deutschlands, Belgiens, der Niederlande, Luxemburgs, Frankreichs, Großbritanniens, Italiens, Japans, Kanadas, Schwedens, der Schweiz und der USA zu Maßnahmen, die den Mißbrauch des Bankensystems durch Geldwäsche verhindern sollen. Die Notenbanken haben der Vereinbarung zufolge dafür Sorge zu tragen, daß die Kreditinstitute ihre Kunden identifizieren, sich an ethische und gesetzliche Normen halten und mit den Strafverfolgungsbehörden ihrer Staaten zusammenarbeiten – aber nur, soweit das Bankgeheimnis nicht verletzt wird.

- Errichtung der FATF 1989:
Auf dem 15. Weltwirtschaftsgipfel beschlossen die sieben führenden Industrienationen (G7) 1989 in Paris die Errichtung einer Arbeitsgruppe zum Thema Geldwäsche, um den zunehmenden Drogenhandel zu bekämpfen. Neben den G7 (USA, Frankreich, England, Deutschland, Italien, Japan, Kanada) beteiligten sich von Beginn an Belgien, Niederlande Luxemburg, Schweiz, Österreich, Schweden, Spanien und Australien an dieser „Financial Action Task Force on Money Laundering" (kurz FATF) genannten Arbeitsgruppe. Mit Stand 1996 bestand selbige aus 26 Mitgliedsländern. Aufgabe der FATF ist es, zum gemeinsamen Kampf gegen Geldwäsche deren Prozesse und Methoden zu erforschen und Empfehlungen zur effektiven Geldwäschebekämpfung zu entwickeln. Ihren ersten Arbeitsbericht legte die FATF am 7.2.1990 vor. Kurz darauf folgte die erste Veröffentlichung der 40 Empfehlungen zur Verhinderung der Geldwäsche, die zur Grundlage für alle weiteren internationalen Vereinbarungen wurde.[10]

- Straßburger Europaratskonvention 1990:
Am 8. November 1990 verabschiedete der Europarat die „Convention on Laundering, Search, Seizure and Confiscation on Proceeds from Crime".

Diese Konvention über das Waschen, das Aufspüren, die Beschlagnahme und Einziehung von aus Verbrechen stammenden Erträgen entspricht im wesentlichen der Wiener Drogenkonvention aus 1988, erweitert aber den Begriff der Geldwäsche auch auf andere schwere Verbrechen. Eine Abschwächung des Bankgeheimnisses ist nicht vorgesehen. Die Konvention ist für die Unterzeichnerstaaten völkerrechtlich bindend.

- EG-Richtlinie von 1991:
  Am 10. Juni 1991 verabschiedete der Rat der EG die „Directive on Prevention of Use of the Financial System for the Purpose of Money Laundering". Diese Richtlinie zur Verhinderung der Nutzung des Finanzsystems zum Zwecke der Geldwäsche enthält im wesentlichen die vorgeschlagenen Maßnahmen der 40 Empfehlungen der FATF sowie die Kernpunkte der Drogenkonvention und der Straßburger Europaratskonvention. Die Begriffsdefinition bezieht sich auf Drogengeldwäsche und die Wäsche illegaler Gewinne aus schweren Straftaten. In der Richtlinie verpflichten sich die EG-(EU-)Mitglieder, die beschlossenen Maßnahmen[11] bis zum 1. Januar 1993 in nationales Recht umzusetzen.

- UN-Konferenz 1994 in Neapel:
  Vom 21. bis 23. November 1994 fand in Neapel eine „World Ministerial Conference on Organized Transnational Crime" statt. Entworfen wurde ein globaler Aktionsplan zur Bekämpfung der OK, der auch einen Abschnitt über Geldwäsche enthält. Er sieht eine Vertiefung der internationalen Kooperation und Koordination sowie Maßnahmen zur Erkennung und Prävention von OK und Geldwäsche vor. Der Geldwäschestraftatsbestand aus der Drogenkonvention wurde auf andere Formen schwerer Kriminalität erweitert, verbunden mit der Forderung, das Bankgeheimnis zu lockern, um die Transparenz der Operationen zu erhöhen. Die geplanten Maßnahmen sind jedoch keine Verpflichtungserklärungen, sondern nur Absichtserklärungen ohne bindenden Wert.

- UNO-Aktionsplan 1998 in New York:
  Vom 8. bis 10. Juni 1998 nahmen Vertreter von 150 Nationen an einer „Sondervollversammlung über das Weltrauschgiftproblem" teil. In einem einstimmig verabschiedeten Aktionsplan ist u.a. vorgesehen, daß die UN- Mitgliedsstaaten bis zum Jahr 2003 Gesetze gegen Geldwäsche erlassen sollen.[12]

Von den 192 selbständigen Ländern der Welt 1998 sind 185 Mitglieder der Vereinten Nationen[13], doch nur ein Teil hat – beginnend mit den 80er Jahren – die Geldwäsche unter die Strafbarkeit gestellt und Regelungen für die Gewinnabschöpfung geschaffen, so Italien (1982), die USA (1986), Großbritannien (1986), Frankreich (1987), Spanien (1988), Kanada (1989), die Schweiz (1990) und auch Deutschland (1992/93).

1.1.2 Bekämpfungsinstrumente in Deutschland

Deutschland gehört insbesondere nach der Wende seit Anfang der 90er Jahre zu den interessanten Standorten für die Geldwäsche, die von unterschiedlichsten Akteuren[14] betrieben wird. Nach internen Berichten des BND werden in der Bundesrepublik jährlich 50 bis 80 Milliarden Mark gewaschen. Doch es vergingen fast fünf Jahre, bis ein Geldwäschegesetz 1993 in Kraft treten konnte.

- Der Straftatbestand der Geldwäsche mit Strafmaßnahmen wie Verfall, erweiterten Verfall und Vermögensstrafen wurde erst zum 22. September 1992 eingeführt,[15] nachdem zuvor das Gesetz zur Bekämpfung des illegalen Rauschgifthandels und anderer Erscheinungsformen der Organisierten Kriminalität (OrgKG) am 15. Juli 1992 beschlossen worden war.

- Im darauffolgenden Jahr trat am 29. November 1993 das Gesetz über das Aufspüren von Gewinnen aus schweren Straftaten, kurz „Geldwäschegesetz" (GwG) in Kraft. Dieses verpflichtet Kreditinstitute – aber auch bestimmte Gewerbetreibende, Vermögensverwalter, Spielbanken, eine Vielzahl von Finanzierungs-, Leasing-, Lebensversicherungs-Gesellschaften etc., ihre Kunden bei Annahme und Abgabe von Bargeld, Wertpapieren oder Edelmetallen im Wert von insgesamt 20 000 DM oder mehr zu identifizieren; Kreditinstitute müssen die persönlichen Daten dokumentieren und aufbewahren. Regelmäßige Barzahlungen von und auf Firmenkonten sind davon in der Regel ausgenommen. Bei Verdachtsfällen von Geldwäsche ist der Staatsanwaltschaft eine Meldung zu erstatten, die Transaktionen dürfen erst ausgeführt werden, wenn eine Erlaubnis bzw. innerhalb von zwei Werktagen kein Verbot der Staatsanwaltschaft eingegangen ist.[16]

- Nach den ersten Jahren der Anwendungspraxis und deutlicher Kritik der Strafverfolger als Anwender, legte die Bundesregierung am 19.12.1996 den ersten Entwurf eines Gesetzes zur Verbesserung der Geldwäschebekämpfung[17] vor. Der Gesetzesentwurf hatte durch Ergänzungen des StGB, der StPO, des GwG sowie des Gesetzes über das Kreditwesen die Ziele: Erweiterung des Anwendungsbereichs der Strafvorschrift gegen Geldwäsche; Verbesserung des strafprozessualen Ermittlungsinstrumentariums; Beseitigung der Unsicherheiten bei der Handhabung des GwG und die Aufsichtserweiterung des Bundesamtes für Kreditwesen (auf Wechselstuben).

Im Januar 1997 wies *Dieter Neumann*, Berliner Generalstaatsanwalt beim Kammergericht, deutlich darauf hin[18], daß *„das Geldwäschegesetz in seiner jetzigen Form nicht greift."* Im selben Monat stellte die Gewerkschaft der Polizei (GdP) Möglichkeiten vor, wie eine effektive Gewinnabschöpfung als „wichtigste Kriminalstrategie zur Bekämpfung der OK" zu realisieren wäre. In ihren Forderungen für eine effektive Abschöpfung der illegalen Gewinne bei Kriminellen aus dem OK-Bereich, die zum Ziel das Aufspüren der Gewinne und die Einziehung des gesamten Vermögens haben, heißt es u.a.:[19]

- Schaffung der erforderlichen personellen Kapazitäten bei den Strafverfolgungsorganen (Polizei/Steuerfahndung/Staatsanwaltschaft) durch Prioritätensetzung, Aufgabenkritik, Modernisierung (Datenverarbeitung) und gegebenenfalls neue Stellen.

- Bündelung der staatlichen Kräfte: die Einrichtung einer gemeinsamen Ermittlungsgruppe Polizei/Steuerfahndung/Zoll ist für eine effektive OK-Bekämpfung zwingend erforderlich. Dies gilt insbesondere im Hinblick auf eine bessere Abschöpfung der illegalen Gewinne.[20] Ein weiterer Schritt wäre außerdem die Einbeziehung von Mitarbeitern der Ausländerbehörde und der Gewerbeämter (Wirtschafts- und Ordnungsämter). Das wäre ein Schritt in Richtung eines ganzheitlichen (integrierter) OK-Bekämpfungsansatzes. Die Arbeit sollte unter der Sachleiterbefugnis eines OK-Staatsanwaltes geschehen.

- Die Schaffung eines eigenständigen „Vermögeneinziehungsgesetzes" ist zwingend erforderlich. Letztlich können die Strafverfolgungsbehörden nur durch eine „Umkehr der Beweislast"[21] illegale Vermögen einziehen. Die bis dato gültige Regelung, daß die Polizei im Regelfall konkret nachweisen muß, aus welcher Straftat das Vermögen stammt, ist in der Praxis nur in wenigen Fällen möglich.[22] Ein Gesetz im Sinne des amerikanischen „ad-rem-Verfahrens" (kriminell bemakeltes Vermögen steht nicht unter dem Schutz des Grundgesetzes)[23] würde die Unschuldsvermutung (beim Tatverdächtigen im Strafverfahren) unangetastet lassen.

- Für OK-Kriminelle sollte das Steuergeheimnis aufgehoben werden. Dies sollte im § 30 Abgabenordnung (AO) klargestellt werden. Dies gilt in Bezug auf die Zusammenarbeit zwischen verschiedenen staatlichen Organen (Polizei/Steuerfahndung).[24]

- Last not least sollte von der Polizei die Vorschrift § 116 AO verstärkt angewendet werden. Danach haben Behörden Tatsachen, die den Verdacht einer Steuerstraftat begründen, der Finanzbehörde mitzuteilen; eine Gesetzesvorschrift, von der bis dato nur in Ausnahmefällen Gebrauch gemacht wird.

Im wesentlichen ist die Abschöpfung der illegalen Gewinne bei OK-Kriminellen mehr durch Vollzugsdefizite in der Zusammenarbeit der beteiligten Bekämpfungsorgane und weniger durch Gesetzesdefizite gekennzeichnet. Umgekehrt verhält es sich bei der Korruption.

1.2 Bekämpfung der Korruption und Bestechung

Eine der meistzitierten Definitionen der Korruption (Neye 1967)[25] lautet: *„Verhalten, das von den formalen Pflichten einer öffentlichen Rolle (in die man gewählt oder zu der man ernannt wurde) abweicht, um sich privat orientierte (persönliche, familiäre, einer privaten Clique zugute kommende) fi-*

nanzielle Vorteile oder Statusgewinne zu verschaffen; oder das Regeln gegen bestimmte Arten der privat orientierten Einflußnahme verletzt. " Ein Jahr später äußerte sich der Nobelpreisträger für Ökonomie **Gunnar Myrdal** über die Nutznießer der Korruption:[26] *„Nur eine kleine Minderheit kann persönlich von korrupten Praktiken profitieren; die öffentliche Empörung über die Korruption sollte Regierungen veranlassen, ernsthafte Reformen einzuleiten. "* Diese Aufforderung ist nunmehr dreißig Jahre alt. Mitte der 90er Jahre ließ die private Anti-Korruptions-Organisation Transparency International (TI)[27] von einer Forschungsgruppe der Universität Göttingen die Korruption nach einem Punktesystem von O (Länder mit durchgängig korrupten Geschäftspraktiken) bis 10 (Länder mit korrekten Geschäftspraktiken) in 54 Staaten bewerten. Die Korruptionsskala aus 1996 stellte sich wie folgt dar:[28]

1.	Nigeria	0,69	40.	USA	7,66
2.	Pakistan	1,00	41.	Israel	7,71
3.	Kenia	2,21	42.	Deutschland	8,27
4.	Bangladesch	2,29	43.	Großbritannien	8,44
5.	China	2,43	44.	Irland	8,45
6.	Kamerun	2,45	45.	Australien	8,60
7.	Venezuela	2,50	46.	Niederlande	8,71
8.	Rußland	2,58	47.	Schweiz	8,76
9.	Indien	2,63	48.	Singapur	8,80
10.	Indonesien	2,65	49.	Norwegen	8,87
11.	Philippinen	2,69	50.	Kanada	8,96
12.	Uganda	2,71	51.	Finnland	9,05
13.	Kolumbien	2,73	52.	Schweden	9,08
38.	Japan	7,05	53.	Dänemark	9,33
39.	Österreich	7,59	54.	Neuseeland	9,43

Auch das BKA gab eine Studie in Auftrag. Ebenfalls 1996 wurde der Forschungsbericht der Universität Münster „über die Auswirkungen des EU-Binnenmarktes auf die Entwicklung der Kriminalität"[29] bekannt. In der Studie hieß es u.a.[30], daß *„der Anstieg der Korruption und Infiltration durch die OK in den Sektionen Justiz, Polizei, öffentliche Verwaltung, Wirtschaft, Medien und Politik"* besonders besorgniserregend sei. Die Experten gingen davon aus, daß *„das weitaus größte Ausmaß der Korrumpierung auf der Ebene der Kommunalpolitik stattfindet"*, gefolgt von Europa-, Landes- und Bundespolitik.

1.2.1 Internationale Aspekte

Bis Mitte der 90er Jahre war das Thema Korruption auf internationaler Ebene mehr oder weniger tabu. Doch Anfang Oktober 1996 wurde es zum Abschluß der Jahrestagung des Internationalen Währungsfonds (IWF) in Washington doch noch Hauptthema. IWF, Weltbank und die großen Industrieländer nahmen überraschend Stellung; so Weltbankpräsident *James D. Wolfensohn*:[31] *„Wir müssen mit dem Korruptionskrebs kämpfen."* Im darauffolgenden Jahr stellte die Weltbank im Juni 1997 einen Entwicklungsbericht vor[32], nach welchem 40 Prozent der Unternehmen weltweit Schmiergelder zahlen müssen. In einer Umfrage unter Unternehmern in 69 Ländern wurde festgestellt, daß dieser Anteil in den Industrieländern immerhin noch bei 15 Prozent lag. In Asien gehörte Bestechung für 30 Prozent der Wirtschaftsvertreter zum Alltag, in der ehemaligen Sowjetunion für 60 Prozent. Korruption könne sich immer dann entwickeln, wenn öffentliche Bedienstete die Möglichkeit hätten, Dinge geheim zu halten, und wenn sie nicht ausreichend zur Rechenschaft gezogen würden. Der Mißbrauch von Macht – so die Definition der Weltbank für Korruption – gedeihe vor allem in Staaten mit einer künstlichen Kluft zwischen Angebot und Nachfrage, so daß Vermittler lukrative Geschäfte witterten.

1.2.1.1 Internationale Lage (Länderbeispiele)

Korruption scheint es zu allen Zeiten bei allen Völkern gegeben zu haben. Von der Antike bis zum Ende des 20. Jahrhunderts hat lediglich eine Verschiebung der Gewichte stattgefunden.

- Beispiel USA:
  Das FBI verdankt seine Gründung im Jahre 1908 der massiven Korruption im Lande, gegen die Präsident *Theodore Roosevelt* (1901-09) vorgehen wollte.[33] Über die Korruption Mitte der 90er Jahre berichtete der frühere stellvertretende US-Justizminister *Philip B. Heymann* 1995 u.a.:[34] *„Auch in den USA gibt es die systemische Korruption, und zwar sehr ausgeprägt. In einem Land mit 260 Millionen Menschen und mit einigen Millionen Beamten, die tagtäglich mit Millionen und aber Millionen von Transaktionen zu tun haben, muß es zwangsläufig Korruption geben."*

- Beispiel Italien:
  Über begünstigende Bedingungen für die Korruption berichtete IOK- Fachmann *Werner Raith*:[35] *„Vor allem zwei Bedingungen wirkten und wirken teilweise noch: eine noch lange intakte Familien- und Verwandtschaftstruktur und ein seit dem Altertum fast ungebrochenes Klientelsystem. Das Klientelwesen erwies sich seit eh und je als eine wirksame Struktur zum Aufbau von Macht innerhalb der Parteien oder der staatlichen Apparate. Korruption und undurchsichtige Entscheidungszirkel (= Orden, Logen,*

Geheimgesellschaften) teilten immer mehr all das untereinander auf, was demokratisch durch ganz andere Instanzen verteilt und transparent vergeben werden sollte." Auch die IOK zählt zu den undurchsichtigen Entscheidungsträgern. Ihr „Teilstück" stellte der Kleingewerbe-Verband FIPE Anfang Juli 1994 vor.[36] In dessen Studie hieß es, daß das Wirtschaftsleben Italiens bis zum einem Fünftel von der IOK kontrolliert wird; in Zahlen: 24 Prozent der Agrarvermarktung, 20 Prozent der Bauunternehmen, 19 Prozent des Handels und 14 Prozent der Verbraucher-Großmärkte. Zwei Jahre später bestätigte dies der Handelsverband Confcommercia im Januar 1996 mit der Feststellung[37], daß das Organisierte Verbrechen ein Fünftel der Handels- und Bauunternehmen kontrollieren würde. Die Bilanz der Korruptions- und Bestechungsverfahren in Italien war schon vor einem halben Jahrzehnt erschreckend: mit Stand Anfang April 1993 waren insgesamt 1356 Haftbefehle ergangen; Ermittlungsverfahren waren gegen 263 Parlamentarier, 852 Verwaltungsmitglieder und 1487 Geschäftsleute eingeleitet worden; 7 Minister (Äußeres, Justiz, Gesundheit, Finanzen, Landwirtschaft und Umweltschutz) sowie 3 Parteiführer (der Sozialisten, Republikaner und Liberalen) mußten zurücktreten.[38] Im selben Jahr berichtete das Turiner Forschungszentrum Luigi Einaudi über Ergebnisse einer Studie zu diesem Thema:[39] danach hatte die Korruption in Politik und Wirtschaft Italien in zwölf Jahren (1981-92) umgerechnet 17 bis 35 Milliarden Mark gekostet.[40]

- Russische Föderation:
  Vor einer Sonderkonferenz zu Verbrechen und Korruption im Februar 1993 sagte Präsident **Boris Jelzin**[41], daß zwischen dem tatsächlichen Umsatz und der Handelsbilanz des Ministeriums zwischen Januar und September 1992 eine Differenz von zwei Milliarden Dollar bestehen würde. Es sei nicht bekannt, was mit diesem Geld geschehen sei. Verbrechen und Korruption seien überall zu finden und die größte Gefahr für das Land, so Jelzin. In einem Bericht aus 1994, der für Präsident Jelzin erstellt wurde, hieß es u.a.[42], daß *„70 bis 80 Prozent aller privaten Unternehmen und Banken in den wichtigsten Städten gezwungen wurden, zwischen 10 und 20 Prozent Schutzgeld zu zahlen"*. Schon zwei Jahre später hieß es nach offiziellen Angaben, daß *„allein diese kriminellen Organisationen 25 000 staatliche und gewerbliche Betriebe, davon 1500 staatliche Unternehmen; sowie 4400 Aktiengesellschaften, 9000 Kooperativen, 6700 Kleinbetriebe, 407 Banken, 47 Börsen und 697 Warenmärkte kontrollieren"* würden. Im April 1997 wurde der Erste Vizepremier **Boris Nemzow** von Jelzin angewiesen, *„die Korruption, die Staat und Gesellschaft zerfrißt, so schnell wie möglich auszurotten"*, hatte doch die Bundesanwaltschaft allein 1996 5453 Korruptionsverfahren eröffnet.[43] Mitte Mai 1997 startete Jelzin eine groß angelegte Anti-Korruptionskampagne: nach einem von ihm erlassenen Dekret müssen alle Abgeordneten, Regierungsmitglieder und Beamte ihre Einkünfte und Besitztümer offenlegen. Vielleicht hatte Präsident Jelzin ein ebenfalls

im Mai 1997 bekanntgewordenes Gutachten, von der einflußreichen NGO „Rat für Außen- und Verteidigungspolitik" in Auftrag gegeben, dazu veranlaßt; hieß es doch in dieser Studie, daß sich Rußland zum „internationalen Marktführer der kriminellen Geldwäsche" entwickelt.[44] Unter anderen ist vor diesem Hintergrund auch die Warnung des Regierungschefs *Kirijenko* Ende Juni 1998 zu sehen[45], der von einer „Gefährdung der Sicherheit und territorialen Integrität Rußlands" sprach, wenn sein Programm zur Überwindung der Finanzkrise nicht schnell umgesetzt werde.

* Volksrepublik China:
In Hongkong, seit 1. Juli 97 Sonderwirtschaftszone, davor britische Kronkolonie, war die Korruption schon Anfang der 70er Jahre so verbreitet, daß es – über politischen Druck aus London – zur Gründung einer unabhängigen Kommission zur Bekämpfung von Bestechung, Erpressung und Schmiergeld-Affären kam. Im Februar 1974 nahm die „Independent Commission Against Corruption" (ICAC) ihre Arbeit auf, ermittelte fortan vornehmlich gegen Korruption in den Reihen der britischen Administration. Seinerzeit gingen 70 Prozent der jährlichen Bestechungsaffären auf das Konto chinesischer Regierungsangestellter. Mit 55 Prozent stachen die chinesischen Polizisten Ihrer Majestät alle anderen Bereiche der Administration aus.

In der 1949 von *Mao Tse-tung* proklamierten VR China begann man bereits Anfang der 50er Jahre mit der Korruptionsbekämpfung, beginnend 1952 mit der „Drei-Anti-Kampagne" (gegen Korruption, Mißwirtschaft, Amtsmißbrauch der Verwaltung) und „Fünf-Anti-Kampagne" (Bestechung, Steuerhinterziehung, Schwindel, Veruntreuung, Wirtschaftsspionage des Bürgertums).[46] Das blieb so über Jahrzehnte. Anfang 1996 wurde auf der Plenartagung der Zentralen Disziplinarkommission festgestellt,[47] daß *„in den ersten elf Monaten des Jahres 1995 5,1 Prozent mehr korrupte Funktionäre (204 737) oberhalb der Kreisebene ermittelt wurden"*. Nur acht Wochen später geißelte Staatspräsident *Jiang Zemin* erneut „die unter Führungskadern der KP Chinas verbreitete Korruption". Im März 1997 verlas der Generalstaatsanwalt Chinas, *Zhang Siqing*, vor knapp 3000 Delegierten des Nationalen Volkskongresses in Peking seinen Arbeitsbericht. In der Korruption (in Partei und Regierung) sah er „eine der Hauptgefahren für die Stabilität des Landes." Zeitgleich hatte der Präsident des Obersten Volksgerichtshofes, *Ren Jian-xing*, in seinem Bericht an das Parlament die Verbrechensbilanz 1996 gezogen.[48] Danach hatten die Gerichte insgesamt 61 099 Wirtschaftsverbrechen und 21 257 Fälle untersucht, in denen in die persönlichen und demokratischen Rechte der Bürger eingegriffen wurde. Unter den Verdächtigen befanden sich 13 530 Partei- und Staatsfunktionäre. „Korruption ist eine Krankheit der Gesellschaft", sagte Präsident Jiang Zemin zu Beginn der 7. Internationalen Konferenz gegen Korruption, die am 6. Oktober 1995 in Peking stattfand. Auf dieser Konferenz machte Interpol-Generalsekretär *Kendall* deutlich[49], daß die Korruption eines der wichtigsten Mittel des Organisierten Verbrechens sei, um die politischen und sozialen Institutionen zu zersetzen.

1.2.1.2 Internationale Bekämpfung

„Korruption ist ein so uraltes und hartnäckiges Phänomen wie die menschliche Habsucht; um sie zu bekämpfen, müssen alle verfügbaren Waffen zum Einsatz kommen ... Man wird sie nie vollständig ausrotten können, aber man kann sie sehr stark einschränken. Das Ziel muß dabei sein, die Korruption von einer Aktivität mit niedrigem Risiko und großen Profitchancen in eine solche zu verwandeln, bei der ein hohes Risiko mit geringen Gewinnchancen verbunden ist." (Galtung 1995)[50]

- Anti-Korruptions-Charta der OECD (1994-98):
Am 27. Mai 1994 verabschiedete der Rat der Organisation für Wirtschaftliche Zusammenarbeit und Entwicklung (OECD)[51] eine „Empfehlung gegen die Korruption im internationalen Geschäftsverkehr". Das Dokument wies darauf hin, wie schädlich die internationale Bestechung für den freien Handel ist und forderte die OECD-Mitgliedsstaaten sowie die weiteren Industrienationen auf, endlich wirksame Maßnahmen gegen die Korruption von Beamten im internationalen Geschäftsverkehr zu ergreifen. Weiterhin wurde die internationale Zusammenarbeit von Justiz- und Verwaltungsbehörden empfohlen; und es wurde ein „Follow Up"-Verfahren festgelegt und der Wunsch ausgesprochen, auch Nichtmitglieder in den Prozeß einzubinden. Die OECD-Mitglieder erklärten sich bereit, über die Frage der Abzugsfähigkeit von Bestechungszahlungen im Steuerrecht bis hin zu zivil- und verwaltungsrechtlichen Transparenzvorschriften und Regeln im Bereich der Vergabe von öffentlichen Aufträgen in regelmäßigen Abständen miteinander zu sprechen. Zum mehrjährigen Streitpunkt wurde die „Zahlung von Bestechungsgeldern zur Eroberung von Auslandsmärkten", die in den USA schon seit 1977 durch den Foreign Corrupt Practices Act unter Strafe gestellt war, in Europa hingegen – insbesondere von Deutschland und Frankreich – befürwortet wurde. Nach über zwei Jahren Verhandlungen, die USA hatte ihr Anliegen (Korruption im Ausland sollte wie jene im Inland gleichbehandelt werden) durchgesetzt, einigten sich im Mai 1997 die 29 OECD-Mitgliedsstaaten und 5 angeschlossene Staaten (Argentinien, Brasilien, Chile, Slowakei und Hongkong) auf ein Anti-Korruptionspapier und auf ein zweigleisiges Verfahren. Zum einen sollte eine bindende internationale Konvention bis Ende 1997 verhandelt sein, die einheitliche Maßstäbe für alle westlichen Länder setzt. Bis Ende 1998, so wurde auf einem OECD Arbeitstreffen vom 18. bis 20. November 1997 in Paris beschlossen, soll die Konvention in Kraft getreten sein. Zum anderen verpflichteten sich die Mitgliedsstaaten, bis zum April 1998 entsprechende

nationale Gesetzgebungen auf den Weg zu bringen. Ebenfalls bis Ende 1998 sollten diese Gesetze in den Parlamenten verabschiedet sein. Am 17. Dezember 1997 wurde die Konvention in Paris von Vertretern von 34 Industriestaaten unterzeichnet.

- Korruptionsbekämpfung in der EU:
  Im Dezember 1994 beantragte der Ausschuß für Grundfreiheiten und innere Angelegenheiten des EP die Genehmigung zur Ausarbeitung eines Berichts über die Bekämpfung der Korruption in Europa und legte diese ein Jahr später am 1.12.1995 vor. In diesem Bericht fordert bzw. empfiehlt der Ausschuß u.a.:[52]

  – *"... fordert die Mitgliedstaaten auf, Bestechung und Bestechlichkeit als Verbrechenstatbestände zu definieren ...*

  – *... empfiehlt den Mitgliedstaaten, steuerrechtliche sowie alle weiteren Vorschriften ihrer Rechtsordnung oder andere Regelungen, die Korruption indirekt begünstigen, abzuschaffen ...*

  – *... fordert die Mitgliedstaaten auf, die notwendigen Rechtsreformen durchzuführen, die eine Annäherung der nationalen Rechtsvorschriften nicht nur betreffend eine transparente Finanzierung der politischen Parteien ermöglichen ...*

  – *...und fordert die Kommission auf, die Korruption im Rahmen der Artikel 3, 85 und 100 (Funktionieren des Binnenmarktes, Wettbewerbsverzerrung z.B. durch steuerliche Absetzbarkeit von Bestechungsgeldern) zu bekämpfen ..."*

Schon im Oktober 1997 verdächtigte das EP die Brüsseler EU-Kommission[53], Mißwirtschaft und Korruption in den eigenen Reihen zu decken und die Aufklärung zu behindern.[54]

Diese interne Korruption ist auch nicht Untersuchungsgegenstand der UCLAF, die bis dato allein der Kommission untersteht. Zu dieser Bilanz des EP und des Europäischen Rechnungshofes kommt die Einschätzung hinzu[55], daß *„Brüssel den wachsenden Herausforderungen im Kampf gegen den EU-weiten Subventionsbetrug in Milliardenhöhe nicht gerecht werde"*. Vor diesem Hintergrund will das EP im Juli 1998 den Ausbau der UCLAF zu einem „Amt zur Betrugsbekämpfung" vorschlagen. Im Gegensatz zur jetzigen UCLAF soll das neue EU-Amt auch ausdrücklich die „Zuständigkeit zur Bekämpfung interner Korruption und Betrügereien in sämtlichen Organen der EU" erhalten und durch Experten der nationalen Staatsanwaltschaften ergänzt werden.

Korruptionsvorwürfe und -verfahren gab es in den 90er Jahren schon in einer Reihe von EU-Mitgliedsstaaten, beginnend mit Italien, wo die Aktion „Mani Pulita" (saubere Hände) des Staatsanwaltes *Antonio di Pietro* ab Februar 1992 in Mailand quasi Geschichte in der Korruptionsbekämpfung in Europa schrieb. Vor diesem Hintergrund hatte sich 1994 auf der 19. Konferenz der europäischen Justizminister, an der 29 der 32 Mitglieder des Europarats und fünf weitere Staaten (darunter die USA, Rußland und die Ukraine) teilnahmen, *„die Vorstellung in Europa durchgesetzt, daß Korruption die Demokratien in ihrer Existenz bedroht".* Übereinstimmend beschloß die Versammlung auf Malta schon damals, dem Ministerrat des Europarates die Errichtung einer Arbeitsgruppe zu empfehlen, die Möglichkeiten für eine Schärfung der Anti-Korruptions-Instrumente prüfen soll, „zum Schutze der Demokratie".

1.2.2 Korruptionsbekämpfung in Deutschland

Im April 1996 fand der Frankfurter Oberstaatsanwalt *Wolfgang Schaupensteiner*, Leiter der bundesweit ersten Anti-Korruptionsabteilung, für die Korruption in Deutschland deutliche Worte:[56] *„Korruption ist hierzulande weiter verbreitet, als allgemein angenommen wird. Bundesweit aufgedeckte Fälle machen deutlich: Es handelt sich nicht nur um einzelne schwarze Schafe, sondern Korruption ist flächendeckend und auf allen Ebenen der öffentlichen Verwaltung wie auch der Privatwirtschaft anzutreffen.*

Sie ist als Teil der organisierten Wirtschaftskriminalität fest etabliert. Korruption ist auf Dauer angelegt und wird nach kaufmännischen Grundsätzen planmäßig betrieben. Bei vielen Unternehmen ist sie fester Bestandteil der Geschäftspolitik. Korruptionsanfällige Schwachstellen gibt es überall an den Nahtstellen zwischen Verwaltung und dem einzelnen Bürger bzw. dem Unternehmen (Leistungsbeziehungen). Einfallstore für Korruption sind das Beschaffungs- und Auftragsvergabewesen, gebührenpflichtige Dienstleistungen, Genehmigungen und Kontrollen sowie die Vergabe von Fördermitteln. Das Prinzip der öffentlichen Hand verkommt zum „Prinzip der offenen Hand"... Besondere Sorge bereitet mir aber die Gefahr, die von der traditionellen OK ausgeht. Der Schmiergeldstrom ist das Fahrwasser der Straftäter der organisierten Kriminalität, die keine Skrupel kennen, sich die Korruptionsmentalität für ihre kriminellen Zwecke nutzbar zu machen ..."

In der zweiten Hälfte der 90er Jahre geht der Anstieg der Großverbrechen im Wirtschaftsbereich nicht nur im öffentlichen Bereich mit den Delikten der Untreue, Bestechlichkeit und der Vorteilnahme einher, die einander auch meist bedingen. Diese Entwicklung wird u.a. auch von der Polizeilichen Kriminalstatistik (PKS) belegt, die Korruptionsdelikte als „Straftaten im Amt" seit 1994 gesondert ausweist. In der PKS für 1997 heißt dies:

– Vorteilsannahme (§ 331 StGB): Zunahme von 72,0 Prozent (1997: 1068 Fälle, 1996: 621), die auf ein Großverfahren mit vielen Einzelfällen zurückzuführen ist.

– Bestechlichkeit (§ 332 StGB): Abnahme um 3,3 Prozent (1997: 1239 Fälle, 1996: 1281),

- Vorteilsgewährung (§ 333 StGB): Abnahme um 14,3 Prozent (1997: 406 Fälle, 1996: 474).
- Bestechung (§ 334 StGB): Abnahme um 22,1 Prozent (1997: 1493 Fälle, 1996: 1917), weil 1996 Tatkomplexe mit einer Vielzahl von Einzelfällen die Zahlen stark beeinflußt hatten.
- Ferner wurden 5732 sonstige Straftaten im Amt erfaßt: eine Zunahme um 17,8 Prozent (1996: 4864 Fälle).

Auch in der Bundeslagebildern Organisierte Kriminalität des BKA werden seit Jahren diese strafrechtlich relevanten Korruptionshandlungen ausgewiesen. Im Bundeslagebild OK 1996 zum Beispiel: in 29 OK-Verfahren (1994: 28) wurde ermittelt und 73 Straftaten der Vorteilsgewährung (1994: 12), 676 Bestechungsdelikte (1994: 691), sowie 57 Straftaten der Vorteilsnahme (1994: 26) und 575 Fälle der Bestechlichkeit (1994: 686) ausgewiesen.

BKA-Präsident *Ulrich Kersten* sah im August 1996[57] *„den öffentlichen Dienst in der Bundesrepublik durch die organisierte Kriminalität gefährdet"*.

Als OECD-Mitglied hatte sich auch Deutschland verpflichtet, bis zum April 1998 ein nationales Korruptionsbekämpfungsgesetz auf den Weg zu bringen. Dementsprechend brachte der Bundesrat im November 1995 den Entwurf eines Gesetzes zur Bekämpfung der Korruption, initiiert von den Ländern Berlin und Bayern, in den Bundestag zur Verabschiedung ein. Am 1. April 1998 legte die Bundesregierung ihren Gesetzesentwurf zur Bekämpfung der internationalen Korruption vor, der in der Folge massiv kritisiert wurde; konnte doch mit diesem Gesetzesentwurf[58] „die steuerliche Absetzbarkeit von Bestechungsgeldern" nicht abgeschafft werden. Zu den Kritikern gehören nicht nur die Nord-Süd-Initiative „German-Watch" sowie TI, sondern auch Oberstaatsanwalt *Schaupensteiner*, der den Gesetzentwurf für „völlig unzureichend"[59] hält. Auf seinem Erfahrungswissen basierend hatte er schon vor zwei Jahren Bekämpfungsstrategien vorgeschlagen:[60]

- Kooperation statt Konfrontation: Staat, Privatwirtschaft und Strafverfolger müssen sich im Kampf gegen die organisierte Wirtschaftskriminalität organisieren.
- Geschlossenes Gesamtkonzept zur Korruptionsbekämpfung: der Kampf gegen ein sich ausbreitendes Schmiergeldunwesen kann nur mit Hilfe eines geschlossenen Gesamtkonzeptes gewonnen werden, das im wesentlichen auf vier Säulen ruht:
  1) Verbesserung der Kontrollsysteme: Korruptionsbekämpfung ist nicht Aufgabe der Justiz allein. Korruption ist ein Kontrolldelikt. Daher steht die Prävention durch Ausbau und Verbesserung der Kontrollen im Vordergrund („Korruptions-Controlling"). Auf diesem Wege kann Korruption wirksam begrenzt und das Entdeckungsrisiko erhöht werden.
  2) Intensivierung der Strafverfolgung: Die herkömmliche Täter-Opfer-Befragung führt nicht weiter. Es gibt nicht das klassische Opfer, das als

Zeuge zur Tataufklärung bereitsteht. Daher: Spezialisierung und Langzeitbefassung bei Verfolgungsbehörden und auch den Strafgerichte ist erforderlich. Die Ermittler müssen im Wege behördenübergreifender Zusammenarbeit mit der betroffenen Verwaltung und anderen staatlichen Einrichtungen im Sinne eines „Konzepts der Mehrspurigkeit" agieren.

3) Schließung von Gesetzeslücken: Die Bestechungstatbestände werden den aktuellen Erkenntnissen über die Korruptionsmethoden nicht mehr gerecht (nach dem Steuergesetz dürfen Schmiergelder immer noch als Betriebsausgaben abgesetzt werden; selbst bei besonderer Sozialschädlichkeit der Korruptionsdelikte beträgt das Strafmaß höchstens fünf Jahre). Weiterhin ist der Gesetzgeber in den Bereichen gefordert: die zu enge Fassung des Tatbestandes der Abgeordnetenbestechung („Alibifunktion"), die Einführung eines Tatbestands der Haushaltsuntreue und die Strafbarkeit der Auslandskorruption. Zentrale Erfassungsstellen („Korruptions-Kataster") sollen verhindern, daß sich Korruption lohnt. Ein bundesweites Informationsnetz ermöglicht ein einheitliches Vorgehen gegen Korruption und Kartelle sowie den Ausschluß hieran beteiligter Firmen vom öffentlichen Wettbewerb.[61]

4) Gesamtgesellschaftliche Ächtung: Die Korruption höhlt den Rechtsstaat von innen aus. Diesen Angriff auf das Gemeinwesen abzuwehren ist Aufgabe aller Verantwortlichen in Politik, Wirtschaft und Gesellschaft. Zur Stärkung der sozialethischen Mißbilligung von Korruption sollten sich die Repräsentanten von Staat und Gesellschaft ihrer Vorbildfunktion bewußt werden und entsprechend vorbildlich handeln.

1.3 Bekämpfung der Organisierten Kriminalität

Das berühmteste schlechte Beispiel liegt nur wenige Jahre zurück. Vor dem Hintergrund der Korruptionsskandale im Land führte Italien 1989 den sogenannten Ermittlungsbescheid ein. Dieser bedeutet, daß ein Politiker, wenn die Strafverfolgungsbehörden ein formelles Ermittlungsverfahren gegen ihn aufnehmen, wenige Stunden nach Aufnahme des Verfahrens benachrichtigt werden muß. Mailänder Ermittler schickten im November 1994 den Ermittlungsbescheid an den damaligen Regierungschef *Silvio Berlusconi*, der just zu dieser Zeit quasi als Gastgeber des UNO-Gipfels zur Organisierten Kriminalität in Neapel die Verbrechensbekämpfungskonferenz präsidierte.[62] Eine gemeinsame Politik der Inneren Sicherheit gibt es auf der Welt nicht. Dennoch versuchten die Vertreter von 146 Staaten eine Art Schlachtplan, „A New Global Strategy" gegen die Organisierte Kriminalität zu entwerfen und zu verabschieden. Am 23. November 1994 wurde das vom Wirtschafts- und Sozialrat der UNO in die Wege geleitete Ministertreffen zum Thema „transnational tätige organisierte Kriminalität" mit einer politischen Erklärung und der Verabschiedung eines 45-Punkte-Aktionsplanes beendet. In der „Politischen Erklärung" versprachen sich die Unterzeichner aus 140 Staaten, ihre Kräfte im Kampf gegen die rasch wachsende und diversifizierende organisierte Kriminalität künftig besser zu bündeln. Festgeschrieben wurde auch, die nationalen Gesetze zur Abwehr der Kriminalität künftig besser zu synchronisieren, die Zusammenarbeit in der Deliktermittlung zu intensivieren und internationale Vereinbarungen zur OK-Bekämpfung sowie Strategien gegen die Geldwäscherei vorzubereiten. Im „Aktionsplan" werden die Nationen aufgefordert, sich des Phänomens der organisierten, transnational aktiven Kriminalität künftig mit größerem Ernst anzunehmen, die Forschung etwa mit Straferleichterungen für reuige und aussagebereiten Delinquenten zu vertiefen, die Forschungsergebnisse weiterzugeben und anderes mehr. Insgesamt handelte es sich um einen wenig selektiven Empfehlungskatalog – doch war er in dieser Art der erste (und wahrscheinlich auch der letzte) in diesem Jahrhundert.

1.3.1 Internationale Aspekte der OK-Bekämpfung

Zum Ende der 90er Jahre gibt es in Europa eine in beschränktem Umfang, aber doch in Ansätzen erkennbare gemeinsame Politik der Inneren Sicherheit. Zur Sachlage 1997/98:

- Internationale Kriminalpolizeiliche Organisation (IKPO), kurz Interpol: ein Zusammenschluß zur Kooperation nationaler Polizeibehörden: Die ICPO wurde im September 1923 in Wien als internationale Kriminalpolizeiliche Kommission gegründet; Wiedererrichtung und Sitzverlegung nach Paris 1946; Modifizierung der Statuten am 13.6.1956, gegenwärtiger Name seit 1977, Sitzverlegung nach Lyon 1989.

  a) Aufgabe: Nachrichtenzentrale zur Unterstützung der nationalen Kriminalpolizeien bei der Verbrechensverfolgung.

  b) Ziele: Weitestmögliche Zusammenarbeit der Polizeibehörden im Rahmen der einzelstaatlichen Gesetze und im Geist der Allgemeinen Deklaration der Menschenrechte bei der grenzüberschreitenden Verfolgung von Straftätern; Ausnahme: politisch, militärisch und religiös motivierte Delikte.[63]

  c) Zuständigkeit: Sie ist dann gegeben, wenn der einzelne Mitgliedstaat allein den Täter nicht verfolgen bzw. die Tat nicht aufklären kann, d.h. von sich aus darf Interpol nicht tätig werden, sie darf auch nicht Personen selbst verhören oder festnehmen.

  d) Mitglieder: 175 Staaten (Stand Juli 1995)

  e) Organe: Sind die jährliche Generalversammlung aus Delegierten der Mitglieder, der Exekutivausschuß und der Generalsekretär (***Raymond E. Kendall*** / Großbritannien). Letzterer koordiniert die Arbeit der nationalen Interpol-Zentralbüros (z.B. in Deutschland: BKA), wenn an der Verbrechensverfolgung oder -aufklärung mehrere dieser Büros (NCB) arbeiten, und sammelt alle Nachrichten zur Auswertung und Übermittlung an die Mitglieder.

f) Personal / Sprachen: rund 330 Mitarbeiter / Arabisch, Englisch, Französisch, Spanisch. (Stand: 07/1995)

g) Finanzen: Beiträge der Regierungen; Haushalt: rd. 40 Millionen sFr (Stand: 07/96)

h) Aktivitäten: Zentraldokumentation zur Verbrechensbekämpfung; Fingerabdruckkartei; eigenes Radionetz mit 70 Stationen u.a.m.

Interpol unterhält offizielle Beziehungen zu EUROPOL, der Internationalen Lufttransportgesellschaft (IATA) und Internationalen Zivilluftfahrtorganisation (ICAO), dem International Narcotic Control Board (INCB) und der Internationalen Fernmeldeunion (ITU). Kontakte bestehen weiterhin zur WHO und zur Drogenkommission des Wirtschafts- und Sozialrats (ECO-SOC) der United Nations.

ICPO-Schwachstellen: Wegen der Vielzahl der Mitglieder, die völlig unterschiedliche Rechts- und Wirtschaftssysteme haben, ist die Basis für effektive Zusammenarbeit schmal. Da politische Straftaten nicht in die Zuständigkeit fallen, ist Interpol im Bereich Terrorismus handlungsunfähig. Im Bereich Rauschgift (RG) wird der Informationsaustausch dann schwierig, wenn Vertreter aus Staaten, die RG-Produktion auf ihrem Gebiet dulden, in den Gremien sitzen. Interpol-Beamte dürfen nicht von sich aus, also nicht eigenständig ermitteln. ICPO-Stärken: Interpol erlaubt eine schnelle Ausschreibung eines bekannten Täters zur Fahndung. In Lyon sind 148 Beamte aus 33 Nationen in der „Verbindungsstelle- und kriminalpolizeilichen Informationsabteilung" für die zentrale Speicherung und Verarbeitung von Informationen aus aller Welt und für die Abwicklung von internationalen Kriminalfällen zuständig. Es gibt ein weltweites Fernmeldenetz, in das alle 175 Mitgliedsländer eingebunden sind; außerdem ein Europäisches Verbindungsbüro, in welchem 12 Beamte aus 11 Mitgliedsländern arbeiten (Stand: 06/1997).

• Schengener Abkommen: Gründung am 14. Juni 1985 (Schengen I: Erleichterung bei der Abfertigung an den gemeinsamen Grenzen der Gründerstaaten) und 19. Juni 1990 (Schengen II). Letzterer Staatsvertrag schuf einen freien Personen- und Warenverkehr und sah für dadurch entstehende Sicherheitsdefizite Ausgleichsmaßnahmen vor.[64] Die polizeiliche Zusammenarbeit wird verstärkt, u.a. durch das länderübergreifende Fahndungssystem SIS mit einem Zentralcomputer in Straßburg als Kernelement. Im 1995 geschaffenen SIS waren mit Stand März 1997 rund 4,6 Millionen Datensätze (Fahndungsdaten) der neun beteiligten Länder gespeichert. Im Dezember 1997 wurde bekannt[65], daß aus dem belgischen Büro des zentralen Polizei-Computers Fahndungsdaten gestohlen und an kriminelle Organisationen verkauft wurden. Schengen II trat am 26. März 1995 in Kraft. Mit Inkrafttreten des Vertrages von Amsterdam (Ratstreffen im Juni 1996, der den am 1. November1993 in Kraft getretenen „Maastricher"-EU-Vertrag revidiert) soll das Schengener Abkommen ab 1999 in die EU- Zuständigkeit überführt werden. (Weiteres zu Schengen siehe drittes Kapitel).

• Europol: *Jürgen Storbeck*, Leiter dieser europäischen Polizeibehörde, konnte im Januar 1998[66] „die Gefahr des Diebstahls hochsensibler Informationen aus Polizei-Computersystemen durch die Mafia auch bei Europol" nicht ausschließen. Gleichwohl wäre ein solcher Angriff auf den Europol-Computer, in Relation zum SIS-Zentralcomputer, noch brisanter; soll dieser doch voraussichtlich 100 000 bis 250 000 Personendaten vor allem aus dem OK-Bereich erfassen.[67]

Zu den Pfeilern, die die Basis der EU[68] bilden, gehört neben der GASP (Gemeinsame Außen- und Sicherheitspolitik) die Zusammenarbeit in der Innen- und Rechtspolitik. Hier wurde Regierungszusammenarbeit vereinbart, die die Staaten (mit Ausnahme von Dänemark) zur Koordination ihres Handelns verpflichtet, so in der Asylpolitik, Kontrolle der EU-Außengrenzen, Einwanderungspolitik und der Politik gegenüber Angehörigen von Drittstaaten. Zur letzteren gehört die Bekämpfung der illegalen Einwanderung, des illegalen Aufenthalts und der illegalen Arbeit im Hoheitsgebiet der Mitgliedsstaaten; weiterhin die Bekämpfung von Drogenabhängigkeit, Drogenhandel, organisierter Kriminalität und Terrorismus, sowie der Aufbau eines Systems zum Austausch von Informationen im Rahmen eines europäischen Polizeiamts.

– Am 28./29. Januar 1991 erklärten sich die Staats- und Regierungschefs in Luxemburg mit dem deutschen Vorschlag einverstanden, zur Bekämpfung gegen den international organisierten Drogenhandel und der sonstigen internationalen OK eine europäische kriminalpolizeiliche Zentralstelle zu schaffen.

– Am 9./10. Dezember 1991 stimmte der Europäische Rat in Maastricht der Errichtung von Europol zu. In einer ersten Ausbaustufe sollte Europol als „Europäische Rauschgiftzentralstelle" bis zum 1. Januar 1993 eingerichtet werden.

– Im September 1992 hatte der Aufbaustab von Europol seine Arbeit in Straßburg (unter deutscher Leitung) aufgenommen.

– Am 29. Oktober 1993 beschlossen die europäischen Regierungschefs, daß Den Haag Sitz der zukünftigen Europol werden soll.

– Am 16. Februar 1994 wurde das Europol-Büro in Den Haag offiziell eröffnet. In dieser ersten Phase war Europol als Informationssammel- und Auswertungsstelle („Intelligence"-Arbeit) tätig. Als erste Ausbaustufe wurde Europol als europäische Zentralstelle zur Bekämpfung der RG-Kriminalität (EDU) konzipiert.

- Im März 1995 erfolgte eine Aufgabenerweiterung für Europol. Zur RG-Kriminalität kamen Nuklear-Kriminalität, illegale Schleusung und illegaler Kfz-Handel/-schmuggel.[69]
- Im Juni 1996 wurde auf dem Europäischen Gipfel in Neapel die Europol-Konvention verabschiedet. Außer Großbritannien hatten die europäischen Länder auch die Rolle des Europäischen Gerichtshofs anerkannt. In Fällen, die strittig sind, wird eine Entscheidung des EuGH herbeigeführt.
- 1997 sollte eigentlich das Ratifizierungsverfahren der Europol-Konvention abgeschlossen werden. Mit dieser rechtlichen Grundlage käme dann auch das TECS (The Europol Computer System) zum Einsatz. Nach Ratifizierung würden weiterhin Online-Verbindungen zu offiziellen EU-Stellen, zum World Criminal Justice Library Network und Criminal Justice Information Network der UN entstehen, der Datenaustausch mit SIS, Interpol und nationalen Polizei- und Informationssystemen beginnen sowie Task Forces zur Unterstützung der nationalen Polizei gebildet werden. Von den 15 EU-Mitgliedern hatten jedoch mit Stand Anfang Oktober 1997 nur Großbritannien, Spanien, Portugal und Dänemark die Konvention ratifiziert. Umstritten war, insbesondere in Deutschland, das sogenannte Immunitätsprotokoll, das den Europol-Bediensteten Schutz vor Strafverfolgung bieten soll.
- Im März 1998 stimmte in Deutschland der Bundestag mit den Stimmen der Koalition dem Immunitätsprotokoll in dritter Lesung zu. Demnach sind die Europol-Bediensteten im EU-Inland von jeglicher Gerichtsbarkeit (Straf- und Zivilrecht) dauerhaft freizustellen. Letztlich kann Europol erst dann seine Arbeit aufnehmen, wenn alle Vertragspartner das Immunitätsprotokoll billigen. Nun wird auf den Abschluß des Ratifizierungsverfahrens bis Ende 1998 gehofft.

Mit Stand von Mai 1997 hatte Europol 122 Mitarbeiter aus 15 EU-Staaten. 1995 bearbeitete Europol 1500 Auskunftsersuchen von rund 40 unterschiedlichen Polizei- und Zollbehörden in der EU. 1996 stieg diese Zahl auf über 2050 (Deutschland hatte 507 Anfragen). 1996 betrug das Europol-Budget 12,5 Mio DM.

Der Finanzierungsanteil der EU-Staaten richtet sich nach ihrem Bruttosozialprodukt. (Weiteres über Europol siehe drittes Kapitel).

Auch wenn in Europa kein einheitliches Straf- und Strafprozeßrecht und kein einheitliches Justizsystem besteht, gibt es in verschiedenen Ländern doch ähnliche OK-Bekämpfungskonzepte.

- „Besondere Ermittlungsmaßnahmen zur Bekämpfung der OK" hieß ein Rechtsvergleichendes Gutachten, das im Dezember 1990 vom Bundesministerium für Justiz und vom Justizministerium des Freistaates Bayern beim Max-Planck-Institut für ausländisches und internationales Strafrecht in

eben wurde. Im April 1992 wurde das Gutachten, das die Län-
.., Dänemark, Frankreich, Griechenland, Großbritannien, Itali-
..urg, Niederlande, Österreich, Schweiz, Spanien und die USA
..gen hatte, von **Walter Gropp** vorgestellt.[70] Dem MPI waren zwei
..plexe gestellt worden:[71]

– Gibt es strafverfahrensrechtliche Regelungen für die Ermittlungsmaßnahmen, bzw. gibt es Generalklauseln, die den Einsatz entsprechender
  Maßnahmen rechtfertigen?

– Wie stellen sich diese strafverfahrensrechtlichen Ermittlungsmaßnahmen in den einzelnen Ländern rechtstatsächlich dar?

Ergebniszusammenfassung über die Ermittlungsmaßnahmen:

– Rasterfahndung: In Deutschland im § 98a StPO definiert; verleichbare
  Regelungen gibt es in Dänemark, den Niederlanden, Österreich, Großbritannien; ähnliche Regelungen in Italien, Griechenland und den USA.

– Polizeiliche Beobachtung: In Deutschland im § 163e StPO geregelt. Vergleichbare Regelungen in den USA, Österreich, Dänemark, Großbritannien, Belgien, Italien, Frankreich. Nicht vergleichbar sind Luxemburg
  und die Schweiz.

– Längerfristige Observation: Wird überall praktiziert.

– Einsatz technischer Mittel: In Deutschland im § 1OOc StPO geregelt. In
  den meisten der untersuchten Ländern wird der Einsatz technischer Mittel
  praktiziert, grundsätzlich auch in Wohnungen; so in Frankreich, Italien,
  den USA, Dänemark, Niederlande, Belgien, Luxemburg, Spanien, Großbritannien u.a.

– Einsatz verdeckter Ermittler (VE): In Deutschland im § 110 a-e StPO
  geregelt. Den VE gibt es in fast allen untersuchten Staaten, so in den
  Niederlanden, Österreich, Schweiz und den USA. Wie in den genannten
  Ländern gab es den VE in Luxemburg und in Dänemark nicht. Die Begehung von „milieubedingten Straftaten" durch den VE, von Luxemburg abgelehnt, werden in den befragten Staaten sehr unterschiedlich
  geregelt. Die weitestgehende Regelung hat der Under-Cover-Agent
  (UCA) in den USA.

In der internationalen OK-Bekämpfung finden sich eine ganze Reihe von
nationalen und bilateralen Arbeitsgruppen, insbesondere im Rauschgiftbereich. Polizeiliche Zusammenarbeit ist des öfteren durch Zusatzabkommen
bi- und multilateraler Natur gekennzeichnet. Dazu eine Reihe von Beispielen (Agenturmeldungen):

• Juli 1994: Bei einer gemeinsamen Tagung im BKA verständigten sich Vertreter der Polizeibehörden von Deutschland, den USA, Rußland, Italien
  und Kanada auf eine verstärkte Zusammenarbeit in der Bekämpfung der
  internationalen OK.

- September 1994: In ihrer „Berliner Erklärung" einigten sich die Innen- und Justizminister der 12 EU-Staaten, der 4 EU-Beitrittsländer (Österreich, Schweden, Finnland, Norwegen) sowie von 6 osteuropäischen Ländern auf die gemeinsame Bekämpfung des illegalen Handels mit Rauschgift und Nuklearstoffen, Menschenhandel und -schmuggel, Kfz-Schiebereien und Geldwäsche.

- März 1997: Zum Abschluß einer Konferenz zum Thema „Kriminalität und städtische Unsicherheit in Europa" forderten in Erfurt Experten aus 29 Staaten wirksame grenzüberschreitende Maßnahmen gegen das dramatisch angestiegene Verbrechen in Europa.

- Mai 1997: Die EU und die USA hatten auf einem Gipfel in Den Haag den 50. Geburtstag des Marshall-Plans gefeiert und aktuelle transatlantische Probleme mit dem Ergebnis beraten, daß u.a. ihr Kampf gegen die Drogen verstärkt wird.

- Mai 1997: Auf der Ministerkonferenz der Pompidou-Gruppe des Europarats wurde in Tromsö die Erklärung abgegeben, daß die Staaten Europas in den kommenden Jahren ihre Zusammenarbeit bei der Bekämpfung des RG-Handels und Gebrauchs verstärken.

- Juli 1997: In einer „Bonner Erklärung" wollten sich mehr als 40 Minister aus Europa, Nordamerika und Japan bei ihrem Treffen in Bonn auf Regeln für die Nutzung des Computernetzes Internet einigen.

- Dezember 1997: Nach einer Konferenz einigten sich die 7 führenden Industriestaaten und Rußland (G 8) in Washington auf einen 10-Punkte-Plan zur Bekämpfung der Computerkriminalität.

- April 1998: Die Teilnehmer des Europäisch-Asiatischen Gipfels (Asem II) in London wollten künftig den Sextourismus gemeinsam bekämpfen.

- April 1998: Auf ihrem Gipfeltreffen in Santiago de Chile hatten sich die Staats- und Regierungschefs aus 34 Staaten Nord- und Lateinamerikas auf mehrere Abkommen geeinigt, u.a. auf eine multilaterale Allianz zur Koordinierung der Drogenbekämpfung.

- Mai 1998: Zum Abschluß ihrer Konferenz in Almaty beschlossen die Organisationen für wirtschaftliche Zusammenarbeit von 10 mittelasiatischen Staaten u.a. auch den Kampf gegen den Drogenschmuggel.

- Mai 1998: In Brüssel unterzeichneten die Justizminister der EU, der 10 mittel- und osteuropäischen EU-Bewerber sowie der Vertreter Zyperns einen „Pakt gegen die OK". Demnach verpflichten sich die EU-Kandidaten zu einer möglichst engen Zusammenarbeit mit den EU-Mitgliedern bei der Kriminalitätsbekämpfung. Im Gegenzug unterstützt die Union die Bewerber noch vor ihrem jeweiligen Beitritt bei der Anpassung ihrer unterschiedlichen Polizei- und Justizsysteme an den in der EU üblichen Standard.

- Juni 1998: Vom 15.6. bis 17.7. dauert eine UNO-Staatenkonferenz in Rom, die eine Konvention zur Gründung eines Ständigen Internationalen Gerichtshofes erarbeiten soll. Dieser International Criminal Court (ICC) soll, so das Fernziel, als ständiges Weltgericht schwere Verbrechen (wie Völkermord) ahnden.

In die Offensive ging schon Mitte der 90er Jahre das FBI. Dessen Vize-Direktor *David Binney* kündigte auf einer Tagung von Sicherheitsexperten aus Westeuropa im Herbst 1994 an, daß das FBI eine Ausbildungsakademie in Europa, nach dem Muster der FBI-Akademie „Quantico" gründen wolle.[72] Vor dem Hintergrund der wachsenden Aktivität osteuropäischer Krimineller sollten dort osteuropäische Polizisten Schulungen durchlaufen. In der Hauptstadt Ungarns eröffnete im April 1995 FBI-Direktor *Louis Freeh* die „International Law Enforcement Academy Budapest" (ILEA). Das Trainingsprogramm von Polizeioffizieren aus Ost-Mitteleuropa, die ILEA-Schüler werden nach FBI-Kriterien ausgesucht, wurde vorläufig auf fünf Jahre veranschlagt – bis zum Jahr 2000.[73]

1.3.2 Bekämpfungsinstrumente in Deutschland

Auch Deutschland hat mit einer Reihe von Staaten, in den 90er Jahren insbesondere in Mittel- und Osteuropa, Zusatzabkommen zur Bekämpfung der OK abgeschlossen, beispielsweise:

- Im Mai 1991 wurde mit der UdSSR eine Intensivierung der Zusammenarbeit in der OK- und RG-Bekämpfung vereinbart. Mit der Durchführungsvereinbarung des Abkommens zur RG-Bekämpfung aus 1989 (in diesem Jahr trat die Sowjetunion Interpol bei) sollte die polizeiliche Kooperation vereinfacht werden. Eine vergleichbare Vereinbarung war seinerzeit bereits mit Ungarn getroffen worden. In Gesprächen stand man mit Polen und der CSFR.

- Im Februar 1995 wurde mit der Ukraine vereinbart, im Kampf gegen OK und Terrorismus zusammenzuarbeiten. Zu dieser Zeit hatte Deutschland bereits ähnliche Vereinbarungen mit Tschechien, der Slowakei, Polen, Ungarn, Bulgarien und Estland geschlossen. Im selben Jahr sollten noch Vereinbarungen mit Lettland, Litauen und Weißrußland folgen.

- Im Oktober 1996 wurde mit Rumänien beschlossen, bei der OK-Bekämpfung eng zusammenzuarbeiten. Die polizeiliche Zusammenarbeit sollte insbesondere die RG-Kriminalität, Geldwäsche, Terrorismus und den unerlaubten Handel mit Nuklearmaterial betreffen.

Gesetzliche Grundlagen der OK-Bekämpfung im engeren und in der Verbrechensbekämpfung (VB) im weiteren Sinne sind Mitte 1998:

Die Regelungen für die Bekämpfungsorgane auf Landesebene: so die Landespolizeien/LKA und bis dato ein Landesamt für Verfassungsschutz (LfV des Freistaates Bayern seit 1994) und auf Bundesebene: das BKA, der BGS, das 1992 gegründete Zollkriminalamt (ZKA) und der Bundesnachrichtendienst (BND).[74] Zu diesen OK-Bekämpfungsorganen beziehungsweise deren gesetzlichen Arbeitsregelungen sei angemerkt:

- Die Arbeit der Polizeien der 16 Bundesländer ist über die jeweiligen Landespolizeigesetze (Sicherheits- und Ordnungsgesetze) geregelt. Im Haushaltsjahr 1996 waren in allen Ländern insgesamt 235 935 Planstellen für Beamte des Polizeivollzugsdienstes ausgewiesen. Die OK-Bekämpfung gehört vornehmlich zu den Aufgaben der Landeskriminalämter. Mit dem Wegfall der Grenzkontrollen zwischen Deutschland, Österreich und Italien (Grundlage Schengener Abkommen) seit 1. April 1998 soll als Ausgleichsmaßnahme für Sicherheitsdefizite die sogenannte Schleierfahndung, also verdachts- und ereignisunabhängige Kontrollen von Personen in einem 30 Kilometer breiten Streifen beidseits der Grenzen, in – wenn möglich allen – Landespolizeigesetzen verankert werden. Bayerns Innenminister *Günther Beckstein* (CSU) schlug Anfang April 98 eine bundesweite Einführung der „Schleierfahndung" vor. In Bayern selbst war die Methode des „Grenzsicherungsschleiers" nach Beckstein[75] schon seit drei Jahren im Stadium eines Pilotversuches. Mit Stand von April 1998 wurden diese verdachtsunabhängigen Kontrollen auch in Baden-Württemberg, Sachsen und Mecklenburg-Vorpommern praktiziert, in Brandenburg und Nordrhein-Westfalen nicht.

- Die Arbeit der Verfassungsschützer ist über die Landesverfassungsschutzgesetze geregelt. Nach dem bayerischen VerfSchG wurde das dortige LfV (als erstes und bis dato einziges Bundesland) mit der Beobachtung der OK beauftragt. Die Zuständigkeit ist hier „für das gesamte Vorfeld der OK betreffend die Gefahrenvorsorge und zum Teil Gefahrenabwehr mit der Befugnis zum Einsatz nachrichtendienstlicher Mittel" gegeben. Zur letzteren Befugnis gehört auch die „technische Aufklärung in Wohnräumen". (Weiteres über ND in der OK-Bekämpfung im zweiten Kapitel).

- Die Arbeit der Bundeskriminalamts wurde im Gesetz über die Einrichtung eines Bundeskriminalpolizeiamtes (Bundeskriminalamtes) in den Fassungen vom 8.3.1951 (BGBl. I S.165) und vom 29.6.1973 (BGBl. III 2190-1) geregelt. Spätestens mit dem Volkszählungsurteil vom 15.12.1983 wurde eine Novellierung des BKAG (Schaffung von bereichsspezifischen Eingriffsregelungen) zwingend erforderlich, zumal alle Bundesländer zwischenzeitlich in ihren Polizeigesetzen diesen Erfordernissen Rechnung getragen hatten. Vor dem Hintergrund neuer und veränderten Kriminalitätsformen, der OK-Bekämpfung und der internationalen VB wurde eine neue Aufgabenverteilung zwischen Bund und Ländern und damit auch eine geänderte Zuständigkeit des BKA erforderlich. Nach einigen Anläufen wurde dem Gesetzentwurf der Bundesregierung „über das BKA und die Zusammenarbeit des Bundes und der Länder in kriminalpolizeilichen Angelegenheiten" vom Bundesrat in seiner Sitzung vom 25.4.1997 zugestimmt. Zum 1.8.1997 trat das novellierte BKA-Gesetz in Kraft.

Die bisherige Zuständigkeit des BKA bei der VB wurde erweitert:[76]

– Zum einen wurden die Bekämpfung international organisierter, terroristischer Vereinigungen, die Verfolgung international organisierter Nötigung von Verfassungsorganen des Bundes oder ihrer Mitglieder sowie damit in Zusammenhang stehender Straftaten hinzugefügt.

– Zum anderen wurde die Verfolgung von im Ausland begangenen Tötungsdelikten und Straftaten gegen die persönliche Freiheit, soweit kein anderer Gerichtstand besteht, dem BKA als Aufgabe zugewiesen. Die bereits bestehenden, originären Strafverfolgungszuständigkeiten des BKA wurden beibehalten.

– In Fällen, in denen das BKA als Strafverfolgungsbehörde tätig wird, hat es nunmehr auch die Zeugenschutzaufgaben zu übernehmen (Aufgabenwahrnehmung zuvor nur aufgrund von Richtlinien).

– Im Bereich der internationalen Polizeizusammenarbeit führt das BKAG im Interesse schnellster Reaktionsmöglichkeit der Polizei mehr Flexibilität unter Wahrnehmung der Zentralstellenkompetenz des BKA ein.

– Den Länderpolizeien wird die Möglichkeit eingeräumt, selbständig die Polizeien der Nachbarstaaten und der EU-Mitgliedstaaten einzuschalten, wenn Gefahr im Verzuge ist oder es sich um Fälle von regionaler Bedeutung im Grenzgebiet handelt.

– Erstmals wird im BKAG die Möglichkeit des BKA geregelt, technische Mittel zur Eigensicherung seiner im Rahmen der Strafverfolgung tätigen Beamten einzusetzen. Damit soll den besonderen Gefahren, denen insbesondere VE in Verfahren gegen die OK ausgesetzt sind, begegnet werden.

Mehr als dreizehn Jahre nach dem Volkszählungsurteil wurde mit der BKAG-Novelle eine gesetzliche Grundlage für die Datensammlungen des BKA geschaffen. Neu ist auch, daß der BKA-Präsident künftig jederzeit in den einstweiligen Ruhestand versetzt werden kann. Im Haushaltsjahr 1996 waren für das BKA insgesamt 3349 Planstellen für Beamte des Polizeivollzugsdienstes ausgewiesen.

• Die Arbeit des Bundesgrenzschutzes ist über das BGS-Gesetz, heute über das Bundesgrenzschutzneuregelungsgesetz (BGSNeuRegG) vom 19. Oktober 1994, das am 1. November 1994 in Kraft trat, geregelt. Die Neuregelung soll dem BGS effizientere Grenzkontrollen und gezieltere Maßnahmen im Kampf gegen illegale Zuwanderung und Schleuserkriminalität ermöglichen. Auch soll der RG-Schmuggel, der Waffenhandel und die Verschiebung von Kfz durch die Neuregelung besser bekämpft werden.[77] In der Neuregelung wurde auch die Abhörpraxis der BGS-Gruppe Fernmeldewesen „zur Unterstützung des BfA auf dem Gebiet der Funktechnik" sanktioniert,[78] was seinerzeit nicht nur von der GdP (als Verstoß gegen das verfassungsrechtliche Trennungsgebot von Polizei und Geheimdiensten) kritisiert wurde.[79] Mitte der 90er Jahre begann der Bundesinnenminister mit einer Strukturreform, die ab 1996 den Schwerpunkt der BGS-Arbeit von den kasernierten Verbänden, die denen der Bereitschaftspolizei der Länder ähneln, zum „Einzeldienst" vornehmlich an den ostdeutschen EU-Außengrenzen verlagerte. Eine weitere Umorganisation des BGS stellte Bundesinnenminister *Kanther* im September 1997 mit einem „Grenzschutz-Konzept" vor, nach welchem der BGS auch mehr polizeiliche Aufgaben im Landesinneren übernehmen soll. Um den neuen Aufgaben in der Kriminalitätsbekämpfung Rechnung tragen zu können, soll ein Netz von 97 regionalen Inspektionen geschaffen werden; gestärkt werden soll auch die in den BGS eingegangene Bahnpolizei. Die Grenzpolizei im traditionellen Sinn soll auf die Grenzen zu Polen und Tschechien konzentriert werden. Der Auftrag an den übrigen Grenzen lautet künftig: Weg vom Schlagbaum – hin zur Raumsicherung in engster Zusammenarbeit mit der Landespolizei und den Grenzpolizeien der Anrainerstaaten. Im Februar 1998 entschied das Bundesverfassungsgericht, da der BGS für die Sicherung der Bahnanlagen und Flughäfen zuständig ist, sei die Übertragung dieser Aufgaben mit dem GG vereinbar. Zugleich machte der Zweite Senat des BVG deutlich, daß der BGS auf seine Zuständigkeiten beschränkt sei. In dem Beschluß (AZ: 2 BvF 3/92) heißt es:[80] *„Der BGS darf nicht zu einer allgemeinen, mit den Landespolizeien konkurrierenden Bundespolizei ausgebaut werden und damit sein Gepräge als Polizei mit begrenzten Aufgaben verlieren."* Dennoch, erst im Juni 1998 beschlossen die Parlamentarier eine weitere umfassende Ermächtigung für den BGS: auf allen Flughäfen, Bahnhöfen und in allen Zügen darf er verdachtsunabhängige Kontrollen im gesamten Inland durchführen. Festgeschrieben wurde die „Schleierfahndung" im Grenzschutz-Gesetz.[81] Im Haushaltsjahr 1996 waren für den BGS 32 220 Planstellen für Beamte des Polizeivollzugsdienstes ausgewiesen.

• In die OK-Bekämpfung wurde auch das 1992, durch Änderung im Finanzverwaltungsgesetz (neu § 5a) aus 1991, neugegründete Zollkriminalamt (ZKA) als Zentralstelle für den Zollfahndungsdienst und für das Auskunfts- und Nachrichtenwesen der Zollverwaltung eingebunden. Seit dieser Zeit hat diese Behörde das Recht, schon vor Einleitung eines Ermittlungsverfahrens den Post- und Fernmeldeverkehr zu überwachen (von 1992 bis 1997 etwas mehr als 20 Fälle). Dieses Grundeingriffsrecht ist gesetzlich geregelt, für das ZKA bis Ende 1999 befristet. Zum Aufgabenbereich der Behörde in Köln gehört die Bekämpfung des RG-Schmuggels, des Subventionsbetrugs, illegaler Waffenexporte und Verstöße gegen das Washingtoner Artenschutzabkommen. Höchste Priorität räumt ZKA-Präsident *Karl-Heinz Matthias* dem Kampf gegen den illegalen Export von Massenvernichtungswaffen ein.[82] In diesem Zusammenhang werden besonders die sogenannten Schwellenländer Irak, Iran, Libyen, Syrien und Pakistan beobachtet. Das ZKA ist Mitglied in der „World Customs Organization" (WCO).

Zur Unterstützung örtlicher Zollfahnder bei riskanten Einsätzen (z.B. gegen OK-Gruppen im RG- oder Zigarettengeschäft) formierte das ZKA über zwei Jahre eine Sondereinheit namens Zentrale Unterstützungsgruppe Zoll (ZUZ), die seit Anfang 1998 als Einheit bereitsteht.[83]

• Die Arbeit des Bundesnachrichtendienstes ist im BND-Gesetz geregelt. Dort heißt es in § 2 Abs.2: *„Der BND sammelt zur Gewinnung von Erkenntnissen über das Ausland, die von außen- und sicherheitspolitischer Bedeutung sind, die erforderlichen Informationen und wertet sie aus."* Darunter fällt auch die Aufklärung des internationalen RG-Handels als eine „Aufklärung nicht-militärischer Bedrohung", wenn dieser für die Sicherheit und den Bestand der BR Deutschland als Ganzes eine ernsthafte Gefahr darstellt. Analoge Gefahrendarstellungen sind auch andere Bereiche der OK (z.B. Proliferation, allgemeiner Handel mit Waffen und Waffentechnologien und Geldwäsche).

Im Bereich der VB wurde dem BND durch das Verbrechensbekämpfungsgesetz ab 1.Dezember 1994 eine größere Rolle zugewiesen. Der Dienst wurde ermächtigt, alle „internationalen, nicht leitungsgebundenen Fernmeldeverkehrsbeziehungen" zu überwachen, d.h. sämtliche Telefonate, Faxe und Telexe, die über Richtfunk oder Satellit zwischen Deutschland und dem Ausland hin und her laufen. Zielvorstellung war, daß der BND Gefahren erkennen und abwehren sollte, die Deutschland durch fremde Militärs und Terroristen drohen, durch Waffen- und Technologieschmuggler, Rauschgifthändler, Geldwäscher und Geldfälscher. In einer einstweiligen Anordnung[84] schränkte das BVG die im VB-Gesetz geregelte Überwachung des Telefon- und Telefaxverkehrs im Juli 1995 (AZ: 1 BvR 2226/94) ein. Daten, die der BND über die sogenannte verdachtslose Rasterfahndung erlangt hat, durfte er nur bei hinreichendem Verdacht auf eine Straftat auswerten und an die Strafverfolgungsbehörden weitergeben. Für den Datenschutzbeauftragten des Bundes hatte der „BND-Staubsauger nun einen rechtsstaatlich sauberen Filter" bekommen. In diesem, so schätzte er, blieben täglich 4000 Aufzeichnungen, die bei der Verwendung bestimmter Suchbegriffe mitgeschnitten wurden. Aus der Antwort des bayerischen Innenministeriums auf eine Anfrage der Grünen ging im Juli 1997 hervor, daß der BND etwa alle zwei Minuten bei einer Telefonverbindung ins Ausland mithörte. Insgesamt würden täglich rund 600 Vorgänge des internationalen Fernmeldeverkehrs mit Hilfe von Suchbegriffen überprüft. Davon würden 45 als möglicherweise erheblich selektiert, der Rest automatisch gelöscht.[85] Schon Anfang 1998 war der BND mit den Ergebnissen seiner Telefonüberwachungen (TÜ) unzufrieden. In einer ersten Bilanz konnte er nicht einmal ein Dutzend Hinweise auf mögliche Terroristen, Waffen- oder Drogenhändler an die Strafverfolgungsbehörden melden, obwohl Zehntausende „Fernmeldeverkehre" abgefangen und ausgewertet worden waren.[86] Für die Negativ-Bilanz machte der BND die BVG-Einschränkung aus 1995 verantwortlich. Hieß es im Februar 1998 noch, daß der Dienst die Ausdehnung seiner elektronischen Überwachung prüfe[87], kam wenige Monate später im Juni die Meldung[88], daß „der BND sich aus wichtigen Teilen der Fernmeldeaufklärung zurückgezogen hat". Als Grund wurde angegeben, daß die aufwendigen weltweiten Fahndungsmaßnahmen im Bereich des internationalen Terrorismus und des RG-Handels ohne greifbare Ergebnisse geblieben waren. Die „Äther-Fahndung" nach Exporteuren von High-Tech für Massenvernichtungswaffen und Händlern von Rüstungsgütern würde bleiben.

Mit Stand 1996 war der BND mit etwa 6500 Mitarbeitern der personenstärkste unter den ND[89] in Deutschland. (Weiteres über ND in der OK-Bekämpfung im zweiten Kapitel).

In den 90er Jahren sind vom Deutschen Bundestag mehrere Gesetze verabschiedet worden, die – was die OK-Bekämpfung betrifft – Schritte in die richtige Richtung sind, so zum Beispiel das:

– im Juli 1992 verabschiedete Gesetz zur Bekämpfung des illegalen Rauschgifthandels und anderer Erscheinungsformen der Organisierten Kriminalität (OrgKG);

– im Mai 1994 verabschiedete Gesetz zur Änderung des Strafgesetzbuches, der Strafprozeßordnung und anderer Gesetze (Verbrechensbekämpfungsgesetz).

Den Veränderungen der Kriminalität Rechnung tragend, aus polizeilicher Sicht beispielsweise der VB durch Erweiterung des vorhandenen Instrumentenkataloges, wurden und werden Ergänzungsänderungen der Regelwerke eingebracht, so

– legte die SPD-Fraktion (Deutscher Bundestag 12. Wahlperiode) schon Anfang Februar 1994 den Entwurf eines 2. OrgKG vor;

– legte das Land Baden-Württemberg (Bundesrat Drucksache 695/95) im Oktober 1995 den Entwurf eines Ersten Gesetzes zur Ergänzung des VB-Gesetzes vor.

– beschloß der Bundestag mit Zustimmung des Bundesrates das Gesetz zur Verbesserung der Bekämpfung der Organisierten Kriminalität vom 4. Mai 1998 (BGBl. I, Nr 25);

Die Anwendung der Ermittlungsinstrumente der Strafverfolger stellt einerseits auf das Erkennen von OK-Strukturen und andererseits – im Endziel – auf das Eindringen in den Kernbereich ab.

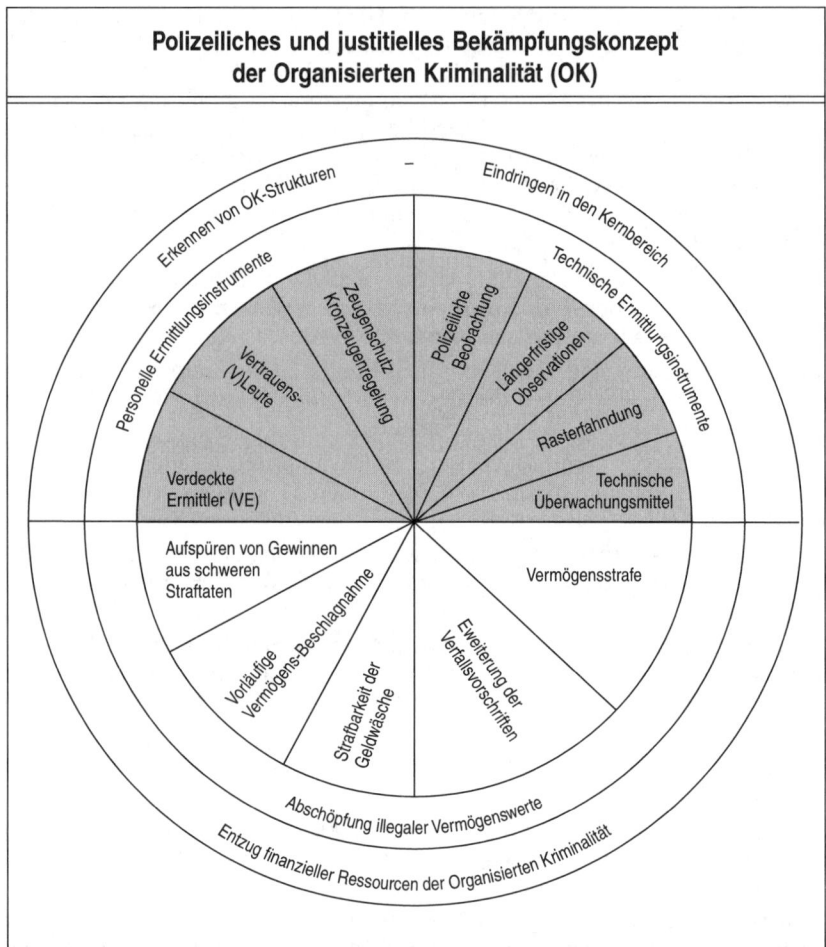

Polizeiliches und justitielles Bekämpfungskonzept der Organisierten Kriminalität (OK)

Zu den personellen Ermittlungsinstrumenten zählen (Sachstand):

• Verdeckte Ermittler (VE): Die Rechtsgrundlage des als VE arbeitenden Polizeibeamten ist durch das OrgKG in den §§ 110a–e StPO geregelt. Legaldefinition (n. § 110a Abs.2 StPO): VE sind Beamte des Polizeidienstes, die unter einer ihnen verliehenen, auf Dauer angelegten, veränderten Identität (Legende) ermitteln.

Ähnliche Definitionen enthalten auch Polizeigesetze der Länder, in denen der Einsatz des VE geregelt ist.[90] Der verdeckt ermittelnde Beamte grenzt sich zum „nicht offen ermittelnden" Beamten (NOEB) ab. Letzterer ist mit einer kurzfristig angelegten Legende im Milieu, um dort unerkannt zu ermitteln. Zum VE grenzt sich auch der „qualifizierte Scheinaufkäufer" ab, Polizeibeamte, die mit Vorzeigegeldern bei Straftätern Zahlungsfähigkeit vortäuschen und einen Zugriff auf die Täter in einer beweiskräftigen Situation insbesondere im BTM-Bereich ermöglichen sollen. Verdeckt ermittelt wird auch in anderen Szenen durch andere Organe.[91]

- V(ertrauens)-Leute: Der Einsatz dieser Personen, die nicht einer Strafverfolgungsbehörde als Bedienstete angehören, gehört zu den ältesten Instrumenten der VB und stellt heute ein wichtiges Instrument in der OK-Bekämpfung dar. Eine V-Person ist bereit, die Strafverfolgungsbehörde für längere Zeit bei der Aufklärung von Straftaten zu unterstützen. Seine Identität sollte grundsätzlich geheimgehalten werden. In Relation zur V-Person ist ein polizeilicher Informant eine Person, die im Einzelfall bereit ist, gegen Zusicherung der Vertraulichkeit, der Strafverfolgungsbehörde Informationen zu geben. Die Inanspruchnahme dieser Informanten und V-Personen ist in Deutschland von höchsten Gerichten (BVG, BGH) als zulässiges Mittel anerkannt worden. Eine spezielle Regelung in der StPO hingegen gibt es bis dato nicht. Strafprozessual gelten diese Personen als Zeugen. Bei den V-Leuten handelt es sich meist um Personen aus dem kriminellen Milieu, die in der Regel für (staatliches) Geld tätig werden. Moralisch gesehen ein „schmutziges Geschäft", doch wäre eine Bekämpfung der Schwerstkriminalität ohne V-Leute nicht praktikabel.

- Kronzeugenregelung / Zeugenschutz: Eine Kronzeugenregelung für den OK-Bereich wurde erst mit dem VB-Gesetz aus 1994 in die StPO aufgenommen. Eine klassische Kronzeugenregelung gab es zuvor nur im Bereich der Bekämpfung des Terrorismus.[92] Damit gab es mit Stand Juni 1997 nachstehende Kronzeugenregelungen:
  - § 129 Abs. 6 StGB (i.V. mit § 129 a StGB): Bildung krimineller oder terroristischer Vereinigungen.
  - § 261 Abs. 10 StGB (Geldwäsche): Unter bestimmten Voraussetzungen wird die Möglichkeit einer strafbefreienden Anzeige sowie eine „kleine Kronzeugenregelung" vorgesehen.
  - § 31 BtMG: Bei Ermittlungsverfahren mit RG-Bezug kann eine Kronzeugenregelung in Betracht gezogen werden.

Wie wichtig die Kronzeugenregelung im OK-Bereich ist, zeigt nicht nur das Beispiel Italien (Regelung seit 1987) mit seinen Maxi-Prozessen gegen die IOK. Kronzeugenregelungen setzen effektive Zeugenschutzmaßnahmen voraus, die die Dauer der Ermittlungen, die Dauer des Strafverfahrens und – wenn es die Sache erfordert – die Zeit nach dem Strafverfahren umfassen müssen. Zeugenschutz hat zwei Ziele: Schutz der gefährdeten Person und die Sicherung der Strafverfolgung und des Strafverfahrens. In Deutschland sind die Fallzahlen der durchgeführten Zeugenschutzmaßnahmen[93] kontinuierlich gestiegen: 465 Fälle 1994, 480 Fälle 1995 und 481 Fälle 1996. Bei der Vielzahl der Probleme, die ein effektiver Zeugenschutz mit sich bringt, ist ein Zeugenschutzgesetz (ZSG) als Rechtsgrundlage dringend erforderlich, zumal der *„bisher auf der Grundlage von Richtlinien der Verwaltung, der polizeilichen Generalklausel oder des Notstandsparagraphen des StGB gestützte Zeugenschutz sich als rechtlich zumindest bedenklich erwiesen hat"*; so zumindest der Landtag Rheinland-Pfalz Anfang Januar 1997.[94] Im Resümee der Vorstellung eines Entwurfs eines ZSG (das die Änderung von insgesamt 11 Bundesgesetzen mit sich bringt) hieß es im März 1997 u.a.:[95] *„Der erarbeitete Entwurf bemüht sich, auch auf den ersten Blick unbedeutende Dinge zu regeln. Die kleinste Lücke im Schutzsystem, gerade in der Zeit vernetzter EDV-Anlagen, kann zu einer Gefahr der Schutzperson werden. Fehlgeschlagene Schutzmaßnahmen können schnell dazu führen, daß aussagewillige Personen ihr Leben dem Zeugenschutz nicht mehr anvertrauen. Das könnte das Ende dieser Einrichtung, die zumindest derzeit das schärfste Schwert gegen die organisierte Kriminalität ist, sein."*

Zu den technischen Ermittlungsinstrumenten zählen (Sachstand):

- Rasterfahndung: Seit dem Inkrafttreten des OrgKG in 1992 ist das Instrument der Rasterfahndung in den §§ 98a-b der StPO verankert. Für den präventiv polizeilichen Bereich finden sich entsprechende Regelungen in den Polizeigesetzen der Länder. Die Rasterfahndung bedient sich der elektronischen Datenübermittlung. Deren technische Umsetzung ist gesetzlich nicht geregelt[96], hat aber in einer Form zu erfolgen, die einen maschinellen Abgleich (die eigentliche Rasterfahndung) ermöglicht. Die Abgleichstelle (wer das ist, wurde vom Gesetzgeber nicht geregelt; der Datenabgleich ist unter der Verantwortung der Staatsanwaltschaft vorzunehmen) führt den Datenabgleich mit dem Ziel durch, die Schnittmenge der Personen herauszufiltern, deren Daten allen in der Suchanfrage fixierten Merkmalen entsprechen. Mit einer Rasterfahndung ist ein erheblicher technischer und organisatorischer Aufwand verbunden. Die generalklauselartige Formulierung in § 98a I Nr.5 und 6 StPO läßt den Einsatz einer Rasterfahndung auch im OK-Bereich zu, die sich hier als wirkungsvolles Instrument erweisen kann.

- Bewährt haben sich die polizeiliche Beobachtung und die längerfristige Observation, die als Ermittlungsinstrumente unstrittig sind. Ganz anders die Situation beim Einsatz der

- Technischen Mittel: Bis heute ist die Wohnraumüberwachung mit technischen Mitteln („großer Lauschangriff"), notwendig als ein Instrument der OK-Bekämpfung, in Deutschland[97] umstritten. Streitpunkt war und ist die Verletzung der Intimsphäre (= Wohnung), die durch den Artikel 13 des GG geschützt ist. Nach geltender Rechtsprechung umfaßt die Wohnung auch alle Geschäftsräume. Dazu gehören auch Bordelle, Spielsalons und Hotelzimmer, also Räumlichkeiten, in denen sich nicht selten Angehörige der

OK treffen und Absprachen tätigen. Nach siebenjähriger Debatte einigte sich 1998 die Koalitionsfraktion mit der SPD-Fraktion auf den Einsatz technischer Mittel zur „elektronischen Beweissicherung" bei der Strafverfolgung. Durch Änderung des Artikel 13 GG, im Bundesgesetzblatt am 31.3.1998 veröffentlicht, durften „zum Zwecke der Strafverfolgung technische Mittel zur akustischen Überwachung von Wohnungen" eingesetzt werden. Die Wohnraumüberwachung mit anderen technischen Mitteln, insbesondere eine Videoüberwachung (sog. Spähangriff), zu diesem Zweck bleibt weiterhin unzulässig. Obwohl der „große Lauschangriff" seit dem 1. April 1998 grundsätzlich erlaubt ist, konnten die Strafverfolgungsbehörden davon noch keinen Gebrauch machen, weil die Ausführungsgesetze noch nicht galten. Ein Beweiserhebungsverbot wird es bei bestimmten geschützten Berufsgruppen geben, die nach § 53 StPO über ein berufliches Zeugnisverweigerungsrecht verfügen. Nach Stand von April 1998 dürfen nachstehende zeugnisverweigerungsberichtigten Berufsgruppen zur Strafermittlung nicht abgehört werden:

– Geistliche, Strafverteidiger und Abgeordnete (im ursprünglichen Entwurf vorgesehen);

– erweitert wurde dieser Kreis (nach Bestätigung eines Vermittlungs-Kompromisses Anfang März 1998) um Rechtsanwälte, Notare, Wirtschaftsprüfer, vereidigte Buchprüfer, Steuerberater und -bevollmächtigte, Ärzte, Zahnärzte, Apotheker, Hebammen, Mitglieder staatlich anerkannter Beratungsstellen sowie Journalisten.[98]

Für die Praxis des „großen Lauschangriffs" wurden vier Einschränkungen festgeschrieben:

a) Richtervorbehalt,

b) öffentliche Berichterstattung,

c) parlamentarische Kontrolle und

d) im materiell-rechtlichen Bereich die Beschränkung auf die Gefahrenabwehr für die öffentliche Sicherheit.

Was letztlich von diesem OK-Bekämpfungsinstrument übrig blieb, machte der baden-württembergische Innenminister *Schäuble* in seiner Erklärung vor dem Bundesrat am 6. März 1998 deutlich:[99] *„Das Instrument zum Abhören von Gangsterwohnungen ist durch das Vermittlungsergebnis endgültig wirkungslos geworden. Es hat nur noch eine Art „Placebo"- Charakter, mit dem ein Teil der Befürworter dieses Ergebnisses der Bevölkerung Tatkraft beim Kampf gegen die organisierte Kriminalität suggerieren – aber eben auch nur suggerieren – will."*

1.4 Anmerkungen zum 1. Kapitel

1 Das Gesetz wurde nach dem sizilianischen KP-Regionalchef und Mafia-Gegner *Pio La Torre* benannt, der einige Monate zuvor am 30. April 1982 in Palermo erschossen worden war.

2 Die DIA hat, analog zum FBI-Aufbau, ein Hauptquartier (in Rom) und starke dezentrale Dienststellen (in 12 Großstädten des Landes). Schon im Januar 1993 vereinbarte der DIA-Leiter *Giuseppe Tavormina* und BKA-Präsident *Hans-Ludwig Zachert* in Wiesbaden eine ständige Anti-Mafia-Arbeitsgruppe.

3 Zur Bezeichnung einer Gruppe als kriminelle Vereinigung und ihrer Designation müssen drei Voraussetzungen erfüllt sein: Zum einen ist dies die Einkommenssicherung von Mitgliedern der Organisation durch Aktivitäten der Bedrohung oder Gewalt im Schatten oder durch Veranlassung der Boryokudan; zum anderen, daß eine bestimmte vom Kabinett noch festzulegende Prozentzahl ihrer Mitglieder vorbestraft sind. Darüber hinaus ist ein Kriterium, daß die hierarchisch strukturierte Organisation von „unter der Kontrolle von Vertretern einer Boryokudan oder unter der von Personen steht, die in BoryokudanUnternehmen Führungspositionen bekleiden". Das Label der kriminellen Vereinigung behält die Gruppe für drei Jahre; danach erfolgt eine erneute Prüfung. Die Entscheidung über die Bezeichnung einer Gruppe als kriminelle Vereinigung trifft die Nationale Kommission für öffentliche Sicherheit nach Anhörungen von Bürgern, Polizei und Wissenschaftlern sowie Vertretern der Yakuza. Eine Zuordnung zu dieser Gruppierung erlaubt der japanischen Polizei ein frühes Eingreifen und erweiterte Ermittlungsmethoden (Zitiert n. *Kawamura, Gabriele*: Yakuza, 1994, a.a.O., S. 46).

4 Den Boryokudan werden in elf „Geschäftsbereichen" schon bei kleinsten Vergehen auch Freiheitsstrafen angedroht. Zu diesen Bereichen gehören die klassischen Betätigungsfelder der Yakuza: Rauschgifthandel, Waffenschmuggel, verbotenes Glücksspiel, Erpressung, Prostitution und die Protektion von Unternehmen in der Vergnügungsbranche. Aber auch Geschäftsbereiche, in denen die Kunden aus Bürgerschaft, Wirtschaft und selbst Politik kamen, zum Beispiel: „Schutz" von Firmenhauptversammlungen gegen „lästige" Fragensteller; das gewaltsame Eintreiben von Schulden; die „Regelung" von Verkehrsunfällen und Eigentumsfragen. Ein Kernstück des Gesetzes, im Entwurf noch vorgesehen, wurde frühzeitig herausgelöst: die Konfiszierung von illegal erwirtschafteten Geldern (mit der Ausnahme Rauschgiftkriminalität).

5 Zitiert n. Detlefsen, Jürgen: Rocker vergelten Brandbombe mit tödlichem Kugelhagel, Tagesspiegel, 9.6.1997, S. 24.

6 Ende September 1997 brachte die FBI-Fortbildungsakademie ihre europäischen Absolventen für drei Tage in Berlin zusammen. Insgesamt 186 Beamte diskutierten „gemeinsame Strategien gegen das Organisierte Verbrechen" (zitiert n. Der Tagesspiegel, 2.10.1997, S. 14).

7 Zu beachten ist dabei, daß diese Gelder jährlich, sozusagen als legalisierter Jahresüberschuß der OK anfallen. Würde man eine Bilanz des internationalen Konzerns OK aufstellen, beliefe sich das dort akkumulierte Eigenkapital bereits auf ein Vielfaches dieser Beträge, denn ständig zunehmende Schätzungen existierten auch schon für die letzten Jahre.

8 Zitiert n. Bernasconi, Paolo: Finanzunterwelt, Orell Füssli, Zürich und Wiesbaden 1988, S. 27 f.

9 Zitiert n. Werner, Thomas Achim: Wachstumsbranche Geldwäsche, 1996, a.a.O., S. 116-120.

10 Die Empfehlungen lassen sich grob in vier Abschnitte gliedern. 1 (Empfehlung 1-8): er bestimmt die Umsetzung der Wiener Drogenkonvention und strafrechtliche Maßnahmen; 2 (Empfehlung 9-29): er empfiehlt eine Dokumentationspflicht mit Verdachtsmeldung sowie die Kooperation der Banken und Nichtbank-Finanzinstitute. 3 (Empfehlung 30-32): er schlägt Kooperationen der Notenbanken mit internationalen Behörden bezüglich der Erfassung von Bargeldströmen vor. 4 (Empfehlung 33-40): er regelt internationale Kooperation und Rechtshilfe der Ermittlungs- und Justizbehörden. Die Beschränkung der Empfehlungen auf den Bereich der Drogengeldwäsche wurde in der überarbeiteten Fassung aus dem Jahr 1996 aufgegeben.

11 Das gesamte Finanzgewerbe soll aktiv in die Bekämpfung der Geldwäsche einbezogen werden: also sowohl Banken und Kreditinstitute als auch Nichtbank-Finanzgesellschaften und Gewerbebetriebe, bei denen hohe Bargeldsummen anfallen. Bartransaktionen von mehr als 15 000 ECU sind zu registrieren, eine Meldepflicht besteht nur bei verdächtigen Transaktionen. Banken werden verpflichtet, eigene Maßnahmen und Strategien zur Verhinderung der Geldwäsche zu entwickeln. Bei Nichtbeachtung der Vorschriften sollen Strafnormen erlassen werden.

12 Das UNO-Aktionsprogramm sieht weiterhin vor, daß ebenfalls bis 2003 Gesetze zur Bekämpfung synthetischer Drogen von den UN-Mitgliedstaaten erlassen werden; und bis 2008 Handel und Herstellung von synthetischen und halbsynthetischen Drogen signifikant reduziert und die Anbauflächen von Coca und Schlafmohn verringert werden.

13 Mit Stand Juni 1997 waren die Staaten Kiribati, Sahara (DARS), Schweiz, Republik China (Taiwan), Tonga, Tavalu und Vatikanstadt keine UN-Mitglieder. Die Mitarbeit der Bundesrepublik Jugoslawien ist suspendiert.

14 Zu den Akteuren der Geldwäsche zählen alle Personen, welche die einzelnen Handlungen zur Wäsche schmutziger Gelder ausführen. Grob können sie in drei Gruppen unterschieden werden:

1) Mitglieder der OK, die auch die Vortaten begangen und damit die Gewinne erwirtschaftet haben, sich dann weiterhin konspirativ verhalten und die Geldwäsche selbst ausführen. Dazu gehört der physische Schmuggel von Bargeld über Ländergrenzen hinweg, zum Teil mit denselben Mitteln und Methoden, mit denen auch Drogen u.a. illegale Waren geschmuggelt werden.

2) Personen, die wissentlich und willentlich mit den kriminellen Gruppen zusammenarbeiten, sonst jedoch im legalen Bereich tätig sind und daher auch den Banken oder anderen Institutionen vertrauenswürdig und unverdächtig erscheinen. Beispiele sind Boten, Geldkuriere, korrumpierte Bankangestellte, Wirtschaftsprüfer, Notare und Vertrauensanwälte der OK, aber auch Finanzexperten als spezialisierte Geldwäscher, die als gut bezahlte Dienstleister der OK fungieren.

3) Personen, die in Ausübung ihrer gewöhnlicherweise legalen Dienstleistungstätigkeiten zur Geldwäsche – oft nichtsahnend – mißbraucht werden. Dazu zählen Bankangestellte, Geldboten, Rechtsanwälte, Treuhänder, zahlreiche

Finanzdienstleister, Investmentgesellschaften, Immobilienmakler u.a. (zitiert n. Werner, Thomas Achim: Wachstumsbranche Geldwäsche, 1996, a.a.O., S. 30).

15 Der Straftatbestand wird in § 261 StGB erfaßt, die Verfallsregelungen sind in §§ 73-73 d festgeschrieben, die Vermögensstrafe in § 74 StGB. Die Maßnahmen wurden durch das OrgKG umgesetzt. Bereits zum 1.12.1994 wurden erste Änderungen und Erweiterungen der Gesetzgebung im Rahmen des VerbrBekGes vorgenommen, z.b. wurde der Vortatenkatalog des § 261 StGB erweitert.

16 Banken, Versicherungsunternehmen etc. haben interne Sicherungsmaßnahmen zur Bekämpfung der Geldwäsche zu ergreifen. Es sind Geldwäschebeauftragte zu berufen, die Vorkehrungen gegen den Mißbrauch treffen müssen (vgl. Bundesgesetzblatt, Teil I Z 5702 A, Nr. 56 vom 29.10.1993).

17 Gesetzentwurf (Entwurf eines Gesetzes zur Verbesserung der Geldwäschebekämpfung) der Bundesregierung vom 19.12.1996, Deutscher Bundestag, 13. Wahlperiode, Drucksache 13/6620.

18 So Generalstaatsanwalt *Neumann* auf einer Fachtung (zur OK) der Konrad-Adenauer-Stiftung in Berlin (zitiert n. Der Tagesspiegel, 25.1.1997, S. 9).

19 Freiberg, Konrad: Forderungen der GdP für eine effektive Abschöpfung der illegalen Gewinne bei Kriminellen aus dem Bereich der Organisierten Kriminalität, Gewerkschaft der Polizei, Hamburg 27.1.1997.

20 Im Bereich der RG-Bekämpfung und bei der Bekämpfung der Geldwäsche gibt es heute schon gemeinsame Ermittlungsgruppen Polizei/Zoll. Auch der Zoll unterliegt dem § 30 AO (Steuergeheimnis). Der Zoll hat eine besondere Kompetenz im internationalen Bereich (Kontrolle des Außenhandels).

21 Gegen die Einführung der Beweislastumkehr im Strafverfahren sprechen verfassungsrechtliche Gründe, gehört doch die Unschuldsvermutung im Strafverfahren zu den unveränderbaren Kernbereichen der deutschen Verfassung.

22 Zum Beispiel wenn der Täter auf frischer Tat beim Drogenhandel mit „Drogengeld" angetroffen wird.

23 Das sog. ad-rem-Verfahren lehnt an den Erfahrungen in den USA an. Es beruht auf der Grundlage, daß (kriminell) „bemakeltes Vermögen" nicht unter dem Schutz des Grundgesetzes (Art. 14 GG) steht. Durch diese zivilrechtliche Lösung bleibt auch die Unschuldsvermutung unangetastet, da die Schuld des Täters nicht Voraussetzung ist; d.h. die Sicherstellung des bemakelten Vermögens geschieht unabhängig von der Tat/den Taten des Beschuldigten. In der Vergangenheit hatten schon die SPD-Bundestagsfraktion (2. OrgKG) und die damalige Koalition von CDU/SPD in Baden-Württemberg (Bundesratsinitiative) ein eigenständiges Vermögenseinziehungsgesetz vorgeschlagen.

24 Steuerliche Erkenntnisse unterliegen natürlich der Vertraulichkeit analog zu anderen Ermittlungsergebnissen, z.B. Angaben über Telefonüberwachungen.

25 Vgl. Neye, J.S.: Corruption and Political Development: A Cost-Benefit Analysis, in American Political Science Review, Vol. 61, 1967, p. 417-427.

26 Vgl. Myrdal, Gunnar: Corruption – Its Causes and Effects, in Asian Drama: An Enquiry in Poverty of Nations, Vol. 2, New York 1968.

27 „Transparency International" (TI), 1993 gegründet, ist eine weltweit agierende, private Organisation mit Sitz in Berlin. Weltweit gibt es über 40 nationale

Chapters (von Argentinien bis Zimbabwe). Vorsitzender ist *Peter Eigen*, ehemaliger Weltbankdirektor. Getragen wird TI von Persönlichkeiten aus Industrie- und Entwicklungsländern, aus Wirtschaft, Staat, privaten Vereinigungen und Organisationen der Entwicklungshilfe. TI bekämpft die internationale Korruption weltweit. In Industrieländern setzt TI sich ein für Rahmenbedingungen, die korruptionsfreie Wirtschaftsbeziehungen ermöglichen sollen.

28 Zitiert n. Der Spiegel Nr. 23, 3.6.1996, S. 101.

29 In der Studie prognostizierten die Fachleute der Universität Münster für die Europäische Union Kriminalitätssteigerungsraten bis zum Jahr 2000. Danach legt die Organisierte Kriminalität um 30-35 %, die Computerkriminalität um 30 %, die Wirtschaftskriminalität um 20-25 %, Betrug 25 %, die Umweltkriminalität um 20 % und Diebstahl um 16 % zu. Nach der Studie sind Menschenhandel, Illegale Einschleusung und Arbeitnehmerüberlassung, Autohehlerei sowie Schutzgelderpressung stark im kommen.

30 Zitiert n. Focus 4. Jg. Nr. 28, 8.7.1996, S. 11.

31 Zitiert n. dpa-Meldung in Der Tagesspiegel, 4.10.1996, S. 21.

32 Zitiert n. AFP-Meldung in Der Tagesspiegel, 26.6.1997, S. 20.

33 Seit *Theodore Roosevelt* 1901 den US-Präsidentenstuhl bestiegen hatte, mußte er sich „mit Diebstählen öffentlichen Landbesitzes und den immer stärker werdenden Machtpositionen der Industriekonzerne auseinandersetzen, die einen Staat im Staate zu bilden drohten. Korruption, Willkür und Gesetzesverletzungen waren an der Tagesordnung und bedrohten die Autorität der Regierung". Vor diesem Hintergrund schuf Roosevelt für seinen Kampf gegen die „Bodenräuber" im Westen und die großkapitalistischen Trusts im Osten 1908 eine Behörde, die bis 1924 jedoch mehr eine schlecht organisierte Agentur ohne Ansehen blieb, wurden deren Agenten doch immer noch nach politischen Gesichtspunkten und weniger nach beruflicher Qualifikation ausgesucht. Das änderte sich schlagartig, als der mit keinem Politiker verwandte Rechtsanwalt *J(ohn) Edgar Hoover* (1885-1972) 1924 von Präsident *Calvin Coolidge* (1923-29) zum Direktor dieser Bundesbehörde für Untersuchungen (Federal Bureau of Investigation) berufen wurde und in der Folge das FBI fast 50 Jahre leitete.

34 Vgl. Heymann, Philip B.: Korruption in den USA. Rechtliche, wirtschaftliche und ethische Aspekte, in Dokumentation der Tagung „Korruption in Deutschland" der Friedrich-Ebert-Stiftung (FES), Berlin, 16.-17.2.1995, S. 49-55.

35 Vgl. Raith, Werner: Korruption: Der Weg in die politische und gesellschaftliche Krise – das Beispiel Italien, in FES-Dokumentation, 1995, a.a.O., S. 31-35.

36 Zitiert n. dpa-Meldung in Der Tagesspiegel, 9.7.1994, S. 2.

37 Zitiert n. epd-Meldung in Der Tagesspiegel, 4.1.1996, S. 6.

38 Zitiert n. WirtschaftsWoche Nr. 16, 16.4.1993, S. 26.

39 Zitiert n. Berliner Zeitung, 17.2.1993, S. 6.

40 Die Studie aus Turin unterschied zwei Formen von Korruption:
1) Firmen stellen bei Ausschreibungen Bestechungsgelder für Politiker gleich mit in Rechnung.
2) Diese wiederum leiten Staatsgelder gerne dorthin, wo sie persönliche Vorteile erwarten.

41 Zitiert n. Reuter-Meldung in Der Tagesspiegel, 13.2.1993, S. 19.

42 Zitiert n. Roth, Jürgen: Russen-Mafia, 1996, a.a.O., S. 72.

43 Zitiert n. AFP-Meldung in Berliner Zeitung, 17.5.1997, S. 6.

44 Moskauer Ermittler werfen westlichen Geldhäusern vor, russische Kunden nicht immer richtig zu prüfen. „Zwischenwirt" für Geldtransfers sind zu 80 Prozent russische Offshore-Firmen auf Zypern, wo 11 russische Banken Repräsentanzen unterhalten. Dazu kommen einige 1000 Briefkastenfirmen. Der Grund: Russen brauchen für den Inselstaat, den Airlines von mehreren russischen Städten aus direkt anfliegen, kein Visum. Zunehmender Beliebtheit der OK-Führungspersonen erfreuen sich für die primäre Geldwäsche auch Antigua und die Caiman-Inseln. Im März 1996 beliefen sich laut Studie des „Rates für Außen- und Verteidigungspolitik" die Aktiva russischer Kunden bei den 450 Banken der Inselrepublik auf über 400 Milliarden Dollar. Experten erklären dies mit der extrem laxen Bankgesetzgebung auf den Caiman-Inseln. Nur 68 Geldhäuser sind daher physisch auf der Inselgruppe existent. Der Rest manifestiert seine Präsenz nur durch die Bronzetafel einer Briefkastenfirma. Auch in der britischen Ex-Kolonie Antigua sind nach Erkenntnissen des britischen Secret Service von den seit Anfang 1997 neu zugelassenen 27 Banken fünf in russischem Besitz. 63 000 natürliche Personen aus der GUS haben dort bereits Konten eröffnet. Die Hälfte davon soll wegen Verdachts der Nähe zur ROC durch einstweilige Verfügung wieder geschlossen werden. Amerikanische Experten vermuten zudem, daß nichtlizenzierte Banken Mittel- und Südamerikas die in die Karibik transferierten Drogenmilliarden der ROC für eigene Geldwäsche benutzen (zitiert n. Windisch, Elke: Wenn nur der Lieferschein zählt, Der Tagesspiegel, 14.5.1997, S. 2).

45 Zitiert n. dpa-Meldung in Der Tagesspiegel, 30.6.1998, S. 7.

46 Vgl. Wiethoff, Bodo: China, Edition Zeitgeschichte, Fackelträger-Verlag, 5. Auflage 1978, S. 149.

47 Zitiert n. dpa-Meldung in Der Tagesspiegel, 25.1.1996, S. 7.

48 Zitiert n. Mann, Otto: Korruption ist in China eines der Hauptprobleme, Berliner Zeitung, 13.3.1997, S. 7.

49 Zitiert n. AFP-Meldung in Der Tagesspiegel, 7.10.1997, S. 4.

50 Zitiert n. Galtung, Fredik: An der Korruptionsfront, in Kursbuch Heft 120 (Korruption), Juni 1995, S. 180.

51 Die OECD wurde am 30.9.1961 in Paris gegründet. Mit Stand 1997/98 gehörten ihr 29 Staaten an. Die OECD ging aus der von den USA angeregten OEEC (Organization for Economic European Cooperation) hervor, deren wesentliche Aufgabe darin bestand, beim Wiederaufbau Europas Kriterien für die Verteilung amerikanischer Gelder aus dem Marshall-Plan aufzustellen. Ende der 50er Jahre waren ihre Ziele weitgehend erreicht. Als völkerrechtliche Nachfolgeorganisation wurde die OECD dann gegründet, deren Hauptaufgabe die Koordinierung der Wirtschafts-, Handels- und Entwicklungspolitik ist. Die OECD finanziert sich aus Beiträgen ihrer Mitgliedstaaten.

52 Vgl. Salisch, Heinke (Berichterstatterin): Bericht über die Bekämpfung der Korruption in Europa, EP Sitzungsdokument (A4-0314/95) 1.12.1995.

53 Mit Stand Oktober 1997 arbeiteten bei der EU-Kommission fast 20 000 Bedienstete. Der von diesen verwaltete Jahresetat betrug 170 Milliarden DM. Der größte Teil davon floß in Form von Subventionen an Staaten, Regionen und Privatfirmen und -personen.

54 Zitiert n. Seher, Dietmar: Korruptionsfälle bei der EU-Kommission häufen sich, Berliner Zeitung, 23.10.1997, S. 8.

55 Zitiert n. Nathe, Hartwig: Europa – Gesetze des Schweigens, Focus 6. Jg. Nr. 27, 29.6.1998, S. 206.

56 Vgl. Schaupensteiner, Wolfgang: Kleine Geschenke erhalten die Freundschaft – Korruption im öffentlichen Dienst, Vortrag anläßlich der 12. GdP-Pressefahrt, GdP-Info 1996.

57 Zitiert n. AFP-Meldung in Der Tagesspiegel, 26.8.1996, S. 2.

58 Gesetzesentwurf der Bundesregierung „Entwurf eines Gesetzes zur Bekämpfung der Korruption", Bundesrat Drucksache 553/96, Bonn 16.08.1996.

59 OStA *Schaupensteiner* schätzt das Korruptionsvolumen deutscher Firmen im Ausland auf 5 Milliarden DM Schmiergeld im Jahr, zitiert n. Der Spiegel Nr. 22, 25.5.1998, S. 18.

60 Schaupensteiner, Wolfgang: Kleine Geschenke erhalten die Freundschaft ..., 1996, a.a.O.

61 Neben anderen Politikern hatte zuletzt der hessische Finanzminister *Karl Starzacher* (SPD) die Einrichtung eines bundesweiten Korruptionsregisters gefordert. In einem solchen bei einem Bundesministerium angesiedelten Register sollten alle Firmen und Freiberufler gespeichert werden, die wegen Wettbewerbsabsprachen von öffentlichen Aufträgen ausgeschlossen sind (AFP-Meldung Anfang Juli 1998).

62 Zitiert n. Raith, Werner: Der Weg in die politische und gesellschaftliche Krise – das Beispiel Italien, 1995, a.a.O., S. 34-35.

63 Heute werden Terrorakte (z.B. gegen die Zivilluftfahrt) überwiegend nicht mehr als politische Delikte angesehen.

64 Dazu gehören die verstärkten Kontrollen an den Außengrenzen der Anwenderstaaten. Die Einreise für Bürger aus Nicht-EU-Staaten wird durch gemeinsame Listen visumpflichtiger und -freier Staaten geregelt; Visa werden gegenseitig anerkannt. Asylanträge werden vom Einreisestaat beurteilt und von den anderen Staaten anerkannt. Das nationale Asylrecht bleibt aber bestehen.

65 Ab 17.12.1997 wurde bekannt, daß geheime Fahndungsdaten aus dem Zentralen Polizei-Computer SIS der Schengen-Staaten über das belgische Büro gestohlen wurden. Das zentrale SIS-Büro befindet sich in Straßburg. Jedes SIS-Mitglied gibt seine Daten über nationale Büros in den Zentralrechner. Nach dem Sprecher der belgischen Polizei, *Andre Nicholas*, handelte es sich „um sensible, personenbezogene Daten, die eine kriminelle Organisation gezielt angefordert hatte". *Luc Vandamme*, Sprecher des belgischen Schengen-Sekretariats, erklärte, daß es sich „um Akten von Personen handle, die von der Polizei gesucht oder observiert werden". Als Täter, der die Daten dem Computer entnahm und an „das kriminelle Milieu in den Niederlanden" verkaufte, wurde ein Zivilangestellter der „Einheit für internationale Zusammenarbeit"des Belgischen SIS-Büros ermittelt, der Zugang zu Informationen mit höchster Geheimhaltungsstufe hatte. Der seit 1993 für das Büro arbeitende Jurist war für die Kontrolle der Daten verantwortlich, die von der belgischen Polizei in das zentrale Computersystem eingespeist werden. Seit 19.11.97 sitzt er in Untersuchungshaft. In der Folge hat das belgische SIS-Büro die Sicherheitsvorkehrungen verschärft; u.a. soll jeder Zugriff auf das SIS-System registriert und personengebunden gespeichert werden.

66 Zitat n. Preissler, Ingo: Datensammler ohne Kontrolle, in Berliner Zeitung, 2.1.1998, S. 5.

67 Daten des OK-Bereichs im Europol-Computer sind nicht nur Daten von Tätern, sondern auch Daten von Opfern, Zeugen und Kontaktpersonen. Von all diesen Personen werden neben den üblichen Angaben über Vorstrafen, Beruf oder Vermögenslage auch andere Informationen (z.B. Religionsausübung, politische Anschauung, Herkunft) vermerkt.

68 Am 1.11.1993 trat der in Maastricht beschlossene (9./10.12.1991) und unterzeichnete (7.2.1992) Vertrag über die EU (der die Grundlage für die Vollendung einer Wirtschafts-und Währungsunion,WWU, bis 1999 u.a. bildet) in Kraft.

69 Weitere Bekämpfungsaufgaben Europols liegen in den Bereichen Umweltkriminalität, Schutzgelderpressung, Geld- und Kreditkartenfälschung, Computerkriminalität, Waffenhandel, illegaler Transfer von Technologie sowie internationaler Terrorismus.

70 Die Anfrage an das Max-Planck-Institut aus 1990 stand im Zusammenhang mit damaligen gesetzgeberischen Initiativen auf Bundesebene zum Problembereich der Bekämpfung der OK, insbesondere des illegalen RG-Handels.

71 Zitiert n. Gropp, Walter: Rechtsvergleich europäisches Ausland, in Dokumentation des Forum „OK-Gefahr für Staat und Gesellschaft" der SPD-Landtagsfraktion NRW (17.3.1993), S. 55-67.

72 Zitiert n. Focus 2. Jg. Nr. 39, 26.9.1994, S. 14.

73 Fernziel, so teilte FBI-Direktor *Freeh* auf seiner Reise durch osteuropäische Staaten Anfang Juli 1994 mit, sei die Schaffung einer Nordatlantischen Polizeiorganisation (NAPO), analog zur NATO (zitiert n. AP-Meldung, Der Tagesspiegel, 4.7.1994, S. 5).

74 Es bleibt zu fragen, ob es sinnvoll ist, die OK-Bekämpfung auf weitere Behörden auszudehnen. Zuständigkeitszersplitterungen vergrößern die Gefahr der Kooperations- und Abstimmungsschwierigkeiten. Ein Beispiel dafür sind die USA, in denen sich 1997 rund 40 verschiedene Institutionen mit der organisierten RG- Kriminalität befaßten.

75 Interview mit Innenminister *Beckstein*: „... *Im vergangenen Jahr (1997) haben wir immerhin 15 000 Kriminelle und 35 000 Illegale an den 143 bayerischen Grenzübergängen registriert. Deshalb sind nach dem Wegfall der Grenzkontrolle Ersatz- und Ausgleichsmaßnahmen erforderlich ... Wir haben über 400 Polizisten, die bisher direkt an der Grenze eingesetzt waren, für diese mobile Fahndung in Grenznähe freigestellt ... Diese Methode ist ursprünglich eine bayerische Erfindung gewesen. Es gibt bei uns seit drei Jahren Pilotversuche, und wir haben herausragende Erfolge ...* " (zitiert n. Stern Heft Nr. 16, 8.4.1998, S. 20).

76 Zitiert n. Deutsche Polizei 46. Jg. Nr. 9/September 1997, S. 20.

77 Seinerzeit (1994) lehnte die Mehrzahl der Landesinnenminister das BGSNeuRegG ab. Sie kritisierten, daß damit der BGS zur Bundespolizei gemacht werde, obwohl laut GG die Länder Polizeihoheit haben. Bundesinnenminister *Kanther* sah hingegen keine Verletzung des föderativen Prinzips.

78 Die BGS-Gruppe Fernmeldewesen „zur Unterstützung des BfV auf dem Gebiet der Funktechnik" arbeitete als hochgerüstete und streng geheime Horchtruppe des BGS (mit ihrer Zentrale in Swisttal-Heimerzheim bei Köln und

Außenstellen etwa bei Lübeck) schon seit 1955 im Dienst der Spionageabwehr. Zuletzt waren die 450 Polizeivollzugsbeamten und 50 Zivilisten nach einem internen Dokument „etwa hälftig" für den Verfassungsschutz tätig und halfen z.B. bei der Beobachtung „terroristischer Aktivitäten". Die Horch- und Lauschoperationen der BGS- Gruppe blieben unbekannt und waren parlamentarischer Kontrolle weitgehend entzogen (zitiert n. Der Spiegel Nr. 20, 16.5.1994, S. 17).

79 Zitiert n. ddp/ADN-Meldung in Berliner Zeitung, 2.11.1994, S. 5.

80 Zitiert n. dpa-Meldung in Der Tagesspiegel, 21.2.1998, S. 2.

81 Die Erlaubnis zur „Schleierfahndung" nach Schwarzgeld-Transporteuren und Geldwäschern wurde im ersten Halbjahr 1998 auch in das Zollverwaltungsgesetz aufgenommen. Mobile Kontrollgruppen der Zollfahndung praktizieren dies schon z.B. auf Autobahnrastplätzen (zitiert n. Der Spiegel, Nr. 27, 29.6.1998, S. 22). Die Zollbehörde in Frankfurt (Main) teilte mit, wer mehr als 30 000 DM aus- oder einführen will, ist nach dem OK-Bekämpfungsgesetz (ab sofort) verpflichtet, dies beim Zoll auf Verlangen zu zeigen. Zweck und Herkunft des Geldes müssen nachgewiesen werden (zitiert n. dpa-Meldung, in Der Tagesspiegel, 2.7.1998, S. 4).

82 Vgl. Focus-Interview mit ZKA-Präsident K.-H. Matthias, in Focus 6. Jg. Nr. 1, 29.12.1997, S. 42-43.

83 Als Vorbild bei der Auswahl und Ausbildung der vorerst 56 Mann starken ZUZ diente die Grenzschutzgruppe 9 des BGS; kooperiert und trainiert wird auch mit dem BKA und dem „Kommando Spezialkräfte" der Bundeswehr. Als Standort der ZUZ ist eine ehemalige belgische Kaserne in Köln-Dellbrück vorgesehen. Die EU-Kommission finanziert die ZUZ mit. Deren UCLAF sponsert ein in Europa bislang einmaliges Pilotprojekt – ein satellitengestütztes Peil- und Ortungssystem, mit dem sich der Transportweg etwa eines Frachtcontainers weltweit verfolgen läßt (zitiert n. Focus 5. Jg. Nr. 52, 20.12.1997, S. 11).

84 Gegen diese Kompetenzerweiterung hatte der Hamburger Strafrechtsprofessor *Michael Köhler* Verfassungsbeschwerde eingelegt und eine einstweilige Anordnung beantragt (AP-Meldung Mitte Juli 1995).

85 Zitiert n. Berliner Zeitung, 29.7.1997, S. 5.

86 Zitiert n. Der Spiegel Nr. 7, 9.2.1998, S. 20.

87 Geprüft wurde, ob auch die elektronischen Botschaften im Internet (E-Mails) in die „strategischen Kontrollmaßnahmen" des BND einbezogen werden sollen (Februar 1998).

88 Zitiert n. Der Spiegel Nr. 26, 22.6.1998, S. 19.

89 1996 hatte das LfV 2215 und der Militärische Abschirmdienst (MAD) 1301 Bedienstete.

90 Wünschenswert wäre eine einheitliche Regelung in den Landespolizeigesetzen; zumal in der Praxis ein VE- Einsatz sich nicht selten in mehreren Bundesländern abspielt.

91 Beamte im Sinne des Polizeidienstes sind auch Beamte des Steuer- und Zollfahndungsdienstes. In anderen, z.B. extrempolitischen Szenen arbeiten auch Verfassungsschützer verdeckt. Im April 1998 wurde bekannt, daß in rechtsextremen Szenen selbst der MAD verdeckt ermittelnde Soldaten geführt haben soll (zitiert n. dpa-Meldung, Der Tagesspiegel, 27.4.1998, S. 5).

92 Eingeführt wurde das Kronzeugengesetz 1989. Letzmalig beschloß der Bundestag das Zweite Gesetz zur Änderung des Gesetzes zur Änderung des StGB, der StPO und des Versammlungsgesetzes und zur Einführung einer Kronzeugenregelung bei terroristischen Straftaten (Zweites Kronzeugen-Verlängerungs-Gesetz) vom 19.1.1996.

93 Art und Umfang der Zeugenschutzmaßnahmen richten sich nach der jeweiligen Gefährdungslage, welche in einer Gefährdungsbeurteilung ermittelt wird. Kriterien in der Beurteilung sind dabei Art und Schwere der Straftat, Gefährlichkeit der Täter und deren Umfeld, Bedeutung der Zeugenaussage für das Verfahren, persönliche Umstände des Zeugen und Kenntnis von bereits angedrohten oder tatsächlichen Repressalien. Es wird eine sog. Gefährdungsstufe festgelegt. Zum Katalog der Schutzmaßnahmen gehören: Verhaltensberatung für den Zeugen und sein persönliches Umfeld; Umfeldbeobachtung; Adressenabdeckung, Auskunftssperre bei den Behörden; Kfz-Kennzeichenabdeckung, Wohnsitzwechsel mit Umzug, Arbeitsplatzwechsel mit behördlicher Hilfe, Namensänderung, Identitätsänderung (einschließlich der Familie), Übernahme von Kosten, Unterstützungszahlungen, Kosmetische Operationen; Verbringung ins Ausland; Personenschutz (zum Gericht bzw. rund um die Uhr).

94 vgl. Antrag der Fraktion der SPD „Erfolgreiche Bekämpfung der organisierten Kriminalität durch einen wirksamen Zeugenschutz", Landtag Rheinland-Pfalz (Drucksache 13/975), 9.1.1997.

95 Zitiert n. R.H.: Zeugenschutzgesetz – Rechtsgrundlage für den effektiven Schutz von Auskunftspersonen im Strafverfahren, unveröffentlichtes Manuskript, 3.3.1997.

96 Vgl. Eckert, Sirko: Die Rasterfahndung – eine verschenkte Chance, in Deutsche Polizei 46. Jg. Nr.9/9.1997, S. 29, 32.

97 In anderen Rechtsstaaten, so in Belgien, Dänemark, Frankreich, Italien, Luxemburg, Spanien, Großbritannien und den USA wird schon seit Jahren der Einsatz dieser technischen Mittel in der Wohnraumüberwachung praktiziert.

98 Mit Stand März 1998 war die Rechtsstellung der Psychotherapeuten unklar, die als Ausnahme an dieser Stelle nicht genannt wurden, nach dem neuen Psychotherapeutengesetz aber Ärzten gleichgestellt werden sollen. Keinen Abhörschutz haben die übrigen Personengruppen, die über ein Zeugnisverweigerungsrecht verfügen: dies sind n. § 53 a StPO Berufshelfer der genannten Berufsgruppen, etwa Rechtsanwaltsgehilfen. Ebenfalls keine Ausnahme soll es für Personen geben, die n. § 52 StPO über ein Zeugnisverweigerungsrecht aus persönlichen Gründen verfügen. Dies sind jetzige oder frühere Verlobte und Ehepartner Beschuldigter, außerdem engere Verwandte und Verschwägerte. Kritiker des Vermittlungsergebnisses zum „Lauschangriff" verwiesen darauf hin, daß diese und weitere Personen möglicherweise unter Berufung auf den Gleichheitsgrundsatz in der Verfassung ebenfalls einen Abhörschutz einklagen könnten.

99 Vgl. auch Jörg, Wolfgang: Wohnraumüberwachung mit technischen Mitteln – „Der große Lauschangriff", in Die Kriminalpolizei, Heft 2/1998, S. 34-38.

1.5 Literatur und Quellennachweise zum 1. Kapitel

Anwaltsverband Baden-Württemberg im Deutschen Anwaltverein e.V. et al, Hrsg. (1991):
Justiz und Polizei in Europa ohne Grenzen – Bedrohungen durch die Kriminalität/durch deren Bekämpfung, Tagung (5.-7.10.90) in der Ev. Akademie Bad Boll, Pressestelle Bad Boll, Protokolldienst 3/91

Bernasconi, Paolo (1988):
Finanzunterwelt – Gegen Wirtschaftskriminalität und Organisiertes Verbrechen, Orell Füssli Verlag, Zürich und Wiesbaden

BKA (1981):
Polizeiliche Drogenbekämpfung, BKA-Schriftenreihe Band 49, Bundeskriminalamt Wiesbaden

BKA, AG Finanzermittlungen (1992):
Leitfaden Gewinnabschöpfung (Stand: 12.11.92) Bundeskriminalamt, Wiesbaden

BMI (1996):
Jahresbericht Schengen – Erfahrungen und Perspektiven, Bundesministerium des Innern, Bonn

Bresler, Fenton (1993):
Interpol – Der Kampf gegen das internationale Verbrechen von den Anfängen bis heute, C. Bertelsmann Verlag, München.

EU (1997):
Entwurf eines Aktionsplans zur Bekämpfung der organisierten Kriminalität, Europäische Union / Der Rat (Drucksache 7421/97), Brüssel

Europol Drugs Unit (1997):
Europol – Annual Report for 1996, Europol Drugs Unit, The Hague

FES, Hrsg. (1993):
Geldwäsche – Problemanalyse und Bekämpfungsstrategien, Dokumentation der FES-Tagung (7.-8.10.93) Friedrich- Ebert-Stiftung, Berlin

FES, Hrsg. (1993):
Strategien und Gegenstrategien: Organisierte Kriminalität in Deutschland und Italien, Dokumentation der FES-Tagung (11.-12.2.93) Friedrich-Ebert-Stiftung, Berlin

FES, Hrsg. (1994):
Nachrichtendienste, Polizei und Verbrechensbekämpfung im demokratischen Rechtsstaat, Dokumentation der FES-Tagung (14.-15.4.94) Friedrich-Ebert-Stiftung, Berlin

FES, Hrsg. (1995):
Korruption in Deutschland – Ursachen, Erscheinungsformen, Bekämpfungsstrategien, Dokumentation der FES-Tagung (16.-17.2.95) Friedrich-Ebert-Stiftung, Berlin

FES, Hrsg. (1996):
1. Nachfragekonferenz zur Korruption in Deutschland, Dokumentation der FES-Tagung (6.9.96) Friedrich-Ebert-Stiftung, Berlin

Fleck, Christian und Kuzmics, Helmut, Hrsg. (1995):
Korruption – Zur Soziologie nicht immer abweichenden Verhaltens,
Athenäum Verlag, Königstein/Taunus

Foreign and Commonwealth Office (1995):
Yeltsin's Campaign against Crime, Background Brief, London, January 95.

Gropp, Walter (1992):
Rechtsvergleichendes Gutachten über besondere Ermittlungsmaßnahmen zur
Bekämpfung der Organisierten Kriminalität, Max-Planck-Institut (MPI) für
ausländisches und internationales Strafrecht, Freiburg, 14.4.92

Hübner, Gerd-Ekkehard (1996):
Zwischen Tausch, Gefälligkeit und Korruption – Versuch einer handlungs-
orientierten Einordnung von Korruption aus kriminologischer Perspektive,
Vortrag auf der 12. GdP-Pressefahrt 1996,
Informationen der Gewerkschaft der Polizei, Hilden

Körner, Harald Hans (1994):
Betäubungsmittelgesetz – Arzneimittelgesetz, Beck'sche Kurz-Kommentare
Band 37, Verlag C. H. Beck, München, 4., neubearbeitete Auflage

Kreuzer, Arthur, Hrsg. (1998):
Handbuch des Betäubungsmittelstrafrechts, C.H.Beck'sche Verlagsbuchhandlung, München.

Kursbuch (1995):
Korruption (Heft 120) Rowolth Verlag, Berlin

Landeszentrale für politische Bildung Baden-Württemberg (1993):
Europa im Griff der Mafia? Dokumentation eines Internationalen Symposiums
(25.10.93), Landeszentrale für politische Bildung BW, Stuttgart.

Meyer, Jürgen, Hrsg. (1987):
Betäubungsmittelstrafrecht in Westeuropa – eine rechtsvergleichende
Untersuchung im Auftrag des Bundeskriminalamts, Eigenverlag Max-Planck-
Institut für ausländisches und internationales Strafrecht, Freiburg/Breisgau.

Meyer, Jürgen/Dessecker, Axel/Smettan, Jürgen Rüdiger, Hrsg. (1989):
Gewinnabschöpfung bei Betäubungsmitteldelikten – Rechtsvergleichende und
kriminologische Untersuchung, BKA-Forschungsreihe Sonderband, Bundeskriminalamt, Wiesbaden

Rebscher, Erich/Vahlenkamp, Werner (1988):
Organisierte Kriminalität in der Bundesrepublik Deutschland – Bestandsauf-
nahme, Entwicklungstendenzen und Bekämpfung aus der Sicht der Polizeipraxis, BKA-Forschungsreihe Sonderband, Bundeskriminalamt, Wiesbaden.

Schaupensteiner, Wolfgang (1996):
Kleine Geschenke erhalten die Freundschaft – Korruption im öffentlichen
Dienst, Vortrag auf der 12. GdP-Pressefahrt 1996, Informationen der
Gewerkschaft der Polizei, Hilden

Seiters, Rudolf / Wasserman, Rudolf / Geil, Rudi u.a. (1993):
Verbrechensbekämpfung im demokratischen Rechtsstaat, Dokumentation
eines Kongresses der Konrad-Adenauer-Stiftung (25.1.93) in Frankfurt/Main,
Konrad-Adenauer-Stiftung, Politische Akademie, Sankt Augustin

SPD Landtagsfraktion NRW, Hrsg. (1993):
Organisierte Kriminalität – Gefahr für Staat und Gesellschaft, Dokumentation des Forum der SPD-Landtagsfraktion (17.3.93) Schriftenreihe der SPD-Landtagsfraktion, Pressestelle, Düsseldorf

Stewart-Clark, Sir Jack, Berichterstatter (1995):
Bericht über die Mitteilung der Kommission an den Rat und das Europäische Parlament über einen Aktionsplan der Europäischen Union zur Drogenbekämpfung (1995-99), EP Sitzungsdokument (Drucksache A4-0136/95), 2. Juni

Tresz, Peter L. (1988):
Leitfaden für Instrukteure und Ermittlungsbeamte auf dem Gebiet der Rauschgiftbekämpfung, BKA-Schriftenreihe Band 56, Bundeskriminalamt, Wiesbaden

UN (1994):
World Ministerial Conference on Organized Transnational Crime To Be Held in Naples, Italy, from 21 to 23 November, United Nations Information Service, Background Release

van Dijk, Jan/Haffmans, Charles/Rüter, Frits/Schutte, Julian/Stolwijk, Simon, Hrsg. (1986):
Criminal Law in Action – An overview of current issues in Western societies, Gouda Quint BV, Arnhem

van Outrive, L., Berichterstatter (1992):
Bericht des Ausschusses für Grundfreiheiten und innere Angelegenheiten über das Inkrafttreten des Schengener Übereinkommens, EP-Sitzungsdokument (Drucksache A3-0288/92), 5. Oktober

Werner, Thomas Achim (1996):
Wachstumsbranche Geldwäsche – Die Ökonomisierung der Organisierten Kriminalität, edition sigma rainer bohn verlag, Berlin

2 Bekämpfung der Organisierten Kriminalität mit nachrichtendienstlichen Mitteln und/oder durch Nachrichtendienste*

Von Elmar Ruhlich, Ministrialdirigent im Innenministerium
Mecklenburg- Vorpommern,
Leiter der Verfassungsschutzabteilung

2.1 Polizei und Nachrichtendienste gegen das organisierte Verbrechen

Die Diskussion zu diesem Thema erstreckt sich in fachlicher, rechtlicher, rechtspolitischer und politischer Hinsicht bereits über mehrere Jahre, ohne daß sich eine abschließende einheitliche Rechts- bzw. Gesetzeslage in Bund und Ländern abzeichnet. Die Spannweite der Regelungen reicht inzwischen von einem Einsatz des Verfassungsschutzes (Bayern) bis hin zur Forderung, der Polizei umfassende angestammte Verfassungsschutzbefugnisse zu übertragen. Die nachstehenden Ausführungen verstehen sich dementsprechend als eine Art Zwischenbilanz.

2.1.1 Ein kurzer Rückblick

Den ersten Stein öffentlich ins Wasser geworfen für eine Zuständigkeit auch des Verfassungsschutzes hat meines Wissens der frühere Präsident des Bundesamtes für Verfassungsschutz (BfV) und jetzige Staatssekretär im Innenministerium **Dr. Wertebach** *(Aufsatz in ZRP, Febr. 1994). Zuvor war seit dem Jahr 1991 auf Expertentagungen und in Fachbeiträgen das Thema verstärkt ins Blickfeld der Sicherheitsbehörden gerückt. Die unterschiedlichen Auffassungen haben 1994 sogar Niederschlag im Programm zur inneren Sicherheit der Innenminister von Bund und Ländern gefunden. Seitdem haben sich zunehmend Gremien von Parteien, Verwaltung und Sicherheitsbehörden mit dem Thema befaßt; nicht zu vergessen die Medien und auch Stimmen anerkannter Sicherheitsexperten aus dem Ausland in Interviews bzw. Beiträgen in Printmedien (z.B. Mafia-Bekämpfer in Italien, FBI-Direktor in den USA). Im Jahre 1990 beginnend, wurden in den meisten alten Bundesländern die Polizei-*

---

*) Zusammenfassung der Vorträge: „Bekämpfung der Organisierten Kriminalität mit Hilfe des Verfassungsschutzes" (Tagung „Innere Sicherheit in Mecklenburg-Vorpommern" der Friedrich-Ebert-Stiftung, 19. April 1997, Herzberg b. Mestlin) und: „OK-Bekämpfung, insbesondere Rauschgiftkriminalitätsbekämpfung, mit nachrichtendienstlichen Mitteln und/oder durch den Nachrichtendienst" (Seminar „Drogen" der GdP Mecklenburg-Vorpommern, 17. September 1997, Herzberg b. Mestlin).

*gesetze/Sicherheits- und Ordnungsgesetze novelliert bzw. in den neuen Ländern erlassen. Als gesetzliches Novum werden darin für den Komplex „Gefahrenabwehr für Straftaten von erheblicher Bedeutung" der Polizei nachrichtendienstliche Mittel im Vorfeld der Organisierten Kriminalität (OK) an die Hand gegeben. Diese Kompetenz zur Durchführung von Vorfeldermittlungen mit bislang dem Verfassungsschutz vorbehaltenen Mitteln war von der Innenministerkonferenz (IMK) im Jahre 1990 in bezug auf ein einheitliches Polizeigesetz des Bundes und der Länder beschlossen worden (BKA-Präsident **Zachert** in Deutsche Polizei 1/93). Gleichzeitig einigten sich Innen- und Justizminister bundesweit auf eine einheitliche Definition zur OK. Die Ausformulierungen haben inzwischen Eingang unter anderem in das bayerische Verfassungsschutzgesetz gefunden.*

2.1.2 Derzeitige Gesetzeslage zur OK-Bekämpfung im strafrechtlichen Vorfeld

2.1.2.1 Gefahrenabwehr und Gefahrenvorsorge

Bislang war dem Verfassungsschutz die Beobachtung des sogenannten Vorfeldes, d.h. der Handlungsraum vor konkreter Gefahr und konkretisierendem Tatverdacht weitgehend vorbehalten (polizeiliches Stichwort: Gefahrenvorsorge). Der Gesetzgeber hat die Aufgaben des Verfassungsschutzes klar festgelegt. So sammelt die Verfassungsschutzbehörde des Landes Mecklenburg-Vorpommern nach § 5 Landesverfassungsschutzgesetz sach- und personenbezogene Daten, insbesondere Auskünfte, Nachrichten und Unterlagen über – verkürzt dargestellt – den politischen Rechts- und Linksextremismus, aber auch gewalttätigen Ausländerextremismus; jeweils einschließlich deren gewalttätigster Formen, den Terrorismus, sowie über nachrichtendienstlich gesteuerte Spionage und Sabotage – und dies alles weit vor einem strafrechtlichen Stadium. In dieser gesetzlichen Aufgabenbestimmung findet sich kein Wort über OK. Die Polizei hingegen wurde zur Gefahrenabwehr bei Vorliegen einer konkreten Gefahr oder zur Strafverfolgung bei konkretisierbarem Tatverdacht wegen einer begangenen Straftat tätig.

Diese strenge Aufgabenabgrenzung – begünstigt durch die jüngere Polizeigesetzgebung in den Ländern ist zunehmend verwischt worden. Trotz formellen Festhaltens des Gesetzgebers am Vorliegen tatsächlicher Anhaltspunkte für eine konkrete Gefahr als Voraussetzung für ein polizeiliches Tätigwerden, agiert die Polizei mehr und mehr im Bereich der Gefahrenvorsorge, d.h. im sog. Vorfeld – und zwar zur Gefahrenerforschung bei Gefahrenverdacht. Insofern sei auf das Urteil des Sächsischen Verfassungsgerichtshofes vom 14. Mai 1996 zum dortigen Polizeigesetz verwiesen. Besonders interessant

sind die Ausführungen dieses Gerichts zum „Gefahrenvorfeld", zu dem es (S.
54/55) heißt: „Die Informationsbeschaffung (Datenerhebung) wird dabei häu-
fig mit Eingriffen in das Recht auf informelle Selbstbestimmung verbunden
sein, ohne daß schon zu diesem Zeitpunkt die das herkömmliche Polizeirecht
prägenden Grundkategorien, wie die Bestimmung der Eingriffsschwelle über
den Gefahrenbegriff sowie die Unterscheidung von Störern und Nichtstörern
das polizeiliche Handeln bestimmen können (vgl. Kniesel, ZRP 1992, 164).
Angehörige als kriminell eingestufter Gruppierungen, von denen nach kri-
minalistischer Erfahrung die Begehung weiterer schwerer Delikte zu erwar-
ten ist, bei denen jedoch die Tatbegehung räumlich und zeitlich noch nicht
fixiert werden kann, lassen sich mit den Kategorien des Störerbegriffs alter
Prägung nicht durchgängig erfassen (vgl. Kniesel/Vahle, DOV 1989, 569).

Vor diesem Hintergrund ist es verfassungsrechtlich jedenfalls vertretbar
und damit vom gesetzgeberischen Gestaltungsermessen gedeckt, den Sicher-
heitsorganen zur Bekämpfung dieser Szenen Befugnisse zu Ermittlungen
und Informationseingriffen einzuräumen, die auch das Vorfeld einer kon-
kreten Gefahr nicht ausklammern."

2.1.2.2 Einsatz nachrichtendienstlicher Mittel

Das Gesetz über die öffentliche Sicherheit und Ordnung (SOG) in Mecklen-
burg-Vorpommern trifft für die Bekämpfung der OK anwendbare Regelun-
gen über die offene Erhebung personenbezogener Daten (§ 27) wie auch die
verdeckte Erhebung mit nachrichtendienstlichen Mitteln (§ 33 Abs. 1). Zur
verdeckten Erhebung im Vorfeld gehören die bis dato im Vorfeld weitestge-
hend den Geheimdiensten vorbehaltenen, nachrichtendienstlichen Mittel:
Observation, Technische Mittel (heimliche Bild- und Tonüberwachung und
-aufzeichnung), V-Personen (Privatpersonen) und verdeckte Ermittler (Poli-
zeibeamte). Der Einsatz dieser Mittel ist zulässig, wenn kumulativ tatsächli-
che Anhaltspunkte für die Begehung von Straftaten von erheblicher Bedeu-
tung (§ 49) bestehen (z.B. Bandendiebstahl) und die Aufklärung des Sach-
verhaltes zur Verhütung von Straftaten oder ihrer möglichen Verfolgung auf
andere Weise nicht möglich ist (§ 33 Abs.2). An dieser Stelle möchte ich aus-
drücklich hervorheben, daß der entscheidende Systembruch und damit das
Neue darin liegt, daß die Polizei bis in das Vorfeld der Gefahrenvorsorge
hinein nunmehr nachrichtendienstliche Mittel einsetzen darf, welche bislang
dem Verfassungsschutz in diesem Bereich gesetzlich vorbehalten waren. Da-
mit ist ein Teil des Trennungsgebots, nämlich das befugnisrechtliche (neben
dem fortgeltenden organisatorischen) faktisch aufgehoben. Entsprechende
Regelungen wie in Mecklenburg-Vorpommern haben Eingang auch in die
Polizeigesetze anderer Länder (u.a. Bayern, Baden-Württemberg, Nord-
rhein-Westfalen und Sachsen) gefunden und sind für das sächsische Polizei-
gesetz inzwischen verfassungsgerichtlich bestätigt worden. Als Quintessenz

ist festzustellen, daß das vermeintliche Vorfeldmonopol der Verfassungs-schutzbehörde damit zunehmend obsolet geworden ist. Es bleibt darauf hin-zuweisen, daß Gefahrenabwehr im wesentlichen Sache der Länder ist und damit die Länderpolizeien dem Bundeskriminalamt (BKA) weit voraus sind. Das BKA strebte zwar auch entsprechende Kompetenzerweiterung an, hat damit aber ausweislich des im März 1997 novellierten BKA-Gesetzes keinen Erfolg gehabt. Es fallen ihm jedoch Koordinierungs- und Unterstützungsauf-gaben zu, beispielsweise Informationssammlung, -auswertung und -speiche-rung.

2.1.3 Das sogenannte strafrechtliche Vorfeld

Wie dargestellt, steht der Polizei nunmehr das Vorfeld der konkreten Gefahr offen, wenn sie die ihr originär übertragene Aufgabe der vorbeugenden Be-kämpfung von Straftaten (Verhütung von Straftaten und Vorsorge für künftige Strafverfolgung) wahrnimmt. Zu eben diesem Ziel sind die neu geschaffenen informationellen Befugnisnormen der Polizeigesetze verfügbar. Vorbeugen-de Bekämpfung der OK nach den neuen Polizeigesetzen erfolgt in operativer Dimension, etwa wenn die Polizei im Vorfeld kriminelle Strukturen angeht, in denen Personen agieren, von denen die Polizei meint, es könne sich um Straf-täter auf den Feldern der OK handeln (Kniesel S.483). Doch besteht bei den bis jetzt ergangenen Regelungen (Ausnahme Bayern) eine (Gesetzes-)Lücke in der Vorfeldarbeit: Fehlt es am Anhaltspunkt für eine Straftat von erhebli-cher Bedeutung im Sinne der Polizeigesetze, so darf die Polizei nicht tätig werden zur Aufklärung von Strukturen und Hintermännern. Der Verfassungs-schutz könnte es aufgrund rein methodischer Erkenntnisse, hätte er einen Beobachtungsauftrag.

Bis auf Bayern hat er ihn aber nicht! Somit bleibt bis zu einem Drittel des sog. strafrechtlichen Vorfeldes (Gefahrenvorsorge und Gefahrenerforschung) in Deutschland ein weißer Fleck. Dabei spricht nichts dagegen, der Polizei auch die Befugnis zu eröffnen, aufgrund rein methodischer Erkenntnisse Hin-termänner und Strukturen zu ermitteln. Eine solche methodische Arbeit der Polizei, unabhängig von potentiellen Tätern und Taten, ist keineswegs neu. Schon vor dreißig Jahren wurden in Hamburg kriminalgeographische Schwer-punkte für präventive Polizeiarbeit zusammengestellt. Dies wurde später im BKA (unter BKA-Präsident **Dr. Herold**) computermäßig verfeinert (z.B. für die Terroristenverfolgung). Heute macht man mit der Kriminalgeographie beispielsweise in New York bei der Zurückdrängung der Kriminalität (um ein Drittel) beste Erfahrungen (Die Zeit, 21. März 1997). Das vielfach beschwo-rene Trennungsprinzip hat nach Mehrheitsmeinung keinen verfassungsrecht-lichen Rang und kann einfach-gesetzlich geändert werden. Überdies war das Trennungsprinzip zu keiner Zeit geeignet, als Argument gegen ein nachrich-tendienstliches Tätigwerden der Polizei gegen die Kriminalität ins Feld ge-

führt zu werden. Denn es war nach dem 2. Weltkrieg durch die Alliierten (sog. Polizeibrief) einzig und allein zu dem Zweck ins Leben gerufen worden, künftig eine geheime Staatspolizei (Gestapo) zu verhindern, d.h. eine politische Polizei. Folgerichtig fanden entsprechende Bestimmungen lediglich Eingang in Verfassungsschutzgesetze, also ein „politisches Beobachtungsinstrument", nicht aber in ein Polizeigesetz. Polizei und Verfassungsschutz könnten also ohne weiteres – und zwar insbesondere zur Bekämpfung der OK – in eine Hand gelegt werden. Was also spricht dagegen, der Polizei die Kompetenz zum umfassenden Einsatz nachrichtendienstlicher Mittel für die Beobachtung der OK zu geben? Es ist wohl die unbegründete Furcht der Anhäufung von Machtkompetenzen und ihres möglichen Mißbrauchs durch übereifrige Beamte, oder anders ausgedrückt: es geht um die Befürchtung, daß die Polizei auch ohne fundierten Verdacht voreilig mit nachrichtendienstlichen Mitteln in Bürgerrechte eingreift.

*Hierzu wird abschreckend auf die Erfahrungen Nazideutschlands mit der Gestapo und der DDR mit ihrer Staatssicherheit (Stasi) verwiesen. Für die Furcht vor Voreiligkeit der Polizei oder eines Ermittlungsfehlers im Einzelfall halte ich dies aber für kein seriöses Argument. Ein wesentliches Argument sollte sein, wie andere Staaten dieses Problem gelöst haben, welche Erfordernisse hierzu im künftigen europäischen Kontext bestehen werden und – was entscheidend ist –, daß der rechtsstaatliche Rahmen, der durch die Verfassung und Gesetze unserer Demokratie der Arbeit der Sicherheitsbehörden vorgegeben wird, sich grundlegend von den Diktaturen Nazideutschlands und der DDR mit ihren geheimen Sicherheitsbehörden unterscheidet und dementsprechend einen institutionalisierten Mißbrauch ausschließen. Die Betonung liegt hier auf institutionellem Mißbrauch, denn genau für diesen waren sowohl Gestapo als auch Stasi geschaffen worden. Interessant ist in diesem Zusammenhang die Ausführung des stellvertretenden Bundesvorsitzenden der Gewerkschaft der Polizei (GdP), **Konrad Freiberg**, zur OK-Bekämpfung aus Juni 1997. Dort heißt es u.a.: „Hauptziel aller Ermittlungen muß sein, in den Kernbereich der kriminellen Organisation einzudringen, um die im Hintergrund agierenden hauptverantwortlichen Straftäter zu erkennen, zu überführen und zur Aburteilung zu bringen. Die Ermittlung der Einzeltat muß in den Hintergrund treten. Bei aller Komplexität der Ermittlungen darf dieses Hauptziel, eben die Zerschlagung der kriminellen Organisation, nicht aus dem Auge verloren werden ... Im Bereich der OK werden in der Regel der Polizei Ermittlungsansätze nicht geliefert, vielmehr müssen sie gesucht werden ... Eine klare Trennung zwischen Repression und Prävention ist bei der Bekämpfung der OK meist nicht möglich. Es sind Initiativ-Ermittlungen erforderlich (noch bevor ein konkreter Verdacht vorliegt), also verdachtsschöpfende Ermittlungen, das heißt Operieren (in der Regel verdeckt) im Vorfeld ... zum Zwecke der Informationsgewinnung". Jeder Nachrichtendienstler wäre erfreut, würde diese Argumentation für die Zuständigkeit des Verfassungsschutzes ins Feld geführt, be-*

schreiben die Begriffe „operieren", „Suche nach Ermittlungsansätzen", „verdachtschöpfende Ermittlungen" oder auch „InitiativErmittlungen" mit der zuvor zitierten Zielstellung des methodischen Aufdeckens von tatunabhängigen Strukturen und Hintermännern genau die Tätigkeit, die seit Jahrzehnten zum Handwerkszeug der Spionageabwehr gehört: das Aufdecken des ältesten und dazu noch staatlich organisierten Verbrechens, nämlich der staatlich gesteuerten Spionage. Für die Polizei bedeutet die Forderung nach einer solchen Arbeitsweise das Beschreiten völlig neuer Wege: Sie wäre noch vor einigen Jahren revolutionär, ja rechtswidrig zu nennen gewesen und leuchtet, nach der Ausweitung der Polizeigesetze, auch heute sicher noch nicht jedem ein. Etwa zwei Drittel dieses Weges der Polizei im strafrechtlichen Vorfeld sind aber bereits zumindest gesetzestechnisch zurückgelegt. Es fehlt lediglich noch der letzte Schritt zu reinen „Initiativ-Ermittlungen bzw. „verdachtsschöpfenden Ermittlungen", Strukturen und Hintermänner betreffend.

Zur Verdeutlichung will ich nachstehende Einzelaspekte der Kerndiskussion skizzieren. Es geht erstens um die Frage, ob – wie in Bayern – der Verfassungsschutz parallel zur Polizei für die Beobachtung der OK eingesetzt werden soll und zweitens um eine noch bestehende gesetzliche Teil-Lücke in der Gefahrenvorsorge über die Gefahrenregelungen für die Polizei hinaus. Gemeint ist hier der Teilbereich im Vorfeld der OK, für den nach wie vor weder die Polizei noch der Verfassungsschutz (Ausnahme Bayern) zuständig ist.

A) *Zuständigkeit von Staatsanwaltschaft und Polizei als deren Hilfsbeamte laut Strafprozeßordnung für die Strafverfolgung der OK mit der Befugnis zum Einsatz nachrichtendienstlicher Mittel (§ 100a StPO). Beispiel: Einsatz eines verdeckten Ermittlers (VE) zur Klärung eines weltweiten Waffenhandels-Netzes nach Aufdecken einer Einzeltat.*

B) *Zuständigkeit der Polizei für die Gefahrenabwehr der OK bis hin zur Gefahrenvorsorge mit der Befugnis zum Einsatz nachrichtendienstlicher Mittel bei Vorliegen tatsächlicher Anhaltspunkte. Beispiel: Einsatz technischer Mittel zur Klärung z.B. vom Bundesnachrichtendienst (BND) gemeldeter Planungen bestimmter Personen zum Aufbau eines Rauschgifthandelsnetzes.*

C) *Zuständigkeit des bayerischen Verfassungsschutzes für das gesamte Vorfeld der OK betreffend die Gefahrenvorsorge und zum Teil Gefahrenabwehr (natürlich) mit der Befugnis zum Einsatz nachrichtendienstlicher Mittel. Beispiel: Der bayerische Verfassungsschutz schleust, und zwar unabhängig von bekannten Tätern oder potentiellen Täter, einen V-Mann ins Rotlich-Millieu ein, der von dort Kontakte zu Mitgliedern russischer oder kolumbianischer OK-Gruppen bekommt und alle erlangbaren Informationen zur Aufklärung dieses Netzes liefert. Wie effektiv diese Arbeit ist, stellte schon Anfang April 1995 der bayerische Staatsminister des Innern,* **Dr. Günther Beckstein,** *auf einer Fachtagung in Berlin vor. Da-*

nach hatten die bayerischen Verfassungsschützer im Zeitraum von An-
fang August 1994 bis Anfang April 1995 bereits mit 70 Verfahren gegen
die „Ostblockmafia" zu tun. Das Amt gab im selbigen Zeitraum 20 Groß-
verfahren an die Polizei ab. In vier Fünftel der vom bayerischen Landes-
amt für Verfassungsschutz (LfV) seit 1994 bearbeiteten Einzelfälle mit
OK-Hintergrund ist die Behörde aufgrund eines Hinweises tätig gewor-
den, ansonsten durch Informationsanfall bei anderen Ermittlungen. Na-
hezu alle Fälle wurden im Vorfeld mit nachrichtendienstlichen Mitteln
aufgeklärt und dann an die Polizei abgegeben. In der Hälfte der Rausch-
giftfälle wurde sofort ein VM der Polizei mit eingesetzt; d.h. es findet eine
enge Zusammenarbeit mit der Polizei statt. Bei Übermittlung der Hinwei-
se an die Polizei hätte diese die Fälle ebenso klären müssen und wohl
auch können. In der Bilanz des bayerischen Innenministers für das Vor-
jahr hieß es für den 26. August 1997 im Bulletin 18/97 u.a.: „Derzeit
werden beim bayerischen LfV in 15 Fällen Strukturermittlungen durchge-
führt, in die bei circa 250 Einzelfällen etwa 450 Personen miteinbezogen
werden." Das Beispiel Bayern belegt nach über vierjähriger Anwendungs-
praxis die effektive Zusammenarbeit von Verfassungsschutz und Polizei in
der OK-Bekämpfung.

2.1.4   Zuständigkeitsforderungen/Beteiligungen –
Sachstand der Diskussionen

Sachstand und dazugehörige Diskussionen führen zu zwei Forderungen:

2.1.4.1 Forderung nach Alleinzuständigkeit der Polizei

Bisher hat, wie dargestellt, nur Bayern Polizei und Verfassungsschutz zur
Bekämpfung im Vorfeld der OK eingesetzt, andere Länder setzen allein die
Polizei ein. Der Zug zur nachrichtendienstlichen Bekämpfung und Beobach-
tung der OK ist also zunächst überwiegend in Richtung Polizei abgefahren.
Die Polizei ist damit aber immer noch nicht in der Lage, im Gefahrenvorfeld
Strukturen und Hintermänner per se, also ohne daß tatsächliche Anhalts-
punkte eine bestimmte Person betreffen, aufzuklären; genauer, die Polizei
braucht eine irgendwie geortete Verdachtsperson, um überhaupt im Umfeld
von Gefahrenermittlungen mit nachrichtendienstlichen Mitteln bis ins Vor-
feld auch der Gefahrenvorsorge vorstoßen zu können, d.h. um auch Struktu-
ren mit möglichen Hintermännern der OK klären zu können. Daß in der Pra-
xis durch die Führung von polizeilichen Informanten im Bereich der OK auch
Informationen unabhängig von konkreten Verdachtspersonen durch die Poli-
zei erlangt werden (können), steht auf einem anderen Blatt. Die Regelungen

Bekämpfung der OK mit nachrichtendienstlichen Mitteln durch Polizei und Verfassungsschutz
(nach Elmar Ruhlich 1997)

Strafverfahren	Strafrechtliches Vorfeld	
	Gefahrenabwehr	Gefahrenvorsorge
Gefahr verwirklicht durch Straftat / Täter	Anhaltspunkte für Begehung von Straftaten von erheblicher Bedeutung / Konkrete Gefahr	Allgemeine Gefahr

VORFELD

Polizei

Verfassungsschutz

Einsatz von nachrichtendienstlichen Mitteln durch

Polizei, §§ 100 a ff StPO	Polizei, § 33 SOG
	Bayerischen Verfassungsschutz bei tatsächlichen Anhaltspunkten

für die Polizei sind, wie vorher schon beschrieben, im Ergebnis auf Dreiviertel des Weges stehengeblieben, obwohl sich über Jahre auch Stimmen aus der Polizei erhoben, die das gesamte Vorfeld für die Polizei einforderten. Die Polizei müsse auch unabhängig von einem Anfangsverdacht (im Sinne des § 152 StPO) oder einer konkreten Gefahr im Sinne des Polizeirechts tätig werden können. Dafür sprach sich schon 1992 der Leiter des LKA Hamburgs, **Wolfgang Sielaff,** *im Ansatz auch der ehemalige BKA-Präsident* **Hans-Ludwig Zachert** *und last not least die GdP mit einem Diskussionspapier aus 1995 aus. Das heißt, es wurde für die Bekämpfung der OK gefordert, der Polizei einen nachrichtendienstlichen „Januskopf"' zu verpassen. Aus Sicht der Polizei sind diese Forderungen nur konsequent. Grundsätzlich gilt es in dieser Frage abzuwägen zwischen den Gefahren der OK und den Erfolgsaussichten einer effektiven Bekämpfung, sowie den aufgezeigten Befürchtungen einer „Verfassungsschutzzuständigkeit" der Polizei im gesamten Vorfeld der OK.*

2.1.4.2 Forderung nach einer Beteiligung des Verfassungsschutzes

Andere Stimmen plädieren dafür, dem Verfassungsschutz eine Kompetenz im gesamten Vorfeld der OK (wie in Bayern) oder doch wenigstens im Bereich der Gefahrenvorsorge einzuräumen, so der frühere BfV-Präsident **Werthebach** *u.a. Diese Forderungen basieren auf nachstehenden Argumenten:*

A) *Entscheidend seien die Möglichkeiten des Verfassungsschutzes, im Rahmen des Opportunitätsprinzips zu agieren durch a) vertrauliche Entgegennahme von Hinweisen zur OK von Informanten und Ausstiegswilligen, die nicht mit einer Polizeibehörde in Kontakt treten wollen; b) langdauernde Führung von V-Personen, ohne diese je mit einem Verfahren überziehen zu müssen und c) alleinige Kompetenz zur Klärung von Strukturen und Hintermännern aufgrund methodischer Kenntnisse, d.h. ohne die einschränkenden Voraussetzungen der Polizei in der Gefahrenabwehr.*

B) *Mit Blick auf den europäischen Einigungsprozeß und die grenzüberschreitende OK wird festgestellt, daß der Informationsfluß zwischen den Staaten zur Zeit weitgehend nicht gewährleistet sei. Reibungslos funktioniere ein solcher Austausch nur zwischen gleichen Behörden. Wolle aber ein nichtdeutscher Nachrichtendienst sensible nachrichtendienstliche Informationen zur Weiterermittlung an Deutschland geben, finde er keine adäquaten Gesprächspartner. Der deutsche Verfassungsschutz sei nicht zuständig, der deutschen Polizei könnten solche Informationen nicht oder nur bruchstückhaft übermittelt werden. So blieben erhebliche Informationen ungenutzt; ein sicher schwerwiegendes Argument!*

C) *Zusammenfassend stellen die Befürworter eines Einschaltens des Verfassungsschutzes deshalb fest, für eine erfolgversprechende OK-Bekämpfung müßten alle vorhandenen Ressourcen eingesetzt werden. Der*

Bürger habe kein Verständnis, wenn aus ideologischen Gründen die Möglichkeiten der Kriminalitätsbekämpfung nicht genutzt würden. Es gehe hierbei nämlich nicht um eine Konkurrenz zwischen Polizei und Verfassungsschutz, sondern um eine Ergänzung der polizeilichen und justitiellen Ermittlungen durch ein präventionsorientiertes Frühwarnsystem. Der Verfassungsschutz könne in seiner beobachtenden Funktion einen effektiven Beitrag zur erfolgreichen OK-Bekämpfung der Polizei leisten, und zwar zu einem Zeitpunkt, zu dem weder ein strafprozessualer Anfangsverdacht, noch eine drohende Gefahr im polizeilichen Sinne gegeben sei. „Die von keiner Seite bezweifelte Lücke in der Bekämpfung der OK wäre geschlossen", so **Werthebach** *auf einer Expertentagung im Februar 1993.*

D) *Unstrittig ist folgender Sachstand: Viele Verfassungsschutzgesetze fordern die „politisch bestimmte Bestrebung". Eine solche ist zumindest bei der mafiosen Kriminalität z. B. „italienischer Spielart", vorhanden. Für die Mafia wäre der Verfassungsschutz jedenfalls auch nach der jetzigen Gesetzeslage zuständig. Allerdings hat auch Bayern, nachdem es mit seinem Vorstoß im Bundesrat mit einer solchen Argumentation gescheitert war, zugeben müssen, daß in Deutschland bisher eine Staat und Politik unterminierende Mafia bis dato nicht festgestellt werden konnte.*

E) *Letztlich entscheidend ist, daß anders als die Polizei der Verfassungsschutz (losgelöst von einer „Verdachtsperson") Strukturen und Hintermänner sowie Tatplanungen durch Beobachtung klären könnte. Denn zu seinen originären Befugnissen gehört im Gegensatz zur Polizei, sich mit V-Leuten in „Szenen" einfach nur zu bewegen und umzuhören, was böswillig nicht selten als „Verdachtsschöpfung" bezeichnet wird.*

2.1.4.3 Vorläufige Ergebnisse und Ausblicke

Zusammenfassend komme ich zu nachstehenden Ergebnissen:

A) *Der Verfassungsschutz könnte Hilfe bei der Bekämpfung der OK leisten. Das geschieht bis dato in Bayern unter Einsatz von inzwischen 40 Mitarbeitern des LfV.*

B) *Der Einsatz des Verfassungsschutzes würde die Polizeiarbeit teilweise ergänzen, weil die Polizei sich von der Seite potentieller Täter mit nachrichtendienstlichen Mitteln aus dem Vorfeld Gefahrenabwehr ins Vorfeld Gefahrenvorsorge begibt, der Verfassungsschutz umgekehrt von der Seite u.a. „methodischer Ansatz" aus dem Vorfeld der Gefahrenvorsorge kommend in das Vorfeld Gefahrenabwehr hineinreichen würde. Die aufgezeigte Lücke wäre geschlossen, der Verfassungsschutz Ansprechpartner für nachrichtendienstliche Erkenntnisse aus diesem Bereich. Jedoch bestünde, wie in Bayern, zum Teil eine überschneidende Doppelzuständigkeit beider Behörden.*

C) *Als gelernter Nachrichtendienstler halte ich, in Relation zu einigen Innenpolitikern, eine Doppelzuständigkeit von Polizei und Verfassungsschutz im Vorfeld der OK mit Blick auf Europa und unter anderem wegen der beschränkten Ressourcen (Personal- und Sachfinanzierung) für keine gute Lösung. Der Verfassungsschutz ist personell zur Zeit in keinem Land in der Lage, auch nur annähernd mit seinen wenigen Außendienstbeamten und Dienststellen im Lande flächendeckend wie die Polizei zu arbeiten. Ebenso fehlen ihm die, bei der Polizei existierenden und ständig fortentwickelten, europa- und weltumspannenden Informationssysteme und Vernetzungen (Inpol, Europol, SIS). Seine Zuarbeit für die Polizei müßte ohne massive personelle und materielle Aufstockungen äußerst bruchstückhaft bzw. auf Einzelfälle beschränkt bleiben. Die für einen Einsatz des Verfassungsschutzes neu einzubringenden Mittel kommen besser der Polizei zugute, vor allem Gelder für die V-Personen-Führung. Dies gilt auch für Personal, das im Verfassungsschutz für die Bekämpfung der OK geeignet und gewillt ist, sofern es dort überhaupt entbehrlich sein sollte. Als Voraussetzung für eine Alleinzuständigkeit der Polizei müßte ihr durch Gesetz die Kompetenz eröffnet werden, mit nachrichtendienstlichen Mitteln – und hier in erster Linie V-Personen – wie der Verfassungsschutz im Bereich der Gefahrenvorsorge originär Informationen zur OK zu sammeln. Der noch verbliebene weiße Fleck in der OK-Bekämpfung wäre durch das Schließen dieser Gesetzeslücke beseitigt. Zur bisherigen Kompetenzerweiterung der Polizei, den Einsatz nachrichtendienstlicher Mittel im Vorfeld der OK betreffend, stellte **Kniesel**, unter Einbeziehung der neuen Kompetenzen von Zoll und Bundesgrenzschutz (BGS) aus rechtspolitischer Sicht fest: „Die Polizei ist vernachrichtendienstlicht ... worden" (ZRP, S.483). Als Vorbild dieser, wie ich meine konsequenten Entwicklung, könnten alte Demokratien wie die nordischen Staaten oder die USA dienen. Die dänische Reichspolizei beispielsweise trägt dies, wie die amerikanische Bundespolizei (FBI), sowohl auf der polizeilichen als auch auf der nachrichtendienstlichen Schulter, beaufsichtigt durch die Justiz. Eine solche Regelung für Deutschland würde, mit Blick auf eine effiziente OK-Bekämpfung, im europäischen Kontext alle bisherigen Probleme sinnvoll lösen. Die Polizei wäre kompetenter Ansprechpartner auch in Deutschland. Von der Aufklärung des Vorfeldes bis hin zur Strafverfolgung läge das Geschehen in einer Hand. Um im Bild zu bleiben: Nicht nur der OK-Zug ist in Richtung Polizei abgefahren. Die Polizeigesetze haben noch ganz andere Weichen gestellt für noch ganz andere Züge. So bilden die neuen Regelungen quasi ein Einfallstor für die Polizei in originäre Aufgabengebiete des Verfassungsschutzes. Ich verweise in diesem Zusammenhang auf § 49 des SOG Mecklenburg-Vorpommern, demzufolge zu den Straftaten von erheblicher Bedeutung im Sinne der polizeilichen Gefahrenabwehr – und zwar mit nachrichtendienstlichen Mitteln – insbesondere* *auch der Geheimnisverrat und der schwere Landfriedensbruch zählen, beides bisher nachrichtendienstliche Domänen des Verfassungsschutzes! Hierzu gehören, da § 49 SOG nur eine beispielhafte Aufzählung enthält, sicher auch die Nötigung von Verfassungsorganen, die Bildung krimineller Vereinigungen, schwere Brandstiftung und Körperverletzung sowie gefährliche Eingriffe in den Straßen- und Schienenverkehr durch Extremisten. Dies ist bisher wohl weder dem Verfassungsschutz, noch manchem Parlamentarier und erst wenigen Polizisten bewußt. Überdies ist die Diskussion auch an anderer Stelle in Gang gekommen, ob und wieweit die Polizei das bisher allein vom Verfassungsschutz bearbeitete Vorfeld Spionageabwehr über die Gefahrenabwehr besetzen kann – und was mit den sonstigen strafrechtlich bewehrten Vorfeldern des Verfassungsschutzes (Terrorismus, rechts- und linksextremistische Militanz, extremistische Ausländergewalt) wird; kurz, welche Aufgaben den Verfassungsschutzbehörden der Länder in Zukunft noch verbleiben.*

2.1.5 Der Blick nach Europa und darüber hinaus

Nicht nur in Deutschland, sondern in vielen Staaten Europas und auch in Übersee wurde und wird die Einbeziehung von Nachrichtendiensten in die OK-Bekämpfung diskutiert, aber auch praktiziert. Das dazugehörige Lagebild 1997 ist, wie nicht anders zu erwarten, von heterogener Struktur. Viele Staaten haben, der bayerischen Praxis vergleichbar, zumindest eine nachrichtendienstliche Komponente ohne Exekutivbefugnisse für die Bekämpfung der OK eingeschaltet. Hierzu gehören die Mitgliedstaaten der Europäischen Union (EU) Italien, Luxemburg, die Niederlande, Portugal, Spanien, Großbritannien und Frankreich. Desweiteren die EU-Anwärter Tschechien und Ungarn, die der EU assoziierte Türkei, aber auch das Nichtmitglied Norwegen. In Übersee hat sich z.B. Kanada für die nachrichtendienstliche Zuschaltung entschieden. Interessant ist hierbei die Variante nachrichtendienstlicher und polizeilicher Befugnisse zur OK-Bekämpfung in einer Hand. Sie läuft in verschiedenen Staaten unter unterschiedlichen Bezeichnungen: Sicherheitsdienst, Sicherheitspolizei, Bundespolizei oder auch ganz allgemein nur Polizei. Hierzu rechnen sieben europäische Länder: Schweden, Finnland, Frankreich (mit einem Dienst), Österreich, die Schweiz, Dänemark und (eingeschränkt) Belgien; in Übersee insbesondere die USA mit dem FBI. Für meine Darlegungen interessieren vornehmlich Dänemark und die USA, aber auch Österreich und die Schweiz. In diesen vier Staaten ist es allein die Polizei, die mit nachrichtendienstlichen Befugnissen das Organisierte Verbrechen (OV) bekämpft. Auf das FBI der USA werde ich im Zusammenhang mit Europol noch gesondert zurückkommen. Dieser US-Bundespolizei sind strafrechtliche Angelegenheiten weltweit übertragen, darunter die Spionageabwehr mit den dazugehörigen nachrichtendienstlichen Beschaffungsaufgaben innerhalb des Landes (und außerhalb der USA nach Abstimmung mit der CIA), aber auch die Drogenbekämpfung (zusammen mit der Justizbehörde DEA). Der Blick über die Landesgrenzen hinaus zeigt, daß Staaten selbst mit alten Demokratien, besonders die USA, ihren Polizeien für die Bekämpfung der OK durchaus volle nachrichtendienstliche Mittel und Befugnisse an die Hand geben, ja sich dadurch einen gesonderten Verfassungsschutz ersparen. In Deutschland sollte das Bundesinnenministerium ob seiner übergreifenden Aufgaben, so könnte man meinen, zu solchen Überlegungen auch für Deutschland kommen. Doch, was die Forderung der Einbindung des Verfassungsschutzes in die Bekämpfung der OK betrifft, hält sich das Ministerium (von einem ersten Anlauf in 1993 abgesehen) seit Jahren auffallend zurück. Von seiner Seite ist von einer solchen Forderung nichts zu hören, im Gegenteil. So sprach Bundesinnenminister **Kanther** *zur BKA-Tagung (Thema: Die Bekämpfung der OK in Deutschland) am 19. November 1996 in Wiesbaden nur von Polizei und Justiz, obwohl es in seinem Vortrag u.a. hieß: „Primäres Ziel der OK sind ganz ohne Zweifel materielle Gewinne. Das darf aber nicht den Blick dafür verstellen, daß OK direkt oder indirekt auch das rechtsstaatliche Funktionieren von Staat und Gesellschaft beschädigt und das auch will. OK will rechtsfreie Räume, in denen sie und nicht der Staat regiert ... Deshalb ist der Kampf gegen das Verbrechen zugleich ein Kampf für die Wertordnung des Grundgesetzes, des demokratischen, wehrhaften Staates in Deutschland". Wer nach diesen Ausführungen dachte, nun käme der Verfassungsschutz ins Spiel, zu dessen Aufgaben ja die Feststellung von Gegnern dieser Werteordnung in erster Linie gehört, lag falsch. Der Bundesinnenminister führte zwar noch weiter aus: „Wir brauchen (vielmehr) ein Konzept der Verbrechensbekämpfung, das alle Kräfte in Politik, Wirtschaft und Gesellschaft für diesen Zweck in Anspruch nimmt, zielgerichtet abstimmt und bündelt", doch die geballten Ressourcen aller Sicherheitsbehörden nannte er nicht. Im Gegenteil. Zum Ende seiner Rede hieß es: „Ich setze mich deshalb mit großem Nachdruck für eine weitere Verstärkung der polizeilichen und justitiellen Zusammenarbeit sowohl auf Regierungsbasis wie auf Europol als auch im Rahmen des Schengener Übereinkommens und der Europäischen Union ein". Das Wort Verfassungsschutz fiel, trotz seit Jahren laufenden Diskussionen, an keiner Stelle der Ausführungen des Ministers. Also scheint auch für den Bundesinnenminister für die Bekämpfung der OK der Zug endgültig in Richtung Polizei abzufahren. Folgerichtig antwortete der Präsident des BfV in einem Zeitungsinterview (Kieler Nachrichten, 16. August 1997) auf die Frage: Sehen Sie ein neues Aufgabenfeld für den Verfassungsschutz auch in der Bekämpfung der OK? mit der Feststellung: „Eine Mitwirkung des BfV bei der Beobachtung der OK ist derzeit nicht vorgesehen".*

2.1.6 Europol – ein europäisches FBI bzw. eine Europapolizei mit geplanten operativen Befugnissen

Konkret zeigt ein grenzüberschreitender Blick, daß die Perspektiven für eine Europa-Polizei mit dem Zusammenführen polizeilicher und nachrichtendienstlicher Informationen und eigenen Ermittlungsbefugnissen zur erfolgversprechenden europaweiten Bekämpfung des OV schon viel weiter konzipiert und in den Anfängen umgesetzt sind als dies manchem Verfassungsschützer und Polizisten bewußt ist. Als Kenner dieser Materie beschreibt **Prof. Schelter** *(Staatssekretär im BMI) die Perspektiven wie folgt: „Sobald die von den Parlamenten noch zu ratifizierende Europolkonvention in Kraft getreten ist, verfügen die Mitgliedstaaten der EU über ein gemeinsames Instrument für den Informationsaustausch, vor allem aber auch für die Analyse kriminalpolizeilicher Informationen auf der Grundlage eines zentralen europäischen Datenbestandes. Damit wird die Möglichkeit geschaffen, Entwicklungen und Organisationsstrukturen (!) der international operierenden Schwerkriminalität sowohl in den EU-Staaten als auch über deren Grenzen hinaus auf der Grundlage eines von vielen Quellen zusammengeführten Datenmaterials zu analysieren".*

Unter Hinweis auf meine Ausführungen zu den europäischen Staaten, die entweder Nachrichtendienste beteiligen oder Polizei und Nachrichtendienst in einer Hand halten, ist klar, daß zu den kriminalpolizeilichen Informationen in vielen Ländern auch nachrichtendienstliche Informationen gehören. Vorausschauend forderte schon auf dem EG-Gipfel in Luxemburg 1991 Bundeskanzler **Helmut Kohl** *„eine europäische Polizei, die auf dem Territorium der ganzen Gemeinschaft ermitteln und handeln könne". Nachdem Briten und Franzosen zunächst solchen übernationalen Polizeiplänen nicht folgen wollten, erwogen seit dem EU-Gipfel von Dublin im Dezember 1996 auch sie sog. operative Befugnisse, d. h. zentral organisierte eigene Ermittlungsbefugnisse der Europolbeamten in den Mitgliedsstaaten. Diese Forderung ist expressis verbis im Papier einer Expertenkommission enthalten, die im Auftrag der EU-Minister für Inneres und Justiz aufgrund des Dublin-Gipfels einen Aktionsplan zur Bekämpfung der OK erarbeitet hat. Selbige Forderung machten sich in Deutschland sowohl CDU- wie auch SPD-Politiker zu eigen. Gemeint sind Ermittlungen in den einzelnen Ländern durch die europäischen Beamten von Europol. Selbst die Bündnis/Grünen hatten zumindest nichts gegen ein „zentralistisches Euro-FBI" einzuwenden, laut ihrem veröffentlichten Sicherheitskonzept, wenn „effektiver Rechtsschutz und parlamentarische Kontrolle gegeben sind". Den Befürwortern dieses europäischen FBI sollte eigentlich klar sein, was sie damit billigen, denn zum amerikanischen FBI gehören sowohl polizeiliche als auch nachrichtendienstliche Kompetenzen. Bereits schon heute ist die Tür für ein Zusammenführen polizeilicher und nachrichtendienstlicher Informationen für die internationale Bekämpfung eines wichtigen Kriminalitätsbereichs der OK geöffnet worden: so wird*

von der Europol-Vorläuferorganisation, der schon seit Jahren tätigen Euro-
pean Drug Unit (EDU), der internationale Deliktbereich Rauschgift bekämpft,
auch wenn der EDU dafür bisher nur eine Koordinierungsfunktion für dies-
bezügliche Aktivitäten der Polizeibehörden der EU-Mitgliedstaaten zukommt.
*Als Beispiel dafür beschrieb **Andreas Fink** (Die Zeit, April 1997) einen von*
der EDU koordinierten Kokain-Schmuggelfall, zu dem französische, belgi-
sche und italienische Verbindungsbeamte ebenso Erkenntnisse beisteuerten
wie ihre Kollegen aus Spanien und Portugal. Am Ende stand die Verhaftung
eines deutschen Drahtziehers in Barcelona; d.h. hier flossen im Zweifel In-
formationen von Nachrichtendiensten (Italien, Frankreich) mit solchen der
Polizei (Italien, Frankreich, Portugal, Spanien) zusammen, eine in Deutsch-
land vollen Umfangs bisher nur für das Bundesland Bayern bestehende Mög-
lichkeit. An dieser Stelle möchte ich aber auf einen Ausnahmefall in Deutsch-
land, der die Übermittlung nachrichtendienstlicher OK-Erkenntnisse der Ver-
fassungsschutzbehörden an die Polizei möglich macht, aufmerksam machen.
So dürfen nach dem Verfassungsschutzgesetz in Mecklenburg-Vorpommern
und noch einigen anderen Landesverfassungsschutzgesetzen personenbezo-
gene Informationen zu Straftaten i.S. des § 100a StPO, auf die die Verfas-
sungsschutzbehörden anläßlich ihrer Aufgabenerfüllung zufällig stoßen, an
die Polizei weitergegeben werden, beispielsweise zu schweren Verstößen ge-
gen das Betäubungsmittelgesetz (für M-V § 16 Abs.2, Nr.1 des VerfSchG).
Für das Bundesamt bestehen weiterhin Übermittlungsbefugnisse zu den Straf-
taten der §§ 74-120 GVG (§ 20 BfV-Gesetz). Hierbei handelt es sich aber
eben um einen Ausnahmetatbestand für Zufallserkenntnisse zum einen, zum
anderen bleibt der Bereich der tatunabhängigen Hintermänner weiterhin aus-
gespart. Zurück zur EU. Hier, auf europäischer Ebene, wird sich der Kreis
zum Zusammenführen polizeilicher und nachrichtendienstlicher Informatio-
nen mit der Realisierung eines gemeinsamen Informationspools für Europol
schließen. Geht nämlich der zentrale Europol-Computer ans Netz, so können
alle EU-Mitgliedstaaten polizeiliche Daten über Straftaten, Tatverdächtige
und sogar über Personen, die womöglich irgendwann Straftaten begehen
könnten, einspeichern und abberufen, d.h. in den europäischen Staaten, in
denen Polizei und Verfassungsschutz in einer Hand liegen (z.B. Dänemark),
oder in denen national eine Zusammenführung solcher Daten gewährleistet
ist (z.B. Italien), werden in Europol polizeiliche und nachrichtendienstliche
Daten zusammenfließen und können auch von EU-Staaten genutzt werden,
die bisher solche Daten (z.B. Deutschland) wegen nur teilweiser Kompetenz
der Polizei zu deren Erhebung nicht vollen Umfangs einspeichern können.

Zusammenfassend läßt sich sagen:

Die deutsche Polizei wird über Europol für die Bekämpfung des OV Zugriff
auf Informationen von Nachrichtendiensten anderer Länder erhalten, ohne
diese zur Zeit sich vollen Umfangs im nationalen Rahmen auch selbst be-
schaffen und Europol zur Verfügung stellen zu können.

Mit Europol und der Erwartung eines europäischen FBI wird für Deutschland quasi der zweite vor dem ersten Schritt getan. Denn zunächst sollte eigentlich auf nationaler Ebene der Polizei der volle Zugang zum strafrechtlichen Vorfeld der Rauschgiftbekämpfung (und darüber hinaus dann weiterer/aller OK-Deliktbereiche) eröffnet werden, so wie andere Staaten in Europa entweder ihre Nachrichtendienste mit einsetzen oder aber Polizei und Nachrichtendienst ohnehin in einer Hand sind und sich das Problem deshalb nicht stellt. Mit einem Satz: ein europäisches FBI setzt ein deutsches FBI voraus. Dazu **Konrad Freiberg** *von der GdP: „Ein europäisches FBI mit vollen Kompetenzen kann (deshalb) nur im Fernziel angestrebt werden. Dafür brauchen wir ein einheitliches Straf- und Strafprozeßrecht, ein einheitliches Justizsystem (Gerichte, Staatsanwaltschaften)" und, ich ergänze, einen einheitlichen Sicherheitsapparat – entweder als deutsches FBI mit Nachrichtendienst und Polizei unter einem Dach oder, wie in Bayern, die Einschaltung des Verfassungsschutzes in die Bekämpfung der OK. Das Thema Datenschutz stellt in diesen Zusammenhängen noch ein besonderes Problem dar. Vorentscheidungen sind jedoch bereits gefallen durch die Ausweitung der Befugnisse der Polizei auf Länderebene sowie die Einrichtung der EDU und mit dieser das Zusammenfließen von polizeilichen und nachrichtendienstlichen Informationen verschiedener EU-Mitglieder für die Rauschgiftbekämpfung.*

2.2 Exkurs: Einsatz des Bundesnachrichtendienstes

Meine Darlegungen wären unvollständig, würde ich – im Zusammenhang mit der Einschaltung von europäischen und außereuropäischen Nachrichtendiensten – nicht auch den Bundesnachrichtendienst (BND) als Auslandsnachrichtendienst Deutschlands benennen. Auch dieser Dienst hat klare gesetzliche Beschaffungsaufgaben auf dem Felde der internationalen OK. Der BND ist in die Bekämpfung der OK über das Verbrechensbekämpfungsgesetz vom 28. Okt. 1994 mit einbezogen. Nach diesem Gesetz kann er Erkenntnisse über geplante Rauschgift- und Kriegswaffengeschäfte, Geldwäsche- und Fälschung sowie terroristische Anschläge den Strafverfolgungsbehörden unter einer Grundvoraussetzung zuleiten: diese Taten dürfen keinen Inlandsbezug aufweisen. Dazu die Anmerkung: Es geht hier um ein zweistufiges G10-Verfahren, d.h. der BND stellt einen Antrag beim BMI; dieser wählt erfolgversprechende Fernmeldebeziehungen für die strategische Kontrolle aus, das G10-Gremium muß zustimmen. Es sind nur Suchbegriffe zu ausländischen Abnehmern/Bestellern erlaubt, nicht zu deutschen Firmen und deutschen Staatsangehörigen im In- und Ausland sowie deutsch-dominierten Firmen im Ausland. Nur in Deutschland ankommende Fernmeldeverkehre (d.h. normalerweise Anfragen, Angebotsaufforderungen und Aufträge ausländischer Firmen) dürfen empfangen werden, nicht jedoch die Antworten und Reaktio-

nen der beteiligten Deutschen in Deutschland. Zur Größenordnung dieser Arbeit: Anfang 1995 wurde davon ausgegangen, daß der BND jährlich rund 1,5 Millionen „Auslandstelefonate" abhört. Im Mai 1997 sagte der BND-Präsident **Hansjörg Geiger** *der Süddeutschen Zeitung, daß der Dienst in Pullach „weit unter einem Prozent" aller Auslandstelefonate abhört. Der BND habe nicht die Möglichkeit, die rund 2000 Anrufe pro Minute computergesteuert nach bestimmten Schlüsselwörtern mitzuhören. Aus einer Antwort des bayerischen Innenministers auf eine Anfrage der Grünen ging Mitte 1997 hervor, daß der BND etwa alle zwei Minuten bei einer Telefonverbindung ins Ausland mithört. Insgesamt wurden täglich rund 600 Vorgänge des internationalen Fernmeldeverkehrs mit Hilfe von Suchbegriffen überprüft. Davon würden 45 als möglicherweise erheblich selektioniert, der Rest werde automatisch gelöscht. Darüber hinaus sammelt der BND auf der Grundlage des BND-Gesetzes im Ausland, mit Hilfe menschlicher Quellen und von Partnerdiensten, alle Informationen über staatlich gesteuerte Kriminalität (z.B. Iran) oder den Einfluß von OK auf Staaten (z.B. Kolumbien) sowie globale OK-Deliktbereiche, wie internationalen Waffen- und Rauschgiftschmuggel. Zu den Partnerdiensten rechnet in Zukunft selbst ein Teil des Ex-KGB in Rußland.*

So sollte für Juli 1997 die Unterzeichnung eines Kooperationsabkommens zwischen dem russischen Bundessicherheitsdienst FSB (Federalnaya Sluzhba Bezopasnosti) und dem BND anstehen. Dessen wichtigstes Ziel ist, so Moskau, die Kräfte im Kampf gegen den weltweiten Terrorismus sowie Waffen- und Rauschgifthandel zu bündeln und gemeinsam gegen Wirtschaftskriminalität und Geldwäsche vorzugehen (KN, 16.07.1997, S. 4). Die Ergebnisse der BND-Tätigkeit sind bisher in drei exzellenten Ausarbeitungen aus den Jahren 1995, 1996 und 1997 zu den Themen „Drogen/ Geldwäsche", „Sonderformen der internationalen OK" und „Proliferation von Massenvernichtungsmitteln und Trägerraketen" niedergelegt, alle als Verschlußsache eingestuft.

Auch diese Erkenntnisse z.B. über internationale Rauschgiftrouten, OK-Organisationen in Osteuropa oder Asien und Versuche zur Beschaffung von Vorrichtungen (Dual-Use-Güter) für die Produktion von A-, B- und C-Waffen (sog. Proliferation), werden durch den BND laufend für die Ermittlungsarbeit der Polizei über das BKA zur Verfügung gestellt. Zum Auftrag des BND, im Ausland den internationalen Rauschgifthandel und die Geldwäsche aufzuklären, gehört ausdrücklich die „Feststellung der beteiligten Kreise (Unternehmen, Gruppierungen, Einzelpersonen) und deren Einflußnahme auf Politik und Administration bzw. Verknüpfungen mit selbigen. Auch die Beobachtung der Infiltration staatlicher Strukturen und internationaler Organisationen zählt zur Aufklärungsarbeit des BND. Generell soll auch die Bedrohung demokratischer Staatswesen durch „schmutzige" Gelder durch den Auslandsdienst aufgeklärt werden. Zusammenfassend läßt sich mit Stand Frühherbst 1997 nachstehendes Fazit ziehen:

a) *Im Internationalen Rahmen beteiligt sich Deutschland mit seinem Auslandsnachrichtendienst BND an der Bekämpfung von organisierter Kriminalität, insbesondere auch der Rauschgiftkriminalität.*

b) *Im europäischen Rahmen arbeitet Deutschland bereits der koordinierenden EDU im künftigen Europol zu und strebt an, Europol als europäisches FBI mit der zwangsläufigen Nutzung auch nachrichtendienstlicher Erkenntnisse der anderen europäischen Länder zu schaffen.*

c) *Im nationalen Rahmen sind den Länderpolizeien nachrichtendienstliche Mittel bereits in einem großen Bereich der Gefahrenerforschung (nicht nur in der Rauschgiftbekämpfung) an die Hand gegeben. Der Verfassungsschutz darf nachrichtendienstliche Zufallserkenntnisse zuliefern, muß dies aber nicht. In Bayern hat er den gesetzlichen Auftrag zur umfassenden Sammlung*

d) *Andere Länder in Europa (und Übersee) setzen bei der OK-Bekämpfung entweder Nachrichtendienste mit ein oder vereinen Nachrichtendienst und Polizei unter einem Dach bzw. in einer Behörde.*

2.3 Literatur und Quellennachweise zum 2. Kapitel

Beckstein, Günther (1995):
Massenkriminalität – müssen wir kapitulieren?, Referat (unveröffentlicht) auf
dem IV. Fraktionsforum der Berliner CDU- Fraktion, Preußischer Landtag,
Berlin, 7. April 1995.

Bündnis 90/Die Grünen, Bundestagsfraktion (1997):
„Bürgerrechte erhalten – Kriminalität verhindern – öffentliche Sicherheit
stärken – 10 Punkte für ein alternatives Sicherheitskonzept" v. 23.07.1997.

Dewes (1996):
Spiegel-Interview mit dem Innenminister Thüringens Dewes,
Der Spiegel Nr. 52/1996.

Die Zeit Nr. 13/21.1.1997.

Fink, Andreas (1997):
Wunderwaffe Europol, Zeitserie Nr. 6 /April 1997 in Die Zeit.

Freiberg, Konrad (1995):
Diskussionspapier der Gewerkschaft der Polizei (GdP) zur Organisierten
Kriminalität 6/95.

Freiberg, Konrad (1997):
Organisierte Kriminalität in Deutschland 6/97.

Frisch (1997):
Kieler Nachrichten-Interview mit dem BfV-Präsidenten Dr.Frisch,
Kieler Nachrichten (KN) 16.08.1997, S. 3.

Gröpl (1993):
Die Nachrichtendienste im Regelwerk der deutschen Sicherheitsverwaltung
in Schriften zum öffentlichen Recht, Dissertation Berlin 1993.

Kanther, Manfred (1996):
Die Bekämpfung der organisierten Kriminalität in Deutschland,
Ansprache vor dem BKA in Wiesbaden, Bulletin der Bundesregierung vom
03.12.1996, Nr. 98, S. 1064ff.

Kniesel (1996):
Innere Sicherheit und Grundgesetz ZRP 2/96.

Rupprecht (1993):
Zur Aufklärung von Strukturen Organisierter Kriminalität durch
Nachrichtendienste, Zschr f Kriminalistik 2/1993.

Schelter (1997):
Bekämpfung des organisierten Verbrechens als Herausforderung für Europa –
auch für die OSZE? in Zschr. f. Innere Sicherheit in Deutschland und Europa
Nr. l/Juli-Aug. 1997.

Urteil
des sächsischen Verfassungsgerichtes vom 14. Mai 1996 zum sächsischen
Polizeigesetz (SPG 44 – II – 94).

Werthebach (1993):
Organisierte Kriminalität – Gefahren, Bekämpfung und
politische Konplikationen, Tagung 2/93 Wildbach/Kreuth.

Werthebach (1994):
Organisierte Kriminalität ZRP 2/94.

Zachert (1993):
Bekämpfung der Organisierten Kriminalität – keine Aufgabe für den Verfassungsschutz, in Deutsche Polizei/BKA 1/93.

3 Europäische Initiativen zur Verbrechens- bekämpfung am Beispiel von Europol und den Schengener Sicherheitsinstrumenten*

Von Jürgen Storbeck, Koordinator Europol, Den Haag

3.1 Einführung

Wir nähern uns der Jahrtausendwende. Das menschliche Wissen verdoppelt sich alle 10 Jahre. Moderne Kommunikations- und Transportmittel lassen Staaten und Kontinente zusammenrücken, schaffen ein globales Dorf. Der politische, gesellschaftliche und soziale Raum nicht nur in West-, sondern in ganz Europa hat sich in einem Zeitraum von ebenfalls 10 Jahren radikal geändert. Doch unser Straf- und Strafprozeßrecht stammen aus dem letzten Jahrhundert und unsere Normen zur internationalen Rechtshilfe in Strafsachen aus den 50er Jahren und sind in den letzten Jahren nur unwesentlich modifiziert worden. Die rechtliche Reaktionszeit in Deutschland auf Verän- derungen beträgt nicht selten 10 und mehr Jahre, wie die nun endlich verab- schiedete Novelle zum BKA-Gesetz zeigt.

Ganz anders verhält es sich dagegen im Bereich der Kriminalität. Insbeson- dere Organisierte Kriminalität nimmt aufgrund moderner technologischer und ökonomischer Möglichkeiten an Umfang und Bedeutung zu. Organisier- te Kriminalität wird für unser Wirtschafts- und Gesellschaftssystem so po- tent, so gefährlich, ja existenzbedrohend, daß Politik und Strafverfolgungs- behörden umdenken müssen und sich nicht auf reagieren beschränken dür- fen.

Die traditionelle Bekämpfung von Kriminalität einschließlich der Organi- sierten Kriminalität stellt sich aber immer noch als Reaktion dar. Wenn der Tote auf der Straße liegt, wenn eine Anzeige eines Diebstahlopfers eingeht, wenn ein Zeuge einen Hinweis auf eine Straftat gibt, wird von den Strafver- folgungsbehörden ermittelt, wird ein Strafverfahren eröffnet. Dieser Ansatz hat sich über Jahrhunderte entwickelt und stellt die Grundlage für unser Straf- recht und Strafprozeßrecht sowie unsere polizeiliche und justitielle Arbeit unsere Methoden dar. Um in der Bekämpfung des international agierenden, organisierten Verbrechens erfolgreich zu sein, ist Kriminalität aber unab- hängig vom konkreten, „angezeigten" Fall zu untersuchen. Das Dunkelfeld ist aufzuhellen. Bedrohungsanalysen zu kriminellen Organisationen und modus operandi für jetzt, morgen und übermorgen sind zu erstellen.

---

*) Dieser Beitrag wurde u.a. anläßlich des „Seminars Europolizei" vom 30. Septem- ber bis 2. Oktober 1997 in Ingelheim als Vortrag gehalten.

Daraus ergibt sich, daß Analyse- und Intelligence-Arbeit eine immer größere Bedeutung für Politik, Gesetzgeber und Strafverfolgungsbehörden gewinnen müssen.

Doch aus rechtlichen und organisatorischen, aber vor allem aus personellen und finanziellen Gründen finden Dunkelfelduntersuchungen zu international Organisierter Kriminalität normalerweise nicht statt. Es wird auf die seltenen Anzeigen und auf „Betriebsunfälle" wie Todesfälle, schwere Körperverletzungen usw. reagiert, nicht aber gegen eine involvierte kriminelle Organisation ermittelt oder sogar im langwierigen und komplizierten Verfahren der internationalen Rechtshilfe Auslandsbezügen nachgegangen.

Zum gegenwärtigen Zeitpunkt scheinen mir nur wenige nationale Dienststellen der EU-Staaten in der Lage zu sein,

- *ein eindeutiges und realistisches Bild über das Bestehen international organisierter Kriminalität in ihrem Land zu liefern,*

- *eine Bedrohungsanalyse für die Zukunft zu erstellen*

- *und so Bekämpfungsstrategien zu entwickeln, die die Politik in die Lage versetzen, die notwendigen rechtlichen und sonstigen strategischen Maßnahmen zu treffen.*

Was national schon schwierig ist, ist international nur mit großen Einschränkungen zu bewältigen. Denn das Wissen internationaler Institutionen wie Interpol, UN, WCO und Europol setzt sich aus der Gesamtheit des Teilwissens – um nicht zu sagen des Unwissens – der nationalen Dienststellen zusammen.

So kommt es zu extremen Verzerrungen in der Situationsbeschreibung und der daraus folgenden Bedrohungsanalyse. Politisch, rechtlich und polizeilich kann dann weder national noch international angemessen reagiert werden.

Die Entwicklung international Organisierter Kriminalität bringt es schließlich mit sich, daß isolierte nationale polizeiliche Maßnahmen an Wirkung verlieren oder sogar gänzlich wirkungslos sind.

3.2 Regelungsbedarf

Lassen Sie mich nun einige Problembereiche in der EU-weiten Verbrechensbekämpfung genauer darstellen, um daran zu zeigen, wie die Europäische Union insbesondere mit Europol versucht, den Bedürfnissen international organisierter Kriminalität Rechnung zu tragen.

3.2.1 Rechts- und Amtshilfe und ihre Geschäftswege

Um auf die wachsende Mobilität von Straftätem und kriminellen Organisationen reagieren zu können und gleichzeitig im Interesse einer effektiven Strafverfolgung, aber auch des/der Verdächtigen zu handeln, müssen Informationsaustausch und die Durchführung von Rechts- und Amtshilfe erheblich beschleunigt werden.

Dazu bedarf es der Verkürzung und Vereinfachung der polizeilichen und justitiellen Geschäftswege und des Aufbaus, der Fortentwicklung und der Zusammenfassung von Informationssystemen.

Ziel muß es sein, rechtlich anerkannte Geschäftswege für einen unmittelbaren Informationsaustausch und eine direkte Zusammenarbeit der zuständigen lokalen und regionalen Strafverfolgungs- und Sicherheitsbehörden zu schaffen, ohne die Interessen der nationalen Zentralbehörden insbesondere im Bereich der Analyse und Koordination zu vernachlässigen.

Zusätzlich zu den Rechtsgrundlagen sind die technischen und fremdsprachlichen Voraussetzungen und eine entsprechende Aus- und Fortbildung für eine solche unmittelbare Zusammenarbeit zu schaffen. Darüber hinaus muß ausgeschlossen werden, daß die unmittelbare Kontaktaufnahme nur nach einem vorherigen aufwendigen Genehmigungsverfahren zulässig ist.

3.2.2 Internationale Informationssysteme

Polizei- und Zollbehörden ebenso wie Justizbehörden müssen für Kontrollen, Ermittlungen und zur Abwehr von Gefahren jederzeit und möglichst an jedem Ort in Minutenfrist Zugang zu den für die Aufgabenerfüllung notwendigen Informationen aus allen Mitgliedstaaten haben.

Diese Systeme müssen für den Benutzer einfach zu bedienen sein und die Inhalte entweder durch Einführung einer einzigen Arbeits-/Fachsprache oder durch strikte Standardisierung und automatische Übersetzung überall verständlich sein.

Für den Betrieb und die Inhalte sind effektive und unbürokratisch arbeitende Gremien und Instrumente der rechtlichen/datenschutzrechtlichen sowie politischen/parlamentarischen Kontrolle von Nöten. Die bestehenden oder im Aufbau befindlichen Informationssysteme von OICP-lnterpol, das Schengener Informationssystem (SIS), das Europäische Informationssystem (EIS), das Zoll-lnformationssystem, das Europol-Informationssystem und weitere multilaterale Systeme sind − soweit rechtlich und technisch möglich − miteinander zu verbinden. Das kann international oder jeweils in den nationalen Zentralstellen geschehen. Um Kosten, Material und Personal zu sparen, sollten zumindest eine Standardisierung der Ausrüstung, der Nachrichtenstruktur und der Sprache erreicht und gemeinsame Fernmeldenetze genutzt werden.

3.2.3 Internationale Analysearbeit

Systematische Analysearbeit oder gar Intelligence-Arbeit (interaktive Informationsbeschaffung und -auswertung) nach wissenschaftlichen Methoden und mit moderner Informationstechnik, um Straftäter, kriminelle Organisationen, ihre Aktivitäten und die Ströme illegalen Geldes zu erkennen und damit Gefahren abzuwehren und Ermittlungen zu initiieren und zu fördern, werden nur in wenigen EU-Staaten – und dort auch nur punktuell – betrieben. International finden solche Arbeiten nur in seltenen Ausnahmefällen statt. Hier gilt es, internationale Analysedateien innerhalb oder wenigstens in Verbindung mit obengenannten Informationssystemen zu schaffen, die auch sensitive Daten und noch nicht polizeilich und justitiell abschließend bewertete Daten enthalten. Insbesondere für diese Dateien müssen wirksame demokratische Kontrollinstrumente geschaffen werden.

Als Partner für diese internationalen Analysedateien sind nationale Analyseeinheiten und -dateien einzurichten. Die Strukturen der Dateien und die Analysemethoden sind zu vereinheitlichen; eine gemeinsame Arbeitssprache würde die Zusammenarbeit erleichtern.

3.2.4 Internationale Koordination

Gegenwärtig erfolgt die Abwehr von grenzüberschreitenden Gefahren international häufig unkoordiniert. Parallele Ermittlungen gegen dieselben Straftäter oder Organisationen werden von Strafverfolgungsbehörden unterschiedlicher Mitgliedsstaaten in Unkenntnis der jeweiligen ausländischen Verfahren oder zumindest unkoordiniert betrieben. Grenzüberschreitende operative Maßnahmen wie z.B. „Kontrollierte Lieferungen" sind, sobald sie mehr als zwei Staaten betreffen, selten. Das liegt einmal an den oben geschilderten Schwierigkeiten im Informationsaustausch und der gegenseitigen Rechts- und Amtshilfe, andererseits aber auch an dem Fehlen einer internationalen Koordinationsstelle.

3.2.5 Internationale Ermittlungen

Internationale Ermittlungen gegen weltweit oder europaweit agierende kriminelle Organisationen finden nicht statt. Allenfalls versuchen nationale oder regionale Behörden zu kriminellen Aktivitäten mit internationalem Bezug, soweit sie sich in ihrem Zuständigkeitsbereich abspielen, zu ermitteln und dafür Informationen und exekutive Maßnahmen in den anderen Staaten zu erlangen bzw. in langwierigen Verfahren der Rechts- und Amtshilfe durchführen zu lassen. Erfolge werden gegen solche kriminellen Organisationen als Ganzes oder ihre Chefs trotz aller Erfolgsmeldungen so praktisch nie erzielt. Für eine erfolgreiche Bekämpfung internationaler krimineller Kon-

zerne sind wirkliche internationale Ermittlungen von Nöten, die nicht nur aus regionaler oder nationaler Sicht und mit den beschränkten rechtlichen, technischen und personellen Möglichkeiten nationaler Behörden geführt werden. Für solche Aufgaben eignen sich anlaßbezogene oder ständige internationale Sonderkommissionen, die kurz- oder mittelfristig eingerichtet werden könnten.

3.2.6 Vereinheitlichung des Strafrechts

Internationale Zusammenarbeit bei der Verbrechensbekämpfung setzt grundsätzlich Strafbarkeit in allen beteiligten Staaten voraus. Es erscheint fast unmöglich, das teilweise jahrhundertealte, unterschiedliche Strafrecht der Mitgliedsstaaten bezogen auf „klassische" Kriminalität zu vereinheitlichen. Allerdings sind die Unterschiede im Kern nicht sehr groß, wenn wir von einigen Bereichen der Wirtschaftskriminalität absehen, so daß die Zusammenarbeit insoweit nicht ernsthaft leidet. Gefährlich wären Unterschiede aber bei der Pönalisierung moderner Kriminalitätsformen.

Deshalb sind zu neuen Kriminalitätsformen wie Umweltkriminalität, illegaler Organhandel, Computerkriminalität usw. einheitliche Straf- und Zollvorschriften zu erlassen, sei es als Gemeinschaftsrecht, sei es durch Abschluß entsprechender Konventionen.

3.3 Neue Strategien bei der internationalen Verbrechensbekämpfung

In der Verbesserung des polizeilichen Informationsaustauschs und der Analyse liegt gegenwärtig das Schwergewicht der Initiativen innerhalb der Europäischen Union, um eine gemeinsame Verbrechensbekämpfung zu ermöglichen und zu verbessern.

Und dabei sind die Mitgliedsstaaten der Europäischer Union zwei Wege gegangen. Einmal versucht man den Informationsaustausch auf den traditionellen Wegen zwischen lokalen, regionalen und nationalen Polizeidienststellen zu beschleunigen und zu verbessern. Genannt werden sollten hier die Eröffnung kürzerer oder sogar unmittelbarer Geschäftswege, der gegenseitige Zugriff auf nationale Informationssysteme, die Benennung von nationalen oder regionalen Ansprechpartnern für spezielle Problemfelder oder der Austausch von Verbindungsbeamten.

Der andere Ansatz ist der Aufbau von internationalen polizeilichen Informations- und Fahndungssystemen, z. B. SIS, CIS und die Errichtung bzw. der Ausbau zentraler internationaler polizeilicher Institutionen wie Europol oder Institutionen mit verwaltungspolizeilichen oder zollrechtlichen Funktionen wie UCLAF.

3.4   Instrumente zur Kriminalitätsbekämpfung

3.4.1   IKPO-Interpol

*Die internationale weltweite und europaweite Zusammenarbeit von Polizei-
behörden findet in aller Regel über das Fernmeldenetz der IKPO-Interpol
statt. Trotz verstärkter unmittelbarer Kooperation europäischer kriminalpolizeilicher Behörden, des Austauschs von kriminalpolizeilichen Verbindungsbeamten und der Zusammenarbeit im Rahmen der EU und des Schengener
Vertragswerks steigt der Nachrichtenaustausch über Interpol ständig an. Darüber hinaus ermöglicht das Interpol-Generalsekretariat mit seinen Informa-
tionssammlungen und Analyseeinrichtungen den Polizeibehörden effektive
Unterstützung, die aus Gründen des Datenschutzes und der Vertraulichkeit
von vielen europäischen Staaten aber nur begrenzt mit personenbezogenen
Daten gespeist und damit dann effektiv genutzt werden können.*

3.4.2   Bilaterale Verbindungsbeamte

*Viele Staaten der EU haben untereinander polizeiliche Verbindungsbeamte
ausgetauscht bzw. in europäische Drittstaaten entsandt. Teilweise im Informationsaustausch, aber insbesondere für die Unterstützung von Rechts- und
Amtshilfe oder gemeinsame bilaterale Ermittlungen, hat sich der Einsatz von
Verbindungsbeamten bewährt und wird dementsprechend weiter ausgebaut.*

3.4.3   Zusammenarbeit im Rahmen des Schengener Vertragswerks

*Die Schengener Verträge erleichtern einerseits die bilaterale polizeiliche Zu-
sammenarbeit und schaffen andererseits die Grundlagen für ein gemeinsames Fahndungssystem der Mitgliedsstaaten, das Schengener Informationssystem.*

*In dieses System werden Ausschreibungen, die der Suche nach Personen und
Sachen dienen, für polizeiliche Kontrollen und Überprüfungen an den Außengrenzen und im Landesinneren zum Abruf im automatisierten Verfahren
eingegeben.*

Es sind folgende Ausschreibungskategorien vorgesehen:

• *Fahndungsersuchen nach Personen, die aus Gründen der Strafverfolgung
  oder der Strafvollstreckung zur Festnahme gesucht werden,*

• *Fahndungsersuchen zur Aufenthaltsermittlung von Personen,*

• *Ausschreibungen von Personen, die verdeckt registriert oder gezielt kontrolliert werden sollen.*

• *Ausschreibung zur Zurückweisung von unerwünschten Ausländern aus
  Drittstaaten,*

- *Fahndungsersuchen nach Sachen, die zur Sicherstellung oder Beweissicherung im Strafverfahren gesucht werden.*

Die Daten im Schengener Zentralbestand (CSIS) in Straßburg und in den von ihm gespeisten nationalen Schengener Beständen (NSIS) sind identisch. Jede Vertragspartei nimmt ihre Ausschreibungen über eine nationale SIS-Zentralstelle, die sogenannte Sirene – z. B. in Deutschland das Bundeskriminalamt und in den Niederlanden der Centrale Recherche Informatiedienst CRI – vor. Diese Stelle ist auch für den reibungslosen Betrieb des nationalen SIS verantwortlich sowie für die Erledigung von Ersuchen und Übermittlung von Informationen zu Fahndungen, die im Schengener Informationssystem gespeichert sind oder werden sollen.

Seit 26.03.1995 ist das Schengener Informationssystem in Betrieb. Die Trefferquote liegt mit bisher 10 000 pro Jahr recht hoch, wobei zu mehr als 90 Prozent die Treffer den Bereich des Ausländerrechts betreffen.

Parallel und in gewisser Weise ergänzend zum SIS laufen die Planungen für ein Europäisches Polizeiliches Informationssystem EIS. Nachdem die nichtschengener EU-Mitgliedstaaten erkannten, welche Möglichkeiten ein gemeinsames elektronisches Fahndungssystem nach Muster der SIS bei der Kriminalitätsbekämpfung bieten könnte, bemühte man sich im Rahmen der EU-Zusammenarbeit das SIS zu einem unionsweiten EIS auszubauen.

Für Polizeibehörden bringt das Schengener Zusatzübereinkommen zusätzlich hinsichtlich Art und Qualität des Geschäftsweges und des Informationsaustauschs erhebliche Änderungen und damit auch Verbesserungen.

Die wichtigsten Maßnahmen im einzelnen:

- *Art. 39 des Durchführungsübereinkommens eröffnet den polizeilichen Rechtshilfeverkehr. Danach verpflichten sich die Vertragsparteien, daß ihre Polizeibehörden sich gegenseitig unter Berücksichtigung des nationalen Rechts Unterstützung bei der vorbeugenden Verbrechensbekämpfung und bei der Aufklärung von Straftaten leisten, sofern ein Ersuchen nicht nach nationalem Recht den Justizbehörden vorbehalten ist und keine Zwangsmaßnahmen im ersuchten Staat erfordert.*

Die Übermittlung/Beantwortung der Ersuchen kann über die jeweiligen für die Abwicklung des Auslandsdienstverkehrs beauftragten nationalen Zentralstellen erfolgen, in Eilfällen auch unmittelbar zwischen den jeweils zuständigen Polizeibehörden unter gleichzeitiger oder anschließender Unterrichtung dieser Zentralstellen. Der unmittelbare Informationsaustausch ist auch nicht auf Grenzgebiete beschränkt. Nachdem das Schengener Durchführungsübereinkommen nun in Kraft getreten ist, kann also z. B. eine örtliche deutsche Polizeidienststelle eine Information oder ein Ersuchen unmittelbar an eine regionale oder örtliche Polizeidienststelle in einem anderen Schengener Mitgliedsstaat übermitteln, wenn ein Eilfall vorliegt und wenn nicht – was leider nicht auszuschließen ist – interne nationale bzw.

landesrechtliche Vorschriften doch wieder entgegen der Schengener Regelung den Geschäftsweg oder die vorherige Genehmigung über bzw. durch ein Landeskriminalamt oder eine nationale Zentralstelle vorschreiben.

- *Nach Artikel 46 des Durchführungsübereinkommens kann oder besser sollte ein Staat dem anderen zur Unterstützung bei der Bekämpfung zukünftiger Straftaten, zur Verhütung von Straftaten oder zur Gefahrenabwehr Erkenntnisse mitteilen, wobei er Bedingungen bezüglich der Nutzung der Informationen stellen kann.*

- *Unter gewissen, sehr restriktiven Bedingungen werden grenzüberschreitende Nacheile und grenzüberschreitende Observationen zugelassen.*

Schließlich bemühen sich neuerdings die Polizeibehörden der Schengener Staaten mit Schwerpunktfahndungen und gemeinsamen Ermittlungsmaßnahmen in Grenzbereichen, Häfen und auf Flugplätzen neue Wege in der internationalen Kriminalitätsbekämpfung zu gehen, die von Europol fachlich unterstützt werden.

Die Regelungen des Schengener Zusatzübereinkommens gelten natürlich nur für die Schengener Partnerstaaten, d. h. für neun der 15 EU-Staaten. Zwar wird für Österreich und wohl auch für die skandinavischen Staaten das Schengener Vertragswerk bald anwendbar sein, während aber ein Beitritt der anderen EU-Staaten, insbesondere des Vereinigten Königreichs und Irlands nicht so schnell zu erwarten ist. Deshalb denkt man in den Arbeitsgruppen des 3. Pfeilers der Europäischen Union darüber nach, ob und wie ähnliche Geschäftswegregelungen für die polizeiliche Zusammenarbeit kurzfristig eingeführt werden können. Bedeutsam für die Kriminalitätsbekämpfung und die Rolle von Europol ist schließlich, daß das Schengener Vertragswerk mit seinen Instrumenten und Ausgleichsmaßnahmen nach den Beschlüssen der EU-Staatschefs in Amsterdam in diesem Sommer mit der intergouvernementalen Zusammenarbeit der EU-Mitgliedsstaaten im sog. Dritten Pfeiler der Europaischen Union verschmolzen werden soll.

3.4.4 Weitere Institutionen und Formen polizeilicher Zusammenarbeit

Die Vereinten Nationen insbesondere mit dem UNDCP und dem Crime Prevention Programm und der Europarat mit der Pompidou-Gruppe bieten die Plattform für polizeilichen Erfahrungsaustausch und strategische Entscheidungen. Gleiches gilt für die OSCE in Wien und die Konferenz für Kriminalitätsbekämpfung und Sicherheit im Ostseeraum mit ihren Arbeitsgruppen. Die Vielzahl von Konferenzen und Initiativen bergen bei all ihren begrüßenswerten Ansätzen allerdings die Gefahr von Doppelarbeit und Vergeudung von Ressourcen in sich.

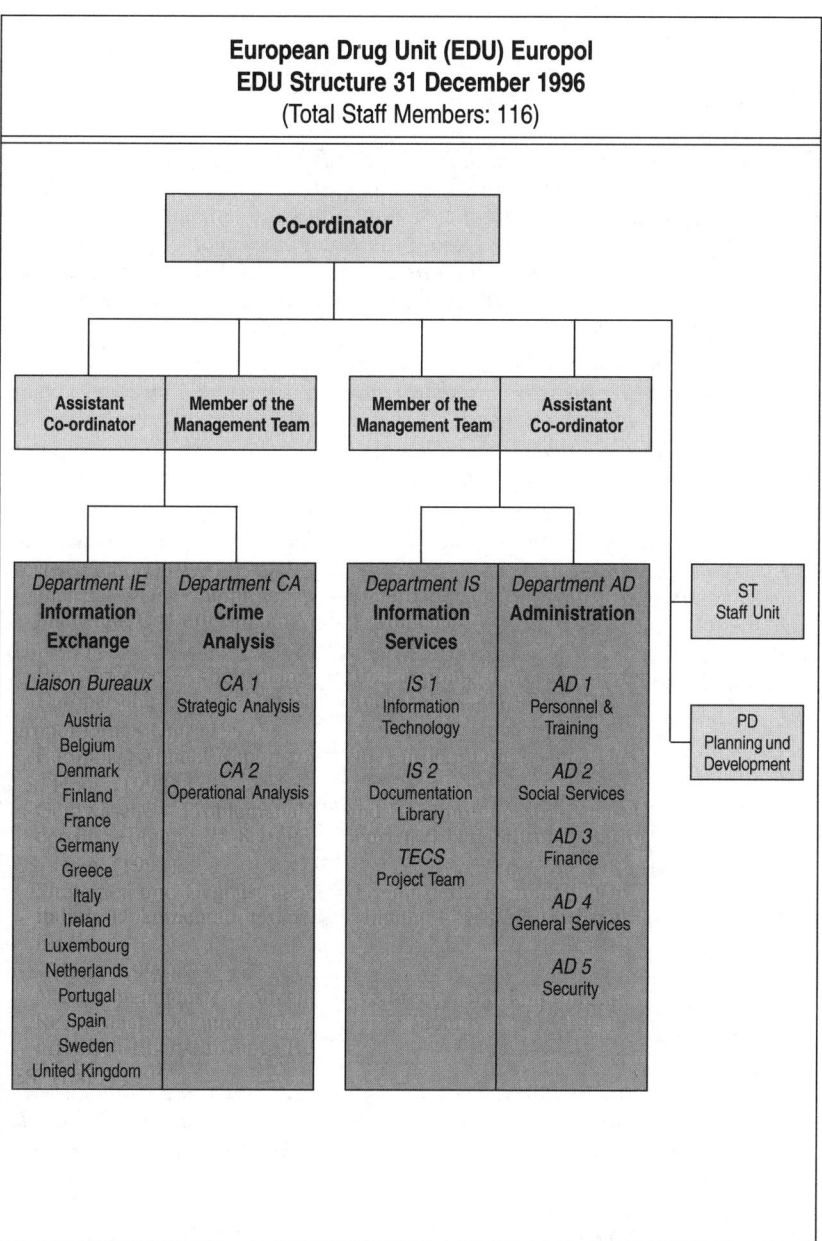

European Drug Unit (EDU) Europol
EDU Structure 31 December 1996
(Total Staff Members: 116)

Co-ordinator

| Assistant Co-ordinator | Member of the Management Team | Member of the Management Team | Assistant Co-ordinator |

| Department IE **Information Exchange** | Department CA **Crime Analysis** | Department IS **Information Services** | Department AD **Administration** |

| *Liaison Bureaux*
Austria
Belgium
Denmark
Finland
France
Germany
Greece
Italy
Ireland
Luxembourg
Netherlands
Portugal
Spain
Sweden
United Kingdom | CA 1
Strategic Analysis

CA 2
Operational Analysis | IS 1
Information Technology

IS 2
Documentation Library

TECS
Project Team | AD 1
Personnel & Training

AD 2
Social Services

AD 3
Finance

AD 4
General Services

AD 5
Security |

ST
Staff Unit

PD
Planning und
Development

3.5   Europol

3.5.1   Entstehung von Europol

Die Initiativen im sogenannten 3. Pfeiler der EU bringen einen Durchbruch für eine gemeinsame internationale Bekämpfung Organisierter Kriminalität. In vielen Bereichen der Kriminalität arbeiten wir an einem Gesamtkonzept, das Prävention, Repression und Rehabilitation einschließt. Kernstück dieser gemeinsamen Anstrengungen und Katalysator für die Verbesserung der internationalen Zusammenarbeit der EU-Mitgliedsstaaten bei der Kriminalitätsbekämpfung ist der Auf- und Ausbau von Europol.

Der Europäische Rat beschloß, Europol auf der Basis intergouvernementaler Zusammenarbeit im sogenannten dritten Pfeiler der Union zu errichten. Der anfängliche deutsche Vorschlag, eine entsprechende völkerrechtliche Regelung in den EWG-Vertrag aufzunehmen und so Europol zu einer Institution der Gemeinschaft zu machen, wurde abgelehnt.

Seit 4 Jahren ist Europol ständiges Thema bei den Regierungskonferenzen der EU-Mitgliedsstaaten, bietet ständigen Diskussionsstoff in polizeilichen und justitiellen Fachkreisen, ist Grund für ausgiebige parlamentarische Auseinandersetzungen und beflügelt die Phantasie von Pressevertretern und Bürgern. Gerade in den Medien geistern Schlagworte wie Euro-Cops oder europäisches FBI herum, erwartet man spektakuläre Ermittlungen und Einsätze. Doch die Realität sieht wesentlich nüchterner aus.

Europol hat auch nach der Ratifizierung der Europol-Konvention und wird möglicherweise auch auf absehbare Zeit keine eigenständigen Ermittlungszuständigkeiten mit exekutiven Funktionen bei der Bekämpfung Organisierter Kriminalität haben. Europol nimmt vielmehr Zentralstellenaufgaben im Bereich des Informationsaustauschs und der Analyse wahr. Darüber hinaus obliegt Europol entsprechend ihrem jeweiligen politischen und rechtlichen Mandat und begrenzt durch die vorhandene personelle, technische und finanzielle Kompetenz die Unterstützung nationaler Dienststellen im weitesten Sinne.

*Die Aufgabenerfüllung internationaler polizeilicher Dienststellen – und das gilt besonders für Europol – erfolgt unter strikter Respektierung der Souveränität der jeweiligen Mitgliedsstaaten. Europol ist also kein Instrument, keine Institution, die dirigistisch eine gemeinsame Politik der Bekämpfung Organisierter Kriminalität durchsetzt. Dementsprechend haben die EU-Mitgliedsstaaten Europol im sog. Dritten Pfeiler der Europäischen Union, also im Bereich der intergouvernementalen Zusammenarbeit und nicht im Ersten Pfeiler bei der Europäischen Kommission mit ihren zentralen Befugnissen angesiedelt. Europol ist also Ausdruck des Willens der Mitgliedsstaaten, **gemeinsam und einvernehmlich** organisierte Kriminalität zu bekämpfen.*

Noch stärker wirkt sich bei der Konzeption von Europol das Prinzip der Subsidiarität aus. Danach hat und soll Europol nur Zuständigkeiten und Befugnisse erhalten, wenn die nationalen Behörden diese Aufgaben nicht oder nicht ebenso wirkungsvoll erfüllen können. Deshalb soll Europol nicht an die Stelle gut funktionierender bi- und multilateraler Zusammenarbeit bei der OK-Bekämpfung treten. Was z. B. in der deutsch-österreichischen oder der deutsch-französischen Zusammenarbeit schon lange ausgezeichnet funktioniert, soll nun nicht von Europol übernommen werden.

Dabei versuchen wir die polizeiliche Zusammenarbeit in Europa und insbesondere Aufgaben, Struktur, Technik, Methoden und Befugnisse der Europol-Drogenstelle (EDS) heute und von Europol in der Zukunft entsprechend den Bedürfnissen bei der Bekämpfung von Drogenkriminalität und Organisierter Kriminalität auszurichten.

Deshalb sind von uns zunächst die Probleme der OK-Bekämpfung analysiert worden, und auch jetzt beim weiteren Ausbau von Europol und der polizeilichen internationalen Zusammenarbeit ganz generell versuchen wir „kundenorientiert" zu arbeiten, d. h. jeder weitere Entwicklungsschritt wird zwischen den Ministerien und uns, aber vor allem auch mit den Bedarfsträgern, den Strafverfolgungsbehörden der Mitgliedsstaaten bis ins Einzelne abgesprochen.

Die Europol-Zusammenarbeit soll die Verhütung und Bekämpfung des Terrorismus, des illegalen Drogenhandels und sonstiger schwerwiegender Formen der internationalen Kriminalität umfassen. Erforderlichenfalls soll auch eine Zusammenarbeit mit den Zollbehörden in die Arbeit miteinbezogen werden.

Europol dient dem Informations- und Erfahrungsaustausch, einer zentralen Analyse und der weitgehenden Unterstützung der nationalen Polizeibehörden.

Zur Errichtung einer gemeinsamen Europol-Datenbank mit auch personenbezogenen Informationen und zur Übertragung weitergehender Aufgaben in zusätzlichen Kriminalitätsbereichen auf Europol ist in allen Mitgliedsstaaten eine internationale Konvention unabdingbare Voraussetzung.

3.5.2 Europol in der augenblicklichen Form

Für die Übergangszeit bis zur Ratifikation haben die EU-Staaten als Vorläuferbehörde für Europol die Europol-Drogenstelle eingerichtet. Europol kommen in dieser embryonalen Phase Form zwei Funktionen zu. Zum einen sammelt und übermittelt die Europol-Drogenstelle Informationen zur Unterstützung konkreter polizeilicher Ermittlungen. Zum anderen werden auf der Grundlage allgemeiner, nicht personenbezogener Daten, Lagebilder erstellt und Kriminalitätsanalysen vorgenommen.

Entsprechend einer Ministervereinbarung vom Juni bzw. Oktober 1993 und zweier „Joint Actions" der Minister vom März 1995 und Dezember 1996 nehmen Verbindungsbeamte der Mitgliedsstaaten bei der Europol-Drogenstelle, die Direktzugang zu ihren nationalen Informationssystemen haben, die Ersuchen anderer Mitgliedsstaaten entgegen und bearbeiten sie auf der Grundlage ihrer nationalen Gesetze und Regelungen.

Europol liefert schon jetzt, und mehr und besser noch nach Inkrafttreten der Europol-Konvention, sachkundig aufbereitete Daten von Kriminalpolizei, Grenzpolizei, Gendarmerie, Zollbehörden und eingeschränkt zusätzlich von anderen Sicherheits- und Verwaltungsbehörden der EU-Mitgliedsstaaten, von Drittstaaten, internationalen Organisationen und aus offenen Quellen.

Im Sinne der intergouvernementalen Philosophie im 3. Pfeiler der EU unterhalten dazu die Mitgliedsstaaten und ihre unterschiedlichen nationalen Strafverfolgungsbehörden bei der Europol-Drogenstelle eigene Verbindungsbüros.

Von den rund 120 Europol-Mitarbeitern aus allen 15 Mitgliedsstaaten sind 40 Verbindungsbeamte von Kriminalpolizei, Gendarmerie, Grenzpolizei und Zoll. Justiz- und Sicherheitsbehörden sind bisher in den Verbindungsbüros nicht vertreten.

Die Verbindungsbeamten bei Europol haben Direktzugang zu unterschiedlichsten nationalen Informationssystemen, die für Strafverfolgungszwecke zur Verfügung stehen. Sie haben Zugriff auf rund 40 nationale Polizei- oder Zollinformationssysteme und zusätzlich zu einer Reihe von administrativen Dateien und elektronischen Registern. Diese nationalen Dateien lassen polizeiliche Recherchen zu und liefern u. a. Daten über Täter, Tätergruppen, Adressen, Telefonnummern, Verdachtsmomente usw.

Darüber hinaus lassen unsere Europol-Verbindungsbeamten aber auch aufgrund der Anfragen in ihrem jeweiligen Land polizeiliche Recherchen, Spurenabklärungen usw. durchführen.

Der Informationsaustausch über Europol wird von unseren Verbindungsbeamten sachkundig betreut, analysiert und für die Zwecke der nationalen Ermittlungen aufbereitet. Die Verbindungsbeamten sorgen dafür, daß der einem Ersuchen zugrundeliegende Sachverhalt richtig und ausführlich genug geschildert wird. So wird sichergestellt, daß z.B. die doppelte Strafbarkeit eines Tatbestands, die ja bei OK-Verfahren im Bereich der Wirtschafts- und Geldwäschekriminalität nicht immer ganz klar ist, offensichtlich wird und die ersuchten Partnerstaaten Auskünfte erteilen und Amts- und Rechtshilfe leisten können.

Gerade in unseren Zuständigkeitsbereichen Geldwäsche, Schleuser- und Nuklearkriminalität ermöglicht häufig nur die Sachkunde und gemeinsame Beratung der unterschiedlichen nationalen Verbindungsbeamten, daß internationaler Informationsaustausch und polizeiliche Zusammenarbeit überhaupt zustande kommen.

Schließlich können neue Informationen aus der Datenanlieferung der Mitgliedsstaaten z. B. Hinweise auf bisher unbekannte Mittäter oder Tatbezüge bei uns vor Weiterleitung sofort durch unsere Verbindungsbeamte in den elektronischen Informationssystemen der Mitgliedsstaaten abgeklärt, angereichert und analysiert werden. Die ermittelnde nationale Behörde erhält von uns also nicht eine lapidare Antwort auf ihre Anfrage, sondern ein umfangreiches Bild über die Kontakte und Aktivitäten einer kriminellen Organisation oder eines Verdächtigen in einem OK-Verfahren.

Zusätzlich übernehmen wir im Auftrag der Ermittlungsstaaten die Koordination internationaler polizeilicher Einsätze.

Anfragen an Europol und seine Verbindungsbeamten werden grundsätzlich von oder über die zentralen nationalen Dienststellen, aber auch von regionalen und lokalen Behörden direkt gestellt und von uns dann auch bearbeitet, wobei wir die zentralen Dienststellen über das Ersuchen und den Verfahrensgang unterrichten. Unser „Service" kann rund um die Uhr in Anspruch genommen werden; wir arbeiten mit den nationalen Dienststellen in allen 11 EU-Sprachen zusammen und sind über elektronische Wege ebenso wie über traditionelle Wege erreichbar.

Aufgrund des Informationsaustauschs über Europol eröffnen nicht selten die anderen Staaten ebenfalls Ermittlungen gegen dieselbe kriminelle Gruppierung oder schon laufende Ermittlungen in den verschiedenen Staaten gegen dieselbe kriminelle Organisation können miteinander in Verbindung gebracht werden. Oft erfolgt dann die weitere Abstimmung der Ermittlungsschritte über unsere Europol-Verbindungsbeamten. Ja gerade in OK-Verfahren übertragen die ermitelnden nationalen Behörden gerne die intemationale multilaterale Koordination Europol und den bei uns tätigen Verbindungsbeamten.

Das geschah kürzlich so in dem bisher wohl spektakulärsten Fall, an dem Europol bisher beteiligt war. Ausgangspunkt war ein italienisches Verfahren gegen eine Mafia-Gruppierung, die weltweit im Drogenhandel und in Waffenschiebereien tätig war. Das Verfahren wurde durch unsere Verbindungsbeamten seit 1995 zunächst durch Informationsaustausch, dann aber auch weitergehend z. B. durch die Organisation von grenzüberschreitenden, europaweiten Observationen unterstützt. Aufgrund dieser internationalen Zusammenarbeit eröffneten andere Staaten eigene Ermittlungsverfahren gegen die bei ihnen ansässigen Straftäter. Ständige Ermittlungen durch Spezialdienststellen für organisierte Kriminalität in Italien, Spanien, den Niederlanden, Belgien und Deutschland (Köln, Düsseldorf) führten zu genügend Erkenntnissen, so daß mehr als 60 Haftbefehle ausgestellt werden konnten. Mitte April 1997 wurden dann gleichzeitig, durch Europol koordiniert, in 12 Städten in den beteiligten 5 EU-Mitgliedsstaaten Verhaftungen durchgeführt und 65 Tatverdächtige festgenommen.

Der nächste Schritt hin zu einer europäischen Ermittlungsbehörde ist in greifbarer Nähe:

Bedeutsame, besonders gefährliche organisierte Kriminalität ist normalerweise gleichzeitig in mehreren Staaten aktiv. Erfolgreiche OK-Bekämpfung erfordert daher Ermittlungen und exekutive Maßnahmen in mehreren oder allen EU-Mitgliedsstaaten, die zeitlich und inhaltlich aufeinander abgestimmt sind. Aus dieser Erkenntnis resultiert der Gedanke, bei Europol gemeinsame Task Forces der nationalen Ermittlungsbehörden anzusiedeln.

Die nationalen Beamten der Task Force könnten von Europol aus, ohne Europol unterstellt zu sein, gegen internationale organisierte Kriminalität gemeinsam ermitteln und ihr Fachwissen und ihre spezifischen Exekutivbefugnisse – natürlich begrenzt auf ihren entsendenden Staat – einbringen. Sprachprobleme und die Unterschiede in Arbeitsmethoden sowie rechtliche und bürokratische Hürden könnten so überwunden werden. Die europäische polizeiliche Zentralstelle Europol könnte diese Task Forces beherbergen, ihnen die notwendigen rechtlichen Grundlagen für Datenverarbeitung und hinsichtlich einer gewissen Immunität gewährleisten und sie mit unserem personellen, sprachlichen und technischen Potential entscheidend unterstützen.

Unser Konzept internationaler Task Forces, die bei Europol angesiedelt werden sollten, wurde von einer sogenannten High-Level-Group der EU-Mitgliedstaaten aufgenommen, der Rat der Innen- und Justizminister hat den Vorschlag ebenso wie die Staatschefs auf dem Amsterdamer Gipfel angenommen und ihn in einem Artikel K 2 des Vertrags der Europäischen Union aufgenommen.

Gegenwärtig erscheint mir aber noch zweifelhaft, ob Europol kurzfristig die Befugnis erteilt wird, bei nationalen Polizeien „konkrete Ermittlungsmaßnahmen" anfordern zu können, sie sogar mit Ermittlungen und exekutiven Maßnahmen zwingend beauftragen zu können oder schließlich sogar eigenständige Europol-Ermittlungen mit eigenen Festnahmen, Durchsuchungen führen zu können.

Eine weitere, vielleicht noch bedeutendere Aufgabe Europols liegt im Analyse- und Intelligence-Bereich.

Europol versucht mit moderner Analyse- und Intelligence-Arbeit die Aktivitäten, Strukturen, Mitglieder und Erlöse international agierender organisierter Kriminalität sichtbar zu machen und aufzubereiten.

Im strategischen Bereich liefert Europol zunächst in den Bereichen Drogenkriminalität, Nuklearkriminalität, Schleuserkriminalität, internationaler Menschenhandel und Kfz-Verschiebung sowie jeweils damit verbundener Geldwäsche den nationalen Regierungen, Gesetzgebern und Polizeibehörden Entscheidungshilfen für kriminalpolitische oder rechtliche Maßnahmen zur Bekämpfung internationaler Organisierter Kriminalität. Nach Inkrafttreten der Europol-Konvention wird dies schrittweise auf praktisch alle Be-

reiche bedeutsamer Organisierter Kriminalität ausgedehnt werden. Informationen werden zur strategischen Analyse systematisch gesammelt und mit modernsten Methoden und neuer Technik analysiert.

Europol beschreibt das Phänomen der organisierten Kriminalität in der EU mit ihren aktuellen Trends, neue modi operandi, international agierende kriminelle Organisationen, aber auch Probleme oder erfolgreiche Methoden zu ihrer Bekämpfung. Zusätzlich werden Empfehlungen ausgesprochen und detailliert beraten.

Europol in seiner jetzigen Form als Europol Drogenstelle hat wesentliche Teile des Rauschgiftbekämpfungsplans der EU, der im Dokument Cordrogue 69 festgelegt und von den EU-Staatschefs auf dem Gipfel in Madrid Ende 1995 beschlossen wurde, konzipiert oder mitbearbeitet. Dieser EU-Rauschgiftbekämpfungsplan mit seinen 66 Einzelprojekten wird gegenwärtig unter Mitwirkung von Europol durch die gemeinsamen Arbeitsgruppen im sog. Dritten Pfeiler der EU und den Ministerrat detailliert ausgearbeitet und in konkrete politische, rechtliche und polizeiliche Maßnahmen umgesetzt.

In vergleichbarer Weise arbeiten wir an dem OK-Bekämpfungsplan der EU mit.

Seit kurzem nutzen wir unsere strategische Analyse aber auch, um Ansatzpunkte für gemeinsame Ermittlungen der Mitgliedsstaaten zu geben. Das geschieht in 3 Phasen: In der ersten Phase analysieren wir in einer allgemeinen Bedrohungsanalyse einen Kriminalitätsbereich als Ganzes, also z. B. Rauschgiftkriminalität. In einem weiteren Schritt analysieren wir einen besonders gefährlichen Teilbereich, also z. B. die Produktion und den Vertrieb von synthetischen Drogen. In der dritten Phase versuchen wir die führenden kriminellen Organisationen in diesem kriminellen Teilbereich, ihr kriminelles „Wirtschaftsgebiet" und spezielle Begehungsweisen herauszuarbeiten. Aufgrund dieser Analysen laden wir die Strafverfolgungsbehörden der betroffenen Staaten ein, unter der Verfahrensführung eines Staates parallele nationale Ermittlungen gegen die betreffenden kriminellen Organisationen einzuleiten oder zu intensivieren, die dann von uns mit Analyse oder Koordination unterstützt werden kann.

Unsere gegenwärtigen Analysen für nationale OK-Verfahren sind zwar noch aus rechtlichen und technischen Gründen in Ausmaß und Methoden nur sehr begrenzt möglich, aber schon sehr erfolgreich. So erstellten unsere Analytiker 1996 5 Jahresberichte zur Organisierten Kriminalität, fertigten 26 umfangreiche Analysen zu international agierenden kriminellen Organisationen und boten in mehreren hundert OK-Ermittlungen analytische Unterstützung zu einzelnen Tatkomplexen. Diese 26 „Großanalysen" führten zur Eröffnung neuer Ermittlungsverfahren in dem zunächst um Unterstützung ersuchenden Staat und gleichzeitig in anderen Mitgliedsstaaten. Die „kleineren Analysen", für die oft nur ein bis zwei Tage Arbeit benötigt werden, führen fast immer zu wertvollen neuen Ermittlungsansätzen.

Europols Intelligence-Arbeit stellt einen analytischen Prozeß dar, der sich auf Zoll- und Polizeiinformationen stützt, die aus offenen oder vertraulichen Quellen angereichert werden, um den gemeinsamen Kampf gegen international organisierte Kriminalität zu unterstützen. Dabei gehen unsere Analytiker proaktiv vor, d. h. sie stehen in einem ständigen Dialog mit den ermittlungsführenden Beamten.

Wichtig ist darüber hinaus unser interdisziplinarer Ansatz. Kriminalpolizei, Gendarmerie, Grenzpolizei, Zoll und gegebenenfalls die Steuerfahndung bringen ihre Informationen, ihre Methoden, ihre rechtlichen und technischen Möglichkeiten in diesen Prozeß ein. Wir haben kürzlich z. B. in einem internationalen Verfahren im Bereich Menschenhandel für mehrere Monate nationale Staatsanwälte, Gendarmerie, Kriminalpolizei, Zoll und den britischen Immigration Service zu gemeinsamen Ermittlungen und exekutiven Maßnahmen vereinigen können, wobei der Informationsaustausch und die Koordination über Europol und unsere Verbindungsbeamten lief und die Analysearbeit von unseren Analytikern geleistet wurde.

3.5.3 Europol nach Inkrafttreten der Konvention

Durch die Europol-Konvention wird schrittweise die Zuständigkeit von Europol auf fast alle bedeutsamen Bereichen internationaler Organisierter Kriminalität ausgedehnt. Im Anhang der Konvention sind diese Kriminalitätsbereiche enumerativ aufgeführt.

Sobald die Europol-Konvention in Kraft getreten ist, wird aber vor allem die gemeinsame Analyse- und Intelligence-Arbeit die Situation der EU-weiten OK-Bekämpfung erheblich verbessern.

Dafür wird uns in ca. 2 Jahren ein Europol-Computersystem zur Verfügung stehen, das aus einem Informationssystem mit harten Daten und einem besonders geschützten und nur begrenzt zugänglichen Analysesystem mit harten, weichen und auch sehr sensiblen Daten besteht. Noch sind wir im Zeitplan. Mitte nächsten Jahres wird eine technische Übergangslösung betriebsbereit sein, um schon bei Inkrafttreten Dienstleistungen zu erbringen.

Der Datenbestand im Informationssystem, das in Teilen dem deutschen polizeilichen INPOL-System vergleichbar ist, kann als die elektronisch gespeicherten Ermittlungsergebnisse zu den führenden, in der EU-aktiven kriminellen Organisationen und ihren Mitgliedern beschrieben werden; es wird die Kerndaten der nationalen Ermittlungsakten aller EU-Mitgliedsstaaten zu international Organisierter Kriminalität enthalten. Das Informationssystem kann durch die nationalen Dienststellen unmittelbar abgefragt werden und damit auch für nationale Analysearbeit genutzt werden.

Für die Informationsbeschaffung und Intelligence-Arbeit in Verfahren gegen internationale Organisierte Kriminalität stehen aber natürlich auch nach

Inkrafttreten der Europol-Konvention die bei Europol tätigen, nationalen Verbindungsbeamten in beschriebener Weise zur Verfügung.

Das Europol-Analysesystem ist anders als das Informationssystem aus Gründen des Datenschutzes, der Datensicherheit und der Vertraulichkeit gegen Direktzugriff – auch der nationalen polizeilichen Zentralstellen – von außen geschützt, wird mit offenen und sensiblen Daten aus laufenden Ermittlungen gespeist und erlaubt moderne Analyse- und Intelligence-Arbeit.

Unser Analysesystem wird weitergehende Daten als das Informationssystem haben, weniger strukturiert sein und großen Raum für recherchierbaren Freitext lassen.

Das Analysesystem wird den Europol-Analytikern, den Europol-Intelligence-Beamten und den nationalen Beamten, die für eine spezifische Analyse zu Europol vorübergehend abgeordnet sind, ein breites Instrumentarium für strategische, taktische und operative Intelligence-Arbeit zur Verfügung stellen.

Bei moderner Intelligence-Arbeit muß besonderer Wert auf effektive Rechts- und Fachaufsicht, auf Verantwortlichkeit und auf Datenschutzkontrolle gelegt werden. Die Europol-Konvention hat wie noch nie vorher eine internationale Konvention und wohl auch weitergehend als die meisten nationalen Gesetze die Kontrollorgane und Kontrollmechanismen detailliert beschrieben. Sie wird mit Ausführungsbestimmungen z. B. zu den Analysedateien, zum Datenschutz und zur Vertraulichkeit ergänzt, so daß meines Erachtens mit Inkrafttreten der Europol-Konvention auch ein sehr, sehr hoher Standard von Rechtssicherheit und Rechtsschutz gewährleistet ist.

Nur aufgrund dieser detaillierten Rechtsgrundlagen und der Kontrollinstrumente erfüllen wir die Voraussetzungen für operative Intelligence-Arbeit in OK-Ermittlungsverfahren, die in dieser Form nach deutscher Rechtslage durch andere internationalen Institutionen wohl kaum durchgeführt werden kann.

Neben unserer Aufgaben im Informationsaustausch, in der Analyse und in der Koordination ist bei Europol für die Europäische Union und ihre Mitgliedsstaaten gemeinsames Wissen über Organisierte Kriminalität aufzubauen, sind für die Strafverfolgungsbehörden gemeinsame Strategien und Methoden zur OK-Bekämpfung zu entwerfen, international kompatible Technik zu entwickeln und bereitzuhalten und personelle Unterstützung anzubieten. Aufgrund der weitgefächerten Sachkunde seines Personals, dem Erfahrungsaustausch von Sachverständigen aus der EU und Drittstaaten in Den Haag und unseren Intensivkursen kommt Europol schon in der vorkonventionellen Phase diesen Anforderungen nach.

Die Innen- und Justizminister der EU-Staaten haben dementsprechend Anfang Dezember 1996 entschieden, daß Europol schon in der vorkonventionellen Phase zu einem „Center of Excellency" d.h. einem Zentrum für Bereithaltung oder Vermittlung von spezieller Sachkunde, Technik und Perso-

nal für die Bekämpfung der organisierten Kriminalität insbesondere im Bereich des Menschenhandels zur sexuellen Ausbeutung von Frauen und Kindern ausgebaut wird.

Beim weiteren Ausbau ist es nun unabdingbar, daß jeder Entwicklungsschritt auf einer genauen Analyse der Kriminalität und der Bedürfnisse der Strafverfolgungsbehörden beruht. Aber auch danach sind bei Europol Aufgaben, Technik und Methoden regelmäßig auf ihre Notwendigkeit und Wirksamkeit zu untersuchen, um zur Gefährdungslage zu passen und in Anbetracht knapper Ressourcen hohe Effizienz zu erreichen.

3.6   Weitere Maßnahmen der Europäischen Union

Welche zusätzlichen Entscheidungen und Maßnahmen hat die Europäische Union für eine bessere Kriminalitätsbekämpfung in Europa neben dem Aufbau von Europol getroffen?

Der Europäische Rat hat bei seiner Konferenz in Dublin am 16. Dezember 1996 die Grundlagen für ein Aktionsprogramm der Gemeinschaft zur Bekämpfung der Drogenkriminalität und der sonstigen international organisierten Kriminalität festgelegt, das durch die Beschlüsse von Amsterdam genauer beschrieben wird. Danach sollen in 30 Einzelmaßnahmen folgende Ziele erreicht werden:

* *kontinuierliche Harmonisierung von Rechtsvorschriften im Bereich der Drogenkriminalität, der Geldwäsche und der Organisierten Kriminalität. In diesem Zusammenhang soll den besonderen Gefahren, die von synthetischen Drogen ausgehen, spezielle Aufmerksamkeit geschenkt werden;*

* *Verbesserung der Zusammenarbeit zwischen den justitiellen Strafverfolgungsbehörden;*

* *bessere Erforschung des Phänomens der organisierten Kriminalität;*

* *schneller Ausbau von Europol und Übertragung gewisser operationeller Funktionen;*

* *vollständige Anwendung der Richtlinie über Geldwäsche und mögliche Ausdehnung dieser Richtlinie auf die einschlägigen Berufskreise und Stellen, die nicht zum klassischen Finanzsektor zählen;*

* *weitere Arbeiten des Rates, der Mitgliedsstaaten und der Kommission, um durch Prävention und administrativen Maßnahmen der Korruption und der Einflußnahme organisierter Kriminalität auf Politik, Verwaltung, Wirtschaft und Gesellschaft zu begegnen; weiterer Ausbau des strukturierten Dialogs mit den assoziierten mittel- und osteuropäischen Ländern einschließlich Rußlands über Drogenfragen;*

* *enge verstärkte Zusammenarbeit mit den transatlantischen Partnern;*

Diese Beschlüsse erfüllen die Bedürfnisse der polizeilichen Praxis nur teilweise. Doch gehen sie meines Erachtens in die richtige Richtung. Wir hoffen deshalb auf schnelle Umsetzung der Dubliner und Amsterdamer Entscheidungen.

Die Politik hat den Ernst der Lage, d. h. die Bedrohung unserer Demokratien und unseres Gesellschaftssystems durch international organisierte Kriminalität klar erkannt und scheint gewillt zu sein, unter Aufgabe eines kleinlichen nationalstaatlichen Denkens notwendige Maßnahmen zu treffen.

Namensverzeichnis

Y

Yaprak, Mehmet Ali **21**
Yegorow, Michail **173, 248**
Yilmaz, Mesut **82, 133**
Yueh-Scheng, Tu **134, 155**

Z

Zachert, Hans-Ludwig **253, 312, 326, 333**
Zemin, Jiang **290**

Ziegenaus, Hermann **244**
Ziegler, Jean **63**
Zito, Chuck **115, 168**
Zito **168**
Zuzkow, Igor **238**
Zwillmann, Abner Longy **140**

Stichwortverzeichnis